Julius Wilhelm Ewald Sommerbrodt, Rudolf Helm

Ausgewählte Schriften des Lucian

Julius Wilhelm Ewald Sommerbrodt, Rudolf Helm

Ausgewählte Schriften des Lucian

ISBN/EAN: 9783744719056

Hergestellt in Europa, USA, Kanada, Australien, Japan

Cover: Foto ©Lupo / pixelio.de

Weitere Bücher finden Sie auf **www.hansebooks.com**

AUSGEWÄHLTE

SCHRIFTEN DES LUCIAN.

ERKLÄRT

VON

JULIUS SOMMERBRODT.

DRITTES BÄNDCHEN:

WIE MAN GESCHICHTE SCHREIBEN SOLL. DIE REDNER-
SCHULE. DER FISCHER. DER UNGEBILDETE BÜCHERNARR.
ÜBER DIE PANTOMIMIK.

ZWEITE AUFLAGE.

BERLIN,
WEIDMANNSCHE BUCHHANDLUNG.
1878.

HERRN

PROFESSOR JULIUS GUTTMANN

DIRECTOR DES KÖNIGLICHEN GYMNASIUMS ZU BRIEG

SEINEM FRÜHEREN COLLEGEN

IN FROHER UND DANKBARER ERINNERUNG AN RATIBOR

GEWIDMET.

VORWORT.

Man hat Lucian nicht selten den Voltaire seiner Zeit genannt. Mit grösserem Rechte darf man ihn mit Rabelais vergleichen. Wie dieser mit kühner Meisterhand die Gebrechen des 16ten Jahrhunderts n. Chr. gezeichnet, so entwirft Lucian zwar in minder gigantischen Zügen, aber mit um so kunstvollerer Feinheit lebenswahre Bilder der Entartung der ersten Jahrhunderte unter den Kaisern.

Die Zeugen solcher Zeiten des Verfalls pflegen Satiriker zu sein, und da es im Wesen der Satire liegt, mehr zu erkälten, als zu erwärmen, mehr zu zerstören, als aufzubauen, so möchte man sich leicht geneigt finden, diese Darstellungsform der Jugend fern zu halten.

Allein wer die Bedeutung einer Erscheinung richtig würdigen will, muss sie von Anfang an in ihren Hauptmomenten bis ans Ende verfolgen. Soll also die Jugend mit dem klassischen Alterthume vertraut werden, so dass sie im Stande ist, seine Bedeutung in der Geschichte und sein Verhältniss zum Christenthum zu erfassen, so genügt es nicht, bloss die Zeit des Aufgangs dieser grossen Erscheinung kennen zu lernen; auch ihren Untergang muss sie ins Auge zu fassen, auch auf die

Kehrseite der Münze einen Blick werfen, um die Signatur der Zeit ganz zu verstehen. Nur so wird es ihr klar werden, wie in Wahrheit die Zeit erfüllet war, als Christus in die Welt gekommen und wie durch das Christenthum Alles neu geworden ist.

Kein Schriftsteller ist geeigneter, diese Kenntniss zu vermitteln, als L u c i a n , der an der Gränze dieser alten und neuen Zeit, in einer Sprache, die an die besten Vorbilder der klassischen Muster erinnert, noch einmal die alte Herrlichkeit vor Augen führt, und im Gegensatze dazu von der Auflösung aller sittlichen Kraft des Alterthums, von der Entartung in Kunst und Wissenschaft ein anschauliches Bild zeichnet, nicht ohne inmitten dieser Verderbniss hier und da Spuren einer stillen und unbewussten Verbreitung evangelischer Ideen errathen zu lassen.

Aus diesem Grunde verdient n a c h den erhabenen Denkmälern der Blüthezeit, deren Genuss der Jugend nimmermehr verkürzt oder verkümmert werden soll, n a c h Homer, Sophocles, Herodot, Thucydides, Xenophon, Plato, Demosthenes auch Lucian einen bescheidenen Platz selbst auf der Schule. Seine Schilderungen können nicht wenig dazu beitragen, vor dem Irrthum der Ueberschätzung zu bewahren, der gerade strebsamere Geister, wie die Erfahrung zeigt, nicht selten verleitet hat, die „Götter Griechenlands" aus dem Reiche der Poesie in das wirkliche Leben hinüberzutragen und mit rückwärts gewandtem Blicke hoffnungslos zu betrauern, dass jene „schöne Welt" dahin ist.

Es scheint daher an der Zeit, Lucian von dem Banne zu befreien, in dem er lange unter dem Urtheile der K i r c h e n s c h r i f t - s t e l l e r gestanden hat, die anstatt seine offenbare Unkenntniss des Christenthums zu beklagen, von jeher in ihm einen gefährlichen Feind desselben gesehen haben und nicht nur in den ältesten Zeiten ihn zur Strafe dafür von den Hunden zerfleischen liessen (Suidas v. Λουκιανός), sondern noch in unsern Tagen mehr oder weniger eifrig in den Verdammungsruf mit einstimmen, ohne die gründlichen Untersuchungen zu berücksichtigen,

durch welche diese Anklage als vollständig beseitigt zu betrach-
ten ist.*)

Die vergangene Generation beachtete dieses Urtheil nicht;
sie benutzte vielmehr Lucian mit Vorliebe für die Schule. Aber
indem sie darin fehlte, dass sie ihn den j ü n g e r e n Schülern vor-
legte und gerade die Schriften (Todtengespräche, Göttergespräche)
auswählte, welche theils an sich die unbedeutendsten, theils für
diese Altersstufe ungeniessbar ja schädlich sind, erhöhte sie nur
die Abneigung gegen ihn. Hoffentlich gelingt es besser, das
Vorurtheil allmählich zu besiegen, wenn fortan das Gediegenste
und Beste nur für die g e r e i f t e r e Jugend ausgehoben wird,
für welche die Beschäftigung mit Lucian um so weniger be-
denklich ist, als überall, zumal in den spätern Schriften, durch
den beissenden Spott d e r e r n s t e nach W a h r h e i t s t r e -
b e n d e , a l l e r L ü g e u n d A u f g e b l a s e n h e i t f e i n d l i c h e
S i n n h i n d u r c h l e u c h t e t.

Die hier zusammengestellten für die P r i m a eines Gymna-
siums bestimmten f ü n f Schriften, von denen bisher nur zwei
(W i e m a n G e s c h i c h t e s c h r e i b e n s o l l und d e r F i s c h e r)
für die Schule bearbeitet worden sind, scheinen wohl geeignet,
in die wichtigsten Strömungen des geistigen und sittlichen Lebens
jener Zeit einzuführen und somit den Zweck zu erreichen, den
ich bei der Lectüre des Lucian an die Spitze gestellt habe.

Neue handschriftliche Mittel zur Texteskritik standen mir
nicht zu Gebote. Doch habe ich auch in diesem Bändchen zu den
Schriften über die G e s c h i c h t s s c h r e i b u n g und über die
P a n t o m i m i k, so wie z u m F i s c h e r den Codex Gorlicensis
(A. bei Jacobitz), den mir die bewährte Güte des Magistrats zu

---

*) (E. B u r m e i s t e r, *commentatio, qua Lucianum scriptis suis libros
sacros irrisisse negatur.* Gustroviae 1843. K ü h n, *commentatio, qua Lu-
cianus a crimine librorum sacrorum inrisorum liberatur, part. I* Grimmae
1844. A. P l a u c k, Lucian und das Christenthum in ‚Theologische Studien
und Kritiken‘ 1851. 4. Heft). [Vgl. Ausgewählte Schriften des Lucian.
Erklärt von Julius Sommerbrodt. Bd. I. 2. Aufl. S. XXXIII.—XL.]

Görlitz zur Einsicht gestattete, selbst verglichen und konnte ausserdem zu der Schrift ü b e r d i e P a n t o m i m i k eine während eines früheren Aufenthaltes in Rom von mir veranstaltete Vergleichung des Cod. Vaticanus 90 (Γ bei Jacobitz) benutzen.

Die Goldadern des vortrefflichen Codex Marcianus [436] in Venedig, auf welchen Cobet aufmerksam gemacht, schlummern noch immer unverwerthet, da Cobet, so viel ich weiss, nichts weiter veröffentlicht hat, Andere aber, die weniger Scheu hätten, ihren Fund zum Gemeingut zu machen, nicht die Gelegenheit haben, an Ort und Stelle selbst den Schatz zu heben.

Schliesslich bemerke ich für die, denen in der Erklärung hier und da vielleicht zu viel Hülfe dargeboten scheint, dass ich wie beim zweiten Bändchen vorläufig, bis sich Lucian in den öffentlichen Lehrstunden die ihm gebührende Stelle erringt, das Bedürfniss der Privatlectüre besonders berücksichtigt habe.

A n c l a m, den 9. August 1857.

Julius Sommerbrodt.

ZUR ZWEITEN AUFLAGE.

Die handschriftlichen Hülfsquellen, die ich vor zwanzig Jahren vermisste, sind mir seit der Zeit reichlich zugeflossen. Wie ich selbst ausser den in der ersten Auflage dieses Bandes erwähnten Handschriften die Marcianischen zu Venedig (434 und 436), und die Wiener (123) vergleichen konnte, so verdanke ich der Gefälligkeit des Herrn Director T r e u in Ohlau die Vergleichung des Oxoniensis Harleianus zu $\pi\tilde{\omega}\varsigma$ $\delta\varepsilon\tilde{\iota}$ $\iota\sigma\tau o\rho\iota\alpha\nu$ $\sigma\upsilon\gamma\gamma\rho\alpha\varphi\varepsilon\iota\nu$, Herrn Professor Dr. Benedictus N i e s e

zu Marburg die des Cod. Vat. 87 zu den Schriften über die
Geschichtsschreibung und die Pantomimik so wie zum Bücher-
narr und zum Fischer, Herrn Dr. Jaenicke in Liegnitz die
des Cod. Vat. 90*) zum Fischer**).

Dass im Uebrigen das seitdem namentlich von F. V.
Fritzsche, dem eigentlichen Restaurator Luciani, Geleistete,
so wie die scharfsinnigen Beiträge von Cobet (*Variae lec-
tiones*) und Madvig (*Adversaria critica ad scriptores graecos.*
Hauniae 1871) nicht ohne Einfluss auf die Textgestaltung ge-
blieben sind, versteht sich von selbst, ebenso dass ich die Erklärung
durchgängig wiederholter Prüfung unterworfen habe. In
Fritzsche's vorzüglicher Ausgabe (*Lucianus Samosatensis. Fran-
ciscus Fritzschius recensuit.* Rostochii. vol. I. – III. P. I. 1860—
1874), deren baldige Fortsetzung und Beendung dringend ge-
wünscht wird, ist von den hier gegebenen Schriften leider bis jetzt
nur die über die Geschichtsschreibung und den Fischer erschienen.

Das Interesse an Lucian ist in steter Zunahme begriffen,
wie die im J. 1872***) von mir zusammengestellte Litteratur-
übersicht beweist. Seitdem sind noch folgende Schriften hinzu-
gekommen: Ern. Ziegeler, *de Luciano poetarum iudice
et imitatore.* Gott. 1872. O. Buchwald, Homer in Lucians
Schriften. Progr. des Görlitzer Gymnas. 1874. E. Was-
mannsdorf, *Luciani scripta ea quae ad Menippum spectant,
inter se comparantur et diiudicantur.* Jenae 1874. F. Motz,
Lucian als Aesthetiker. Progr. des Gymnas. zu Meiningen
1875. Henricus Bertram, *De Luciani arte scaenica com-
mentatio.* Lipsiae 1875. S. Hahndel, über die gegen den
Götterglauben gerichteten Schriften Lukians von Samosata. St.

---

*) Cod. Gorl. = *A* (bei Fritzsche), Cod. Vat. 87 = λ.,
Cod. Vat. 90 = *Γ*, cod. Marc. 434 = *Ω*, cod. Marc. 436 = *Ψ*, cod.
Vindobon. 123 = *B*.

**) Für die Genauigkeit aller dieser Auflage beige-
fügten Vergleichungen glaube ich einstehen zu können.
Druckfehler sind möglichst sorgfältig verhütet worden.

***) Ausgewählte Schriften des Lucian. Bd. I. Auflage 2. S. XLI. XLII.

Pölten 1875. J. Sörgel, Lucians Stellung zum Christenthum.
Kempten 1875. A. Jenni, Beiträge zum Verständniss der Schriften
des Lucian. Frauenfeld 1876. Herwerden *Plutarchea et
Lucianea*. Traiecti ad Rhenum 1877. F. J. Hartmann, *studia
critica in Lucianum*. Lugd. Bat. 1877.

Ueber Lucians Wiedereinführung in die Schulen kann
ich nur wiederholen, was ich in den Vorworten der drei
Bände meiner Auswahl*) gesagt habe, — meine Ueberzeugung
hat sich seitdem nicht geändert — und die Thatsache, dass
überhaupt eine zweite Auflage derselben nöthig geworden ist,
scheint dafür zu sprechen, dass sich eine nicht geringe An-
zahl von Schulmännern meiner Ansicht angeschlossen hat.
Schliesslich wird doch der praeceptor Germaniae
Melanchthon Recht behalten, der ihm einen Ehren-
platz neben Homer, Herodot und Demosthenes
anweist**).

Breslau, den 6. December. 1877.

Julius Sommerbrodt.

---

*) Bd. I. 1860 und 1872. Bd. II. 1853 und 1869.
**) S. Bd. II. 2. Aufl. S. IX.

WIE MAN GESCHICHTE SCHREIBEN SOLL.

Lucian nach allen Richtungen hin, im Leben und in der Wissenschaft, je länger, je eifriger darauf bedacht, Aufgeblasenheit, Dünkel, Unwahrheit und Lüge in die geheimsten Schlupfwinkel zu verfolgen, macht in dieser aus seinem reifen Mannesalter stammenden Schrift die Historiker seiner Zeit zur Zielscheibe seines Witzes und Spottes.

Hadrian hatte bei seinem Regierungsantritte aufgegeben, was Trajan den Parthern abgenommen und mit Vologessus II., König der Parther, unter der Bedingung Frieden geschlossen, dass Armenien selbstständig sein, ausserdem das Gebiet jenseits des Euphrats den Parthern zufallen sollte. Etwa 44 Jahre wurde dieser Frieden erhalten. Gegen Ende der Regierung des Antoninus Pius (138—161) machte Vologessus III., der 149 seinem Vater auf den Thron gefolgt war, Anstalten, Armeniens sich zu bemächtigen, dessen arsacidische Herrscher sich unter römischen Schutz gestellt hatten. Severianus, den man von römischer Seite dahin absendete, kämpfte unglücklich bei Elegeia und fand selbst den Tod. Als Vologessus auch nach Syrien vorgedrungen und den damaligen Statthalter der Römer Atidius Cornelianus verdrängt hatte, übernahm Lucius Verus, der Mitkaiser des M. Aurelius Antoninus, die Führung des Krieges und trug durch seine Feldherrn, namentlich Avidius Cassius, während er selbst dem Genusse nachging, einen glänzenden Sieg davon. Das Heer der Parther wurde bei Europus (in Mesopotamien am Euphrat) geschlagen, Avidius Cassius verfolgte den Vologessus bis nach Baby-

lon, zerstörte Babylon und Seleucia, drang in Medien ein und
machte Ktesiphon dem Erdboden gleich. Statius Priscus aber
nahm Artaxata, die Residenz des Vologessus, bemächtigte sich so
Armeniens und setzte den von den Armeniern vertriebenen König
Soämus wieder ein, worauf Lucius Verus im Triumph in Rom
einzog. Dieser im Laufe von vier Jahren (162—165) von den Rö-
mern mit Glück geführte und beendigte Krieg hatte eine grosse
Anzahl Schriftsteller hervorgerufen, *) die zufrieden mit dem leicht
zu erringenden Beifall des Augenblicks, durch niedrige Schmei-
chelei die Wahrheit der Geschichte entstellten und durch Unfähig-
keit und Unwissenheit die historische Kunst herabwürdigten. Ihnen
gegenüber entwickelte Lucian im Anschluss an Thucydides die
Haupterfordernisse eines echten Historikers. Der Geschicht-
schreiber soll der Wahrheit getreu, unbekümmert
um die Gunst oder Ungunst der Mitwelt, das Urtheil
der Nachwelt im Auge behalten; sein Werk soll ein
κτῆμα ἐς ἀεί sein. Dies ist der Grundzug seiner Abhand-
lung, die zwar den Stempel der Flüchtigkeit, aber eben so unver-
kennbar das Gepräge des Geistes ihres Verfassers an sich trägt.
Während Manches nur oberflächlich angedeutet ist, hier und da
ein Irrthum unterläuft und Spuren von Eilfertigkeit gegen das
Ende zahlreich sich finden, ist Anderes, namentlich die Charak-
teristik der stümperhaften Historiker, von hoher Vortrefflichkeit
und unleugbar durchdringt das Ganze ein ernster, kräftiger Sinn,
der wie anderwärts in der Philosophie und Beredsamkeit, so hier
auf dem Gebiete der Geschichte an Stelle des leeren, trügerischen
Scheines einer innerlich hohlen, mark- und kraftlosen Zeit die ge-
sunderen Grundsätze einer idealeren Vorzeit geltend zu machen
strebt.

Freilich eine vollständige Theorie der Historik darf man in
diesem Schriftchen nicht suchen. Diese Aufgabe zu lösen lag
kaum in Lucians Absicht. Er wollte nach seinen eigenen Worten
nichts Anderes, als eine Warnungstafel aufstellen und einige Rath-
schläge zu beliebiger Benutzung den Schriftstellern an die Hand
geben,**) wobei er wohl ausser dem oben angegebenen allgemei-
nen noch einen besonderen praktischen Zweck verfolgte. Wenn

---

*) S. c. 2. οὐδείς, ὅστις οὐχ ἱστορίαν συγγράψει.
**) c. 4. παραίνεσιν δέ τινα μικράν καὶ ὑποθήκας ταύτας ὀλίγας
ὑποθήσομαι τοῖς συγγράφουσιν.

schon während des Krieges eine grosse Anzahl Litteraten sich
erhoben halte, die ihn als eine willkommene Gelegenheit aus-
beuteten bei Hofe sich einzuschmeicheln, welche Fluth drohte
hereinzubrechen, nachdem er so glänzend zu Ende geführt
worden war! Diesem Unwesen wollte er steuern und durch
die Veröffentlichung seines wenn auch skizzenhaften, doch in den
Hauptgedanken klar ausgeprägten Werkchens vielleicht zu einer
würdigeren Darstellung des ruhmvollen Unternehmens anregen,
mindestens der Fingerfertigkeit schlechter Scribenten Einhalt
thun und für die Folgezeit den Irrthum beseitigen, als wenn Ge-
schichte zu schreiben der Erste Beste im Stande wäre.*) Die Ver-
anlassung dazu bot sich ihm um so ungesuchter dar, als er auf
einer Reise durch Griechenland, Kleinasien, wahrscheinlich in seine
Heimath Syrien begriffen sowohl dem Schauplatz des Krieges
nahe war, als auch aus der ersten Hand die Werke kennen
lernte,**) mit denen die feilen Schriftsteller dem ohne sein Ver-
dienst durch den Ruhm seiner Feldherrn verherrlichten L. Verus
schmeichelten.

Die Schrift ist also eine auf den nächsten Augenblick berech-
nete G e l e g e n h e i t s s c h r i f t und daraus erklärt sich zugleich,
dass sie nach Inhalt und Form minder ausgearbeitet, als man
wünschen möchte, die letzte Hand vielfach vermissen lässt.

Uebrigens dürfte es, selbst wenn Lucian mit grösserer Sorg-
falt den Gegenstand bearbeitet hätte, nicht in Verwunderung set-
zen, wenn seinem Werke die strenge Consequenz und Abrundung
eines Systems abginge. Lucians Natur war zu dergleichen Unter-
suchungen wenig geeignet, und die Schwierigkeiten, die sich
ihm entgegenstellten, mussten um so grösser sein, als vor ihm, so
viel wir wissen, kein ähnlicher Versuch auf diesem Gebiete gemacht
worden war. Er fand also eine ganz leere Stätte vor, und wenn
wir bedenken, in wie wenigen Disciplinen im Alterthum überhaupt
die Theorie in der Klarheit zum Bewusstsein gekommen ist, wie
es unserer Zeit vorbehalten war, so müssen wir es anerkennen,
dass er mindestens einige Bausteine als die Ecksteine der histo-
rischen Kunst richtig erkannt und als solche bezeichnet hat.

Die beiden Haupttheile des Schriftchens, das er einem uns
sonst unbekannten Freunde Philon (c. 1) widmet, behandeln die

---

*) c. 5. Καίτοι οὐδὲ παραινέσεως οἱ πολλοὶ δεῖν οἴονταί σφισιν
ἐπὶ τὸ πρᾶγμα — ἀλλὰ πάνυ ῥᾷστον καὶ πρόχειρον καὶ ἅπαντος εἶναι
ἱστορίαν συγγράψαι, ἥν τις ἑρμηνεῦσαι τὸ ἐπελθὸν δύνηται.
**) Vgl. c. 14. c. 17.

Frage: „Was hat der Historiker zu vermeiden?" (c. 6)
und „Was hat der Historiker zu thun?" (c. 34) Dass der
erste Theil den andern bei Weitem übertrifft, hat gewiss nicht blos
in der gegen das Ende zu immer mehr eilenden Flüchtigkeit, son-
dern hauptsächlich darin seinen Grund, dass Lucian vermöge
seiner ganzen Eigenthümlichkeit überall besser sich darauf ver-
stand, die Gebrechen seiner Zeit aufzufinden und bloss zu legen,
als sie zu heilen.

ΠΩΣ ΔΕΙ ΙΣΤΟΡΙΑΝ ΣΥΓΓΡΑΦΕΙΝ.

1. Ἀβδηρίταις φασὶ Λυσιμάχου ἤδη βασιλεύοντος 1
ἐμπεσεῖν τι νόσημα, ὦ καλὲ Φίλων, τοιοῦτο. πυρέττειν
μὲν γὰρ τὰ πρῶτα πανδημεὶ ἅπαντας ἀπὸ τῆς πρώτης
εὐθὺς ἐρρωμένως καὶ λιπαρεῖ τῷ πυρετῷ, περὶ δὲ τὴν
5 ἑβδόμην τοῖς μὲν αἷμα πολὺ ἐκ ῥινῶν ῥυέν, τοῖς δ᾽ ἱδρὼς
ἐπιγενόμενος, πολὺς καὶ οὗτος, ἔλυσε τὸν πυρετόν, ἐς
γελοῖον δέ τι πάθος περιίστα τὰς γνώμας αὐτῶν. ἅπαν-
τες γὰρ ἐς τραγῳδίαν παρεκίνουν καὶ ἰαμβεῖα ἐφθέγγον-
το καὶ μέγα ἐβόων, μάλιστα δὲ τὴν Εὐριπίδου Ἀνδρο-
10 μέδαν ἐμονῴδουν καὶ τὴν τοῦ Περσέως ῥῆσιν ἐν μέρει

Einleitung c. 1—5. Veranlassung zu der Schrift über die Geschichtsschreibung.

1. 1. Ἀβδηρίταις. Abdera, Stadt in Thracien, im Rufe unseres Schildburg, Polkwitz u. a.

Λυσιμάχου ἤδη βασιλεύοντος. Nach dem Tode Alexanders d. G. war ihm Thracien zugefallen; den Königstitel nahm er nach dem Vorgange des Antigonus (306) an.

2. ὦ καλὲ Φίλων. ὦ καλέ nicht 'du schöner', sondern 'mein lieber', (ähnlich wie c. 3 ὦ φιλότης). Hermot. c. 28 wird so der sechzigjährige Hermotimus angeredet. Ueber Philo s. die Einleitung. Auch das Symposion ist ihm gewidmet.

3. τὰ πρῶτα. Welche Zeit damit bezeichnet wird, ergiebt sich aus dem Gegensatze περὶ δὲ τὴν ἑβδόμην.

8. ἐς τραγῳδίαν zur Darstellung von Tragödien. Nicht vom Dichten, sondern vom Declamiren der Tragödie ist die Rede.

παρεκίνουν und weiter unten ἐς τὴν τραγῳδίαν παρυλισθαίνειν intransitiv 'vom rechten Wege abirren'. Ebenso παραπαίειν c. 2 und Menippus c. 1. οὗτος. ἀλλ' ἢ παραπαίεις; Vgl. c. 45.

ἰαμβεῖα der Dialog, welcher gesprochen wurde, im Gegensatz zu den Gesängen.

9. τὴν Εὐριπίδου Ἀνδρομέδαν die Rolle der Andromeda in der uns verloren gegangenen Tragödie gleichen Namens.

10. ἐμονῴδουν die von den Schauspielern vorgetragenen Gesänge (τὰ ἀπὸ σκηνῆς), im Gegensatze zu den auf der Orchestra vorgetragenen Chorgesängen.

τὴν — ῥῆσιν was vorhin ἰαμβεῖα.

ἐν μέρει 'wenn die Reihe in der Tragödie an ihn (Perseus) kam' per vices, alterum altero excipiente. Vgl. zu Nigrin. c. 3.

διεξῄεσαν, καὶ μεστὴ ἦν ἡ πόλις τῶν ἑβδομαίων ἐκείνων
τραγῳδῶν, ὠχρῶν ἁπάντων καὶ λεπτῶν,
     σὺ δ' ὦ θεῶν τύραννε κἀνθρώπων ἔρως,
καὶ τὰ ἄλλα μεγάλῃ τῇ φωνῇ ἀναβοώντων, καὶ τοῦτο
ἐπὶ πολύ, ἄχρι δὴ χειμὼν καὶ κρύος δὲ μέγα γενόμενον 5
ἔπαυσε ληροῦντας αὐτούς. αἰτίαν δέ μοι δοκεῖ τοῦ τοι-
ούτου παρασχεῖν Ἀρχέλαος ὁ τραγῳδός, εὐδοκιμῶν τότε,
μεσοῦντος θέρους ἐν πολλῷ τῷ φλογμῷ τραγῳδήσας αὐ-
τοῖς τὴν Ἀνδρομέδαν, ὡς πυρέξαι τε ἀπὸ τοῦ θεάτρου
τοὺς πολλοὺς καὶ ἀναστάντας ὕστερον ἐς τὴν τραγῳδίαν 10
παρολισθαίνειν, ἐπὶ πολὺ ἐμφιλοχωρούσης τῆς Ἀνδρο-
μέδας τῇ μνήμῃ αὐτῶν καὶ τοῦ Περσέως ἔτι σὺν τῇ Με-
δούσῃ τὴν ἑκάστου γνώμην περιπετομένου.

2 2. Ὡς οὖν ἕν, φασίν, ἑνὶ παραβαλεῖν, τὸ Ἀβδηριτι-
κὸν ἐκεῖνο πάθος καὶ νῦν τοὺς πολλοὺς τῶν πεπαιδευ- 15
μένων περιελήλυθεν, οὐχ ὥστε τραγῳδεῖν — ἔλαττον
γὰρ ἂν τοῦτο παρέπαιον ἀλλοτρίοις ἰαμβείοις οὐ φαύ-
λοις κατεσχημένοι — ἀλλ' ἀφ' οὗ δὴ τὰ ἐν ποσὶ ταῦτα
κεκίνηται, ὁ πόλεμος ὁ πρὸς τοὺς βαρβάρους καὶ τὸ ἐν

1. τῶν ἑβδομαίων ἐκείνων
τραγῳδῶν 'die am sieben-
ten Fiebertage Schauspieler
geworden waren'.

3. σὺ δ' ὦ θεῶν τύραννε
κἀνθρώπων ἔρως. Vollständi-
ger ist das Fragment bei Athenäus
XIII. p. 561 B.
   σὺ δ' ὦ τύραννε θεῶν τε κἀν-
         θρώπων, ἔρως,
   ἢ μὴ δίδασκε τὰ καλὰ φαίνε-
         σθαι καλὰ
   ἢ τοῖς ἐρῶσιν, ὧν σὺ δημιουρ-
         γὸς εἶ,
   μοχθοῦσι μόχθους εὐτυχῶς
         συνεκπόνει.
   καὶ ταῦτα μὲν δρῶν τίμιος
         θεοῖς ἔσῃ,
   μὴ δρῶν δ' ὑπ' αὐτοῦ τοῦ δι-
         δάσκεσθαι φιλεῖν
   ἀφαιρεθήσῃ χάριτας αἷς τι-
         μῶσί σε.

5. ἐπὶ πολὺ von der Zeit, wie

weiter unten ἐπὶ πολὺ ἐμφιλοχω-
ρούσης τῆς Ἀνδρομέδας. Vgl.
Gallus c. 11. Dagegen vom Raume
ebendaselbst c. 23. 26 und oft.

ἄχρι δὴ mit dem Indic. bei
vollendeten Thatsachen, dagegen
mit dem Conjunct. und ἄν c. 9. 39.
Vgl. zu Gallus c. 8.

καὶ κρύος δέ. καὶ — δέ quin
etiam. Vgl Rhetor. praec. c. 6. καὶ
ἡ δόξα δὲ καὶ ἰσχὺς παρέστωσαν
und oft. Aehnlich ἀλλὰ καί ohne
vorhergehendes οὐ μόνον c. 31.

7. Ἀρχέλαος ὁ τραγῳδός
sonst nicht weiter bekannt.

9. ἀπὸ τοῦ θεάτρου Zeit-
bestimmung: seitdem Archelaus
aufgetreten.

2. 14. φασίν quod aiunt, ut
aiunt; der Ausdruck wird dadurch
als ein sprüchwörtlicher bezeichnet.
Vgl. c. 32.

19. ὁ πόλεμος ὁ πρὸς τοὺς

Ἀρμενίᾳ τραύμα καὶ αἱ συνεχεῖς νῖκαι, οὐδεὶς ὅστις οὐχ
ἱστορίαν συγγράφει, μᾶλλον δὲ Θουκυδίδαι καὶ Ἡρόδο-
τοι καὶ Ξενοφῶντες ἡμῖν ἅπαντες, καὶ ὡς ἔοικεν, ἀλη-
θὲς ἄρ' ἦν ἐκεῖνο τό „πόλεμος ἁπάντων πατήρ", εἴ γε
5 καὶ συγγραφέας τοσούτους ἀνέφυσεν ὑπὸ μιᾷ τῇ ὁρμῇ.
8. ταῦτα τοίνυν, ὦ φιλότης, ὁρῶντα καὶ ἀκούοντά με τὸ 3
τοῦ Σινωπέως ἐκεῖνο εἰσῆλθεν. ὁπότε γὰρ ὁ Φίλιππος
ἐλέγετο ἤδη ἐπελαύνειν, οἱ Κορίνθιοι πάντες ἐταράττον-
το καὶ ἐν ἔργῳ ἦσαν, ὁ μὲν ὅπλα ἐπισκευάζων, ὁ δὲ λί-
10 θους παραφέρων, ὁ δὲ ὑποικοδομῶν τοῦ τείχους, ὁ δὲ
ἔπαλξιν ὑποστηρίζων, ὁ δὲ ἄλλος ἄλλο τι τῶν χρησίμων
ὑπουργῶν. ὁ δὴ Διογένης ὁρῶν ταῦτα, ἐπεὶ μηδὲν εἶχεν
ὅ τι καὶ πράττοι — οὐδεὶς γὰρ αὐτῷ ἐς οὐδὲν ἐχρῆτο —
διαζωσάμενος τὸ τριβώνιον σπουδῇ μάλα καὶ αὐτὸς ἐκύ-
15 λιε τὸν πίθον, ἐν ᾧ ἐτύγχανεν οἰκῶν, ἄνω καὶ κάτω τοῦ
Κρανείου. καί τινος τῶν συνήθων ἐρομένου, Τί ταῦτα
ποιεῖς, ὦ Διόγενες; Κυλίω, ἔφη, κἀγὼ τὸν πίθον, ὡς μὴ
μόνος ἀργεῖν δοκοίην ἐν τοσούτοις ἐργαζομένοις. 4. κἀὐ- 4
τὸς οὖν, ὦ Φίλων, ὡς μὴ μόνος ἄφωνος εἴην ἐν οὕτω
20 πολυφώνῳ τῷ καιρῷ μηδ' ὥσπερ κωμικὸν δορυφόρημα

βαρβάρους der Parthische Krieg.
S. die Einleitung.
    τὸ ἐν Ἀρμενίᾳ τραῦμα die
Niederlage bei Elegeia. Vgl. c. 21.
    1. αἱ συνεχεῖς νῖκαι von
Seiten der Römer.
    2. μᾶλλον δέ = ac potius.
S. c. 8. c. 34. und oft.
    4. πόλεμος ἁπάντων πα-
τήρ. Ausspruch des Philosophen
Heraklit aus Ephesus um 500 v. Chr.
    8. 7. ὁ Φίλιππος ἐλέγετο
ἤδη ἐπελαύνειν wahrscheinlich
zur Zeit der Schlacht bei Chäronea.
    11. ὁ δὲ ἄλλος ἄλλο. Indem
Lucian mit ὁ δὲ anfängt noch eine
andere Einzelheit aufzuführen, bricht
er ab und sagt statt dessen allge-
mein ἄλλος ἄλλο; ἄλλος ist also
nicht mit ὁ δὲ zu verbinden. Ebenso
pro imaginibus c. 14. ᾐτιᾶτο δὲ ὁ
μὲν τὴν ῥῖνα ὡς παχεῖαν, ὁ δὲ ὡς

ἐπιμηκέστερον τὸ πρόσωπον, ὁ
δὲ ἄλλος ἄλλο τι. Vgl. Icaro-
menippus c. 20.
    13. ὅ τι καὶ πράττοι quid
tandem. S. zur Nigr. c. 2.
    14. διαζωσάμνος τὸ τριβώ-
νιον. διαζώννυσθαι den Mantel
von den Schultern ziehn und um die
Lenden binden, um die Hände und
den Oberkörper zur Arbeit frei zu
haben, wie die Handwerker zu thun
pflegen. Vgl. Somnium c. 6, wo
die Bildhauerkunst geschildert wird
διεζωσμένη τὴν ἐσθῆτα.
    15. τοῦ Κρανείου eine Vor-
stadt von Korinth.
    17. ὡς — δοκοίην bei L. wie
überhaupt bei den späteren Schrift-
stellern, in Absichtssätzen häufig der
Optativ statt des Conjunct. nach dem
Präsens.
    4. 20. κωμικὸν δορυφόρημα

κεχηνὸς σιωπῇ παραφεροίμην, καλῶς ἔχειν ὑπέλαβον ὡς
δυνατόν μοι κυλῖσαι τὸν πίθον, οὐχ ὡς ἱστορίαν συγ-
γράφειν οὐδὲ πράξεις αὐτὸν διεξιέναι· οὐχ οὕτω μεγα-
λότολμος ἐγώ, μηδὲ τοῦτο δείσῃς περὶ ἐμοῦ. οἶδα γάρ,
ἡλίκος ὁ κίνδυνος, εἰ κατὰ τῶν πετρῶν κυλίοι τις, καὶ 5
μάλιστα οἷον τοὐμὸν τοῦτο πιθάκνιον οὐδὲ πάνυ καρτε-
ρῶς κεκεραμευμένον. δεήσει γὰρ αὐτίκα μάλα πρὸς μι-
κρόν τι λιθίδιον προσπταίσαντα συλλέγειν τὰ ὄστρακα.
τί οὖν ἔγνωσταί μοι καὶ πῶς ἀσφαλῶς μεθέξω τοῦ πο-
λέμου, αὐτὸς ἔξω βέλους ἑστώς, ἐγώ σοι φράσω. „τού- 10
του μὲν καπνοῦ καὶ κύματος" καὶ φροντίδων, ὅσαι τῷ
συγγράφειν ἔνεισιν, ἀπείρξω ἐμαυτὸν εὖ ποιῶν, π α ρ α ί ν ε-
σ ι ν δ έ τ ι ν α τ α ύ τ η ν μ ι κ ρ ὰ ν κ α ὶ ὑ π ο θ ή κ α ς τ α ύ τ α ς
ὀλίγας ὑ π ο θ ή σ ο μ α ι τ ο ῖ ς σ υ γ γ ρ ά φ ο υ σ ι ν, ὡς κοινωνή-
σαιμι αὐτοῖς τῆς οἰκοδομίας, εἰ καὶ μὴ τῆς ἐπιγραφῆς, ἄκρῳ 15
5 γε τῷ δακτύλῳ τοῦ πηλοῦ προσαψάμενος. 5. καίτοι οὐδὲ
παραινέσεως οἱ πολλοὶ δεῖν οἴονταί σφισιν ἐπὶ τὸ πρᾶγ-
μα, οὐ μᾶλλον ἢ τέχνης τινὸς ἐπὶ τὸ βαδίζειν ἢ βλέπειν

'ein Statist in der Komödie',
der auf der Bühne erscheint, ohne zu
sprechen, daher auch κωφὸν πρόσω-
πον genannt. Vgl. zu Icaromen. c. 9.
2. ὡς ἱ σ τ ο ρ ί α ν σ υ γ γ ρ ά φ ε ι ν.
ὡς bei Späteren nicht selten in der
Bedeutung von ὥστε mit dem In-
finitiv. Vgl. c. 32. οὐδ' ὡς ἐν
γέλωτι ποιήσασθαι καὶ ἐπισκῶψαι
τὰς ἱστορίας οὕτω καλὰς οὔσας.
Dagegen c. 2 οὐχ ὥστε τραγῳδεῖν.
10. ἔξω βέλους. Vgl. Nigr.
c. 18. οὕτω δὴ βουλευσάμενος
καὶ καθάπερ ὁ Ζεὺς τὸν Ἕκτορα
ὑπεξαγαγὼν ἐμαυτὸν ἐκ βε-
λέων Homer. Π. XVI. 122. χάζετο
δ' ἐκ βελέων.
τούτου μὲν καπνοῦ καὶ
κύματος aus Homers Odyssee XII.
198. 199, wo Odysseus bei der
Skylla und Charybdis zum Steuer-
mann spricht:
τούτου μὲν καπνοῦ καὶ κύματος
ἐκτὸς ἔεργε

νῆα, σὺ δὲ σκοπέλων ἐπιμαίεο...
12. ἀ π ε ί ρ ξ ω ἐ μ α υ τ ό ν im
Anschluss an Homers ἔεργε νῆα.
εὖ π ο ι ῶ ν 'wohl weislich',
'mit Recht' sehr beliebt bei Lucian.
S. c. 12, 15. Gall. c. 17.
π α ρ α ί ν ε σ ι ν — ὑ π ο θ ή σ ο-
μ α ι τ ο ῖ ς σ υ γ γ ά φ ο υ σ ι ν. Die
Aufgabe, die L. in dieser Schrift
sich gestellt hat.. Nicht selbst Ge-
schichte will er schreiben, nicht
eine vollständige Theorie der Ge-
schichtschreibung, sondern nur einige
praktische Rathschläge will er geben.
Mit etwas mehr Selbstgefühl be-
zeichnet er c. 5. seine Arbeit als
einen Kanon für die Historiker.
14. ὡ ς κ ο ι ν ω ν ή σ α ι μ ι. S. zu
c. 3. ὡς δοκοίην.
15. ε ἰ κ α ὶ μ ὴ τ ῆ ς ἐ π ι γ ρ α-
φ ῆ ς wenn nicht als B a u m e i s t e r,
doch wenigstens als H a n d l a n g e r.
(ἄκρῳ γε τῷ δακτύλῳ τοῦ πηλοῦ
— der zum Bau verwendete Lehm

ἢ ἐσθίειν, ἀλλὰ πάνυ ῥᾷστον καὶ πρόχειρον καὶ ἅπαντος
εἶναι ἱστορίαν συγγράψαι, ἤν τις ἑρμηνεῦσαι τὸ ἐπελθὸν
δύνηται. τὸ δὲ οἶσθά που καὶ αὐτός, ὦ ἑταῖρε, ὡς οὐ
τῶν εὐμεταχειρίστων οὐδὲ ῥᾳθύμως συντεθῆναι δυναμένων
5 τοῦτ᾽ ἐστίν, ἀλλ᾽ εἰ καί τι ἄλλο ἐν λόγοις, πολλῆς τῆς
φροντίδος δεόμενον, ἤν τις, ὡς ὁ Θουκυδίδης φησίν, ἐς ἀεὶ
κτῆμα συντιθείη. οἶδα μὲν οὖν οὐ πάνυ πολλοὺς αὐτῶν
ἐπιστρέψων, ἐνίοις δὲ καὶ πάνυ ἐπαχθὴς δόξων, καὶ μά-
λιστα ὁπόσοις ἀποτετέλεσται ἤδη καὶ ἐν τῷ κοινῷ δέδεικ-
10 ται ἡ ἱστορία. εἰ δὲ καὶ ἐπήνηται ὑπὸ τῶν τότε ἀκροα-
σαμένων, μανία ἤδη ἤ γε ἐλπίς, ὡς οἱ τοιοῦτοι μεταποιήσου-
σιν ἢ μεταγράψουσί τι τῶν ἅπαξ κεκυρωμένων καὶ ὥσ-
περ ἐς τὰς βασιλείους αὐλὰς ἀποκειμένων. ὅμως δὲ οὐ

— προσαψάμενος). Auf das voll-
endete Werk pflegte der Name des
Künstlers geschrieben zu werden.
　5. 1. ἅπαντος εἶναι, die
Sache Jedermanns d. i. sehr
leicht.
　2. ἑρμηνεῦσαι τὸ ἐπελθόν
'das Erste Beste aus-
sprechen' zur Bezeichnung der
Flüchtigkeit und Nachlässigkeit,
der es nicht sowohl auf den Inhalt
als auf die Form ankommt.
　3. τὸ δέ = at vero. Nicht selten
wird so bei späteren Schriftstellern,
namentlich bei Lucian, τὸ δὲ ge-
braucht, um falschen Annahmen, die
vorausgehen, die wirkliche Lage der
Dinge mit Nachdruck gegenüberzu-
stellen.
　5. εἰ καί τι ἄλλο ἐν λόγοις
d. i. so sehr, wie irgend etwas
Anderes in der Redekunst.
　6. ἤν τις — ἐς ἀεὶ κτῆμα
συντιθείη. Der Optativ nach ἐάν
steht bei späteren Prosaikern nicht
selten statt des in der klassischen
Zeit gewöhnlichen Conjunctivs.
Vgl. de saltat. c. 79. ἂν ἐρῶν τις
ἐς τὸ θέατρον παρέλθοι.
　ὡς ὁ Θουκυδίδης φησίν I.
c. 22. κτῆμά τε ἐς ἀεὶ μᾶλλον

ἢ ἀγώνισμα ἐς τὸ παρα-
χρῆμα ἀκούειν σύγκειται.
　9. ἐν τῷ κοινῷ publice.
　10. εἰ δὲ καὶ ἐπήνηται die
Werke (ἡ ἱστορία) jener Schrift-
steller.
　ὑπὸ τῶν τότε ἀκροασα-
μένων bei der öffentlichen Vor-
lesung. Vgl. das vorhergehende
ἐν τῷ κοινῷ δέδεικται.
　11. μανία ἤδη ἡ γε ἐλπίς.
ἤδη 'schon gar'. Vgl. Cynic. c. 5.
πολὺ δὲ ἀθλιώτερον, εἴ τις αὐτὸς
ἑαυτὸν ἀποστεροίη πάντων τῶν
καλῶν, μανία ἤδη τοῦτό γε σαφής.
　12. κεκυρωμένων durch den
Beifall der Zuhörer.
　ὥσπερ ἐς τὰς βασιλείους
αὐλὰς ἀποκειμένων. ὥσπερ,
'so gut als'...; in die kaiserliche
Bibliothek zu kommen war das Ziel
der Wünsche für die meisten Schrift-
steller der damaligen Zeit.
　13. ὅμως δὲ οὐ χεῖρον nicht
schlimmer, d. i. nicht unpassend.
Sonst fast immer οὐ χεῖρον δέ.
Vgl. Dipsad. c. 6. γεγράφθαι δὲ
πρὸς τοὐπίγραμμα, οὐ χεῖρον δὲ
αὐτὸ εἰπεῖν. Demonax. c. 14. οὐ
χεῖρον δὲ αὐτὰ εἰπεῖν ἃ ἔλεγεν.
c. 44.

χεῖρον καὶ πρὸς αὐτοὺς ἐκείνους εἰρῆσθαι, ἵν᾽, εἴ ποτε
πόλεμος ἄλλος συσταίη, ἢ Κελτοῖς πρὸς Γέτας ἢ Ἰνδοῖς
πρὸς Βακτρίους — οὐ γὰρ πρὸς ἡμᾶς γε τολμήσειεν ἄν
τις, ἁπάντων ἤδη κεχειρωμένων — ἔχωσιν ἄμεινον συντι-
θέναι τὸν κανόνα τοῦτον προσάγοντες, ἥνπερ γε δόξῃ αὐ- 5
τοῖς ὀρθὸς εἶναι. εἰ δὲ μή, αὐτοὶ μὲν καὶ τότε τῷ αὐτῷ
πήχει ὥσπερ καὶ νῦν μετρούντων τὸ πρᾶγμα· ὁ ἰατρὸς
δὲ οὐ πάνυ ἀνιάσεται, ἢν πάντες Ἀβδηρῖται ἑκόντες Ἀν-
δρομέδαν τραγῳδῶσιν.

6   6. Διττοῦ δὲ ὄντος τοῦ τῆς συμβουλῆς ἔργου, 10
τὰ μὲν γὰρ αἱρεῖσθαι, τὰ δὲ φεύγειν διδάσκει,
φέρε πρῶτα εἴπωμεν ἄτινα φευκτέον τῷ ἱστορίαν
συγγράφοντι καὶ ὧν μάλιστα καθαρευτέον, ἔπειτα
οἷς χρώμενος οὐκ ἂν ἁμάρτοι τῆς ὀρθῆς καὶ [ἐπ᾽]
εὐθὺ ἀγούσης. ἀρχὴν δὲ οἵαν αὐτῷ ἀρκτέον καὶ τάξιν 15
ἥντινα τοῖς ἔργοις ἐφαρμοστέον καὶ μέτρον ἑκάστου καὶ ἃ
σιωπητέον καὶ οἷς ἐνδιατριπτέον καὶ ὅσα παραδραμεῖν
I. ἄμεινον καὶ ὅπως ἑρμηνεῦσαι αὐτὰ καὶ συναρμόσαι, ταῦτα
μὲν καὶ τὰ τοιαῦτα ὕστερον. νῦν δὲ τὰς κακίας ἤδη
εἴπωμεν ὁπόσαι τοῖς φαύλως συγγράφουσι παρα- 20
κολουθοῦσιν. ἃ μὲν οὖν κοινὰ πάντων λόγων ἐστὶν
ἁμαρτήματα ἔν τε φωνῇ καὶ ἁρμονίᾳ καὶ διανοίᾳ καὶ τῇ

4. ἁπάντων ἤδη κεχει-
ρωμένων ironisch mit Beziehung
auf die Uebertreibungen und
Schmeicheleien der damaligen Histo-
riker.
7. ὁ ἰατρὸς—τραγῳδῶσιν.
Sinn: Ich zürne nicht, wenn auch
die Historiker bei ihrer Verkehrt-
heit verharren, wie die Abderiten
nach der Aufführung der Andromeda.
6. Eintheilung der Abhand-
lung. Zwei Haupttheile.
18. καὶ ὅπως ἑρμηνεῦσαι
nicht von dem vorhergehenden ἄμει-
νον, sondern von einem in den
Verbaladjectiven καθαρευτέον —
ἐφαρμοστέον dem Sinne nach ent-
haltenen δεῖ abhängig. Vgl. Her-
motim. c. 23. τῶν δ᾽ ἄλλων ἀμελη-

τέον καὶ μήτε πατρίδος — πολὺν
ποιεῖσθαι τὸν, λόγον μήτε παί-
δων ἢ γονέων.
19. τὰς κακίας was vorhin
durch ἄτινα φευκτέον ... bezeichnet
war. Erster Theil: Welche
Fehler hat der Historiker zu
vermeiden?
21. πάντων λόγων nicht bles
der Geschichte. Gegensatz c. 7.
ἃ δ᾽ ἐν ἱστορίᾳ διαμαρτάνουσιν.
22. ἔν τε φωνῇ — διανοίᾳ.
φωνή der Ausdruck in Beziehung
auf Reinheit der Sprache, ἁρμονία
harmonische Verbindung d. i. das
richtige Verhältniss der Theile zum
Ganzen, διάνοια der den Schrif-
ten zu Grunde liegende Gedanke.
καὶ τῇ ἄλλῃ ἀτεχνίᾳ. τῇ

ἄλλη ἀτεχνίᾳ, μακρόν τε ἂν εἴη ἐπελθεῖν καὶ τῆς παρούσης
ὑποθέσεως οὐκ ἴδιον [κοινὰ γάρ, ὡς ἔφην, ἀπάντων λό-
γων ἐστὶν ἁμαρτήματα ἔν τε φωνῇ καὶ ἁρμονίᾳ]. 7. ἃ δ' 7
ἐν ἱστορίᾳ διαμαρτάνουσι, τοιαῦτα ἂν εὕροις ἐπιτη-
5 ρῶν, οἷα κἀμοὶ πολλάκις ἀκροωμένῳ ἔδοξε, καὶ μάλιστα
ἢν ἅπασιν αὐτοῖς ἀναπετάσῃς τὰ ὦτα. οὐκ ἄκαιρον δὲ
μεταξὺ καὶ ἀπομνημονεῦσαι ἔνια παραδείγματος ἕνεκα
τῶν ἤδη οὕτω συγγεγραμμένων. καὶ πρῶτόν γε ἐκεῖνο,
ἡλίκον ἁμαρτάνουσιν, ἐπισκοπήσωμεν· ἀμελήσαντες γὰρ
10 οἱ πολλοὶ αὐτῶν τοῦ ἱστορεῖν τὰ γεγενημένα τοῖς ἐπαίνοις
ἀρχόντων καὶ στρατηγῶν ἐνδιατρίβουσι, τοὺς μὲν οἰκείους
ἐς ὕψος αἴροντες, τοὺς πολεμίους δὲ πέρα τοῦ μετρίου
καταρρίπτοντες, ἀγνοοῦντες ὡς οὐ στενῷ τῷ ἰσθμῷ διώ-
ρισται καὶ διατετείχισται ἡ ἱστορία πρὸς τὸ ἐγκώμιον,
15 ἀλλά τι μέγα τεῖχος ἐν μέσῳ ἐστὶν αὐτῶν καὶ, τὸ τῶν
μουσικῶν δὴ τοῦτο, δὶς διὰ πασῶν ἐστι πρὸς ἄλληλα, εἴ
γε τῷ μὲν ἐγκωμιάζοντι μόνου ἑνὸς μέλει, ὁπωσοῦν ἐπαι-
νέσαι καὶ εὐφρᾶναι τὸν ἐπαινούμενον, κἂν ψευσαμένῳ
ὑπάρχῃ τυχεῖν τοῦ τέλους, ἡ δὲ οὐκ ἂν τι ψεῦδος ἐμπεσὸν
20 [ἡ ἱστορία] οὐδ' ἀκαριαῖον ἀνάσχοιτο, οὐ μᾶλλον ἢ τὴν

<hr>

ἄλλη nicht 'der andre' Mangel an
technischer Bildung, sondern 'über-
haupt' (*omnino*) der Mangel an
technischer Bildung; ein auch bei
klassischen Schriftstellern vorkom-
mender Gebrauch, der dem Deut-
schen fremd ist. Am Nächsten steht
das französische *autre* in *nous au-
tres Allemands* u. a., wir Deut-
schen (überhaupt), eigentlich,
wir Anderen, nehmlich wir Deut-
schen. S. zu c. 24.

7. Fehler, die aus der Un-
kenntniss des Unterschiedes
zwischen Geschichtsschrei-
bung und Lobrede (ἐγκώμιον)
(mit Einschluss der Poesie c. 8.)
hervorgehen. c. 7. — c. 14.

7. μεταξὺ absolut, 'unterdes-
sen', d. i. bis du es selbst durch
eigne Erfahrung wahrnimmst. S. zu

Nigr. c. 8.

12. πέρα τοῦ μετρίου sehr
oft bei Lucian. Vgl. de salt. c. 75, wo
bald darauf c. 76 in demselben Sinne
ὑπὲρ τὸ μέτριον steht. Rhet. praec.
c. 10. Ebenso häufig πέρα τοῦ μέ-
τρου. Navig. c. 1. Catapl. c. 2.

13. ὡς — πρὸς ἄλληλα. Sinn:
Geschichte und Lobrede sind him-
melweit von einander entfernt.
στενῷ τῷ ἰσθμῷ sprüch-
wörtlich.

15. τὸ τῶν μουσικῶν. S. zu
Nigr. c. 1.

16. δὶς διὰ πασῶν, zwei Oc-
taven hindurch, zur Bezeichnung
eines grossen Abstandes, Unter-
schiedes. Vgl. Adv. indoct. c. 21.
Πύρρου φασὶ — ὑπὸ τῶν κολάκων
ἐπὶ τῷ ὁμοίῳ ποτὲ διαφθαρῆναι,
ὡς πιστεύειν ὅτι ὅμοιος ἦν Ἀλε-

ἀρτηρίαν ἰατρῶν παῖδές φασι τὴν τραχεῖαν παραδέξασθαι
8 ἄν τι ἐς αὐτὴν καταποθέν. 8. ἔτι ἀγνοεῖν ἐοίκασιν οἱ
τοιοῦτοι, ὡς ποιητικῆς μὲν καὶ ποιημάτων ἄλλαι ὑποσχέ-
σεις καὶ κανόνες ἴδιοι, ἱστορίας δὲ ἄλλοι· ἐκεῖ μὲν γὰρ
ἄκρατος ἡ ἐλευθερία καὶ νόμος εἷς, τὸ δόξαν τῷ ποιητῇ 5
ἔνθεος γὰρ καὶ κάτοχος ἐκ Μουσῶν, κἂν ἵππων ὑποπτέρων
ἅρμα ζεύξασθαι ἐθέλῃ, κἂν ἐφ᾽ ὕδατος ἄλλους ἢ ἐπ᾽
ἀνθερίκων ἄκρων θευσομένους ἀναβιβάσηται, φθόνος
οὐδείς. οὐδ᾽ ὁπόταν ὁ Ζεὺς αὐτῶν ἀπὸ μιᾶς σειρᾶς ἀνα-
σπάσας αἰωρῇ ὁμοῦ γῆν καὶ θάλατταν, δεδίασι, μὴ 10
ἀποῤῥαγείσης ἐκείνης συντριβῇ τὰ πάντα κατενεχθέντα.
ἀλλὰ κἂν Ἀγαμέμνονα ἐπαινέσαι θέλωσιν, οὐδεὶς ὁ κωλύ-
σων Διὶ μὲν αὐτὸν ὅμοιον εἶναι τὴν κεφαλὴν καὶ τὰ
ὄμματα, τὸ στέρνον δὲ τῷ ἀδελφῷ αὐτοῦ τῷ Ποσειδῶνι,
τὴν δὲ ζώνην τῷ Ἄρει, καὶ ὅλως σύνθετον ἐκ πάντων 15
θεῶν γενέσθαι δὴ τὸν Ἀτρέως καὶ Ἀερόπης· οὐ γὰρ
ἱκανὸς ὁ Ζεὺς οὐδ᾽ ὁ Ποσειδῶν οὐδ᾽ ὁ Ἄρης μόνος ἕκα-
στος ἀναπληρῶσαι τὸ κάλλος αὐτοῦ. ἡ ἱστορία δὲ ἤν
τινα κολακείαν τοιαύτην προσλάβῃ, τί ἄλλο ἢ πεζή τις

ξάνδρῳ ἐκείνῳ, καίτοι τὸ τῶν μου-
σικῶν τοῦτο, δὶς διὰ πασῶν τὸ
πρᾶγμα ἦν.
1. ἀρτηρίαν — τὴν τρα-
χεῖαν = aspera arteria die Luft-
röhre.
ἰατρῶν παῖδες. Die Bezeich-
nung παῖδες drückt das Verhältniss
der Jünger, Anhänger einer Ge-
lehrten- oder Künstler-Schule aus.
Anders οἱ Ῥωμαίων παῖδες = οἱ
Ῥωμαῖοι Nigr. c. 36. Vgl. zu c. 9.
8. 5. ἄκρατος ἡ ἐλευθερία
ungemischt d. i. 'vollkommen,
unbeschränkt', nach Plato's
Staat VIII p. 562.
7. κἂν ἐφ᾽ ὕδατος—ἀναβι-
βάσηται. Homer Il. XX. 226
werden die von Boreas erzeugten
Rosse so geschildert:
αἱ δ᾽ ὅτε μὲν σκιρτῶεν ἐπὶ ζεί-
δωρον ἄρουραν
ἄκρον ἐπ᾽ ἀνθερίκων καρπὸν

θέον οὐδὲ κατέκλων·
ἀλλ᾽ ὅτε δὴ σκιρτῶεν ἐπ᾽ εὐρέα
νῶτα θαλάσσης
ἄκρον ἐπὶ ῥηγμῖνος ἁλὸς πολίοιο
θέεσκον.
8. φθόνος οὐδείς ohne Verb.
wie Pseudolog. c. 30. Deor. dial. 18
c. 1. εἰ δὲ παιδιὰ καὶ τροφὴ
προσεστιν αὐτοῖς, οὐδεὶς φθόνος.
Aehnlich συγγνώμη sehr oft, πᾶσα
ἀνάγκη Hermot. c. 27 πολλὴ
αἰχύνη dial. mort. 15 c. 1.
ὁπόταν ὁ Ζεὺς — αἰωρῇ
ὁμοῦ γῆν καὶ θάλατταν.
Hom. Il. VIII. 18 ff.
12. ἀλλὰ κἂν Ἀγαμέμ-
νονα Ἀερόπης. Hom. Il. II.
477 — 479.
μετὰ δὲ κρείων Ἀγαμέμνων
ὄμματα καὶ κεφαλὴν ἴκελος Διὶ
τερπικεραύνῳ
Ἄρεϊ δὲ ζώνην, στέρνον δὲ Πο-
σειδάωνι.

ποιητικὴ γίνεται, τῆς μεγαλοφωνίας μὲν ἐκείνης ἐστερη-
μένη, τὴν λοιπὴν δὲ τερατείαν γυμνὴν τῶν μέτρων καὶ
δι᾽ αὐτὸ ἐπισημοτέραν ἐκφαίνουσα; μέγα τοίνυν, μᾶλλον
δὲ ὑπέρμεγα τοῦτο κακόν, εἰ μὴ εἰδείη τις χωρίζειν τὰ
5 ἱστορίας καὶ τὰ ποιητικῆς, ἀλλ᾽ ἐπεισάγοι τῇ ἱστορίᾳ
τὰ τῆς ἑτέρας κομμώματα, τὸν μῦθον καὶ τὸ ἐγκώμιον
καὶ τὰς ἐν τούτοις ὑπερβολάς, ὥσπερ ἂν εἴ τις ἀθλητὴν
τῶν καρτερῶν τούτων καὶ κομιδῇ πρινίνων ἀλουργίσι
περιβάλλοι καὶ τῷ ἄλλῳ κόσμῳ τῷ ἑταιρικῷ καὶ φυ-
10 κίον ἐντρίβοι καὶ ψιμύθιον τῷ προσώπῳ, Ἡράκλεις ὡς
καταγέλαστον αὐτὸν ἀπεργάσαιτο αἰσχύνας τῷ κόσμῳ ἐκεί-
νῳ. 9. καὶ οὐ τοῦτό φημι, ὡς οὐχὶ καὶ ἐπαινετέον ἐν 9
ἱστορίᾳ ἐνίοτε· ἀλλ᾽ ἐν καιρῷ τῷ προσήκοντι ἐπαινετέον
καὶ μέτρον ἐπακτέον τῷ πράγματι, τὸ μὴ ἐπαχθὲς τοῖς
15 ὕστερον ἀναγνωσομένοις αὐτά, καὶ ὅλως πρὸς τὰ ἔπειτα
κανονιστέον τὰ τοιαῦτα, ὅπερ μικρὸν ὕστερον ἀποδείξομεν.
ὅσοι δὲ οἴονται καλῶς διαιρεῖν ἐς δύο τὴν ἱστορίαν, ἐς τὸ
τερπνὸν καὶ χρήσιμον, καὶ διὰ τοῦτο εἰσποιοῦσι καὶ τὸ
ἐγκώμιον ἐς αὐτήν ὡς τερπνὸν καὶ εὐφραῖνον τοὺς ἐν-
20 τυγχάνοντας, ὁρᾷς ὅσον τἀληθοῦς ἡμαρτήκασι; πρῶτον
μὲν κιβδήλῳ τῇ διαιρέσει χρώμενοι· ἐν γὰρ ἔργον ἱστο-

---

3. μᾶλλον δέ. S. c. 2.
χωρίζειν τὰ ἱστορίας καὶ
τὰ ποιητικῆς. Ueber den Unter-
schied des historischen, poetischen,
oratorischen, philosophischen Stils
vgl. Cic. orator c. 19. 20.
7. ἀθλητὴν τῶν καρτερῶν
τούτων für ἀθλητήν τινα καρτε-
ρόν, sehr oft bei Lucian. Vgl. Nigr.
c. 30. τὴν ἀναλγησίαν ἔγγραφον
ὁμολογοῦσιν, οἱ μὲν ἐσθῆτας ἑαυ-
τοῖς κελεύοντες συγκαταφλέγεσθαι
τῶν παρὰ τὸν βίον τιμίων.
Adv. indoct. c. 8. Ταραντῖνος Εὐάγ-
γελος τῶν οὐκ ἀφανῶν. Fugit.
c. 20. ἐσθῆτας τῶν μαλθακῶν
ἐπρίαντο.
κομιδῇ adverb., sehr häufig bei
Lucian. Vgl c. 10. 13. 21. 25.
πρινίνων eichen, wir 'hage-

büchen', nach Aristoph. Acharn.
180 und Vespen 909.
10. Ἡράκλεις ὡς adverbial, vul-
gäre Verstärkung von καταγέλα-
στον. Vgl. Epist. Satur. c. 32.
Ἡράκλεις ὡς ἀνελεύθερον. S. zu c.
19. Ἡράκλεις ὅσαι μυριάδες ἐπῶν.
9. 14. τὸ μὴ ἐπαχθὲς erklärt
das Vorhergehende μέτρον ἐπακ-
τέον τῷ πράγματι: Als Maassstab
diene die Rücksicht, dass die
späteren Leser keinen Anstoss daran
nehmen.
15. πρὸς τὰ ἔπειτα 'nach
dem Urtheile der Nachwelt'.
Vgl. τὸ τήμερον, τὸ παρόν, τοῦ-
πιόν c. 13. τὸ παραυτίκα c. 40.
16. μικρὸν ὕστερον so immer
bei Lucian, nie μικρῷ ὕστερον,
ebenso stets μικρὸν ἔμπροσθεν.

ρίας καὶ τέλος, τὸ χρήσιμον, ὅπερ ἐκ τοῦ ἀληθοῦς μόνου
συνάγεται. τὸ τερπνὸν δὲ ἄμεινον μὲν, εἰ καὶ αἰτὸ παρα-
κολουθήσειεν, ὥσπερ καὶ κάλλος ἀθλητῇ, εἰ δὲ μή, οὐ-
δὲν κωλύσει ἀφ᾽ Ἡρακλέους γενέσθαι Νικόστρατον
τὸν Ἰσιδότου, γεννάδαν ὄντα καὶ τῶν ἀνταγωνιστῶν ἑκατέ- 5
ρων ἀλκιμώτερον, εἰ αὐτὸς μὲν αἴσχιστος εἴη ὀφθῆναι,
Ἀλκαῖος δὲ ὁ καλὸς ὁ Μιλήσιος ἀνταγωνίζοιτο αὐτῷ·
καὶ ἐρώμενος, ὥς φασι, τοῦ Νικοστράτου ὤν. καὶ
τοίνυν ἡ ἱστορία, εἰ μὲν ἄλλως τὸ τερπνὸν παρεμπο-
ρεύσαιτο, πολλοὺς ἂν τοὺς ἐραστὰς ἐπισπάσαιτο· ἄχρι 10
δ᾽ ἂν καὶ μόνον ἔχῃ τὸ ἴδιον ἐντελές, λέγω δὲ τὴν τῆς
10 ἀληθείας δήλωσιν, ὀλίγον τοῦ κάλλους φροντιεῖ. 10. ἔτι
κἀκεῖνο εἰπεῖν ἄξιον, ὅτι οὐδὲ τερπνὸν ἐν αὐτῇ τὸ κο-
μιδῇ μυθῶδες καὶ τὸ τῶν ἐπαίνων μάλιστα πρόσαντες

4. ἀφ᾽ Ἡρακλέους γενέ-
σθαι ein Schüler, Nachfolger
des Herakles, insofern dieser
Sieger im Pankration (eine Ver-
schmelzung des Faust- und Ring-
kampfes, bei der die Hände ohne
den Kampfriem waren) und im
Ringkampfe war. Vgl. Ver. hist.
II. c. 22. πάλην μὲν ἐνίκησε Κᾶ-
ρος ὁ ἀφ᾽ Ἡρακλέους. Icarom.
c.24 μετὰ δὲ ἠρώτα, εἴ τις ἔτι λείπε-
ται τῶν ἀπὸ Φειδίου, Schüler
des Phidias d. i. Bildhauer. Ebenso
im Latein. ab. Cic. adv. Muren. c. 30,
63. nostri illi a Platone et Aristotele
moderati homines et temperati aiunt.
Νικόστρατον. Einen im Faust-
und Ringkampfe berühmten Niko-
stratus erwähnt Quintil. II. 8. At si
fuerit qui docebitur, illo, quem ado-
lescentes senem vidimus, Nicostratus,
omnibus in eo docendi partibus
similiter utetur efficietque illum,
qualis hic fuit, luctando pugnando-
que, quorum utroque certamine
iisdem diebus coronabatur, invictum.
Tacit. de oratoribus dial. c. 10. . . . .
si in Graecia natus esses, — ac
tibi Nicostrati robur ac vires dii
dedissent. . .

5. ἀνταγωνιστῶν ἑκατέ-
ρων die Kämpfer in jeder der beiden
Kampfarten Pankration und Ring-
kampf.
7. Ἀλκαῖος sonst nicht bekannt.
9. ἄλλως. Vgl. Hermotim. c. 49.
εἰ δὲ καὶ εὕροιμεν ἄλλως (aliud
quid agentes d. i. beiläufig, ohne
Absicht) κατά τινα ἀγαθὴν τύχην
περιπεσόντες αὐτῷ, οὐχ ἕξομεν
βεβαίως εἰδέναι εἰ ἐκεῖνό ἐστιν ὃ
ζητοῦμεν· wo es durch κατά τινα
ἀγαθὴν τύχην erklärt wird.
10. ἄχρι δ᾽ ἂν ἔχῃ. S. zu c. 1
und Gallus c. 8.
11. τὸ ἴδιον Substantiv 'die ihr
eigenthümliche Aufgabe'.
ἐντελές perfectum omnibus
numeris absolutum Prädicat.
10. 13. τερπνόν und πρό-
σαντες sind Prädicate.
τὸ κομιδῇ μυθῶδες καὶ τὸ τῶν
ἐπαίνων was c. 8. durch ὁ μῦθος
und τὸ ἐγκώμιον bezeichnet war;
τὸ τῶν ἐπαίνων Umschreibung für
den Begriff selbst mit Allem, was zu
ihm gehört, also = ὁ ἔπαινος.
Vgl. c. 17. de morte Peregrini c. 18.
ἀπὸ τούτων τὰ τῆς δόξης ηὐ-
ξάνετο.

παρ᾽ ἑκάτερος, ἢν μὴ τὸν συρφετὸν καὶ τὸν πολὺν δῆμον
ἐπινοῇς, ἀλλὰ τοὺς δικαστικῶς καὶ νὴ Δία συκοφαντικῶς
προσέτι γε ἀκροασομένους, οὓς οὐκ ἄν τι λάθοι παρα-
δραμόν, ὀξύτερον μὲν τοῦ Ἄργου ὁρῶντας καὶ πανταχόθεν
5 τοῦ σώματος, ἀργυραμοιβικῶς δὲ τῶν λεγομένων ἕκαστα
ἐξετάζοντας, ὡς τὰ μὲν παρακεκομμένα εὐθὺς ἀποῤῥίπτειν,
παραδέχεσθαι δὲ τὰ δόκιμα καὶ ἔννομα καὶ ἀκριβῆ τὸν
τύπον, πρὸς οὓς ἀποβλέποντα χρὴ συγγράφειν, τῶν δ᾽
ἄλλων ὀλίγον φροντίζειν, κἂν διαῤῥαγῶσιν ἐπαινοῦντες.
10 ἢν δ᾽ ἀμελήσας ἐκείνων ἡδύνῃς πέρα τοῦ μετρίου τὴν
ἱστορίαν μύθοις καὶ ἐπαίνοις καὶ τῇ ἄλλῃ θωπείᾳ,
τάχιστ᾽ ἂν ὁμοίαν αὐτὴν ἐξεργάσαιο τῷ ἐν Λυδίᾳ
Ἡρακλεῖ· ἑωρακέναι γάρ σέ που εἰκὸς γεγραμμένον, τῇ
Ὀμφάλῃ δουλεύοντα, πάνυ ἀλλόκοτον σκευὴν ἑκάτερον
15 ἐνεσκευασμένον, ἐκείνην μὲν τὸν λέοντα αὐτοῦ περιβε-
βλημένην καὶ τὸ ξύλον ἐν τῇ χειρὶ ἔχουσαν, ὡς Ἡρακλέα

1. *παρ᾽ ἑκάτερον* in utram-
que partem d. i. nach der Seite des
Zuviel wie des Zuwenig. Sinn: Es
ist schwer (*πρόσαντες*) beim Lobe
das rechte Maass zu halten,
schwer, wie es weiter heisst, nicht
πέρα τοῦ μετρίου zu schreiben.
τὸν συρφετόν Gegensatz zu
den Gebildeten.
τὸν πολὺν δῆμον = τοὺς
πολλούς. Vgl. Somn. c. 9 αὐτὸ
μόνον ἐργάτης καὶ τῶν τοῦ πολ-
λοῦ δήμου εἷς.
9. *κἂν διαῤῥαγῶσιν ἐπαι-
νοῦντες,* vor Lobsprüchen
bersten, wie wir sagen 'vor Aer-
ger, vor Lachen bersten'. Vgl. de
mercede conductis c. 35. τότε καὶ μά-
λιστα διαῤῥαγῆναι χρὴ ἐπαινοῦν-
τα καὶ κολακεύοντα. Sinn: Der Hi-
storiker soll sich durch den Beifall
der Ungebildeten, auch wenn er noch
so lebhaft wäre, nicht berücken
lassen.
10. *πέρα τοῦ μετρίου.* S. zu c. 7.
13. *ἑωρακέναι γάρ σέ που εἰκὸς
γεγραμμένον κ. τ. λ.* Aehnliche

Darstellungen sind uns noch erhal-
ten. Berühmt ist u. a. die Capitolini-
sche Mosaik mit dem spinnenden He-
rakles im Weiberrock; Schild und
Keule liegen neben ihm. Zwei Lie-
besgötter spielen mit einem gefes-
selten Löwen; ein dritter bläst die
Syrinx. Vgl. Millin, mythologische
Gallerie. Tafel CXVIII. Nr. 454.
14. *τῇ Ὀμφάλῃ δουλεύοντα*
Omphale, Tochter des Jardanos, Kö-
nigin der Lydier, an die Herakles
durch Hermes verkauft wurde und
der er drei Jahre um Lohn diente,
um von einer wegen Ermordung des
Iphitus über ihn verhängten Krank-
heit befreit zu werden. Die hier
erwähnte Sage von dem weibi-
schen Herakles findet sich auch
dial. deor. 13 c. 2 wo Asklepios zu
Herakles sagt: *ἐγὼ δὲ — οὔτε
ἐδούλευσα ὥσπερ σὺ οὔτε ἔξαινον
ἔρια ἐν Λυδίᾳ πορφυρίδα ἐνδε-
δυκὼς καὶ παιόμενος ὑπὸ τῆς
Ὀμφάλης χρυσῷ σανδάλῳ, ἀλλ'* ...
15. *τὸν λέοντα — καὶ τὸ
ξύλον* 'Löwenhaut und Keule'.

δῆθεν οὖσαν, αὐτὸν δὲ ἐν κροκωτῷ καὶ πορφυρίδι ἔρια
ξαίνοντα καὶ παιόμενον ὑπὸ τῆς Ὀμφάλης τῷ σανδαλίῳ,
καὶ, θέαμα αἴσχιστον, ἀφεστῶσα ἡ ἐσθὴς τοῦ σώματος
καὶ μὴ προσιζάνουσα καὶ τοῦ θεοῦ τὸ ἀνδρῶδες ἀσχη-
11 μόνως καταθηλυνόμενον. 11. καὶ οἱ μὲν πολλοὶ ἴσως 5
καὶ ταῦτά σου ἐπαινέσονται, οἱ λόγιοι δ᾽ ἐκεῖνοι, ὧν
σὺ καταφρονεῖς, μάλα ἡδὺ καὶ ἐς κόρον γελάσονται,
ὁρῶντες τὸ ἀσύμφυλον καὶ ἀνάρμοστον καὶ δυσκόλλητον
τοῦ πράγματος· ἑκάστου γὰρ δὴ ἴδιόν τι καλόν ἐστιν.
εἰ δὲ τοῦτο ἐναλλάξειας, ἀκαλλὲς τὸ αὐτὸ παρὰ τὴν χρῆ- 10
σιν γίνεται. ἐῶ λέγειν ὅτι οἱ ἔπαινοι ἑνὶ μὲν ἴσως τερ-
πνοί, τῷ ἐπαινουμένῳ, τοῖς δ᾽ ἄλλοις ἐπαχθεῖς, καὶ μά-
λιστα ἢν ὑπερφυεῖς τὰς ὑπερβολὰς ἔχωσιν, οἵους αὐτοὺς
οἱ πολλοὶ ἀπεργάζονται, τὴν εὔνοιαν τὴν παρὰ τῶν ἐπαι-
νουμένων θηρώμενοι καὶ ἐνδιατρίβοντες ἄχρι τοῦ πᾶσι 15
προφανῆ τὴν κολακείαν ἐξεργάσασθαι· οὐδὲ γὰρ κατὰ τὴν
τέχνην αὐτὸ δρᾶν ἴσασιν οὐδ᾽ ἐπισκιάζουσι τὴν θωπείαν,
ἀλλ᾽ ἐμπεσόντες ἀθρόα πάντα καὶ ἀπίθανα καὶ γυμνὰ
12 διεξίασιν. 12. ὥστ᾽ οὐδὲ τυγχάνουσιν οὗ μάλιστα ἐφίεν-
ται· οἱ γὰρ ἐπαινούμενοι πρὸς αὐτῶν μισοῦσι μᾶλλον καὶ 20
ἀποστρέφονται ὡς κόλακας, εὖ ποιοῦντες, καὶ μάλιστα ἢν

---

1. δῆθεν, natürlich, ironisch.
ἐν κροκωτῷ καὶ πορφυ-
ρίδι, κροκωτός das safranfarbene
Unterkleid, πορφυρίς das purpurne
Obergewand, wie sie Weiber und
Weichlinge zu tragen pflegten.
3. θέαμα αἴσχιστον wie
Ver. hist. A. c. 18. καὶ δὴ ἐφαί-
νοντο προσιόντες, θέαμα παρα-
δοξότατον, ἐξ ἵππων πτερωτῶν
καὶ ἀνθρώπων συγκείμενοι.
11. 10. εἰ δὲ τοῦτο ἐναλλά-
ξειας — γίνεται. Sinn: Ver-
kehrter Gebrauch und unpassende
Umgebung macht auch das Schöne
unschön: παρὰ τὴν χρῆσιν
'während des Gebrauchs'.
S. zu Nigrin. c. 9.
18. ἐμπεσόντες hineinfal-
len, daher, etwas plump, unge-

schickt anfangen. Gegensatz: vor-
sichtig ans Werk gehn. Vgl. Timon
c. 23. ὁ δὲ ἐμπεσὼν ἀθρόως εἰς ἐμὲ
ἀπειρόκαλος καὶ παχύδερμος ἄν-
θρωπος. Adv. indoct. c. 9. ἐμπεσὼν
τῇ κιθάρᾳ σφοδρότερον τοῦ δέ-
οντος.
ἀθρόα zu Hauf d. i. ohne Unter-
schied. γυμνά im Gegensatz zu dem
vorhergehenden ἐπισκιάζειν.
19. διεξίασιν wie c. 27 und oft
= persequi.
12. ὥστε am Anfange des
Satzes 'daher', oft bei Lucian.
S. Nigrin. c. 4.
21. ἀποστρέφονται ὡς κό-
λακας, sich abwenden, d. i. has-
sen, daher mit dem Accus. con-
struirt, wie μισεῖν. Vgl. Calumniae
non temere esse credendum. c. 14.

ἀνδρώδεις τὰς γνώμας ὦσιν· ὥσπερ Ἀλέξανδρος Ἀριστοβού-
λου μονομαχίαν γράψαντος Ἀλεξάνδρου καὶ Πώρου, καὶ
ἀναγνόντος αὐτῷ τοιοῦτο μάλιστά τι χωρίον τῆς γραφῆς
— ᾤετο γὰρ χαριεῖσθαι τὰ μέγιστα τῷ βασιλεῖ ἐπιψευ-
5 δόμενος ἀριστείας τινὰς αὐτῷ καὶ ἀναπλάττων ἔργα μείζω
τῆς ἀληθείας — λαβὼν τὸ βιβλίον — πλέοντες δ᾽
ἐτύγχανον ἐν τῷ ποταμῷ τῷ Ὑδάσπῃ — ἔρριψεν ἐπὶ κε-
φαλὴν ἐς τὸ ὕδωρ ἐπειπών, Καὶ σὲ δὲ οὕτως ἐχρῆν, ὦ
Ἀριστόβουλε, τοιαῦτα ὑπὲρ ἐμοῦ μονομαχοῦντα καὶ ἐλέ-
10 φαντας ἑνὶ ἀκοντίῳ φονεύοντα. καὶ ἔμελλέ γε οὕτως
ἀγανακτήσειν ὁ Ἀλέξανδρος, ὅς γε οὐδὲ τὴν τοῦ ἀρχι-
τέκτονος τόλμαν ἠνέσχετο ὑποσχομένου τὸν Ἄθω εἰκόνα
ποιήσειν αὐτοῦ καὶ μετακοσμήσειν τὸ ὄρος ἐς ὁμοιότητα
τοῦ βασιλέως, ἀλλὰ κόλακα εὐθὺς ἐπιγνοὺς τὸν ἄνθρω-

ἀπέστραπται τὸν φίλον. Rhetor.
praecept. c. 16.
εὖ ποιοῦντες wie c. 4.
1. Ἀριστοβούλου — γρά-
ψαντος. Sein verloren gegangenes
Werk über Alexander d. G. wird
von Arrian im 2ten Jahrhundert
nach Ch. G. in seiner Ἀλεξάνδρου
ἀνάβασις als eine Hauptquelle an-
geführt. Nach Lucian Makrob. c. 22.
begann er es im 84ten Lebensjahre
zu Cassandria in Macedonien. Da-
durch wird es zweifelhaft, ob dieses
Werk hier gemeint sein könne.
Wahrscheinlich hat Lucian ihn mit
Onesikritos verwechselt, dessen hi-
storische Treue auch aus anderen
Stellen verdächtig ist. Vgl. c. 40.
2. μονομαχίαν Ἀλεξάν-
δρου καὶ Πώρου. Nur Justinus
XII. 8. berichtet noch von einem sol-
chen Zweikampfe mit dem indischen
Fürsten Porus, schildert aber den
Ausgang als ungünstig für Alexan-
der: Nec Alexander pugnae moram
fecit, sed prima congressione vulne-
rato equo, cum praeceps in terram
decidisset, concursu satellitum ser-
vatur.
3. τοιοῦτο μάλιστά τι

χωρίον nämlich eine Stelle voll
von Lob und Schmeicheleien, erklärt
durch das Vorhergehende οἱ γὰρ
ἐπαινούμενοι.
4. ἐπιψευδόμενος zu den
wirklich von ihm vollführten Gross-
thaten hinzuerfinden.
7. Ὑδάσπῃ Nebenfluss des
Akesines und somit des Indus auf
dessen linker Seite.
ἐπὶ κεφαλὴν praeceps, in
demselben Sinne auch ἐπὶ κεφαλῆς.
Peregr. c. 24.
8. καὶ σὲ δέ. S. zu c. 1.
10. καὶ ἔμελλέ γε ἀγανακ-
τήσειν, ὡς erat qui... er musste
wohl... in der Bedeutung der sollte.
c. 25. καὶ ἔμελλέ
γε ἐκεῖνος περὶ ὀρχηστικὴν οἱ με-
τρίως σπουδάσεσθαι. Vergl. zu
Gall. c. 2.
11. τοῦ ἀρχιτέκτονος Plu-
tarch (de fortitudine Alexandri M.
Orat. II. 2) nennt ihn Stasikrates,
Vitruv (Praef. l. II.) Dinokrates
und erzählt abweichend von unserer
Anekdote, dass dieser durch seinen
Einfall Alexander sich vielmehr
empfohlen und in Folge dessen den
Auftrag zum Bau des Hafens in
Alexandria erhalten habe.

Sommerbrodt, Lucian III. 2. Aufl. 2

18 πον οὐκέτ' οὐδ' ἐς τὰ ἄλλα ὁμοίως ἐχρῆτο. 18. ποῦ τοί-
νυν τὸ τερπνὸν ἐν τούτοις; ἐκτὸς εἰ μή τις κομιδῇ ἀνόη-
τος εἴη, ὡς χαίρειν τὰ τοιαῦτα ἐπαινούμενος, ὧν παρὰ
πόδας οἱ ἔλεγχοι, ὥσπερ οἱ ἄμορφοι τῶν ἀνθρώπων, καὶ
μάλιστά γε τὰ γύναια τοῖς γραφεῦσι παρακελευόμενα ὡς 5
καλλίστας αὐτὰς γράφειν· οἴονται γὰρ ἄμεινον ἕξειν τὴν
ὄψιν, ἢν ὁ γραφεὺς αὐταῖς ἐρύθημά τε πλέον ἐπανθίσῃ
καὶ τὸ λευκὸν ἐγκαταμίξῃ πολὺ τῷ φαρμάκῳ. τοιοῦτοι
τῶν συγγραφόντων οἱ πολλοί εἰσι τὸ τήμερον κατ' ἰδίαν
καὶ τὸ χρειῶδες, ὅ τι ἂν ἐκ τῆς ἱστορίας ἐλπίσωσι, θερα- 10
πεύοντες· οὓς μισεῖσθαι καλῶς εἶχεν, ἐς μὲν τὸ παρὸν
κόλακας προδήλους καὶ ἀτέχνους ὄντας, ἐς τοὔπιὸν δὲ
ὕποπτον ταῖς ὑπερβολαῖς τὴν ὅλην πραγματείαν ἀποφαί-
νοντας. εἰ δέ τις πάντως τὸ τερπνὸν ἡγεῖται καταμε-
μῖχθαι δεῖν τῇ ἱστορίᾳ, πόσα ἄλλα σὺν ἀληθείᾳ τερπνά 15
ἐστιν ἐν τοῖς κάλλεσι τοῦ λόγου, ὧν ἀμελήσαντες οἱ πολλοὶ
τὰ μηδὲν προσήκοντα ἐπεισκυκλοῦσιν.

14 14. Ἐγὼ δ' οὖν καὶ διηγήσομαι ὁπόσα μέμνημαι
ἔναγχος ἐν Ἰωνίᾳ συγγραφέων τινῶν, καὶ νὴ Δι' ἐν

13. 2. ἐκτὸς εἰ μή 'nur
etwa mit der Ausnahme' vgl.
c. 21. 38. oft bei Lucian, nicht selten
mit ironischer Färbung. Aehnlich
χωρὶς εἰ μή, πλὴν εἰ μή.
κομιδῇ ἀνόητος. S. c. 8.
9. τὸ τήμερον der Augenblick,
in welchem sie leben 'die Gegen-
wart', während die wahre Aufgabe
der Geschichte darin besteht, ein
κτῆμα ἐς ἀεὶ zu schaffen.
κατ' ἰδίαν. Jeder für sich in
seinem eigenen Interesse.
11. οὓς μισεῖσθαι καλῶς
εἶχεν. S. zu Nigr. c. 10. ἄμεινον
εἶχεν und zu Icaromen. c. 16.
13. ἀποφαίνοντας efficere,
reddere. Ebenso adv. indoct. c. 4
εἴ γε τὸ κεκτῆσθαι τὰ βιβλία καὶ
πεπαιδευμένον ἀπέφαινε τὸν
ἔχοντα, πολλοῦ ἂν ὡς ἀληθῶς τὸ
κτῆμα ἦν ἄξιον und oft; anders
Gall. c. 4.

15. πόσα ἄλλα — λόγου.
Vgl. c. 28. σὺν ἀληθείᾳ im Gegen-
satz zur Schmeichelei.
17. ἐπεισκυκλοῦσιν in ihr
Geschichtswerk. Der Ausdruck ist
von der Bühne entlehnt. Das ἐκκύ-
κλημα war eine Maschinerie auf
dem attischen Theater, eine auf
Rollen stehende, bewegliche Bühne,
auf welcher, nachdem die hintere
Scenenwand auseinandergezogen,
das Innere des Hauses den Zu-
schauern sichtbar wurde.
14. Beispiele von Verir-
rungen und Fehlern der Hi-
storiker seiner Zeit bis c. 26
(33).
19. ἔναγχος — πρῴην auf
seiner Reise in die Heimath. S. die
Einleitung.
19. ἐν Ἰωνίᾳ — καὶ νὴ Δι'
ἐν Ἀχαΐᾳ. In dem europäischen
durch guten Geschmack berühmten

Ἀχαΐᾳ πρῴην ἀκούσας τὸν αὐτὸν τοῦτον πόλεμον διη‑
γουμένων· καὶ πρὸς Χαρίτων μηδεὶς ἀπιστήσῃ τοῖς
λεχθησομένοις· ὅτι γὰρ ἀληθῆ ἐστι κἂν ἐπωμοσάμην, εἰ
ἀστεῖον ἦν ὅρκον ἐντιθέναι συγγράμματι. εἷς μέν τις
5 αὐτῶν ἀπὸ Μουσῶν εὐθὺς ἤρξατο παρακαλῶν τὰς θεὰς
συνεφάψασθαι τοῦ συγγράμματος. ὁρᾷς ὡς ἐμμελὴς ἡ
ἀρχὴ καὶ περὶ πόδα τῇ ἱστορίᾳ καὶ τῷ τοιούτῳ εἴδει τῶν
λόγων πρέπουσα. εἶτα μικρον ὑποβὰς Ἀχιλλεῖ μὲν τὸν
ἡμέτερον ἄρχοντα εἴκαζε, Θερσίτῃ δὲ τὸν τῶν Περσῶν
10 βασιλέα, οὐκ εἰδὼς ὅτι ὁ Ἀχιλλεὺς ἀμείνων ἦν αὐτῷ, εἰ
Ἕκτορα μᾶλλον ἢ Θερσίτην καθῄρει, καὶ εἰ
  πρόσθε μὲν ἐσθλὸς ἔφευγε, δίωκε δέ μιν μέγ' ἀμείνων.
εἶτ' ἐπῆγεν ὑπὲρ αὐτοῖ τι ἐγκώμιον, καὶ ὡς ἄξιος εἴη
συγγράψαι τὰς πράξεις οὕτω λαμπρὰς οὔσας. ἤδη δὲ
15 κατιὼν ἐπῄνει καὶ τὴν πατρίδα τὴν Μίλητον, προστιθεὶς
ὡς ἄμεινον ποιοῖ τοῦτο τοῦ Ὁμήρου μηδὲν μνησθέντος |
τῆς πατρίδος. εἶτ' ἐπὶ τέλει τοῦ φροιμίου ὑπισχνεῖτο διαρ‑
ρήδην καὶ σαφῶς, ἐπὶ μεῖζον μὲν ἀρεῖν τὰ ἡμέτερα, τοὺς

Griechenland (als römische Provinz
Achaja genannt) musste die hier an‑
geführte Verirrung mehr Verwun‑
derung erregen als in Ionien, d. i.
in den asiatischen Kolonien, daher
die Hervorhebung und Steigerung
durch καὶ νὴ Δία. Vgl. Cic. Brut.
c. 13. *Nam ut simul e Piraeo evecta
eloquentia est, omnes peragravit in‑
sulas atque ita peregrinata tota
Asia est, ut se externis oblineret
moribus omnemque illam subtilita‑
tem Atticae dictionis et quasi sa‑
nitatem perderet ac linguam paene
dedisceret.* Dagegen ἦ καὶ νὴ Δία
verbessernd. Vgl. c. 2. — Dass
Lucian in Korinth gewesen, sehen
wir aus c. 27.
τὸν αὐτὸν τοῦτον πόλεμον
S. die Einleitung.
7. περὶ πόδα τῇ ἱστορίᾳ
für die Geschichte passend, wie
ein Schuh um den Fuss. Adv.
indoct. c. 10.

8. μικρὸν ὑποβάς, etwas wei‑
ter unten. Den fernern Fortschritt
der Rede bezeichnen κατιών und
ἐπὶ τέλει. κατιέναι wie καταβαί‑
νειν bei Herodot 'zu etwas Anderm
übergehn' (*descendere*).
τὸν ἡμέτερον ἄρχοντα
wohl Lucius Verus, (S. die Ein‑
leitung) auf welchem, obwohl er
sich von der Theilnahme am Kriege
entfernt hielt, von der Schmeichelei
der damaligen Geschichtschreiber
der Ruhm seiner Feldherren über‑
tragen wurde.
12. πρόσθε — ἀμείνων
Hom. Il. XXII. 158, verglichen mit
XXI. 260. 81, wo Achilles klagt
  ὥς μ' ὄφελ' Ἕκτωρ κτεῖναι
  ὅς ἐνθάδε γ' ἔτραφ' ἄριστος
  τῷ κ' ἀγαθὸς μὲν ἔπεφν', ἀγα‑
  θὸν δέ κεν ἐξενάριξεν.
17. διαρρήδην Advb. von
διειρηχέναι 'diserte'.

2*

βαρβάρους δὲ καταπολεμήσειν καὶ αὐτός, ὡς ἂν δύνη-
ται· καὶ ἤρξατό γε τῆς ἱστορίας οὕτως, αἴτια ἅμα τῆς τοῦ
πολέμου ἀρχῆς διεξιών· „Ὁ γὰρ μιαρώτατος καὶ κάκιστ᾽
ἀπολούμενος Οὐολόγεσσος ἤρξατο πολεμεῖν δι᾽ αἰτίαν
15 τοιάνδε.“ 15. οὗτος μὲν τοιαῦτα. ἕτερος δὲ Θουκυδίδου 5
ζηλωτὴς ἄκρος, οἷος εὖ μάλα τῷ ἀρχετύπῳ εἰκασμένος,
καὶ τὴν ἀρχὴν ὡς ἐκεῖνος σὺν τῷ ἑαυτοῦ ὀνόματι ἤρξατο,
χαριεστάτην ἀρχῶν ἁπασῶν καὶ θύμου τοῦ Ἀττικοῦ ἀπο-
πνέουσαν. ὅρα γάρ· „Κρεπερήιος Καλπουρνιανὸς Πομ-
πηϊοπολίτης συνέγραψε τὸν πόλεμον τῶν Παρθυαίων 10
καὶ Ῥωμαίων, ὡς ἐπολέμησαν πρὸς ἀλλήλους, ἀρξάμενος
εὐθὺς ξυνισταμένου.“ ὥστε μετά γε τοιαύτην ἀρχὴν τί
ἄν σοι τὰ λοιπὰ λέγοιμι, ὁποῖα ἐν Ἀρμενίᾳ ἐδημηγόρησε
τὸν Κερκυραῖον αὐτῷ ῥήτορα παραστησάμενος, ἢ οἷον
Νισιβηνοῖς λοιμὸν τοῖς μὴ τὰ Ῥωμαίων αἱρουμένοις ἐπή- 15

---

1. **καταπολεμήσειν** auf
dem Papier mit dem Griffel.

3. **Ὁ γὰρ μιαρώτατος**. Der-
gleichen der attischen Komödie und
der gewöhnlichen Umgangssprache
geläufige Ausdrücke sind der Würde
der Geschichte nicht angemessen.
Vgl. Arist. Frösche v. 466. ὦ μιαρὲ
καὶ παμμίαρε καὶ μιαρώτατε; das-
selbe gilt von κάκιστ᾽ ἀπολούμενος.

4. **Οὐολόγεσσος** Vologessus
III., König der Parther, folgte 149
seinem Vater Vologessus II. in der
Regierung. S. die Einleitung.

4. **δι᾽ αἰτίαν τοιάνδε**. Nach
Herodot I. c. 1. τά τε ἄλλα καὶ δι᾽
ἣν αἰτίαν ἐπολέμησαν ἀλλήλοισι.

15. 6. **ἄκρος** auf der Höhe,
d. i. ausgezeichnet. Vgl. Vitar.
auct. c. 2. μάντιν ἄκρον βλέπεις.
οἷος — εἰκασμένος = τοι-
οῦτος, ὥστε εἰκάσθαι.

9. **Κρεπερήιος Καλπουρ-
νιανὸς** wörtlich nach Thucyd. I. c.
1.Θουκυδίδης Ἀθηναῖος ξυνέγραψε
τὸν πόλεμον Πελοποννησίων καὶ
Ἀθηναίων ὡς ἐπολέμησαν πρὸς

ἀλλήλους, ἀρξάμενος εὐθὺς κα-
θισταμένου.

Πομπηϊοπολίτης. Es giebt
zwei Städte dieses Namens in Asien,
die eine in Paphlagonien, die andere,
das frühere Soloi, in Cilicien.
Welche von beiden hier gemeint,
ist nicht zu ermitteln, wie auch der
Historiker selbst, von dem hier die
Rede, nicht weiter bekannt ist.

12. **μετάγε τοιαύτην ἀρχήν**.
Wie der Anfang wörtlich aus Thu-
cydides, so auch alles Uebrige.
Krepereius änderte nur die Namen.

13. **ὁποῖα ἐν Ἀρμενίᾳ ἐδη-
μηγόρησε — παραστησάμε-
νος**. Der Geschichtschreiber liess
wahrscheinlich einen Parthischen
Unterhändler, der den Armenischen
König für ein Bündniss zu gewinnen
suchte, einem Dorier gegenüber, der
dies zu verhindern suchte, in der-
selben Weise sprechen, wie bei Thu-
cydides I. 32 ff. der Corcyräer dem
Korinthischen Gesandten gegenüber
vor den Atheniensern auftritt.

15. **Νισιβηνοῖς**. Nisibis die
Hauptstadt von Mygdonia, eines

γαγε παρὰ Θουκυδίδου χρησάμενος ὅλον ἄρδην πλὴν μό-
νου τοῦ Πελασγικοῦ καὶ τῶν τειχῶν τῶν μακρῶν, ἐν οἷς
οἱ τότε λοιμώξαντες ᾤκησαν. τὰ δ᾽ ἄλλα καὶ ἀπὸ Αἰθιο-
πίας ἤρξατο, εἶτα καὶ ἐς Αἴγυπτον κατέβη καὶ ἐς τὴν
5 βασιλέως γῆν τὴν πολλήν, καὶ ἐν ἐκείνῃ γε ἔμεινεν εὖ
ποιῶν. ἐγὼ γοῦν θάπτοντα ἔτι αὐτὸν καταλιπὼν τοὺς
ἀθλίους Ἀθηναίους ἐν Νισίβι ἀπῆλθον ἀκριβῶς εἰδὼς καὶ
ὅσα ἀπελθόντος ἐρεῖν ἔμελλε. καὶ γὰρ αὖ καὶ τοῦτο ἐπι-
εικῶς πολὺ νῦν ἐστι, τὸ οἴεσθαι τοῦτ᾽ εἶναι τοῖς Θουκυ-
10 δίδου ἐοικότα λέγειν, εἰ ὀλίγον ἐντρέψας τὰ αὐτὰ ἐκεί-
νῳ λέγοι τις, [μικρὰ ῥάκια, ὅπως καὶ αὐτὸς ἂν φαίης,
οἱ δι᾽ αὐτήν]. νὴ Δία κἀκεῖνο ὀλίγου δεῖν παρέλιπον· ὁ
γὰρ αὐτὸς οὗτος συγγραφεὺς πολλὰ καὶ τῶν ὅπλων καὶ
τῶν μηχανημάτων, ὡς Ῥωμαῖοι αὐτὰ ὀνομάζουσιν, οὕ-
15 τως ἀνέγραψε, καὶ τάφρον ὡς ἐκεῖνοι καὶ γέφυραν καὶ
τὰ τοιαῦτα. καί μοι ἐννόησον ἡλίκον τὸ ἀξίωμα τῆς ἱστο-
ρίας καὶ ὡς Θουκυδίδῃ πρέπον, μεταξὺ τῶν Ἀττικῶν
ὀνομάτων τὰ Ἰταλιωτικὰ ταῦτα ἐγκεῖσθαι, ὥσπερ δὴ

Theiles von Mesopotamien. Von
Trajan erobert fiel sie wieder ab,
bis sie zum zweiten Male von Lusius,
einem Maurischen Fürsten und Be-
fehlshaber unter Trajan, eingenom-
men wurde.

1. χρησάμενος 'leihen', bei
den Attikern in dieser Bedeutung
selten.

ὅλον ἄρδην 'Alles mit ein-
ander'; ἄρδην von αἴρω.

πλὴν μόνου τοῦ Πελασγι-
κοῦ κ. τ. Sinn: Er vertauschte nur
die Namen der Oertlichkeiten mit
andern; alles Uebrige schrieb er
aus Thucydides berühmter Beschrei-
bung der Pest (Thucyd. II. 17) ab.

3. καὶ ἀπὸ Αἰθιοπίας ἤρ-
ξατο (sc. λοιμός) wörtlich nach
Thucydides II. c. 48, wo er vom Ur-
sprunge und der Verbreitung der
Krankheit spricht. Die Uebertragung
dieser Stelle in das Werk des Krepe-
reius ist, abgesehen von der sklavi-

schen Nachtreterei deshalb beson-
ders abgeschmackt, weil, wenn auch
dieselbe Krankheit über die Nisibe-
ner kam, doch die Art und Weise der
Verbreitung keineswegos dieselbe
war, wie zu Thucydides Zeit in
Athen.

5. ἔμεινεν εὖ ποιῶν. S. Gal-
lus c. 7. c. 4. c. 12.

7. Ἀθηναίους, weil er nur das
von den Athenäusern bei Thucydi-
des Gesagte auf die Nisibener über-
trug. — ἀπελθόντος näml. ἐμοῦ.

8. καὶ γὰρ αὖ καὶ τοῦτο
Häufung der Partikeln. S. die Ein-
leitung im ersten Bande, S. XXVI.

9. πολύ Prädicat. Vgl. Nigr.
c. 34.

18. ὥσπερ δὴ πορφύραν. δή
== scilicet, ironisch. Wie der Pur-
purstreifen die Toga praetexta
schmückt, so glauben sie die Schön-
heit der Darstellung durch die unter
das Griechische gemischten latei-

ἀρτηρίαν ἰατρῶν παῖδές φασι τὴν τραχεῖαν παραδέξασθαι
8 ἄν τι ἐς αὐτὴν καταποθέν. 8. ἔτι ἀγνοεῖν ἐοίκασιν οἱ
τοιοῦτοι, ὡς ποιητικῆς μὲν καὶ ποιημάτων ἄλλαι ὑποσχέ-
σεις καὶ κανόνες ἴδιοι, ἱστορίας δὲ ἄλλοι· ἐκεῖ μὲν γὰρ
ἄκρατος ἡ ἐλευθερία καὶ νόμος εἷς, τὸ δόξαν τῷ ποιητῇ· 5
ἔνθεος γὰρ καὶ κάτοχος ἐκ Μουσῶν, κἂν ἵππων ὑποπτέρων
ἅρμα ζεύξασθαι ἐθέλῃ, κἂν ἐφ᾽ ὕδατος ἄλλους ἢ ἐπ᾽
ἀνθερίκων ἄκρων θευσομένους ἀναβιβάσηται, φθόνος
οὐδείς. οὐδ᾽ ὁπόταν ὁ Ζεὺς αὐτῶν ἀπὸ μιᾶς σειρᾶς ἀνα-
σπάσας αἰωρῇ ὁμοῦ γῆν καὶ θάλατταν, δεδίασι, μὴ 10
ἀποῤῥαγείσης ἐκείνης συντριβῇ τὰ πάντα κατενεχθέντα.
ἀλλὰ κἂν Ἀγαμέμνονα ἐπαινέσαι θέλωσιν, οὐδεὶς ὁ κωλύ-
σων Διὶ μὲν αὐτὸν ὅμοιον εἶναι τὴν κεφαλὴν καὶ τὰ
ὄμματα, τὸ στέρνον δὲ τῷ ἀδελφῷ αὐτοῦ τῷ Ποσειδῶνι,
τὴν δὲ ζώνην τῷ Ἄρει, καὶ ὅλως σύνθετον ἐκ πάντων 15
θεῶν γενέσθαι δὴ τὸν Ἀτρέως καὶ Ἀερόπης· οὐ γὰρ
ἱκανὸς ὁ Ζεὺς οὐδ᾽ ὁ Ποσειδῶν οὐδ᾽ ὁ Ἄρης μόνος ἕκα-
στος ἀναπληρῶσαι τὸ κάλλος αὐτοῦ. ἡ ἱστορία δὲ ἤν
τινα κολακείαν τοιαύτην προσλάβῃ, τί ἄλλο ἢ πεζῇ τις

ξάνδρῳ ἐκείνῳ, καίτοι τὸ τῶν μου-
σικῶν τοῦτο, δὶς διὰ πασῶν τὸ
πρᾶγμα ἦν.

1. ἀρτηρίαν — τὴν τρα-
χεῖαν = aspera arteria die Luft-
röhre.

ἰατρῶν παῖδες. Die Bezeich-
nung παῖδες drückt das Verhältniss
der Jünger, Anhänger einer Ge-
lehrten- oder Künstler-Schule aus.
Anders οἱ Ῥωμαίων παῖδες = οἱ
Ῥωμαῖοι Nigr. c. 36. Vgl. zu c. 9.

8. 5. ἄκρατος ἡ ἐλευθερία
ungemischt d. i. 'vollkommen,
unbeschränkt', nach Plato's
Staat VIII p. 562.

7. κἂν ἐφ᾽ ὕδατος—ἀναβι-
βάσηται. Homer Il. XX. 226
werden die von Boreas erzeugten
Rosse so geschildert:
αἱ δ᾽ ὅτε μὲν σκιρτῷεν ἐπὶ ζεί-
δωρον ἄρουραν
ἄκρον ἐπ᾽ ἀνθερίκων καρπὸν

θέον οὐδὲ κατέκλων·
ἀλλ᾽ ὅτε δὴ σκιρτῷεν ἐπ᾽ εὐρέα
νῶτα θαλάσσης
ἄκρον ἐπὶ ῥηγμῖνος ἁλὸς πολίοιο
θέεσκον.

8. φθόνος οὐδείς ohne Verb.
wie Pseudolog. c. 30. Deor. dial. 18
c. 1. εἰ δὲ παιδιὰ καὶ τροφῇ
προσεστιν αὐτοῖς, οὐδεὶς φθόνος.
Aehnlich συγγνώμη sehr oft, πᾶσα
ἀνάγκη Hermot. c. 27 πολλὴ
αἰχύνη dial. mort. 15 c. 1.

ὁπόταν ὁ Ζεὺς — αἰωρῇ
ὁμοῦ γῆν καὶ θάλατταν.
Hom. Il. VIII. 18 ff.

12. ἀλλὰ κἂν Ἀγαμέμ-
νονα Ἀερόπης. Hom. Il. II.
477 — 479.

μετὰ δὲ χρείων Ἀγαμέμνων
ὄμματα καὶ κεφαλὴν ἴκελος Διὶ
τερπικεραύνῳ
Ἄρεϊ δὲ ζώνην, στέρνον δὲ Πο-
σειδάωνι.

ποιητικὴ γίνεται, τῆς μεγαλοφωνίας μὲν ἐκείνης ἐστερη-
μένη, τὴν λοιπὴν δὲ τερατείαν γυμνὴν τῶν μέτρων καὶ
δι᾽ αὐτὸ ἐπισημοτέραν ἐκφαίνουσα; μέγα τοίνυν, μᾶλλον
δὲ ὑπέρμεγα τοῦτο κακόν, εἰ μὴ εἰδείη τις χωρίζειν τὰ
5 ἱστορίας καὶ τὰ ποιητικῆς, ἀλλ᾽ ἐπεισάγοι τῇ ἱστορίᾳ
τὰ τῆς ἑτέρας κομμώματα, τὸν μῦθον καὶ τὸ ἐγκώμιον
καὶ τὰς ἐν τούτοις ὑπερβολάς, ὥσπερ ἂν εἴ τις ἀθλητὴν
τῶν καρτερῶν τούτων καὶ κομιδῇ πρινίνων ἁλουργίσι
περιβάλλοι καὶ τῷ ἄλλῳ κόσμῳ τῷ ἑταιρικῷ καὶ φυ-
10 κίον ἐντρίβοι καὶ ψιμύθιον τῷ προσώπῳ, Ἡράκλεις ὡς
καταγέλαστον αὐτὸν ἀπεργάσαιτο αἰσχύνας τῷ κόσμῳ ἐκεί-
νῳ. 9. καὶ οὐ τοῦτό φημι, ὡς οὐχὶ καὶ ἐπαινετέον ἐν 9
ἱστορίᾳ ἐνίοτε· ἀλλ᾽ ἐν καιρῷ τῷ προσήκοντι ἐπαινετέον
καὶ μέτρον ἐπακτέον τῷ πράγματι, τὸ μὴ ἐπαχθὲς τοῖς
15 ὕστερον ἀναγνωσομένοις αὐτά, καὶ ὅλως πρὸς τὰ ἔπειτα
κανονιστέον τὰ τοιαῦτα, ὅπερ μικρὸν ὕστερον ἀποδείξομεν.
ὅσοι δὲ οἴονται καλῶς διαιρεῖν ἐς δύο τὴν ἱστορίαν, ἐς τὸ
τερπνὸν καὶ χρήσιμον, καὶ διὰ τοῦτο εἰσποιοῦσι καὶ τὸ
ἐγκώμιον ἐς αὐτήν ὡς τερπνὸν καὶ εὐφραῖνον τοὺς ἐν-
20 τυγχάνοντας, ὁρᾷς ὅσον τἀληθοῦς ἡμαρτήκασι; πρῶτον
μὲν κιβδήλῳ τῇ διαιρέσει χρώμενοι· ἐν γὰρ ἔργον ἱστο-

3. μᾶλλον δέ. S. c. 2.
χωρίζειν τὰ ἱστορίας καὶ
τὰ ποιητικῆς. Ueber den Unter-
schied des historischen, poetischen,
oratorischen, philosophischen Stils
vgl. Cic. orator c. 19. 20.
7. ἀθλητὴν τῶν καρτερῶν
τούτων für ἀθλητήν τινα καρτε-
ρόν, sehr oft bei Lucian. Vgl. Nigr.
c. 30. τὴν ἀναλγησίαν ἔγγραφον
ὁμολογοῦσιν, οἱ μὲν ἐσθῆτας ἑαυ-
τοῖς κελεύοντες συγκαταφλέγεσθαι
τῶν παρὰ τὸν βίον τιμίων.
Adv. indoct. c. 8. Ταραντῖνος Εὐάγ-
γελος τῶν οὐκ ἀφανῶν. Fugit.
c. 20. ἐσθῆτας τῶν μαλθακῶν
ἐπρίαντο.
κομιδῇ adverb., sehr häufig bei
Lucian. Vgl c. 10. 13. 21. 25.
πρινίνων eichen, wir 'hage-

büchen', nach Aristoph. Acharn.
180 und Vespen 909.
10. Ἡράκλεις ὡς adverbial, vul-
gäre Verstärkung von καταγέλα-
στον. Vgl. Epist. Satur. c. 82.
Ἡράκλεις ὡς ἀνελεύθερον. S. zu c.
19. Ἡράκλεις ὅσαι μυριάδες ἐπῶν.
9. 14. τὸ μὴ ἐπαχθὲς erklärt
das Vorhergehende μέτρον ἐπακ-
τέον τῷ πράγματι: Als Maassstab
diene die Rücksicht, dass die
späteren Leser keinen Anstoss daran
nehmen.
15. πρὸς τὰ ἔπειτα 'nach
dem Urtheile der Nachwelt'.
Vgl. τὸ τήμερον, τὸ παρόν, τοὺ-
πιών c. 13. τὸ παραυτίκα c. 40.
16. μικρὸν ὕστερον so immer
bei Lucian, nie μικρῷ ὕστερον,
ebenso stets μικρὸν ἔμπροσθεν.

ρίας καὶ τέλος, τὸ χρήσιμον, ὅπερ ἐκ τοῦ ἀληθοῦς μόνου
συνάγεται. τὸ τερπνὸν δὲ ἄμεινον μὲν, εἰ καὶ αὐτὸ παρα-
κολουθήσειεν, ὥσπερ καὶ κάλλος ἀθλητῇ, εἰ δὲ μή, οὐ-
δὲν κωλύσει ἀφ' Ἡρακλέους γενέσθαι Νικόστρατον
τὸν Ἰσιδότου, γεννάδαν ὄντα καὶ τῶν ἀνταγωνιστῶν ἑκατέ- 5
ρων ἀλκιμώτερον, εἰ αὐτὸς μὲν αἴσχιστος εἴη ὀφθῆναι,
Ἀλκαῖος δὲ ὁ καλὸς ὁ Μιλήσιος ἀνταγωνίζοιτο αὐτῷ
καὶ ἐρώμενος, ὥς φασι, τοῦ Νικοστράτου ὤν. καὶ
τοίνυν ἡ ἱστορία, εἰ μὲν ἄλλως τὸ τερπνὸν παρεμπο-
ρεύσαιτο, πολλοὺς ἂν τοὺς ἐραστὰς ἐπισπάσαιτο· ἄχρι 10
δ' ἂν καὶ μόνον ἔχῃ τὸ ἴδιον ἐντελές, λέγω δὲ τὴν τῆς
10 ἀληθείας δήλωσιν, ὀλίγον τοῦ κάλλους φροντιεῖ. 10. ἔτι
κἀκεῖνο εἰπεῖν ἄξιον, ὅτι οὐδὲ τερπνὸν ἐν αὐτῇ τὸ κο-
μιδῇ μυθῶδες καὶ τὸ τῶν ἐπαίνων μάλιστα πρόσαντες

---

4. ἀφ' Ἡρακλέους γενέ-
σθαι ein Schüler, Nachfolger
des Herakles, insofern dieser
Sieger im Pankration (eine Ver-
schmelzung des Faust- und Ring-
kampfes, bei der die Hände ohne
den Kampfriem waren) und im
Ringkampfe war. Vgl. Ver. hist.
II. c. 22. πάλην μὲν ἐνίκησε Κά-
ρος ὁ ἀφ' Ἡρακλέους. Icarom.
c.24 μετὰ δὲ ἡρῶτα, εἴ τις ἐπιλείπε-
ται τῶν ἀπὸ Φειδίου, Schüler
des Phidias d. i. Bildhauer. Ebenso
im Latein. ab. Cic. adv. Muren. c.30,
63. nostri illi a Platone et Aristotele
moderati homines et temperati aiunt.
Νικόστρατον. Einen im Faust-
und Ringkampfe berühmten Niko-
stratus erwähnt Quintil. II. 8. At si
fuerit qui docebitur, ille, quem ado-
lescentes senem vidimus, Nicostratus,
omnibus in eo docendi partibus
similiter utetur efficietque illum,
qualis hic fuit, luctando pugnando-
que, quorum utroque certamine
iisdem diebus coronabatur, invictum.
Tacit. de oratoribus dial. c. 10. . . .
si in Graecia natus esses, — ac
tibi Nicostrati robur ac vires dii
dedissent. . .

5. ἀνταγωνιστῶν ἑκατέ-
ρων die Kämpfer in jeder der beiden
Kampfarten Pankration und Ring-
kampf.
7. Ἀλκαῖος sonst nicht bekannt.
9. ἄλλως. Vgl. Hermotim. c. 49.
εἰ δὲ καὶ εὕροιμεν ἄλλως (aliud
quid agentes d. i. beiläufig, ohne
Absicht) κατά τινα ἀγαθὴν τύχην
περιπεσόντες αὐτῷ, οὐχ ἕξομεν
βεβαίως εἰδέναι εἰ ἐκεῖνό ἐστιν ὃ
ζητοῦμεν· wo es durch κατά τινα
ἀγαθὴν τύχην erklärt wird.
10. ἄχρι δ' ἂν ἔχῃ. S. zu c. 1
und Gallus c. 8.
11. τὸ ἴδιον Substantiv 'die ihr
eigenthümliche Aufgabe'.
ἐντελές perfectum omnibus
numeris absolutum Prädicat.
10. 13. τερπνόν und πρό-
σαντες sind Prädicate.
τὸ κομιδῇ μυθῶδες καὶ τὸ τῶν
ἐπαίνων was c. 8. durch ὁ μῦθος
und τὸ ἐγκώμιον bezeichnet war;
τὸ τῶν ἐπαίνων Umschreibung für
den Begriff selbst mit Allem, was zu
ihm gehört, also = ὁ ἔπαινος.
Vgl. c. 17. de morte Peregrini c. 18.
ἀπὸ τούτων τὰ τῆς δόξης ηὐ-
ξάνετο.

παρ' ἑκάτεροҳ, ἢν μὴ τὸν συρφετὸν καὶ τὸν πολὺν δῆμον
ἐπινοῇς, ἀλλὰ τοὺς δικαστικῶς καὶ νὴ Δία συκοφαντικῶς
προσέτι γε ἀκροασομένους, οὓς οὐκ ἂν τι λάθοι παρα-
δραμόν, ὀξύτερον μὲν τοῦ Ἄργου ὁρῶντας καὶ πανταχόθεν
5 τοῦ σώματος, ἀργυραμοιβικῶς δὲ τῶν λεγομένων ἕκαστα
ἐξετάζοντας, ὡς τὰ μὲν παρακεκομμένα εὐθὺς ἀποῤῥίπτειν,
παραδέχεσθαι δὲ τὰ δόκιμα καὶ ἔννομα καὶ ἀκριβῆ τὸν
τύπον, πρὸς οὓς ἀποβλέποντα χρὴ συγγράφειν, τῶν δ'
ἄλλων ὀλίγον φροντίζειν, κἂν διαῤῥαγῶσιν ἐπαινοῦντες.
10 ἢν δ' ἀμελήσας ἐκείνων ἡδύνῃς πέρα τοῦ μετρίου τὴν
ἱστορίαν μύθοις καὶ ἐπαίνοις καὶ τῇ ἄλλῃ θωπείᾳ,
τάχιστ' ἂν ὁμοίαν αὐτὴν ἐξεργάσαιο τῷ ἐν Λυδίᾳ
Ἡρακλεῖ· ἑωρακέναι γάρ σέ που εἰκὸς γεγραμμένον, τῇ
Ὀμφάλῃ δουλεύοντα, πάνυ ἀλλόκοτον σκευὴν ἑκάτερον
15 ἐνεσκευασμένον, ἐκείνην μὲν τὸν λέοντα αὐτοῦ περιβε-
βλημένην καὶ τὸ ξύλον ἐν τῇ χειρὶ ἔχουσαν, ὡς Ἡρακλέα

1. παρ' ἑκάτερον in utram-
que partem d. i. nach der Seite des
Zuviel wie des Zuwenig. Sinn: Es
ist schwer (πρόσαντες) beim Lobe
das rechte Maass zu halten,
schwer, wie es weiter heisst, nicht
πέρα τοῦ μετρίου zu schreiben.
τὸν συρφετόν Gegensatz zu
den Gebildeten.
τὸν πολὺν δῆμον = τοὺς
πολλούς. Vgl. Somn. c. 9 αὐτὸ
μόνον ἐργάτης καὶ τῶν τοῦ πολ-
λοῦ δήμου εἷς.
9. κἂν διαῤῥαγῶσιν ἐπαι-
νοῦντες, vor Lobsprüchen
bersten, wie wir sagen 'vor Aer-
ger, vor Lachen bersten'. Vgl. de
mercede conductis c. 35. τότε καὶ μά-
λιστα διαῤῥαγῆναι χρὴ ἐπαινοῦν-
τα καὶ κολακεύοντα. Sinn: Der Hi-
storiker soll sich durch den Beifall
der Ungebildeten, auch wenn er noch
so lebhaft wäre, nicht berücken
lassen.
10. πέρα τοῦ μετρίου. S. zu c. 7.
13. ἑωρακέναι γάρ σέ που εἰκὸς
γεγραμμένον κ. τ. λ. Aehnliche

Darstellungen sind uns noch erhal-
ten. Berühmt ist u. a. die Capitolini-
sche Mosaik mit dem spinnenden He-
rakles im Weiberrock; Schild und
Keule liegen neben ihm. Zwei Lie-
besgötter spielen mit einem gefes-
selten Löwen; ein dritter bläst die
Syrinx. Vgl. Millin, mythologische
Gallerie. Tafel CXVIII. Nr. 454.
14. τῇ Ὀμφάλῃ δουλεύοντα
Omphale, Tochter des Jardanos,
Königin der Lydier, an die Herakles
durch Hermes verkauft wurde und
der er drei Jahre um Lohn diente,
um von einer wegen Ermordung des
Iphitus über ihn verhängten Krank-
heit befreit zu werden. Die hier
erwähnte Sage von dem weibi-
schen Herakles findet sich auch
dial. deor. 13 c. 2 wo Asklepios zu
Herakles sagt: ἐγὼ δὲ — οὔτε
ἐδούλευσα ὥσπερ σὺ οὔτε ἔξαινον
ἔρια ἐν Λυδίᾳ πορφυρίδα ἐνδε-
δυκὼς καὶ παιόμενος ὑπὸ τῆς
Ὀμφάλης χρυσῷ σανδάλῳ, ἀλλ'...
15. τὸν λέοντα — καὶ τὸ
ξύλον 'Löwenhaut und Keule'.

δῆθεν οὖσαν, αὐτὸν δὲ ἐν κροκωτῷ καὶ πορφυρίδι ἔρια
ξαίνοντα καὶ παιόμενον ὑπὸ τῆς Ὀμφάλης τῷ σανδαλίῳ,
καὶ, θέαμα αἴσχιστον, ἀφεστῶσα ἡ ἐσθὴς τοῦ σώματος
καὶ μὴ προσιζάνουσα καὶ τοῦ θεοῦ τὸ ἀνδρῶδες ἀσχη-
11 μόνως καταθηλυνόμενον. 11. καὶ οἱ μὲν πολλοὶ ἴσως 5
καὶ ταῦτά σου ἐπαινέσονται, οἱ λόγιοι δ᾿ ἐκεῖνοι, ὧν
σὺ καταφρονεῖς, μάλα ἡδὺ καὶ ἐς κόρον γελάσονται,
ὁρῶντες τὸ ἀσύμφυλον καὶ ἀνάρμοστον καὶ δυσκόλλητον
τοῦ πράγματος· ἑκάστου γὰρ δὴ ἴδιόν τι καλόν ἐστιν.
εἰ δὲ τοῦτο ἐναλλάξειας, ἀκαλλὲς τὸ αὐτὸ παρὰ τὴν χρῆ- 10
σιν γίνεται. ἐῶ λέγειν ὅτι οἱ ἔπαινοι ἑνὶ μὲν ἴσως τερ-
πνοί, τῷ ἐπαινουμένῳ, τοῖς δ᾿ ἄλλοις ἐπαχθεῖς, καὶ μά-
λιστα ἢν ὑπερφυεῖς τὰς ὑπερβολὰς ἔχωσιν, οἵοις αὐτοὺς
οἱ πολλοὶ ἀπεργάζονται, τὴν εὔνοιαν τὴν παρὰ τῶν ἐπαι-
νουμένων θηρώμενοι καὶ ἐνδιατρίβοντες ἄχρι τοῦ πᾶσι 15
προφανῆ τὴν κολακείαν ἐξεργάσασθαι· οὐδὲ γὰρ κατὰ τὴν
τέχνην αὐτὸ δρᾶν ἴσασιν οὐδ᾿ ἐπισκιάζουσι τὴν θωπείαν,
ἀλλ᾿ ἐμπεσόντες ἀθρόα πάντα καὶ ἀπίθανα καὶ γυμνὰ
12 διεξίασιν. 12. ὥστ᾿ οὐδὲ τυγχάνουσιν οὗ μάλιστα ἐφίεν-
ται· οἱ γὰρ ἐπαινούμενοι πρὸς αὐτῶν μισοῦσι μᾶλλον καὶ 20
ἀποστρέφονται ὡς κόλακας, εὖ ποιοῦντες, καὶ μάλιστα ἢν

1. δῆθεν, natürlich, ironisch.
ἐν κροκωτῷ καὶ πορφυ-
ρίδι, κροκωτός das safranfarbene
Unterkleid, πορφυρίς das purpurne
Obergewand, wie sie Weiber und
Weichlinge zu tragen pflegten.
3. θέαμα αἴσχιστον wie
Ver. hist. Α. c. 18. καὶ δὴ ἐφαί-
νοντο προσιόντες, θέαμα παρα-
δοξότατον, ἐξ ἵππων. πτερωτῶν
καὶ ἀνθρώπων συγκείμενοι.
11. 10. εἰ δὲ τοῦτο ἐναλλά-
ξειας — γίνεται. Sinn: Ver-
kehrter Gebrauch und unpassende
Umgebung macht auch das Schöne
unschön: παρὰ τὴν χρῆσιν
'während des Gebrauchs'.
S. zu Nigrin. c. 9.
18. ἐμπεσόντες hineinfal-
len, daher, etwas plump, unge-

schickt anfangen. Gegensatz: vor-
sichtig ans Werk gehn. Vgl. Timon
c. 23. ὁ δὲ ἐμπεσὼν ἀθρόως εἰς ἐμὲ
ἀπειρόκαλος καὶ παχύδερμος ἄν-
θρωπος. Adv. indoct. c. 9. ἐμπεσὼν
τῇ κιθάρᾳ σφοδρότερον τοῦ δέ-
οντος.
ἀθρόα zu Hanf d. i. ohne Unter-
schied. γυμνά im Gegensatz zu dem
vorhergehenden ἐπισκιάζειν.
19. διεξίασιν wie c. 27 and oft
= persequi.
12. ὥστε am Anfange des
Satzes 'daher', oft bei Lucian.
S. Nigrin. c. 4.
21. ἀποστρέφονται ὡς κό-
λακας, sich abwenden, d. i. has-
sen, daher mit dem Accus. con-
struirt, wie μισεῖν. Vgl. Calumniae
non temere esse credendum. c. 14.

ἀνδρώδεις τὰς γνώμας ὦσιν· ὥσπερ Ἀλέξανδρος Ἀριστοβού-
λου μονομαχίαν γράψαντος Ἀλεξάνδρου καὶ Πώρου, καὶ
ἀναγνόντος αὐτῷ τοιοῦτο μάλιστά τι χωρίον τῆς γραφῆς
— ᾤετο γὰρ χαριεῖσθαι τὰ μέγιστα τῷ βασιλεῖ ἐπιψευ-
5 δόμενος ἀριστείας τινὰς αὐτῷ καὶ ἀναπλάττων ἔργα μείζω
τῆς ἀληθείας — λαβὼν τὸ βιβλίον — πλέοντες δ'
ἐτύγχανον ἐν τῷ ποταμῷ τῷ Ὑδάσπῃ — ἔῤῥιψεν ἐπὶ κε-
φαλὴν ἐς τὸ ὕδωρ ἐπειπών, Καὶ σὲ δὲ οὕτως ἐχρῆν, ὦ
Ἀριστόβουλε, τοιαῦτα ὑπὲρ ἐμοῦ μονομαχοῦντα καὶ ἐλέ-
10 φαντας ἑνὶ ἀκοντίῳ φονεύοντα. καὶ ἔμελλέ γε οὕτως
ἀγανακτήσειν ὁ Ἀλέξανδρος, ὅς γε οὐδὲ τὴν τοῦ ἀρχι-
τέκτονος τόλμαν ἠνέσχετο ὑποσχομένου τὸν Ἄθω εἰκόνα
ποιήσειν αὐτοῦ καὶ μετακοσμήσειν τὸ ὄρος ἐς ὁμοιότητα
τοῦ βασιλέως, ἀλλὰ κόλακα εὐθὺς ἐπιγνοὺς τὸν ἄνθρω-

ἀπέστραπται τὸν φίλον. Rhetor.
praecept. c. 16.
εὖ ποιοῦντες wie c. 4.
1. Ἀριστοβούλου — γρά-
ψαντος. Sein verloren gegangenes
Werk über Alexander d. G. wird
von Arrian im 2ten Jahrhundert
nach Ch. G. in seiner Ἀλεξάνδρου
ἀνάβασις als eine Hauptquelle an-
geführt. Nach Lucian Makrob. c. 22.
begann er es im 84ten Lebensjahre
zu Cassandria in Macedonien. Da-
durch wird es zweifelhaft, ob dieses
Werk hier gemeint sein könne.
Wahrscheinlich hat Lucian ihn mit
Onesikritos verwechselt, dessen his-
torische Treue auch aus anderen
Stellen verdächtig ist. Vgl. c. 40.
2. μονομαχίαν Ἀλεξάν-
δρου καὶ Πώρου. Nur Justinus
XII. 8. berichtet noch von einem sol-
chen Zweikampfe mit dem indischen
Fürsten Porus, schildert aber den
Ausgang als ungünstig für Alexan-
der: Nec Alexander pugnae moram
fecit, sed prima congressione vulne-
rato equo, cum praeceps in terram
decidisset, concursu satellitum ser-
vatur.
3. τοιοῦτο μάλιστά τι
Sommerbrodt, Lucian III. 2. Aufl.

χωρίον nämlich eine Stelle voll
von Lob und Schmeicheleien, erklärt
durch das Vorhergehende οἱ γὰρ
ἐπαινούμενοι.
4. ἐπιψευδόμενος zu den
wirklich von ihm vollführten Gross-
thaten hinzuerfinden.
7. Ὑδάσπη Nebenfluss des
Akesines und somit des Indus auf
dessen linker Seite.
ἐπὶ κεφαλὴν praeceps, in
demselben Sinne auch ἐπὶ κεφαλῆς.
Peregr. c. 24.
8. καὶ σὲ δέ. S. zu c. 1.
10. καὶ ἔμελλέ γε ἀγανακ-
τήσειν, is erat qui... er musste
wohl... de saltat. c. 25. καὶ ἔμελλέ
γε ἐκεῖνος περὶ ὀρχηστικὴν οἱ με-
τρίως σπουδάσεσθαι. Vergl. zu
Gall. c. 2.
11. τοῦ ἀρχιτέκτονος Plu-
tarch (de fortitudine Alexandri M.
Orat. II. 2) nennt ihn Stasikrates,
Vitruv (Praef. l. II.) Dinokrates
und erzählt abweichend von unserer
Anekdote, dass dieser durch seinen
Einfall Alexander sich vielmehr
empfohlen und in Folge dessen den
Auftrag zum Bau des Hafens in
Alexandria erhalten habe.

2

18 ΛΟΥΚΙΑΝΟΥ

13 πον οὐκέτ᾽ οὐδ᾽ ἐς τὰ ἄλλα ὁμοίως ἐχρῆτο. 13. ποῦ τοί-
νυν τὸ τερπνὸν ἐν τούτοις; ἐκτὸς εἰ μή τις κομιδῇ ἀνόη-
τος εἴη, ὡς χαίρειν τὰ τοιαῦτα ἐπαινούμενος, ὧν παρὰ
πόδας οἱ ἔλεγχοι, ὥσπερ οἱ ἄμορφοι τῶν ἀνθρώπων, καὶ
μάλιστά γε τὰ γύναια τοῖς γραφεῦσι παρακελευόμενα ὡς 5
καλλίστας αὐτὰς γράφειν· οἴονται γὰρ ἄμεινον ἕξειν τὴν
ὄψιν, ἢν ὁ γραφεὶς αὐταῖς ἐρύθημά τε πλέον ἐπανθίσῃ
καὶ τὸ λευκὸν ἐγκαταμίξῃ πολὺ τῷ φαρμάκῳ. τοιοῦτοι
τῶν συγγραφόντων οἱ πολλοί εἰσι τὸ τήμερον κατ᾽ ἰδίαν
καὶ τὸ χρειῶδες, ὅ τι ἂν ἐκ τῆς ἱστορίας ἐλπίσωσι, θερα- 10
πεύοντες· οὓς μισεῖσθαι καλῶς εἶχεν, ἐς μὲν τὸ παρὸν
κόλακας προδήλους καὶ ἀτέχνους ὄντας, ἐς τοὐπιὸν δὲ
ὕποπτον ταῖς ὑπερβολαῖς τὴν ὅλην πραγματείαν ἀποφαί-
νοντας. εἰ δέ τις πάντως τὸ τερπνὸν ἡγεῖται καταμε-
μῖχθαι δεῖν τῇ ἱστορίᾳ, πόσα ἄλλα σὺν ἀληθείᾳ τερπνά 15
ἐστιν ἐν τοῖς κάλλεσι τοῦ λόγου, ὧν ἀμελήσαντες οἱ πολλοὶ
τὰ μηδὲν προσήκοντα ἐπεισκυκλοῦσιν.

14   14. Ἐγὼ δ᾽ οὖν καὶ διηγήσομαι ὁπόσα μέμνημαι
ἔναγχος ἐν Ἰωνίᾳ συγγραφέων τινῶν, καὶ νὴ Δί᾽ ἐν

13. 2. ἐκτὸς εἰ μή 'nur
etwa mit der Ausnahme' vgl.
c. 21. 38. oft bei Lucian, nicht selten
mit ironischer Färbung. Aehnlich
χωρὶς εἰ μή, πλὴν εἰ μή·
κομιδῇ ἀνόητος. S. c. 8.
9. τὸ τήμερον der Augenblick,
in welchem sie leben 'die Gegen-
wart', während die wahre Aufgabe
der Geschichte darin besteht, ein
κτῆμα ἐς ἀεί zu schaffen.
κατ᾽ ἰδίαν. Jeder für sich in
seinem eigenen Interesse.
11. οὓς μισεῖσθαι καλῶς
εἶχεν. S. zu Nigr. c. 10. ἄμεινον
εἶχεν und zu Icaromen. c. 16.
13. ἀποφαίνοντας efficere,
reddere. Ebenso adv. indoct. c. 4
εἴ γε τὸ κεκτῆσθαι τὰ βιβλία καὶ
πεπαιδευμένον ἀπέφαινε τὸν
ἔχοντα, πολλοῦ ἂν ὡς ἀληθῶς τὸ
κτῆμα ἦν ἄξιον und oft; anders
Gall. c. 4.

15. πόσα ἄλλα — λόγου.
Vgl. c. 28. σὺν ἀληθείᾳ im Gegen-
satz zur Schmeichelei.
17. ἐπεισκυκλοῦσιν in ihr
Geschichtswerk. Der Ausdruck ist
von der Bühne entlehnt. Das ἐκκύ-
κλημα war eine Maschinerie auf
dem attischen Theater, eine auf
Rollen stehende, bewegliche Bühne,
auf welcher, nachdem die hintere
Scenenwand auseinandergezogen,
das Innere des Hauses den Zu-
schauern sichtbar wurde.
14. Beispiele von Verir-
rungen und Fehlern der His-
toriker seiner Zeit bis c. 26
(33).
19. ἔναγχος — πρώην auf
seiner Reise in die Heimath. S. die
Einleitung.
19. ἐν Ἰωνίᾳ — καὶ νὴ Δί᾽
ἐν Ἀχαΐᾳ. In dem europäischen
durch guten Geschmack berühmten

Ἀχαΐᾳ πρῴην ἀκούσας τὸν αὐτὸν τοῦτον πόλεμον διη-
γουμένων· καὶ πρὸς Χαρίτων μηδεὶς ἀπιστήσῃ τοῖς
λεχθησομένοις· ὅτι γὰρ ἀληθῆ ἐστι κἂν ἐπωμοσάμην, εἰ
ἀστεῖον ἦν ὅρκον ἐντιθέναι συγγράμματι. εἷς μέν τις
5 αὐτῶν ἀπὸ Μουσῶν εὐθὺς ἤρξατο παρακαλῶν τὰς θεὰς
συνεφάψασθαι τοῦ συγγράμματος. ὁρᾷς ὡς ἐμμελὴς ἡ
ἀρχὴ καὶ περὶ πόδα τῇ ἱστορίᾳ καὶ τῷ τοιούτῳ εἴδει τῶν
λόγων πρέπουσα. εἶτα μικρὸν ὑποβὰς Ἀχιλλεῖ μὲν τὸν
ἡμέτερον ἄρχοντα εἴκαζε, Θερσίτῃ δὲ τὸν τῶν Περσῶν
10 βασιλέα, οὐκ εἰδὼς ὅτι ὁ Ἀχιλλεὺς ἀμείνων ἦν αὐτῷ, εἰ
Ἕκτορα μᾶλλον ἢ Θερσίτην καθῄρει, καὶ εἰ
   πρόσθε μὲν ἐσθλὸς ἔφευγε, δίωκε δέ μιν μέγ᾽ ἀμείνων.
εἶτ᾽ ἐπῆγεν ὑπὲρ αὐτοῦ τι ἐγκώμιον, καὶ ὡς ἄξιος εἴη
συγγράψαι τὰς πράξεις οὕτω λαμπρὰς οὔσας. ἤδη δὲ
15 κατιὼν ἐπῄνει καὶ τὴν πατρίδα τὴν Μίλητον, προστιθεὶς
ὡς ἄμεινον ποιοῖ τοῦτο τοῦ Ὁμήρου μηδὲν μνησθέντος |
τῆς πατρίδος. εἶτ᾽ ἐπὶ τέλει τοῦ φροιμίου ὑπισχνεῖτο διαρ-
ρήδην καὶ σαφῶς, ἐπὶ μεῖζον μὲν ἀρεῖν τὰ ἡμέτερα, τοὺς

Griechenland (als römische Provinz
Achaja genannt) musste die hier an-
geführte Verirrung mehr Verwun-
derung erregen als in Ionien, d. i.
in den asiatischen Kolonien, daher
die Hervorhebung und Steigerung
durch καὶ νὴ Δία. Vgl. Cic. Brut.
c. 13. *Nam ut simul e Piraeo evecta
eloquentia est, omnes peragravit in-
sulas atque ita peregrinata tota
Asia est, ut se externis oblineret
moribus omnemque illam subtilita-
tem Atticae dictionis et quasi sa-
nitatem perderet ac linguam paene
dedisceret.* Dagegen ἦ καὶ νὴ Δία
verbessernd. Vgl. c. 2. — Dass
Lucian in Korinth gewesen, sehen
wir aus c. 27.
   τὸν αὐτὸν τοῦτον πόλεμον
S. die Einleitung.
   7. περὶ πόδα τῇ ἱστορίᾳ
für die Geschichte passend, wie
ein Schuh um den Fuss. Adv.
indoct. c. 10.

8. μικρὸν ὑποβὰς, etwas wei-
ter unten. Den fernern Fortschritt
der Rede bezeichnen κατιών und
ἐπὶ τέλει. κατιέναι wie καταβαί-
νειν bei Herodot 'zu etwas Anderm
übergehn' (*descendere*).
   τὸν ἡμέτερον ἄρχοντα
wohl Lucius Verus, (S. die Ein-
leitung) auf welchem, obwohl er
sich von der Theilnahme am Kriege
entfernt hielt, von der Schmeichelei
der damaligen Geschichtschreiber
der Ruhm seiner Feldherren über-
tragen wurde.
   12. πρόσθε — ἀμείνων
Hom. II, XXII. 158, verglichen mit
XXI. 280. 81, wo Achilles klagt

   ὥς μ᾽ ὄφελ᾽ Ἕκτωρ κτεῖναι
   ὃς ἐνθάδε γ᾽ ἔτραφ᾽ ἄριστος
   τῷ κ᾽ ἀγαθὸς μὲν ἔπεφν᾽, ἀγα-
   θὸν δέ κεν ἐξενάριξεν.

   17. διαρρήδην Advb. von
διειρηκέναι 'diserte'.

βαρβάρους δὲ καταπολεμήσειν καὶ αὐτός, ὡς ἂν δύνη-
ται· καὶ ἤρξατό γε τῆς ἱστορίας οὕτως, αἴτια ἅμα τῆς τοῦ
πολέμου ἀρχῆς διεξιών· „Ὁ γὰρ μιαρώτατος καὶ κάκιστ'
ἀπολούμενος Οὐολόγεσσος ἤρξατο πολεμεῖν δι' αἰτίαν
15 τοιάνδε." 15. οὗτος μὲν τοιαῦτα. ἕτερος δὲ Θουκυδίδου 5
ζηλωτὴς ἄκρος, οἷος εὖ μάλα τῷ ἀρχετύπῳ εἰκασμένος,
καὶ τὴν ἀρχὴν ὡς ἐκεῖνος σὺν τῷ ἑαυτοῦ ὀνόματι ἤρξατο,
χαριεστάτην ἀρχῶν ἁπασῶν καὶ θύμου τοῦ Ἀττικοῦ ἀπο-
πνέουσαν. ὅρα γάρ· „Κρεπερήιος Καλπουρνιανὸς Πομ-
πηϊοπολίτης συνέγραψε τὸν πόλεμον τῶν Παρθυαίων 10
καὶ Ῥωμαίων, ὡς ἐπολέμησαν πρὸς ἀλλήλους, ἀρξάμενος
εὐθὺς ξυνισταμένου." ὥστε μετά γε τοιαύτην ἀρχὴν τί
ἄν σοι τὰ λοιπὰ λέγοιμι, ὁποῖα ἐν Ἀρμενίᾳ ἐδημηγόρησε
τὸν Κερκυραῖον αὐτῷ ῥήτορα παραστησάμενος, ἢ οἷον
Νισιβηνοῖς λοιμὸν τοῖς μὴ τὰ Ῥωμαίων αἱρουμένοις ἐπή- 15

1. καταπολεμήσειν auf
dem Papier mit dem Griffel.
3. Ὁ γὰρ μιαρώτατος. Der-
gleichen der attischen Komödie und
der gewöhnlichen Umgangssprache
geläufige Ausdrücke sind·der Würde
der Geschichte nicht angemessen.
Vgl. Arist. Frösche v. 466. ὦ μιαρὲ
καὶ παμμίαρε καὶ μιαρώτατε; das-
selbe gilt von κάκιστ' ἀπολούμενος.
4. Οὐολόγεσσος Vologessus
III., König der Parther, folgte 149
seinem Vater Vologessus II. in der
Regierung. S. die Einleitung.
4. δι' αἰτίαν τοιάνδε. Nach
Herodot I. c. 1. τά τε ἄλλα καὶ δι'
ἣν αἰτίαν ἐπολέμησαν ἀλλήλοισι.
15. 6. ἄκρος auf der Höhe,
d. i. ausgezeichnet. Vgl. Vitar.
auct. c. 2. μάντιν ἄκρον βλέπεις.
οἷος — εἰκασμένος = τοι-
οῦτος, ὥστε εἰκάσθαι.
9. Κρεπερήιος Καλπουρ-
νιανὸς wörtlich nach Thucyd. I. c.
1.Θουκυδίδης Ἀθηναῖος ξυνέγραψε
τὸν πόλεμον Πελοποννησίων καὶ
Ἀθηναίων ὡς ἐπολέμησαν πρὸς

ἀλλήλους, ἀρξάμενος εὐθὺς κα-
θισταμένου.
Πομπηϊοπολίτης. Es giebt
zwei Städte dieses Namens in Asien,
die eine in Paphlagonien, die andere,
das frühere Soloi, in Cilicien.
Welche von beiden hier gemeint,
ist nicht zu ermitteln, wie auch der
Historiker selbst, von dem hier die
Rede, nicht weiter bekannt ist.
12. μετάγε τοιαύτην ἀρχήν.
Wie der Anfang wörtlich aus Thu-
cydides, so auch alles Uebrige.
Krepereius änderte nur die Namen.
13. ὁποῖα ἐν Ἀρμενίᾳ ἐδη-
μηγόρησε — παραστησάμε-
νος. Der Geschichtschreiber liess
wahrscheinlich einen Parthischen
Unterhändler, der den Armenischen
König für ein Bündniss zu gewinnen
suchte, einem Dorier gegenüber, der
dies zu verhindern suchte, in der-
selben Weise sprechen, wie bei Thu-
cydides I. 32 ff. der Corcyräer dem
Korinthischen Gesandten gegenüber
vor den Atheniensern auftritt.
15. Νισιβηνοῖς. Nisibis die
Hauptstadt von Mygdonia, eines

γαγε παρὰ Θουκυδίδου χρησάμενος ὅλον ἄρδην πλὴν μό-
νου τοῦ Πελασγικοῦ καὶ τῶν τειχῶν τῶν μακρῶν, ἐν οἷς
οἱ τότε λοιμώξαντες ᾤκησαν. τὰ δ᾽ ἄλλα καὶ ἀπὸ Αἰθιο-
πίας ἤρξατο, εἶτα καὶ ἐς Αἴγυπτον κατέβη καὶ ἐς τὴν
5 βασιλέως γῆν τὴν πολλήν, καὶ ἐν ἐκείνῃ γε ἔμεινεν εὖ
ποιῶν. ἐγὼ γοῦν θάπτοντα ἔτι αὐτὸν καταλιπὼν τοὺς
ἀθλίους Ἀθηναίους ἐν Νισίβι ἀπῆλθον ἀκριβῶς εἰδὼς καὶ
ὅσα ἀπελθόντος ἐρεῖν ἔμελλε. καὶ γὰρ αὖ καὶ τοῦτο ἐπι-
εικῶς πολὺ νῦν ἐστι, τὸ οἴεσθαι τοῦτ᾽ εἶναι τοῖς Θουκυ-
10 δίδου ἐοικότα λέγειν, εἰ ὀλίγον ἐντρέψας τὰ αὐτὰ ἐκεί-
νῳ λέγοι τις, [μικρὰ ῥάκια, ὅπως καὶ αὐτὸς ἂν φαίης,
οἳ δι᾽ αὐτήν]. νὴ Δία κἀκεῖνο ὀλίγου δεῖν παρέλιπον· ἐ
γὰρ αὐτὸς οὗτος συγγραφεὺς πολλὰ καὶ τῶν ὅπλων καὶ
τῶν μηχανημάτων, ὡς Ῥωμαῖοι αὐτὰ ὀνομάζουσιν, οὕ-
15 τως ἀνέγραψε, καὶ τάφρον ὡς ἐκεῖνοι καὶ γέφυραν καὶ
τὰ τοιαῦτα. καί μοι ἐννόησον ἡλίκον τὸ ἀξίωμα τῆς ἱστο-
ρίας καὶ ὡς Θουκυδίδῃ πρέπον, μεταξὺ τῶν Ἀττικῶν
ὀνομάτων τὰ Ἰταλιωτικὰ ταῦτα ἐγκεῖσθαι, ὥσπερ δὴ

Theiles von Mesopotamien. Von
Trajan erobert fiel sie wieder ab,
bis sie zum zweiten Male von Lusius,
einem Maurischen Fürsten und Be-
fehlshaber unter Trajan, eingenom-
men wurde.

1. χρησάμενος 'leihen', bei
den Attikern in dieser Bedeutung
selten.

ὅλον ἄρδην 'Alles mit ein-
ander'; ἄρδην von αἴρω.

πλὴν μόνου τοῦ Πελασγι-
κοῦ κ. τ. Sinn: Er vertauschte nur
die Namen der Oertlichkeiten mit
andern; alles Uebrige schrieb er
aus Thucydides berühmter Beschrei-
bung der Pest (Thucyd. II. 17) ab.

3. καὶ ἀπὸ Αἰθιοπίας ἤρ-
ξατο (sc. λοιμός) wörtlich nach
Thucydides II. c. 48, wo er vom Ur-
sprunge und der Verbreitung der
Krankheit spricht. Die Uebertragung
dieser Stelle in das Werk des Krepe-
reius ist, abgesehen von der sklavi-

schen Nachtreterei deshalb beson-
ders abgeschmackt, weil, wenn auch
dieselbe Krankheit über die Nisibe-
ner kam, doch die Art und Weise der
Verbreitung keinesweges dieselbe
war, wie zu Thucydides Zeit in
Athen.

5. ἔμεινεν εὖ ποιῶν. S. Gal-
lus c. 7. c. 4. c. 12.

7. Ἀθηναίους, weil er nur das
von den Athenäensern bei Thucydi-
des Gesagte auf die Nisibener über-
trug. — ἀπελθόντος näml. ἐμοῦ.

8. καὶ γὰρ αὖ καὶ τοῦτο
Häufung der Partikeln. S. die Ein-
leitung im ersten Bande, S. XXVI.

9. πολύ Prädicat. Vgl. Nigr.
c. 34.

18. ὥσπερ δὴ πορφύραν. δὴ
= scilicet, ironisch. Wie der Pur-
purstreifen die Toga praetexta
schmückt, so glauben sie die Schön-
heit der Darstellung durch die unter
das Griechische gemischten latei-

πορφύραν ἐπικοσμοῦντα καὶ ἐμπρέποντα καὶ πάντως
συνᾴδοντα.

16 16. ἄλλος δέ τις αὐτῶν ὑπόμνημα τῶν γεγονότων
γυμνὸν συναγαγὼν ἐν γραφῇ κομιδῇ πεζὸν καὶ χαμαιπετές,
οἷον καὶ στρατιώτης ἄν τις τὰ καθ᾽ ἡμέραν ὑπογραφόμενος 5
συνέθηκεν ἢ τέκτων ἢ κάπηλός τις συμπερινοστῶν τῇ
στρατιᾷ. πλὴν ἀλλὰ μετριώτερός γε ὁ ἰδιώτης οὗτος ἦν,
αὐτὸς μὲν αὐτίκα δῆλος ὢν οἷος ἦν, ἄλλῳ δέ τινι χαρί-
εντι καὶ δυνησομένῳ ἱστορίαν μεταχειρίσασθαι προπεπο-
νηκώς. τοῦτο μόνον ᾐτιασάμην αὐτοῦ, ὅτι οὕτως ἐπέ- 10
γραψε τὰ βιβλία τραγικώτερον ἢ κατὰ τὴν τῶν συγγραμ-
μάτων τύχην· „Καλλιμόρφου ἰατροῦ τῆς τῶν κοντοφόρων
ἕκτης ἱστοριῶν Παρθικῶν.“ καὶ ὑπεγέγραπτο ἑκάστῃ ὁ
ἀριθμός. καὶ νὴ Δία καὶ τὸ προοίμιον ὑπέρψυχρον
ἐποίησεν οὕτω συναγαγών· οἰκεῖον εἶναι ἰατρῷ ἱστορίαν 15
συγγράφειν, εἴ γε ὁ Ἀσκληπιὸς μὲν Ἀπόλλωνος υἱός,
Ἀπόλλων δὲ μουσηγέτης καὶ πάσης παιδείας ἄρχων· καὶ
ἀρξάμενος ἐν τῇ Ἰάδι γράφειν οὐκ οἶδ᾽ ὅ τι δόξαν
αὐτίκα μάλα ἐπὶ τὴν κοινὴν μετῆλθεν, ἰητρείην μὲν λέ-
γων καὶ πείρην καὶ ὁκόσα καὶ νοῦσοι, τὰ δ᾽ ἄλλα ὁμο- 20
δίαιτα τοῖς πολλοῖς καὶ τὰ πλεῖστα οἷα ἐκ τριόδου.

17 17. Εἰ δέ με δεῖ καὶ σοφοῦ ἀνδρὸς μνησθῆναι, τὸ

nischen Wörter zu erhöhen. Vgl.
Rhetor. praecept. c. 16. Paras. c. 58.
ὥσπερ στρατιώτης, χωρὶς ὅπλων
ἀτιμότερος, καὶ ἐσθὴς ἄνευ
πορφύρας καὶ ἵππος ἄνευ φα-
λάρων οὕτω καὶ πλούσιος ἄνευ
παρασίτου ταπεινός τις καὶ εὐτε-
λὴς φαίνεται.
16. 7. πλὴν ἀλλά. S. zu
Gallus c. 5. 20.
μετριώτερος, er hielt mehr
das Maass des Schicklichen ein,
war minder abgeschmackt und daher
erträglicher.
8. χαρίεντι = πεπαιδευμένῳ
Gegensatz zu dem hervorgehenden
ἰδιώτης.

12. τύχην 'Beschaffenheit'.
τῆς τῶν κοντοφόρων ἕκτης
nämlich Cohorte.
13. καὶ ὑπεγέγραπτο ἑκά-
στῃ ὁ ἀριθμός, also erstes,
zweites u. s. w. Buch, wovon der
vorhergehende Genit. ἱστοριῶν ab-
hängig zu denken ist.
15. συναγαγών durch Zusam-
menstellen und Urtheilen etwas
'folgern', häufig vom Schlusssatz
im Syllogismus.
17. καὶ ὅτι noch abhängig von
ᾐτιασάμην αὐτοῦ.
19. ἐπὶ τὴν κοινήν die ge-
wöhnliche zu Lucians Zeiten übliche
Umgangs- und Schriftsprache.

μὲν ὄνομα ἐν ἀφανεῖ κείσθω, τὴν γνώμην δὲ ἐρῶ καὶ τὰ
πρῴην ἐν Κορίνθῳ συγγράμματα, κρείττω πάσης ἐλπί-
δος· ἐν ἀρχῇ μὲν γὰρ εὐθὺς ἐν τῇ πρώτῃ τοῦ προοιμίου
περιόδῳ συνηρώτησε τοὺς ἀναγινώσκοντας λόγον πάνσο-
5 φον δεῖξαι σπεύδων, ὡς μόνῳ ἂν τῷ σοφῷ πρέποι ἱστο-
ρίαν συγγράφειν. εἶτα μετὰ μικρὸν ἄλλος συλλογισμός,
εἶτα ἄλλος· καὶ ὅλως ἐν ἅπαντι σχήματι συνηρώτητο αὐ-
τῷ τὸ προοίμιον. τὸ τῆς κολακείας ἐς κόρον, καὶ τὰ ἐγκώ-
μια φορτικὰ καὶ κομιδῇ βωμολοχικά, οὐκ ἀσυλλόγιστα
10 μέντοι, ἀλλὰ συνηρωτημένα κἀκεῖνα. καὶ μὴν κἀκεῖνο
φορτικὸν ἔδοξέ μοι καὶ ἥκιστα σοφῷ ἀνδρὶ καὶ πώγωνι
πολιῷ καὶ βαθεῖ πρέπον, τὸ ἐν τῷ προοιμίῳ εἰπεῖν, ὡς
ἐξαίρετον τοῦτο ἕξει ὁ ἡμέτερος ἄρχων, οὖ γε τὰς πράξεις
καὶ φιλόσοφοι ἤδη συγγράφειν ἀξιοῦσιν. τὸ γὰρ τοιοῦ-
15 τον, εἴπερ ἄρα, ἡμῖν ἔδει καταλιπεῖν λογίζεσθαι μὴ αὐτὸν
εἰπεῖν. 18. καὶ μὴν οἰδ' ἐκείνου ὅσιον ἀμνημονῆσαι, ὃς 18
τοιάνδε ἀρχὴν ἤρξατο· „Ἔρχομαι ἐρέων περὶ Ῥωμαίων

---

17. 4. συνηρώτησε 'durch
Frage und Antwort Jemand
von etwas zu überzeugen su-
chen', dann überhaupt von jeder
Art der Beweisführung gebraucht.
Vgl. weiter, unten καὶ ὅλως ἐν
ἅπαντι σχήματι συνηρώτητο
αὐτῷ τὸ προοίμιον und οὐκ
ἀσυλλόγιστα μέντοι, ἀλλὰ συ-
νηρωτημένα κἀκεῖνα.
5. ὡς μόνῳ ἂν τῷ σοφῷ
πρέποι ἱστορίαν συγγρά-
φειν nach dem bekannten Satze
der Stoiker, dass nur der Weise
wahrhaft frei, reich, genug im Be-
sitze aller Güter sei.
7. ἐν ἅπαντι σχήματι von
den verschiedenen Figuren des Syl-
logismus.
8. τὸ τῆς κολακείας = κολα-
κεία, nicht selten bei Lucian. Vgl.
c. 10. Bis Accus. c. 6. τὰ τῆς
φιλοσοφίας. Abdic. c. 1. τὰ τῆς
μανίας.
ἐς κόρον Prädicat, ebenso φορ-
τικὰ und βωμολοχικά.
11. πώγωνι — βαθεῖ wie ihn
die Philosophen, zu denen er sich
zählte (vgl. oben σοφοῦ ἀνδρός),
damals trugen.
13. ἐξαίρετον = eximium. Vgl.
Gall. c. 28.
οὖ = ὅτι αὐτοῦ, wie oft οἷος
statt ὅτι τοιοῦτος.
15. εἴπερ ἄρα wie Gall. c. 21.,
hier aus dem folgenden ἔδει — εἰ-
πεῖν zu ergänzen.
ἡμῖν ἔδει καταλιπεῖν λο-
γίζεσθαι ἢ αὐτὸν εἰπεῖν. Ver-
schmelzung zweier Constructionen:
'so musste er es uns zu denken (und
zu sagen) über lassen, nicht selbst es
sagen' und: 'so musste er es viel-
mehr uns zu denken überlassen, als
es selbst sagen'.
18. 17. ἔρχομαι ἐρέων nach
dem bei Herodot gewöhnlichen
Sprachgebrauch. Auch die folgenden
Sätze sind bis auf die Namen aus
Herodot. Vgl. Herod. I. 5. 7. 8. II. 161.

καὶ Περσέων,“ καὶ μικρὸν ὕστερον· „ἔδεε γὰρ Πέρσῃσι
γενέσθαι κακῶς,“ καὶ πάλιν· „ἦρεν Ὀσρόης, τὸν οἱ Ἕλλη-
νες Ὀξυρόην οἰνομαίνουσι,“ καὶ ἄλλα πολλὰ τοιαῦτα. ὁρᾷς,
ὅμοιος οὗτος ἐκείνῳ, παρ' ὅσον ὁ μὲν Θουκυδίδῃ, οὗτος
19 δὲ Ἡροδότῳ εὖ μάλα ἐῴκει. 19. ἄλλος τις ἀοίδιμος ἐπὶ 5
λόγων δυνάμει, Θουκυδίδῃ καὶ αὐτὸς ὅμοιος ἢ ὀλίγῳ ἀμεί-
νων αὐτοῦ, πάσας πόλεις καὶ πάντα ὄρη καὶ πεδία καὶ
ποταμοὺς ἑρμηνεύσας πρὸς τὸ σαφέστατον καὶ ἰσχυρό-
τατον, ὡς ᾤετο· τὸ δὲ ἐς ἐχθρῶν κεφαλὰς ὁ ἀλεξίκακος
τρέψειεν· τοσαύτη ψυχρότης ἐνῆν ὑπὲρ τὴν Κασπιακὴν χιό- 10
να καὶ τὸν κρύσταλλον τὸν Κελτικόν. ἡ γοῦν ἀσπὶς ἡ
τοῦ αὐτοκράτορος ἔλῳ βιβλίῳ μόγις ἐξηρμηνεύθη αὐτῷ,
καὶ Γοργὼν ἐπὶ τοῦ ὀμφαλοῦ καὶ οἱ ὀφθαλμοὶ αὐτῆς ἐκ
κυανοῦ καὶ λευκοῦ καὶ μέλανος καὶ ζώνη ἰριοειδὴς καὶ
δράκοντες ἑλικηδὸν καὶ βοστρυχηδόν. ἡ μὲν γὰρ Οὐολο- 15
γέσσου ἀναξυρὶς ἢ ὁ χαλινὸς τοῦ ἵππου, Ἡράκλεις ὅσαι

3. ὁρᾷς ironisch, du siehst wohl;
ein Fragezeicheu ist nicht nöthig.
Vgl. Vitar. auct. c. 4. ὁρᾷς ἆ σὺ δο-
κέεις τέτταρα, ταῦτα δέκά ἐστί.
4. παρ' ὅσον = παρὰ τοσοῦ-
τον ὅτι '(nur) soviel danebea hin'
d. h. 'nur mit dem geringen Unter-
schiede' dass. Anders c. 45.
19. 8. ἑρμηνεύσας das feh-
lende Verbum des Hauptsatzes, der
durch den Zwischensatz (τὸ δὲ —
τρέψειεν) unterbrochen wird, ist
dem Sinne nach enthalten in den
Worten: τοσαύτη ψυχρότης ἐνῆν.
Wir: 'Ein Anderer, der — geschil-
dert hat: bewahre mich der Himmel
(τὸ δὲ — τρέψειεν), so frostig war
er, frostiger als ...' anstatt: Ein An-
derer — war so frostig in seiner
Darstellung, dass man nur seinem
Feinde eine solche Lectüre wün-
schen kann.
10. ὑπὲρ τὴν Κασπιακὴν γῆν
= μείζων τ. Κ. γ. Vgl. Herod. c. 5.
75. οὐκέτι σεμνοὶ καὶ ὥσπερ νῦν
ὑπὲρ τοὺς πολλοὺς δόξουσι. Rhet.
praec. c. 9. 13. 15.

11. ἡ ἀσπὶς — βοστρυχηδόν.
Die Hauptzüge des Bildes sind aus
der Beschreibung des Agamemnooni-
schen Schildes bei Homer Il. XI. 32
— 40 entlehnt.
12. ἐξηρμηνεύθη fertig, bis
zu Ende beschrieben.
15. ἑλικηδὸν καὶ βοστρυχη-
δόν zur Erhöhung der komischen
Gravität von Lucian selbst gebildet.
Vergl. Timon. c. 3. οἱ σεισμοὶ δὲ
κοσκινηδὸν καὶ ἡ χιὼν σωρηδὸν
καὶ ἡ χάλαζα πετρηδόν.
ἡ μὲν γάρ elliptisch: Und das ist
noch nichts, denn ... Wir: 'Und nun
erst die Hose des Partherkönigs
Vologessus ...'
16. Ἡράκλεις wie Menipp. c. 14.
καὶ μὴν κἀκεῖνα εἶδον τὰ μυθώδη,
τὸν Ἰξίονα καὶ τὸν Σίσυφον καὶ
τὸν Φρύγα Τάνταλον καὶ τὸν γη-
γενῆ Τιτυόν, Ἡράκλεις ὅσον.
Ἡράκλεις ist nicht als alleinstehen-
der Ausruf zu fassen, sondern ver-
stärkt das folgende ὅσαι adverbia-
lisch in ähnlicher Weise wie c. 23.
θαυμαστὰ ἡλίκα, mirum quan-

μυριάδες ἐπῶν ἕκαστον τούτων, καὶ οἷα ἦν ἡ Ὀσρόου
κόμη διανέοντος τὸν Τίγρητα, καὶ ἐς οἷον ἄντρον κατέ-
φυγε, κιττοῦ καὶ μυῤῥίνης καὶ δάφνης ἐς ταὐτὸ συμπε- 20
φυκότων καὶ σύσκιον ἀκριβῶς ποιούντων αὐτό. σκόπει
5 ὡς ἀναγκαῖα τῇ ἱστορίᾳ ταῦτα, καὶ ὧν οὐκ ἂν τι ἄνευ
ᾔδειμεν τῶν ἐκεῖ πραχθέντων. 20. ὑπὸ γὰρ ἀσθενείας τῆς
ἐν τοῖς χρησίμοις ἢ ἀγνοίας τῶν λεκτέων ἐπὶ τὰς τοιαύ-
τας τῶν χωρίων καὶ ἄντρων ἐκφράσεις τρέπονται, καὶ
ὁπόταν ἐς πολλὰ καὶ μεγάλα πράγματα ἐμπέσωσιν, ἐοίκα-
10 σιν οἰκέτῃ νεοπλούτῳ, ἄρτι κληρονομήσαντι τοῦ δεσπό-
του, ὃς οὔτε τὴν ἐσθῆτα οἶδεν ὡς χρὴ περιβαλέσθαι οὔτε
δειπνῆσαι κατὰ νόμον, ἀλλ᾽ ἐμπηδήσας πολλάκις ὀρ-
νίθων καὶ σνείων καὶ λαγῴων προκειμένων ὑπερεμ-
πίπλαται ὡς ἔτνους τινὸς ἢ ταρίχοις, ἔστ᾽ ἂν διαῤῥαγῇ
15 ἐσθίων. οὗτος δ᾽ οὖν, ὃν προεῖπον, καὶ τραύματα συνέ-
γραψε πάνυ ἀπίθανα καὶ θανάτους ἀλλοκότους, ὡς εἰς
δάκτυλον τοῦ ποδὸς τὸν μέγαν τρωθείς τις αὐτίκα ἐτε-
λεύτησε, καὶ ὡς ἐμβοήσαντος μόνον Πρίσκου τοῦ στρα-
τηγοῦ ἑπτὰ καὶ εἴκοσι τῶν πολεμίων ἐξέθανον. ἔτι δὲ καὶ

tum u. a. — wunder wie viel, d. i.
unzählig viel. Vgl. zu c. 28.
  1. ἐπ ῶ ν 'Zeilen' nicht 'Wor-
te'. Vgl. c. 28.
  4. ἀκριβῶς 'genau' = quam
maxime, oft bei Lucian wie κομιδῇ.
(c. 13. κομιδῇ ἀνόητος c. 21. κο-
μιδῇ Ἀττικὸς) Vgl. Hercul. c. 1.
πολιὸς ἀκριβῶς. Prom. in verb.
c. 4. ἀκριβῶς μέλαν . . .
  5. ὧν οὐκ ἄν τι ἄνευ
ᾔδειμεν. Ebenso Rhetor. praec.
c 18. ἐπὶ πᾶσι δὲ ὁ Μαραθὼν
καὶ ὁ Κυναίγειρος ὧν οὐκ ἄν τι
ἄνευ γένοιτο.
  20. 9. ἐοίκασιν οἰκέτῃ
νεοπλούτῳ, — ὃς — ὑπερ-
εμπίπλαται. Der Vergleichungs-
punkt in der Gegenüberstellung
des reich gewordenen Sklaven und
des hier gezeichneten Geschicht-
schreibers ist die Maasslosigkeit
aus Ungeschick. ὀρνίθων — προ-
κειμένων abhängig ebenso wie

ἔτνους — ἢ ταρίχους von ὑπερεμ-
πίπλαται.
  11. τὴν ἐσθῆτα — περι-
βαλέσθαι. Das περίβλημα (pal-
lium), welches man über den χιτών
zog, durfte nur von Freien getragen
werden. Die Art und Weise, wie es
umgethan wurde, unterschied den
Gebildeten von dem Ungebildeten.
S. zu Rhet. praec. c. 16. εὐμόρφου
τῆς ἀναβολῆς.
  12. ἐμπηδήσας und das oben-
stehende ἐμπέσωσιν erklären
sich gegenseitig.
  18. Πρίσκου Statius Priscus,
der Legat des Kaisers Lucius Ve-
rus, durch welchen mit der Ein-
nahme von Artaxata der Parthische
Krieg beendet wurde.
  19. ἐξέθανον 'ohnmächtig
wurden', zu unterscheiden von
ἀπέθανον. Vgl. Icarom. c. 23. μι-
κροῦ μὲν ἐξέθανον ὑπὸ τοῦ δέους.
  19. ἔτι δὲ — ἐψεύσατο.

ἐν τῷ τῶν νεκρῶν ἀριθμῷ τοῦτο μὲν καὶ παρὰ τα γε-
γραμμένα ἐν ταῖς τῶν ἀρχόντων ἐπιστολαῖς ἐψεύσατο·
ἐπὶ γὰρ Εὐρώπῳ τῶν μὲν πολεμίων ἀποθανεῖν μυριά-
δας ἑπτὰ καὶ τριάκοντα καὶ ἓξ πρὸς τοῖς διακοσίοις, Ῥω-
μαίων δὲ μόνοις δύο, καὶ τραυματίας γενέσθαι ἐννέα. 5
21 ταῦτ' οὐκ οἶδα εἴ τις ἂν εὖ φρονῶν ἀνάσχοιτο. 21. καὶ
μὴν κἀκεῖνο λεκτέον, οὐ μικρὸν ὄν. ὑπὸ γὰρ τοῦ κομιδῇ
Ἀττικὸς εἶναι καὶ ἀποκεκαθάρθαι τὴν φωνὴν ἐς τὸ ἀκρι-
βέστατον ἠξίωσεν οὗτος καὶ τὰ ὀνόματα μεταποιῆσαι τὰ
Ῥωμαίων καὶ μεταγράψαι ἐς τὸ Ἑλληνικόν, ὡς Κρόνιον 10
μὲν Σατουρνῖνον λέγειν, Φρόντιν δὲ τὸν Φρόντωνα, Τι-
τάνιον δὲ τὸν Τιτιανὸν καὶ ἄλλα πολλῷ γελοιότερα. ἔτι
ὁ αὐτὸς οὗτος περὶ τῆς Σευηριανοῦ τελευτῆς ἔγραψεν,
ὡς οἱ μὲν ἄλλοι ἅπαντες ἐξηπάτηνται οἰόμενοι ξίφει τε-
θνάναι αὐτόν, ἀποθάνοι δὲ ὁ ἀνὴρ σιτίων ἀποσχόμενος· 15
τοῦτον γὰρ αὐτῷ ἀλυπότατον δόξαι τὸν θάνατον· οὐκ
εἰδὼς ὅτι τὸ μὲν πάθος ἐκεῖνο πᾶν τριῶν οἶμαι ἡμερῶν
ἐγένετο, ἀπόσιτοι δὲ καὶ ἐς ἑβδόμην διαρκοῦσιν οἱ πολ-
λοί, ἐκτὸς εἰ μὴ τοῦθ' ὑπολάβοι τις, ὡς Ὀσρόης τέως εἰ-

Sinn: Er log noch mehr als in den
Kriegsbülletins (ἐπιστολαῖς)
gelogen zu werden pflegt.
1. παρὰ τὰ γεγραμμένα
daran vorbei d. i. davon abweichend,
im Widerspruch damit.
3. ἐπὶ γὰρ Εὐρώπῳ Stadt
in Syrien, nahe am Euphrat. S. die
Einleitung.
21. 7. κομιδῇ Ἀττικός
S. c. 13. c. 19.
8. φωνήν S. c. 6.
9. μεταποιῆσαι τὰ Ῥω-
μαίων καὶ μεταγράψαι ἐς
τὸ Ἑλληνικόν. Lucian durfte
das Uebermass tadeln. Der Ge-
brauch selbst ist der griechischen
Sprache nicht fremd. Sie liebt es,
fremde Namen bei der Uebertragung
nach Anklängen der eigenen Sprache
umzuformen. So Lucius in Λεύκιος,
Scipio in Σκηπίων u. a.
13. περὶ τῆς Σευηριανοῦ

τελευτῆς. S. die Einleitung.
Vgl. c. 25. 26.
15. ἀποθάνοι δέ. Nicht selten
so der Optativ in der obliquen Rede
mit δέ, γάρ auch ohne Partikel an-
gefügt, wenn Nomin. oder Accusat.
und Infinit. oder ὡς (wie hier) oder
ὅτι mit dem Indicativ oder Optativ
vorhergegangen ist. Vgl. Sophokles
Philoktet 614 ff. (Schneidewin):
καὶ ταῦθ' ὅπως ἤκουσ' ὁ Λα-
έρτου τόκος
τὸν μάντιν εἰπόντ', εὐθέως
ὑπέσχετο
τὸν ἄνδρ' Ἀχαιοῖς τόνδε
δηλώσειν ἄγων.
οἴοιτο μὲν, μάλισθ' ἑκούσιον
λαβών.
17. τὸ μὲν πάθος wie c. 2.
τὸ τραῦμα.
19. ἐκτὸς εἰ μή. S. zu c. 13.
Ὀσρόης. Pseudomant. c. 27
heisst er Ὀθρυάδης.

στήκει περιμένων, ἔστ᾽ ἂν Σευηριανὸς λιμῷ ἀπόληται,
καὶ διὰ τοῦτο οὐκ ἐπῆγε διὰ τῆς ἑβδόμης.

22. Τοὺς δὲ καὶ ποιητικοῖς ὀνόμασιν, ὦ καλὲ Φίλων, 22
ἐν ἱστορίᾳ χρωμένους ποῦ ἄν τις θείη, τοὺς λέγοντας,
5 „ἐλέλιξε μὲν ἡ μηχανή, τὸ τεῖχος δὲ πεσὸν μεγάλως ἐδού-
πησε,“ καὶ πάλιν ἐν ἑτέρῳ μέρει τῆς καλῆς ἱστορίας·
„Ἔδεσσα μὲν δὴ οὕτω τοῖς ὅπλοις περιεσμαραγεῖτο καὶ
ὅτοβος ἦν καὶ κόναβος ἅπαντα ἐκεῖνα,“ καὶ „ὁ στρατη-
γὸς ἐμερμήριζεν, ᾧ τρόπῳ μάλιστα προσαγάγοι πρὸς τὸ
10 τεῖχος.“ εἶτα μεταξὺ οὕτως εἰτελῆ ὀνόματα καὶ δημοτικὰ
καὶ πτωχικὰ πολλὰ παρενεβέβυστο, τό „ἐπέστειλεν ὁ
στρατοπεδάρχης τῷ κυρίῳ,“ καί „οἱ στρατιῶται ἠγόρα-
ζον τὰ ἐγχρῄζοντα,“ καὶ „ἤδη λελουμένοι περὶ αἱτοὺς
ἐγίνοντο,“ καὶ τὰ τοιαῦτα· ὥστε τὸ πρᾶγμα ἐοικὸς εἶ-
15 ναι τραγῳδῷ τὸν ἕτερον μὲν πόδα ἐπ᾽ ἐμβάτου ὑψηλοῦ
βεβηκότι, θάτερον δὲ σανδάλῳ ὑποδεδεμένῳ. 23. καὶ μήν 23

2. ἐπῆγε nämlich τὴν στρα-
τιάν, was Herodot I. c. 65 hinzufügt.
22. Tadel in Bezug auf die
Vermischung des poetischen
und des prosaischen Aus-
drucks. ποῦ ἄν τις θείη —
quonam quis loco habeat. Vgl. So-
phokl. Philoktet 451 ποῦ χρὴ τίθε-
σθαι ταῦτα 'wie soll man das beur-
theilen?' 'was soll man dazu sagen?'
5. ἐλέλιξε — ἐδούπησε
nach Homer.
7. Ἔδεσσα Stadt im nord-
westlichen Theile Mesopotamiens.
περιεσμαραγεῖτο. Bei Hom.
(Il. 210. σμαραγεῖ δέ τε πόντος
und XXI. 199 δεινήν τε βροντήν,
ὅτ᾽ ἀπ᾽ οὐρανόθεν σμαραγήσῃ)
kommt nur das Simplex vor.
8. ὅτοβος — κόναβος viel-
leicht nach Aesch. Sieben gegen
Theben v. 137. ὅτοβον ἁρμάτων
ἀμφὶ πόλιν κλύω.
v. 146. κόναβος ἐν πύλαις χαλ-
κοδέτων σακέων.
9. ἐμερμήριζεν oft bei Homer.
10. μεταξύ. Vgl. c. 7.

11. ἐπέστειλεν — κυρίῳ.
Das Wort, welches der Tadel trifft,
ist κυρίῳ (dominus), welches der
antiken attischen Schriftsprache
fremd war, weil sie den Begriff unter
freien Männern selbst nicht kannten.
12. οἱ στρατιῶται — τὰ ἐγ-
χρῄζοντα. Nicht ἠγόραζον in
dem Sinne 'einkaufen', welches
durch Xenoph. Anab. I. 5. 10 οἱ
στρατιῶται ἠγόραζον τὰ ἐπιτήδεια
geschützt ist, sondern τὰ ἐγχρῄ-
ζοντα für τὰ ἐπιτήδεια wird hier
angefochten.
13. λελουμένοι — ἐγίνοντο
ein Bruchstück, dessen Beziehung
nicht klar ist. γίνεσθαι περί τι —
operam dare alicui rei. Die Sache,
nicht der Ausdruck, scheint hierin
als trivial bezeichnet zu werden.
15. ἐπ᾽ ἐμβάτου, ἐμβάτης
(nicht κόθορνος) die allgemeine
Bezeichnung des hohen tragischen
Stiefels (ἐμβαίνω), im Gegensatz
zu den untergebundenen Sohlen
(ὑποδήματα) des gewöhnlichen
Lebens. Vgl. zu Gall. c. 26.

καὶ ἄλλους ἴδοις ἂν τὰ μὲν προοίμια λαμπρὰ καὶ τραγικὰ
καὶ ἐς ὑπερβολὴν μακρὰ συγγράφοντας, ὡς ἐλπίσαι θαυ-
μαστὰ ἡλίκα τὰ μετὰ ταῦτα πάντως ἀκούσεσθαι, τὸ σῶμα
δὲ αὐτὸ τῆς ἱστορίας μικρόν τε καὶ ἀγεννὲς ἐπαγαγόν-
τας, ὡς καὶ τοῦτο ἐοικέναι παιδίῳ, εἴ που Ἔρωτα εἶδες 5
παίζοντα, προσωπεῖον Ἡρακλέους πάμμεγα ἢ Πανὸς
περικείμενον· εὐθὺς γοῦν οἱ ἀκούσαντες ἐπιφθέγγονται
αὐτοῖς τό, Ὤδινεν ὄρος. χρὴ δὲ οἶμαι μὴ οὕτως, ἀλλ'
ὅμοια τὰ πάντα καὶ ὁμόχροα εἶναι καὶ συνᾷδον τῇ κεφαλῇ
τὸ ἄλλο σῶμα, ὡς μὴ χρυσοῦν μὲν τὸ κράνος εἴη, θώραξ 10
δὲ πάνυ γελοίως ἐκ ῥακῶν ποθὲν ἢ ἐκ δερμάτων σαπρῶν
συγκεκαττυμένος καὶ ἡ ἀσπὶς οἰσυΐνη καὶ χοιρίνη περὶ
ταῖς κνήμαις. ἴδοις γὰρ ἂν ἀφθόνους τοιούτους συγγρα-
φέας, τοῦ Ῥοδίου κολοσσοῦ τὴν κεφαλὴν νανώδει σώ-
ματι ἐπιτιθέντας, ἄλλους αὖ ἔμπαλιν ἀκέφαλα τὰ σώμα- 15
τα εἰσάγοντας, [ἀπροοιμίαστα καὶ εὐθὺς ἐπὶ τῶν πραγμά-
των], οἳ καὶ προσεταιρίζονται τὸν Ξενοφῶντα οὕτως ἀρξά-
μενον· „Δαρείου καὶ Παρυσάτιδος παῖδες γίνονται δύο,“ καὶ
ἄλλους πολλοὺς τῶν παλαιῶν, οὐκ εἰδότες ὡς δυνάμει τινὰ
προοίμιά ἐστι λεληθότα τοὺς πολλούς, ὡς ἐν ἄλλοις δείξομεν. 20

24   24. Καίτοι ταῦτα πάντα φορητὰ ἔτι, ὅσα ἢ ἑρμη-

23. 6. Mangel an Harmonie
im Verhältnisse der einzel-
nen Theile. θαυμαστὰ ἡλίκα
S. zu c. 19. — Πανός. So ist mit
O. Jahn statt Τιτάνος zu lesen. Das
borstige Haar, die Hörner, der Bocks-
bart und der bis zur Verzerrung
furchtbare und schreckliche Aus-
druck des Gesichts im Gegensatz zu
der lieblichen Gestalt des Eros.
7. περικείμενον weil die
Maske fast den ganzen Kopf um-
giebt. Vgl. zu Nigr. c. 11. — περι-
κείμενον anstatt περικειμένῳ
angezogen (Attraktion) durch das
näher stehende εἶδες.
8. ὤδινεν ὄρος. Vollständig
bei Athen. XIV. p. 616. d. ὤδινεν
ὄρος, Ζεὺς δ' ἐφοβεῖτο, τὸ δ'

ἔτεκεν μῦν. Hor. de arte poetica
v. 139.
14. τοῦ Ῥοδίου κολοσσοῦ.
S. zu Icaromen. c. 12.
15. ἀκέφαλα τὰ σώματα.
Vgl. oben τὸ σῶμα δὲ αὐτὸ τῆς
ἱστορίας μικρόν τε καὶ ἀγεννές.
19. ὡς δυνάμει τινὰ προοί-
μιά ἐστι. Sinn: Es giebt Pro-
ömien, die es nicht zu sein scheinen
und von der Menge als solche nicht
erkannt werden (λεληθότα τ. π.),
aber dem Wesen (δυνάμει) nach
es dennoch sind. Vgl. c. 52.
20. ὡς ἐν ἄλλοις δείξομεν.
S. c. 52.
24. 21. ἑρμηνεία sonst λέξις
— elocutio.

νείας ἢ τῆς ἄλλης διατάξεως ἁμαρτήματά ἐστι· τὸ δὲ καὶ
περὶ τοὺς τόπους αὐτοὺς ψεύδεσθαι, οὐ παρασάγγας μό-
νον, ἀλλὰ καὶ σταθμοὺς ὅλους, τίνι τῶν καλῶν ἔοικεν;
εἰς γοῦν οὕτω ῥᾳθύμως συνήγαγε τὰ πράγματα, οὔτε
5 Σύρῳ τινὶ ἐντυχὼν οὔτε τὸ λεγόμενον δὴ τοῦτο τῶν ἐπὶ
κουρείῳ τὰ τοιαῦτα μυθολογούντων ἀκούσας, ὥστε περὶ
Εὐρώπου λέγων οὕτως ἔφη· „Ἡ δὲ Εὔρωπος κεῖται μὲν
ἐν τῇ Μεσοποταμίᾳ σταθμοὺς δύο τοῦ Εὐφράτου ἀπέ-
χουσα, ἀπῴκισαν δ' αὐτὴν Ἐδεσσαῖοι". καὶ οὐδὲ τοῦτο
10 ἀπέχρησεν αὐτῷ, ἀλλὰ καὶ τὴν ἐμὴν πατρίδα τὰ Σαμό-
σατα ὁ αὐτὸς ἐν τῷ αὐτῷ βιβλίῳ ἀράμενος ὁ γενναῖος
αὐτῇ ἀκροπόλει καὶ τείχεσι μετέθηκεν εἰς τὴν Μεσο-
ποταμίαν, ὡς περιρρεῖσθαι αὐτὴν ὑπ' ἀμφοτέρων τῶν πο-
ταμῶν, ἑκατέρωθεν ἐν χρῷ παραμειβομένων καὶ μονον-
15 ουχὶ τοῦ τείχους ψαυόντων. τὸ δὲ καὶ γελοῖον, εἴ σοι νῦν,
ὦ Φίλων, ἀπολογοίμην, ὡς οὐ Παρθναῖος οὐδὲ Μεσο-
ποταμίτης σοι ἐγώ, οἷ με φέρων ὁ θαυμαστὸς συγγρα-
φεὺς ἀπῴκισεν. 25. νὴ Δία κἀκεῖνο κομιδῇ πιθανὸν περὶ 25
τοῦ Σευηριανοῦ ὁ αὐτὸς οὗτος εἶπεν ἐπομοσάμενος, ἦ
20 μὴν ἀκοῦσαί τινος τῶν ἐξ αὐτοῦ τοῦ ἔργου διαφυγόν-
των· οὔτε γὰρ ξίφει ἐθελῆσαι αὐτὸν ἀποθανεῖν οὔτε

1. ἢ τῆς ἄλλης διατάξεως
'oder in Anderem, nämlich
in der διάταξις (dispositio),
wie Homer Odyss. II. 412. μήτηρ
οὔτι πέπυσται, οὐδ' ἄλλαι δμωαί
'noch auch die Anderen, nämlich
die Mägde' Xenoph. Anab. I. 5. 5.
πολλὰ τῶν ὑποζυγίων ἀπώλετο
ὑπὸ λιμοῦ· οὐ γὰρ χόρτος οὐδὲ
ἄλλο οὐδὲν δένδρον == 'noch auch
etwas Anderes, nämlich ein Baum'.
Vgl. zu c. 6. und de salt. c. 9.
3. τίνι τῶν καλῶν ἔοικεν;
Vgl. zu Nigr. c. 25. τίνι τῶν καλῶν
εἰκάσομεν;
4. γοῦν 'zum Beispiel'. S.
zu Nigr. c. 13.
5. τὸ λεγόμενον δὴ τοῦτο
ut aiunt zur Bezeichnung, dass das

Folgende ein sprüchwörtlicher Aus-
druck ist. S. zu Nigr. c. 1.
6. περὶ Εὐρώπου. S. zu c. 20.
10. τὰ Σαμόσατα in Syrien
(Komagene).
13. ὑπ' ἀμφοτέρων τῶν
ποταμῶν Euphrat und Tigris.
14. ἐν χρῷ παραμειβομέ-
νων 'dicht daneben vorbeifliessen'
wie Herodot I. 72.75.
17. ἀπολογοίμην weil ja Par-
ther und Mesopotamier damals im
Kriege mit Rom begriffen waren.
25. 18. περὶ τοῦ Σευηρια-
νοῦ. S. die Einleitung.
20. τοῦ ἔργου == affaire
'Schlacht' wie c. 29. Auch bei
Thucyd. I. 23. 105. 107 in dieser
Bedeutung.

φαρμάκου πιεῖν οὔτε βρόχον ἅψασθαι, ἀλλά τινα θάνα
τον ἐπινοῆσαι τραγικὸν καὶ τῇ τόλμῃ ξενίζοντα· τυχεῖν
μὲν γὰρ αὐτὸν ἔχοντα παμμεγέθη ἐκπώματα ὑάλινα τῆς
καλλίστης ὑάλου· ἐπεὶ δὲ πάντως ἀποθανεῖν ἔγνωστο,
κατάξαντα τὸν μέγιστον τῶν σκύφων ἑνὶ τῶν θραυμά- 5
των χρήσασθαι ἐς τὴν σφαγὴν ἐντεμόντα τῇ ὑάλῳ τὸν
λαιμόν. οὕτως οὐ ξιφίδιον, οὐ λογχάριον εὗρεν, ὡς ἀν
26 δρεῖός γε αὐτῷ καὶ ἡρωϊκὸς ὁ θάνατος γένοιτο. 26. εἶτ
ἐπειδὴ Θουκυδίδης ἐπιτάφιόν τινα εἶπε τοῖς πρώτοις τοῦ
πολέμου ἐκείνου νεκροῖς, καὶ αὐτὸς ἡγήσατο χρῆναι ἐπει- 10
πεῖν τῷ Σευηριανῷ· ἅπασι γὰρ αὐτοῖς πρὸς τὸν οὐδὲν
αἴτιον τῶν ἐν Ἀρμενίᾳ κακῶν Θουκυδίδην ἡ ἅμιλλα.
θάψας οὖν τὸν Σευηριανὸν μεγαλοπρεπῶς ἀναβιβάζεται
ἐπὶ τὸν τάφον Ἀφράνιόν τινα Σίλωνα ἑκατόνταρχον,
ἀνταγωνιστὴν Περικλέους, ὃς τοιαῦτα καὶ τοσαῦτα ἐπερ- 15
ρητόρευσεν αὐτῷ, ὥστε με νὴ τὰς Χάριτας πολλὰ πάνυ
δακρῦσαι ὑπὸ τοῦ γέλωτος, καὶ μάλιστα ὁπότε ὁ ῥήτωρ
Ἀφράνιος ἐπὶ τέλει τοῦ λόγου δακρύων ἅμα σὺν οἰμωγῇ
περιπαθεῖ ἐμέμνητο τῶν πολυτελῶν ἐκείνων δείπνων καὶ
προπόσεων, εἶτα ἐπέθηκεν Αἰάντειόν τινα τὴν κορωνίδα· 20
σπασάμενος γὰρ τὸ ξίφος, εὐγενῶς πάνυ καὶ ὡς Ἀφρά
νιον εἰκὸς ἦν, πάντων ὁρώντων ἀπέσφαξεν ἑαυτὸν ἐπὶ
τῷ τάφῳ, οὐκ ἀνάξιος ὢν μὰ τον Ἐννάλιον πρὸ πολλοῦ
ἀποθανεῖν ἢ τοιαῦτα ἐρρητόρευε. καὶ τοῦτο ἔφη ἰδόντας

2. ξενίζοντα 'fremdartig, ungewöhnlich.' S. zu Gall. c. 18.
7. οὕτως — εὗρεν zum Ausdruck der unwilligen Verwunderung.
Vgl. Tox. c. 38. οὕτως ἄρα ἠγνόη
σας, ὅτι ἀνθρώποις μεῖζον οὐδέν
ἐστι ζωῆς τε καὶ θανάτου.
26. 9. ἐπιτάφιον die berühmte Leichenrede des Perikles bei
Thucid. II. 34—46.
10. ἐπειπεῖν τῷ Σευηρια
νῷ, was bei Thucyd. II. c. 34.
λέγει ἐπ' αὐτοῖς ἔπαινον τὸν
πρέποντα.
14. Ἀφράνιόν τινα Σίλωνα.

Ueber seine Person ist nichts bekannt.
20. προπόσεων. Der Hauswirth
pflegte seinen Gästen und diese sich
untereinander namentlich vor (πρὸ)
d. i. zuzutrinken.
Αἰάντειόν τινα 'nach Art
des Ajax' Aianteum quendam
finem.
23. οὐκ ἀνάξιος ὢν passiv.
'es geschah ihm recht', entsprechend dem ebenso häufig gebrauchten activischen εὖ ποιῶν,
'er that wohl dran'.
πρὸ πολλοῦ construirt mit ἢ
wie ein Comparativ.

τοὶς παρόντας ἅπαντας θαυμάσαι καὶ ὑπερεπαινέσαι τὸν
Ἀφράνιον. ἐγὼ δὲ καὶ τἄλλα μὲν αὐτοῦ κατεγίνωσκον,
μονονουχὶ ζωμῶν καὶ λοπάδων μεμνημένου καὶ ἐπιδα-
κρίοντος τῇ τῶν πλακούντων μνήμῃ, τοῦτο δὲ μάλιστα
5 ᾐτιασάμην, ὅτι μὴ τὸν συγγραφέα καὶ διδάσκαλον τοῦ
δράματος προαποσφάξας ἀπέθανε.

27. Πολλοὺς δὲ καὶ ἄλλους ὁμοίους τούτοις ἔχων σοι, 27
ὦ ἑταῖρε, καταριθμήσασθαι, ὀλίγων ὅμως ἐπιμνησθεὶς
ἐπὶ τὴν ἑτέραν ὑπόσχεσιν ἤδη μετελεύσομαι, τὴν συμ-
10 βουλὴν ὅπως ἂν ἄμεινον συγγράφοι τις· εἰσὶ γάρ τινες,
οἳ τὰ μεγάλα μὲν τῶν πεπραγμένων καὶ ἀξιομνημόνευτα
παραλείπουσιν ἢ παραθέουσιν, ὑπὸ δὲ ἰδιωτείας καὶ ἀπει-
ροκαλίας καὶ ἀγνοίας τῶν λεκτέων ἢ σιωπητέων τὰ μι-
κρότατα πάνυ λιπαρῶς καὶ φιλοπόνως ἑρμηνεύουσιν ἐμ-
15 βραδύνοντες, ὥσπερ ἂν εἴ τις τοῦ Διὸς τοῦ ἐν Ὀλυμπίᾳ
τὸ μὲν ὅλον κάλλος τοσοῦτο καὶ τοιοῦτον ὂν μὴ βλέποι
μηδ᾽ ἐπαινοίη μηδὲ τοῖς οὐκ εἰδόσιν ἐξηγοῖτο, τοῦ ὑπο-
ποδίου δὲ τό τε εὐεργὲς καὶ τὸ εὔξεστον θαυμάζοι καὶ
τῆς κρηπῖδος τὸ εὔρυθμον, καὶ ταῦτα πάνυ μετὰ πολλῆς
20 φροντίδος διεξίοι. 28. ἐγὼ γοῦν ἤκουσά τινος τὴν μὲν 28
ἐπ᾽ Εὐρώπῳ μάχην ἐν οὐδ᾽ ὅλοις ἑπτὰ ἔπεσι παραδρα-
μόντος, εἴκοσι δὲ μέτρα ἢ ἔτι πλείω ὕδατος ἀναλωκότος

---

5. διδάσκαλον τοῦ δρά-
ματος, der Dichter eines Stückes,
der es zugleich mit den Schau-
spielern einübte, und zur Aufführung
brachte. Vgl. docere fabulam. Hier
wird der Schriftsteller so genannt
wegen des dramatischen Flitter-
staates (die Leichenrede mit der
darauf folgenden Selbstentleibung),
mit welchem er sein Geschichts-
werk aufputzte.

27. 9. ἐπὶ τὴν ἑτέραν
ὑπόσχεσιν ἤδη μετελεύσο-
μαι. Lucian kündigt zwar hier
den Uebergang zum zweiten Haupt-
theil an, führt aber zunächst noch
einige andere Verstösse auf. Erst
c. 34 beginnt der zweite Theil.

15. ὥσπερ ἂν εἴ τις. ὥσπερ
ἄν ohne Verbum wie oft, z. B. Icarom.
c. 17. ὥσπερ ἂν εἴ τις παραστη-
σάμενος πολλοὺς χορευτὰς —
ἔπειτα προστάξειε τῶν ᾀδόντων
ἑκάστῳ τὴν συνῳδίαν ἀφέντα
ἴδιον ᾄδειν μέλος.

17. τοῦ ὑποποδίου. Auf
dieser Fussbank waren nach Pausan.
V. 11. 2. Reliefs, welche goldene
Löwen und den Kampf des Theseus
mit den Amazonen darstellten.

19. τῆς κρηπῖδος, die Basis,
auf welcher die Statue ruhte.

28. 20. γοῦν wie c. 24.

21. ἔπεσι wie c. 19.

22. εἴκοσι — ὕδατος. Durch
die Wasseruhr κλεψύδρα wurde in

ἐς ψυχρὰν καὶ οὐδὲν ἡμῖν προσήκουσαν διήγησιν, ὡς
Μαῦρός τις ἱππεὺς Μαυσάκας τοὔνομα ὑπὸ δίψους πλα-
νώμενος ἀνὰ τὰ ὄρη καταλάβοι Σύρους τινὰς τῶν ἀγροί-
κων, ἄριστον παρατιθεμένους, καὶ ὅτι τὰ μὲν πρῶτα
ἐκεῖνοι φοβηθεῖεν αὐτόν, εἶτα μέντοι μαθόντες ὡς τῶν 5
φίλων εἴη κατεδέξαντο καὶ εἰστίασαν. καὶ γάρ τινα τυ-
χεῖν αὐτῶν ἀποδεδημηκότα καὶ αὐτὸν ἐς τὴν τῶν Μαύ-
ρων, ἀδελφοῦ αὐτῷ ἐν τῇ γῇ στρατευομένου. μῦθοι τὸ
μετὰ τοῦτο μακροὶ καὶ διηγήσεις, ὡς θηράσειεν αὐτὸς ἐν
τῇ Μαυρουσίᾳ καὶ ὡς ἴδοι τοὺς ἐλέφαντας πολλοὺς ἐν τῷ 10
αὐτῷ συννεμομένους καὶ ὡς ὑπὸ λέοντος ὀλίγου δεῖν κα-
ταβρωθείη, καὶ ἡλίκους ἰχθῦς ἐπρίατο ἐν Καισαρείᾳ. καὶ
ὁ θαυμαστὸς συγγραφεὺς ἀφεὶς τὰς ἐν Εὐρώπῳ γινο-
μένας σφαγὰς τοσαύτας καὶ ἐπελάσεις καὶ σπονδὰς ἀναγ-
καίας καὶ φυλακὰς καὶ ἀντιφυλακὰς ἄχρι βαθείας ἑσπέ- 15
ρας ἐφειστήκει ὁρῶν Μαλχίωνα τὸν Σύρον ἐν Καισαρείᾳ
σκάρους παμμεγέθεις ἀξίους ὠνούμενον· εἰ δὲ μὴ νὺξ
κατέλαβε, τάχ' ἂν καὶ συνεδείπνει μετ' αὐτοῦ ἤδη τῶν
σκάρων ἐσκευασμένων. ἅπερ εἰ μὴ ἐνεγέγραπτο ἐπιμε-
λῶς τῇ ἱστορίᾳ, μεγάλα ἂν ἡμεῖς ἠγνοηκότες ἦμεν, καὶ ἡ 20

---

vielen Processen den griechischen
R e d n e r n auf der Bühne die Zeit
zugemessen, ein Gebrauch, der im
dritten Consulat des Pompeius auch
in Rom Eingang fand. Vgl. Piscator
c. 24 und 28.
μέτρα der Amphoreus. Das
höchste aus Processen uns be-
kannte Maass betrug 11 Amphoren.
1. ὡς Μαῦρός τις — κατα-
λάβοι — καὶ ὅτι — ἐκεῖνοι
φοβηθεῖεν αὐτόν, εἶτα —
κατεδέξαντο καὶ εἰστίασαν.
Uebergang aus der obliquen Rede
in die directo, auch bei andern
Schriftstellern nicht selten. Vergl.
Nigr. c. 16.
10. Μαυρουσίᾳ Mauritanien,
das westlichste Land der Nordküste
von Africa.
12. Καισαρείᾳ. Mauritanien

zerfiel in Maur. Caesariensis im
Osten, mit der Hauptstadt Cäsarea
und M. Tingitana mit Tingis.
13. ἐν Εὐρώπῳ vorher ἐπ'
Εὐρώπῳ. Beide Präpositionen
kommen in dieser Verbindung gleich
oft vor. Vgl. Plato's Apologie p. 28.
ἐν Ποτιδαίᾳ καὶ ἐν Ἀμφιπόλει
καὶ ἐπὶ Δηλίῳ.
14. ἐπελάσεις 'Reiterkämpfe'.
15. ἄχρι βαθείας ἑσπέρας.
Sonst δείλη ὀψία. Ebenso βαθεῖα
νύξ Luc. Asinus c. 16. βαθὺς ὄρ-
θρος.
17. ἀξίους 'um billigen
Preis'. Möris p. 56. ἀξιωτέρας
Ἀττικῶς. εὐωνοτέρας Ἑλληνικῶς.
18. συνεδείπνει μετ' αὐτοῦ.
Aehnlicher Pleonasmus Aristoph.
Acharn. 227. ἐὰν μεθ' ἡμῶν
συμπίῃς.

ζημία Ῥωμαίοις ἀφόρητος, εἰ Μαυσάκας ὁ Μαῦρος διψῶν
μὴ εὗρε πιεῖν, ἀλλ᾽ ἄδειπνος ἐπανῆλθεν ἐπὶ τὸ στρατό-
πεδον. καίτοι πόσα ἄλλα μακρῷ ἀναγκαιότερα ἑκὼν ἐγὼ
νῦν παρίημι; ὡς καὶ αὐλητρὶς ἧκεν ἐκ τῆς πλησίον κώ-
5 μης αὐτοῖς καὶ ὡς δῶρα ἀλλήλοις ἀντέδοσαν, ὁ Μαῦρος
μὲν τῷ Μαλχίωνι λόγχην, ὁ δὲ τῷ Μαυσάκᾳ πόρπην,
καὶ ἄλλα πολλὰ τοιαῦτα τῆς ἐπ᾽ Εὐρώπῳ μάχης αὐτὰ δὴ
τὰ κεφάλαια. τοιγάρτοι εἰκότως ἄν τις εἴποι τοὺς τοιού-
τους τὸ μὲν ῥόδον αὐτὸ μὴ βλέπειν, τὰς ἀκάνθας δὲ αὐ-
10 τοῦ τὰς παρὰ τὴν ῥίζαν ἀκριβῶς ἐπισκοπεῖν. 29. ἄλλος, 29
ὦ Φίλων, μάλα καὶ οὗτος γελοῖος, οὐδὲ τὸν ἕτερον πόδα
ἐκ Κορίνθου πώποτε προβεβηκὼς οὐδ᾽ ἄχρι Κεγχρεῶν
ἀποδημήσας, οὔτι γε Συρίαν ἢ Ἀρμενίαν ἰδών, ὧδε ἤρ-
ξατο — μέμνημαι γάρ — „Ὦτα ὀφθαλμῶν ἀπιστότερα
15 γράφω τοίνυν ἃ εἶδον, οὐχ ἃ ἤκουσα.“ καὶ οὕτως ἀκρι-
βῶς ἅπαντα ἑωράκει, ὥστε τοὺς δράκοντας ἔφη τῶν
Παρθυαίων — σημεῖον δὲ πλήθους τοῦτο αὐτοῖς· χιλίους
γὰρ οἶμαι ὁ δράκων ἄγει — ζῶντας δράκοντας παμ-
μεγέθεις εἶναι, γεννωμένους ἐν τῇ Περσίδι μικρὸν ὑπὲρ τὴν
20 Ἰβηρίαν, τούτους δὲ τέως μὲν ἐπὶ κοντῶν μεγάλων ἐκ-

3. ἀναγκαιότερα ironisch.
Vgl. c. 19. σκόπει ὡς ἀναγκαῖα
τῇ ἱστορίᾳ ταῦτα.
4. αὐλητρὶς ἧκεν zum Mahle.
7. αὐτὰ δὴ τὰ κεφάλαια.
δή 'offenbar, natürlich' ironisch wie
c. 15. Vgl. δῆλον ὅτι c. 30.
8. τοιγάρτοι. Nachdrückliche
Hervorhebung des Schlusssatzes.
S. zu Icarom. c. 10.
εἰκότως 'mit Recht'. S. zum
Brief an Nigrinos.
29. 12. ἄχρι Κεγχρεῶν.
Κεγχρέαι der östliche Hafen von
Korinth am saronischen Meerbusen,
nur 70 Stadien von der Stadt ent-
fernt.
13. οὔτι γε 'gewiss ganz und gar
nicht' d. i. 'geschweige denn'.
14. ὦτα ὀφθαλμῶν ἀπι-
στότερα Worte des Kandaules

bei Herodot I. 8. Vgl. de saltat.
c. 78.
17. σημεῖον δὲ πλήθους,
Zeichen für eine nach der Anzahl
bestimmte Heeresabtheilung.
18. δράκοντας Feldzeichen der
Arsaciden und Sassaniden, nach
Suidas auch bei den Indern und
Scythen gebräuchlich.
19. μικρὸν ὑπὲρ τὴν Ἰβηρί-
αν characterisirt die Unwissen-
heit des Schriftstellers. Abgesehen
von dem spanischen Iberien ist so-
wohl das an der Grenze Armeniens
gelegene als das Indische weit von
Persien entfernt.
20. ἐπὶ κοντῶν — ἐκδεδε-
μένους αἰωρεῖσθαι Vermi-
schung zweier Constructionen: ἐπὶ
κοντῶν αἰωρεῖσθαι und κοντῶν
ἐκδεδεμένους αἰωρεῖσθαι.

δεδεμένους ὑψηλοὺς αἰωρεῖσθαι καὶ πόρρωθεν ἐπελαυ-
νόντων δέος ἐμποιεῖν, ἐν αὐτῷ δὲ τῷ ἔργῳ ἐπειδὰν ὁμοῦ
ὦσιν, λύσαντες αὐτοὺς ἐπαφιᾶσι τοῖς πολεμίοις· ἀμέλει
πολλοὺς τῶν ἡμετέρων οὕτω καταποθῆναι καὶ ἄλλους,
περισπειραθέντων αὐτοῖς, ἀποπνιγῆναι καὶ συγκλασθῆ- 5
ναι· ταῦτα δ᾿ ἐφεστὼς ὁρᾶν αὐτός, ἐν ἀσφαλεῖ μέντοι
ἀπὸ δένδρου ὑψηλοῦ ποιούμενος τὴν σκοπήν. καὶ εὖ γε
ἐποίησε μὴ ὁμόσε χωρήσας τοῖς θηρίοις, ἐπεὶ οὐκ ἂν ἡμεῖς
οὕτω θαυμαστὸν συγγραφέα νῦν εἴχομεν καὶ ἀπὸ χειρὸς
αὐτὸν μεγάλα καὶ λαμπρὰ ἐν τῷ πολέμῳ τούτῳ ἐργασά- 10
μενον· καὶ γὰρ ἐκινδύνευσε πολλὰ καὶ ἐτρώθη περὶ Σού-
ραν, ἀπὸ τοῦ Κρανείου δῆλον ὅτι βαδίζων ἐπὶ τὴν Λέρ-
ναν. καὶ ταῦτα Κορινθίων ἀκουόντων ἀνεγίνωσκε τῶν
ἀκριβῶς εἰδότων, ὅτι μηδὲ κατὰ τοίχου γεγραμμένον πό-
λεμον ἑωράκει. ἀλλ᾿ οὐδὲ ὅπλα ἐκεῖνός γε ᾔδει οὐδὲ μη- 15
χανήματα οἷά ἐστιν οὐδὲ τάξεων ἢ καταλοχισμῶν ὀνό-
ματα· πάνυ γοῦν ἔμελεν αὐτῷ πλαγίαν μὲν τὴν ἐπὶ κέρως

2. ἐν αὐτῷ δὲ τῷ ἔργῳ
wie c. 25.
ὁμοῦ ὦσιν 'zusammenge-
rathen'. Vgl. das folgende ὁμόσε
χωρήσας.
3. ἀμέλει 'sicherlich'. S.
zu Nigr. c. 26.
7. εὖ γε ἐποίησε μὴ —
χωρήσας öfter noch εὖ ποιῶν
mit Tempus finitum. S. zu c. 4.
9. ἀπὸ χειρός wie ἐκ χειρός
— χειρί Soph. Aj. 27. ἐφθαρμένας
γὰρ ἀρτίως εὑρίσκομεν λείας
ἀπάσας καὶ κατηναρισμένας ἐκ
χειρός.
11. περὶ Σούραν vollständig
Flavia Firma Sura, Stadt der syri-
schen Provinz Chalybonitis am
Euphrat.
12. Κρανείου. S. c. 3. —
Λέρνα eine Quelle in der Gegend
von Korinth.
δῆλον ὅτι ironisch: das Sura,
wo er verwundet, muss zwischen
dem Kraneion und der Quelle Lerna

gewesen sein, da er Korinth nie
verlassen hat. Ebenso δή c. 15. u. 28.
δῆθεν Icarom. c. 6. τὸν οὐρανὸν
δῆθεν αὐτὸν ἀναπλάττοντες.
14. ὅτι μηδὲ κατὰ τοίχου
γεγραμμένον πόλεμον ἑω-
ράκει sprüchwörtlich. Vgl. Cic. de
finibus V. 27 § 80. Dicis eadem omnia et
bona et mala; quae quidem dicunt ii
qui nunquam philosophum
pictum, ut dicitur, viderunt.
Ueber ὅτι μή s. zu Nigrin. c. 24.
17. πάνυ γοῦν ἔμελεν iro-
nisch: 'er machte sich wahrschein-
lich viel daraus'; adv. Indoct. c. 16.
πάνυ γοῦν ἤδη βελτίων γεγέ-
νησαι.
πλαγίαν — φάλαγγα. Nach
Arrian. de instr. acie p. 63 ed.
Blancard ist πλαγία μὲν φάλαγξ
(ἐστὶν) ἡ τὸ μῆκος τοῦ βάθους
πολλαπλάσιον ἔχουσα (entspricht
also dem ἐπὶ μετώπου ἄγειν in
Linie, Front): ὀρθία δὲ ὅταν
ἐπὶ κέρας πορεύηται· οὕτω δὲ

φάλαγγα, ἐπὶ κέρως δὲ λέγειν τὸ ἐπὶ μετώπου ἄγειν.
80. εἷς δέ τις βέλτιστος ἅπαντα ἐξ ἀρχῆς ἐς τέλος τὰ 80
πεπραγμένα, ὅσα ἐν Ἀρμενίᾳ, ὅσα ἐν Συρίᾳ, ὅσα ἐν Με-
σοποταμίᾳ, τὰ ἐπὶ τῷ Τίγρητι, τὰ ἐν Μηδίᾳ, πεντακοσί-
5 οις οὐδ᾽ ὅλοις ἔπεσι περιλαβὼν συνέθλιψε καὶ τοῦτο
ποιήσας ἱστορίαν συγγεγραφέναι φησίν. τὴν μέντοι ἐπι-
γραφὴν ὀλίγου δεῖν μακροτέραν τοῦ βιβλίου ἐπέγραψεν,
„Ἀντιοχιανοῦ τοῦ Ἀπόλλωνος ἱερονίκου“ — δόλιχον γάρ
που οἶμαι ἐν παισὶν ἐνενικήκει — „τῶν ἐν Ἀρμενίᾳ καὶ
10 Μεσοποταμίᾳ καὶ ἐν Μηδίᾳ νῦν Ῥωμαίοις πραχθέντων
ἀφήγησις.“ 81. ἤδη δ᾽ ἐγώ τινος καὶ τὰ μέλλοντα συγγε- 31
γραφότος ἤκουσα, καὶ τὴν λῆψιν τὴν Οὐολογέσσου καὶ
τὴν Ὀσρόου σφαγήν, ὡς παραβληθήσεται τῷ λέοντι, καὶ
ἐπὶ πᾶσι τὸν τριπόθητον ἡμῖν θρίαμβον. οὕτω μαντικῶς
15 ἅμα ἔχων ἔσπευδεν ἤδη πρὸς τὸ τέλος τῆς γραφῆς. ἀλλὰ
καὶ πόλιν ἤδη ἐν τῇ Μεσοποταμίᾳ ᾤκισε μεγέθει τε
μεγίστην καὶ κάλλει καλλίστην· ἔτι μέντοι ἐπισκοπεῖ καὶ
διαβουλεύεται εἴτε Νίκαιαν αὐτὴν ἀπὸ τῆς νίκης χρὴ

αὐ τὸ βάθος τοῦ μήκους πολλα-
πλάσιον παρέχεται (entspricht also
dem ἐπὶ κέρως ἄγειν in Colonne,
in Zügen).

30. 2. τὰ πεπραγμένα —
τὰ ἐν Μηδίᾳ, der Tod des Severian
bei Elegeia, die Eroberung von
Armenien, die Vertreibung des
Atidius Cornelianus aus Syrien;
Wiedereroberung von Artaxata
durch Statius Priscus, Schlacht bei
Europus, Angriff auf Mesopotamien,
Eroberung von Seleucia und Babylon,
Zug über den Tigris unter Avidius
Cassius, Ankunft in Medien, Ver-
brennung und Zerstörung von Kte-
siphon.

4. πεντακοσίοις οὐδ᾽
ὅλοις ἔπεσι wie c. 28. ἐν οὐδ᾽
ὅλοις ἑπτὰ ἔπεσι.

9. ἐν παισί ᾽in seiner
Jugend᾽, nicht zur Bezeichnung
des Wettkampfes (παίδων oder
ἐν παισί).

δόλιχον γάρ που — ἐνενι-
κήκει. Der Dolichos ist eine Art
Wettlauf, wobei es nicht nur auf
Schnelligkeit, sondern auch auf
ungewöhnliche Ausdauer ankam,
Dauerlauf. 7, 10, 12 selbst
24 Stadien (8 Stadien 1 römische
Millie) betrug die zu durchlaufende
Strecke.

10. νῦν = modo, nuperrime.

31. 15. ἀλλὰ καὶ ohne vorher-
gehendes οὐ μόνον = ja sogar.
Vgl. Tox. c. 2. τὴν ἱέρειαν πα-
ραλαβόντες ἀλλὰ καὶ τὴν Ἄρτεμιν
αὐτὴν ἀποσυλήσαντες ᾤχοντο
ἀποπλέοντες. Vgl. ἀλλ᾽ οὐδέ
c. 33.

16. μεγέθει — μεγίστην
Worte des getadelten Schriftstellers
nach Herodot I. 51. κρητῆρας δύο
μεγάθεϊ μεγάλους u. a. St.

18. διαβουλεύεται = in
utramque partem deliberare.

Νίκαιαν wie in Indien von

3 *

ὀνομάζεσθαι εἴτε Ὁμόνοιαν εἴτε Εἰρηνίαν. καὶ τοῦτο
μὲν ἔτι ἄκριτον καὶ ἀνώνυμος ἡμῖν ἡ καλὴ πόλις ἐκείνη,
λήρου πολλοῦ καὶ κορύζης συγγραφικῆς γέμουσα· τὰ δ᾽
ἐν Ἰνδοῖς πραχθησόμενα ὑπέσχετο ἤδη γράψειν καὶ τὸν
περίπλουν τῆς ἔξω θαλάττης, καὶ οὐχ ὑπόσχεσις ταῦτα 5
μόνον, ἀλλὰ καὶ τὸ προοίμιον τῆς Ἰνδικῆς ἤδη συντέτακ-
ται, καὶ τὸ τρίτον τάγμα καὶ οἱ Κελτοὶ καὶ Μαύρων
μοῖρα ὀλίγη σὺν Κασσίῳ πάντες οὗτοι ἐπεραιώθησαν τὸν
Ἰνδὸν ποταμόν· ὅ τι δὲ πράξουσιν ἢ πῶς δέξονται
τὴν τῶν ἐλεφάντων ἐπέλασιν, οὐκ εἰς μακρὰν ἡμῖν ὁ θαυ- 10
μαστὸς συγγραφεὺς ἀπὸ Μουζίριδος ἢ ἀπ᾽ Ὀξυδρακῶν
82 ἐπιστελεῖ. 32. τοιαῦτα πολλὰ ὑπ᾽ ἀπαιδευσίας ληροῦσι,
τὰ μὲν ἀξιόρατα οὔθ᾽ ὁρῶντες οὔτ᾽, εἰ βλέποιεν, κατ᾽
ἀξίαν εἰπεῖν δυνάμενοι, ἐπινοοῦντες δὲ καὶ ἀναπλάττοντες,
ὅ τι κεν ἐπ᾽ ἀκαιρίαν γλῶσσαν, φασίν, ἔλθῃ, καὶ ἐπὶ 15
τῷ ἀριθμῷ τῶν βιβλίων ἔτι σεμνυνόμενοι, καὶ μάλιστα
ἐπὶ ταῖς ἐπιγραφαῖς· καὶ γὰρ αὖ καὶ αὗται παγγέλοιοι·
„τοῦ δεῖνος Παρθικῶν νικῶν τοσάδε"· καὶ αὖ „Παρθίδος
πρῶτον, δεύτερον"[, ὡς Ἀτθίδος δῆλον ὅτι]. ἄλλος ἀστει-
ότερον παρὰ πολύ — ἀνέγνων γάρ — „Δημητρίου Σαγα- 20

Alexander d. G. eine Stadt zur
Erinnerung an seinen Sieg benannt
worden war. Arrian. V. c. 19.
1. Ὁμόνοιαν mit Beziehung
auf die Eintracht zwischen M.
Aurelius und L. Verus.
3. κορύζης Schnupfen daher
Stumpfsinn 'Dünkel'. Vgl. adversus
indoctum c. 21. De morte Pere-
grini. c. 2.
5. τῆς ἔξω θαλάττης, Gegen-
satz: ἡ ἐντός θάλαττα das mittel-
ländische Meer.
καὶ οὐχ ὑπόσχεσις ταῦτα
μόνον wie c. 51. τοῦτο ἦν ἡ
τέχνη αὐτοῖς. Rhetor. praec. c. 20.
ἔλεγχος γὰρ σαφὴς ταῦτά γε.
Icarom. c. 14. τοῦτό ἐστιν ὁ βασι-
λεὺς καὶ γνήσιος ἀετός. de salt.
c. 17, während sonst das demon-
strative Pronomen mit dem Prädicat

wie im Lateinischen übereinstimmt.
S. zu Nigr. c. 27. δῆλος δὲ ἦν
καὶ τῶν τοιούτων κατεγνωκὼς
φιλοσόφων, οἳ ταύτην ἄσκησιν
ἀρετῆς ὑπελάμβανον.
7. τάγμα, 'Legion'.
10. οὐκ εἰς μακράν = non
multo post sehr oft bei Lucian.
11. ἀπὸ Μουζίριδος. Muzi-
ris, erster Handelsplatz von Indien.
Ὀξυδρακῶν eine Völkerschaft
in Indien, zwischen dem Ganges und
Hyphasis.
32. 15. ὅ τι κεν ἐπ᾽ ἀκαιρί-
μαν γλῶσσαν ἔλθῃ sprüch-
wörtlich = quidquid in buccam ve-
nerit.
20. παρὰ πολύ 'bei weitem'.
S. zu. Nigr. c. 14.
Σαγαλασσέως Sagalassus,
Stadt in Pisidien.

λασσέως Παρθυηνικά· .... οὐδ᾽ ὡς ἐν γέλωτι ποιήσα-
σθαι καὶ ἐπισκῶψαι τὰς ἱστορίας οὕτω καλὰς οὔσας, ἀλλὰ
τοῦ χρησίμου ἕνεκα· ὡς ὅστις ἂν ταῦτα καὶ τὰ τοιαῦτα
φεύγῃ, πολὺ μέρος ἤδη ἐς τὸ ὀρθῶς συγγράφειν οὗτος
5 προείληφε, μᾶλλον δὲ ὀλίγων ἔτι προσδεῖται, εἴ γε ἀλη-
θὲς ἐκεῖνό φησιν ἡ διαλεκτική, ὡς τῶν ἀμέσων ἡ θατέ-
ρου ἄρσις τὸ ἕτερον πάντως ἀντεισάγει. 33. καὶ δὴ τὸ 33
χωρίον σοι, φαίη τις ἄν, ἀκριβῶς ἀνακεκάθαρται καὶ αἵ
τε ἄκανθαι, ὁπόσαι ἦσαν, καὶ βάτοι ἐκκεκομμέναι εἰσί,
10 τὰ δὲ τῶν ἄλλων ἐρείπια ἤδη ἐκπεφόρηται, καὶ εἴ τι
τραχὺ ἦν, ἤδη καὶ τοῦτο λεῖόν ἐστιν. ὥστε οἰκοδόμει τι
ἤδη καὶ αὐτός, ὡς δείξῃς οὐκ ἀνατρέψαι μόνον τὸ τῶν
ἄλλων γεννάδας ὤν, ἀλλά τι καὶ αὐτὸς ἐπινοῆσαι δεξιὸν
καὶ ὃ οὐδεὶς ἄν, ἀλλ᾽ οὐδ᾽ ὁ Μῶμος μωμήσασθαι δύναιτο.
15   34. Φημὶ δὴ τοίνυν τὸν ἄριστα ἱστορίαν συγ- 34
γράψοντα δύο μὲν ταῦτα κορυφαιότατα οἴκοθεν
ἔχοντα ἥκειν, σύνεσίν τε πολιτικὴν καὶ δύναμιν
ἑρμηνευτικήν, τὴν μὲν ἀδίδακτόν τι τῆς φύσεως δῶρον,
ἡ δύναμις δὲ πολλῇ τῇ ἀσκήσει καὶ συνεχεῖ τῷ πόνῳ καὶ

---

1. οὐδ᾽ ὡς ἐν γέλωτι ποιή-
σασθαι. Hier ist eine grössere
Lücke. Lucian schliesst mit Auf-
zählung der Fehler ab und fügt die
Versicherung hinzu, dass er nicht
dabei auf Gelächter und Spott aus-
gegangen sei. Ueber οὐδ᾽ ὡς s. zu
c. 4.
6. τῶν ἀμέσων 'von den
Dingen, zwischen welchen nichts
in der Mitte liegt', wie es nach
der Stoiker Lehre zwischen ἀρετή
und κακία kein Mittelding giebt.
33. 7. καὶ δή abschliessend
'und nun (offenbar)'. S. zu Nigr.
c. 15.
11. ὥστε 'demnach, daher'.
S. zu Nigrin. c. 4.
12. ὡς δείξῃς — γεννάδας
ὤν. δείξῃς nach der Analogie von
φαίνεσθαι und δῆλός εἰμι, mit
denen es sinnverwandt ist, mit dem

Participium construirt, damit du
zeigst, dass = damit man sieht,
dass ...
14. ἀλλ᾽ οὐδέ, 'ja nicht
einmal'. Vgl. ἀλλὰ καί 'ja so-
gar' c. 31. ἀλλὰ καὶ πόλιν ...
ᾤκισε.
ὁ Μῶμος. S. zu Nigr. c. 32.
Er, der Alles tadelte, soll vor
Aerger geplatzt sein, weil er an
Aphrodite nichts auszusetzen fand.
34. Zweiter Haupttheil.
Was hat der Geschicht-
schreiber zu thun?
16. κορυφαιότατα eine von
den Atticisten und von Lucian
Solöcist. c. 5 selbst verworfene
Form; ebenso wenig gebilligt wer-
den die Superlative τελευταιότατος
κεφαλαιωδέστατος, μονώτατος.
17. σύνεσιν — ἑρμηνευτι-
κήν. Zwei Haupterforder-

ζήλῳ τῶν ἀρχαίων προσγεγενημένη ἔστω. ταῦτα μὲν οὖν
ἄτεχνα καὶ οὐδὲν ἐμοῦ συμβούλου δεόμενα· οὐ γὰρ συνε-
τοὺς καὶ ὀξεῖς ἀποφανεῖν τοὺς μὴ παρὰ τῆς φύσεως τοι-
ούτους φησὶ τοῦτο ἡμῖν τὸ βιβλίον· ἐπεὶ πολὺ πλείονος,
μᾶλλον δὲ τοῦ παντὸς ἦν ἄξιον, εἰ μεταπλάσαι καὶ μετα- 5
κοσμῆσαι τὰ τηλικαῦτα ἠδύνατο, ἢ ἐκ μολύβδου χρυσὸν
ἀποφῆναι ἢ ἄργυρον ἐκ κασσιτέρου ἢ ἐκ Κόνωνος Τί-
τορμον ἢ ἐκ Λεωτροφίδου Μίλωνα ἐξεργάσασθαι.

35 35. Ἀλλά που τὸ τῆς τέχνης καὶ τὸ τῆς συμβουλῆς
χρήσιμον, [οὐκ ἐς ποίησιν τῶν μὴ προσόντων, ἀλλ' ἐς χρῆ- 10
σιν αὐτῶν τὴν προσήκουσαν·] οἷόν τι ἀμέλει καὶ Ἴκκος καὶ

nisse. In ähnlicher Weise stellt
Lucian als Haupterfordernisse des
Pantomimen auf de salt. c. 36.
γνῶναί τε τὰ δέοντα καὶ ἑρ-
μηνεῦσαι αὐτά.

1. ταῦτα μὲν οὖν ἄτεχνα
ταῦτα bezieht sich auf σύνεσις
πολιτική und auf δύναμις
ἑρμηνευτική; ἄτεχνα heissen
sie, insofern das Eine eine Gabe
der Natur ist, das Andere nur
durch Uebung erworben werden
kann. Vgl. Cic. de invent. 1. 4:
Hoc si forte non natura modo
neque exercitatione conficitur,
verum etiam artificio quodam
comparatur, non alienum est videre,
quid dicant ii, qui quasdam eius
rei praecepta nobis reliquerunt, wo
auf dieselbe Weise natura (φύ-
σις), exercitatio (ἄσκησις),
artificium (τέχνη) unterschieden
werden.

5. μᾶλλον δέ. S. zu c. 2.

7. Κόνωνα. Der berühmte
Athenieosische Feldherr war von
sehr kleiner Gestalt.

Τίτορμον ein Rinderhirt von
ausserordentlicher Körperstärke,
der den Milon von Kroton bei
verschiedenen Kraftproben weit
übertraf.

8. Λεωτροφίδου von sehr
zarter, hagerer Gestalt, ein Athe-
nienser aus der Zeit des Aristo-

phanes, der von den Komikern
vielfach verspottet wurde.

Μίλωνα ein berühmter Athlet
aus Kroton in Unteritalien, um 580
v. Chr. Cic. de senect. c. 33. Olym-
pias per stadium ingressus esse Milo
dicitur, cum humeris sustineret bovem.

35. Verhältniss der natür-
lichen Anlage zur künstleri-
schen Ausbildung. τὸ τῆς
τέχνης = ἡ τέχνη. Vgl. c. 10.
c. 53. τὸ τῆς εὐνοίας παρείς ...,
eine bei Lucian häufig vorkommende
Umschreibung.

10. χρήσιμον ist Prädicat.

11. οἷόν τι — μετὰ τῆς
τέχνης. οἷόν τι wie c. 57 u. oft
'etwa wie'. Lucian macht den
Nutzen der Kunstanweisung durch
ein Bild anschaulich, um zu zeigen,
dass die Kunst den Historiker zwar
nicht schaffen, wohl aber fördern
könne. Dieser in dem Bilde ent-
haltene Gedanke ist von frem-
der Hand in fehlerhafter Verbin-
dung und mangelhafter Form mit
den Worten οὐκ ἐς ποίησιν —
προσήκουσαν hier eingeschoben
worden, während er von Lucian
selbst weiter unten an passender
Stelle und entsprechender Form
(ὥστε ἀπέστω — σκοπόν) aus-
geführt wird.

ἀμέλει. S. zu c. 29.

Ἴκκος von Plato mit Auszeich-

Ἡρόδικος καὶ Θέων καὶ εἴ τις ἄλλος γυμναστής, ὑπόσχοιντο ἄν σοι οὐ τὸν Περδίκκαν παραλαβόντες — εἰ δὴ οὗτός ἐστιν ὁ τῆς μητρυιᾶς ἐρασθεὶς καὶ διὰ ταῦτα κατεσκληκώς, ἀλλὰ μὴ Ἀντίοχος ὁ τοῦ Σελεύκου Στρατονί-
5 κης ἐκείνης — ἀποφαίνειν ὀλυμπιονίκην καὶ Θεαγένει τῷ Θασίῳ ἢ Πολυδάμαντι τῷ Σκοτουσαίῳ ἀντίπαλον, ἀλλὰ τὴν δοθεῖσαν ὑπόθεσιν εὐφυᾶ πρὸς ὑποδοχὴν τῆς γυμναστικῆς παρὰ πολὺ ἀμείνω ἀποφαίνειν μετὰ τῆς τέχνης. ὥστε ἀπέστω καὶ ἡμῶν τὸ ἐπίφθονον τοῦτο τῆς
10 ὑποσχέσεως, εἰ τέχνην φαμὲν ἐφ᾽ οὕτω μεγάλῳ καὶ χαλεπῷ τῷ πράγματι εὑρηκέναι· οὐ γὰρ ὀντινοῦν παραλαβόντες ἀποφανεῖν συγγραφέα φαμέν, ἀλλὰ τῷ φύσει συνετῷ καὶ ἄριστα πρὸς λόγους ἠσκημένῳ ὑποδείξειν ὁδούς τινας ὀρθάς, εἰ δὴ τοιαῦται φαίνονται, αἷς χρώ-
15 μενος θᾶττον ἂν καὶ εὐμαρέστερον τελέσειεν ἄχρι πρὸς

nung genannt, blühte um die 77te Olymp. Zu Olympia gewann er einen Sieg im Pentathlon. Selbst ein Muster der Mässigkeit regelte er die Diät der Gymnasten durch strenge Vorschriften.

1. Ἡρόδικος nicht nur Lehrer der Gymnastik, sondern auch Arzt, der zuerst die Gymnastik mit der Heilkunst verband (Urheber der Iatraliptik) und sein kränkliches Leben durch seine diätetische Kunst hoch hinauf brachte. S. Platos Staat III. p. 406. Α. μίξας γυμναστικὴν ἰατρικῇ ἀπέκναισε πρῶτον μὲν καὶ μάλιστα ἑαυτόν, ἔπειτ᾽ ἄλλους ὕστερον πολλούς.

Θέων sonst nicht bekannt.

2. τὸν Περδίκκαν wohl schwerlich auf Perdikkas, den Feldherrn Alexanders d. G. zu beziehen, der sogar nach Aelian. Var. Hist. IX. 3. gymnastisch sehr tüchtig geübt war. An anderen Stellen wird die hier folgende Anekdote von Antiochus, Sohn des Seleucus Nicator erzählt. Da dieser durch die Hoffnungslosigkeit seiner Liebe zur eignen Stiefmutter dem Tode nahe gebracht war, so überlässt sie ihm der Vater, nachdem er vom Arzte den Grund des Leidens erfahren hatte. S. zu Icarom. c. 15.

3. κατεσκληκώς. Genauer bei Lucian de dea Syria c. 17. καὶ οἱ ἥτε χροιὴ πάμπαν ἐτρέπετο καὶ τὸ σῶμα δι᾽ ἡμέρης ἐμαραίνετο.

5. Θεαγένει dreimal Sieger in Olympia, ausserdem nach einigen 1400, nach Andern 1200 Mal, blühte in der 75ten und 76ten Olympiade.

6. Πολυδάμαντι Ol. 93. Sieger im Pankration, von gewaltiger Körperkraft.

Σκοτουσαίῳ Skotusa in Thessalien.

7. ὑπόθεσιν 'Grundlage'.

9. τὸ ἐπίφθονον — τῆς ὑποσχέσεως oft so das Neutrum für das entsprechende abstracte Substantivum. S. zu Nigr. c. 12. τὸ καθαρὸν τὴν δίαιτης c. 13. τῆς κόμης τὸ περίεργον.

15. εὐμαρέστερον poetisches Wort.

τελέσειεν. τελεῖν ἐς, πρός,

36 τὸν σκοπόν. 36. οὐ γὰρ ἂν φαίης ἀπροσδεῆ τὸν συνετὸν
εἶναι τῆς τέχνης καὶ διδασκαλίας ὧν ἀγνοεῖ· ἐπεὶ κἂν
ἐκιθάριζε μὴ μαθὼν καὶ ηὔλει καὶ πάντα ἂν ἠπίστατο.
νῦν δὲ μὴ μαθὼν οὐκ ἄν τι αὐτῶν χειρουργήσειεν, ὑπο-
δείξαντος δέ τινος ῥᾷστά τε ἂν μάθοι καὶ εὖ μεταχειρίσαιτο 5
ἐφ᾿ αὑτοῦ.

37 37. Καὶ τοίνυν καὶ ἡμῖν τοιοῦτός τις ὁ μαθητὴς νῦν
παραδεδόσθω, συνεῖναί τε καὶ εἰπεῖν οὐκ ἀγεννής, ἀλλ᾿
ὀξὺ δεδορκώς, οἷος καὶ πράγμασι χρήσασθαι ἄν, εἰ ἐπι-
τραπείη, ἀλλὰ καὶ γνώμην στρατιωτικὴν μετὰ τῆς πολι- 10
τικῆς καὶ ἐμπειρίαν στρατηγικὴν ἔχων, καὶ νὴ Δία καὶ ἐν
στρατοπέδῳ γεγονώς ποτε καὶ γυμναζομένοις ἢ ταττομέ-
νους στρατιώτας ἑωρακὼς καὶ ὅπλα εἰδὼς καὶ μηχανή-
ματα οἷα καὶ τί ἐπὶ κέρως καὶ τί ἐπὶ μετώπου, καὶ πῶς οἱ
λόχοι, πῶς οἱ ἱππεῖς, καὶ πόθεν καὶ τί ἐξελίττειν ἢ περιε- 15
λίττειν, καὶ ὅλως, οὐ τῶν κατοικιδίων τις οὐδ᾿ οἷος πι-
38 στεύειν μόνον τοῖς ἀπαγγέλλουσι. 38. μάλιστα δὲ καὶ
πρὸ τῶν πάντων ἐλεύθερος ἔστω τὴν γνώμην καὶ μήτε
φοβείσθω μηδένα μήτ᾿ ἐλπιζέτω μηδέν, ἐπεὶ ὅμοιος ἔσται

ἐπί, μέχρι τι (den Weg) 'wohin
vollenden'. — μέχρι πρός und
ἄχρι πρός häufig bei Lucian. S.
zu Nigrin. c. 36.
36. 2. ἐπεὶ κἂν ἐκιθάριζε
'sonst' (d. i. wenn es der Lehre
nicht bedürfte) 'würde ...' Da-
gegen mit dem Futur c. 38. ἐπεὶ
ὅμοιος ἔσται 'sonst wird er sein'.
Vgl. c. 44.
6. ἐφ᾿ αὑτοῦ für sich
selbst, ohne eines Andern Rath
und Hülfe.
37. 8. συνεῖναί τε καὶ
εἰπεῖν οὐκ ἀγεννής was c.
34. σύνεσις πολιτικὴ καὶ δύναμις
ἑρμηνευτικὴ genannt war. συνεῖ-
ναι von συνίημι.
9. οἷος — χρήσασθαι ἄν
— talis, ut ... Vgl. zu c. 17.
Ebenso οἷος πιστεύειν zu Ende
c. 37. ἡ λέξις δὲ σαφὴς καὶ

πολιτική, οἷα ἐπισημότατα δη-
λοῦν τὸ ὑποκείμενον. c. 43.
πράγμασι Staatsge-
schäfte.
εἰ ἐπιτραπείη nämlich αὐτὸς
αὐτά, mit etwas beauftragt
werden. S. zu Nigr. c. 34. οἱ
τὰς πόλεις ἐπιτετραμμένοι.
10. ἀλλὰ — καί. S. zu c. 31.
14. ἐπὶ κέρως. S. zu 29.
15. πόθεν gehört wie τί zu
ἐξελίττειν, woher die kommen,
welche ἐξελίττουσι und περιελίτ-
τουσι.
ἐξελίττειν die hinteren Treffen
vorrücken lassen und in Front gegen
den Feind stellen. Vgl. Xenoph.
Cyrop. 8. 5. 15.
16. κατοικίδιος 'ein Stu-
benhocker'.
38. 19. ἐπεὶ — ἔσται. S. zu
c. 36.

τοῖς φαύλοις δικασταῖς πρὸς χάριν ἢ πρὸς ἀπέχθειαν ἐπὶ
μισθῷ δικάζουσιν. ἀλλὰ μὴ μελέτω αὐτῷ μήτε Φίλιππος,
εἰ ἐκκεκομμένος τὸν ὀφθαλμὸν ὑπὸ Ἀστέρος τοῦ Ἀμφιπο-
λίτου τοῦ τοξότου ἐν Ὀλύνθῳ τοιοῦτος οἷος ἦν
5 δειχθήσεται, μήτε Ἀλέξανδρος ὃς ἀνιάσεται ἐπὶ τῇ Κλεί-
του σφαγῇ ὠμῶς ἐν τῷ συμποσίῳ γενομένῃ, εἰ σαφῶς
ἀναγράφοιτο· οὐδὲ Κλέων αὐτὸν φοβήσει μέγα ἐν τῇ ἐκ-
κλησίᾳ δυνάμενος καὶ κατέχων τὸ βῆμα, ὡς μὴ εἰπεῖν
ὅτι ὄλεθρος καὶ μανικὸς ἄνθρωπος οὗτος ἦν· οὐδὲ ἡ
10 σύμπασα πόλις τῶν Ἀθηναίων, ἢν τὰ ἐν Σικελίᾳ κακὰ
ἱστορῇ καὶ τὴν Δημοσθένους λῆψιν καὶ τὴν Νικίου τε-
λευτὴν καὶ ὡς ἐδίψων καὶ οἷον τὸ ὕδωρ ἔπινον καὶ ὡς
ἐφονεύοντο πίνοντες οἱ πολλοί. ἡγήσεται γὰρ — ὅπερ
δικαιότατον — ὑπ᾽ οὐδενὸς τῶν νοῦν ἐχόντων αὐτὸς ἕξειν
15 τὴν αἰτίαν, ἢν τὰ δυστυχῶς ἢ ἀνοήτως γεγενημένα ὡς
ἐπράχθη διηγῆται· οὐ γὰρ ποιητὴς αὐτός, ἀλλὰ μηνυ-
τής. ὥστε κἂν καταναυμαχῶνταί ποτε, οὐκ ἐκεῖνος ὁ
καταδύων ἐστί, κἂν φεύγωσιν, οὐκ ἐκεῖνος ὁ διώκων,
ἐκτὸς εἰ μὴ εὔξασθαι δέον παρέλιπεν· ἐπεί τοί γε εἰ
20 σιωπήσας αὐτὰ ἢ πρὸς τοὐναντίον εἰπὼν ἐπανορθώσα-
σθαι ἐδύνατο, ῥᾷστον ἦν ἑνὶ καλάμῳ λεπτῷ τὸν Θουκυ-

2. ἀλλὰ μὴ μελέτω —
οἱ πολλοί. Sinn: Er scheue
sich nicht die Wahrheit zu sagen,
selbst auf die Gefahr, dass sie den
Unwillen der Mächtigen hervorrufen
könnte.

3. ὑπὸ Ἀστέρος τοῦ Ἀμ-
φιπολίτου von Anderen wird
er ein Olynthier genannt.

4. ἐν Ὀλύνθῳ. Nicht bei der
Belagerung von Olynth, sondern
bei der von Methone fiel das
Ereigniss vor.

5. ὃς ἀνιάσεται wie es dem
Philosophen Kallisthenes ergangen
war, der zur Abfassung von Alexan-
ders Geschichte veranlasst, wegen
seiner Aufrichtigkeit ins Gefängniss
geworfen, dort ein schreckliches
Ende nahm.

10. τὰ ἐν Σικελίᾳ κακά wäh-
rend des Peloponnesischen Krieges.
Demosthenes und Nikias, die Feld-
herren der Athenienser, wurden
beide von den Syrakusanern gefan-
gen genommen und getödtet.

12. ὡς ἐδίψων καὶ οἷον τὸ
ὕδωρ ἔπινον bei derselben Ex-
pedition und noch vor der Gefan-
gennehmung. Thucyd. VII. c. 84.

19. ἐκτὸς εἰ μὴ εὔξασθαι
δέον παρέλιπεν, nämlich τὸ
εὔξασθαι, ironisch: er müsste denn
mit seinen guten Wünschen, die er
unterlassen hat, etwas haben ändern
können. Vgl. Demosthen. Olynth.
III. c. 18 ἀλλ᾽ οὐχ ἡδέα ταῦτα·
οὐκέτι τοῦθ᾽ ὁ λέγων ἀδικεῖ,
πλὴν εἰ δέον εὔξασθαι παρα-
λείπει.

δίδην ἀνατρέψαι μὲν τὸ ἐν ταῖς Ἐπιπολαῖς παρατείχισμα,
καταδῦσαι δὲ τὴν Ἑρμοκράτους τριήρη καὶ τὸν κατάρα-
τον Γύλιππον διαπεῖραι μεταξὺ ἀποτειχίζοντα καὶ ἀπο-
ταφρεύοντα τὰς ὁδούς, καὶ τέλος Συρακουσίους μὲν ἐς
τὰς λιθοτομίας ἐμβαλεῖν, τοὺς δ᾽ Ἀθηναίους περιπλεῖν 5
Σικελίαν καὶ Ἰταλίαν μετὰ τῶν πρώτων τοῦ Ἀλκιβιάδου
ἐλπίδων. ἀλλ᾽, οἶμαι, τὰ μὲν πραχθέντα οὐδὲ Κλωθὼ
89 ἂν ἔτι ἀνακλώσειεν οὐδ᾽ Ἄτροπος μετατρέψειεν. 39. τοῦ
δὴ συγγραφέως ἔργον ἕκαστα, ὡς ἐπράχθη, εἰπεῖν. τοῦτο δ᾽
οὐκ ἂν δύναιτο, ἄχρι ἂν ἢ φοβῆται Ἀρταξέρξην ἰατρὸς 10
αὐτοῦ ὤν, ἢ ἐλπίζῃ κάνδυν πορφυροῦν καὶ στρεπτὸν
χρυσοῦν καὶ ἵππον τῶν Νισαίων λήψεσθαι μισθὸν τῶν
ἐν τῇ γραφῇ ἐπαίνων. ἀλλ᾽ οὐ Ξενοφῶν αὐτὸ ποιήσει, δί-
καιος συγγραφείς, οὐδὲ Θουκυδίδης. ἀλλὰ κἂν ἰδίᾳ μισῇ
τινας, πολὺ ἀναγκαιότερον ἡγήσεται τὸ κοινὸν καὶ τὴν 15

---

1. π α ρ α τ ε ί χ ι σ μ α Gegen-
mauer gegen die von Nikias be-
gonnene doppelte Mauer, durch wel-
che dieser die Stadt ganz zu sperren
beabsichtigte. Thucyd. VII c. 4.
*Καὶ μετὰ ταῦτα ἐτείχιζον οἱ
Συρακόσιοι καὶ οἱ ξύμμαχοι διὰ
τῶν Ἐπιπολῶν* (eiu Stadttheil von
Syrakus, auf den die Stadt selbst
beherrschenden Anhöhen) *ἀπὸ τῆς
πόλεως ἀρξάμενοι ἄνω πρὸς τὸ
ἐγκάρσιον τεῖχος ἁπλοῦν, ὅπως
οἱ Ἀθηναῖοι, εἰ μὴ δύναιντο κω-
λῦσαι, μηκέτι οἷοί τε ὦσιν ἀπο-
τειχίσαι.*
2. Ἑ ρ μ ο κ ρ ά τ ο υ ς nicht er,
sondern Sicanus und Agatharchus
waren die Befehlshaber der Syra-
kusischen Flotte; aber Hermokrates
hatte den Hauptruhm des Sieges.
3. Γ ύ λ ι π π ο ν Feldherr der
den Syrakusanern zu Hülfe gesand-
ten spartanischen Truppen.
μ ε τ α ξ ὺ ἀ π ο τ ε ι χ ί ζ ο ν τ α
während er das obenge-
nannte *παρατείχισμα* aufführe.
μεταξὺ wie *ἅμα* mit dem Part.
drückt die Gleichzeitigkeit der durch

das Participium bezeichneten Hand-
lung und der Haupthandlung aus.
S. zu Nigr. c. 13. — ἀ π ο τ ε ι χ ί ζ ε ι ν
und ἀ π ο τ α φ ρ ε ύ ε ι ν τ ὰ ς ὁ δ ο ύ ς,
durch Bollwerke und Grä-
ben die Wege abschneiden.
4. Σ υ ρ α κ ο υ σ ί ο υ ς anstatt
der Athener.
5. τ ο ὺ ς δ᾽ Ἀ θ η ν α ί ο υ ς π ε -
ρ ι π λ ε ῖ ν hängt ab von ῥᾷστον ἦν.
6. μ ε τ ὰ τ ῶ ν π ρ ώ τ ω ν — ἐ λ -
π ί δ ω ν. Alcibiades hoffte Siciliens
und dann Karthagos sich zu be-
mächtigen.
39. 8. τ ο ῦ δ ὴ σ υ γ γ ρ α φ έ ω ς.
δή wie c. 33.
10. ἰ α τ ρ ὸ ς α ὐ τ ο ῦ ὤ ν mit
Beziehung auf Ktesias.
12. ἵ π π ο ν τ ῶ ν Ν ι σ α ί ω ν,
wie die vorhererwähnten Gegen-
stände ausschliessliches Besitzthum
der Könige. Das in der nordischen
Provinz Rhagiana gelegene Nisäische
Gefilde umfasste die grossen Stute-
reien, aus welchen die Fürsten
Asiens ihre schönsten Rosse bezo-
gen. — Ueber den Gebrauch des
Genit. τῶν Νισαίων vgl. zu c. 8.

ἀλήθειαν περὶ πλείονος ποιήσεται τῆς ἔχθρας, κἂν φιλῇ,
ὅμως οὐ φείσεται ἁμαρτάνοντος· ἐν γάρ, ὡς ἔφην, τοῦτο ἴδιον
ἱστορίας, καὶ μόνη θυτέον τῇ ἀληθείᾳ, εἴ τις
ἱστορίαν γράψων ἴοι, τῶν δ' ἄλλων ἁπάντων ἀμελητέον
5 αὐτῷ, καὶ ὅλως πῆχυς εἷς καὶ μέτρον ἀκριβές, ἀποβλέ-
πειν μὴ εἰς τοὺς νῦν ἀκούοντας, ἀλλ' εἰς τοὺς μετὰ ταῦτα
συνεσομένους τοῖς συγγράμμασιν. 40. εἰ δὲ τὸ παραυτίκα 40
τις θεραπεύει, τῆς τῶν κολακευόντων μερίδος εἰκότως
ἂν νομισθείη, οὓς πάλαι ἡ ἱστορία καὶ ἐξ ἀρχῆς εὐθὺς
10 ἀπέστραπτο, οὐ μεῖον ἢ κομμωτικὴν ἡ γυμναστική. Ἀλε-
ξάνδρου γοῦν · καὶ τοῦτο ἀπομνημονεύουσιν, ὃς „ἡδέως
ἄν,“ ἔφη, „πρὸς ὀλίγον ἀναβιοίην, ὦ Ὀνησίκριτε, ἀποθα-
νών, ὅπως μάθοιμι πῶς ταῦτα οἱ ἄνθρωποι τότε ἀναγινώ-
σκουσιν. εἰ δὲ νῦν αὐτὰ ἐπαινοῦσι καὶ ἀσπάζονται, μὴ
15 θαυμάσῃς· οἴονται γὰρ οὐ μικρῷ τινι τῷ δελέατι τούτῳ
ἀνασπάσειν ἕκαστος τὴν παρ' ἡμῶν εὔνοιαν.“ Ὁμήρῳ
γοῦν, καίτοι πρὸς τὸ μυθῶδες τὰ πλεῖστα συγγεγραφότι
ὑπὲρ τοῦ Ἀχιλλέως, ἤδη καὶ πιστεύειν τινὲς ὑπάγονται,
μόνον τοῦτο εἰς ἀπόδειξιν τῆς ἀληθείας μέγα τεκμήριον
20 τιθέμενοι, ὅτι μὴ περὶ ζῶντος ἔγραφεν· οὐ γὰρ εὑρίσκου-
σιν οὗτινος ἕνεκα ἐψεύδετ' ἄν.

41. Τοιοῦτος οὖν μοι ὁ συγγραφεὺς ἔστω, ἄφοβος, 41
ἀδέκαστος, ἐλεύθερος, παῤῥησίας καὶ ἀληθείας

---

6. εἰς τοὺς μετὰ ταῦτα
συνεσομένους τ. σ. Vgl. c. 5.
40. 7. τὸ παραυτίκα was
bei Thucyd. I. c. 22. τὸ παραχρῆμα.
Vgl. τὸ τήμερον c. 13.
8. τῆς τῶν κολακευόντων
μερίδος εἰκότως ἂν νομι-
σθείη. Sinn: Dann gehört er zu
den Schmeichlern und verdient nicht
den Namen eines Historikers. Ueber
εἰκότως S. zu c. 28.
10. ἀπέστραπτο. S. zu c. 12.
11. καὶ τοῦτο. Vgl. c. 12.
12. ὦ Ὀνησίκριτε. Seine Un-
zuverlässigkeit als Geschichtschrei-
ber wird vielfach gerügt; er war
Unterbefehlshaber der Flotte unter

Nearch.
15. οὐ μικρῷ τινι τῷ δελέ-
ατι τούτῳ. τις bei dem Artikel
zur Vermittelung des bildlichen Aus-
druckes (hier δέλεαρ) — quidam,
quasi quidam. Vgl. Rhet. praec.
c. 1. c. 3.
17. καίτοι—συγγεγραφό-
τι, καίτοι mit dem Partic. bei Lu-
cian oft wie καίπερ, καὶ ταῦτα als
Concessivpartikel. S. zu Nigr. c. 8.
20. ὅτι μή. S. zu Nigr. c. 24.
21. ἐψεύδετ' ἄν nämlich
'wenn er hätte lügen wollen' (εἴπερ
— ἐψεύδετο).
41. 23. ἀδέκαστος unbesto-
chen. Die Bestechung der Richter

φίλος, ὡς ὁ κωμικός φησι, τὰ σῦκα σῦκα, τὴν σκάφην δὲ
σκάφην ὀνομάζων, οὐ μίσει οὐδὲ φιλίᾳ τι νέμων οὐδὲ φειδόμε-
νος ἢ ἐλεῶν ἢ αἰσχυνόμενος ἢ δυσωπούμενος, ἴσος δι-
καστής, εὔνους ἅπασιν ἄχρι τοῦ μὴ θατέρῳ ἀπονεῖμαι
πλεῖον τοῦ δέοντος, ξένος ἐν τοῖς βιβλίοις καὶ ἄπολις, 5
αὐτόνομος, ἀβασίλευτος, οὐ τί τῷδε ἢ τῷδε δόξει λογι-
42 ζόμενος, ἀλλὰ τί πέπρακται λέγων. 42. ὁ δ᾽ οὖν Θουκυ-
δίδης εὖ μάλα τοῦτ᾽ ἐνομοθέτησε καὶ διέκρινεν ἀρετὴν
καὶ κακίαν συγγραφικήν, ὁρῶν μάλιστα θαυμαζόμενον
τὸν Ἡρόδοτον, ἄχρι τοῦ καὶ Μούσας κληθῆναι αὐτοῦ τα 10
βιβλία· κτῆμά τε γάρ φησι μᾶλλον ἐς ἀεὶ συγγράψειν ἤπερ
ἐς τὸ παρὸν ἀγώνισμα, καὶ μὴ τὸ μυθῶδες ἀσπάζεσθαι,
ἀλλὰ τὴν ἀλήθειαν τῶν γεγενημένων ἀπολείπειν τοῖς
ὕστερον. καὶ ἐπάγει τὸ χρήσιμον· καὶ ὃ τέλος ἄν τις εὖ

ging decurienweise vor sich; die Mitglieder einer jeden der zehn Richterabtheilungen, welche ihre Stimme zu verkaufen Lust hatten, wählten sich eine gewisse Anzahl von Leuten aus ihrer Mitte, um den Handel abzuschliessen und zwar gewöhnlich zehn nach der Zahl der Stimmen, weil in jeder Abtheilung meist Leute aus allen Stämmen vereinigt waren (Meier und Schömann, der attische Process p. 150.), daher *δε-κάζειν* wie *decuriare* bestechen.

1. ὡς ὁ κωμικός φησι nicht bekannt wer es gewesen.

2. τὰ σῦκα σῦκα — ὀνομά-ζων d. i. Nichts bemänteln, sondern alle Dinge bei ihrem rechten Namen nennen. („Nichts verlindert und nichts verkritzelt, nichts verzierlicht und nichts verwitzelt' Goethe.) Jedenfalls liegt in σῦκα eine Beziehung auf die Sykophanten, wie in σκάφη auf die Metöken (Harpocr. p. 198. ἐκάλουν οἱ κωμικοὶ σκα-φέας τοὺς μετοίκους, ἐπεὶ ἐν ταῖς πομπαῖς τὰς σκάφας ἐκόμιζον οὗτοι). Vgl. Juppit. tragoed. c. 32.

5. ξένος ἐν τοῖς βιβλίοις

καὶ ἄπολις. Sinn: So lange er mit seinem Geschichtswerk (ἐν τοῖς βιβλίοις) beschäftigt ist, soll er, um die Gerechtigkeit zu bewahren, nicht durch Vorliebe zum Vaterlande bestochen, sondern wie ein Fremdling (ἄπολις) unparteiisch Alles der Wahrheit gemäss berichten.

42. 10. ἄχρι τοῦ — τὰ βι-βλία. Dieselben Worte in Lucians Herodot c. 1.

11. κτῆμά τε γάρ φησι κ. τ. λ. Die Worte des Thucydides sind I. c. 22: καὶ ἐς μὲν ἀκρόασιν ἴσως τὸ μὴ μυθῶδες αὐτῶν ἀτερπέστερον φανεῖται· ὅσοι δὲ βουλήσονται τῶν τε γενομένων τὸ σαφὲς σκοπεῖν καὶ τῶν μελλόντων ποτὲ αὖθις κατὰ τὸ ἀνθρώπινον τοιούτων καὶ παραπλησίων ἔσεσθαι ὠφέλιμα κρίνειν αὐτά, ἀρκούντως ἕξει· κτῆμά τε ἐς αἰεὶ μᾶλλον ἢ ἀγώνισμα ἐς τὸ παραχρῆμα ἀκούειν ξύγκειται.

12. ἀγώνισμα. Im Gegensatz zu κτῆμα ‚jede Leistung bei einem ἀγών, deren Wirkung auch mit diesem vorüber ist' (Classen).

φρονῶν ὑπόθοιτο ἱστορίας, ὡς εἴ ποτε καὶ αὖθις τὰ ὅμοια
καταλάβοι, ἔχοιεν, φησί, πρὸς τὰ προγεγραμμένα ἀπο-
βλέποντες εὖ χρῆσθαι τοῖς ἐν ποσίν. 43. καὶ τὴν μὲν γνώ- 43
μην τοιαύτην ἔχων ὁ συγγραφεὺς ἡκέτω μοι, τὴν δὲ φω-
5 νὴν καὶ τὴν τῆς ἑρμηνείας ἰσχύν, τὴν μὲν σφοδρὰν ἐκεί-
νην καὶ κάρχαρον καὶ συνεχῆ ταῖς περιόδοις καὶ ἀγκύλην
ταῖς ἐπιχειρήσεσι καὶ τὴν ἄλλην τῆς ῥητορείας δεινότητα
μὴ κομιδῇ τεθηγμένος ἀρχέσθω τῆς γραφῆς, ἀλλ᾽ εἰρη-
νικώτερον διακείμενος. καὶ ὁ μὲν νοῦς εὔστοχος ἔστω
10 καὶ πυκνός, ἡ λέξις δὲ σαφὴς καὶ πολιτική, οἵα ἐπισημό-
τατα δηλοῦν τὸ ὑποκείμενον. 44. ὡς γὰρ τῇ γνώμῃ τοῦ 44
συγγραφέως σκοποὺς ὑπεθέμεθα παῤῥησίαν καὶ ἀλή-
θειαν, οὕτω δὲ καὶ τῇ φωνῇ αὐτοῦ εἰς σκοπὸς ὁ πρῶτος,

Herodot war es, wie Lucian anzu-
nehmen scheint, mehr um den augen-
blicklichen Beifall zu thun.

1. ὑπόθοιτο wie c. 44. Vgl.
ὑπόθεσις c. 35.

2. καταλάβοι absolut 'sich
zutragen'. Bei Thucyd. II. c. 78.
εἴ ποτε καὶ αὖθις ἐπιπέσοι.

43. Zweites Haupterforderniss.
Vgl. c. 34 (δύο μὲν ταῦτα κορυ-
φαιότατα). Uebergang von der
σύνεσις, hier γνώμη genannt,
zur δύναμις ἑρμηνευτική,
hier zerlegt in φωνή und τῆς
ἑρμηνείας ἰσχύς.

4. τὴν δὲ φωνὴν — τὴν
μὲν σφοδρὰν — μὴ κομιδῇ
τεθηγμένος ἀρχέσθω τῆς
γραφῆς — ἀλλ᾽ εἰρηνικώτε-
ρον διακείμενος. Sinn: Was
die Darstellung anbetrifft, so hat
der Geschichtschreiber sich vor der
Ausdrucksweise zu hüten, wie sie
vor Gericht in damaliger Zeit
(ἐκείνην) gang und gäbe war. —
τὴν δὲ φωνὴν steht absolut; als
verschiedene Gattungen der Dar-
stellung (φωνή) werden einander
entgegengesetzt die leidenschaft-
liche, künstliche, rhetorische (τὴν
μὲν σφοδρὰν κ. τ. λ.) und der ru-
hige Fluss der für die Geschichte

geeigneten, die in dem εἰρηνικώτε-
ρον διακείμενος enthalten ist. Vgl.
Cic. orator c. 20. In historia —
tracta quaedam et fluens expetitur,
non haec contorta (hier τὴν συνεχῆ
ταῖς περιόδοις καὶ ἀγκύλην ταῖς
ἐπιχειρήσεσι) et acris (σφοδρὰν καὶ
κάρχαρον) oratio. de oratore II. c.
15. verborum autem ratio (in histo-
ria) et genus orationis fusum atque
tractum et cum lenitate qua-
dam aequabili profluens sine
hac iudiciali asperitate et sine sen-
tentiarum forensium aculeis perse-
quendum est.

6. κάρχαρον besonders oft
von bissigen Hunden gebraucht,
hier passend auf die Bissigkeit der
Advocaten übertragen. Vgl. de salt.
c. 4.

7. ἐπιχειρήσεσι argu-
mentatio.
τῆς ῥητορείας. Darauf liegt
der Nachdruck. Der Historiker soll
nicht in die rhetorische Darstellung
verfallen.

9. εὔστοχος, sicher tref-
fend, d. i. von richtigem Urtheil.
πυκνός gedankenreich.

10. λέξις — πολιτική im Ge-
gensatz zur λέξις ἰδιωτική 'ge-
bildet', erklärt durch c. 44. ὡς

σαφῶς δηλῶσαι καὶ φανότατα ἐμφανίσαι τὸ πρᾶγμα, μήτε
ἀποῤῥήτοις καὶ ἔξω πάτου ὀνόμασι μήτε τοῖς ἀγοραίοις
τούτοις καὶ καπηλικοῖς ἀλλ' ὡς μὲν τοὺς πολλοὺς συν-
εῖναι, τοὺς δὲ πεπαιδευμένους ἐπαινέσαι. καὶ μὴν καὶ
σχήμασι κεκοσμήσθω ἀνεπαχθέσι καὶ τὸ ἀνεπιτήδειτον 5
μάλιστα ἔχουσιν· ἐπεὶ τοιούτοις τοῖς κατηρτυμένοις τῶν
45 ζωμῶν ἐοικότας ἀποφανεῖ τοὺς λόγους. 45. καὶ ἡ μὲν γνώμη
κοινωνείτω καὶ προσαπτέσθω τι καὶ ποιητικῆς, παρ' ὅσον
μεγαληγόρος καὶ διῃρμένη καὶ ἐκείνη, καὶ μάλισθ' ὁπό-
ταν παρατάξεσι καὶ μάχαις καὶ ναυμαχίαις συμπλέκηται· 10
δεήσει γὰρ τότε ποιητικοῦ τινος ἀνέμου ἐπουριάσοντος
τὰ ἀκάτια καὶ συνδιοίσοντος ὑψηλὴν καὶ ἐπ' ἄκρων τῶν
κυμάτων τὴν ναῦν. ἡ λέξις δὲ ὅμως ἐπὶ γῆς βεβηκέτω,
τῷ μὲν κάλλει καὶ τῷ μεγέθει τῶν λεγομένων συνεπαι-
ρομένη καὶ ὡς ἔνι μάλιστα ὁμοιουμένη, μὴ ξενίζουσα δὲ μηδ' 15
ὑπὲρ τὸν καιρὸν ἐνθουσιῶσα· κίνδυνος γὰρ αὐτῇ τότε
μέγιστος παρακινῆσαι καὶ κατενεχθῆναι ἐς τὸν τῆς ποιη-
τικῆς κορύβαντα, ὥστε μάλιστα πειστέον τηνικαῦτα τῷ
χαλινῷ καὶ σωφρονητέον, εἰδότας ὡς ἱπποτυφία τις καὶ

μὲν τοὺς πολλοὺς συνεῖναι, τοῖς δὲ πεπαιδευμένους συναινέσαι. οἷα — δηλοῦν. S. zu c. 37.
44. 2. ἀποῤῥήτοις, dunkel wie die Mysterien, die nur von dem Eingeweihten verstanden werden. Vgl. Herod. c. 20. οὐ γὰρ φιλεῖ τὰ τοιαῦτα οὕτω διαγαίνεσθαι, ἀλλ' ἔστω ἀπόῤῥητα καὶ ἐν ἀφανεῖ κείμενα.
ἔξω πάτου ὀνόμασι Gegensatz ist: τὰ ἐκ τριόδου c. 16.
3. ὡς für ὥστε. συνεῖναι. S. zu c. 37.
5. τὸ ἀνεπιτήδειτον — ἔχουσιν 'die das Gepräge der Kunstlosigkeit haben'.
6. τοῖς κατηρτυμένοις τῶν ζωμῶν nicht selten so bei Lucian anstatt des gewöhnlicheren ζωμοῖς κατηρτυμένοις. — κατηρτυμένοις 'vollendet' d. i. so zugerichtet, dass ihnen nichts fehlt.
6. ἐπεὶ — ἀποφανεῖ. Sinn:

So (τοιούτοις) wird seine Rede einer wohlzubereiteten schmackhaften Speise gleichen.
45. ἡ μὲν γνώμη. Sinn: der Geist des Historikers entbehre nicht des poetischen Schwunges, so dass er sich mit den Gegenständen zu erheben vermag. Gegensatz ἡ λέξις, wie vorher ἡ φωνή.
8. παρ' ὅσον quatenus. Anders c. 18.
9. μεγαληγόρος nicht in tadelndem Sinne.
15. μὴ ξενίζουσα δέ. Sinn: der Ausdruck sei nicht fremdartig d. i. suche nicht das Ungewöhnliche. S. zu Icarom. c. 1.
17. παρακινῆσαι wie c. 1. vom Wege ab, seitwärts gehen d. i. ausarten (verrückt werden).
18. κορύβαντα = ἐνθουσιασμόν selten. Vgl. κορυβαντιᾶν Herod. c. 7.
19. εἰδότας als wenn vorhergegangen wäre δεῖ σωφρονεῖν.

ἐν λόγοις πάθος οὐ μικρὸν γίνεται. ἄμεινον οὖν ἐφ'
ἵππου ὀχουμένῃ ποτὲ τῇ γνώμῃ τὴν ἑρμηνείαν πεζῇ συμ-
παραθεῖν, ἐχομένην τοῦ ἐφιππίου, ὡς μὴ ἀπολείποιτο τῆς
φορᾶς. 46. καὶ μὴν καὶ συνθήκη τῶν ὀνομάτων εὐκράτῳ καὶ **46**
5 μέσῃ χρηστέον, οὔτε ἄγαν ἀφιστάντα καὶ ἀπαρτῶντα ῥυθμοῦ
— τραχὺ γάρ — οὔτε ῥυθμῷ παρ' ὀλίγον, ὡς οἱ ποιηταί,
συνάπτοντα· τὸ μὲν γὰρ ἐπαίτιον, τὸ δ' ἀηδὲς τοῖς ἀκού-
ουσιν. 47. τὰ δὲ πράγματα αὐτὰ οὐχ ὡς ἔτυχε συνακτέον, **47**
ἀλλὰ φιλοπόνως καὶ ταλαιπώρως πολλάκις περὶ τῶν αὐ-
10 τῶν ἀνακρίναντα, καὶ μάλιστα μὲν παρόντα καὶ ἐφορῶν-
τα, εἰ δὲ μή, τοῖς ἀδεκαστότερον ἐξηγουμένοις προσέχοντα
καὶ οὓς εἰκάσειεν ἄν τις ἥκιστα πρὸς χάριν ἢ ἀπέχθειαν
ἀφαιρήσειν ἢ προσθήσειν τοῖς γεγονόσιν. κἀνταῦθα ἤδη
καὶ στοχαστικός τις καὶ συνθετικὸς τοῦ πιθανωτέρου
15 ἔστω. 48. καὶ ἐπειδὰν ἀθροίσῃ ἅπαντα ἢ τὰ πλεῖστα, **48**

ἱπποτυφία Reiterüber-
muth d. i. der Stolz, immer auf dem
hohen Pferde sitzen zu wollen, woher
unser 'hochtrabendes Wesen'.
**46. Ueber die Stellung der
Worte besonders mit Rück-
sicht auf Tonfall und rhyth-
mische Gliederung.**
5. ἀφιστάντα καὶ ἀπαρ-
τῶντα ῥυθμοῦ drückt den
Mangel der rhythmischen Gliederung
aus, während das Folgende οὔτε
ῥυθμῷ παρ' ὀλίγον — συνάπ-
τοντα das Uebermass der rhyth-
mischen Bewegung bezeichnet, die
sich dem Metrum nähert. Vgl. Cic.
orator. c. 57. neque numerosa, ut
poema, neque extra numerum, ut
sermo vulgi, esse debet oratio.
6. ῥυθμῷ richtiger μέτρῳ.
Cic. orat. c. 57. Itaque ut verum
fugimus in oratione, ita hi sunt
evitandi continuati pedes. Aliud enim
quiddam est oratio nec quioquam
inimicius, quam illa versibus.
παρ' ὀλίγον häufiger παρὰ
μικρόν, beinahe. S. zu Nigr. c. 13.
τὸ μὲν das Letztere.
47. Auffindung und Sich-

tung des Stoffes. Vgl. Thucyd.
I. c. 22. τὰ δὲ ἔργα τῶν πραχθέν-
των ἐν τῷ πολέμῳ οὐκ ἐκ τοῦ
παρατυχόντος πυνθανόμε-
νος ἠξίωσα γράφειν, οὐδ' ὡς
ἐμοὶ ἐδόκει, ἀλλ' οἷς τε αὐτὸς
παρῆν καὶ παρὰ τῶν ἄλλων, ὅσον
ἐδυνάμην, ἀκριβείᾳ περὶ ἑκάστου
ἐπεξελθών. Ἐπιπόνως δὲ εὑρίσ-
κετο, διότι οἱ παρόντες τοῖς ἔργοις
ἑκάστοις οὐ ταὐτὰ περὶ τῶν αὐ-
τῶν ἔλεγον, ἀλλ' ὡς ἑκατέρων τις
εὐνοίας ἢ μνήμης ἔχοι.
8. ὡς ἔτυχε temere. S. zu
Nigr. 35.
11. ἀδεκαστότερον. S. zu
c. 41.
προσέχοντα ohne νοῦν nicht
selten. Vgl. Anach. c. 17 und zu
Icarom. c. 26.
14. στοχαστικός τις καὶ
συνθετικός — ἔστω. Sinn: Er
suche durch Tact (στοχαστ.) und
Combinationsgabe (συνθετ.)
das aufzufinden, was am glaubwür-
digsten ist.
**48. Ueber Ordnung des
Stoffes (dispositio).**

πρῶτα μὲν ὑπόμνημά τι συνυφαινέτω αὐτῶν καὶ σῶμα
ποιείτω ἀκαλλὲς ἔτι καὶ ἀδιάρθρωτον· εἶτα ἐπιθεὶς τὴν
τάξιν ἐπαγέτω τὸ κάλλος καὶ χρωννύτω τῇ λέξει καὶ σχη-
49 ματιζέτω καὶ ῥυθμιζέτω. 49. καὶ ὅλως ἐοικέτω τότε τῷ
τοῦ Ὁμήρου Διὶ ἄρτι μὲν τὴν τῶν ἱπποπόλων Θρηκῶν 5
γῆν ὁρῶντι, ἄρτι δὲ τὴν Μυσῶν· κατὰ ταῦτα γὰρ καὶ αὐτὸς
ἄρτι μὲν τὰ ἴδια ὁράτω καὶ δηλούτω ἡμῖν οἷα ἐφαίνετο
αὐτῷ ἀφ' ὑψηλοῦ ὁρῶντι, ἄρτι δὲ τὰ Περσῶν, εἶτ' ἀμφό-
τερα, εἰ μάχοιντο. καὶ ἐν αὐτῇ δὲ τῇ παρατάξει μὴ πρὸς
ἓν μέρος ὁράτω μηδ' ἐς ἕνα ἱππέα ἢ πεζόν, εἰ μὴ Βρα- 10
σίδας τις εἴη προπηδῶν ἢ Δημοσθένης ἀνακόπτων τὴν
ἀπόβασιν· ἀλλ' ἐς τοὺς στρατηγοὺς μὲν τὰ πρῶτα, καὶ εἴ τι
παρεκελεύσαντο, κἀκεῖνο ἀκηκοέτω, καὶ ὅπως καὶ ᾗτινι
γνώμῃ καὶ ἐπινοίᾳ ἔταξαν. ἐπειδὰν δὲ ἀναμιχθῶσι, κοινὴ
ἔστω ἡ θέα, καὶ ζυγοστατείτω τότε ὥσπερ ἐν τρυτάνῃ τὰ 15
50 γινόμενα καὶ συνδιωκέτω καὶ συμφευγέτω. 50. καὶ πᾶσι
τούτοις μέτρον ἐπιθεὶς μὴ ἐς κόρον μηδ' ἀπειροκάλως
μηδὲ νεαρῶς, ἀλλὰ ῥᾳδίως ἀπολυέσθω· καὶ στήσας ἐν-

---

1. ὑπόμνημα wörtlich =
commentarius Denkzettel d. i.
Concept, Brouillon, erster kunst-
loser Entwurf.
3. σχηματιζέτω καὶ ῥυθ-
μιζέτω er gebe ihm Gestalt und
Ebenmass (Schmuck der redne-
rischen Figur und rhythmischen
Fall). Gegensatz zu dem vorher-
gehenden ἀδιάρθρωτον.
49. 4. ἐοικέτω — τῷ τοῦ
Ὁμήρου Διί. S. Il. XIII. Anfang.
Der Vergleich passt nicht, da bei
Homer die Thracier und Myser nicht
als Parteien einander gegenüber-
gestellt werden.
8. ἀφ' ὑψηλοῦ ὁρῶντι d. i.
aus unparteiischer Höhe, so dass
er über den Parteien steht.
10. εἰ μὴ Βρασίδας τις εἴη
mit Beziehung auf Thucyd. IV.
9—12 bei der Belagerung von
Pylos; c. 11 heisst es dort: πάν-
των δὲ φανερώτατος ὁ Βρασίδας

ἐγένετο.
11. Δημοσθένης ἀνακό-
πτων τὴν ἀπόβασιν. Thucyd.
IV. c. 12 πειρώμενος ἀποβαί-
νειν (aus Land steigen) ἀπεκόπη
(Brasidas).
ὑπὸ τῶν Ἀθηναίων. Einer
besonderen persönlichen Tapferkeit
des Demosthenes geschieht nicht
Erwähnung.
12. εἴ τι παρεκελεύσαντο
Ermahnung vor der Schlacht.
15. ζυγοστατείτω nach Ho-
mer Il. X. 209.
μέτρον ἐπιθείς wie Timon.
c. 16. τοὺς μέτρον ἐπιθήσοντας
τῷ πράγματι und oben c. 48.
ἐπιθεὶς τὴν τάξιν.
50. 18. νεαρῶς in tändeln-
der Weise. Vgl. Hor. ars. poet.
v. 240. iuvenari.
Silvis deducti caveant me iudice
                              Fauni,

ταῦθά που ταῦτα ἐπ᾽ ἐκεῖνα μεταβαινέτω, ἢν κατεπείγῃ·
εἶτα ἐπανίτω λυθείς, ὁπόταν ἐκεῖνα καλῇ· καὶ πρὸς πάντα
σπευδέτω καὶ ὡς δυνατὸν ὁμοχρονείτω καὶ μεταπετέσθω
ἀπ᾽ Ἀρμενίας μὲν εἰς Μηδίαν, ἐκεῖθεν δὲ ῥοιζήματι ἑνὶ
5 ἐς Ἰβηρίαν, εἶτα ἐς Ἰταλίαν, ὡς μηδενὸς καιροῦ ἀπο-
λείποιτο. 51. μάλιστα δὲ κατόπτρῳ ἐοικυῖαν παρασχέσθω 51
τὴν γνώμην ἀδόλῳ καὶ στιλπνῷ καὶ ἀκριβεῖ τὸ κέντρον,
καὶ ὁποίας ἂν δέξηται τὰς μορφὰς τῶν ἔργων, τοιαῦτα
καὶ δεικνύτω αὐτά, διάστροφον δὲ ἢ παράχρουν ἢ ἑτε-
10 ρόσχημον μηδέν· οὐ γὰρ ὥσπερ τοῖς ῥήτορσι . . . . . γράφου-
σιν, ἀλλὰ τὰ μὲν λεχθησόμενα οἷα ἔστι καὶ εἰρήσεται· πέ-
πρακται γὰρ ἤδη· δεῖ δὲ τάξαι καὶ εἰπεῖν αὐτά. ὥστε οὐ
τί εἴπωσι ζητητέον αὐτοῖς, ἀλλ᾽ ὅπως εἴπωσιν. ὅλως δὲ
νομιστέον τὸν ἱστορίαν συγγράφοντα Φειδίᾳ χρῆναι ἢ
15 Πραξιτέλει ἐοικέναι ἢ Ἀλκαμένει ἤ τῳ ἄλλῳ ἐκείνων.

Ne velut innati triviis ac paene fo-
renses
Aut nimium teneris iuvenentur ver-
sibus unquam,
Aut . . .
ἀπολυέσθω sich losma-
chen, nicht allzulange verweilen,
zeugmatisch; zu μὴ — νεαρῶς ist
daraus zu ergänzen, 'er erzähle
nicht'.
καὶ στήσας — ὁμοχρο-
νείτω. Bei Schlachtgemälden soll
der Historiker möglichst gleichzeitig
die Bewegung der Ereignisse auf
beiden Seiten schildern, ebenso bei
gleichzeitigen Kriegen in verschie-
denen Ländern verfahren.
1. κατεπείγῃ unpersönlich.
Dagegen c. 52. ὁπόταν μὴ πάνυ
κατεπείγῃ τὸ πρᾶγμα.
3. ὁμοχρονείτω er ver-
fahre synchronistisch.
5. ἀπολείποιτο wie c. 35.
zurückbleiben.
51. 6. κατόπτρῳ — ἀδόλῳ
καὶ στιλπνῷ καὶ ἀκριβεῖ
τὸ κέντρον, ein convexer Spie-
gel, der das Bild treu (ἄδολος),
hell und scharf, aber in verkleiner-

tem Massstabe wiedergiebt. So soll
auch das Geschichtswerk das Ge-
schehene der Wahrheit gemäss
wenn auch in engem Rahmen dar-
stellen.
10. οὐ γὰρ ὥσπερ τοῖς ῥή-
τορσι — εἰρήσεται. Sinn: die
Historiker schreiben (γράφουσιν,
Uebergang aus dem Singular δει-
κνύτω in den Plural) nicht wie die
Rhetoren, so dass sie auch den
Stoff erfinden müssen, sondern was
sie zu sagen haben (λεχθησόμενα
der Stoff) ἔστι ist vorhanden,
gegeben, und soll wie es ist, d. i.
der Wahrheit gemäss dargestellt
werden. Fritzsche ergänzt die Lücke
durch die Worte ἔθος, ἐπίπλαστα.
15. Πραξιτέλει wohl aus Ver-
sehen statt Polyklet, von dessen
Hand die Bildsäule der Argivischen
Juno. Praxiteles arbeitete nur in
Erz und Marmor. Wenigstens ist
sonst nirgends erwähnt, dass Pra-
xiteles auch chryselephantine Sta-
tuen verfertigt habe.
Ἀλκαμένει aus Athen, ein
Schüler des Phidias.

οὐδὲ γὰρ οἶδ᾽ ἐκεῖνοι χρυσὸν ἢ ἄργυρον ἢ ἐλέφαντα ἢ
τὴν ἄλλην ὕλην ἐποίουν, ἀλλ᾽ ἡ μὲν ὑπῆρχε καὶ προϋπε-
βέβλητο, Ἠλείων ἢ Ἀθηναίων ἢ Ἀργείων πεπορισμένων,
οἱ δὲ ἔπλαττον μόνον καὶ ἔπριον τὸν ἐλέφαντα καὶ ἔξεον
καὶ ἐκόλλων καὶ ἐῤῥύθμιζον καὶ ἐπήνθιζον τῷ χρυσῷ, 5
καὶ τοῦτο ἦν ἡ τέχνη αὐτοῖς ἐς δέον οἰκονομήσασθαι τὴν
ὕλην. τοιοῦτο δή τι καὶ τὸ τοῦ συγγραφέως ἔργον, ἐς
καλὸν διαθέσθαι τὰ πεπραγμένα καὶ εἰς δύναμιν ἐναρ-
γέστατα ἐπιδεῖξαι αὐτά. καὶ ὅταν τις ἀκροώμενος οἴηται
μετὰ ταῦτα ὁρᾶν τὰ λεγόμενα καὶ κατὰ τοῦτο ἐπαινῇ, 10
τότε δὴ τότε ἀπηκρίβωται καὶ τὸν οἰκεῖον ἔπαινον ἀπεί-
52 ληφε τὸ ἔργον [τῷ τῆς ἱστορίας Φειδίᾳ]. 52. πάντων δὲ ἤδη
παρεσκευασμένων καὶ ἀπροοιμίαστον μέν ποτε ποιήσε-
ται τὴν ἀρχήν, ὁπόταν μὴ πάνυ κατεπείγῃ τὸ πρᾶγμα
προδιοικήσασθαί τι ἐν τῷ προοιμίῳ· δυνάμει δὲ καὶ τότε 15
φροιμίῳ χρήσεται τῷ ἀποσαφοῦντι περὶ τῶν λεκτέων.
53 53. ὁπόταν δὲ καὶ φροιμιάζηται, ἀπὸ δυοῖν μόνον ἄρξε-
ται, οὐχ ὥσπερ οἱ ῥήτορες ἀπὸ τριῶν, ἀλλὰ τὸ τῆς εὐ-
νοίας παρεὶς προσοχὴν καὶ εὐμάθειαν εὐπορήσει τοῖς
ἀκούουσιν. προσέξουσι μὲν γὰρ αὐτῷ, ἢν δείξῃ ὡς περὶ 20
μεγάλων ἢ ἀναγκαίων ἢ οἰκείων ἢ χρησίμων ἐρεῖ· εὐ-
μαθῆ δὲ καὶ σαφῆ τὰ ὕστερον ποιήσει, τὰς αἰτίας προ-
εκτιθέμενος καὶ προορίζων τὰ κεφάλαια τῶν γεγενημέ-

---

6. τοῦτο ἦν ἡ τέχνη αὐ-
τῶν. S. zu c. 31.

7. ἐς καλὸν = καλῶς, wie ἐς
δέον hier und c. 63.

11. τότε δὴ τότε 'dann ja
dann', eine zur nachdrücklichen
Hervorhebung auch Plato und De-
mosthenes gewöhnliche Wiederho-
lung. Vergl. Demosth. Encom. c. 48.
τότε δὴ τότε πρὸς βίαν αὐτὸν
ἀποσπᾶν διενοούμην.

52. Ueber die Einleitung
(προοίμιον); wenig mehr als c. 23,
wo er den Gegenstand ausführlicher
zu erörtern verheissen hatte.

15. δυνάμει 'dem Wesen, der

Bedeutung nach', wenn auch die
Sache selbst nicht vorhanden ist.

καὶ τότε d. i. wenn nicht wirk-
lich eine Einleitung vorhanden ist.

53. 18. τὸ τῆς εὐνοίας. S.
zu c. 35. Zur Sache vgl. Auctor.
ad Herenn. I. 5. *Principium est,
cum statim auditoris animum nobis
idoneum reddimus ad audiendum.
Id ita sumitur, ut attentos* (hier
προσοχή), *ut dociles* (εὐμάθεια),
ut benevolos (εὔνοια) *auditores
habeamus.*

19. εὐπορήσει, transitiv, schon
bei den älteren Schriftstellern.

21. εὐμαθῆ passivisch.

νων. 54. τοιούτοις προοιμίοις οἱ ἄριστοι τῶν συγγραφέων 54
ἐχρήσαντο, Ἡρόδοτος μέν, ὡς μὴ τὰ γενόμενα ἐξίτηλα
τῷ χρόνῳ γένηται, μεγάλα καὶ θαυμαστὰ ὄντα, καὶ ταῦτα
νίκας Ἑλληνικὰς δηλοῦντα καὶ ἥττας βαρβαρικάς· Θου-
5 κυδίδης δὲ μέγαν τε καὶ αὐτὸς ἐλπίσας ἔσεσθαι καὶ ἀξιο-
λογώτατον [καὶ μείζω] τῶν προγεγενημένων ἐκεῖνον τὸν
πόλεμον· καὶ γὰρ παθήματα ἐν αὐτῷ μεγάλα ξυνέβη γε-
νέσθαι. 55. μετὰ δὲ τὸ προοίμιον ἀνάλογον τοῖς πράγ- 55
μασιν ἢ μηκυνόμενον ἢ βραχυνόμενον εὐαφὴς καὶ εὐά-
10 γωγος ἔστω ἡ ἐπὶ τὴν διήγησιν μετάβασις· ἅπαν γὰρ
ἀτεχνῶς τὸ λοιπὸν σῶμα τῆς ἱστορίας διήγησις μακρά
ἐστιν· ὥστε ταῖς τῆς διηγήσεως ἀρεταῖς κατακεκοσμήσθω,
λείως τε καὶ ὁμαλῶς προϊοῦσα καὶ αὐτῇ ὁμοίως, ὥστε μὴ
προὔχειν μηδὲ κοιλαίνεσθαι· ἔπειτα τὸ σαφὲς ἐπανθείτω,
15 τῇ τε λέξει, ὡς ἔφην, μεμηχανημένον καὶ τῇ συμπερι-
πλοκῇ τῶν πραγμάτων. ἀπόλυτα γὰρ καὶ ἐντελῆ πάντα
ποιήσει, καὶ τὸ πρῶτον ἐξεργασάμενος ἐπάξει τὸ δεύτε-

---

54. 1. τοιούτοις die ge-
eignet waren, die Aufmerksamkeit
und Lerubegierigkeit hervorzurufen.
2. Ἡρόδοτος μέν — βαρ-
βαρικάς. I. 1, indem er als Zweck
seines Werkes angab ὡς μήτε τὰ
γενόμενα ἐξ ἀνθρώπων τῷ χρόνῳ
ἐξίτηλα γένηται, μήτε ἔργα με-
γάλα τε καὶ θαυμαστά, τὰ μὲν Ἕλ-
λησι, τὰ δὲ βαρβάροισιν ἀπο-
δεχθέντα ἀκλεᾶ γένηται·
4. Θουκυδίδης — γενέσθαι
I. 1. Θουκυδίδης — ξυνέγραψε
τὸν πόλεμον — ἀρξάμενος εὐθὺς
καθισταμένου καὶ ἐλπίσας μέγαν
τε ἔσεσθαι καὶ ἀξιολογώτατον (καὶ
μείζω steht nicht bei Thucydides)
τῶν προγεγενημένων und 23. τού-
του δὲ τοῦ πολέμου μῆκός τε μέγα
προὔβη, παθήματά τε ξυνηνέχθη
γενέσθαι ἐν αὐτῷ τῇ Ἑλλάδι, οἷα
οὐχ ἕτερα ἐν ἴσῳ χρόνῳ. — Ueber
ἀξιολογώτατον τῶν προγεγενη-
μένων s. zu Icaromenip. c. 14.
55. Gränze der Einleitung und

Uebergang zur Sache. Stil der
geschichtlichen Darstellung.
9. εὐάγωγος, act., geeignet
uns leicht zu führen. Der Ueber-
gang darf nicht hart sein.
11. ἀτεχνῶς = omnino. S. zu
Nigr. c. 19.
13. ὥστε μὴ προὔχειν
μηδὲ κοιλαίνεσθαι ohne Er-
höhungen und ohne Vertie-
fungen d. i. glatt und eben dahin
fliessend.
14. τὸ σαφὲς ἐπανθείτω.
Sinn: Klarheit und Deutlichkeit
verbreite sich ferner über das ganze
Werk.
15. τῇ τε λέξει — πραγμά-
των. Diese Deutlichkeit beruht
einestheils auf dem Ausdruck,
andrerseits auf der Anordnung des
Stoffes.
16. ἀπόλυτα lose d. i. expe-
dita im Gegensatz zum Schwerfäl-
ligen, Verwickelten, Verworrenen
(impeditum) ἐντελῆ in sich abge-

4*

ρον ἐχόμενον αὑτοῦ καὶ ἀλύσεως τρόπον συνηρμοσμένον,
ὡς μὴ διακεκόφθαι μηδὲ διηγήσεις πολλὰς εἶναι ἀλλήλαις
παρακειμένας, ἀλλ᾽ ἀεὶ τὸ πρῶτον τῷ δειτέρῳ μὴ γειτ-
νιᾶν μόνον, ἀλλὰ καὶ κοινωνεῖν καὶ ἀνακεκρᾶσθαι κατὰ
56 τὰ ἄκρα. 56. τάχος ἐπὶ πᾶσι χρήσιμον, καὶ μάλιστα εἰ μὴ 5
ἀπορία τῶν λεκτέων εἴη· καὶ τοῦτο πορίζεσθαι χρὴ μὴ
τοσοῦτον ἀπὸ τῶν ὀνομάτων ἢ ῥημάτων, ὅσον ἀπὸ τῶν
πραγμάτων· λέγω δέ, εἰ παραθέοις μὲν τὰ μικρὰ καὶ
ἧττον ἀναγκαῖα, λέγοις δ᾽ ἱκανῶς τὰ μεγάλα· μᾶλλον δὲ
καὶ παραλειπτέον πολλά. οὐδὲ γὰρ ἦν ἑστιᾷς τοὺς φίλους 10
καὶ πάντα ᾖ παρεσκευασμένα, διὰ τοῦτο ἐν μέσοις τοῖς
πέμμασι καὶ τοῖς ὀρνέοις καὶ συσὶν ἀγρίοις καὶ λαγῴοις
καὶ ὑπογαστρίοις καὶ λοπάσι τοσαύταις καὶ σαπέρδην ἐν-
θήσεις καὶ ἔτνος, ὅτι κἀκεῖνο παρεσκεύαστο, ἀμελήσεις
57 δὲ τῶν εὐτελεστέρων. 57. μάλιστα δὲ σωφρονητέον ἐν 15
ταῖς τῶν ὁρῶν ἢ τειχῶν ἢ ποταμῶν ἑρμηνείαις, ὡς μὴ
δύναμιν λόγων ἀπειροκάλως παρεπιδείκνυσθαι δοκοίης
καὶ τὸ σαυτοῦ δρᾶν παρεὶς τὴν ἱστορίαν, ἀλλ᾽ ὀλίγον
προσαψάμενος τοῦ χρησίμου καὶ σαφοῦς ἕνεκα μετα-
βήσῃ ἐκφυγὼν τὸν ἰξὸν τὸν ἐν τῷ πράγματι καὶ τὴν τοι- 20
αύτην ἅπασαν λιχνείαν, οἷόν τι ὁρᾷς ὡς καὶ Ὅμηρος ὁ μεγα-
λόφρων ποιεῖ, καίτοι ποιητὴς ὤν· παραθεῖ τὸν Τάνταλον
καὶ τὸν Ἰξίονα καὶ τὸν Τιτυὸν καὶ τοὺς ἄλλους. εἰ δὲ Παρ-

---

schlossen, abgerundet. Beides bezieht
sich auf den Ausdruck (λέξις, er sei
leicht und rund); das folgende καὶ
τὸ πρῶτον — τὰ ἄκρα auf die
Anordnung des Stoffes (συμπερι-
πλοκὴ τῶν πραγμάτων), wobei ein
doppelter Fehler zu vermeiden ist:
weder unverbunden dürfen die ein-
zelnen Theile sein, noch auch Ver-
schiedenes neben einander laufen,
so dass Verwirrung entsteht.

56. Kürze des Ausdrucks.
9. μᾶλλον δὲ wie c. 2. c. 57
und oft.
13. καὶ λοπάσι τοσαύταις.
καὶ — denique.

57. 17. παρεπιδείκνυσθαι
'nebenbeizeigen', so dass die
Aufmerksamkeit von dem Gegen-
stande auf die Darstellung abgewen-
det wird.
18. τὸ σαυτοῦ ποιεῖν d. i.
deinen Lieblingsneigungen nach-
gehn.
22. καίτοι ποιητὴς ὤν. S.
zu c. 40.
παραθεῖ τὸν Τάνταλον.
S. Odyss. XI. 576—592.
23. τὸν Ἰξίονα. Ixion wird an
jener Stelle nicht erwähnt.
Παρθένιος ἢ Εὐφορίων ἢ
Καλλίμαχος, alle drei Alexandri-

θένιος ἢ Εὐφορίων ἢ Καλλίμαχος ἔλεγε, πόσοις ἂν οἴει
ἔπεσι τὸ ὕδωρ ἄχρι πρὸς τὸ χεῖλος τοῦ Ταντάλου ἤγαγεν;
εἶτα πόσοις ἂν Ἰξίονα ἐκύλισε; μᾶλλον δὲ ὁ Θουκυδίδης
αὐτὸς ὀλίγα τῷ τοιούτῳ εἴδει τοῦ λόγου χρησάμενος σκέ-
5 ψαι ὅπως εὐθὺς ἀφίσταται ἢ μηχάνημα ἑρμηνεύσας ἢ
πολιορκίας σχῆμα δηλώσας, ἀναγκαῖον καὶ χρειῶδες ὄν,
ἢ Ἐπιπολῶν ἔρυμα ἢ Συρακουσίων λιμένα· ὅταν μὲν γὰρ
τὸν λοιμὸν διηγῆται καὶ μακρὸς εἶναι δοκῇ, σὺ τὰ πράγ-
ματα ἐννόησον· εἴσῃ γὰρ οὕτω τὸ τάχος καὶ ὡς φεύγον-
10 τος ὅμως ἐπιλαμβάνεται αὐτοῦ τὰ γεγενημένα πολλὰ
ὄντα. 58. ἢν δέ ποτε καὶ λόγους ἐροῦντά τινα δεήσῃ εἰσ- 58
άγειν, μάλιστα μὲν ἐοικότα τῷ προσώπῳ καὶ τῷ πράγ-
ματι οἰκεῖα λεγέσθω, ἔπειτα ὡς σαφέστατα καὶ ταῦτα·
πλὴν ἐφεῖταί σοι τότε καὶ ῥητορεῦσαι καὶ ἐπιδεῖξαι τὴν
15 τῶν λόγων δεινότητα. 59. ἔπαινοι μὲν γὰρ ἢ ψόγοι πάνυ 59
πεφεισμένοι καὶ περιεσκεμμένοι καὶ ἀσυκοφάντητοι καὶ

---

ner. **Parthenius** aus Nikäa um
60 v. Chr. Im Mithridat. Kriege
jung gefangen genommen siedelte
er sich unter Augustus in Rom an.
Virgil veranlasste ihn zur Abfassung
der noch erhaltenen Liebesgeschich-
ten (ἐρωτικά). **Euphorion** aus
Chalcis iu Euböa, geb. um 276 v.
Chr., gestorben als Bibliothekar des
syrischen Königs Antiochus d. Gr.
Von ihm eine nicht geringe Anzahl
epischer Gedichte. **Kallimachus**
aus dem Geschlechte der Battiaden
von Cyrene, blühte unter König Pto-
lemäus Euergetes um 250. Er schrieb
ausser vielen anderen Werken vier
Bücher *Αἴτια* (eine umfassende My-
thenlese oder Encyclopädie griechi-
scher Alterthümer und Volkssagen)
und ein mythisches Epos Ἑκάλη.
Ueber ihn Ovid. amor. I, 15. *Battia-
des semper toto cantabitur orbe;
Quamvis ingenio non valet, arte va-
let.* Der bequeme mythogra-
phische Stil ist es, vor dem
Lucian hier warnt.

1. οἴει eingeschaltet wie Jup.
Tragoed. c. 25. ἐπεί τοί γε εἴ μοι
ἐπ' ἐξουσίας τὸ πρᾶγμα ἦν, εἴασα
ἄν, οἴει, τοὺς ἱεροσύλους πρῴην
ἀπελθεῖν ἀκεραυνώτους ἐκ Πίσης.
2. ἔπεσι Verse.
7. Ἐπιπολῶν Epipolä, ein Theil
der Stadt Syrakus. Die Beschrei-
bung von Syrakus Thucyd. VI. 96.
8. τὰ πράγματα ἐννόησον
die Zeitverhältnisse;. die Pest ist
nicht etwas Nebensächliches, son-
dern etwas Wesentliches im Ver-
laufe des Krieges.
9. φεύγοντος d. i. trotz seines
Strebens nach Kürze, seiner Scheu
vor Abschweifungen.
58. 11. ἢν δέ ποτε — ταῦ-
τα, ganz nach Thucyd. I. 22.
εἰσάγειν von der Bühne. Ica-
rom. c. 9.
12. τῷ προσώπῳ die Person
des Redners.
14. πλὴν == ceterum, Sympos. c.
11. Saturn. c. 8. oft bei Lucian,
häufiger noch πλὴν ἀλλά zur Ein-

μετὰ ἀποδείξεων καὶ ταχεῖς καὶ μὴ ἄκαιροι, ἐπεὶ ἔξω τοῦ
δικαστηρίου ἐκεῖνοί εἰσι. καὶ τὴν αὐτὴν Θεοπόμπῳ αἰτίαν
ἕξεις φιλαπεχθημόνως κατηγοροῦντι τῶν πλείστων καὶ
διατριβὴν ποιουμένῳ τὸ πρᾶγμα, ὡς κατηγορεῖν μᾶλλον
60 ἢ ἱστορεῖν τὰ πεπραγμένα. 60. καὶ μὴν καὶ μῦθος εἴ τις 5
παρεμπέσοι, λεκτέος μέν, οὐ μὴν πιστωτέος πάντως,
ἀλλ᾽ ἐν μέσῳ θετέος τοῖς ὅπως ἂν ἐθέλωσιν εἰκάσουσι
περὶ αὐτοῦ· σὺ δ᾽ ἀκίνδυνος καὶ πρὸς οὐδέτερον ἐπιρ-
61 ρεπέστερος. 61. τὸ δ᾽ ὅλον ἐκείνου μοι μέμνησο — πολ-
λάκις γὰρ τοῦτο ἐρῶ —... καὶ μὴ πρὸς τὸ παρὸν μόνον ὁρῶν 10
γράφε, ᾽ὡς οἱ νῦν ἐπαινέσονταί σε καὶ τιμήσουσιν, ἀλλὰ
τοῦ σύμπαντος αἰῶνος ἐστοχασμένος πρὸς τοὺς ἔπειτα
μᾶλλον σύγγραφε καὶ παρ᾽ ἐκείνων ἀπαίτει τὸν μισθὸν
τῆς γραφῆς, ὡς λέγηται καὶ περὶ σοῦ· „ἐκεῖνος μέντοι
ἐλεύθερος ἀνὴρ ἦν καὶ παρρησίας μεστός, οὐδὲν οὔτε 15
κολακευτικὸν οὔτε δουλοπρεπές, ἀλλ᾽ ἀλήθεια ἐπὶ πᾶσιν“.
τοῦτ᾽, εἰ σωφρονοίη τις, ὑπὲρ πάσας τὰς νῦν ἐλπίδας
62 θεῖτο ἄν, οὕτως ὀλιγοχρονίους οὔσας. 62. ὁρᾷς τὸν Κνί-
διον ἐκεῖνον ἀρχιτέκτονα, οἷον ἐποίησεν; οἰκοδομήσας
γὰρ τὸν ἐπὶ τῇ Φάρῳ πύργον, μέγιστον καὶ κάλλιστον 20

ἔργων ἁπάντων, ὡς πυρσεύοιτο ἀπ᾿ αὐτοῦ τοῖς ναυτιλ-
λομένοις ἐπὶ πολὺ τῆς θαλάττης καὶ μὴ καταφέροιντο εἰς
τὴν Παραιτονίαν, παγχάλεπον, ὥς φασιν, οὖσαν καὶ
ἄφυκτον, εἴ τις ἐμπέσοι εἰς τὰ ἕρματα· οἰκοδομήσας οὖν
5 αὐτὸ τὸ ἔργον ἔνδοθεν μὲν κατὰ τῶν λίθων τὸ αὑτοῦ
ὄνομα ἔγραψεν, ἐπιχρίσας δὲ τιτάνῳ καὶ ἐπικαλύψας ἐπέ-
γραψε τοὔνομα τοῦ τότε βασιλεύοντος, εἰδώς, ὅπερ καὶ
ἐγένετο, πάνυ ὀλίγου χρόνου συνεκπεσούμενα μὲν τῷ
χρίσματι τὰ γράμματα, ἐκφανησόμενον δέ, ,,Σώστρατος
10 Δεξιφάνους Κνίδιος θεοῖς σωτῆρσιν ὑπὲρ τῶν πλοϊζο-
μένων“. οὕτως οὐδ᾿ ἐκεῖνος ἐς τὸν τότε καιρὸν οὐδὲ τὸν
αὑτοῦ βίον τὸν ὀλίγον ἑώρα, ἀλλ᾿ ἐς τὸν νῦν καὶ τὸν
ἀεί, ἄχρι ἂν ἑστήκῃ ὁ πύργος καὶ μένῃ αὐτοῦ ἡ τέχνη.
63. χρὴ τοίνυν καὶ τὴν ἱστορίαν οὕτω γράφεσθαι σὺν τῷ 63
15 ἀληθεῖ μᾶλλον πρὸς τὴν μέλλουσαν ἐλπίδα ἤπερ σὺν
κολακείᾳ πρὸς τὸ ἡδὺ τοῖς νῦν [ἐπαινουμένοις]. οὗτός σοι
κανὼν καὶ στάθμη ἱστορίας δικαίας. καὶ εἰ μὲν σταθμή-
σονταί τινες αὐτῇ, εὖ ἂν ἔχοι καὶ ἐς δέον ἡμῖν γέγρα-
πται, εἰ δὲ μή, κεκύλισται ὁ πίθος ἐν Κρανείῳ.

thürmen seinen Namen gegeben.
Angefangen wurde der Thurm unter
Alexander, vollendet, wie die wei-
ter unten angeführte Stelle des
Plinius zeigt, unter Ptolemäus.
3. Παραιτονίαν sonst Πα-
ραιτόνιον Stadt und Hafen im
ägyptischen Marmarika, auch Ἀμ-
μωνία genannt.
4. ἕρματα unter dem Meere
verborgene Klippen.
οἰκοδομήσας — ἔγραψεν.
Plin. Nat. hist. XXXVI. 18. 4. er-
zählt die Sache so: Magnificatur
et alia turris a rege facta in insula
Pharo, portum obtinente Alexan-
driae, quam constitisse DCCC talen-

tis tradunt; magno animo, ne quid
omittamus, Ptolemaei regis, quod
in ea permiserit Sostrati Cnidii ar-
chitecti structurae ipsius nomen in-
scribi.
5. κατὰ τῶν λίθων wie
c. 29 κατὰ τοίχου.
13. ἄχρι ἂν ἑστήκῃ. Vgl. c. 9.
63.15. πρὸς τὴν μέλλουσαν
ἐλπίδα für τὴν τῶν μελλίστων
ἐλπίδα, Gegensatz zu αἱ νῦν ἐλπί-
δες c. 61.
18. ἐς δέον wie c. 51.
19. κεκύλισται ὁ πίθος ἐν
Κρανείῳ d. i.: Ich habe den guten
Willen gezeigt. S. zu c. 3. Κυλίω
κἀγὼ τὸν πίθον.

DIE REDNERSCHULE.

Eine in starken Farben aufgetragene, ergötzliche Schilderung der Rhetorik damaliger Zeit in Form einer Anweisung zur Beredsamkeit. Ein Jüngling bittet Lucian um Auskunft, wie er ein berühmter Redner werden könne. Zwei Wege giebt es, ist die Antwort, einen beschwerlichen, spät zum Ziele führenden und einen kurzen auf blumigen Auen. Diesen letzteren wähle und folge dem Rathe, den Dir besser als ich ein würdiger Vertreter dieser Richtung geben wird. In ausführlicher Rede setzt dieser nun dem lernbegierigen Schüler auseinander, wie es keineswegs auf gründliche Kenntniss und sorgfältige Vorbereitung ankomme, sondern dass vielmehr Unwissenheit und Unverschämtheit die Zaubermittel seien, die allein sicher zum Ziele führen; worauf Lucian dem Jünglinge nochmals empfiehlt, die Lehren des Meisters zu beherzigen, und mit der Erklärung schliesst, dass er seinerseits diesen Weg nicht eingeschlagen, und weil er nun mit den Rednern seiner Zeit nicht gleichen Schritt halten, noch gleiches Ruhmes theilhaftig werden könne, auf die Redekunst ganz verzichte.

Je würdiger der Grundton dieser Schrift trotz aller Uebertreibung im Einzelnen ist, je tiefer der Ernst, der durch die Ironie hindurchleuchtet, desto weniger lässt sich annehmen, dass wir in ihr nichts als eine Schmähschrift auf eine bestimmte Person, den Rhetor Pollux, besitzen, eine Ansicht, die um so weniger sicher ist, je gegründeter die Bedenken gegen die Echtheit des 24. und 25. Capitels sind, auf welche sich dieselbe lediglich stützt. Richtiger betrachten wir sie, worauf besonders der Schluss *) hinweist, als einen Scheidebrief, durch welchen sich Lucian von der Rhetorik seiner Zeit, die auf so heillose Bahnen

---

*) c. 26.

gerathen sei, lossagt, und der nur in anderer Form dieselben Gründe enthält, die Lucian im 'Doppelt Angeklagten' zu seiner Vertheidigung anführt, als die Rhetorik ihn wegen seines Treubruchs vor Gericht anklagt. Möglich, ja wahrscheinlich bleibt dabei, dass viele der aus dem Leben gegriffenen Züge leicht von den Zeitgenossen auf die Originale zurückgeführt werden konnten, von denen sie entlehnt waren.

Die Zeit der Abfassung ist durch die im Doppelt Angeklagten (c. 32) enthaltenen Angaben hinlänglich bestimmt. Lucian war etwa 40 Jahr alt, als er die Rhetorik aufgab, um sich der Philosophie und der künstlerischen Ausbildung des Dialoges zu widmen.

Dass die oben erwähnten Capitel nebst dem 23ten in dieser Schulausgabe keinen Platz gefunden haben, werden hoffentlich selbst Die gutheissen, die an der Echtheit derselben keinen Zweifel hegen.

ΡΗΤΟΡΩΝ ΔΙΔΑΣΚΑΛΟΣ.

1   1. Ἐρωτᾷς, ὦ μειράκιον, ὅπως ἂν ῥήτωρ γένοιο καὶ
τὸ σεμνότατον τοῦτο καὶ πάντιμον ὄνομα σοφιστὴς αὐ-
τὸς εἶναι δόξαις· ἀβίωτα γὰρ εἶναί σοι φής, εἰ μὴ τοι-
αύτην τινὰ τὴν δύναμιν περιβάλοιο ἐν τοῖς λόγοις, ὡς
ἄμαχον εἶναι καὶ ἀνυπόστατον καὶ θαυμάζεσθαι πρὸς 5
ἀπάντων καὶ ἀποβλέπεσθαι, περισπούδαστον ἄκουσμα
τοῖς Ἕλλησι δοκοῦντα· καὶ δὴ τὰς ἐπὶ τοῦτο ἀγούσας
ὁδοὺς αἵτινές ποτέ εἰσιν ἐθέλεις ἐκμαθεῖν. ἀλλ᾽ οὐδεὶς
φθόνος, ὦ παῖ, καὶ μάλιστα ὁπότε νέος τις αὐτὸς ὢν
ὀρεγόμενος τῶν ἀρίστων οὐκ εἰδὼς ὁπόθεν ἂν ταῦτα ἐκ- 10
πορίσαιτο, ἱερόν τι χρῆμα τὴν συμβουλὴν οὖσαν, καθά-

---

1. 2. τὸ — ὄνομα σοφιστὴς
αὐτὸς εἶναι leibhaftig sein,
was der Name Sophist bezeichnet.
σοφιστὴς hiess aber seit Hadrian
theils der griechische Rhetor, wel-
cher amtlich vom Kaiser diesen
Titel sammt dem öffentlichen Lehr-
stuhl erhielt, theils jeder Prosaiker,
welcher nicht sowohl des Inhalts
als der schönen Form wegen, sei
es Reden, Briefe, Geschichtswerke,
oder Anderes in ungebundener Rede
schrieb.
3. τοιαύτην τινὰ τὴν δύ-
ναμιν. τις beim Demonstrativum
oder Artikel (c. 3. μυρίους τινὰς
τοὺς πόνους) = quidam. S. zu de

histor. conser. c. 40. οὐ μικρῷ τινι
τῷ δελέατι τούτῳ.
7. καὶ δή abschliessend, 'und
nun...', so dass die Schlussfol-
gerung als einleuchtend bezeichnet
wird. S. zu Nigr. c. 15.
8. οὐδεὶς φθόνος wie Pseu-
dolog. c. 30. φθόνος οὐδεὶς ἐξ
ἅπαντος ἀμύνεσθαι τὴν ἀπορίαν.
Vgl. das Homerische οὐ νέμεσις, z.
B. Il. XIV. 80. οὐ γάρ τις νέμεσις
φυγέειν κακόν.
11. ἱερόν τι χρῆμα τὴν
συμβουλὴν οὖσαν nach des
Griechischen Komikers Menander:
ἱερὸν ἀληθῶς ἐστιν ἡ συμβουλία.

πες σὺ νῦν αἰτοίη προσελθών. ὥστε ἄκουε, τό γε
ἐπ' ἐμοὶ καὶ πάνυ θαρρῶν, ὡς τάχιστα δεινὸς ἀνὴρ ἔσῃ
γνῶναί τε τὰ δέοντα καὶ ἑρμηνεῦσαι αὐτά, ἢν τὸ μετὰ
τοῦτο ἐθελήσῃς αὐτὸς ἐμμένειν οἷς ἂν ἀκούσῃς παρ' ἡμῶν
5 καὶ φιλοπόνως αὐτὰ μελετᾶν καὶ προθύμως ἀνύειν τὴν
ὁδὸν ἔστ' ἂν ἀφίκῃ πρὸς τὸ τέρμα, 2. [τὸ μὲν οὖν θή- 2
ραμα] οὐ μικρὸν οὐδ' ὀλίγης τῆς σπουδῆς δεόμενον, ἀλλ'
ἐφ' ὅτῳ καὶ πονῆσαι πολλὰ καὶ ἀγρυπνῆσαι καὶ πᾶν
ὁτιοῦν ὑπομεῖναι ἄξιον· σκόπει γοῦν ὁπόσοι τέως μηδὲν
10 ὄντες ἔνδοξοι καὶ πλούσιοι καὶ νὴ Δί' εὐγενέστατοι
ἔδοξαν ἀπὸ τῶν λόγων. 3. ὅμως δὲ μὴ δέδιθι μηδὲ 3
πρὸς τὸ μέγεθος τῶν ἐλπιζομένων ἀποδυσπετήσῃς μυ-
ρίους τινὰς τοὺς πόνους προπονήσειν οἰηθείς· οὐ γάρ σε
τραχεῖάν τινα οὐδὲ ὄρειον καὶ ἱδρῶτος μεστὴν ἡμεῖς γε
15 ἄξομεν, ὡς ἐκ μέσης αὐτῆς ἀναστρέψαι καμόντα, ἐπεὶ
οὐδὲν ἂν διεφέρομεν τῶν ἄλλων, ὅσοι τὴν συνήθη ἐκεί-
νην ἡγοῦνται μακρὰν καὶ ἀνάντη καὶ καματηρὰν καὶ ὡς
ἐπὶ τὸ πολὺ ἀπεγνωσμένην. ἀλλὰ τό γε παρ' ἡμῶν ἐξαί-
ρετόν σοι τῆς συμβουλῆς τοῦτ' ἔστιν, ὅτι ἡδίστην τε ἅμα
20 καὶ ἐπιτομωτάτην καὶ ἱππήλατον καὶ κατάντη σὺν πολλῇ
τῇ θυμηδίᾳ καὶ τρυφῇ διὰ λειμώνων εὐανθῶν καὶ σκιᾶς

2. τό γε ἐπ' ἐμοὶ καὶ πάνυ
θαῤῥῶν. τό γε ἐπ' ἐμοὶ (ebenso
Pseudolog. c. 27.) gehört zu πάνυ
θαῤῥῶν, nicht zu ἄκουε; καὶ ist
nicht verbindend, sondern verstärkt
das πάνυ, 'gar sehr'. Sinn: habe
volles Vertrauen zu mir.

3. γνῶναί — ἑρμηνεῦσαι,
die beiden Haupterfordernisse des
Rhetors, von denen das erste die
inventio und *dispositio*, das zweite
die *elocutio* mit der *memoria* und
actio umfasst. Ebenso wird von
dem Pantomimen de saltat. c. 36.
vorzugsweise verlangt γνῶναί τε
τὰ δέοντα καὶ ἑρμηνεῦσαι αὐτά.
Vgl. de histor. cscr. c. 34.
τὸ μετὰ τοῦτο wie τὸ νῦν, τὸ
ἀπὸ τούτου, τὸ ἐπὶ τούτῳ, τὸ
ἐπὶ τούτοις oft bei Lucian.

2. 10. καὶ νὴ Δί' εὐγενέ-
στατοι ironische Verstärkung,
um die Uebertreibung hervorzu-
heben, dass selbst das γένος durch
den Ruhm der Beredsamkeit an
Adel gewinnt.

3. 12. μυρίους τινὰς τοὺς
πόνους. S. zu c. 1.

15. ὡς für ὥστε. S. zu de
hist. cscr. c. 4.
ἐπεὶ οὐδὲν ἂν διεφέρομεν.
S. zu de hist. cscr. c. 36.

17. ὡς ἐπὶ τὸ πολύ 'meisten-
theils, gewöhnlich', auch bei
Plato und Thucydides. Dagegen
Gall. c. 23. Fugit. c. 12. ὡς τὸ
πολύ.

18. ἐξαίρετον *eximium* wie
de hist. cscr. c. 17.

ἀκριβοῦς σχολῇ καὶ βάδην ἀνιὼν ἀνιδρωτὶ ἐπιστήσῃ τῇ
ἄκρα καὶ αἱρήσεις τοὺς γάμους καὶ νὴ Δι᾽ εὐωχήσῃ κατα-
κείμενος, ἐκείνους ὁπόσοι τὴν ἑτέραν ἐτράποντο ἀπὸ τοῦ
ὑψηλοῦ ἐπισκοπῶν ἐν τῇ ὑπωρείᾳ τῆς ἀνόδου ἔτι κατὰ
δυσβάτων καὶ ὀλισθηρῶν τῶν κρημνῶν μόλις ἀνέρπον- 5
τας, ἀποκυλιομένους ἐπὶ κεφαλὴν ἐνίοτε καὶ πολλὰ τραύ-
ματα λαμβάνοντας περὶ τραχείαις ταῖς πέτραις· σὺ δὲ
πρὸ πολλοῦ ἄνω ἐστεφανωμένος εὐδαιμονέστατος ἔσῃ
ἅπαντα ἐν βραχεῖ ὅσα ἐστὶν ἀγαθὰ παρὰ τῆς Ῥητορικῆς
4 μονονουχὶ καθεύδων λαβών. 4. ἡ μὲν δὴ ὑπόσχεσις 10
οὕτω μεγάλη· σὺ δὲ πρὸς φιλίου μὴ ἀπιστήσῃς, εἰ ῥᾳστά
τε ἅμα καὶ ἥδιστά σοι ταῦτα ἐπιδείξειν φαμέν. ἡ γὰρ
Ἡσίοδος μὲν ὀλίγα φύλλα ἐκ τοῦ Ἑλικῶνος λαβὼν αὐτίκα
μάλα ποιητὴς ἐκ ποιμένος κατέστη καὶ ᾖδε θεῶν καὶ
ἡρώων γένη κάτοχος ἐκ Μουσῶν γενόμενος, ῥήτορα δέ, 15
ὃ πολὺ ἔνερθε τῆς ποιητικῆς μεγαληγορίας ἐστίν, ἀδύ-
νατον καταστῆναι ἐν βραχεῖ, εἴ τις ἐκμάθοι τὴν ταχίστην
5 ὁδόν; 5. ὡς ἔγωγε καὶ διηγήσασθαί σοι βούλομαι Σιδω-

2. αἱρήσεις τοὺς γάμους.
Du wirst die Ehe (οἱ γάμοι) als Sie-
gespreis erlangen, d. i. du wirst
die Braut heimführen. Wer die
Braut ist, ergiebt sich aus dem Fol-
genden: σὺ δὲ πρὸ πολλοῦ ἄνω
ἐστεφανωμένος εὐδαιμονέ-
στατος ἔσῃ ἅπαντα — ἀγαθὰ
παρὰ τῆς Ῥητορικῆς μονο-
νουχὶ καθεύδων λαβών. Vgl. c. 6.
ὡς γαμήσειας c. 8. γαμήσεις c. 9.
c. 26. οὐδέν σε κωλύσει — γαμεῖν
— τὴν Ῥητορικήν. Der Pluralis
(γάμοι) statt des gebräuchlicheren
Sing. ebenso Luc. Herodot. c. 6. πάρερ-
γον τῶν Ἀλεξάνδρου — γάμων.
εὐωχήσῃ vom Hochzeits-
schmause.
4. 11. πρὸς φιλίου Zeus, als
Beschützer der Freundschaft.
12. ἡ γὰρ Ἡσίοδος μὲν —
ποιητὴς ἐκ ποιμένος κα-
τέστη, ῥήτορα δέ — ἀδύνα-
τον καταστῆναι ἐν βραχεῖ

wie Cic. Tuscul. V. 32. 90. An
Scythes Anacharsis potuit pro nihilo
pecuniam facere: nostrates philo-
sophi facere non poterant, und in
Catil. I. 1. 3, nur dass im Latei-
nischen der Gegensatz in der Regel
nicht durch eine Partikel, sondern
nur durch die Stellung der Worte
hervorgehoben wird.
13. ὀλίγα φύλλα ἐκ τοῦ
Ἑλικῶνος λαβών. Hesiod.
Theog. 22. 23. αἵ (die Musen) νυ
ποθ᾽ Ἡσίοδον καλὴν ἐδίδαξαν
ἀοιδὴν ἄρνας ποιμαίνονθ᾽ Ἑλι-
κῶνος ὑπὸ ζαθέοιο, und v. 29 ff.
καί μοι σκῆπτρον ἔδον δάφνης
ἐριθηλέος ὄζον δρέψασαι θηη-
τόν· ἐνέπνευσαν δέ μοι αὐδὴν
θείην, ὡς κλείοιμι τά τ᾽ ἐσσόμενα
πρό τ᾽ ἐόντα.
5. Die hier erzählte Anecdote
zeigt von vorn herein den Gesichts-
punkt, aus dem die nachfolgende
Anweisung zur Beredsamkeit zu

νίου τινὸς ἐμπόρου ἐπίνοιαν δι' ἀπιστίαν ἀτελῆ γενομένην
καὶ τῷ ἀκούσαντι ἀνόνητον. ἦρχε μὲν γὰρ ἤδη Περσῶν
Ἀλέξανδρος μετὰ τὴν ἐν Ἀρβήλοις μάχην Δαρεῖον καθη-
ρηκώς· ἔδει δὲ πανταχόσε τῆς ἀρχῆς διαθεῖν τοὺς γραμ-
5 ματοφόρους τὰ ἐπιτάγματα τοῦ Ἀλεξάνδρου κομίζοντας.
ἐκ Περσῶν δὲ πολλὴ ἐς Αἴγυπτον ἐγίγνετο ἡ ὁδός· ἐκ-
περιιέναι γὰρ ἔδει τὰ ὄρη, εἶτα διὰ τῆς Βαβυλωνίας ἐς
τὴν Ἀραβίαν ἐλθεῖν, εἶτα ἐρήμην πολλὴν ἐπελάσαντας
ἀφικέσθαι ποτὲ ἐς Αἴγυπτον εἴκοσι μηκίστους ἀνδρὶ
10 εὐζώνῳ σταθμοὺς τούτους διανύσαντας. ἤχθετο οὖν ὁ
Ἀλέξανδρος ἐπὶ τούτῳ, διότι Αἰγυπτίους τι παρακινεῖν
ἀκούων οὐκ εἶχε διὰ ταχέων ἐκπέμπειν τοῖς σατράπαις
τὰ δοκοῦντά οἱ περὶ αὐτῶν. τότε δὴ ὁ Σιδώνιος ἔμπο-
ρος, „Ἐγώ σοι", ἔφη, „ὦ βασιλεῦ, ὑπισχνοῦμαι δείξειν ὁδὸν
15 οὐ πολλὴν ἐκ Περσῶν ἐς Αἴγυπτον· εἰ γάρ τις ὑπερβαίη
τὰ ὄρη ταῦτα, ὑπερβαίη δ' ἂν τριταῖος, αὐτίκα μάλα ἐν
Αἰγύπτῳ ἐστὶν οὗτος". καὶ εἶχεν οὕτως. πλὴν ὅ γε Ἀλέ-
ξανδρος οὐκ ἐπίστευσεν, ἀλλὰ γόητα ᾤετο εἶναι τὸν ἄν-
θρωπον. οὕτω τὸ παράδοξον τῆς ὑποσχέσεως ἄπιστον δο-
20 κεῖ τοῖς πολλοῖς. 6. ἀλλὰ μὴ σύ γε πάθῃς [τὸ] αὐτό. εἴσῃ 6
γὰρ πειρώμενος ὡς οὐδέν σε κωλύσει ἤδη ῥήτορα δοκεῖν
μιᾶς οὐδ' ὅλης ἡμέρας ὑπερπετασθέντα τὸ ὄρος ἐκ Περ-
σῶν ἐς Αἴγυπτον. ἐθέλω δέ σοι πρῶτον ὥσπερ ὁ Κέβης

verstehen ist. Trotz des καὶ εἶχεν
οὕτως ist das Ganze ironisch auf-
zufassen. So wenig Jemand im
Stande ist, in drei Tagen von Per-
sien nach Aegypten zu kommen, so
gewiss ist es unmöglich, in der aus-
einandergesetzten Art ein guter
Redner zu werden.
5. 9. μηκίστους ἀνδρὶ εὐ-
ζώνῳ σταθμούς die bei Hero-
dot gewöhnliche Bestimmung von
Ortsentfernungen.
11. παρακινεῖν intransitiv
wie de hist. cscr. c. 1, hier abtrün-
nig werden.
16. ὑπερβαίη δ' ἂν τρι-
ταῖος parenthetisch, und er

könnte das in drei Tagen
thun.
17. πλὴν — γε wie c. 8, 'nur
dass', oft bei Lucian und so,
dass γε immer an der dritten Stelle
steht. S. zu Gallus c. 27.
19. τὸ παράδοξον τῆς
ὑποσχέσεως. S. zu de hist.
cscr. c. 35.
6. 21. δοκεῖν. Darauf liegt der
Nachdruck.
22. ὑπερπετασθέντα. ἐπε-
τάσθην von πέτομαι nur in spä-
terer Prosa und Poesie.
23. ὁ Κέβης ἐκεῖνος ille, der
bekannte, berühmte, aus Theben,
Schüler des Sokrates. Die hier be-

ἐκεῖνος εἰκόνα γραψάμενος τῷ λόγῳ ἑκατέραν ἐπιδεῖξαι
τὴν ὁδόν· δύο γάρ ἐστον, ὦ πρὸς τὴν Ῥητορικὴν ἄγε-
τον, ἧς ἐρᾶν οὐ μετρίως μοι δοκεῖς. καὶ αὐτὴ μὲν ἐφ᾽
ὑψηλοῦ καθήσθω πάνυ καλὴ καὶ εὐπρόσωπος, τὸ τῆς
Ἀμαλθείας κέρας ἔχουσα ἐν τῇ δεξιᾷ παντοίοις καρποῖς 5
ὑπερβρύον· ἐν θατέρᾳ δέ μοι τὸν πλοῦτον δόκει παρε-
στῶτα ὁρᾶν χρυσοῦν ὅλον καὶ ἐπέραστον· καὶ ἡ δόξα δὲ
καὶ ἡ ἰσχὺς παρέστωσαν καὶ οἱ ἔπαινοι περὶ πᾶσαν αὐ-
τὴν Ἔρωσι μικροῖς ἐοικότες πολλοὶ ἀπανταχόθεν προ-
σπλεκόμενοι. ἦ που τὸν Νεῖλον εἶδες γραφῇ μεμιμημένον, 10
αὐτὸν μὲν κείμενον ἐπὶ κροκοδείλου τινὸς ἢ ἱππο-
ποτάμου, οἷοι πολλοὶ ἐν αὐτῷ, μικρὰ δέ τινα παιδία
περὶ αὐτὸν παίζοντα — πήχεις δὲ αὐτοὺς οἱ Αἰγύπτιοι
καλοῦσι — τοιοῦτοι καὶ περὶ τὴν Ῥητορικὴν οἱ ἔπαι-
νοι. πρόσει δὴ σὺ ὁ ἐραστὴς ἐπιθυμῶν δηλαδὴ ὅτι 15
τάχιστα γενέσθαι ἐπὶ τῆς ἄκρας, ὡς γαμήσειάς τε αὐ-
τὴν ἀνελθὼν καὶ πάντα ἐκεῖνα ἔχοις, τὸν πλοῦτον τὴν δό-
ξαν τοὺς ἐπαίνους· νόμῳ γὰρ ἅπαντα γίγνεται τοῦ γε-

rührte Schrift ist die allein uns er-
haltene πίναξ, über deren Echtheit
jedoch Zweifel sind.

2. ὦ nicht selten so die mascu-
line Form statt der femininen.

4. τὸ τῆς Ἀμαλθείας κέ-
ρας. Amaltheia die Ziege, welche
den Zeus säugte, aus deren Hörnern
Nectar und Ambrosia geflossen sein
soll. Nach Ovid fast. V. 120 ff.
stiess die Ziege sich ein Horn an
einem Baume ab, worauf eine
Nymphe es mit grünen Kräutern
umgab, mit Früchten füllte und es
dem Zeus brachte. Dieser versetzte
das Bild desselben unter die Sterne,
das Horn selbst aber schenkte er
den Nymphen, die ihn aufgezogen
hatten. Nach Anderen brach Zeus
der Ziege Amaltheia, die ihn nährte,
ein Horn ab, gab es den Töchtern
des Melisseus und legte in dasselbe
solchen Segen, dass es mit Allem,
was sie nur wünschten, sich an-

füllte; daher das cornu copiae.

10. ἦ που — εἶδες. Zusam-
menhang: Wie Du diese ἔπαινοι
Dir vorzustellen hast, wird Dir
wohl klar sein, ganz ebenso wie
die um den Nil spielenden Kinder,
wovon Du ja gewiss irgendwo ein
Bild gesehen hast. Die berühmte
kolossale Statue in Museo Pio-
Clement. bei Millin galérie mytho-
log. LXXIV. Nr. 304. stimmt ganz
mit der Beschreibung des Gemäl-
des bei Lucian überein, nur dass
hier der Nil auf eine Sphinx sich
lehnt, anstatt auf ein Flusspferd
oder ein Krokodil.

12. μικρὰ δέ τινα παιδία
περὶ αὐτὸν παίζοντα, an der
Zahl sechszehn zur Bezeichnung der
16 Ellen (πήχεις, cubitus), welche
er steigen muss, um Aegypten
fruchtbar zu machen.

16. ὡς γαμήσειάς τε — καὶ
— ἔχοις, wie c. 10. 11. Der Op-

γαμηκότος. **7.** εἶτ' ἐπειδὰν πλησιάσῃς τῷ ὄρει, τὸ μὲν 7
πρῶτον ἀπογινώσκεις τὴν ἄνοδον, καὶ τὸ πρᾶγμα ὅμοιον
εἶναί σοι δοκεῖ ὁποῖον ἡ Ἄορνος ἐφάνη τοῖς Μακεδόσιν
ἀπόξυρον αὐτὴν ἀπανταχόθεν ἰδοῦσιν, ἀτεχνῶς οὐδὲ ὀρ-
5 νέοις ὑπερπτῆναι ῥᾳδίαν, Διονύσου τινὸς ἢ Ἡρακλέους,
εἰ μέλλοι καθαιρεθήσεσθαι, δεομένην. ταῦτά σοι δοκεῖ
τὸ πρῶτον· εἶτα μετ' ὀλίγον ὁρᾷς δύο τινὰς ὁδούς, μᾶλ-
λον δὲ ἡ μὲν ἀτραπός ἐστι στενὴ καὶ ἀκανθώδης καὶ τρα-
χεῖα, πολὺ τὸ δίψος ἐμφαίνουσα καὶ ἱδρῶτα. καὶ ἔφθη
10 γὰρ ἤδη Ἡσίοδος εὖ μάλα ὑποδείξας αὐτήν, ὥστε οὐδὲν
ἐμοῦ δεήσει· ἡ ἑτέρα δὲ πλατεῖα καὶ ἀνθηρὰ καὶ ἔνυδρος,
τοιαύτη οἵαν μικρὸν ἔμπροσθεν εἶπον, ἵνα μὴ ταὐτὰ
λέγων πολλάκις ἐπέχω σε ἤδη ῥήτορα εἶναι δυνάμενον.
8. πλὴν τό γε τοσοῦτον προσθήσειν μοι δοκῶ, ὅτι ἡ μὲν 8
15 τραχεῖα ἐκείνη καὶ ἀνάντης οὐ πολλὰ ἴχνη τῶν ὁδοιπό-
ρων ἔχει, εἰ δέ τινα, πάνυ παλαιά· καὶ ἐγὼ γὰρ κατ' ἐκεί-
νην ἄθλιος ἀνῆλθον τοσαῦτα καμὼν οὐδὲν δέον. ἡ ἑτέρα
δ' ἅτε ὁμαλὴ οὖσα καὶ ἀγκύλον οὐδὲν ἔχουσα πόῤῥωθέν
μοι ἐφάνη οἵα ἐστὶν οὐχ ὁδεύσαντι αὐτήν· οὐ γὰρ ἑώρων

tativ nach dem Präsens, nicht selten
bei Lucian. S. zu Gallus c. 11.
7. 2. ἀπογινώσκεις τὴν
ἄνοδον wie *desperare aliquid.*
Vgl. c. 3. ἀπεγνωσμένην.
3. ἡ Ἄορνος. Es gab mehrere
Felsenkastelle dieses Namens. Eins
lag in Boeotien, ein anderes, von dem
es heisst, dass selbst Herakles es
nicht habe einnehmen können, in
Indien. Auf dieses spielt hier Lu-
cian an. Arrian beschreibt es fol-
gendermassen IV. 28. τὸν μὲν δὴ
κύκλον τῆς πέτρας λέγουσιν ἐς
διακοσίους σταδίους μάλιστα εἶ-
ναι, ὕψος δὲ αὐτῆς, ἵνα περ χθα-
μαλώτατον, σταδίων ἕνδεκα καὶ
ἀνάβασιν χειροποίητον μίαν χα-
λεπήν.
τοῖς Μακεδόσιν unter Alex-
ander d. G.
4. ἀτεχνῶς *omnino*, oft bei
Lucian. S. zu Nigr. c. 19.

οὐδὲ ὀρνέοις ὑπερπτῆναι
ῥᾳδίαν, darauf führt man die
Bedeutung des Wortes Ἄορνος
zurück.
7. μᾶλλον δέ — *ac potius*, ver-
bessert das vorhergehende ὁδούς.
9. ἔφθη γὰρ ἤδη Ἡσίοδος.
Werke und Tage v. 290.
8. 14. τοσοῦτον προσθή-
σειν μοι δοκῶ *videor mihi* in
der Bedeutung von *videtur* 'es
scheint mir gut, ich habe be-
schlossen', hier mit dem Infinitiv
Futuri, sonst auch mit dem Infinitiv
des Präsens. Vgl. Piscat. c. 28.
18. ἅτε ὁμαλὴ οὖσα. ἅτε mit
dem Particip. giebt den factischen
Grund an.
19. οὐχ ὁδεύσαντι αὐτήν,
obgleich ich ihn nicht betreten;
warum er es nicht gethan, wird im
Folgenden (οὐ γὰρ ἑώρων ...) an-
gegeben.

νέος ὢν ἔτι τὸ βέλτιον, ἀλλὰ τὸν ποιητὴν ἐκεῖνον ἀλη-
θεύειν ᾤμην λέγοντα ἐκ τῶν πόνων φύεσθαι τἀγαθά.
τὸ δ᾽ οὐκ εἶχεν οὕτως· ἀπονητὶ γοῦν ὁρῶ μειζόνων τοὺς
πολλοὺς ἀξιουμένους εὐμοιρίᾳ τῆς αἱρέσεως τῆς τῶν λό-
γων καὶ ὁδῶν. ἐπεὶ δ᾽ οὖν εἰς τὴν ἀρχὴν ἀφικόμενος 5
εὖ οἶδ᾽ ὅτι ἀπορήσεις, [καὶ ἤδη ἀπορεῖς] ὁποτέραν τρε-
πτέον, ἤδη ὡς ῥᾶστα ἐπὶ τὸ ἀκρότατον ἀναβήσῃ καὶ
εὐδαιμονήσεις καὶ γαμήσεις καὶ θαυμαστὸς πᾶσι δόξεις,
ἐγώ σοι φράσω· ἱκανὸν γὰρ τὸ αὐτὸν ἐξαπατηθῆναι καὶ
πονῆσαι. σοὶ δὲ ἄσπορα καὶ ἀνήροτα πάντα φυέσθω κα- 10
θάπερ ἐπὶ τοῦ Κρόνου.

9   9. Εὐθὺς οὖν πρόεισι σοι καρτερός τις ἀνήρ, ὑπό-
σκληρος, ἀνδρώδης τὸ βάδισμα, πολὺν τὸν ἥλιον ἐπὶ
τῷ σώματι δεικνίων, ἀρρενωπὸς τὸ βλέμμα, ἐγρηγορώς,
τῆς τραχείας ἐκείνης ὁδοῦ ἡγεμών, λήρους τινὰς πρὸς 15
σὲ ὁ μάταιος διεξιὼν ἕπεσθαί οἱ παρακελευόμενος, ὑπο-
δεικνὺς τὰ Δημοσθένους ἴχνη καὶ Πλάτωνος καὶ ἄλλων
τινῶν, μεγάλα μὲν καὶ ὑπὲρ τοὺς νῦν, ἀμαυρὰ δὲ ἤδη
καὶ ἀσαφῆ τὰ πολλὰ ὑπὸ τοῦ χρόνου, καὶ φήσει εὐδαί-
μονά σε ἔσεσθαι καὶ νόμῳ γαμήσειν τὴν Ῥητορικήν, εἰ 20
κατὰ τούτων ὁδεύσειας ὥσπερ οἱ ἐπὶ τῶν κάλων βαίνον-
τες, εἰ δὲ κἂν μικρόν τι παραβαίης ἔξω τῆς εὐθείας ἢ
ἐπὶ θάτερα μᾶλλον κλιθείης τῇ ῥοπῇ, ἐκπεσεῖσθαί σε

---

1. τὸν ποιητὴν ἐκεῖνον
Hesiod. Tage und Werke v. 289:
τῆς δ᾽ ἀρετῆς ἱδρῶτα θεοὶ προ-
πάροιθεν ἔθηκαν ἀθάνατοι.
4. ἀξιουμένους passiv.
5. εὖ οἶδ᾽ ὅτι adverb. ganz
gewiss. S. zu Gall. c. 3.
10. ἄσπορα καὶ ἀνήροτα
πάντα φυέσθω nach Homer
Odyssee IX. 109, wo es von dem
Lande der Kyklopen heisst: ἀλλὰ
τά γ᾽ ἄσπαρτα καὶ ἀνήροτα
πάντα φύονται.
11. ἐπὶ τοῦ Κρόνου zur Zeit
des Kronos, wie ἐπ᾽ ἐμοῦ.
9. 18. ὑπὲρ τοὺς νῦν 'grös-
ser als..', sehr oft so ὑπέρ, na-

mentlich in dieser Schrift. S. c. 13.
15. 17. Piscator c. 23.
22. κἂν μικρόν ohne Verb.,
wie wir: wenn auch our wenig,
oft bei Lucian. überhaupt bei den
späteren Schriftstellern. S. zu
Nigr. c. 23.
τῆς εὐθείας der gerade Weg,
zu unterscheiden von 24 τῆς ὀρθῆς
der richtige Weg.
23. ἐπὶ θάτερα μᾶλλον
κλ. τῇ ῥοπῇ so dass der Schwer-
punkt nicht in der Mitte bleibt.
κλιθείης die Neigung des Kör-
pers ist dem παραβαίης entgegen-
gesetzt.

τῆς ὀρϑῆς ὁδοῦ καὶ ἀγούσης ἐπὶ τὸν γάμον. εἶτά σε κε-
λεύσει ζηλοῦν ἐκείνους τοῖς ἀρχαίοις ἄνδρας ἕωλα παρα-
δείγματα παρατιϑεὶς τῶν λόγων οὐ ῥᾴδια μιμεῖσϑαι, οἷα
τὰ τῆς παλαιᾶς ἐργασίας ἐστίν, Ἡγίου καὶ τῶν ἀμφὶ
5 Κριτίον καὶ Νησιώτην, ἀπεσφιγμένα καὶ νευρώδη καὶ
σκληρὰ καὶ ἀκριβῶς ἀποτεταμένα ταῖς γραμμαῖς, πό-
νον δὲ καὶ ἀγρυπνίαν καὶ ὑδατοποσίαν καὶ τὸ λιπαρὲς
ἀναγκαῖα ταῦτα καὶ ἀπαραίτητα φήσει· ἀδύνατον γὰρ
εἶναι ἄνευ τούτων διανύσαι τὴν ὁδόν. ὃ δὲ πάντων ἀνια-
10 ρότατον, ὅτι σοι καὶ τὸν χρόνον πάμπολυν ὑπογράψει
τῆς ὁδοιπορίας, ἔτη πολλά, οὐ κατὰ ἡμέρας καὶ τριακά-
δας, ἀλλὰ κατ᾽ ὀλυμπιάδας ὅλας ἀριϑμῶν, ὡς καὶ προ-

4. τ ὰ τῆς παλαιᾶς ἐργα-
σίας nicht von der Rede-
kunst, sondern von der Bildhauer-
kunst zu verstehen.

Ἡγίου καὶ τῶν ἀμφὶ Κρι-
τίον καὶ Νησιώτην. Hegias
(so richtiger als Hegesias) wie Kri-
tios (nicht Kritias) und Nesiotes
Erzgiesser aus Athen, Zeitgenossen
des Phidias, aber älter, als dieser.
Dass Kritios und Nesiotes zwei
verschiedene Künstler sind und
nicht Κριτίον τὸν Νησιώτην zu
lesen ist, beweist unzweifelhaft
eine Inschrift an der Statue des
Hoplitodromen Epicharinos auf der
Akropolis zu Athen:

Κριτίος [κ]αὶ Νησιώτης
ἐπο[ιησ]άτην.

οἱ ἀμφί τινα bei späteren Schrift-
stellern für die Person allein, also
hier Kritios und Nesiotes. Beide
Künstler werden auch Philopseud.
c. 18 zusammen erwähnt: ἀλλὰ
τοὺς μὲν ἐπὶ τὰ δεξιὰ εἰσιόντων
ἄφες, ἐν οἷς καὶ τὰ Κριτίου καὶ
Νησιώτου πλάσματα ἕστηκεν.

5. ἀπεσφιγμένα — γραμ-
μαῖς. Die Redekunst wird mit der
Bildhauerkunst verglichen. Lucian
stellt durchgängig die guten Eigen-
schaften der alten Schule wegen

der Anstrengung, die sie verlangt,
im Geiste der Moderedner seiner
Zeit in gehässigem Lichte dar. So
wird das Gedrängte, Knappe als
zugeschnürt (ἐπ`ισφιγμένα) d. i.
unfrei und gebunden, das Ernste und
Strenge als hart (σκληρά), die derbe
Kraft als anmuthlose Magerkeit
(νευρώδη) bezeichnet, endlich die
Klarheit, Bestimmtheit und Sauber-
keit der Umrisse gilt gegenüber der
Ungenauigkeit und Leichtfertigkeit
der neueren Kunst als pedantische
Sorgfalt (ἀκριβῶς ἀποτεταμένα
ταῖς γραμμαῖς) — ἀποτείνειν τὰς
γραμμὰς heisst „Linien ziehen",
also ἀκριβῶς ἀποτ. τ. γ. genau,
sorgfältig, hier mit peinlicher Sorg-
falt zeichnen.

πόνον δὲ — καὶ τὸ λιπα-
ρὲς (τὸ λιπαρὲς Ausdauer);
ähnlich die Zusammenstellung Her-
mot. c. 24. ἀποχρῆν δ᾽ ἑκάστῳ
πρὸς τὸ πολίτην γενέσθαι σύνε-
σιν καὶ ἐπιθυμίαν τῶν καλῶν
καὶ πόνον καὶ τὸ λιπαρές.
Vergl. Piscat. c. 22, wo eine grös-
sere Anzahl von Substantiven und
substant. Adjectiven verbunden sind.

8. ἀπαραίτητα durch Bitten
nicht abzuwenden d. i. unver-
meidlich, unausbleiblich.

66   *ΛΟΥΚΙΑΝΟΥ*

ἀποκαμεῖν ἀκούοντα καὶ ἀπαγορεῦσαι πολλὰ χαίρειν φρά-
σαντα τῇ ἐλπιζομένῃ ἐκείνῃ εὐδαιμονίᾳ· τὸ δὲ ἐπὶ τού-
τοις οὐδὲ μισθοὺς ὀλίγους ἀπαιτεῖ τῶν τοσούτων κα-
κῶν, ἀλλ' οὐδ' ἂν ἡγήσαιτό σοι, εἰ μὴ μεγάλα πρότερον
10 λάβοι. 10. ὁ μὲν ταῦτα φήσει ἀλαζὼν καὶ ἀρχαῖος ὡς 5
ἀληθῶς καὶ Κρονικὸς ἄνθρωπος νεκροὺς ἐς μίμησιν πα-
λαιοὺς προτιθεὶς καὶ ἀνορύττειν ἀξιῶν λόγους πάλαι
κατορωρυγμένους ὡς τι μέγιστον ἀγαθόν, μαχαιροποιοῦ
υἱὸν καὶ ἄλλον Ἀτρομήτου τινὸς γραμματιστοῦ ζηλοῦν
ἀξιῶν, καὶ ταῦτα ἐν εἰρήνῃ μήτε Φιλίππου ἐπιόντος μήτε 10
Ἀλεξάνδρου ἐπιτάττοντος, ὅπου τὰ ἐκείνων τέως ἐδόκει
χρήσιμα, οὐκ εἰδὼς ὁποῖα νῦν κεκαινοτόμηται ταχεῖα καὶ
ἀπράγμων καὶ εὐθὺ τῆς ῥητορικῆς ὁδός. σὺ δὲ μήτε
πείθεσθαι μήτε προσέχειν αὐτῷ, μή σε ἐκτραχηλίσῃ που
παραλαβὼν ἢ τὸ τελευταῖον προγηρᾶσαι τοῖς πόνοις πα- 15
ρασκευάσῃ. ἀλλ' εἰ πάντως ἐρᾷς καὶ τάχιστα ἐθέλεις τῇ
Ῥητορικῇ συνεῖναι ἀκμάζων ἔτι, ὡς καὶ σπουδάζοιο πρὸς
αὐτῆς, ἴθι τῷ μὲν δασεῖ τούτῳ καὶ πέρα τοῦ μετρίου
ἀνδρικῷ μακρὰ χαίρειν εἰπὼν λέγε ἀναβαίνειν αὐτὸν καὶ
ἄλλους ὁπόσους ἂν ἐξαπατᾶν δύνηται ἀνάγειν, καταλι- 20
11 πὼν ἀσθμαίνοντα καὶ ἱδρῶτι πολλῷ συνόντα. 11. σὺ δὲ
πρὸς τὴν ἑτέραν ἐλθὼν εὑρήσεις πολλοὺς μὲν καὶ ἄλλους,

1. χαίρειν φράσαντα =
valedicere; anstatt πολλὰ χ. steht
häufiger μακρὰ χ., φράσαι wech-
selt mit εἰπεῖν.
2. τὸ δὲ ἐπὶ τούτοις 'noch
dazu, zu alle dem'.
4. ἀλλ' οὐδ' ohne vorherge-
hendes οὐ μόνον οὐ 'ja sogar
nicht', wie ἀλλὰ καὶ ohne vorher-
gehendes οὐ μόνον 'ja sogar'. S.
zu de histor. cscr. c. 3 1.
10. 6. Κρονικὸς ἄνθρω-
πος aus der Zeit des Kronos d. i.
uralt mit spöttischer Nobenbedeu-
tung altfränkisch.
8. μαχαιροποιοῦ υἱόν De-
mostheues.
9. Ἀτρομήτου Vater des Red-
ners Aeschines.

11. ὅπου 'zu einer Zeit wo,
unter Umständen wo'.
13. εὐθὺ τῆς ῥητορικῆς
ὁδός ein Weg, der gerade hin zur
Rhetorik führt, wie Bis accus. c. 12.
εὐθὺ τοῦ Ἀρείου πάγου. Fugit. c.
24. εὐθὺ τῆς Θρᾴκης. S. zu Nigr.
c. 2.
14. προσέχειν absolut, sonst
auch mit νοῦν.
15. μή σε — προγηρᾶσαι —
παρασκευάσῃ wie Gall. c. 12
τὸν πλοῦτον ὑπηνέμιον φέρεσθαι
παρεσκεύασας.
17. ἀκμάζων im Höhepunkt
des Lebeus.
17. ὡς σπουδάζοιο s. zu c. 6.
18. πέρα τοῦ μετρίου. S. zu
de hist. cscr. c. 7.

ἐν τούτοις δὲ καὶ πάνσοφόν τινα καὶ πάγκαλον ἄνδρα,
διασεσαλευμένον τὸ βάδισμα, ἐπικεκλασμένον τὸν αὐχένα,
γυναικεῖον τὸ βλέμμα, μελιχρὸν τὸ φώνημα, μύρων ἀπο-
πνέοντα, τῷ δακτύλῳ ἄκρῳ τὴν κεφαλὴν κνώμενον, ὀλί-
5 γας μὲν ἔτι, οὔλας δὲ καὶ ὑακινθίνας τὰς τρίχας εὐθε-
τίζοντα, πάναβρόν τινα Σαρδανάπαλον ἢ Κινύραν ἢ
αὐτὸν Ἀγάθωνα τὸν τῆς τραγῳδίας ἐπέραστον ἐκεῖνον
ποιητήν. λέγω δὲ ὡς ἀπὸ τούτων γνωρίζοις αὐτὸν μηδέ
σε οὕτω θεσπέσιον χρῆμα καὶ φίλον Ἀφροδίτῃ καὶ Χά-
10 ρισι διαλάθοι. καίτοι τί φημι; κἂν εἰ μύοντι γάρ σοι
προσελθὼν εἴποι τι τὸ Ὑμηττικὸν ἐκεῖνο ἀνοίξας στόμα
καὶ τὴν συνήθη φωνὴν ἀφείη, μάθοις ἂν ὡς οὐχὶ τῶν
καθ' ἡμᾶς ἐστιν, οἳ ἀρούρης καρπὸν ἔδομεν, ἀλλά τι
ξένον φάσμα δρόσῳ ἢ ἀμβροσίᾳ τρεφόμενον. τούτῳ τοί-
15 νυν προσελθὼν καὶ παραδοὺς σεαυτὸν αὐτίκα μάλα ῥή-
τωρ καὶ περίβλεπτος ἔσῃ καί, ὡς ὀνομάζει αὐτός, βασιλεὺς
ἐν τοῖς λόγοις ἀπονητὶ καταστήσῃ τὰ τέθριππα ἐλαύνων

11. 2. δ ι α σ ε σ α λ ε υ μ έ ν ο ν
τ ὸ β ά δ ι σ μ α wie de mercede con-
ductis c. 33, 'mit unstetem Gange',
diess und das Folgende zur Be-
zeichnung der Unmännlichkeit.

5. ο ὔ λ α ς zierlich gekräuselt.

5. ὑ α κ ι ν θ ί ν α ς das Färben
der Haare war ein beliebtes Ver-
schönerungsmittel der Frauen und
weibischen Männer. Genauer ist
die Farbe beschrieben Amores c.
26: δαψιλεῖς ἀπὸ τῶν βοστρύχων
τῆς κεφαλῆς ἕλικες, ὑ α κ ι ν θ ο ι ς
τ ὸ κ α λ ὸ ν ἀ ν θ ο ῦ σ ι ν ὅ μ ο ι α
π ο ρ φ ύ ρ ο ν τ ε ς.

6. Κ ι ν ύ ρ α ν mythischer, viel
besungener König auf Cypern, wohl
nur desshalb als Weichling ge-
nannt, weil er Priester der Aphro-
dite zu Paphos war.

7. α ὐ τ ὸ ν Ἀ γ ά θ ω ν α tragi-
scher Dichter zur Zeit des Aristo-
phanes, bekannt als feiner attischer
Welt- und Lebemann. — α ὐ τ ό ν
ipsum, leibhaftig. Vgl. die Zu-

sammensetzungen Α ὐ τ ο θ α ῖ ̔ α c. 12
u. a.

8. λ έ γ ω, ὡ ς — γ ν ω ρ ί ζ ο ι ς.
S. zu c. 6.

10. κ ἂ ν ε ἰ μ ύ ο ν τ ι γ ά ρ σ ο ι
π ρ ο σ ε λ θ ὼ ν ε ἴ π ο ι τ ι τ ὸ
Ὑ μ η τ τ ι κ ὸ ν ἐ κ ε ῖ ν ο ἀ ν ο ί ξ α ς
σ τ ό μ α — μ ά θ ο ι ς ἄ ν. Das κ α ί
in κ ά ν gehört zum Conditionalsatze
ε ἰ — ε ἴ π ο ι, das ἄ ν zu μ ά θ ο ι ς, so
dass dieses also ein doppeltes· ἄ ν
bei sich hat. Der Unterschied zwi-
schen κ α ὶ ε ἰ μ ύ ο ν τ ι γ ά ρ und κ α ὶ
γ ά ρ ε ἰ μ ύ ο ν τ ι ist der, dass durch
das Erstere der Begriff μ ύ ο ν τ ι, auf
welchem der Nachdruck ruht, mehr
hervorgehoben wird.

12. τ ῶ ν κ α θ ' ἡ μ ᾶ ς nicht wie
sonst, Zeitgenosse, sondern
Männer v o n u n s e r e m S c h l a g e,
Männer wie wir, unsere Leute.

13. ο ἳ ἀ ρ ο ύ ρ η ς κ α ρ π ὸ ν ἔ δ ο-
μ ε ν nach Hom. Il. VI. 142.

17. τ ὰ τ έ θ ρ ι π π α ἐ λ α ύ ν ω ν
τ ο ῦ λ ό γ ο υ d. i. im Triumph als
Redner einherfahren.

5 *

τοῦ λόγου· διδάξεται γάρ σε παραλαβὼν τὰ πρῶτα μὲν
12 ἐκεῖνα. 12. μᾶλλον δὲ αὐτὸς εἰπάτω πρὸς σέ· γελοῖον
γὰρ ὑπὲρ τοιούτου ῥήτορος ἐμὲ ποιεῖσθαι τοὺς λόγους
φαῦλον ὑποκριτὴν ἴσως τῶν τοιούτων καὶ τηλικούτων, μὴ
καὶ συντρίψω που πεσὼν τὸν ἥρωα ὃν ὑποκρίνομαι. φαίη 5
τοιγαροῦν ἂν πρὸς σὲ ὧδέ πως ἐπισπασάμενος ὁπόσον
ἔτι λοιπὸν τῆς κόμης καὶ ὑπομειδιάσας τὸ γλαφυρὸν
ἐκεῖνο καὶ ἁπαλὸν οἷον εἴωθεν, Αὐτοθαΐδα τὴν κωμι-
κὴν ἢ Μαλθάκην ἢ Γλυκέραν τινὰ μιμησάμενος τῷ
προσηνεῖ τοῦ φθέγματος· ἄγροικον γὰρ το ἀρρενωπὸν 10
13 καὶ οὐ πρὸς ἁβροῦ καὶ ἐρασμίου ῥήτορος. 13. φήσει τοί-
νυν πάνυ μετριάζων ὑπὲρ αὐτοῦ· Μῶν σε, ὦγαθέ, ὁ
Πύθιος ἔπεμψεν ἐπ' ἐμὲ ῥητόρων τὸν ἄριστον προσει-
πών, ὥσπερ, ὅτε Χαιρεφῶν ἤρετο αὐτόν, ἔδειξεν ὅστις
ἦν ὁ σοφώτατος ἐν τοῖς τότε; εἰ δὲ μὴ τοῦτο, ἀλλὰ κατὰ 15

12. 2. μᾶλλον δέ. Lucian
unterbricht sich, um statt seiner
den Lehrer selbst sprechen zu las-
sen. S. zu de hist. cscr. c. 2.
4. μὴ καὶ συντρίψω — τὸν
ἥρωα von der Larve, die beim
Fallen zerschlagen wird, auf die
durch die Maske dargestellte Per-
son übertragen. Aehnlich Nigr. c.
11. ἵνα μὴ συγκατασπάσω που
πεσὼν τὸν ἥρωα, ὃν ὑποκρίνο-
μαι.
6. τοιγαροῦν wie τοιγάρ-
τοι nun also, gewöhnlich an der
ersten Stelle des Satzes. S. zu
Jcarom. c. 10. Wie hier Pisc. c. 20.
7. ὑπομειδιάσας τὸ γλα-
φυρὸν ἐκεῖνο 'mit jenem
zierlichen Lächeln'. Vgl. de
luctu c. 4. φιλιόν τι καὶ εἰρηνικὸν
προσβλέπων und das Horaz. dulce
ridentem.
7. τὸ γλαφυρὸν ἐκεῖνο
wie c. 20 τὸ ἄττα σου ἐκεῖνο.
8. Αὐτοθαΐδα die leib-
hafte Thais, eine berühmte
Hetäre. Aehnliche komische Zusam-
mensetzungen Timon. c. 54, Αὐ-
τοβορέας. Philopseud. c. 18. αὐτο-

ἄνθρωπος, der Mensch wie er
leibt und lebt, dial. meretr. 14, 4.
αὐτολυρίζων ὄνος der leibhafte
citherspielende Esel, fast ausschliess-
lich bei Lucian in Gebrauch nach dem
Vorgange von Demosth. de corona p.
307, 25. αὐτοτραγικὸς πίθηκος.
8. τὴν κωμικήν, wie sie in
der Komödie auftritt.
9. τῷ προσηνεῖ τοῦ φθέγ-
ματος. S. zu de hist. cscr. c. 35.
11. οὐ πρὸς — ῥήτορος nicht
nach Art, nicht angemessen.
13. 12. μετριάζων 'mit
Maassen, bescheiden' ironisch.
14. Χαιρεφῶν einer der treu-
sten Anhänger und Schüler des So-
krates.
14. ὅστις ἦν ὁ σοφώτατος
die Antwort lautete: σοφὸς Σοφο-
κλῆς, σοφώτερος δ' Εὐριπίδης,
ἀνδρῶν δ' ἁπάντων Σωκράτης
σοφώτατος.
15. κατὰ κλέος — ἥκεις bei
Homer Il. XI. 227. μετὰ κλέος.
γήμας δ' ἐκ θαλάμοιο μετὰ
κλέος ἵκετ' Ἀχαιῶν
σὺν δυοκαίδεκα νηυσὶ κορω-
νίσιν.

κλέος αὐτὸς ἥκεις ἀκούων ἁπάντων ὑπερεκπληττομένων
τὰ ἡμέτερα καὶ ὑμνούντων καὶ τεθηπότων καὶ ὑπεπτη-
χότων, αὐτίκα μάλα εἴσῃ πρὸς οἷόν τινα δαιμόνιον ἄν-
δρα ἥκεις. προσδοκήσῃς δὲ μηδὲν τοιοῦτον ἔψεσθαι οἷον
5 τῷδε ἢ τῷδε παραβαλεῖν, ἀλλ᾽ εἴ τις ἢ Τιτυὸς ἢ Ὦτος ἢ
Ἐφιάλτης, ὑπὲρ ἐκείνους [πολὺ] φανεῖταί σοι τὸ πρᾶγμα
ὑπερφυὲς καὶ τεράστιον· ἐπεὶ τούς γε ἄλλους τοσοῦτον
ὑπερφωνοῦντα εὑρήσεις ὁπόσον ἡ σάλπιγξ τοὺς αὐλοὺς
καὶ οἱ τέττιγες τὰς μελίττας καὶ οἱ χοροὶ τοὺς ἐνδιδόν-
10 τας. 14. ἐπεὶ δὲ καὶ ῥήτωρ αὐτὸς ἐθέλεις γενέσθαι καὶ 14
τοῦτο οὐκ ἂν παρ᾽ ἄλλων ῥᾷον μάθοις, ἕπου μόνον, ὦ
μέλημα, οἷς ἂν εἴπω καὶ ζήλου πάντα καὶ τοὺς νόμους,
οἷς ἂν ἐπιτάξω χρῆσθαι, ἀκριβῶς μοι παραφύλαττε. μᾶλ-
λον δὲ ἤδη προχώρει μηδὲν ὀκνήσας μηδὲ πτοηθείς, εἰ
15 μὴ προετελέσθης ἐκεῖνα τὰ πρὸ τῆς ῥητορικῆς, ὁπόσα ἡ
ἄλλη προπαιδεία τοῖς ἀνοήτοις καὶ ματαίοις μετὰ πολ-
λοῦ καμάτου ὁδοποιεῖ· οὐδὲν γὰρ αὐτῶν δεήσει. ἀλλ᾽ ἀνί-
πτοις — φησὶν ἡ παροιμία — ποσὶν ἔμβαινε, οὐ μεῖον
ἕξων διὰ τοῦτο, οὐδ᾽ ἂν, τὸ καινότατον, μηδὲ γράφειν
20 τὰ γράμματα εἰδῇς· ἄλλο γάρ τι παρὰ ταῦτα ὁ ῥήτωρ.

5. Τιτυὸς ἢ Ὦτος ἢ Ἐφι
άλτης drei Riesen: Tityos auf
Eubȫa von Zeus mit dem Blitze
getödtet und in der Unterwelt gestraft (Hom. Odyss. XI. 576), weil
er sich an Leto vergriffen hatte,
Otos und Ephialtes, die himmelstürmenden Söhne des Aloeus,
welche alle Jahre eine Elle in die
Breite und eine Klafter in die Länge
wuchsen. (Odyss. XI. 303.)
9. τοὺς ἐνδιδόντας die
Chorführer, welche den Ton angeben.
14. 12. μέλημα Gegenstand
der Sorge, Liebling. So μέλημα
Χαρίτων Liebling der Grazien.
13. μᾶλλον δὲ. S. zu c. 12.
15. ἐκεῖνα τὰ πρὸ τῆς ῥη
τορικῆς die Vorkenntnisse, welche
die Rhetorik erfordert.
17. ἀνίπτοις ποσίν. Voll-

ständig heisst das Sprüchwort: ἀνί
πτοις ποσὶν ἀναβαίνειν ἐπὶ τὸ
στέγος von denen, welche ohne
Weiteres, ohne alle Vorarbeit zu
einer Arbeit schreiten.
18. οὐ μεῖον ἕξων. μεῖον
ἔχειν zu kurz kommen. Gegensatz πλέον ἔχειν, πλεονεκτεῖν.
19. τὸ καινότατον, was das
Auffallendste ist wie Nigr. c.
22. ἔνιοι μὲν γάρ, τὸ καινότατον,
οὐδὲ νοσεῖν σχολάζουσιν, abgekürzter Relativsatz. S. zu Nigrin.
c. 4.
20. ἄλλο γάρ τι παρὰ ταῦτα
ὁ ῥήτωρ geringschätzig: 'denn
der Redner gebraucht etwas Anderes, als dieses'. παρά nach ἄλλο
statt des gewöhnlichen ἤ, schon bei
Plato Gesetze p. 729 e. ἄλλα λέ
γουσι παρὰ τὴν ἑαυτῶν δόξαν.

15 **15.** Λέξω δὲ πρῶτον μὲν ὁπόσα χρὴ αὐτόν σε οἴκο-
θεν ἔχοντα ἥκειν ἐφόδια πρὸς τὴν πορείαν καὶ ὅπως
ἐπισιτίσασθαι, ὡς ἂν τάχιστα διανύσαι δυνηθείης· ἔπει-
τα καὐτὸς ἃ μὲν προϊόντι ἐπιδεικνὺς κατὰ τὴν ὁδόν, ἃ
δὲ καὶ παραινῶν, πρὶν ἥλιον δῦναι, ῥήτορά σε ὑπὲρ τοὺς 5
πάντας ἀποφανῶ οἷος αὐτός εἰμι, ἀναμφιλέκτως τὰ
πρῶτα καὶ τὰ μέσα καὶ τὰ τελευταῖα τῶν λέγειν ἐπιχειρούντων.
κόμιζε τοίνυν τὸ μέγιστον μὲν τὴν ἀμαθίαν, εἶτα θρά-
σος ἐπὶ τούτῳ καὶ τόλμαν καὶ ἀναισχυντίαν· αἰδῶ δὲ καὶ
ἐπιείκειαν καὶ μετριότητα καὶ ἐρύθημα οἴκοι ἀπόλιπε, ἀχρεῖα 10
γὰρ καὶ ὑπεναντία τῷ πράγματι· ἀλλὰ καὶ βοὴν ὅτι με-
γίστην καὶ μέλος ἀναίσχυντον καὶ βάδισμα οἷον τὸ ἐμόν.
ταῦτα δὴ πάντα ἀναγκαῖα καὶ μόνα ἔστιν ὅτε ἱκανά.
ἡ ἐσθὴς δὲ ἔστω εὐανθὴς καὶ λευκὴ [ἔργον] τῆς Ταραντί-
νης ἐργασίας, ὡς διαφαίνεσθαι τὸ σῶμα, καὶ ἡ κρηπὶς 15
Ἀττικὴ [γυναικεία] τῶν πολυσχιδῶν, ἡ ἐμβὰς Σικυωνία
πίλοις τοῖς λευκοῖς ἐπιπρέπουσα, καὶ ἀκόλουθοι πολ-
λοὶ καὶ βιβλίον ἀεί. [ταῦτα μὲν αὐτὸν χρὴ συντελεῖν.]

16 **16.** τὰ δ' ἄλλα καθ' ὁδὸν ἤδη προϊὼν ὅρα καὶ ἄκουε. καὶ

15. 3. ὡς (damit du) ἄν (vor-
kommenden Falls) δυνηθείης.
Ueber den Optativ zu c. 6.
4. ἃ μὲν - ἃ δέ, nur bei Spä-
teren statt τὰ μὲν - τὰ δέ. Vgl.
Timon c. 57.
5. ὑπὲρ τοὺς πάντας. S.
zu c. 9.
6. τὰ πρῶτα — τελευταῖα
Apposition zu αὐτός. τὰ πρῶτα von
Personen 'der Erste' nicht selten
bei Lucian. Vgl. [Hippias] c. 3 ὁ δὲ
μηχανικὼν τε ὧν τὰ πρῶτα καὶ
γεωμετρικῶν. Tim. c. 55 κολάκων
ἐστὶ τὰ πρῶτα.
12. μέλος. S. zu c. 19.
12. μέλος ἀναίσχυντον. S.
zu c. 19.
13. καὶ μόνα ἔστιν ὅτε
ἱκανά 'in manchen Fällen (ἔστιν
ὅτε) allein ausreichend'.
15. ἡ κρηπὶς — τῶν πο-
λυσχιδῶν wahrscheinlich eine

zierliche Art Fussbekleidung für
den Sommer, Sandalen, die mit
vielen Riemchen um den Fuss be-
festigt sind, so dass sie wie Schuhe
von durchbrochener Arbeit aus-
sehen, auch λεπτοσχιδεῖς (Pol-
lux Onom. VII. 171) genannt.
Athen. VI p. 259 c. ὑπεδέδεντο
δὲ καὶ πολυσχιδῆ σανδάλια
τοῦ θέρους. Weichlinge empfahlen
sie sich dadurch, dass sie leicht
waren und doch zugleich mehr
Schutz gewährten, als die gewöhn-
lichen Sandalen. Der Genitiv τῶν
πολυσχιδῶν ohne τις wie c. 16.
σισύρα τῶν παχειῶν, de mercede
conductis c. 33. γυναικὶ τῶν ἐπι-
φανῶν. Fugit. c. 20. ἐσθῆτας τῶν
μαλθακῶν ἐπρίαντο, und sehr oft
bei Lucian. S. zu Nigr. c. 30.
16. ἡ ἐμβὰς — πίλοις τοῖς
λευκοῖς ἐπιπρέπουσα im Ge-
gensatz zu den vorhergenannten

δή σοι τοὺς νόμους δίειμι, οἷς χρώμενόν σε ἡ Ῥητορικὴ
γνωριεῖ καὶ προσήσεται, οὐδὲ ἀποστραφήσεται καὶ σκο-
ρακιεῖ καθάπερ ἀτέλεστόν τινα καὶ κατάσκοπον τῶν ἀποῤ-
ῥήτων. [ἀλλὰ] σχήματος μὲν τὸ πρῶτον ἐπιμεληθῆναι χρὴ
5 μάλιστα καὶ εὐμόρφου τῆς ἀναβολῆς, ἔπειτα δὲ πεντε-
καίδεκά που ἢ οὐ πλείω γε τῶν εἴκοσιν Ἀττικὰ ὀνόματα
ἐκλέξας ποθέν, ἀκριβῶς ἐκμελετήσας αὐτὰ πρόχειρα
ἐπ᾽ ἄκρας τῆς γλώττης ἔχε, τὸ ἄττα καὶ κᾷτα καὶ
μῶν καὶ ἀμηγέπη καὶ λῷστε καὶ τὰ τοιαῦτα καὶ ἐν ἅπαντι
10 λόγῳ καθάπερ τι ἥδυσμα ἐπίπαττε αὐτῶν· μελέτω δὲ
μηδὲν τῶν ἄλλων, εἰ ἀνόμοια τούτοις καὶ ἀσύμφυλα καὶ
ἀπῳδά· ἡ πορφύρα μόνον ἔστω καλὴ καὶ εὐανθής, κἂν
σισύρα τῶν παχειῶν τὸ ἱμάτιον ᾖ. 17. μέτει δὲ ἀπόῤ- 17
ῥητα καὶ ξένα ῥήματα καὶ σπανιάκις εἰρημένα ὑπὸ τῶν
15 πάλαι, καὶ ταῦτα ξυμφορήσας ἀποτόξευε προχειριζόμε-
νος πρὸς τοὺς ὁμιλοῦντας· οὕτω γάρ σε ὁ λεὼς ὁ πολὺς
ἀποβλέψονται καὶ θαυμαστὸν ὑπολήψονται καὶ τὴν παι-
δείαν ὑπὲρ αὐτούς, εἰ ἀποστλεγγίσασθαι μὲν τὸ ἀποξύ-
σασθαι λέγοις, τὸ δὲ ἡλίῳ θέρεσθαι εἰληθερεῖσθαι,

Sommer-Sandalen eine feinere
Art Winterschuh (von ἐμβαίνω)
von weissem Filz.
16. 2. οὐδὲ ἀποστραφή-
σεται. Vgl. de hist. cscr. c. 12.
3. τῶν ἀποῤῥήτων My-
sterien.
4. σχήματος die äussere
Haltung.
5. τῆς ἀναβολῆς. S. zu de
hist. cscr. c. 20. Das ἱμάτιον, von
dessen ἀναβολή hier die Rede, war
ein Obergewand, ein viereckiger
Mantel, der den ganzen Körper ein-
hüllte und so getragen werden
musste, dass, wenn er auch die
rechte Schulter frei liess, der linke
Arm jedenfalls bedeckt blieb.
9. ἀμηγέπη wie ἀμηγέπου
und ἀμηγέπως 'auf irgend eine
Weise', von ἀμός = τὶς veraltet
und auch in der klassischen Prosa
wenig gebräuchlich.

12. ἡ πορφύρα — ᾖ bildlich
zu fassen wie de hist. cscr. c. 15:
Mag der Mantel noch so grob sein,
wenn er nur einen schönen Purpur-
saum hat, d. i. mag der Ausdruck
der Rede noch so schlecht sein, mag
das Einzelne zusammenpassen, oder
nicht, wenn er nur durch einzelne
Schlagwörter als attisch sich aus-
weist.
13. σισύρα τῶν παχειῶν
ist Prädicat. Ueber den Genitiv s.
zu c. 15.
17. 13. ἀπόῤῥητα dunkel,
vgl. zu c. 16.
17. τὴν παιδείαν ὑπὲρ αὐ-
τούς 'höher, als die ihrige'.
S. zu c. 9.
18. ἀποστλεγγίσασθαι mit
dem Reibeisen (στλεγγίς) sich ab-
streichen, was besonders nach dem
Salben im Bade geschah. (Aristoph.
Ritter 578 Kock: μὴ φθονεῖσθ᾽ ἡ-

τὸν ἀῤῥαβῶνα δὲ προνόμιον, τὸν ὄρθρον δὲ ἀκροκνεφές.
ἐνίοτε δὲ καὶ αὐτὸς ποίει καινὰ καὶ ἀλλόκοτα ὀνόματα
καὶ νομοθέτει τὸν μὲν ἑρμηνεῦσαι δεινὸν εὔλεξιν καλεῖν,
τὸν δὲ συνετὸν σοφόνουν, τὸν ὀρχηστὴν δὲ χειρόσοφον. ἂν
σολοικίσῃς δὲ ἢ βαρβαρίσῃς, ἓν ἔστω φάρμακον ἡ ἀναι- 5
σχυντία, καὶ πρόχειρον εὐθὺς ὄνομα οὔτε ὄντος τινὸς
οὔτε γενομένου ποτὲ ποιητοῦ ἢ συγγραφέως, ὃς οὕτω
λέγειν ἐδοκίμαζε σοφὸς ἀνὴρ καὶ τὴν φωνὴν ἐς τὸ ἀκρό-
τατον ἀπηκριβωμένος. ἀλλὰ καὶ ἀναγίνωσκε τὰ παλαιὰ
μὲν μὴ σύ γε, μηπ' εἴ τι ληρεῖ ὁ Ἰσοκράτης μήθ' ὁ χαρίτων 10
ἄμοιρος Δημοσθένης ἢ ὁ ψυχρὸς Πλάτων, ἀλλὰ τοὺς
τῶν ὀλίγον πρὸς ἡμῶν λόγους καὶ ἅς φασι ταύτας μελέ-
τας, ὡς ἔχῃς ἀπ' ἐκείνων ἐπισιτισάμενος ἐν καιρῷ κατα-
18 χρήσασθαι καθάπερ ἐκ ταμιείου προαιρῶν. 18. ἐπειδὰν
δὲ καὶ δέῃ λέγειν... καὶ οἱ παρόντες ὑποβάλωσί τινας ὑπο- 15
θέσεις καὶ ἀφορμὰς τῶν λόγων, ἅπαντα μὲν, ὁπόσα ἂν
ᾖ δυσχερῆ, ψεγέσθω καὶ ἐκφαυλιζέσθω ὡς οὐδὲν ὅλως
ἀνδρῶδες αὐτῶν [ἑλομένων]. ἑλομένων δὲ μηδὲν ἔτι μελ-
λήσας λέγε ὅττι κεν ἐπ' ἀκαιρίμαν γλῶτταν ἔλθῃ, μη-
δὲν ἐκείνων ἐπιμεληθείς, ὡς τὸ πρῶτον, ὥσπερ οὖν καὶ 20
ἔστι πρῶτον, ἐρεῖς ἐν καιρῷ προσήκοντι καὶ τὸ δεύτερον

μῖν κομῶσι μηδ' ἀπεστλεγγισμέ-
νοις). Der Lehrer empfiehlt ge-
suchte Ausdrücke selbst für das
Gewöhnlichste, Alltäglichste.
1. προνόμιον eine Lei-
stung, ehe die gesetzliche
Verbindlichkeit eintritt, da-
her Angeld, welches zur Ver-
sicherung der Gültigkeit eines Ge-
schäfts gegeben wird.
4. τὸν ὀρχηστὴν den Pan-
tomimen.
4. χειρόσοφον wegen seiner
Kunstfertigkeit, durch die Bewe-
gungen, namentlich der Hände, dar-
zustellen. de saltat. c. 69.
4. ἂν σολοικίσῃς gegen die
Sprachgesetze verstossen, von Soloi,
einer Küstenstadt in Cilicien, deren
Bewohner einen schlechten griechi-

schen Dialekt sprachen. S. zu Ni-
grin c. 31.
5. βαρβαρίσῃς Einmischung
von ungriechischen Wörtern.
8. τὴν φωνήν elocutio.
8. ἐς τὸ ἀκρότατον adverb.,
wie ἐς δέον, ἐς καλόν. S. de hist.
cscr. c. 51.
10. εἴ τι si quid = quidquid.
12. μελέτας Redeübungen, De-
clamationen, Disputationen über
fingirte Themata.
18. 15. ... Vielleicht ist ἐξ ὑπο-
βολῆς zu ergänzen. ὑποθέσεις
Themata zu Reden.
19. ὅττι κεν ἐπ' ἀκαιρίμαν
-- ἔλθη. S. zu de hist. cscr. c. 32.
20. ὡς — ἐρεῖς, gewöhnlicher
ὅπως mit dem Futur nach ἐπιμε-
λεῖσθαι.

μετὰ τοῦτο καὶ τὸ τρίτον μετ᾽ ἐκεῖνο, ἀλλὰ τὸ πρῶτον
ἐμπεσὸν πρῶτον λεγέσθω, καὶ ἦν οὕτω τύχῃ, περὶ τῷ
μετώπῳ μὲν ἡ κνημίς, περὶ τῇ κνήμῃ δὲ ἡ κόρυς. πλὴν
ἀλλ᾽ ἔπειγε ·καὶ σύνειρε καὶ μὴ σιώπα μόνον. κἂν περὶ
5 ὑβριστοῦ τινος ἢ μοιχοῦ λέγῃς Ἀθήνησι, τὰ ἐν Ἰνδοῖς
καὶ Ἐκβατάνοις λεγέσθω. ἐπὶ δὲ πᾶσι ὁ Μαραθὼν καὶ
ὁ Κυναίγειρος, ὧν οὐκ ἄν τι ἄνευ γένοιτο. καὶ ἀεὶ ὁ
Ἄθως πλείσθω καὶ ὁ Ἑλλήσποντος πεζευέσθω καὶ ὁ ἥλιος
·ὑπὸ τῶν Μηδικῶν βελῶν σκεπέσθω καὶ Ξέρξης φευγέτω
10 καὶ Λεωνίδας θαυμαζέσθω καὶ τὰ Ὀθρυάδου γράμματα
ἀναγινωσκέσθω, καὶ ἡ Σαλαμὶς καὶ τὸ Ἀρτεμίσιον καὶ
αἱ Πλαταιαὶ πολλὰ ταῦτα καὶ πυκνά, καὶ ἐπὶ πᾶσι τὰ
ὀλίγα ἐκεῖνα ὀνόματα ἐπιπολαζέτω καὶ ἐπανθείτω, καὶ
συνεχὲς τὸ ἄττα καὶ τὸ δήπουθεν, κἂν μηδὲν αὐτῶν δέῃ·
15 καλὰ γάρ ἐστι καὶ εἰκῇ λεγόμενα. 19. ἦν δέ ποτε καὶ 19

1. τὸ **ἐμπεσόν** wie wir:
'was Dir einfällt', *quod inci-
derit in mentem*.
2. περὶ τῷ μετώπῳ —
κόρυς zur Bezeichnung des ver-
worrenen Durcheinander.
3. πλὴν ἀλλ᾽ ἔπειγε: nur
immer drauf los. S. zu Gall. c. 5.
4. σύνειρε. Sinn: reihe nur
Wort an Wort, ohne Rücksicht auf
Sinn und Zusammenhang.
5. τὰ ἐν Ἰνδοῖς — λε-
γέσθω, d. i. immer Das, wovon
die Zuhörer am Wenigsten wissen
können.
6. ἐπὶ πᾶσι δὲ ὁ Μαρα-
θών... Sinn: halte Dir bestimmte
Paradepferde, die Du bei jeder Ge-
legenheit vorreitest.
7. Κυναίγειρος der Bruder
des Dichters Aeschylos, der in der
Schlacht bei Marathon fiel, als er
eins der abstossenden persischen
Schiffe mit dem Arm zurückhalten
wollte.
7. ὧν οὐκ ἄν τι ἄνευ γένοιτο
wie de hist. cscr. c. 19.
8. ὁ Ἄθως πλείσθω auf der
Insel Chalkidice. Xerxes liess die

Landenge, welche die Bergland-
schaft des Athos mit dem Festlande
verbindet, durchstechen.
10. τὰ Ὀθρυάδου γράμ-
ματα. Herodot I. 82f. Von den
Spartanern und von den Argivern
war eine auserlesene Schaar zum
Kampfe ausgewählt, um über den
Besitz des kynurischen Grenzge-
bietes von Thyrea (669 v. Chr.) zu
entscheiden. Von argivischer Seite
blieben zwei übrig, von den Spar-
tanern Othryades, welcher den
Kampfplatz als Sieger behauptete,
und die Seinen in den Besitz von
Thyrea brachte, aber aus Schaam,
allein das Leben gerettet zu ha-
ben, sich selbst entleibte. Bei Lu-
cian Charon c. 24 heisst es, dass
Othryades halbtodt vom Schlacht-
felde sich erhoben und ein Sie-
geszeichen errichtet habe, auf das
er mit seinem eigenen Blute eine
Inschrift geschrieben; diess sind
τὰ O. γράμματα.
12. τὰ — ἐκεῖνα die oben (c.
16) erwähnten.
15. εἰκῇ 'ins Blaue hinein'.
19. 15. ἦν δέ ποτε καὶ ᾆσαι

ᾆσαι καιρὸς εἶναι δοκῇ, πάντα σοι ἀδέσθω καὶ μέλος
γιγνέσθω. κἄν ποτε ἀπορήσῃς πράγματος ᾠδικοῦ, τοὺς
ἄνδρας τοὺς δικαστὰς ὀνομάσας ἐμμελῶς πεπληρωκέναι
οἴου τὴν ἁρμονίαν. τὸ δὲ οἴμοι τῶν κακῶν πολλάκις,
καὶ ὁ μηρὸς πατασσέσθω, καὶ λαρύγγιζε καὶ ἐπιχρέμπτου 5
τοῖς λεγομένοις καὶ βάδιζε μεταφέρων τὴν πυγήν. καὶ ἢν
μέν σε μὴ ἐπαινῶσιν, ἀγανάκτει καὶ λοιδοροῦ αὐτοῖς·
ἢν δὲ ὀρθοὶ ἐστήκωσιν ὑπὸ τῆς αἰσχύνης ἤδη πρὸς τὴν
ἔξοδον ἕτοιμοι, καθέζεσθαι κέλευε, καὶ ὅλως τυραννὶς
20 τὸ πρᾶγμα ἔστω. 20. ὅπως δὲ καὶ τὸ πλῆθος τῶν λόγων 10
θαυμάζωσιν, ἀπὸ τῶν Ἰλιακῶν ἀρξάμενος ἢ καὶ νὴ Δία
ἀπὸ τῶν Δευκαλίωνος καὶ Πύῤῥας γάμων, ἢν δοκῇ, κα-
ταβίβαζε τὸν λόγον ἐπὶ τὰ νῦν καθεστῶτα· οἱ μὲν γὰρ
συνιέντες ὀλίγοι, καὶ μάλιστα μὲν σιωπήσονται ὑπ᾽ εὐ-
γνωμοσύνης, ἢν δὲ καὶ λέγωσί τι, ὑπὸ φθόνου αὐτὸ δό- 15
ξουσι δρᾶν· οἱ πολλοὶ δὲ τὸ σχῆμα καὶ φωνὴν καὶ βά-
δισμα καὶ περίπατον καὶ μέλος καὶ κρηπῖδα καὶ τὸ ἄττα
σου ἐκεῖνο τεθηπότες καὶ τὸν ἱδρῶτα ὁρῶντες καὶ τὸ
ᾆσθμα οὐχ ἕξουσιν ὅπως ἀπιστήσωσι μὴ οὐχὶ πάνδει-

κ α ι ρ ὸ ς ε ἶ ν α ι δ ο κ ῇ. Solche Art
Gesang pflegten die Rhetoren be-
sonders in den Epilogen anzuwen-
den. Vgl. Cic. orator c. 18 § 57. *est
autem etiam in dicendo quidam
cantus obscurior, non hic e Phry-
gia et Caria rhetorum epilogus,
paene canticum.* Quintil. XI, 3, 58.
*Cicero illos ex Lycia et Caria rhe-
tores paene cantare in epilogis
dixit;* es fehlte nur noch, dass die
Begleitung der Flöte oder des Sai-
tenspiels dazuträte. Quintil. instit.
orat. XI. 3, 57. *quodounque ex his
vitium magis tulerim, quam, quo
nunc maxime laboratur in causis
omnibus scholisque, cantandi: quod
inutilius sit, an foedius, nescio.*
1. μ έ λ ο ς, was in der angeführ-
ten Stelle bei Cicero *paene canti-
cum* genannt wird.
2. π ρ ά γ μ α τ ο ς ᾠ δ ι κ ο ῦ ein
Gegenstand, der sich zu dieser Art

weichlich singenden Vortrags eignet.
5. ὁ μ η ρ ὸ ς π α τ α σ σ έ σ θ ω.
Quint. instit. orat. XI. 3. 123. *Fe-
mur ferire, quod Athenis primus
fecisse creditur Cleon, et usitatum
est, et indignantes decet, et excitat
auditorem.*
5. λ α ρ ύ γ γ ι ζ ε 'aus vollem
Halse schreien'; was der Stim-
me an Wohllaut fehlt, soll durch
die Stärke ersetzt werden.
6. β ά δ ι ζ ε μ ε τ α φ έ ρ ω ν τ ὴ ν
π υ γ ή ν. Cicero dagegen schreibt
vor Orator c. 18 § 59 *rarus inces-
sus nec ita longus, excursio mode-
rata eaque rara — trunco magis
ipse se moderans* (der Redner) *et
virili laterum flexione.*
20. 17. π ε ρ ί π α τ ο ν das Hin-
und herlaufen beim Reden.
19. τ ὸ ᾆ σ θ μ α das Keuchen,
das mit dem λαρυγγίζειν und mit
der Heftigkeit der Bewegungen ver-

νόν τινα ἐν τοῖς λόγοις ἀγωνιστὴν εἶναί σε. ἄλλως τε καὶ
τὸ ταχὺ τοῦτο οὐ μικρὰν ἔχει τὴν ἀπολογίαν καὶ θαῦμα
παρὰ τοῖς πολλοῖς· ὥστε ὅρα μή ποτε γράψας ἢ σκεψά-
μενος παρέλθῃς, ἔλεγχος γὰρ σαφὴς ταῦτά γε. 21. οἱ 21
5 φίλοι δ᾽ ἀναπηδάτωσαν ἀεὶ καὶ μισθὸν τῶν δείπνων ἀπο-
τινέτωσαν, εἴ ποτε αἴσθοιντό σε καταπεσούμενον, χεῖρα
ὀρέγοντες καὶ παρέχοντες εὑρεῖν τὸ λεχθησόμενον ἐν τοῖς
μεταξὺ τῶν ἐπαίνων διαλείμμασι· καὶ γὰρ αὖ καὶ τοῦδε
μελέτω σοι χορὸν ἔχειν οἰκεῖον καὶ συνᾴδοντα. ταῦτα
10 μέν σοι τὰ ἐν τοῖς λόγοις. μετὰ ταῦτα δὲ προϊόντα σε
δορυφορείτωσαν ἐγκεκαλυμμένον αὐτὸν καὶ περὶ ὧν ἔφης
μεταξὺ διαλαμβάνοντα. καὶ ἤν τις ἐντύχῃ, θαυμάσια
περὶ σαυτοῦ λέγε καὶ ὑπερεπαίνει καὶ ἐπαχθὴς γίνου αὐ-
τῷ. τί γὰρ ὁ Παιανιεὺς πρὸς ἐμέ; καί, Πρὸς ἕνα ἴσως
15 μοι τῶν παλαιῶν ὁ ἀγών· καὶ τὰ τοιαῦτα.

22. Ὁ δὲ μέγιστον καὶ πρὸς τὸ εὐδοκιμεῖν ἀναγκαιό- 22
τατον ὀλίγου δεῖν παραλέλοιπα, ἁπάντων καταγέλα τῶν

bunden ist.

1. ἄλλως τε 'überdies, übri-
gens'; καί gehört zu ταχύ. An-
ders ἄλλως τε und ἄλλως τε καί
mit εἰ oder mit dem Particip: zu-
mal wenn, zumal da. S. zu
Nigr. c. 6.

3. μή — γράψας etwas auf-
schreiben, um es beim Vortrage zu
benutzen.

3. σκεψάμενος d. i. vor-
bereitet.

4. παρέλθῃς vor einer Ver-
sammlung auftreten, um einen Vor-
trag, eine Rede zu halten.

21. 5. ἀναπηδάτωσαν wie
Zeuxis c. 2. ἐγὼ δὲ ὁ μάταιος
ᾤμην, ὁπότε ἀναπηδῶντές ἐπαι-
νοῖεν, τάχα μέντοι καὶ αὐτὸ
τοῦτο προσάγεσθαι αὐτούς.

7. ἐν τοῖς μεταξὺ τῶν
ἐπαίνων διαλείμμασι in den
Pausen, welche durch das Beifalls-
geschrei entstehen. Seneca controv.
IX. Quid quod laudationibus crebris
sustinentur et memoria illorum as-

suevit certis intervallis quiescere?

9. χορὸν ἔχειν οἰκεῖον
einen Chor, der dir befreundet ist,
d. i. eine Klicke, die dich unterstützt
und schützt, die oben genannten
φίλοι.

10. τὰ ἐν τοῖς λόγοις d. i.
während du redest.

10. προϊόντα σε δορυφο-
ρείτωσαν, als Leibwache beglei-
ten.

12. μεταξύ vom Raume absolut
'in ihrer Mitte', nicht mit δια-
λαμβάνοντα zu verbinden. Vgl.
Piscat. c. 38.

12. διαλαμβάνοντα wie wir
'durchnehmen' d. i. einen Ge-
genstand genauer betrachten, erwä-
gen; das Object ist περὶ ὧν ἔφης.

12. ἤν τις ἐντύχῃ wenn Du
Jemand begegnest, der auf deine
Rede etwas erwidern will d. i.
gegen dich auftritt. θαυμάσια
— αὐτῷ. Sinn: Such ihn durch
deine Ruhmredigkeit abzuschrecken.

14. ὁ Παιανιεύς Demosthe-

λεγόντων· καὶ ἦν μέν τις καλῶς εἴπῃ, ἀλλότρια καὶ οἰκ
αὐτοῦ [δεικνύειν] δοκείτω, ἢν δὲ μετρίως [ἐνεχϑῇ], πάντα
ἔστω ἐπιλήψιμα. καὶ ἐν ταῖς ἀκροάσεσι μετὰ πάντας
εἰσιέναι χρή, ἐπίσημον γάρ· καὶ σιωπησάντων ἀπάντων
ξένον τινὰ ἔπαινον ἐπειπεῖν τας ἀκοὰς τῶν παρόντων 5
ἐπιστρέψοντα καὶ ἐνοχλήσοντα, ὡς ναυτιᾶν ἅπαντας ἐπὶ
τῷ φορτικῷ τῶν ῥημάτων καὶ ἐπιφράττεσϑαι τὰ ὦτα.
καὶ ἐπισείσῃς δὲ μὴ πολλάκις τὴν χεῖρα, εὐτελὲς γάρ,
μηδὲ ἀναστῇς, πλὴν ἅπαξ γε ἢ δὶς τὸ πλεῖστον· ὑπομει-
δία δὲ τὰ πολλὰ καὶ δῆλος γίνου μὴ ἀρεσκόμενος τοῖς 10
λεγομένοις. ἀμφιλαφεῖς δὲ αἱ ἀφορμαὶ τῶν μέμψεων τοῖς
συκοφαντικοῖς τὰ ὦτα. τὰ δ' ἄλλα χρὴ ϑαῤῥεῖν· ἡ τόλμα
γὰρ καὶ ἡ ἀναισχυντία καὶ τὸ ψεῦδος πρόχειρον καὶ ὅρκος ἐπ'
ἄκροις ἀεὶ τοῖς χείλεσι καὶ φϑόνος πρὸς ἅπαντας καὶ
μῖσος καὶ βλασφημία καὶ διαβολαὶ πιϑαναί, ταῦτά σε 15
ἀοίδιμον ἐν βραχεῖ καὶ περίβλεπτον ἀποφανεῖ.

26   26. Ὁ μὲν γεννάδας εἰπὼν ταῦτα πεπαύσεται·
σὺ δὲ ἢν πεισϑῇς τοῖς εἰρημένοις, καὶ δὴ παρεῖναι νό-
μιζε οἷπερ ἐξ ἀρχῆς ἐπόϑεις ἐλϑεῖν, καὶ οὐδέν σε κωλύ-
σει ἑπόμενον τοῖς νόμοις ἔν τε τοῖς δικαστηρίοις κρατεῖν 20
καὶ ἐν τοῖς πλήϑεσιν εὐδοκιμεῖν καὶ ἐπέραστον εἶναι καὶ
γαμεῖν οὐ γραῦν τινα τῶν κωμικῶν, [καϑάπερ ὁ νομο-
ϑέτης καὶ διδάσκαλος], ἀλλὰ καλλίστην γυναῖκα τὴν Ῥη-

nes, der aus dem päanischen Demos
stammte.
22. 1. ἦν μέν τις — ἐπι-
λήψιμα. Sinn: Spricht einer gut,
so behaupte, dass es nicht sein Ei-
genthum, spricht einer mittelmässig,
so tadle Alles.
6. ὡς ναυτιᾶν. Durch den
Ekel, den sie wegen der Unterbre-
chung empfinden, soll dem Sprechen-
den die Aufmerksamkeit entzogen
werden.
8. καὶ ἐπισείσῃς δὲ μὴ
πολλάκις τὴν χεῖρα. Ueber
καὶ — δέ s. zu c. 17. — ἐπισείειν
τὴν χεῖρα (wie bis accus. c. 28)
und das folgende ἀναστῆναι Zeichen

des Beifalls. Vgl. ἀναπηδᾶν
c. 21.
11. τοῖς συκοφαντικοῖς τὰ
ὦτα. Vgl. de historia cscr. e. 10. ἢν
μὴ τὸν συρφετὸν καὶ τὸν πολὺν
δῆμον ἐπινοήσῃς, ἀλλὰ τοὺς δικα-
στικῶς καὶ νὴ Δία συκοφαντι-
κῶς — ἀκροασαμένους.
12. τὰ δ' ἄλλα χρὴ ϑαῤῥεῖν.
ἡ τόλμα κ. τ. λ. Hiermit fasst der
Lehrer die Quintessenz der voran-
gehenden Vorschriften noch einmal
kurz zusammen.
26. 18. καὶ δή sogar schon.
Vgl. Piscat. c. 22. εἶεν· ἡμεῖς μὲν
ὑμῖν καὶ δὴ καθήμεδα ἕτοιμοι
ἀκούειν τῶν λόγων.

τορικήν, ὡς τὶ τοῦ Πλάτωνος ἐκεῖνο πτηνὸν ἄρμα ἐλαύ-
νοντα φέρεσθαι σοὶ μᾶλλον πρέπειν περὶ σεαυτοῦ εἰπεῖν
ἢ ἐκείνῳ περὶ τοῦ Διός· ἐγὼ δὲ — ἀγεννὴς γὰρ καὶ δει-
λός εἰμι — ἐκστήσομαι τῆς ὁδοῦ ὑμῖν καὶ παύσομαι τῇ
5 ῥητορικῇ ἐπιπολάζων, ἀσύμβολος ὢν πρὸς αὐτὴν τὰ ὑμέ-
τερα· μᾶλλον δὲ ἤδη πέπαυμαι. ὥστε ἀκονιτὶ ἀνακηρύτ-
τεσθε καὶ θαυμάζεσθε μόνον τοῦτο μεμνημένοι, ὅτι μὴ
τῷ τάχει ἡμῶν κεκρατήκατε ὠκύτεροι φανέντες, ἀλλὰ
τῷ ῥᾴστην καὶ πρανῆ τραπέσθαι τὴν ὁδόν.

1. ὡς τὸ Πλάτωνος ἐκεῖνο
πτηνὸν ἄρμα — φέρεσθαι.
Plato's Phädrus p. 246 e. heisst es
von Zeus: ὁ μὲν δὴ μέγας ἡγε-
μὼν ἐν οὐρανῷ Ζεὺς ἐλαίνων
πτηνὸν ἄρμα πρῶτος πορεύε-
ται. Vgl. Piscat. c. 22.

3. ἀγεννὴς καὶ δειλός im
Gegensatz zur Unverschämtheit der
Moderedner.

5. ἐπιπολάζων mit dem Da-
tiv: 'auf etwas liegen'; wir: sich
auf etwas legen d. i. sich mit
etwas beschäftigen.

6. ἀκονιτὶ ἀνακηρύττε-
σθε von denen, welche den Kampf-
preis ohne Gegner davontragen.

7. ὅτι μὴ τῷ τάχει ἡμῶν
κεκρατήκατε — ὁδόν. Sinn:
Nicht durch eure Tüchtigkeit seid
ihr voraus, sondern weil ihr es euch
leicht macht. Ueber ὅτι μὴ s. zu
Nigr. c. 24.

DER FISCHER.

Wie Lucian die Rhetorik seiner Zeit verleidet worden
war (s. die Rednerschule), so fand er auch in der Philosophie,
zu der er sich von ihr gewandt, nicht die gewünschte Befriedi-
gung. Auch hierin war es vornehmlich der Widerstreit des
Lebens mit der Lehre unter den Bekennern dersel-
ben, was ihn abstiess. Dieser Missstimmung hatte er in der „Philo-
sophen-Versteigerung", in welcher die Philosophen aller Schulen
mit Angabe ihrer Fähigkeiten und Leistungen wie Sklaven zum
Verkauf ausgeboten werden, einen ergötzlichen Ausdruck gege-
ben und dadurch allgemeine Entrüstung unter ihnen hervor-
gerufen. Daran schliesst sich der vorliegende Dialog.

Sokrates, Plato, Chrysippus, Diogenes, Epikur, Aristipp,
Aristoteles, kurz alle bedeutenden Philosophen und Sectenstifter
der alten Zeit haben beim Hades Urlaub genommen, um auf der
Oberwelt Lucian wegen der ihnen widerfahrenen Verunglimpfung
den Prozess zu machen. Auf der Akropolis soll der Gerichtshof
unter dem Vorsitze der Philosophie zusammentreten. Diogenes
ist mit der Anklage beauftragt. Lucian vertheidigt sich selbst und
weiss in so glänzender Weise die Richter zu überzeugen, dass
sein Spott und Hohn nicht den grossen Philosophen
der Vorzeit, sondern nur ihren entarteten Nachäf-
fern gegolten habe, dass er einstimmig freigesprochen wird
und die Wiedererstandenen (ἀναβιοῦντες, der zweite Titel des
Dialogs) in rührender Versöhnungsscene ihn sogar als ihren
Freund und Wohlthäter begrüssen.

Nun wendet sich das Blatt. Der Gerichtshof hält noch ein-
mal Sitzung. Die Philosophen der Gegenwart werden vor die
Schranken geladen, um sich vor der Philosophie, der Arete und

der Dike zu verantworten. Nur wenige erscheinen. Als man da-
gegen auf den Rath des Lucian ausrufen lässt: „Ihr Philosophen
herbei zur Vertheilung. Jeder erhält zwei Minen und einen Ku-
chen. Wer einen langen Bart trägt, noch eine Marmelade von
Feigen dazu. Wer am Besten zanken kann, zwei Talente!" da
strömt es von allen Seiten, da wimmelt es auf allen Strassen, ein
unzählbarer nach dem verheissenen Lohne gieriger Haufe, der
aber bald in wilder Flucht über Hals und Kopf auseinanderstiebt,
als die Philosophie sie bedeutet, dass man sie berufen habe, um
Rechenschaft von ihnen zu fordern, damit endlich die echte Philo-
sophie von ihren falschen Jüngern gesäubert werde.

Nach diesem vergeblichen Versuche beschliesst man mit
einem Goldköder die Probe zu machen, wer ein würdiger Schü-
ler der Philosophie sei, wer nicht. Lucian leiht von der Priesterin
der Athene eine Angel, lässt die Angel mit Feigen und Gold
von der Höhe der Mauer herab (daher der Titel: Fischer,
den der Dialog trägt) und zieht einen der herumlungernden hab-
süchtigen Philosophen nach dem andern hinauf, die aber sämmt-
lich, da weder Diogenes, noch Aristoteles, noch Chrysipp, noch
irgend ein Anderer der aus der Unterwelt anwesenden Philo-
sophen sie als die Ihrigen anerkennen, als zu leicht erfunden und
wieder hinabgestürzt werden, bis die Philosophie dem Fischzug
ein Ende macht, die Philosophen in die Unterwelt entlässt, und
Lucian und Elenchus die Fortsetzung der Prüfung mit dem Be-
fehl überträgt, die falschen Jünger zu brandmarken, die echten
zu bekränzen und ins Prytaneum zu laden.

Der Dialog verdient wegen der dramatischen Lebendigkeit,
mit welcher er geschrieben ist, einen Platz neben den Vorbildern
der Aristophanischen Muse. Die Darstellung ist hier auf die Höhe
der Kunst gebracht, die Lucian überhaupt erreicht hat und
stammt also jedenfalls aus seinem reifen Mannesalter, in das ja
die Lebensepoche gehört, welche, nachdem er dem Beruf der
Rhetorik und Philosophie entsagt, durch die künstlerische Aus-
bildung des Dialogs bezeichnet ist. (S. die Einleitung zum ersten
Bande.)

ΑΛΙΕΥΣ Η ΑΝΑΒΙΟΥΝΤΕΣ.

1   *ΣΩΚΡΑΤΗΣ.* Βάλλε βάλλε τὸν κατάρατον ἀφθό-
νοις τοῖς λίθοις. ἐπίβαλλε τῶν βώλων. προσεπίβαλλε καὶ
τῶν ὀστράκων. παῖε τοῖς ξύλοις τὸν ἀλιτήριον. ὅρα μὴ
διαφύγῃ. καὶ σὺ βάλλε, ὦ Πλάτων, καὶ σύ, ὦ Χρύσιππε,
καὶ σὺ δέ. πάντες ἅμα ξυνασπίσωμεν ἐπ' αὐτόν,   5
     ὡς πήρῃ πήρηφιν ἀρήγῃ, βάκτρα δὲ βάκτροις.
κοινὸς γὰρ πολέμιος, καὶ οὐκ ἔστιν ἡμῶν ὅντινα οὐχ
ὕβρικε. σὺ δέ, ὦ Διόγενες, εἴ ποτε καὶ ἄλλοτε, χρῶ τῷ
ξύλῳ, μηδὲ ἄνῃτε· διδότω τὴν ἀξίαν βλάσφημος ὤν. τί
τοῦτο; κεκμήκατε, ὦ Ἐπίκουρε καὶ Ἀρίστιππε; καὶ μὴν 10
οὐκ ἐχρῆν.
    ἀνέρες ἔστε, σοφοί, μνήσασθε δὲ θούριδος ὀργῆς.

1. 1. ἀφϑόνοις τοῖς λί-
ϑοις der prädicative Gebrauch des
Adjectivs beim Substantiv mit dem
Artikel ist bei Lucian sehr häufig;
der vorangehende Begriff des Ad-
ject. wird dadurch mit Nachdruck
hervorgehoben. Im Deutschen steht
in diesem Falle der Artikel nicht.
   3. τοῖς ξύλοις beständige Be-
gleiter der damaligen Philosophen.
   4. ὦ Χρύσιππε einer der
vorzüglichsten Häupter der stoi-
schen Philosophie in der Mitte des
dritten Jahrh. v. Chr.
   6. ὡς πήρη πήρηφιν ἀρή-
γη, βάκτρα δὲ βάκτροις
Parodie des Homerischen (Il. II, 363):
   ὡς φρήτρη φρήτρηφιν ἀρήγῃ,
        φῦλα δὲ φύλοις.

10. κεκμήκατε, ὦ Ἐπίκουρε
καὶ Ἀρίστιππε; Epikur im J. 342
vor Christus geboren, Stifter der
nach ihm benannten Schule. Ari-
stipp aus Kyrene, geb 404 v. Chr.,
Stifter der kyrenaischen Schule.
Er fasste die Lust des Augenblicks
als das höchste Gut und Ziel des
Lebens auf. Cic. Academ. prior. II.
42. 131. *Alii voluptatem finem
esse bonorum* (das höchste Gut) *vo-
luerunt; quorum princeps Aristip-
pus, qui Socratem audierat, post
Epicurus.* — Daher gerade an sie
die Frage: κεκμήκατε.
   12. ἀνέρες ἔστε — ὀργῆς
anstatt des Homerischen: ἀνέρες
ἔστε, φίλοι, μνήσασθε δὲ θούρι-
δος ἀλκῆς.

Ἀριστότελες, ἐπισπούδασον ἔτι θᾶττον. εὖ ἔχει· ἑάλωκε 2
τὸ θηρίον· εἰλήφαμέν σε, ὦ μιαρέ. εἴσῃ γοῦν αὐτίκα,
οὕστινας ὄντας ἡμᾶς ἐκακηγόρεις. τῷ τρόπῳ δέ τις αὐ-
τὸν καὶ μετέλθῃ; ποικίλον γάρ τινα ἐπινοῶμεν θάνατον
5 κατ' αὐτοῦ, πᾶσιν ἡμῖν ἐξαρκέσαι δυνάμενον· καθ' ἕκα-
στον ἑπτάκις γοῦν δίκαιός ἐστιν ἡμῖν ἀπολωλέναι.

ΦΙΛΟΣΟΦΟΣ Α. Ἐμοὶ μὲν, ἀνεσκολοπίσθαι δοκεῖ
αὐτόν.

ΦΙΛ. Β. Νὴ Δία, μαστιγωθέντα γε πρότερον.

10 *ΦΙΛ. Γ.* Τοὺς ὀφθαλμοὺς ἐκκεκόφθω.

ΦΙΛ. Δ. Τὴν γλῶτταν αὐτὴν ἔτι πολὺ πρότερον
ἀποτετμήσθω.

ΣΩΚ. Σοὶ δὲ τί, Ἐμπεδόκλεις, δοκεῖ;

ΕΜΠΕΔΟΚΛΗΣ. Ἐς τοὺς κρατῆρας ἐμπεσεῖν αὐ-
15 τόν, ὡς μάθῃ μὴ λοιδορεῖσθαι τοῖς κρείττοσι.

ΠΛΑΤΩΝ. Καὶ μὴν ἄριστον ἦν καθάπερ τινὰ
Πενθέα ἢ Ὀρφέα.

λακιστὸν ἐν πέτραισιν εὑρέσθαι μόρον,
ἵνα καὶ τὸ μέρος αὐτοῦ ἕκαστος ἔχων ἀπηλλάττετο.

---

2. 4. μετέλθῃ nachgehen im
feindlichen Sinne, daher bestrafen.
13. Ἐμπεδόκλεις um 440 v. Chr.,
Schüler des Parmenides und Pytha-
goras, wegen seiner physikalischen
Kenntnisse als Wunderthäter ge-
ehrt.
14. ἐς τοὺς κρατῆρας ἐμ-
πεσεῖν mit Bezug auf die von Lu-
cian oft erwähnte Anekdote, dass
Empedocles selbst seinen Tod im
Krater des Aetna gefunden habe.
Hor. ars poet. v. 464 ff.:
    Deus immortalis haberi
Dum cupit Empedocles, ardentem
        frigidus Aetnam
insiluit.
16. ἄριστον ἦν — εὑρέσθαι
μόρον wie ἄμεινον ἦν Nigr. c. 10.
κακῶς εἶχε. Icarom. c. 16. de hist.
cscr. c. 13. ἄμεινον ἦν. Gall. c. 13
immer so, dass man die im Infin.

beigefügte Thatsache, über welche
das Urtheil ausgesprochen wird, als
nicht oder noch nicht stattfindend
bezeichnet.
16. τινὰ 'eine Art'. S. zu
Icarom. c. 1.
17. Πενθέα ἢ Ὀρφέα. Pen-
theus, König von Theben (Ovid.
metam. III. 513 ff.) von seiner Mut-
ter in bacchantischer Wuth zer-
fleischt, weil er den Frauen die Ver-
ehrung des Dionysos untersagte.
Orpheus (Ovid. met. XI. 1—66)
von thrakischen Weibern zerrissen,
weil er sich der Feier der Orgien
widersetzte.
18. λακιστὸν ἐν πέτραι-
σιν εὑρέσθαι μόρον Fragment
aus einem Tragiker.
19. ἵνα — ἀπηλλάττετο,
weil das εὑρέσθαι μόρον noch
nicht stattgefunden, ist auch der

8   8. *ΛΟΥΚΙΑΝΟΣ.* Μηδαμῶς· ἀλλὰ πρὸς ἱκεσίου
φείσασθέ μου.

ΣΩΚ. Ἄραρεν· οὐκ ἂν ἀφεθείης ἔτι. ὁρᾶς δὲ δὴ
καὶ τὸν Ὅμηρον ἅ φησιν
    ὡς οὐκ ἔστι λέουσι καὶ ἀνδράσιν ὅρκια πιστά. ·   5
ΛΟΥΚ. Καὶ μὴν καθ᾽ Ὅμηρον ὑμᾶς καὶ αὐτὸς ἱκε-
τεύσω. αἰδέσεσθε γὰρ ἴσως τὰ ἔπη, καὶ οὐ παρόψεσθε
ῥαψῳδήσαντά με·
    ζώγρειτ᾽ οὐ κακὸν ἄνδρα καὶ ἄξια δέχθε ἄποινα,
    χαλκόν τε χρυσόν τε, τὰ δὴ φιλέουσι σοφοί περ.   10
ΠΛΑΤ. ἀλλ᾽ οὐδὲ ἡμεῖς ἀπορήσομεν πρὸς σὲ Ὁμη-
ρικῆς ἀντιλογίας. ἄκουε γοῦν·
    μὴ δή μοι φύξιν γε, κακηγόρε, βάλλεο θυμῷ,
    χρυσόν περ λέξας, ἐπεὶ ἵκεο χεῖρας ἐς ἁμάς.
ΛΟΥΚ. Οἴμοι τῶν κακῶν. ὁ μὲν Ὅμηρος ἡμῖν ἄπρα-   15
κτος, ἡ μεγίστη ἐλπίς. ἐπὶ τὸν Εὐριπίδην δή μοι κατα-
φευκτέον· τάχα γὰρ ἂν ἐκεῖνος σώσειέ με.
    μὴ κτεῖνε· τὸν ἱκέτην γὰρ οὐ θέμις κτανεῖν.
ΠΛΑΤ. Τί δ᾽; οὐχὶ κἀκεῖνα Εὐριπίδου ἐστίν,
    οὐ δεινά, πάσχειν δεινὰ τοὺς εἰργασμένους;   20
ΛΟΥΚ. Νῦν οὖν ἕκατι ῥημάτων κτενεῖτέ με;
ΠΛΑΤ. Νὴ Δία· φησὶ γοῦν ἐκεῖνος αὐτός

---

durch ἵνα ausgedrückte Zweck noch
nicht verwirklicht worden, deshalb
steht der Indicativ.
19. τὸ μέρος der Jedem zu-
kommende Theil.
8. 1. πρὸς ἱκεσίου Jupiter.
3. ἄραρεν = placuit, decretum
est. Ebenso Catapl. c. 8. ἄραρεν·
οὐκ ἂν τύχοις.
5. ὡς οὐκ ἔστι — πιστά
Homer Il. XXII. 262.
6. καθ᾽ Ὅμηρον nach Art
des H., sehr oft vgl. c. 6. κατὰ τὴν
μέλιτταν c. 7. κατὰ τοὺς ῥήτορας
c. 12. κατὰ τὸ ἀκούσιον c. 18.
S. zu Nigr. c. 7.
9. ζώγρειτ᾽ — σοφοί περ. Zu-
sammengesetzt aus Il. X. 378. I. 23.

XI. 131, nur dass X. 378
χαλκός τε χρυσός τε πολύκμη-
τός τε σίδηρος
steht anstatt des Lucian. τὰ δὴ
φιλέουσι σοφοί περ.
13. μὴ δή μοι — ἁμάς II. X.
447.
15. ἄπρακτος unpraktisch,
d. i. er richtet nichts aus, er hilft
nicht. Vgl. Hermot c. 55. κινδυνεύει
ὁ Φειδίας ἄπρακτος ἀπεληλυθέναι
μάτην ἀναπλάσας τὸν λέοντα.
18. μὴ κτεῖνε — κτανεῖν aus
einer nicht mehr vorhandenen Tra-
gödie von Euripides.
20. οὐ δεινὰ — εἰργασμέ-
νους aus Eurip. Orest. v. 312.
21. νῦν οὖν — κτενεῖτέ με

„ἀχαλίνων στομάτων
ἀνόμου τ᾽ ἀφροσύνας
τὸ τέλος δυστυχία".

4. ΛΟΥΚ. Οὐκοῦν ἐπεὶ δέδοκται πάντως ἀποκτιν- 4
5 νύναι καὶ οὐδεμία μηχανὴ [τοῦ] διαφυγεῖν με, φέρε, τοῦτο
γοῦν εἴπατέ μοι, οἵτινες ὄντες ἢ τί πεπονθότες ἀνήκε-
στον πρὸς ἡμῶν ἀμείλικτα ὀργίζεσθε καὶ ἐπὶ θανάτῳ με
ξυνειλήφατε;

ΠΛΑΤ. Ἅτινα μὲν εἴργασαι ἡμᾶς τὰ δεινά, σεαυ-
10 τὸν ἐρώτα, ὦ κάκιστε, καὶ τοὺς καλοὺς ἐκείνους σου λό-
γους, ἐν οἷς φιλοσοφίαν τε αὐτὴν κακῶς ἠγόρευες καὶ ἐς
ἡμᾶς ὕβριζες, ὥσπερ ἐξ ἀγορᾶς ἀποκηρύττων σοφοὺς ἄν-
δρας καί, τὸ μέγιστον, ἐλευθέρους. ἐφ᾽ οἷς ἀγανακτήσαν-
τες ἀνεληλύθαμεν ἐπὶ σέ, παραιτησάμενοι πρὸς ὀλίγον
15 τὸν Ἅιδην, Χρύσιππος οὗτος καὶ Ἐπίκουρος καὶ Πλά-
των ἐγὼ καὶ Ἀριστοτέλης ἐκεινοσὶ καὶ ὁ σιωπῶν οὗτος
Πυθαγόρας καὶ Διογένης καὶ ἅπαντες, ὅσους διέσυρες
ἐν τοῖς λόγοις.

5. ΛΟΥΚ. Ἀνέπνευσα· οὐ γὰρ ἀποκτενεῖτέ με, ἢν 5
20 μάθητε ὁποῖος ἐγὼ περὶ ὑμᾶς ἐγενόμην· ὥστε ἀποῤῥί-
ψατε τοὺς λίθους μᾶλλον δὲ φυλάττετε. χρήσεσθε γὰρ
αὐτοῖς κατὰ τῶν ἀξίων.

ΠΛΑΤ. Ληρεῖς. σὲ δὲ τήμερον χρὴ ἀπολωλέναι,
ἢ τέ κεν ἤδη
25 λάϊνον ἔσσο χιτῶνα κακῶν ἕνεχ᾽ ὅσσα ἔοργας —·

auch aus Euripides; aus welcher
Tragödie ist unbekannt.
1. ἀχαλίνων — δυστυχία.
Eurip. Bacch. 385.
4. 5. οὐδεμία μηχανή sonst
mit dem blossen Infinitiv. Vgl.
Abdic. c. 10. τίς ἔσται μηχανὴ μετα-
βάλλεσθαι. Imagines c. 1. τίς ἔσται
μηχανὴ ἀποστῆναι αὐτῆς. Pro
imaginibus c. 24. οὐδεμία μηχανὴ
μὴ οὐχὶ — ἁλῶναι.
7. ἐπὶ θανάτῳ 'um mich
zu tödten'. Vgl. c. 25.
11. ἐξ ἀγορᾶς ἀποκηρύτ-

των ,zum Verkauf ausrufen' vgl.
Nigr. c. 25. Diess hatte Lucian in
dem Dialoge βίων πρᾶσις gethan.
13. τὸ μέγιστον abgekürzter
Relativsatz. S. zu Nigr. c. 4.
5. 19. ἀνέπνευσα. 'ich
athme auf', die eben vorgehende
Handlung wird oft so, besonders im
lebhaften Dialoge, als schon gesche-
hen vorgestellt. Vgl. ἐγέλασα u. a.
20. ὥστε S. zu de hist. cscr. c. 12.
25. λάϊνον ἔσσο — ἔοργας.
Hom. Il. III. 57.

6 *

ΛΟΥΚ. Καὶ μήν, ὦ ἄριστοι, ὃν ἐχρῆν μόνον ἐξ
ἀπάντων ἐπαινεῖν οἰκεῖόν τε ὑμῖν ὄντα καὶ εὔνουν καὶ
ὁμογνώμονα καί, εἰ μὴ φορτικὸν εἰπεῖν, κηδεμόνα τῶν
ἐπιτηδευμάτων, εὖ ἴστε ἀποκτενοῦντες, ἢν ἐμὲ ἀποκτεί-
νητε τοσαῦτα ὑπὲρ ὑμῶν πεπονηκότα. ὁρᾶτε γοῦν μὴ τὸ 5
τῶν νῦν φιλοσόφων αὐτοὶ ποιῆτε, ἀχάριστοι καὶ ὀργίλοι
καὶ ἀγνώμονες φαινόμενοι πρὸς ἄνδρα εὐεργέτην.

ΠΛΑΤ. Ὦ τῆς ἀναισχυντίας. καὶ χάριν σοι τῆς κα-
κηγορίας προσοφείλομεν; οὕτως ὡς ἀνδραπόδοις ἀληθῶς
οἴει διαλέγεσθαι καὶ εὐεργεσίαν καταλογιῇ πρὸς ἡμᾶς 10
ἐπὶ τῇ τοσαύτῃ ὕβρει καὶ παροινίᾳ τῶν λόγων;

6   6. *ΛΟΥΚ.* Ποῦ γὰρ ἐγὼ ὑμᾶς ἢ πότε ὕβρικα; ὃς
ἀεὶ φιλοσοφίαν τε θαυμάζων διατετέλεκα καὶ ὑμᾶς αὐ-
τοὺς ὑπερεπαινῶν καὶ τοῖς λόγοις, οὓς καταλελοίπατε,
ὁμιλῶν αὐτὰ γοῦν ἃ φημι ταῦτα, πόθεν ἄλλοθεν ἢ 15
παρ' ὑμῶν λαβὼν καὶ κατὰ τὴν μέλιτταν ἀπανθισάμενος
ἐπιδείκνυμαι τοῖς ἀνθρώποις; οἱ δὲ ἐπαινοῦσι καὶ γνω-
ρίζουσιν ἕκαστον τὸ ἄνθος, ὅθεν καὶ παρ' ὅτου καὶ
ὅπως ἀνελεξάμην, καὶ λόγῳ μὲν ἐμὲ ζηλοῦσι τῆς ἀνθο-
λογίας, τὸ δ' ἀληθὲς ὑμᾶς καὶ τὸν λειμῶνα τὸν ὑμέτε- 20
ρον, οἳ τοιαῦτα ἐξηνθήκατε ποικίλα καὶ πολυειδῆ τὰς
βαφάς, εἴ τις ἀναλέξασθαί τε αὐτὰ ἐπίσταιτο καὶ ἀνα-
πλέξαι καὶ ἁρμόσαι, ὡς μὴ ἀπᾴδειν θάτερον θατέρου.
ἔσθ' ὅστις οὖν ταῦτα εὖ πεπονθὼς παρ' ὑμῶν κακῶς ἂν
εἰπεῖν ἐπιχειρήσειεν εὐεργέτας ἄνδρας, ἀφ' ὧν ἤδη τις 25

---

1. ὃν ἐχρῆν — ἐπαινεῖν.
S. zu ἄριστον ἦν c. 2.

3. κηδεμόνα τῶν ἐπιτη-
δευμάτων, deu Verwalter eurer
Geschäfte, eurer Lehren d. i. den
eigentlichen Fürsorger und Pfleger
der Philosophie.

5. ὁρᾶτε μὴ — ποιῆτε:
'Sehe tzu, dass ihr nicht (in-
dem ihr es thut) selbst wie
die heutigen Philosophen
handelt'.

9. οὕτως. S. zu de hist. cscr.
c. 25.

6. 15. αὐτὰ γοῦν 'zum Bei-
spiel'. S. zu Nigrin. c. 7.

16. κατὰ τὴν μέλιτταν. S.
zu c. 3.

17. γνωρίζουσιν ἕκαστος
τὸ ἄνθος ὅθεν — ἀνελεξά-
μην. Lucian weist hier sehr schön
und mit richtiger Selbstkenntniss
auf das Mosaikartige seiner Bildung
und seines Ausdrucks hin.

21. ἐξηνθήκατε transit. wie
hier erst bei den späteren Schrift-
stellern.

25. ἀφ' ὧν 'als deren Schü-

εἶναι ἔδοξεν; ἐκτὸς εἰ μὴ κατὰ τὸν Θάμυριν ἢ τὸν Εὔ-
ρυτον εἴη τὴν φύσιν, ὡς ταῖς Μούσαις ἀντᾴδειν, παρ' ὧν
εἰλήφει τὴν ᾠδήν, ἢ τῷ Ἀπόλλωνι ἐριδαίνειν ἐναντία το-
ξεύων, καὶ ταῦτα δοτῆρι ὄντι τῆς τοξικῆς.

5 **7. ΠΛΑΤ.** Τοῦτο μέν, ὦ γενναῖε, κατὰ τοὺς ῥήτορας 7
εἴρηταί σοι· ἐναντιώτατον γοῦν ἐστί [σου] τῷ πράγματι,
καὶ χαλεπωτέραν σου ἐπιδείκνυσι τὴν τόλμαν, εἴγε τῇ
ἀδικίᾳ καὶ ἀχαριστίᾳ πρόσεστιν, ὃς παρ' ἡμῶν τὰ τοξεύ-
ματα, ὡς φῄς, λαβὼν καθ' ἡμῶν ἐτόξευες, ἕνα τοῦτον ὑπο-
10 θέμενος τὸν σκοπόν, ἅπαντας ἡμᾶς ἀγορεύειν κακῶς·
τοιαῦτα παρὰ σοῦ ἀπειλήφαμεν ἀνθ' ὧν σοι τὸν λειμῶνα
ἐκεῖνον ἀναπετάσαντες οὐκ ἐκωλύσαμεν δρέπεσθαι καὶ τὸ
προκόλπιον ἐμπλησάμενον ἀπελθεῖν· ὥστε δι' αὐτὸ τοῦτο
μάλιστα δίκαιος ἂν εἴης ἀποθανεῖν.

15 **8. ΛΟΥΚ.** Ὁρᾶτε· πρὸς ὀργὴν ἀκούετε, καὶ οὐδὲν τῶν 8
δικαίων προσίεσθε. καίτοι οὐκ ἂν ᾠήθην ποτέ, ὡς ὀργὴ
Πλάτωνος ἢ Χρυσίππου ἢ Ἀριστοτέλους ἢ τῶν ἄλλων
ὑμῶν καθίκοιτο ἄν, ἀλλά μοι ἐδοκεῖτε μόνοι δὴ πόῤῥω
εἶναι τοῦ τοιούτου. πλὴν ἀλλὰ μὴ ἄκριτόν γε, ὦ θαυμά-
20 σιοι, μηδὲ πρὸ δίκης ἀποκτείνητέ με. ὑμέτερον γοῦν καὶ
τοῦτο ἦν, μὴ βίᾳ μηδὲ κατὰ τὸ ἰσχυρότερον πολιτεύε-
σθαι, δίκῃ δὲ τὰ διάφορα διαλύεσθαι διδόντας λόγον

l er,'. S. zu de hist. escr. c. 9.

25. τις ἤδη εἶναι ἔδοξεν.
τις wir: 'Etwas'. Vgl adv. in-
doct. c. 1. οἴει μὲν γὰρ ἐν παιδείᾳ
καὶ αὐτὸς εἶναί τις δόξειν σπουδῇ
συνωνούμενος τὰ κάλλιστα τῶν
βιβλίων.

1. ἐκτὸς εἰ μή. S. zu de hist.
escr. c. 13.

1. κατὰ τὸν Θάμυριν ἢ
τὸν Εὔρυτον. S. zu c. 3. Tha-
myris oder Thamyras (II. II.594 ff.),
ein thracischer Sänger, welcher zur
Strafe für den Uebermuth, selbst
die Musen zum Wettstreit heraus-
gefordert zu haben, sein Augen-
licht, die Gabe des Gesanges und
die Kunst des Saitenspiels verlor.
— Eurytos, König von Oechalia

in Euböa, einer der berühmtesten
Bogenschützen der Vorzeit, der nach
Odyss. VIII. 224 eines frühen Todes
starb, weil er Apollo, der ihn nach
jüngeren Dichtern selbst unter-
richtet, zum Wettkampf herausge-
fordert hatte.

7. 5. τοῦτο μὲν — πράγ-
ματι. Sinn: Das sind leere Re-
den, denen deine Handlungen wider-
sprechen.

6. τῷ πράγματι 'dem, was
du thust' Gegensatz zu dem in
εἴρηται enthaltenen λόγος. Ver-
gleiche oben c. 6 den Gegensatz von
λόγῳ μέν und τὸ δ' ἀληθές.

8. 15. πρὸς ὀργὴν nach der
Seite des Zornes hin d. i. ihr haltet
nicht unparteiisch die rechte Mitte.

καὶ δεχομένοις ἐν τῷ μέρει· ὥστε δικαστὴν ἑλόμενοι κατηγορήσατε μὲν ὑμεῖς ἢ ἅμα πάντες ἢ ὅντινα ἂν χειροτονήσητε ὑπὲρ ἁπάντων, ἐγὼ δὲ ἀπολογήσομαι πρὸς τὰ ἐγκλήματα. καὶ ἢν μὲν ἀδικῶν φαίνωμαι καὶ τοῦτο περὶ ἐμοῦ γνῷ τὸ δικαστήριον, ὑφέξω δηλαδὴ τὴν ἀξίαν, ὑμεῖς 5 δὲ βίαιον οὐδὲν τολμήσετε. ἢν δὲ τὰς εὐθύνας ὑποσχὼν καθαρὸς ὑμῖν καὶ ἀνεπίληπτος εὑρίσκωμαι, ἀφήσουσί με οἱ δικασταί, ὑμεῖς δὲ ἐς τοὺς ἐξαπατήσαντας ὑμᾶς καὶ παροξύναντας καθ᾽ ἡμῶν τὴν ὀργὴν τρέψατε.

9   9. *ΠΛΑΤ.* Τοῦτ᾽ ἐκεῖνο ἐς πεδίον τὸν ἵππον, ὡς 10 παρακρουσάμενος τοὺς δικαστὰς ἀπέλθῃς· φασὶ γοῦν ῥήτορά σε καὶ δικανικόν τινα εἶναι καὶ πανοῦργον ἐν τοῖς λόγοις. τίνα δὲ καὶ δικαστὴν ἐθέλεις γενέσθαι, ὅντινα μὴ σὺ δωροδοκήσας, οἷα πολλὰ ποιεῖτε, ἄδικα πείσεις ὑπὲρ σοῦ ψηφίσασθαι;   15

ΛΟΥΚ. Θαρρεῖτε τούτου γε ἔνεκα· οὐδένα τοιοῦτον διαιτητὴν ὕποπτον ἢ ἀμφίβολον ἀξιώσαιμ᾽ ἂν γενέσθαι καὶ ὅστις ἀποδώσεταί μοι τὴν ψῆφον. ὁρᾶτε γοῦν, τὴν Φιλοσοφίαν αὐτὴν μεθ᾽ ὑμῶν δικάστριαν ποιοῦμαι ἔγωγε.

ΠΛΑΤ. Καὶ τίς ἂν κατηγορήσειεν, εἴ γε ἡμεῖς 20 δικάσομεν;

ΛΟΥΚ. Οἱ αὐτοὶ κατηγορεῖτε καὶ δικάζετε· οὐδὲν οὐδὲ τοῦτο δέδια. τοσοῦτον ὑπερφέρω τοῖς δικαίοις καὶ ἐκ περιουσίας ἀπολογήσεσθαι ὑπολαμβάνω.

Ebenso Jupp. confut: c. 5. μὴ τραχέως μηδὲ πρὸς ὀργὴν ἀκούσης μου τἀληθῆ μετὰ παρρησίας λέγοντος.
1. ἐν τῷ μέρει wie c. 28. S. zu Nigr. c. 3.
6. τὰς εὐθύνας ὑποσχών sich der Rechenschaftsablegung unterziehn, ein von der Verwaltung entlehnter Ausdruck.
9. 9. ἐς πεδίον τὸν ἵππον sprüchwörtlich, vollständig ἐς πεδίον τὸν ἵππον προκαλεῖσθαι 'das Pferd in die Ebene herausfordern' das heisst dahin, wo es seine Tüchtigkeit am Besten zeigen kann.

Sinn: Das wäre dir eben recht. Du willst uns dahin verlocken, wo du deiner Ueberlegenheit gewiss bist.
16. θαρρεῖτε τούτου γε ἔνεκα. Oft so bei Lucian. Vgl. Catapl. c. 8. οὐκ ἀπολεῖται. θάρρει τούτου γε ἕνεκα. Pro imaginibus c. 16. θάρρει, ὦ Λυκῖνε, τούτου γε ἔνεκα ὡς οὐ φαῦλον με ὑποκριτὴν ἔξων τῆς ἀπολογίας.
17. διαιτητήν Schiedsrichter, eine erste Instanz bei den meisten Privatprocessen.
22. ὑπερφέρω τοῖς δικαίοις ich habe den Vorzug, bin überlegen durch die Gerechtigkeit (δι-

10. *ΠΛΑΤ.* Τί ποιῶμεν, ὦ Πυθαγόρα καὶ Σώκρα- 10
τες; ἔοικε γὰρ οὐκ ἄλογα ὁ ἀνὴρ προκαλεῖσθαι, δικάζε-
σθαι ἀξιῶν.

ΣΩΚ. Τί δ' ἄλλο ἢ βαδίζωμεν ἐπὶ τὸ δικαστήριον
5 καὶ τὴν Φιλοσοφίαν παραλαβόντες ἀκούσωμεν ὅ τι καὶ
ἀπολογήσεται· τὸ πρὸ δίκης γὰρ ἀποκτείνειν οὐχ ἡμέτε-
ρον, ἀλλὰ δεινῶς ἰδιωτικόν ὀργίλων τινῶν ἀνθρώπων καὶ
ἐν τῇ χειρὶ τὸ δίκαιον τιθεμένων. παρέξομεν οὖν ἀφορ-
μὰς τοῖς κακηγορεῖν ἐθέλουσι καταλεύσαντες ἄνδρα μηδὲ
10 ἀπολογησάμενον ὑπὲρ ἑαυτοῦ, καὶ ταῦτα δικαιοσύνῃ
χαίρειν αὐτοὶ λέγοντες. ἢ τί ἂν εἴποιμεν Ἀνύτου πέρι
καὶ Μελήτου, τῶν ἐμοῦ κατηγορησάντων, ἢ τῶν τότε δικα-
στῶν, εἰ οὗτος τεθνήξεται μηδὲ τὸ παράπαν ὕδατος μετα-
λαβών;

15 *ΠΛΑΤ.* Ἄριστα παραινεῖς, ὦ Σώκρατες· ὥστε
ἀπίωμεν ἐπὶ τὴν Φιλοσοφίαν. ἡ δὲ δικασάτω, καὶ ἡμεῖς
ἀγαπήσομεν οἷς ἂν ἐκείνη διαγνῷ.

11. *ΛΟΥΚ.* Εὖ γε, ὦ σοφώτατοι· ἀμείνω ταῦτα καὶ 11
νομιμώτερα. τοὺς μέντοι λίθους φυλάττετε, ὡς ἔφην·
20 δεήσει γὰρ αὐτῶν μικρὸν ὕστερον ἐν τῷ δικαστηρίῳ· ποῦ
δὲ τὴν Φιλοσοφίαν εὕροι τις ἄν; οὐ γὰρ οἶδα, ἔνθα οἰκεῖ·
καίτοι πολὺν ἐπλανήθην χρόνον ἀναζητῶν τὴν οἰκίαν, ὡς
ξυγγενοίμην αὐτῇ. εἶτα ἐντυγχάνων ἄν τισι τριβώνια
περιβεβλημένοις καὶ πώγωνας βαθεῖς καθειμένοις παρ'
αὐτῆς ἐκείνης ἥκειν φάσκουσιν, οἰόμενος εἰδέναι αὐτοὺς

καίοις ist Neutrum) meiner Sache.
4. ἐκ περιουσίας aus dem Vollen.
10. 5. ὅ τι καὶ quid tandem. S. zu Nigr. c. 2.
6. τὸ πρὸ δίκης γὰρ ἀπο-κτείνειν. Vgl. c. 15. εἶτα πρὸ δίκης οὐδὲ ἀπολογησάμενον ἀπο-κτενεῖτε.
13. μηδὲ τὸ παράπαν ὕδα-τος μεταλαβών, d.i. ohne die Er-laubniss gehabt zu haben, sich zu vertheidigen. S. zu de hist. cscr. c.28.
15. ὥστε. S. zu de hist. cscr. c.12.

17. ἀγαπήσομεν zufrieden sein. S. zu Nigr. c. 21; hier mit dem Dativ.
11. 20. μικρὸν ὕστερον so immer wie μικρὸν ἔμπροσθεν, nie mit dem Dativ bei Lucian. S. Rhetor. praec. c. 7. Gall. c. 5.
23. ἐντυγχάνων ἄν — ἀνη-ρώτων. Im Particip. ist die Bedeu-tung des Imperfects enthalten; ἄν dabei bezeichnet die Handlung als hin und wieder geschehend. Vgl. c. 12. ἧκον ἄν und τ. πλουσιωτέροις ἄν παρακαθισαμένη πλησίον τ. πέ-

ἀνηρώπων· οἱ δὲ πολὺ μᾶλλον ἐμοῦ ἀγνοοῦντες ἢ οἶδ'
ὅλως ἀπεκρίνοντό μοι, ὡς μὴ ἐλέγχοιντο οὐκ εἰδότες, ἢ
ἄλλην θύραν ἀντ' ἄλλης ἐπεδείκνυον. οὐδέπω γοῦν καὶ
12 τήμερον ἐξευρεῖν δεδύνημαι τὴν οἰκίαν. 12. πολλάκις δὲ
ἢ αὐτὸς εἰκάσας ἢ ξεναγήσαντός τινος ἧκον ἂν ἐπί τινας 5
θύρας βεβαίως ἐλπίσας τότε γοῦν εὑρηκέναι τεκμαιρόμε-
νος τῷ πλήθει τῶν ἐσιόντων καὶ ἐξιόντων, [σκυθρωπῶν]
ἁπάντων καὶ τὰ σχήματα εὐσταλῶν καὶ φροντιστικῶν τὴν
πρόσοψιν· μετὰ τούτων οὖν ξυμπαραβυσθεὶς καὶ αὐτὸς
ἐσῆλθον. εἶτα ἑώρων γύναιόν τι οὐχ ἁπλοϊκόν, εἰ καὶ ὅτι 10
μάλιστα ἐς τὸ ἀφελὲς καὶ ἀκόσμητον ἑαυτὴν ἐρρύθμιζεν,
ἀλλὰ κατεφάνη μοι αὐτίκα οὔτε τὸ ἄνετον δοκοῦν τῆς κόμης
ἀκαλλώπιστον ἐῶσα οὔτε τοῦ ἱματίου τὴν ἀναβολὴν ἀνε-
πιτηδεύτως περιστέλλουσα, πρόδηλος δὲ ἦν κοσμουμένη
αὐτοῖς καὶ πρὸς εὐπρέπειαν τῷ ἀθεραπεύτῳ δοκοῦντι 15
προσχρωμένη. ὑπεφαίνετο δέ τι καὶ ψιμύθιον καὶ φῦκος.
καὶ τὰ ῥήματα πάνυ ἑταιρικά· καὶ ἐπαινουμένη ὑπὸ
τῶν ἐραστῶν ἐς κάλλος ἔχαιρε, καὶ εἰ δοίη τις, προχείρως
ἐδέχετο, καὶ τοῖς πλουσιωτέροις ἂν παρακαθισαμένη
πλησίον τοὺς πένητας τῶν ἐραστῶν οὐδὲ προσέβλεπεν. 20
πολλάκις δὲ καὶ γυμνωθείσης αὐτῆς κατὰ τὸ ἀκούσιον
ἑώρων περιδέραια χρυσᾶ τῶν κλοιῶν παχύτερα. ἐπὶ
πόδα οὖν εὐθὺς ἀνέστρεφον οἰκτείρας δηλαδὴ τοὺς κακο-
δαίμονας ἐκείνους οὐ τῆς ῥινός ἀλλὰ τοῦ πώγωνος ἑλκο-
μένους πρὸς αὐτῆς καὶ κατὰ τὸν Ἰξίονα εἰδώλῳ ἀντὶ τῆς 25
Ἥρας συνόντας.

νητας — οὐδὲ προσέβλεπεν. Somn.
c. 2 ἀποξέων ἂν τὸν κηρὸν ἢ βόας
ἢ ἵππους ἢ καὶ νὴ Δί' ἀνθρώπους
ἀνέπλαττον. S. zu Icar. c. 10.
12. 5. αὐτὸς εἰκάσας,
nacheigner Muthmassung. S.
zu Icarom. c. 7. de hist. cscr. c. 60. Der
Gegensatz zu αὐτός ist in ξεναγή-
σαντός τινος.
8. τὰ σχήματα εὐσταλῶν
wohlanständig.
15. τῷ ἀθεραπεύτῳ δο-
κοῦντι wie kurz vorher τὸ ἄνετον

δοκοῦν. Auf δοκοῦντι liegt der
Nachdruck. Das Haschen nach dem
Schein ist es, was Lucian überall
verfolgt.
18. ἐς κάλλος in Bezug auf..
19. τοῖς πλουσιωτέροις ἂν
παρακαθισαμένη — οὐδὲ
προσέβλεπεν. S. zu c. 11.
21. κατὰ τὸ ἀκούσιον nach
Art und Weise, d. i., als wenn es
unfreiwillig geschähe'. S. zu c. 3
und Nigr. c. 7.
25. κατὰ τὸν Ἰξίονα, König

13. *ΠΛΑΤ.* Τοῦτο μὲν ὀρθῶς ἔλεξας· οὐ γὰρ
πρόδηλος οὐδὲ πᾶσι γνώριμος ἡ θύρα. πλὴν ἀλλ᾽ οὐδὲν
δεήσει βαδίζειν ἐπὶ τὴν οἰκίαν· ἐνταῦθα γὰρ ἐν Κερα-
μεικῷ ὑπομενοῦμεν αὐτήν. ἡ δὲ ἤδη που ἀφίξεται ἐπανι-
5 οῦσα ἐξ Ἀκαδημίας, ὡς περιπατήσειε καὶ ἐν τῇ Ποικίλῃ.
τοῦτο ὁσημέραι ποιεῖν ἔθος αὐτῇ· μᾶλλον δὲ ἤδη προσ-
έρχεται. ὁρᾷς τὴν κόσμιον ἀπὸ τοῦ σχήματος, τὴν προσηνῆ
τὸ βλέμμα, τὴν ἐπὶ συννοίᾳ ἠρέμα βαδίζουσαν;

ΛΟΥΚ. Πολλὰς ὁμοίας ὁρῶ τό τε σχῆμα καὶ τὸ
10 βάδισμα καὶ τὴν ἀναβολήν. καίτοι μία πάντως ἥ γε
ἀληθὴς Φιλοσοφία ἐστὶν ἐν αὐταῖς.

ΠΛΑΤ. Εὖ λέγεις, ἀλλὰ δηλώσει ἥτις ἐστὶ φθεγ-
ξαμένη μόνον.

14. *ΦΙΛΟΣΟΦΙΑ.* Παπαῖ· τί Πλάτων καὶ Χρύ- 14
15 σιππος ἄνω καὶ Ἀριστοτέλης καὶ οἱ ἄλλοι πάντες, αὐτὰ
δὴ τὰ κεφάλαιά μου τῶν μαθημάτων; τί αὖθις ἐς τὸν
βίον; ἆρά τι ὑμᾶς ἐλύπει τῶν κάτω; ὀργιζομένοις γοῦν
ἐοίκατε. καὶ τίνα τοῦτον ξυλλαβόντες ἄγετε; ἤ που τυμ-
βωρύχος τις ἢ ἀνδροφόνος ἢ ἱερόσυλός ἐστιν;

20 *ΠΛΑΤ.* Νὴ Δί᾽, ὦ Φιλοσοφία, πάντων γε ἱεροσύ-
λων ἀσεβέστατος, ὃς τὴν ἱερωτάτην σὲ κακῶς ἀγορεύειν
ἐπεχείρησε καὶ ἡμᾶς ἅπαντας, ὁπόσοι τι παρὰ σοῦ μα-
θόντες τοῖς μεθ᾽ ἡμᾶς καταλελοίπαμεν.

der Lapithen. Die Bestrafung seiner frevelhaften Liebe Soph. Phil. 676 ff.

13. 2. πλὴν ἀλλ᾽. Gall. c. 5.
3. ἐν Κεραμεικῷ es gab zwei Plätze dieses Namens in Athen, den einen in der Stadt, den andern ausserhalb der Stadt; von dem ersten, der den Aufweg zur Akropolis bildete, ist hier die Rede.
5. ἐξ Ἀκαδημίας wo Plato lehrte, ein Platz am Kephissus, anfangs dem Heros Akademos geweiht, dann ein Gymnasium.
5. ἐν τῇ Ποικίλῃ Stoa Poikile, eine Halle mit den Gemälden des Polygnot, in welcher Zeno, der

Begründer der Stoischen Philosophie, seine Vorträge hielt.
7. ὁρᾷς τὴν κόσμιον ἀπὸ τοῦ σχήματος. Ebenso Dial. mort. X. c. 8. ὁ σεμνὸς δὲ οὗτος ἀπό γε τοῦ σχήματος καὶ βρενθυόμενος, — ὁ ἐπὶ τῶν φροντίδων τίς ἐστιν; Vgl. Nigr. c. 24 πῶς γὰρ οἴει τὴν ψυχὴν διατεθεῖσθαί μοι, ὅταν ἴδω τούτων τινά — ἐπισημότερον τῶν ἄλλων ἀπὸ τοῦ σχήματος ὄντα.
14. 15. αὐτὰ δὴ τὰ κεφάλαια wie de hist. cscr. c. 28.
16. μαθημάτων statt des Concret.

ΦΙΛ. Εἶτα ἠγανακτήσατε λοιδορησαμένου τινός, καὶ
ταῦτα εἰδότες ἐμέ, οἷα πρὸς τῆς κωμῳδίας ἀκούουσα ἐν
τοῖς Διονυσίοις ὅμως φίλην τε αὐτὴν ἥγημαι καὶ οὔτε
ἐδικασάμην οὔτε ἠτιασάμην προσελθοῦσα, ἐφίημι δὲ παί-
ζειν τὰ εἰκότα καὶ τὰ ξυνήθη τῇ ἑορτῇ; οἶδα γάρ, ὡς 5
οὐκ ἄν τι ὑπὸ σκώμματος χεῖρον γένοιτο, ἀλλὰ τοὐναντίον
ὅπερ ἂν ᾖ καλόν, ὥσπερ τὸ χρυσίον ἀποσμώμενον τοῖς
κόμμασι, λαμπρότερον ἀποστίλβει καὶ φανερώτερον γίνε-
ται. ὑμεῖς δ' οὐκ οἶδ' ὅπως ὀργίλοι καὶ ἀγανακτικοὶ γε-
γόνατε. τί δ' οὖν αὐτὸν ἄγχετε; 10

ΠΛΑΤ. Μίαν ἡμέραν ταύτην παραιτησάμενοι ἥκο-
μεν ἐπ' αὐτόν, ὡς ὑπόσχῃ τὴν ἀξίαν ὧν δέδρακεν· φῆμαι
γὰρ ἡμῖν διήγγελλον οἷα ἔλεγεν παριὼν ἐς τὰ πλήθη καθ'
ἡμῶν.

15 15. ΦΙΛ. Εἶτα πρὸ δίκης οὐδὲ ἀπολογησάμενον 15
ἀποκτενεῖτε; δῆλος γοῦν ἐστιν εἰπεῖν τι θέλων.

ΠΛΑΤ. Οὔκ, ἀλλ' ἐπὶ σὲ τὸ πᾶν ἀνεβαλόμεθα.
καὶ σοὶ ὅ τι ἂν δοκῇ τοῦτο ποιήσῃ τέλος τῆς δίκης.

ΦΙΛ. Τί φῂς σύ;

ΛΟΥΚ. Τοῦτο αὐτό, ὦ δέσποινα Φιλοσοφία, ἥπερ 20
καὶ μόνη τἀληθὲς ἂν εὑρεῖν δύναιο· μόγις γοῦν εὑρόμην
πολλὰ ἱκετεύσας τὸ σοὶ φυλαχθῆναι τὴν δίκην.

ΠΛΑΤ. Νῦν, ὦ κατάρατε, δέσποιναν αὐτὴν καλεῖς
πρῴην δὲ τὸ ἀτιμότατον Φιλοσοφίαν ἀπέφαινες ἐν το-

1. εἶτα zum Ausdruck des Un-
willens. Vgl. c. 15. c. 18. S. zu Ica-
romen. c. 3.
2. ἐν τοῖς Διονυσίοις
namentlich die grossen, städtischen,
an welchen Komödien und Tragödien
aufgeführt wurden. c. 25 dagegen
ἐν Διονύσου.
5. τὰ εἰκότα wie τὰ ξυνήθη
mit τῇ ἑορτῇ zu verbinden. Ueber
die Bedeutung s. z. Brief an d. Nigr.
7. ἀποσμώμενον gerei-
nigt. Vgl. Anach. c. 29. ἄλλως τε
καὶ τὸν ῥύπον ἀποσμᾷ (ἡ κόνις)
καὶ στιλπνότερον ποιεῖ τὸν ἄνδρα.

8. τοῖς κόμμασι Hämmern
und Schlagen, wodurch das Gold
von den Schlacken gereinigt wird.
9. οὐκ οἶδ' ὅπως s. zu Gall.
c. 3 c. 12.
10. τί δ' οὖν ἄγχετε obtorto
collo in judicium rapere.
13. παριών vom öffentlichen Auf-
treten als Redner.
15. 15. εἶτα wie c. 14.
21. εὑρόμην — impetravi.
25. τὸ ἀτιμότατον zum Prä-
dicat gehörig.
25. ἐν τοσούτῳ θεάτρῳ
ἀποκηρύττων. S. zu c. 4.

σούτῳ θεάτρῳ αποκηρύττων κατὰ μέρη δύ ὀβολῶν ἕκα-
στον εἶδος αὐτῆς τῶν λόγων.

ΦΙΛ. Ὁρᾶτε, μὴ οὐ Φιλοσοφίαν οὗτός γε, ἀλλὰ
γόητας ἄνδρας ἐπὶ τῷ ἡμετέρῳ ὀνόματι πολλὰ καὶ μιαρὰ
5 πράττοντας ἡγόρευε κακῶς.

ΠΛΑΤ. Εἴσῃ αὐτίκα, ἢν ἐθέλῃς ἀκούειν ἀπολο-
γουμένου μόνον.

ΦΙΛ. Ἀπίωμεν 'ἐπ' Ἄρειον πάγον, μᾶλλον δὲ ἐς
τὴν ἀκρόπολιν αὐτήν, ὡς ἂν ἐκ περιωπῆς ἅμα καταφανῆ
10 πάντα εἴη τὰ ἐν τῇ πόλει. 16. ὑμεῖς δέ, ὦ φίλαι, ἐν τῇ 16
Ποικίλῃ τέως περιπατήσατε· ἥξω γὰρ ὑμῖν ἐκδικάσασα
τὴν δίκην.

ΛΟΥΚ. Τίνες δ' εἰσίν, ὦ Φιλοσοφία; πάνυ γὰρ
μοι κόσμιαι καὶ αὐταὶ δοκοῦσιν.

15 *ΦΙΛ.* Ἀρετὴ μὲν ἡ ἀνδρώδης αὕτη, Σωφροσύνη δὲ
ἐκείνη καὶ Δικαιοσύνη ἡ παρ' αὐτήν. ἡ δὲ προηγουμένη
Παιδεία, ἡ ἀμυδρὰ δὲ καὶ ἀσαφὲς τὸ χρῶμα ἡ Ἀλήθειά
ἐστιν.

ΛΟΥΚ. Οὐχ ὁρῶ ἥντινα καὶ λέγεις.

20 *ΦΙΛ.* Τὴν ἀκαλλώπιστον ἐκείνην οὐχ ὁρᾷς, τὴν
γυμνήν, τὴν ὑποφεύγουσαν ἀεὶ καὶ διολισθάνουσαν;

ΛΟΥΚ. Ὁρῶ νῦν μόγις. ἀλλὰ τί οὐχὶ καὶ ταύτας
ἄγεις, ὡς πλῆρες γένοιτο καὶ ἐντελὲς τὸ συνέδριον, τὴν
Ἀλήθειαν δέ γε καὶ ξυνήγορον ἀναβιβάσασθαι πρὸς τὴν
25 δίκην βούλομαι.

ΦΙΛ. Νὴ Δί', ἀκολουθήσατε καὶ ὑμεῖς οὐ χαλε-

2. τῶν λόγων ,System e'.
3. μὴ — ἡγόρευσε der Indi-
cativ, weil der Gegenstand der Be-
sorgniss eine vergangene Handlung
ist. S. zu c. 5.
15. ὡς ἂν — πάντα εἴη. Die
Verwirklichung der Absicht ist an
eine Bedingung gebunden, daher ἄν.
S. zu c. 17.
16. 11. ἥξω γὰρ ὑμῖν ἐκδι-
κάσασα Dativ, wie Charon c. 24
ἥξω δέ σοι μετ' ὀλίγου καὶ αὐτός.
Tox. c. 51. νῦν σοι ἥκω παρὰ τῶν

Μαστείρας ἀδελφῶν.
16. ἡ δὲ προηγουμένη Παι-
δεία weil die Bildung jene Tugen-
den im Gefolge hat.
17. ἀμυδρὰ — καὶ ἀσαφής
weil die Wahrheit schwer zu erken-
nen ist.
19. ἥντινα καὶ λέγεις. S. zu
Nigr. c. 2.
24. ἀναβιβάσασθαι sowohl
von der Bühne, als vom Gericht
häufig.

πὸν γάρ τινα δικάσαι δίκην, καὶ ταῦτα περὶ τῶν ἡμετέρων ἐσομένην.

17   17. ΑΛΗΘΕΙΑ. Ἄπιτε ὑμεῖς· ἐγὼ γὰρ οὐδὲν δέομαι ἀκούειν ἃ πάλαι οἶδα ὁποῖά ἐστιν.

ΦΙΛ. Ἀλλ' ἡμῖν, ὦ Ἀλήθεια, ἐν δέοντι συνδικάζοις 5 ἄν, ὡς καὶ καταμηνύοις ἕκαστα.

ΑΛΗΘ. Οὐκοῦν ἐπάγωμαι καὶ τὼ θεραπαινιδίω τούτω εὐνοϊκωτάτω μοι ὄντε;

ΦΙΛ. Καὶ μάλα ὁπόσας ἂν ἐθέλῃς.

ΑΛΗΘ. Ἔπεσθον, ὦ Ἐλευθερία καὶ Παῤῥησία, 10 μεθ' ἡμῶν, τὸν δείλαιον τουτονὶ ἀνθρωπίσκον, ἐραστὴν ἡμέτερον ὄντα, κινδυνεύοντα ἐπ' οὐδεμιᾷ προφάσει δικαίᾳ, ἄν γε σῶσαι δυνηθῶμεν· σὺ δ', ὦ Ἔλεγχε, αὐτοῦ περίμενε.

ΛΟΥΚ. Μηδαμῶς, ὦ δέσποινα, ἡκέτω δὲ καὶ οὗ- 15 τος, [εἰ καί τις ἄλλος]· οὐ γὰρ τοῖς τυχοῦσι θηρίοις προσπολεμῆσαι δεήσει με, ἀλλ' ἀλαζόσιν ἀνθρώποις καὶ δυσελέγκτοις, ἀεί τινας ἀποφυγὰς εὑρισκομένοις, ὥστε ἀναγκαῖος ὁ Ἔλεγχος.

ΦΙΛ. Ἀναγκαιότατος μὲν οὖν· ἄμεινον δέ, εἰ καὶ 20 τὴν Ἀπόδειξιν παραλάβοις.

ΑΛΗΘ. Ἔπεσθε πάντες, ἐπείπερ ἀναγκαιότατοι δοκεῖτε πρὸς τὴν δίκην.

18   18. ΑΡΙΣΤΟΤΕΛΗΣ. Ὁρᾷς; προσεταιρίζεται καθ' ἡμῶν, ὦ Φιλοσοφία, τὴν Ἀλήθειαν. 25

ΦΙΛ. Εἶτα δέδιτε, ὦ Πλάτων καὶ Χρύσιππε καὶ Ἀριστότελες, μή τι ψεύσηται ὑπὲρ αὐτοῦ Ἀλήθεια οὖσα;

17. 1. ἐν δέοντι zur rechten Zeit. S. Soph. Antig. 356 δδ' ἐκ δόμων ἄψοῤῥος εἰς δέον περᾷ.

11. τὸν δείλαιον — ἄν γε σῶσαι δυνηθῶμεν ,ob wir wohl könnten' elliptisch wie im Deutschen ohne den dem Gedanken vorschwebenden Satz, ,um zu versuchen.'

16. τοῖς τυχοῦσι ,den ersten besten', wie Icarom. c. 16. ἔοικε γὰρ οὐ τὴν τυχοῦσαν τερ-

πωλήν σοι παρεσχῆσθαι. Fugit. c. 19. ὁπόταν ὑπὸ τῆς τυχούσης αἰτίας ἐπιζέσῃ — αὐτοῖς ἡ χολή und oft.

16. θηρίοις unvernünftiger, dummer Mensch, schon bei Aristophanes nicht selten. Ritter 273. Wolken 184.

19. Ἔλεγχος die personifizirte Prüfung, Untersuchung.

18. 26. εἶτα wie c. 14.

ΠΛΑΤ. Οὐ τοῦτο, ἀλλὰ δεινῶς πανοῦργός ἐστι καὶ κολακικός, ὥστε παραπείσει αὐτήν.

ΦΙΛ. Θαῤῥεῖτε· οὐδὲν μὴ γένηται ἄδικον, Δικαιοσύνης ταύτῃ συμπαρούσης. ἀνίωμεν οὖν. 19. ἀλλ᾽ εἰπέ 19
5 μοι σύ, τί σοι τοὔνομα;

ΛΟΥΚ. Ἐμοὶ Παῤῥησιάδης Ἀληθίωνος τοῦ Ἐλεγξικλέους.

ΦΙΛ. Πατρὶς δέ;

ΛΟΥΚ. Σύρος, ὦ Φιλοσοφία, τῶν Ἐπευφρατιδίων.
10 ἀλλὰ τί τοῦτο; καὶ γὰρ τούτων τινὰς οἶδα τῶν ἀντιδίκων οὐχ ἧττον ἐμοῦ βαρβάρους τὸ γένος, ὁ τρόπος δὲ καὶ ἡ παιδεία οὐ κατὰ Σολέας ἢ Κυπρίους ἢ Βαβυλωνίους ἢ Σταγειρίτας· καίτοι πρός γε σὲ οὐδὲν ἂν ἐλάττων γένοιτο, οὐδ᾽ εἰ τὴν φωνὴν βάρβαρος εἴη τις, εἴπερ
15 ἡ γνώμη ὀρθὴ καὶ δικαία φαίνοιτο οὖσα. 20

20. *ΦΙΛ.* Εὖ λέγεις· ἄλλως γοῦν τοῦτο ἠρόμην. ἡ τέχνη δέ σοι τίς; ἄξιον γὰρ ἐπίστασθαι τοῦτό γε.

ΛΟΥΚ. Μισαλαζών εἰμι καὶ μισογόης καὶ μισοψευδὴς καὶ μισότυφος καὶ μισῶ πᾶν τὸ τοιουτῶδες [εἶδος]
20 τῶν μιαρῶν ἀνθρώπων· πάνυ δὲ πολλοί εἰσιν, ὡς οἶσθα.

ΦΙΛ. Ἡράκλεις, πολυμισῆ τινα μέτει τὴν τέχνην.

ΛΟΥΚ. Εὖ λέγεις· ὁρᾷς γοῦν ὁπόσοις ἀπεχθάνομαι καὶ ὡς κινδυνεύω δι᾽ αὐτήν. οὐ μὴν ἀλλὰ καὶ τὴν ἐναντίαν αὐτῇ πάνυ ἀκριβῶς οἶδα, λέγω δὲ τὴν ἀπὸ τοῦ
25 φίλο τὴν ἀρχὴν ἔχουσαν· φιλαλήθης τε γὰρ καὶ φιλόκαλος καὶ φιλαπλοϊκὸς καὶ ὅσα τῷ φιλεῖσθαι ξυγγενῆ·

---

19. 4. *ἀλλ᾽ εἰπέ μοι σύ.* Mit diesen Worten beginnt die Gerichtsverhandlung.

6. *τοῦ Ἐλεγξικλέους* d. i. der seinen Ruhm im Erforschen (der Wahrheit) findet.

9. *Σύρος.* Lucians Vaterstadt ist Samosata, Hauptstadt der Syrischen Provinz Kommagene.

11. *ὁ τρόπος δὲ καὶ ἡ παιδεία* ... d. i. deren Bildung aber keinesweges ihre Herkunft verrieth. *κατά* wie c. 3. Aus Soloi in Cilicien stammte Chrysippus, aus Cittium auf Cypern Zeno, der Stifter der stoischen Schule, aus Stageira in Macedonien Aristoteles. Den Beinamen *Βαβυλώνιος* hatte der Stoiker Diogenes, der zu Seleucia am Tigris geboren war.

20. 21. *ἄλλως* — *tomore.* vgl. Dial. deor. 20 c. 3. *ἄλλως ἠρόμην.*

πλὴν ἀλλ᾽ ὀλίγοι πάνυ ταύτης ἄξιοι τῆς τέχνης, οἱ δὲ
ὑπὸ τῇ ἐναντίᾳ ταττόμενοι καὶ τῷ μίσει οἰκειότεροι πεντα-
κισμύριοι. κινδυνεύω τοιγαροῦν τὴν μὲν ὑπ᾽ ἀργίας ἀπο-
μαθεῖν ἤδη, τὴν δὲ πάνυ ἠκριβωκέναι.

ΦΙΛ. Καὶ μὴν οἰκ ἐχρῆν· τοῦ γὰρ αὐτοῦ καὶ τάδε, 5
φασί, καὶ τάδε· ὥστε μὴ διαίρει τὼ τέχνα· μία γάρ ἐστον
δύ᾽ εἶναι δοκοῦσαι.

ΛΟΥΚ. Ἄμεινον σὺ ταῦτα οἶσθα, ὦ Φιλοσοφία.
τὸ μέντοι ἐμὸν τοιοῦτόν ἐστιν, οἷον τοὺς μὲν πονηροὺς
μισεῖν, ἐπαινεῖν δὲ τοὺς χρηστοὺς καὶ φιλεῖν.   10

21   21. ΦΙΛ. Ἄγε δή, πάρεσμεν γὰρ ἔνθα ἐχρῆν· ἐνταῦθά
που ἐν τῷ προνάῳ τῆς Πολιάδος δικάσωμεν. ἡ ἱέρεια,
διάθες ἡμῖν τὰ βάθρα, ἡμεῖς δὲ ἐν τοσούτῳ προσκυνή-
σωμεν τῇ θεῷ.

ΛΟΥΚ. Ὦ Πολιάς, ἐλθέ μοι κατα των ἀλαζόνων 15
σύμμαχος ἀναμνησθεῖσα ὑπόσα ἐπιορκούντων ὁσημέραι
ἀκούεις αὐτῶν· καὶ ἃ πράττουσι δέ, μόνη ὁρᾷς ἅτε δὴ
ἐπίσκοπος οἶσα. νῦν καιρὸς ἀμύνασθαι αὐτούς. ἐμὲ δ᾽
ἤν που κρατούμενον ἴδῃς καὶ πλείους ὦσιν αἱ μέλαιναι,
σὺ προσθεῖσα τὴν σαυτῆς σῶζέ με.   20

22   22. ΦΙΛ. Εἶεν· ἡμεῖς μὲν ὑμῖν καὶ δὴ καθήμεθα
ἕτοιμοι ἀκούειν τῶν λόγων, ὑμεῖς δὲ προελόμενοί τινα
ἐξ ἁπάντων, ὅστις ἄριστα κατηγορήσειν δοκεῖ, ξυνείρετε
τὴν κατηγορίαν καὶ διελέγχετε· πάντας γὰρ ἅμα λέγειν

---

1. οἱ δὲ ὑπὸ τῇ ἐναντίᾳ ταττ-
τόμενοι die unter der Fahne der
Gegnerin d. i. des Hassenswürdi-
gen stehn. Ebenso Jupp. Confutat.
c. 7. ὑπὸ ταῖς αὐταῖς δεσποίναις —
ταττομένους.

3. τοιγαροῦν an zweiter
Stelle, wie Rhet. praec. c. 12; sonst
fast durchgängig zu Anfang des
Satzes. S. Deor. concil. c. 9. 12.
Cynic. c. 17. 18. Apolog. c. 6. Bis
Accus. c. 2. c. 25.

21. 12. τῆς Πολιάδος Bei-
namen der Athene als Beschützerin

der Stadt.

12. ἡ ἱέρεια statt des Vokativs.

17. καὶ ἃ πράττουσι δέ. καὶ
— δέ hervorhebend wie et vero.

17. ἅτε δή — οὖσα. S. zu Ica-
rom. c. 3.

19. αἱ μέλαιναι die schwarzen
(oder durchbohrten) verurtheilenden
Stimmsteinchen. πλείους um eins
mehr. So entscheidet Athene in den
Eumeniden des Aeschylus zu Gun-
sten des Orestes.

22. 21. καὶ δή wie Rhet. prae-
cept. c. 26.

ἀμήχανον. σὺ δέ, ὦ Παῤῥησιάδη, ἀπολογήσῃ τὸ μετὰ τοῦτο.

ΧΡΥΣΙΠΠΟΣ. Τίς οὖν ὁ ἐπιτηδειότατος ἐξ ἡμῶν ἂν γένοιτο πρὸς τὴν δίκην; σὺ ὦ Πλάτων. ἥ τε γὰρ μεγα-
5 λόνοια θαυμαστὴ καὶ ἡ καλλιφωνία δεινῶς Ἀττικὴ καὶ τὸ κεχαρισμένον καὶ πειθοῦς μεστὸν ἥ τε ξύνεσις καὶ τὸ ἀκριβὲς καὶ τὸ ἐπαγωγὸν ἐν καιρῷ τῶν ἀποδείξεων, πάντα ταῦτά σοι ἀθρόα πρόσεστιν· ὥστε τὴν προηγορίαν δέχου καὶ ὑπὲρ ἁπάντων εἰπὲ τὰ εἰκότα. νῦν ἀναμνή-
10 σθητι πάντων ἐκείνων καὶ ξυμφόρει ἐς τὸ αὐτό, εἴ τί σοι πρὸς Γοργίαν ἢ Πῶλον ἢ Ἱππίαν ἢ Πρόδικον εἴρη-ται· δεινότερος οὗτος. ἐπίπαττε οὖν καὶ τῆς εἰρωνείας καὶ τὰ κομψὰ ἐκεῖνα καὶ συνεχῆ ἐρώτα. κἄν σοι δοκῇ, κἀκεῖνό που παράβυσον, ὡς ὁ μέγας ἐν οὐρανῷ Ζεὺς
15 πτηνὸν ἅρμα ἐλαύνων ἀγανακτήσειεν ἄν, εἰ μὴ οὗτος ὑπόσχοι τὴν δίκην.

23. ΠΛΑΤ. Μηδαμῶς, ἀλλά τινα τῶν σφοδροτέρων 23 προχειρισώμεθα, Διογένην τοῦτον ἢ Ἀντισθένην ἢ Κρά-

1. τὸ μετὰ τοῦτο wie Rhet. praec. c. 1. Vgl. τὸ νῦν, τὸ ἀπὸ τούτου, τὸ ἐπὶ τούτοις, ἐπὶ τούτῳ.
4. ἥ τε γὰρ μεγαλόνοια — καλλιφωνία — τὸ κεχαρισμένον καὶ πειθοῦς μεστὸν ἥ τε σύνεσις καὶ τὸ ἀκριβές. Aehnliche Verbindung von Substantiven und substant. Adjectiven Rhet. praec. c. 9.
11. Γοργίαν aus Leontini, der berühmte Sophist, gegen den der Platonische Dialog gleichen Namens.
11. Πῶλον aus Agrigent, ein Schüler des Gorgias, welchen Plato im Phädrus wegen zu grosser Künstlichkeit in der Rede tadelt (267 B.).
11. Ἱππίαν Sophist aus Elis. Cic. de orat. III. c. 32 § 127. *Eleus Hippias, eum Olympiam venisset, gloriatus est cuncta paene quidem Graecia, nihil esse ulla in arte rerum omnium, quod ipse nesciret.*
6. Πρόδικον Sophist aus

Coos. Von ihm die berühmte Allegorie von Herkules am Scheidewege. Xenoph. Memor. II. 1. 21.
12. δεινότερος mit Bezug auf den unmittelbar vorhergehenden Prodikus, welcher den Beinamen ὁ δεινός hatte.
13. τὰ κομψὰ ἐκεῖνα καὶ συνεχῆ ἐρώτα. Die witzige Feinheit und Bündigkeit in Frage und Antwort war es vorzüglich, wodurch der Platonische Dialog sich auszeichnete.
14. ὡς ὁ μέγας ἐν οὐρανῷ Ζεὺς — ἀγανακτήσειεν ἄν. S. zu Rhetor. praec. c. 26.
23. 18. Διογένην der bekannte Cyniker.
18. Ἀντισθένην aus Athen, Schüler des Sokrates, Stifter der cynischen Schule.
18. Κράτητα aus Theben, Schüler des Cynikers Diogenes.

τητα ἢ καὶ σέ, ὦ Χρύσιππε· οὐ γὰρ δὴ κάλλους ἐν τῷ
παρόντι καὶ δεινότητος συγγραφικῆς ὁ καιρός, ἀλλά τι-
νος ἐλεγκτικῆς καὶ δικανικῆς παρασκευῆς· ῥήτωρ δὲ ὁ
Παῤῥησιάδης ἐστίν.

ΔΙΟΓ. Ἀλλ' ἐγὼ αὐτοῦ κατηγορήσω· καὶ γὰρ οὐδὲ 5
πάνυ μακρῶν οἴομαι τῶν λόγων δεῖσθαι. καὶ ἄλλως δὲ
ὑπὲρ ἅπαντας ὕβρισμαι δι' ὀβολῶν πρῴην ἀποκεκηρυγμένος.

ΠΛΑΤ. Ὁ Διογένης, ὦ Φιλοσοφία, ἐρεῖ τὸν λόγον
ὑπὲρ ἁπάντων. μέμνησο δέ, ὦ γενναῖε, μὴ τὰ σεαυτοῦ
μόνον πρεσβεύειν ἐν τῇ κατηγορίᾳ, τὰ κοινὰ δὲ ὁρᾶν· 10
εἰ γάρ τι καὶ πρὸς ἀλλήλους διαφερόμεθα ἐν τοῖς λόγοις,
σὺ δὲ τοῦτο μὲν μὴ ἐξέταζε, μηδ' ὅστις ἐστὶν ὁ ἀληθέ-
στερος νῦν λέγε, ὅλως δὲ ὑπὲρ φιλοσοφίας αὐτῆς ἀγα-
νάκτει περιυβρισμένης καὶ κακῶς ἀκουούσης ἐν τοῖς Παῤ-
ῥησιάδου λόγοις, καὶ τὰς προαιρέσεις ἀφείς, ἐν αἷς διαλ- 15
λάττομεν, ὃ κοινὸν ἅπαντες ἔχομεν, τοῦτο ὑπερμάχει.
σὲ δὴ μόνον, ὁρᾷς, προεστησάμεθα καὶ ἐν σοὶ τὰ πάντων
ἡμῶν νῦν κινδυνεύεται, ἢ σεμνότατα δόξαι ἢ τοιαῦτα
πιστευθῆναι οἷα οὗτος ἀπέφηνεν.

24 24. ΔΙΟΓ. Θαῤῥεῖτε, οὐδὲν ἐλλείψομεν, ὑπὲρ ἁπάν- 20
των ἐρῶ. κἂν ἡ Φιλοσοφία δὲ πρὸς τοὺς λόγους ἐπικλα-
σθεῖσα — φύσει γὰρ ἥμερος καὶ πρᾷός ἐστιν — ἀφεῖναι
διαβουλεύηται αὐτόν, ἀλλ' οὐ τἀμὰ ἐνδεήσει· δείξω γὰρ
αὐτῷ ὅτι μὴ μάτην ξυλοφοροῦμεν.

1. ὦ Χρύσιππε. S. zu c. 1.
6. ἄλλως ohnehin, über-
diess.
7. ὑπὲρ ἅπαντας ὕβρι-
σμαι. S. zu Rhet. praec. c. 9.
7. πρῴην in dem Dialoge βίων
πρᾶσις (Philosophen-Ver-
steigerung). S. die Einleitung
zum Fischer nnd c. 4.
9. μέμνησο — μὴ τὰ σεαυ-
τοῦ μόνον πρεσβεύειν. Sinn:
Sei kein Egoist.
13. σὺ δὲ τοῦτο μὲν μὴ ἐξέ-
ταζε. δέ im Nachsatz nach hypo-
thetischen Sätzen schon bei den
Tragikern, Plato und Xenophon.

Vgl. ἀλλὰ im Nachsatze eines hy-
pothet. Vordorsatzes c. 24. κἂν ἡ
φιλοσοφία — ἀφεῖναι διαβου-
λεύηται αὐτόν, ἀλλ' οὐ τἀμὰ ἐν-
δεήσει.
14. κακῶς ἀκουούσης wie
male audire.
15. προαιρέσεις wörtlich
praecepta.
24. 21. κἂν — δέ ja wenn.
Ueber καὶ — δέ s. zu de hist. cscr.
c. 1.
23. ἀλλά s. zu c. 23. σὺ δὲ τοῦ-
το — μὴ ἐξέταζε.
24. ξυλοφοροῦμεν. S. zu c. 1.

ΦΙΛ. Τοῦτο μὲν μηδαμῶς, ἀλλὰ τῷ λόγῳ μᾶλλον
— [ἄριστον γάρ] — ἥπερ τῷ ξύλῳ. μὴ μέλλε δ' οὖν.
ἤδη γὰρ ἐγκέχυται τὸ ὕδωρ καὶ πρὸς σὲ τὸ δικαστήριον
ἀποβλέπει.

5 ΛΟΥΚ. Οἱ λοιποὶ καθιζέσθωσαν, ὦ Φιλοσοφία,
καὶ ψηφοφορείτωσαν μεθ' ὑμῶν, Διογένης δὲ κατηγο-
ρείτω μόνος.

ΦΙΛ. Οὐ δέδιας οὖν μή σου καταψηφίσωνται;

ΛΟΥΚ. Οὐδαμῶς· πλείοσι γοῦν κρατῆσαι βούλομαι.

10 ΦΙΛ. Γενναῖά σου ταῦτα· καθίσατε δ' οὖν. σὺ δ',
ὦ Διόγενες, λέγε.

25. ΔΙΟΓ. Οἷοι μὲν ἡμεῖς ἄνδρες ἐγενόμεθα παρὰ 25
τὸν βίον, ὦ Φιλοσοφία, πάνυ ἀκριβῶς οἶσθα καὶ οὐδὲν
δεῖ λόγων· ἵνα γὰρ τὸ κατ' ἐμὲ σιωπήσω, ἀλλὰ Πυθα-
15 γόραν τοῦτον καὶ Πλάτωνα καὶ Ἀριστοτέλην καὶ Χρύ-
σιππον καὶ τοὺς ἄλλους τίς οὐκ οἶδεν ὅσα ἐς τὸν βίον
καλὰ ἐσεκομίσαντο; ἃ δὲ τοιούτους ὄντας ἡμᾶς ὁ τρισκατ-
άρατος οὗτος Παρρησιάδης ὕβρικεν, ἤδη ἐρῶ· ῥήτωρ
γάρ τις, ὥς φησιν, ὤν, ἀπολιπὼν τὰ δικαστήρια καὶ τὰς
20 ἐν ἐκείνοις εὐδοκιμήσεις, ὁπόσον ἢ δεινότητος ἢ ἀκμῆς
ἐπεπόριστο ἐν τοῖς λόγοις, τοῦτο πᾶν ἐφ' ἡμᾶς συσκευα-
σάμενος οὐ παύεται μὲν ἀγορεύων κακῶς, γόητας καὶ
ἀπατεῶνας ἀποκαλῶν, τὰ πλήθη δὲ ἀναπείθων καταγε-
λᾶν ἡμῶν καὶ καταφρονεῖν ὡς τὸ μηδὲν ὄντων· μᾶλλον
25 δὲ καὶ μισεῖσθαι πρὸς τῶν πολλῶν ἤδη πεποίηκεν αὐ-
τούς τε ἡμᾶς καὶ σὲ τὴν Φιλοσοφίαν, φληνάφους καὶ λή-
ρους ἀποκαλῶν τὰ σά, καὶ τὰ σπουδαιότατα ὧν ἡμᾶς

3. ἐγκέχυται τὸ ὕδωρ. S.
zu de hist. cscr. c. 28. und de merced.
conduct. c. 35. πρὸς ὕδωρ μεμε-
τρημένον λέγειν.
9. πλείοσι — κρατῆσαι
βούλομαι näml. ψήφοις wie c. 39.
ταῖς πάσαις κρατεῖς: Sinn: Je mehr
Stimmende, mit desto mehr Stimmen
siege ich; so gewiss bin ich meiner
Sache. Etwas prahlerisch im Ver-
gleich mit c. 21.

25.12. παρὰ τὸν βίον, wäh-
rend'. S. zu Nigr. c. 9.

18. ῥήτωρ γάρ τις bis Ende
c. 25. Wichtig für die Lebensge-
schichte Lucians.

24. ὡς τὸ μηδὲν ὄντων. τὸ
μηδὲν uad μηδὲν εἶναι nichts
werth sein; wie de mercede cond.
c. 16. οἰκτείρεις σεαυτόν, ὡς τὸ μη-
δὲν ὤν. Soph. Ajax 1275. τὸν Ἕκτο-

ἐπαίδευσας ἐπὶ χλευασμῷ διεξιών, ὥστε αὐτὸν μὲν κρο-
τεῖσθαι καὶ ἐπαινεῖσθαι πρὸς τῶν θεατῶν, ἡμᾶς δὲ ὑβρί-
ζεσθαι. φύσει γὰρ τοιοῦτόν ἐστιν ὁ πολὺς λεώς· χαί-
ρουσι τοῖς ἀποσκώπτουσι καὶ λοιδορουμένοις, καὶ μάλισθ᾽
ὅταν τὰ σεμνότατα εἶναι δοκοῦντα διασύρηται, ὥσπερ 5
ἀμέλει καὶ πάλαι ἔχαιρον Ἀριστοφάνει καὶ Εὐπόλιδι Σω-
κράτην τουτονὶ ἐπὶ χλευασίᾳ παράγουσιν ἐπὶ τὴν σκηνὴν
καὶ κωμῳδοῦσιν ἀλλοκότους τινὰς περὶ αὐτοῦ κωμῳδίας.
καίτοι ἐκεῖνοι μὲν καθ᾽ ἑνὸς ἀνδρὸς ἐτόλμων τοιαῦτα καὶ
ἐν Διονύσου, ἐφειμένον αὐτὸ δρᾶν, καὶ τὸ σκῶμμα μέ- 10
ρος ἐδόκει τῆς ἑορτῆς, καὶ ὁ θεὸς ἴσως χαίρει φιλόγελώς
26 τις ὤν. 26. ὁ δὲ τοὺς ἀρίστους συγκαλῶν, ἐκ πολλοῦ
φροντίσας καὶ παρασκευασάμενος καὶ βλασφημίας τινὰς
ἐς παχὺ βιβλίον ἐγγράψας μεγάλῃ τῇ φωνῇ [δι]αγορεύει
κακῶς Πλάτωνα, Πυθαγόραν, Ἀριστοτέλην, Χρύσιππον 15
ἐκεῖνον, ἐμὲ καὶ ὅλως ἅπαντας οὔτε ἑορτῆς ἐπούσης οὔτε
ἰδίᾳ τι πρὸς ἡμῶν παθών· εἶχε γὰρ ἄν τινα συγγνώμην
αὐτῷ τὸ πρᾶγμα, εἰ ἀμυνόμενος, ἀλλὰ μὴ ἄρχων αὐτὸ
ἔδρασεν. καὶ τὸ πάντων δεινότατον, ὅτι ταῦτα ποιῶν καὶ
τὸ σὸν ὄνομα, ὦ Φιλοσοφία, ὑποδύεται καὶ ὑπελ- 20

ρα τὸ μηδὲν εἶναι — νομίζετε und
oft bei den Tragikern.

1. ἐπὶ χλευασμῷ wie bald
darauf ἐπὶ χλευασίᾳ, ἐπὶ drückt
die Absicht aus.

6. ἀμέλει wörtl. sei unbesorgt,
daher gewiss, sehr oft bei Lucian.
Vgl. zu Nigr. c. 26.

6. Εὐπόλιδι. Horat. Sat. I.
4. 1. Eupolis atque Cratinus Ari-
stophanesque poetae, die Häupter der
alten griechischen Komödie.

6. Σωκράτην—ἐπὶ χλευα-
σίᾳ παράγουσιν Aristophanes
in den Wolken.

8. κωμῳδοῦσιν — κωμῳ-
δίας Komödien dichten,
selten.

10. ἐν Διονύσου erklärt durch
c. 26. οὔτε ἑορτῆς ἐπούσης.

10. ἐφειμένον wie δέον c. 33,

ἐξόν u. a.

26. 14. μεγάλῃ τῇ φωνῇ. S.
zu c. 1.

14. [δι]αγορεύει κακῶς. Vor-
her und auch c. 37 stets ἀγο-
ρεύειν.

18. καὶ τὸ πάντων δεινό-
τατον, ὅτι wie c. 35. Menipp. c. 4.
καὶ τὸ πάντων ἀτοπώτατον, ὅτι
und oft: abgekürztes Satzgefüge,
dessen vollständige Form s. zu Nigr.
c. 4.

20. ὑποδύεται καὶ ὑπελ-
θών die Ausdrücke sind von der
Maske und Larve entlehnt. Vgl.
c. 33. und Apolog. c. 2. ἦν μὲν οὖν
κατ᾽ ἀξίαν ὑποδὺς τὸ σὸν
πρόσωπον ὑποκρίνωμαι,
εὖ ἂν ἡμῖν ἔχοι, wo ebenfalls das
Verbum ohne die Präposition ὑπὸ
steht.

θὼν τὸν Διάλογον ἡμέτερον οἰκεῖον ὄντα τούτῳ ξυνα-
γωνιστῇ καὶ ὑποκριτῇ χρῆται καθ᾽ ἡμᾶν, ἔτι καὶ Μένιπ-
πον ἀναπείσας ἑταῖρον ἡμῶν ἄνδρα ξυγκωμῳδεῖν αὐτῷ
τὰ πολλά, ὃς μόνος οὐ πάρεστιν οὐδὲ κατηγορεῖ μεθ᾽
5 ἡμῶν, προδοὺς τὸ κοινόν. 27. ἀνθ᾽ ὧν ἁπάντων ἄξιόν 27
ἐστιν ὑποσχεῖν αὐτὸν τὴν δίκην. ἢ τί γὰρ ἂν εἰπεῖν
ἔχοι τὰ σεμνότατα διασύρας ἐπὶ τοσούτων μαρτύρων;
χρήσιμον γοῦν καὶ πρὸς ἐκείνους τὸ τοιοῦτον, εἰ θεά-
σαιντο αὐτὸν κολασθέντα, ὡς μηδὲ ἄλλος τις ἔτι κατα-
10 φρονοίη φιλοσοφίας· ἐπεὶ τό γε τὴν ἡσυχίαν ἄγειν καὶ
ὑβριζόμενον ἀνέχεσθαι οὐ μετριότητος, ἀλλ᾽ ἀνανδρίας
καὶ εὐηθείας εἰκότως ἂν νομίζοιτο. τὰ γὰρ τελευταῖα
τίνι φορητά; ὃς καθάπερ τὰ ἀνδράποδα παραγαγὼν
ἡμᾶς ἐπὶ τὸ πωλητήριον καὶ κήρυκα ἐπιστήσας ἀπημ-
15 πόλησεν, ὥς φασι, τοὺς μὲν ἐπὶ πολλῷ, ἐνίους δὲ μνᾶς
Ἀττικῆς, ἐμὲ δ᾽ ὁ παμπονηρότατος οὗτος δύ᾽ ὀβολῶν·
οἱ παρόντες δ᾽ ἐγέλων. ἀνθ᾽ ὧν γε αὐτοί τε ἀνεληλύθα-
μεν ἀγανακτήσαντες καὶ σὲ ἀξιοῦμεν τιμωρήσειν ἡμῖν τὰ
ἔσχατα ὑβρισμένοις.
20 28. ΑΝΑΒΙΟΥΝΤΕΣ. Εὖ γε, ὦ Διόγενες. ὑπὲρ 28
ἁπάντων καλῶς ὁπόσα ἐχρῆν [ἅπαντα] εἴρηκας.

ΦΙΛ. Παύσασθε ἐπαινοῦντες· ἔγχει τῷ ἀπολογου-
μένῳ. σὺ δέ, ὦ Παρρησιάδη, λέγε ἤδη ἐν τῷ μέρει· σοὶ
γὰρ τὸ νῦν ῥεῖ. μὴ μέλλε οὖν.

25 29. ΠΑΡΡ. Οὐ πάντα μου, ὦ Φιλοσοφία, κατηγόρηκε 29

1. τὸν Διάλογον ἡμέτε-
ρον οἰκεῖον ὄντα insofern die
Philosophen, namentlich Plato, die-
ser Darstellungsform gern sich be-
dienten.
2. Μένιππον Schüler des
Cynikers Diogenes. S. die Einlei-
tung zum Icaromenippus.
27. 5. ἄξιόν ἐστιν ὑπο-
σχεῖν αὐτὸν τὴν δίκην, ge-
wöhnlicher ist die persönliche Con-
struction.
6. ἢ τί γὰρ ἂν εἰπεῖν ἔχοι,
Oder sollte das zweifelhaft sein?

Gewiss nicht. Dend wa d. Vgl.
c. 37. ἢ τί γὰρ ἂν εἰπεῖν ἔχοιμι
und de morte Peregrini c. 8. ἢ τί
γὰρ ἄλλο — χρὴ ποιεῖν; de dipsad.
c. 1. ἢ πῶς γὰρ ἂν οἰκοῖτο ἀνήμερος
οὕτω; adv. indoct. c. 1 ἢ πόθιν γάρ.
13. ὃς καθάπερ τὰ ἀνδρά-
ποδα παραγαγών. S. die Ein-
leitung.
28. 22. ἔγχει τῷ ἀπολο-
γουμένῳ. S. zu de hist. cscr. c. 28·
23. ἐν τῷ μέρει. S. zu de
hist. cscr. c. 1. Nigr. c. 3.
24. τὸ νῦν. S. zu Rhet. praec.

7*

Διογένης, ἀλλὰ τὰ πλείω καὶ ὅσα ἦν χαλεπώτερα οὐκ
οἶδ' ὅ τι παθὼν παρέλιπεν. ἐγὼ δὲ τοσούτου δέω ἔξαρ-
νος γενέσθαι ὡς οὐκ εἶπον αὐτά, ἢ ἀπολογίαν τινὰ με-
μελετηκὼς ἀφῖχθαι, ὥστε καὶ εἴ τινα ἢ οὗτος ἀπεσιώπη-
σεν ἢ αὐτὸς ἐγὼ μὴ πρότερον ἔφθασα εἰρηκὼς νῦν προσ- 5
θήσειν μοι δοκῶ· οὕτω γὰρ ἂν μάθοις, οὕστινας ἀπε-
κήρυττον καὶ κακῶς ἠγόρευον ἀλαζόνας καὶ γόητας ἀπο-
καλῶν· καί μοι μόνον τοῦτο παραφυλάττετε, εἰ ἀληθῆ
περὶ αὐτῶν ἐρῶ. εἰ δέ τι βλάσφημον ἢ τραχὺ φαίνοιτο
ἔχων ὁ λόγος, οὐ τὸν διελέγχοντα ἐμέ, ἀλλ' ἐκείνοις ἄν, 10
οἶμαι, δικαιότερον αἰτιάσαισθε τοὺς τοιαῦτα ποιοῦντας.
ἐγὼ γὰρ ἐπειδὴ τάχιστα ξυνεῖδον ὁπόσα τοῖς ῥητορεύουσι
τὰ δυσχερῆ ἀναγκαῖον προσεῖναι, ἀπάτην καὶ ψεῦδος καὶ
θρασύτητα καὶ βοὴν καὶ ὠθισμοὺς καὶ μυρία ἄλλα,
ταῦτα μέν, ὥσπερ εἰκὸς ἦν, ἀπέφυγον, ἐπὶ δὲ τὰ σά, ὦ 15
Φιλοσοφία, καλὰ ὁρμήσας ἠξίουν ὁπόσον ἔτι μοι λοι-
πὸν τοῦ βίου καθάπερ ἐκ ζάλης καὶ κλύδωνος ἐς εὔδιόν
τινα λιμένα σπεύσας ὑπὸ σοὶ σκεπόμενος καταβιῶναι.

80 30. κἀπειδὴ μόνον παρέκυψα ἐς τὰ ὑμέτερα, σὲ μέν, ὥσπερ
ἀναγκαῖον ἦν, καὶ τούσδε ἅπαντας ἐθαύμαζον ἀρίστου 20
βίου νομοθέτας ὄντας καὶ τοῖς ἐπ' αὐτὸν ἐπειγομένοις
χεῖρα ὀρέγοντας, τὰ κάλλιστα καὶ ξυμφορώτατα παραι-
νοῦντας, εἴ τις μὴ παραβαίνοι αὐτὰ μηδὲ διολισθάνοι,
ἀλλ' ἀτενὲς ἀποβλέπων ἐς τοὺς κανόνας, οὓς προτεθείί-
κατε, πρὸς τούτους ῥυθμίζοι καὶ ἀπευθύνοι τὸν ἑαυτοῦ 25

---

c. 1. Gall. c. 6.

29. 1. οὐκ οἶδ' ὅτι παθών
ich weiss nicht warum; ähn-
lich οὐκ οἶδ' ὅ τι μαθών.

2. τοσούτου δέω (tantum
abest, ut) ἔξαρνος γενέσθαι,
ὥστε (ut) persönliche Construct.,
während im Latein. die unpersön-
liche. S. zu Nigrin. c. 26. und de
domo c. 15. ἐγὼ δὲ τοσούτου δέω
ψόγον αὐτοῦ διελεύσεσθαι, ὥστε
καὶ τὰ ὑπ' ἐκείνου παραλελειμ-
μένα προσθήσειν μοι δοκῶ.

5. πρότερον ἔφθασα εἰρη-
κώς. πρότερον pleonastisch bei
φθάνειν wie schon bei Herod.
VI c. 91.

5. προσθήσειν μοι δοκῶ,
wie c. 39. Ich glaube, dass ich —
werde d. i. ich will. S. zu Rhet.
praec. c. 8.

6. ἀπεκήρυττον in dem Dia-
loge βίων πρᾶσις.

80. 24. ἀτενὲς ἀποβλέπων
ἐς τοὺς κανόνας. Ebenso Ica-
romenip. c. 12.

βίον, ὅπερ νὴ Δία τῶν καθ' ἡμᾶς αὐτοὺς ὀλίγοι ποιοῦ-
σιν. 31. ὁρῶν δὲ πολλοὺς οὐκ ἔρωτι φιλοσοφίας ἐχομένους,
ἀλλὰ δόξης μόνον τῆς ἀπὸ τοῦ πράγματος ἐφιεμένοις τὰ
μὲν πρόχειρα ταῦτα καὶ δημόσια καὶ ὁπόσα παντὶ μιμεῖσ-
5 θαι ῥᾴδιον εὖ μάλα ἐοικότας ἀγαθοῖς ἀνδράσι, τὸ γένειον
λέγω καὶ τὸ βάδισμα καὶ τὴν ἀναβολήν, ἐπὶ δὲ τοῦ βίου
καὶ τῶν πραγμάτων ἀντιφθεγγομένους τῷ σχήματι καὶ
τἀναντία ὑμῖν ἐπιτηδεύοντας καὶ διαφθείροντας τὸ ἀξίω-
μα τῆς ὑποσχέσεως, ἠγανάκτουν, καὶ τὸ πρᾶγμα ὅμοιον
10 ἐδόκει μοι καθάπερ ἂν εἴ τις ὑποκριτὴς τραγῳδίας μαλ-
θακὸς αὐτὸς ὢν καὶ γυναικεῖος Ἀχιλλέα ἢ Θησέα ἢ καὶ
τὸν Ἡρακλέα ὑποκρίνοιτο αὐτὸν μήτε βαδίζων μήτε βοῶν
ἡρωϊκόν, ἀλλὰ θρυπτόμενος ὑπὸ τηλικούτῳ προσωπείῳ,
ὃν οὐδ' ἂν ἡ Ἑλένη ποτὲ ἢ Πολυξένη ἀνάσχοιντο πέρα
15 τοῦ μετρίου αὐταῖς προσεοικότα, οὐχ ὅπως ὁ Ἡρακλῆς ὁ
καλλίνικος· ἀλλά μοι δοκεῖ τάχιστ' ἂν ἐπιτρῖψαι τῷ
ῥοπάλῳ παίων τὸν τοιοῦτον, αὐτόν τε καὶ τὸ προσωπεῖον
οὕτως ἀτίμως κατατεθηλυμμένος πρὸς αὐτοῦ. 32. τοιαῦτα **82**
καὶ ὑμᾶς πάσχοντας ὑπ' ἐκείνων ὁρῶν οὐκ ἤνεγκα τὴν
20 αἰσχύνην τῆς ὑποκρίσεως, εἰ πίθηκοι ὄντες ἐτόλμησαν

---

1. *τῶν καθ' ἡμᾶς αὐτούς*,
,unsre Zeitgenossen'. Anders
Rhet. praec. c. 11.
31. 6. *τὴν ἀναβολήν.* Bei
dem auf das Aeussere gerichteten
Sinn der damaligen Philosophen
wurde auch auf die Art und Weise,
den Mantel würdig zu tragen, be-
sondere Sorgfalt gewendet. S. zu
Rhet. praec. c. 16.
8. *τὸ ἀξίωμα τῆς ὑποσχέ-
σεως professionis dignita-
tem* d. i. die Würde des Philo-
sophen-Berufs.
10. *καθάπερ ἂν εἰ*, ohne
Verb., oft, wie bei uns: wie wohl
(es geschehen mag) wenn . . .
Gewöhnlicher *ὥσπερ ἂν εἰ*. S. zu
de hist. cscr. c. 27.
12. *μήτε βαδίζων μήτε
βοῶν ἡρωϊκόν* . . Stimme, Gang

und Haltung waren die wesentlich-
sten Hülfsmittel der antiken Schau-
spielkunst.
13. *θρυπτόμενος* sich un-
**männlich, weibisch ge-
berden.**
14. *ἡ Πολυξένη* Tochter des
Priamus, welche nach einer nachho-
merischen Sage zur Sühne des ge-
fallenen Achilles an der thracischen
Küste von den Griechen geopfert
wird. Ovid. met. XIII. 448.
14. *πέρα τοῦ μετρίου* wie
Rhet. praec. c. 10. S. zu de hist.
cscr. c. 7.
15. *οὐχ ὅπως* elliptisch, *non
(dicam) quomodo* ,geschweige
denn', seltner so im zweiten Gliede,
während häufig im ersten Gliede
οὐχ ὅπως mit folgendem *ἀλλὰ καί*
oder *ἀλλ' οὐδέ.* Wie hier pro ima-

ἡρώων προσωπεῖα περιθέσθαι ἢ τὸν ἐν Κύμῃ ὄνον μι-
μήσασθαι, ὃς λεοντῆν περιβαλόμενος ἠξίου λέων αὐτὸς
εἶναι πρὸς· ἀγνοοῦντας τοὺς Κυμαίους ὀγκώμενος μάλα
τραχὺ καὶ καταπληκτικόν, ἄχρι δή τις αὐτὸν ξένος καὶ
λέοντα ἰδὼν καὶ ὄνον πολλάκις ἤλεγξε παίων τοῖς ξύλοις. 5
ὃ δὲ μάλιστά μοι δεινόν, ὦ Φιλοσοφία, κατεφαίνετο,
τοῦτο ἦν· οἱ γὰρ ἄνθρωποι εἴ τινα τούτων ἑώρων πονη-
ρὸν ἢ ἄσχημον ἢ ἀσελγές τι ἐπιτηδεύοντα, οὐκ ἔστιν
ὅστις οὐ φιλοσοφίαν αὐτὴν ᾐτιᾶτο καὶ τὸν Χρύσιππον
εὐθὺς ἢ Πλάτωνα ἢ Πυθαγόραν ἢ ὅτου ἐπώνυμον αὐτὸν 10
ὁ διαμαρτάνων ἐκεῖνος ἐποιεῖτο καὶ οὗ τοὺς λόγους ἐμι-
μεῖτο, καὶ ἀπὸ τοῦ κακῶς βιοῦντος πονηρὰ περὶ ὑμῶν
εἴκαζον τῶν πρὸ πολλοῦ τεθνηκότων· οὐ γὰρ παρὰ ζῶν-
τας ὑμᾶς ἡ ἐξέτασις αὐτοῦ ἐγίγνετο, ἀλλ᾽ ὑμεῖς μὲν ἐκ-
ποδών, ἐκεῖνον δὲ ἑώρων σαφῶς ἅπαντες δεινὰ καὶ ἄσεμνα 15
ἐπιτηδεύοντα, ὥστε ἐρήμην ἡλίσκεσθε μετ᾽ αὐτοῦ καὶ
83 ἐπὶ τὴν ὁμοίαν διαβολὴν συγκατεσπᾶσθε. 83. ταῦτα οὐκ
ἤνεγκα ὁρῶν ἔγωγε, ἀλλ᾽ ἤλεγχον αὐτοὺς καὶ διέκρινον
ἀφ᾽ ὑμῶν· ὑμεῖς δέ, τιμᾶν ἐπὶ τούτοις δέον, ἐς δικαστή-
ριον ἄγετε. οὐκοῦν ἤν τινα καὶ τῶν μεμυημένων ἰδὼν 20
ἐξαγορεύοντα τοῖν θεοῖν τἀπόρρητα καὶ ἐξορχούμενον
ἀγανακτήσω καὶ διελέγξω, ἐμὲ τὸν ἀδικοῦντα ἡγήσεσθε
εἶναι· ἀλλ᾽ οὐ δίκαιον, ἐπεὶ καὶ οἱ ἀθλοθέται μαστιγοῦν
εἰώθασιν, ἤν τις ὑποκριτὴς Ἀθηνᾶν ἢ Ποσειδῶνα ἢ τὸν

---

ginibus c. 7. ἐγὼ δέ σε οὐδ᾽ ἐκεῖνα
ἠξίουν, ταῖς ἡρωΐναις παραθεω-
ρεῖν με Πηνελόπῃ καὶ Ἀρήτῃ καὶ
Θεανοῖ, οὐχ ὅπως θεῶν ταῖς
ἀρίσταις.

32. 1. προσωπεῖα περι-
θέσθαι vgl. c. 33. die Maske um-
schloss Vorder- und Hinterkopf. S.
zu de hist. cscr. c. 23. πρόσωπον
περικείμενον. Nigrin. c. 11.

1. τὸν ἐν Κύμῃ ὄνον μι-
μήσασθαι Aesopische Fabel,
wie Lucian fugit. c. 13. ausdrücklich
sagt, in welcher jedoch die Stadt
Kumä nicht genannt wird.

13. εἴκαζον wie oben c. 12.

13. παρὰ ζῶντας ὑμᾶς wie
oben c. 25. παρὰ τὸν βίον.

16. ἐρήμην näml. δίκην ἠλί-
σκεσθε unser: in contumaciam
verurtheilt werden.

83. 19. δέον, absoluter Ge-
brauch des Particip. bei Impersona-
lien. Nigr. c. 2.

21. τοῖν θεοῖν Ceres und
Proserpina.

21. ἐξορχούμενον austan-
zen d. i. durch Tanzen verrathen,
wegen der mimischen Kunst des
Tanzes. S. zu de saltat. c. 15.

23. ἀθλοθέται die Kampfrich-
ter in den dramatischen (und musi-

Δία ὑποδεδυκὼς μὴ καλῶς ὑποκρίνηται μηδὲ κατ᾽ ἀξίαν
τῶν θεῶν, καὶ οὐ δή που ὀργίζονται αὐτοῖς ἐκεῖνοι, ὅτι
τὸν περικείμενον αὐτῶν τὰ προσωπεῖα καὶ τὸ σχῆμα ἐν-
δεδυκότα ἐπέτρεψαν παίειν τοῖς μαστιγοφόροις, ἀλλὰ καὶ
5 ἥδοιντ᾽ ἄν, οἶμαι, μαστιγουμένων· οἰκέτην μὲν γὰρ ἢ ἄγ-
γελόν τινα μὴ δεξιῶς ὑποκρίνασθαι μικρὸν τὸ πταῖσμα,
τὸν Δία δὲ ἢ τὸν Ἡρακλέα μὴ κατ᾽ ἀξίαν ἐπιδείξασθαι
τοῖς θεαταῖς ἀποτρόπαιον ὡς αἰσχρόν. 34. καὶ γὰρ αὖ καὶ 34
τόδε πάντων ἀτοπώτατόν ἐστιν, ὅτι τοὺς μὲν λόγους ὑμῶν
10 πάνυ ἀκριβοῦσιν οἱ πολλοὶ αὐτῶν, καθάπερ δὲ ἐπὶ τού-
τῳ μόνῳ ἀναγινώσκοντες αὐτοὺς καὶ μελετῶντες, ὡς τά-
ναντία ἐπιτηδεύοιεν, οὕτω βιοῦσιν, ὀργιλώτεροι μὲν τῶν
κυνιδίων ὄντες, δειλότεροι λαγῶν, κολακικώτεροι δὲ τῶν
πιθήκων, ἀσελγέστεροι δὲ τῶν ὄνων, ἁρπακτικώτεροι δὲ
15 τῶν γαλῶν, φιλονεικότεροι δὲ τῶν ἀλεκτρυόνων. πάντα
μὲν γὰρ ὅσα φασίν, οἶον χρημάτων καταφρονεῖν καὶ δόξης
καὶ μόνον τὸ καλὸν οἴεσθαι ἀγαθὸν καὶ ἀόργητον εἶναι
καὶ τῶν λαμπρῶν τούτων ὑπερορᾶν καὶ ἐξ ἰσοτιμίας αὐ-
τοῖς διαλέγεσθαι, καλά, ὦ θεοί, καὶ σοφὰ καὶ θαυμάσια
20 λίαν ὡς ἀληθῶς. οἱ δὲ καὶ αὐτὰ ταῦτα ἐπὶ μισθῷ διδά-
σκουσι καὶ τοὺς πλουσίους τεθήπασι καὶ πρὸς τὸ ἀργύ-

---

kalischen) Wettkämpfen. S. advers.
indoct. c. 9.

1. ὑποδεδυκώς. S. zu c. 26.
2. ἐκεῖνοι die Götter.
3. τὸν περικείμενον — τὰ
προσωπεῖα. S. zu προσωπεῖα
περιθέσθαι c. 32.
8. ἀποτρόπαιον ὡς αἰ-
σχρόν *abominandum quam turpe;*
ἀποτρόπαιον ὡς ist adverbiale
Verstärkung von αἰσχρόν. Vgl.
Cronosol. c. 18. ἦν δέ ποτε — ὅπερ
μὴ γένοιτο — καθαιρεθῇ, ἀπο-
τρόπαιον οἷα πείσονται. Aehn-
lich *mirum quantum* auch 'Ηρά-
κλεις ὡς καταγέλαστον de hist.
cscr. c. 9. Calumn. non temere cred.
31 und oft. 'Ηράκλεις ὅσαι μυ-

ριάδες de hist. cscr. c. 19. εἶδον —
τὸν γηγενῆ Τιτυὸν 'Ηράκλεις
ὅσον Menipp. c. 14.
34. 8. καὶ γὰρ αὖ καί. Lu-
cian liebt dergleichen Partikelhäu-
fungen. Icarom. c. 8. Rhet. praec.
c. 21 und oft.
18. τῶν λαμπρῶν τούτων
Mascul., vom Glanze des Wohllebens
zu verstehen, wie wir sagen: ein
glänzendes Haus machen.
18. ἐξ ἰσοτιμίας αὐτοῖς
διαλέγεσθαι d. i. sie (näm-
lich die vorhergenannten λαμπροί)
ohne Unterschied des Ranges oder
der äusseren Lage wie jeden An-
dern behandeln, erklärt durch das
folgende τοὺς πλουσίους τεθήπασι.
Vgl. Charon c. 18.

ριον κεχήνασιν· τοιγαροῦν γέλωτα ὀφλισκάνουσιν ὠθιζόμενοι
ἐπὶ ταῦτα καὶ περὶ τὰς τῶν πλουσίων θύρας ἀλλήλους
παραγκωνιζόμενοι, δεῖπνα πολυάνθρωπα δειπνοῦντες καὶ
ἐν αὐτοῖς τούτοις ἐπαινοῦντες φορτικῶς καὶ πέρα τοῦ καλῶς
ἔχοντος ἐμφορούμενοι καὶ μεμψίμοιροι φαινόμενοι καὶ ἐπὶ 5
τῆς κύλικος ἀτερπῆ καὶ ἀπῳδὰ φιλοσοφοῦντες [καὶ τὸν
ἄκρατον οὐ φέροντες]· οἱ ἰδιῶται δὲ ὁπόσοι ξυμπίνουσι,
γελῶσι δηλαδὴ καὶ καταπτύουσι φιλοσοφίας, εἰ τοιαῦτα
35 καθάρματα ἐκτρέφει. 35. τὸ δὲ πάντων αἴσχιστον, ὅτι
μηδενὸς δεῖσθαι λέγων ἕκαστος αὐτῶν, ἀλλὰ μόνον πλού- 10
σιον εἶναι τὸν σοφὸν κεκραγὼς μικρὸν ὕστερον αἰτεῖ
προσελθὼν καὶ ἀγανακτεῖ μὴ λαβών, ὅμοιον ὡς εἴ τις ἐν
βασιλικῷ σχήματι ὀρθὴν τιάραν ἔχων καὶ διάδημα καὶ τὰ
ἄλλα ὅσα βασιλείας γνωρίσματα προσαιτοίη τῶν ὑπο-
δεεστέρων δεόμενος. ὅταν μὲν οὖν αὐτούς τι δέῃ λαμ- 15
βάνειν, πολὺς ὁ περὶ τοῦ κοινωνικὸν εἶναι δεῖν λόγος
καὶ ὡς ἀδιάφορον ὁ πλοῦτος καί, τί γὰρ τὸ χρυσίον ἢ
τἀργύριον; οὐδὲν τῶν ἐν τοῖς αἰγιαλοῖς ψηφίδων διαφέ-
ρον· ὅταν δέ τις ἐπικουρίας δεόμενος ἑταῖρος ἐκ παλαιοῦ
καὶ φίλος ἀπ' οὐκ ὀλίγων ὀλίγα αἰτῇ προσελθών, σιωπὴ καὶ 20
ἀπορία καὶ ἀμαθία καὶ παλινῳδία τῶν λόγων πρὸς τὸ
ἐναντίον· οἱ δὲ πολλοὶ περὶ φιλίας ἐκεῖνοι λόγοι καὶ ἡ
ἀρετὴ καὶ τὸ καλὸν οὐκ οἶδ' ὅποι τότε οἴχεται πάντα
ταῦτα ἀποπτάμενα, πτερόεντα ὡς ἀληθῶς ἔπη, μάτην
ὁσημέραι πρὸς αὐτῶν ἐν ταῖς διατριβαῖς σκιαμαχούμενα. 25

5. ἐπὶ τῆς κύλικος sonst
auch ἐπὶ τῇ κύλικι wie Timon c. 55.
7. ἰδιῶται, die Nicht-Phi-
losophen'.
35. 9. τὸ δὲ πάντων αἴ-
σχιστον, ὅτι.. S. zu c. 26.
10. μόνον πλούσιον εἶναι
τὸν σοφόν, wie die Stoiker sagen.
11. αἰτεῖ absolut betteln, wie
nicht selten; vgl. Timon c. 57. οὐκ
ἐμαυτοῦ χάριν αἰτῶ.
13. ὀρθὴν τιάραν. Xenoph.
Anab. II. 5. 23. τὴν μὲν γὰρ ἐπὶ τῇ
κεφαλῇ τιάραν βασιλεῖ μόνῳ

ἔξεστιν ὀρθὴν ἔχειν.
17. ὡς ἀδιάφορον. Nach der
Stoiker Lehre stehn die ἀδιάφορα
in der Mitte zwischen den προηγμέ-
να (praeposita, praecipua) d. i. den
Dingen, welche zwar nicht gut an
sich (ἀγαθά) aber doch diesen zu-
nächst stehend und unverwerflich
sind, und den ἀποπροηγμένα
(reiecta, remota).
23. οὐκ οἶδ' ὅποι adverbial
wie οὐκ οἶδ' ὅπως c. 14. εὖ οἶδ'
ὅτι u. a. S. zu Icarom. c. 3.
25. σκιαμαχούμενα, in die

36. μέχρι γὰρ τούτου φίλος ἕκαστος αὐτῶν, ἐς ὅσον ἂν 36
μὴ ἀργύριον ἢ χρυσίον ἢ προκείμενον ἐν τῷ μέσῳ· ἦν
δέ τις ὀβολὸν ἐπιδείξῃ μόνον, λέλυται μὲν ἡ εἰρήνη,
ἄσπονδα δὲ καὶ ἀκήρυκτα πάντα, καὶ τὰ βιβλία ἐξαλήλι-
5 πται καὶ ἡ ἀρετὴ πέφευγεν, οἷόν τι καὶ οἱ κύνες πάσχου-
σιν, οἳ ἐπειδάν τις ὀστοῦν ἐς μέσους αὐτοὺς ἐμβάλῃ, ἀνα-
πηδήσαντες δάκνουσιν ἀλλήλους καὶ τὸν προαρπάσαντα
τὸ ὀστοῦν ὑλακτοῦσι. λέγεται δὲ καὶ βασιλεύς τις Αἰγύ-
πτιος πιθήκους ποτὲ πυρριχίζειν διδάξαι καὶ τὰ θηρία
10 — μιμηλότατα δέ ἐστι τῶν ἀνθρωπίνων — ἐκμαθεῖν τά-
χιστα καὶ ὀρχεῖσθαι ἁλουργίδας ἀμπεχόμενα καὶ προσω-
πεῖα περικείμενα· καὶ μέχρι γε πολλοῦ εὐδοκιμεῖν τὴν
θέαν, ἄχρι δή τις θεατὴς ἀστεῖος κάρυα ὑπὸ κόλπον ἔχων
ἀφῆκεν ἐς τὸ μέσον· οἱ δὲ πίθηκοι ἰδόντες καὶ ἐκλαθό-
15 μενοι τῆς ὀρχήσεως, τοῦθ' ὅπερ ἦσαν, πίθηκοι ἐγένον-
το ἀντὶ πυρριχιστῶν καὶ ξυνέτριβον τὰ προσωπεῖα καὶ
τὴν ἐσθῆτα κατερρήγνυον καὶ ἐμάχοντο περὶ τῆς ὀπώρας
πρὸς ἀλλήλους, τὸ δὲ σύνταγμα τῆς πυρρίχης διελέλυτο
καὶ κατεγελᾶτο ὑπὸ τοῦ θεάτρου. 37. τοιαῦτα καὶ οὗτοι 37
20 ποιοῦσι, καὶ ἔγωγε τοὺς τοιούτους κακῶς ἠγόρευον καὶ
οὔποτε παύσομαι διελέγχων καὶ κωμῳδῶν, περὶ ὑμῶν δὲ
ἢ τῶν ὑμῖν παραπλησίων — εἰσὶ γάρ, εἰσί τινες ὡς ἀλη-

Luft streichen'.

36. 4. ἄσπονδα δὲ καὶ
ἀκήρυκτα πάντα ohne Opfer-
spende und ohne Herold. Sinn: da
gilt kein Vertrag, kein Bündniss
mehr. Vgl. Alexand. c. 25. ἄσπον-
δος καὶ ἀκήρυκτος αὐτῷ ὁ πόλε-
μος. — τὰ βιβλία worin ihre
Sittenlehre.'
5. οἷόν τι. S. zu de hist. cscr.
c. 57.
6. λέγεται δὲ καὶ βασι-
λεύς τις Αἰγύπτιος. Pro mer-
cede conduct. c. 5. wird dieselbe
Anecdote von einem Affen der Kleo-
patra (ὃν Κλεοπάτρᾳ τῇ πάνυ φασὶ
γενέσθαι) erzählt.
9. πυρριχίζειν ein beson-
ders in Sparta und Kreta einheimi-

scher Waffentanz.
11. προσωπεῖα περικείμε-
να. S. zu c. 32.
12. μέχρι γε πολλοῦ Zeitbe-
stimmung ,lange Zeit'. Vgl. μέχρι
τινός eine Zeit lang. Menipp.
c. 9. μέχρι μέν τινος ὑπεφερόμε-
θα ἐν τῷ ποταμῷ. — μέχρι τίνος
wie lange. Dial. meretr. II c. 4.
13. ὑπὸ κόλπον ἔχων wie
Gall. c. 14. τὸ κερμεοῦν τρυβλίον
ὑφελόμενος ᾤχετο ὑπὸ μάλην
ἔχων adv. indoct. c. 12.
18. τὸ δὲ σύνταγμα. Die
künstliche Aufstellung und Ordnung
des Tanzes.
37. 22. εἰσὶ γάρ, εἰσί τινες
mit Nachdruck wiederholt, wie τότε
δὴ τότε. S. zu de hist. cscr. c. 51.

θῶς φιλοσοφίαν ζηλοῦντες καὶ τοῖς ὑμετέροις νόμοις ἐμ-
μένοντες — μὴ οὕτω μανείην ἐγώ, ὡς βλάσφημον εἰπεῖν
τι ἢ σκαιόν. [ἢ τί γὰρ ἂν εἰπεῖν ἔχοιμι;] τί γὰρ ὑμῖν
τοιοῦτο βεβίωται; τοὺς δ᾽ ἀλαζόνας ἐκείνους καὶ θεοῖς
ἐχθροὺς ἄξιον οἶμαι μισεῖν. ἢ σὺ γάρ, ὦ Πυθαγόρα καὶ 5
Πλάτων καὶ Χρύσιππε καὶ Ἀριστότελες, τί φατε; προσή-
κειν ὑμῖν τοὺς τοιούτους ἢ οἰκεῖόν τι καὶ ξυγγενὲς ἐπι-
δείκνυσθαι τῷ βίῳ; νὴ Δί᾽ Ἡρακλῆς, φασί, καὶ πίθη-
κος. ἢ διότι πώγωνας ἔχουσι καὶ φιλοσοφεῖν φάσκουσι
[καὶ σκυθρωποί εἰσι], διὰ τοῦτο χρὴ ὑμῖν εἰκάζειν αὐ- 10
τούς; ἀλλ᾽ ἤνεγκα ἄν, εἰ πιθανοὶ γοῦν ἦσαν κἂν ἐπὶ τῆς
ὑποκρίσεως αὐτῆς· νῦν δὲ θᾶττον ἂν γὺψ ἀηδόνα μιμή-
σαιτο ἢ οὗτοι φιλοσόφους. εἴρηκα ὑπὲρ ἐμαυτοῦ ὁπόσα
εἶχον. σὺ δέ, ὦ Ἀλήθεια, μαρτύρει πρὸς αὐτοὺς εἰ ἀληθῆ
ἐστι. 15

38 　38. ΦΙΛ. Μετάστηθι, ὦ Παρρησιάδη. ἔτι πορρω-
τέρω. τί ποιῶμεν ἡμεῖς; πῶς ὑμῖν εἰρηκέναι ἀνὴρ ἔδοξεν;
ΑΛΗΘ. Ἐγὼ μέν, ὦ Φιλοσοφία, μεταξὺ λέγοντος
αὐτοῦ κατὰ τῆς γῆς δῦναι ηὐχόμην· οὕτως ἀληθῆ πάντα
εἶπεν. ἐγνώριζον γοῦν ἀκούουσα ἕκαστον τῶν ποιούντων 20
αὐτὰ κἀφήρμοζον μεταξὺ τοῖς λεγομένοις· τοῦτο μὲν ἐς

2. μὴ οὕτω μανείην, ὡς..
Wunsch in dem Sinne: Wie sollt' ich
wohl so thöricht sein ...
3. ἢ τί γάρ wie bald darauf
ἢ σὺ γάρ.. oft vorkommende ellip-
tische Ausdrucksweise. S. zu c. 27
und Gall. c. 29.
8. Ἡρακλῆς, φασί, καὶ
πίθηκος. Sprüchwort, wie auch
das φασί (aiunt, ut aiunt) anzeigt,
zur Bezeichnung von dem, was him-
melweit von einander entfernt, ver-
schieden ist.
10. εἰκάζειν in anderer Bedeu-
tung, als oben c. 12.
11. κἂν ἐπὶ τῆς ὑποκρίσεως
wenn auch nur ... d. i. wenig-
stens ... in der Nachahmung,
wie c. 51. Sympos. c. 13. ἐγὼ δὲ
κἂν ὀρθοστάδην δειπνήσαιμι.

Imagines c. 3. κἂν τὸ εἶδος (we-
nigstens ...) ὡς οἱόντε ὑπό-
δειξον τῷ λόγῳ. S. zu Nigr. c. 23.
Rhet. praec. c. 9.
12. γὺψ ἀηδόνα wahrschein-
lich sprüchwörtlich.
38. 16. ἔτι πορρωτέρω.
Lucian ist nach dem μετάσθητι
zur Seite getreten; die Philosophie
verlangt, dass er sich noch weiter
entferne.
18. μεταξὺ λέγοντος. S. zu
Nigr. c. 13.
21. κἀφήρμοζον, ich stellte
zusammen' näml. αὐτά das was
jeder Einzelne der Philosophen in
Wirklichkeit thut, τοῖς λεγομένοις
mit dem, was Lucian von den Phi-
losophen aussagte.
21. μεταξύ absolut wie Rhet.

τόνδε, τοῦτο δὲ ὁ δεῖνα ποιεῖ· καὶ ὅλως ἔδειξε τοὺς ἄν-
δρας ἐναργῶς καθάπερ ἐπί τινος γραφῆς πάντα ἐοι-
κότας, οὐ τὰ σώματα μόνον, ἀλλὰ καὶ τὰς ψυχὰς αὐτὰς
ἐς τὸ ἀκριβέστατον ἀπεικάσας.

5 ΣΩΦΡ. Κἀγὼ πάνυ ἠρυθρίασα, ὦ Ἀλήθεια.

ΦΙΛ. Ὑμεῖς δὲ τί φατε;

ΑΝΑΒ. Τί ἄλλο ἢ ἀφεῖσθαι αὐτὸν τοῦ ἐγκλή-
ματος καὶ φίλον ἡμῖν καὶ εὐεργέτην ἀναγεγράφθαι; τὸ
γοῦν τῶν Ἰλιέων ἀτεχνῶς πεπόνθαμεν, τραγῳδόν τινα
10 τοῦτον ἐφ' ἡμᾶς κεκινήκαμεν ᾀσόμενον τὰς Φρυγῶν ξυμ-
φοράς. ᾀδέτω δ' οὖν καὶ τοῖς θεοῖς ἐχθροὺς τραγῳ-
δείτω.

ΔΙΟΓ. Καὶ αὐτός, ὦ Φιλοσοφία, πάνυ ἐπαινῶ τὸν
ἄνδρα καὶ ἀνατίθεμαι τὰ κατηγορούμενα καὶ φίλον ποι-
15 οῦμαι αὐτὸν γενναῖον ὄντα.

39. ΦΙΛ. Εὖ γε· ὦ Παῤῥησιάδη, ἀφίεμέν σε τῆς αἰ- 39
τίας, καὶ ταῖς πάσαις κρατεῖς καὶ τὸ λοιπὸν ἴσθι ἡμέτε-
ρος ὤν.

praec. c. 21. und oft ,während des-
sen' d. i. während der Rede des
Lucian, nicht wie unmittelbar vor-
her μεταξὺ λέγοντος mit dem Par-
ticip zu verbinden.
τοῦτο μὲν ἐς τόνδε näm-
lich ‚ist gesagt' ‚geht auf den',
nicht abhängig von κἀφήρμοζον;
desshalb hinter λεγομένοις zu inter-
pungiren.
8. εὐεργέτην ἀναγεγρά-
φθαι übertragen vom politischen
Leben. ἀνακηρύττειν oder ἀνα-
γράφειν τινὰ εὐεργέτην τῆς πό-
λεως war eine Auszeichnung, durch
welche Staaten ihre Anerkennung
der Verdienste Einzelner ausspra-
chen. S. Charon c. 24.
8. τὸ γοῦν τῶν Ἰλιέων —
πεπόνθαμεν. Sprüchwörtlich,
wie aus Pseudolog. c. 10 hervorgeht:
ἐπεὶ γὰρ κατὰ τὴν παροιμίαν
Ἰλιεὺς ὢν τραγῳδοὺς ἐμι-
σθώσω, καιρὸς ἤδη σοι ἀκούειν
τὰ σαυτοῦ κακά. Apostol. Cent. II.

22. b. (ed. Schneidewin) erklärt es:
ἐπὶ τῶν μὴ προσήκοντα ἑαυτοῖς
δρώντων, ἀλλ' ἀνόμοια, richtiger
wohl auf die zu beziehen, die ein
Ungemach leiden müssen, das sie
sich selbst zugezogen haben, d. i.
welche ihre eigne Thorheit büssen.
Der Vorfall, der dem Sprüchwort zu
Grunde liegt, ist nicht näher be-
kannt.
11. τοὺς θεοῖς ἐχθροὺς
τραγῳδείτω. Sinn: Was Lucian
sagt ist freilich eine traurige Ge-
schichte, allein da wir ihn selbst
herausgefordert haben, so müssen
wir es uns wie die Trojaner gefallen
lassen, wenn er das tragische Ge-
schick verkündet, das uns durch
unsre gottverhassten falschen Jün-
ger bereitet ist. S. zu Icarom. c. 30.
τὴν — πολυθρύλητον ἀρετὴν τρα-
γῳδοῦσι.
14. ἀνατίθεμαι ,zurück-
nehmen'.
39. 17. ταῖς πάσαις κρα-

ΠΑΡΡ. Προσεκύνησα τὴν Πτερωτήν· μᾶλλον δὲ
τραγικώτερον αὐτὸ ποιήσειν μοι δοκῶ· σεμνότερον γάρ·
ὦ μέγα σεμνὴ Νίκη, τὸν ἐμὸν
βίοτον κατέχοις
καὶ μὴ λήγοις στεφανοῦσα. 5

ΑΡΕΤ. Οὐκοῦν δευτέρου κρατῆρος ἤδη καταρχώ-
μεθα, προσκαλῶμεν κἀκείνους, ὡς δίκην ὑπόσχωσιν ἀνθ'
ὧν ἐς ὑμᾶς ὑβρίζουσι· κατηγορήσει δὲ Παῤῥησιάδης
ἑκάστου.

ΠΑΡΡ. Ὀρθῶς, ὦ Ἀρετή, ἔλεξας· ὥστε σύ, παῖ 10
Συλλογισμέ, κατακύψας ἐς τὸ ἄστυ προσκήρυττε τοὺς
φιλοσόφους.

40 40. ΣΥΛΛ. Ἄκουε, σίγα· τοὺς φιλοσόφους ἥκειν ἐς
ἀκρόπολιν ἀπολογησομένους ἐπὶ τῆς Ἀρετῆς καὶ Φιλοσο-
φίας καὶ Δίκης. 15

ΠΑΡΡ. Ὁρᾷς; ὀλίγοι συνέρχονται γνωρίσαντες τὸ
κήρυγμα· ἄλλως γὰρ δεδίασι τὴν Δίκην. οἱ πολλοὶ δὲ
αὐτῶν οὐδὲ σχολὴν ἄγουσιν, ἀμφὶ τοὺς πλουσίους ἔχον-
τες. εἰ δὲ βούλει πάντας ἥκειν, κατὰ τάδε, ὦ Συλλογι-
σμέ, κήρυττε. 20

τεῖς. S. zu c. 24.
1. προσεκύνησα nämlich
Athene Polias. S. c. 21. ,aoristus pro
praesenti de affectu nunc erumpente'.
Madvig.
1. τὴν Πτερωτήν ,die Be-
flügelte' d. i. Nike, die in den fol-
genden Versen gefeiert wird.
1. μᾶλλον — τραγικώτε-
ρον. μᾶλλον pleonastisch beim
Comparativ zur stärkeren Hervor-
hebung schon bei Homer Il. XXIV.
243. ῥηΐτεροι γὰρ μᾶλλον
Ἀχαιοῖσιν δὴ ἔσεσθε κείνου τε-
θνηῶτος ἐναιρέμεν.
2. ποιήσειν μοι δοκῶ wie
c. 28.
3. ὦ μέγα — στεφανοῦσα.
So schliessen mehrere Tragödien
des Euripides wie Orest, Iphigenie
in Tauris, die Phönissen.
6. δευτέρου κρατῆρος —

καταρχώμεθα d. i. zum zweiten
Theile der Verhandlung übergehen.
40. 13. τοὺς φιλοσόφους
ἥκειν. Dieser Accusat. mit dem
Infin. ist in befehlenden Bekanntma-
chungen gewöhnlich. Ebenso c. 41.
14. ἐπί νορ, apud. Catapl. c.
18. γράψομαί σε παρανόμων ἐπὶ
τοῦ Ῥαδαμάνθυος.
17. ἄλλως wie c. 23.
18. σχολὴν ἄγουσι wie εἰρή-
νην ἄγειν, ἡσυχίαν ἄγειν, παῤῥη-
σίαν ἄγειν oft bei Lucian. S. zu
Nigr. c. 7.
18. ἀμφὶ τοὺς πλουσίους
ἔχοντες. ἔχειν intransitiv, sich
befinden, sich aufhalten;
selten wie hier mit dem Accus. der
Person, dagegen häufig so ἔχειν
ἀμφί τι, sich bei etwas aufhalten,
d. i. mit etwas beschäftigt sein.
19. ὦ Συλλογισμέ. Der Syllo-

ΦΙΛ. Μηδαμῶς, ἀλλὰ σύ, ὦ Παῤῥησιάδη, προσκά-
λει καθ᾽ ὅ τι σοι δοκεῖ.

41. ΠΑΡΡ. Οὐδὲν τόδε χαλεπόν. Ἄκουε, σίγα. ὅσοι 41
φιλόσοφοι εἶναι λέγουσι καὶ ὅσοι προσήκειν αὑτοῖς οἴον-
5 ται τοῦ ὀνόματος ἥκειν ἐς ἀκρόπολιν ἐπὶ τὴν διανομήν.
δύο μναῖ ἑκάστῳ δοθήσονται καὶ σησαμαῖος πλακοῖς· ὃς
δ᾽ ἂν πώγωνα βαθὺν ἐπιδείξηται, καὶ παλάθην ἰσχάδων
οὗτός γε προσεπιλήψεται. κομίζειν δ᾽ ἕκαστον σωφροσύ-
νην μὲν ἢ δικαιοσύνην ἢ ἐγκράτειαν μηδαμῶς — οὐκ ἀναγ-
10 καῖα γὰρ ταῦτά γε, [ἂν μὴ παρῇ] — πέντε δὲ συλλογισμοὺς
ἐξ ἅπαντος· οὐ γὰρ θέμις ἄνευ τούτων εἶναι σοφόν.
κεῖται δ᾽ ἐν μέσσοισι δύο χρυσοῖο τάλαντα,
τῷ δόμεν, ὃς μετὰ πᾶσιν ἐριζέμεν ἔξοχος εἴη.

42. Βαβαί, ὡς πλήρης μὲν ἡ ἄνοδος ὠθιζομένων, ἐπεὶ 42
15 τὰς δύο μνᾶς ἤκουσαν μόνον, παρὰ δὲ τὶ Πελασγικὸν
ἄλλοι καὶ κατὰ τὸ Ἀσκληπιεῖον ἕτεροι καὶ παρὰ τὸν
Ἄρειον ἔτι πλείους, ἔνιοι δὲ καὶ κατὰ τὸν Τάλω
τάφον, οἱ δὲ καὶ πρὸς τὸ Ἀνακεῖον προσθέμενοι κλίμα-

gismus, der unentbehrliche Gehülfe
zur Beweisführung, ist natürlich im
Gefolge der Philosophie.

41. 7. πώγωνα βαθύν wie
Icarom. c. 21. Vgl. Jup. trag. c.⌐26
das Adj. βαθυπώγων.

11. ἐξ ἅπαντος vor Allem,
vorzugsweise, de merced. cond.
c. 8. εἴ τις ἡδονῇ χαίρει καὶ ταύ-
την ἐξ ἅπαντος θεραπεύει.
Gall. c. 13.

12. κεῖται δ᾽ ἐν μέσσοισι —
εἴη nach Homer Il. XVIII. 507. 8.
κεῖτο δ᾽ ἄρ᾽ ἐν μέσσοισι δύο
χρυσοῖο τάλαντα,
τῷ δόμεν, ὃς μετὰ τοῖσι δίκην
ἰθύντατα εἴπῃ.

42. 15. τὸ Πελασγικόν, die
unbebaute Ebene unterhalb der Akro-
polis auf der Nordseite. Vgl. c. 47.
Sämmtliche hier aufgeführte Orte
bilden die nähere Umgebung der
Akropolis.

16. κατὰ τὸ Ἀσκληπιεῖον
südwestlich von der Akropolis.

παρὰ τὸν Ἄρειον mit Aus-
lassung von πάγον, nordwestlich
von der Akropolis.

17. κατὰ τὸν Τάλω τάφον.
Talos, ein Schüler des Dädalus, Er-
finder mehrerer Werkzeuge, der
Töpferscheibe, der Säge u. s. w.,
wurde von seinem Lehrer aus Eifer-
sucht von der Akropolis herabge-
stürzt und nach seinem Tode als
Heros verehrt. Pausanias (I , 21),
der ihn Kalos nennt, erzählt , er
sei an dem Wege von dem Theater
nach der Akropolis (südlich von der
Akropolis) begraben. Ovid. Metam.
VIII. 250 ff. :

Daedalus invidit, sacraque ex arce
Minervae
Praecipitem misit, lapsum men-
titus

nennt ihn Perdix.

18. Ἀνακεῖον Tempel der Dios-
kuren (Ἄνακες — ἄνακτες) auf der
Nordseite der Akropolis.

110 ΛΟΥΚΙΑΝΟΥ

κας ἀνέρπουσι βομβηδὸν νὴ Δία καὶ βοτρυδὸν [ἐσμοῦ δί-
κην], ἵνα καθ᾽ Ὅμηρον εἴπω, ἀλλὰ κἀκεῖθεν εὖ μάλα
πολλοὶ κἀντεῦθεν
  μυρίοι, ὅσσα τε φύλλα καὶ ἄνθεα γίνεται ὥρῃ.
μεστὴ δὲ ἡ ἀκρόπολις ἐν βραχεῖ κλαγγηδὸν προκαθιζόν- 5
των καὶ πανταχοῦ · πήρα πώγων κολακεία ἀναισχυντία
βακτηρία λιχνεία συλλογισμὸς φιλαργυρία · οἱ ὀλίγοι δέ,
ὁπόσοι πρὸς τὸ πρῶτον κήρυγμα ἐκεῖνο ἀνῄεσαν, ἀφανεῖς
καὶ ἄσημοι, ἀναμιχθέντες τῷ πλήθει τῶν ἄλλων, καὶ
λελήθασιν ἐν τῇ ὁμοιότητι τῶν ἄλλων σχημάτων. τοῦτο 10
γοῦν τὸ δεινότατόν ἐστιν, ὦ Φιλοσοφία, καὶ ὅ τις ἂν
μάλιστα μωμήσαιτό σου τὸ μηδὲν ἐπιβαλεῖν γνώρισμα καὶ
σημεῖον αὐτοῖς · πιθανώτεροι γὰρ οἱ γόητες οὗτοι πολλά-
κις τῶν ἀληθῶς φιλοσοφούντων.
  ΦΙΛ. Ἔσται τοῦτο μετ᾽ ὀλίγον, ἀλλὰ δεχώμεθα ἤδη 15
αὐτούς.

43   43. ΠΛΑΤΩΝΙΚΟΣ. Ἡμᾶς χρὴ πρώτους τοὺς Πλα-
τωνικοὺς λαβεῖν.
  ΠΥΘΑΓΟΡΙΚΟΣ. Οὐκ, ἀλλὰ τοὺς Πυθαγορικοὺς
ἡμᾶς · πρότερος γὰρ ὁ Πυθαγόρας ἦν.   20
  ΣΤΩΙΚΟΣ. Ληρεῖτε · ἀμείνους ἡμεῖς οἱ ἀπὸ τῆς
στοᾶς.
  ΠΕΡΙΠΑΤ. Οὐ μὲν οὖν, ἀλλ᾽ ἔν γε τοῖς χρήμασι
πρῶτοι ἂν ἡμεῖς εἴημεν οἱ ἐκ τοῦ περιπάτου.
  ΕΠΙΚ. Ἡμῖν τοῖς Ἐπικουρείοις τοὺς πλακοῦντας 25
δότε καὶ τὰς παλάθας · περὶ δὲ τῶν μνῶν περιμενοῦμεν,
κἂν ὑστάτους δέῃ λαμβάνειν.
  ΑΚΑΔ. Ποῦ τὰ δύο τάλαντα; δείξομεν γὰρ οἱ Ἀκα-
δημαϊκοὶ ὅσον τῶν ἄλλων ἐσμὲν ἐριστικώτεροι.

2. καθ᾽ Ὅμηρον bezieht sich
nur auf βοτρυδόν Il. II. 89.
  4. μυρίοι, ὅσσα — ὥρῃ aus
Hom. Il. II. 46.
  5. κλαγγηδὸν προκαθι-
ζόντων von den Gänsen und Kra-
nichen Il. II. 463.
  6. πήρα πώγων κολακεία
— φιλαργυρία, komische Zu-

sammenstellung der inneren und
äusseren Erkennungszeichen jener
falschen Philosophen.
  43. Die herzuströmenden Phi-
losophen streiten sich um den er-
sten Platz bei der Vertheilung.
  23. ἔν γε τοῖς χρήμασι. Die
Peripatetiker rechneten die χρήμα-
τα unter die Güter.
  28. δείξομεν — ὅσον —

ΣΤΩΙΚ. Οὐχ ἡμῶν γε τῶν Στωϊκῶν παρόντων.

44. *ΦΙΛ.* Παύσασθε φιλονεικοῦντες· ὑμεῖς δὲ οἱ Κυ- **44**
νικοὶ μήτε ὠθεῖτε ἀλλήλους μήτε τοῖς ξύλοις παίετε· ἐπ᾽
ἄλλα γὰρ ἴστε κεκλημένοι· καὶ νῦν ἔγωγε ἡ Φιλοσοφία
5 καὶ Ἀρετὴ αὕτη καὶ Ἀλήθεια δικάσομεν τίνες οἱ ὀρ-
θῶς φιλοσοφοῦντές εἰσιν, εἶτα ὅσοι μὲν ἂν εὑρεθῶσι
κατὰ τὰ ἡμῖν ιδοκοῦντα βιοῦντες, εὐδαιμονήσουσιν ἄρι-
στοι κεκριμένοι· τοὺς γόητας δὲ καὶ οὐδὲν ἡμῖν προσή-
κοντας κακοὺς κακῶς ἐπιτρίψομεν, ὡς μὴ ἀντιποιοῖντο
10 τῶν ὑπὲρ αὐτοὺς ἀλαζόνες ὄντες. τί τοῦτο; φεύγετε; νὴ
Δία, κατὰ τῶν γε κρημνῶν οἱ πολλοὶ ἀλλόμενοι. κενὴ δ᾽
οὖν ἡ ἀκρόπολις, πλὴν ὀλίγων τούτων, ὁπόσοι μεμενή-
κασιν οὐ φοβηθέντες τὴν κρίσιν. **45.** οἱ ὑπηρέται ἀνέ- **45**
λεσθε τὴν πήραν, ἣν ὁ Κυνίσκος ἀπέρριψεν ἐν τῇ τροπῇ.
15 φέρ᾽ ἴδω τί καὶ ἔχει; ἦ που θέρμους ἢ βιβλίον ἢ ἄρτους
τῶν αὐτοπυριτῶν;

ΠΑΡΡ. Οὔκ, ἀλλὰ χρυσίον τουτὶ καὶ μύρον [καὶ
μαχαιρίδιον θιτικὸν] καὶ κάτοπτρον καὶ κύβους.

ΦΙΛ. Εὖ γε, ὦ γενναῖε. τοιαῦτά σοι ἦν τὰ ἐφόδια
20 τῆς ἀσκήσεως καὶ μετὰ τούτων ἠξίους λοιδορεῖσθαι ἅπασι
καὶ τοὺς ἄλλους παιδαγωγεῖν;

ΠΑΡΡ. Τοιοῦτοι μὲν οὖν ὑμῖν οὗτοι. χρὴ δὲ ὑμᾶς
σκοπεῖν, ὅντινα τρόπον ἀγνοούμενα ταῦτα πεπαύσεται
καὶ διαγνώσονται οἱ ἐντυγχάνοντες, οἵτινες οἱ ἀγαθοὶ
25 αὐτῶν καὶ οἵτινες αὖ πάλιν οἱ τοῖ ἑτέρου βίου. σὺ δέ, ὦ
Ἀλήθεια, ἐξεύρισκε, — ὑπὲρ σοῦ γὰρ τοῦτο γένοιτο ἂν —
ὡς μὴ ἐπικρατῇ σου τὸ ψεῦδος μηδὲ ὑπὸ τῇ ἀγνοίᾳ λαν-
θάνωσιν οἱ φαῦλοι τῶν ἀνδρῶν σε τοὺς χρηστοὺς μεμι-
μημένοι.

ἐ σ μ ὲ ν ἐ ρ ι σ τ ι κ ώ τ ε ρ ο ι mit Be-
ziehung auf c. 41. — οἱ Ἀκαδημαϊ-
κοί die neuere Akademie, als deren
Häupter vorzüglich Arkesilaus um
300 v. Chr., Karneades um 150 zu
nennen sind.
44. 9. ἐ π ι τ ρ ί ψ ο μ ε ν, ὡς
μ ὴ ἀ ν τ ι π ο ι ο ῖ ν τ ο. Wie nach

dem Präsens bei Lucian oft der
Optat. in Absichtssätzen, so auch
nach dem Futur.

10. τ ῶ ν Neutr.

45. 16. ἄ ρ τ ο υ ς τ ῶ ν α ὐ τ ο-
π υ ρ ι τ ῶ ν. Ueber den Genit. s. zu
Rhet. praec. c. 15.

46

46. *ΑΛΗΘ*. Ἐπ᾿ αὐτῷ, εἰ δοκεῖ, Παῤῥησιάδῃ ποιη-
σώμεθα τὸ τοιοῦτον, ἐπεὶ χρηστὸς ὦπται καὶ εὔνους ἡμῖν
καὶ σέ, ὦ Φιλοσοφία, μάλιστα θαυμάζων· παραλαβὼν
μεθ᾿ αὑτοῦ τὸν Ἔλεγχον ἐν ἅπασι τοῖς φάσκουσι φιλοσο-
φεῖν ὃν μὲν ἂν εὕρῃ γνήσιον ὡς ἀληθῶς φιλόσοφον στε- 5
φανωσάτω θαλλοῦ στεφάνῳ καὶ ἐς τὸ Πρυτανεῖον καλε-
σάτω, ἢν δέ τινι — οἷοι πολλοί εἰσι — καταράτῳ ἀνδρὶ
ὑποκριτῇ φιλοσοφίας ἐντύχῃ, τὸ τριβώνιον περισπάσας
ἀποκειράτω τὸν πώγωνα ἐν χρῷ πάνυ τραγοκουρικῇ, μα-
χαίρᾳ καὶ ἐπὶ τοῦ μετώπου στίγματα ἐπιβαλέτω ἢ ἐγκαυ- 10
σάτω κατὰ τὸ μεσόφρυον· ὁ δὲ τύπος τοῦ καυτῆρος ἔστω
ἀλώπηξ ἢ πίθηκος.

ΦΙΛ. Εὖ γε, ὦ Ἀλήθεια· ὁ δ᾿ ἔλεγχος, ὦ Παῤῥη-
σιάδη, τοιόσδε ἔστω, οἷος ὁ τῶν ἀετῶν πρὸς τὸν ἥλιον
εἶναι λέγεται, οὐ μὰ Δί᾿ ὥστε κἀκείνους ἀντιβλέπειν τῷ 15
φωτὶ καὶ πρὸς ἐκεῖνο δοκιμάζεσθαι, ἀλλὰ προθεὶς χρυ-
σίον καὶ δόξαν καὶ ἡδονήν, ὃν μὲν ἂν αὐτῶν ἴδῃς ὑπερο-
ρῶντα καὶ μηδαμῶς ἑλκόμενον πρὸς τὴν ὄψιν, οὗτος ἔστω
τῷ θαλλῷ στεφόμενος, ὃν δ᾿ αὖ ἀτενὲς ἀποβλέποντα καὶ
τὴν χεῖρα ὀρέγοντα ἐπὶ τὸ χρυσίον, ἀπάγειν ἐπὶ τὸ καυτή- 20
ριον τοῦτον ἀποκείραντα πρότερον τὸν πώγωνα ὡς ἔδοξεν.

47

47. *ΠΑΡΡ*. Ἔσται ταῦτα, ὦ Φιλοσοφία, καὶ ὄψει
αὐτίκα μάλα τοὺς πολλοὺς αὐτῶν ἀλωπεκίας ἢ πιθηκοφό-
ρους, ὀλίγοις δὲ καὶ ἐστεφανωμένοις· εἰ βούλεσθε μέντοι,
κἀνταῦθα ἀνάξω τινὰς ὑμῖν νὴ Δί᾿ αὐτῶν. 25

---

46. 1. *ἐπ᾿ αὐτῷ — Παῤῥη-*
σιάδῃ ποιησώμεθα τὸ τοι-
οῦτον. ποιεῖσθαί τι ἐπί τινι,
einem etwas auftragen.
6. *ἐς Πρυτανεῖον* wo ausser
den mit öffentlichen und gottes-
dienstlichen Aemtern Bekleideten
auch verdiente Bürger lebensläng-
lich speisten (die sogenannten
ἀείσιτοι).
8. *ὑποκριτῇ φιλοσοφίας*,
der die Maske des Philosophen
trägt, den Philosophen spielt, ohne
es zu sein. Gegensatz zu *γνήσιον*

ὡς ἀληθὴς φιλόσοφος.
14. *οἷος ὁ τῶν ἀετῶν πρὸς*
τὸν ἥλιον λέγεται. Wer mit den
Augen blinzelte, indem er in die
Sonne sah, wurde als unecht ausge-
stossen. Vgl. Icarom. c. 14.
47. 23. *ἀλωπεκίας ἢ πιθη-*
κοφόρους. S. c. 46, mit Bezie-
hung auf die Racepferde, welche mit
dem Zeichen Koppa oder San (Sampi)
gestempelt *κοππατίαι* oder *κοππα-*
φόροι (adv. indoct. c. 5.) und *σαμ-*
φόροι heissen. Aristoph. Wolken
23 und 122.

ΦΙΛ. Πῶς λέγεις; ἀνάξεις τοὺς φυγόντας;

ΠΑΡΡ. Καὶ μάλα, ἤνπερ ἡ ἱέρειά μοι ἐθελήσῃ πρὸς ὀλίγον χρῆσαι τὴν ὁρμιὰν ἐκείνην καὶ τὸ ἄγκιστρον, ὅπερ ὁ ἁλιεὺς ἀνέθηκεν ὁ ἐκ Πειραιῶς.

5 ΙΕΡ. Ἰδοὺ δὴ λαβέ, καὶ τὸν κάλαμόν γε ἅμα, ὡς πάντα ἔχοις.

ΠΑΡΡ. Οὐκοῦν, ὦ ἱέρεια, καὶ ἰσχάδας μοί τινας δὸς ἀνύσασα καὶ ὀλίγον τοῦ χρυσίου.

ΙΕΡ. Λάμβανε.

10 ΦΙΛ. Τί πράττειν ἀνὴρ διανοεῖται;

ΙΕΡ. Δελεάσας τὸ ἄγκιστρον τῇ ἰσχάδι καὶ τῷ χρυσίῳ, καθεζόμενος ἐπὶ τὸ ἄκρον τοῦ τειχίου, καθῆκεν ἐς τὴν πόλιν.

ΦΙΛ. Τί ταῦτα, ὦ Παρρησιάδη, ποιεῖς; ἦ που τοὺς 15 λίθους ἁλιεύσειν διέγνωκας ἐκ τοῦ Πελασγικοῦ;

ΠΑΡΡ. Σιώπησον, ὦ Φιλοσοφία, καὶ τὴν ἄγραν περίμενε· σὺ δέ, Πόσειδον ἀγρεῦ καὶ Ἀμφιτρίτη φίλη, πολλοὺς ἡμῖν ἀνάπεμπε τῶν ἰχθύων. 48. ἀλλ᾽ ὁρῶ τινα 48 λάβρακα εὐμεγέθη, μᾶλλον δὲ χρύσοφρυν.

20 ΕΛΕΓ. Οὔκ, ἀλλὰ γαλεός ἐστι· προσέρχεται δὴ τῷ ἀγκίστρῳ κεχηνώς. ὤσφραται τοῦ χρυσίου, πλησίον ἤδη ἐστίν· ἔψαυσεν, εἴληπται, ἀνασπάσωμεν.

ΠΑΡΡ. Καὶ σύ, ὦ Ἔλεγχε, ξυνεπιλαβοῦ τῆς ὁρμιᾶς· ἄνω ἐστίν. φέρ᾽ ἴδω τίς εἶ, ὦ βέλτιστε ἰχθύων; κύων 25 οὗτός γε. Ἡράκλεις τῶν ὀδόντων. τί τοῦτο, ὦ γεννιότατε; εἴληψαι λιχνεύων περὶ τὰς πέτρας, ἔνθα λήσειν ἤλπισας ὑποδεδυκώς· ἀλλὰ νῦν ἔσῃ φανερὸς ἅπασιν ἐκ τῶν βραγχίων ἀπηρτημένος. ἐξέλωμεν τὸ δέλεαρ καὶ τὸ ἄγκιστρον· ἰδοὺ κενήν σοι τὸ ἄγκιστρον· ἡ δ᾽ ἰσχὰς ἤδη 30 προσέσχηται καὶ τὸ χρυσίον ἐν τῇ κοιλίᾳ.

ΔΙΟΓ. Μὰ Δί᾽ ἐξεμεσάτω, ὡς δὴ καὶ ἐπ᾽ ἄλλους δελεάσωμεν.

---

48. 24. κύων. Der Name eines Seefisches. Anspielung auf die Cyniker.

25. Ἡράκλεις τῶν ὀδόντων, der Genitiv wie in ὦ τῆς ἀναισχυντίας c. 5 und oft.

ΠΑΡΡ. Εὖ ἔχει. τί φής, ὦ Διόγενες; οἶσθα τοῦτον ὅστις ἐστίν, ἢ προσήκει σοί τι ἀνήρ;

ΔΙΟΓ. Οὐδαμῶς.

ΠΑΡΡ. Τί οὖν; πόσου ἄξιον αὐτὸν χρὴ φάναι; ἐγὼ μὲν γὰρ δύ' ὀβολῶν πρῴην αὐτὸν ἐτιμησάμην. 5

ΔΙΟΓ. Πολλοῦ λέγεις· ἄβρωτός τε γὰρ καὶ εἰδεχθὴς καὶ σκληρὸς καὶ ἄτιμος· ἄφες αὐτὸν ἐπὶ κεφαλὴν ἀπὸ τῆς πέτρας· σὺ δὲ ἄλλον ἀνάσπασον καθεὶς τὸ ἄγκιστρον. ἐκεῖνο μέντοι ὅρα, ὦ Παῤῥησιάδη, μὴ καμπτόμενός σοι ὁ κάλαμος ἀποκλασθῇ. 10

ΠΑΡΡ. Θάῤῥει, ὦ Διόγενες· κοῦφοί εἰσι καὶ τῶν ἀφύων ἐλαφρότεροι.

ΔΙΟΓ. Νὴ Δί', ἀφυέστατοί γε· ἀνάσπα δὲ ὅμως.

49   **49.** *ΠΑΡΡ.* Ἰδού· τίς ἄλλος οὗτος ὁ πλατύς; ὥσπερ ἡμίτομος ἰχθὺς προσέρχεται, ψῆττά τις, κεχηνὼς ἐς τὸ 15 ἄγκιστρον· κατέπιεν, ἔχεται, ἀνεσπάσθω.

ΔΙΟΓ. Τίς ἐστιν;

ΕΛΕΓ. Ὁ Πλατωνικὸς εἶναι λέγων.

ΠΛΑΤ. Καὶ σύ, ὦ κατάρατε, ἥκεις ἐπὶ τὸ χρυσίον;

ΠΑΡΡ. Τί φής, ὦ Πλάτων; τί ποιῶμεν αὐτόν; 20

ΠΛΑΤ. Ἀπὸ τῆς αὐτῆς πέτρας καὶ οὗτος.

50   **50.** *ΔΙΟΓ.* Ἐπ' ἄλλον καθείσθω.

ΠΑΡΡ. Καὶ μὴν ὁρῶ τινα πάγκαλον προσιόντα, ὡς ἂν ἐν βυθῷ δόξειεν, ποικίλον τὴν χρόαν, ταινίας τινὰς ἐπὶ τοῦ νώτου ἐπιχρύσους ἔχοντα. ὁρᾷς, ὦ Ἔλεγχε; ὁ τὸν 25 Ἀριστοτέλην προσποιούμενος οὗτός ἐστιν. ἦλθεν, εἶτα πάλιν ἀπενήξατο. περισκοπεῖ ἀκριβῶς, αὖθις ἐπανῆλθεν, ἔχανεν, εἴληπται, ἀνιμήσθω.

---

5. πρώην in dem Dialog „Philosophen-Versteigerung."

12. ἀφύων und ἀφυέστατοι Wortspiel mit ἀφύη Sardelle und ἀφυής ohne geistige Anlagen.

49. 14. πλατύς, Plat(t)kopf, Anspielung auf Plato, wie das folgende ὁ πλατωνικὸς εἶναι λέγων zeigt.

14. ὥσπερ ἡμίτομος ἰχθὺς προσέρχεται, ψῆττά τις auch dies ist doppelsinnig, indem ψῆττα sowohl eine Fischart Butte, Scholle, als einen Dummkopf bezeichnet. Aristoph. Lysist. 115. 16. ἐγὼ δέ γ' ἄν (will es thun) κἄν ὡσπερεὶ ψῆτταν δοκῶ δοῦν ἄν ἐμαυτῆς παραταμοῦσα θήμισυ.

50. 25. ὁ τὸν Ἀριστοτέλη

ΑΡΙΣΓ. Μὴ ἔρῃ με, ὦ Παῤῥησιάδη, περὶ αὐτοῦ·
ἀγνοῶ γὰρ ὅστις ἐστίν.

ΠΑΡΡ. Οὐκοῦν καὶ οὗτος, ὦ Ἀριστότελες, κατὰ τῶν
πετρῶν. 51. ἀλλ᾽ ἦν ἰδού, πολλούς που τοὺς ἰχθῦς ὁρῶ 51
5 κατὰ ταὐτὸν ὁμόχροας, ἀκανθώδεις καὶ τὴν ἐπιφάνειαν
ἐκτετραχυσμένοις, ἐχίνων δυσληπτοτέρους. ἢ που σαγή-
νης ἐπ᾽ αὐτοὺς δεήσει. ἀλλ᾽ οὐ πάρεστιν. ἱκανὸν εἰ κἂν
ἕνα τινὰ ἐκ τῆς ἀγέλης ἀνασπάσαιμεν. ἥξει δὲ ἐπὶ τὶ
ἄγκιστρον δηλαδὴ ὃς ἂν αὐτῶν θρασύτατος ᾖ.

10 *ΕΛΕΓ.* Κάθες, εἰ δοκεῖ, σιδηρώσας γε πρότερον ἐπὶ
πολὺ τῆς ὁρμιᾶς, μὴ ἀποπρίσῃ τοῖς ὀδοῦσι καταπιὼν τὸ
χρυσίον.

ΠΑΡΡ. Καθῆκα. σὺ δέ, ὦ Πόσειδον, δὸς ταχεῖαν
τὴν ἄγραν. βαβαί, μάχονται περὶ τοῦ δελέατος, καὶ
15 σινάμα πολλοὶ περιτρώγουσι τὴν ἰσχάδα, οἱ δὲ προσφύν-
τες ἔχονται τοῦ χρυσίου. εὖ ἔχει· περιεπάρη τις μάλα
καρτερός. φέρ᾽ ἴδω τίνος ἐπώνυμον σεαυτὸν εἶναι λέ-
γεις; καίτοι γελοῖός γέ εἰμι ἀναγκάζων ἰχθὺν λαλεῖν·
[ἄφωνοι γὰρ αὐτοί]. ἀλλὰ σύ, ὦ Ἔλεγχε, εἰπὲ ὅντινα ἔχει
20 διδάσκαλον.

ΕΛΕΓ. Χρύσιππον τουτονί.

ΠΑΡΡ. Μανθάνω· διότι χρυσίον, οἶμαι, προσῆν τῷ
ὀνόματι. σὺ δ᾽ οὖν, Χρύσιππε, πρὸς τῆς Ἀθηνᾶς εἰπέ,
οἶσθα τοὺς ἄνδρας ἢ τοιαῦτα παρῄνεις αὐτοῖς ποιεῖν;

25 *ΧΡΥΣ.* Νὴ Δί᾽, ὑβριστικὰ ἐρωτᾷς, ὦ Παῤῥησιάδη,
προσήκειν τι ἡμῖν ὑπολαμβάνων τοιούτους ὄντας.

ΠΑΡΡ. Εὖ γε, ὦ Χρύσιππε, γενναῖος εἶ. οὕτως γοῦν
καὶ αὐτὸς ἐπὶ κεφαλὴν μετὰ τῶν ἄλλων, ἐπεὶ καὶ ἀκαν-
θώδης ἐστί, καὶ δέος, μὴ διαπαρῇ τις τὸν λαιμὸν ἐσθίων.

προσποιούμενος, der sich für
den Aristoteles ausgiebt.
51. 4. ἦν = en.
4. πολλούς — δυσληπτο-
τέρους Stoiker. Besonderer Nach-
druck liegt auf τὴν ἐπιφάνειαν,
weil ihre Sittenstrenge nicht
echt ist.

7. κἂν ἕνα wie c. 37. κἂν ἐπὶ
τῆς ὑποκρίσεως αὐτῆς.
10. ἐπὶ πολύ weithin. — S.
zu de hist. cscr. c. 1.; seltner, wie
hier, mit dem Genit., wenn auch
schon bei Thucyd. nicht ohne Bei-
spiel. I. 50. ἐπὶ πολὺ τῆς θαλάσ-
σης. Von der Zeit adv. indoct. c. 11.

52   52. ΦΙΛ. Ἅλις, ὦ Παῤῥησιάδη, τῆς ἄγρας, μὴ καί τίς
σοι, οἷοι πολλοί εἰσιν, οἴχηται ἀποσπάσας τὸ χρυσίον
καὶ τὸ ἄγκιστρον, εἶτά σε ἀποτῖσαι τῇ ἱερείᾳ δεήσῃ. ὥστε
ἡμεῖς μὲν ἀπίωμεν περιπατήσουσαι· καιρὸς δὲ καὶ ὑμᾶς
ἀπιέναι ὅθεν ἥκετε, μὴ καὶ ὑπερήμεροι γένησθε τῆς προ- 5
θεσμίας. σὺ δὲ καὶ ὁ Ἔλεγχος, ὦ Παῤῥησιάδη, κύκλῳ ἐπὶ
πάντας αὐτοὺς ἰόντες ἢ στεφανοῦτε ἢ ἐγκάετε, ὡς ἔφην.

ΠΑΡΡ. Ἔσται ταῦτα, ὦ Φιλοσοφία. χαίρετε, ὦ βέλ-
τιστοι ἀνδρῶν. ἡμεῖς δὲ κατίωμεν, ὦ Ἔλεγχε, καὶ τελῶ-
μεν τὰ παραγγελλόμενα. ποῖ δὲ καὶ πρῶτον ἀπιέναι δε- 10
ήσει; μῶν ἐς τὴν Ἀκαδημίαν ἢ ἐς τὴν Στοάν ἢ ἀπὸ τοῦ
Λυκείου ποιησάμεθα τὴν ἀρχήν;

ΕΛΕΓ. Οὐδὲν διοίσει τοῦτο. πλὴν οἶδά γε ἐγὼ ὡς
ὅποι ποτ᾿ ἂν ἀπέλθωμεν, ὀλίγων μὲν τῶν στεφάνων,
πολλῶν δὲ τῶν καυτηρίων δεησόμεθα. 15

52. 3. ὥστ ε᾿—ἀπίωμεν. S.   θεσμίας. Vgl c. 14.
zu de hist. cscr. c. 12.   13. πλὴν οἶδά γε. S. zu rhet.
   5. ὑπερήμεροι—τῆς προ-   praec. c. 5.

DER UNGEBILDETE BÜCHERNARR.

Waren die vorhergehenden Schriften dieses Bändchens gegen die Verirrungen der Zeit in Kunst und Wissenschaft gerichtet, so geiselt der ‚Büchernarr‘ eine Thorheit des grösseren Publikums, die damals verbreitet genug sein mochte. Mit M. Aurelius Antoninus, dem Philosophen, (von 161—180), war die Wissenschaft auf dem Throne zur Anerkennung gelangt. Wie er selbst gelehrte Studien mit Vorliebe trieb (Vgl. c. 22), so förderte sein Beispiel auch unter den Unterthanen wissenschaftlichen Sinn und wissenschaftliche Bildung. Eine Folge davon war, dass auch der Ungebildete nicht zurückstehen mochte, sondern durch den Schein von Bildung zu ersetzen suchte, was ihm in Wirklichkeit fehlte. So kam es, dass namentlich wohlhabende Leute sich mit kostbaren, äusserlich reich ausgestatteten Bibliotheken umgaben, (c. 1. οἴει μὲν γὰρ ἐν παιδείᾳ καὶ αὐτὸς εἶναί τις δόξειν σπουδῇ συνωνούμενος τὰ κάλλιστα τῶν βιβλίων) die für sie keinen Werth haben konnten, und darauf ausgingen, den Glauben an eine Bildung zu erschleichen, die sie nicht besassen (c. 4. καὶ σὺ τοίνυν βιβλίον μὲν ἔχεις ἐν τῇ χειρὶ καὶ ἀναγινώσκεις ἀεί, τῶν δὲ ἀναγινωσκομένων οἶσθα οὐδέν, ἀλλ ὄνος λύρας ἀκούεις κινῶν τὰ ὦτα c. 20). Diess war Lucian ein Greuel. Von dem Werth einer gediegenen Bildung durchdrungen greift er mit den schärfsten Waffen dieses Zerrbild von Bildung an, das ihm um so widerwärtiger sein musste, je öfter es, wie bei dem Porträt, das er sich zum Gegenstande seines Spottes ausgesucht, mit sittlicher Verderbtheit verbunden sein mochte.

Derselbe Grundzug also, den wir in den übrigen Dialogen gefunden, der Hass gegen alles aufgespreizte, hohle, lügenhafte Wesen kehrt auch in dieser Schrift wieder.

Für die Zeit der Abfassung giebt c. 14 einen sicheren Fin-
gerzeig. Der dort erwähnte abenteuerliche Tod des Cynikers
Peregrinus Proteus fand 165 n. Chr. statt. Mithin ist unsere
Schrift später zu setzen und fällt etwa in dieselbe Zeit, in welche
die Abhandlung über die Geschichtsschreibung gehört (S. die
Einleitung zu der Schrift), jedenfalls in die Periode seiner höch-
sten Kunstreife. Bemerkenswerth ist die Fülle von Sprüchwör-
tern, durch welche Lucian in richtiger Beurtheilung des Leser-
kreises, für den sie bestimmt war, die Anschaulichkeit seiner
Darstellung zu erhöhen und zu beleben weiss.

Gegen die Echtheit des 24.—28. Kapitels erheben sich
gewichtige Bedenken, die zu prüfen hier nicht des Ortes ist.
Jedenfalls wird man es mir nicht verargen, dass ich sie nicht
mit aufgenommen habe, zumal da der Zusammenhang durch
die Weglassung derselben nicht im Mindesten unterbrochen
erscheint.

ΠΡΟΣ ΑΠΑΙΔΕΥΤΟΝ
ΚΑΙ ΠΟΛΛΑ ΒΙΒΛΙΑ ΩΝΟΥΜΕΝΟΝ.

1˙ 1. Καὶ μὴν ἐναντίον ἐστὶν οὗ ἐθέλεις ὃ νῦν ποιεῖς·
οἴει μὲν γὰρ ἐν παιδείᾳ καὶ αὐτὸς εἶναί τις δόξειν
σπουδῇ συνωνούμενος τὰ κάλλιστα τῶν βιβλίων· τὸ δέ
σοι περὶ κάτω χωρεῖ καὶ ἔλεγχος γίνεται τῆς ἀπαιδευ-
σίας [πως τοῦτο]· μάλιστα δὲ οὐδὲ τὰ κάλλιστα ὠνῇ, ἀλλὰ 5
πιστεύεις τοῖς ὡς ἔτυχεν ἐπαινοῦσι καὶ ἕρμαιον εἰ τῶν
τοιαῦτα ἐπιψευδομένων τοῖς βιβλίοις καὶ θησαυρὸς ἕτοι-
μος τοῖς καπήλοις αὐτῶν. ἢ πόθεν γάρ σοι διαγνῶναι
δυνατόν, τίνα μὲν παλαιὰ καὶ πολλοῦ ἄξια, τίνα δὲ φαῦλα
καὶ ἄλλως σαπρά, εἰ μὴ τῷ διαβεβρῶσθαι καὶ κατακε- 10
κόφθαι αὐτὰ τεκμαίρει καὶ συμβούλους τοὺς σέας ἐπὶ
τὴν ἐξέτασιν παραλαμβάνεις; ἐπεὶ τοῦ ἀκριβοῦς ἢ τοῦ
2 ἀσφαλοῦς ἐν αὐτοῖς τίς ἢ ποία διάγνωσις; **2.** ἵνα δέ σοι
δῶ πάντα ἐκεῖνα κεκρικέναι, ὅσα ὁ Καλλῖνος [ἐς κάλλος]

---

1. 1. καὶ μήν. Lucian liebt es,
gleich mitten in die Unterhaltung
hineinzuführen. Vgl. den Anfang
des Icaromenippus.

2. οἴει — καὶ αὐτὸς εἶναί
τις δόξειν. S. zu Piscat. c. 6.

3. περὶ κάτω χωρεῖ miss-
glücken, anstatt περιχωρεῖ κάτω.
Aehnlich περὶ κάτω τρέπειν· für
περιτρέπειν κάτω. Phot. περὶ
κάτω τραπήσεται: ἀντὶ τοῦ
περιτραπήσεται κάτω, συνήθως
λέγουσι.

6. ὡς ἔτυχεν = temere. S.
zu Nigr. c. 35.

6. τῶν τοιαῦτα ἐπιψευδο-
μένων. τοιαῦτα d. i. dass sie
werthvoll, schön seien.

8. ἢ πόθεν γάρ. S. zu Pisca-
tor c. 27.

10. ἄλλως σαπρά. ἄλλως im
Uebrigen d. i. überhaupt, ganz
und gar.

12. ἐπεὶ — διάγνωσις. S.
zu de hist. escr. c. 36.

2. 14. ὁ Καλλῖνος ἢ ὁ ἀοι-

ῖ ὁ ἀοίδιμος Ἀττικὸς σὺν ἐπιμελείᾳ τῇ πάσῃ γράψαιεν ἄν,
σοὶ τί ὄφελος, ὦ θαυμάσιε, τοῦ κτήματος οὔτε εἰδότι τὸ
κάλλος αὐτῶν οὔτε χρησαμένῳ ποτὲ οὐδὲν μᾶλλον ῖ τυ-
φλὸς ἄν τις ἀπολαύσειε κάλλους παιδικῶν; σὺ δὲ ἀνεῳγ-
μένοις μὲν τοῖς ὀφθαλμοῖς ὁρᾷς τὰ βιβλία νὴ Δία κάτα- 5
κόρως, καὶ ἀναγινώσκεις ἔνια πάνυ ἐπιτρέχων φθάνοντος
τοῦ ὀφθαλμοῦ τὸ στόμα· οὐδέπω δὲ τοῦτό μοι ἱκανόν,
ἢν μὴ εἰδῇς τὴν ἀρετὴν καὶ κακίαν ἑκάστου τῶν ἐγγε-
γραμμένων καὶ συνιῇς ὅστις μὲν ὁ νοῦς σύμπασι, τίς δὲ ἡ
τάξις τῶν ὀνομάτων, ὅσα τε πρὸς τὸν ὀρθὸν κανόνα τῷ 10
συγγραφεῖ ἀπηκρίβωται καὶ ὅσα κίβδηλα καὶ νόθα καὶ
3 παρακεκομμένα. 3. τί οὖν; φῂς καὶ ταῦτα μὴ μαθὼν
ἡμῖν εἰδέναι; πόθεν, εἰ μή ποτε παρὰ τῶν Μουσῶν κλῶνα
δάφνης καθάπερ ὁ ποιμὴν ἐκεῖνος λαβών; Ἑλικῶνα μὲν
γάρ, ἵνα διατρίβειν αἱ θεαὶ λέγονται, οὐδὲ ἀκήκοας οἶ- 15
μαί ποτε οὐδὲ τοιαύτας διατριβὰς ἡμῖν ἐν παισὶν ἐποιοῦ·
σοὶ καὶ μεμνῆσθαι Μουσῶν ἀνόσιον. ἐκεῖναι γὰρ ποι-
μένι μὲν οὐκ [ἂν] ὤκνησαν φανῆναι σκληρῷ ἀνδρὶ καὶ δα-
σεῖ καὶ πολὺν τὸν ἥλιον ἐπὶ τῷ σώματι ἐμφαίνοντι, οἵῳ
δὲ σοὶ —καί μοι πρὸς τῆς Ἀναΐτιδος ἄφες ἐν τῷ παρ- 20
ὄντι τὸ μὴ σύμπαντα σαφῶς εἰπεῖν — οὐδ' ἐγγὺς γε-

δ ι μ ο ς Ἀττικός. Schol. Κ α λ λ ι-
γ ρ ά φ ο ι οὗτοι γεγόνασιν ἄρι-
στοι. Namentlich Attikus war durch
die Sauberkeit und Genauigkeit seiner
Abschriften berühmt.

2. τ ὸ κ ά λ λ ο ς α ὐ τ ῶ ν der in-
nere Werth der Bücher im Ge-
gensatze zu ihrer äusseren Be-
schaffenheit. (ἐκεῖνα, ἃ — γρά-
ψαιεν ἄν.)

4. ἀ ν ε ῳ γ μ έ ν ο ι ς τ ο ῖ ς ὀ-
φ θ α λ μ ο ῖ ς. S. zu Piscat. c. 1.

6. φ θ ά ν ο ν τ ο ς τ ο ῦ ὀ φ θ α λ-
μ ο ῦ τ ὸ σ τ ό μ α d. i. zerstreut, ohne
Theilnahme und Verständniss, in-
dem das Auge und mit ihm der Ge-
danke wo anders weilt, als der
lesende Mund.

12. π α ρ α κ ε κ ο μ μ έ ν α vom Ge-
präge der Münzen entlehntes Bild.

Vgl. de hist. conscr. c. 10.

3. 14. κ α θ ά π ε ρ ὁ π ο ι μ ή ν
Hesiod. Vgl. Rhet. praec. c. 4.

16. ἐ ν π α ι σ ί ν. S. de hist.
escr. c. 30.

19. ο ἵ ῳ δ ὲ σ ο ί Gegensatz zu
ποιμένι μ ὲ ν ... Assimilation, die
auch dann stattfindet, wenn der sie
veranlassende Casus des Demon-
strativs wie hier nicht ausgedrückt,
sondern zu ergänzen ist. Vgl. Icar.
11 οὐ φαῦλον τὸ ἔργον ἀνδρὶ οἵῳ
σοὶ πολεμιστῇ μονομαχῆσαι.

20. π ρ ὸ ς τ ῆ ς Ἀ ν α ΐ τ ι δ ο ς eine
in Syrien, Armenien, Cappadocien,
Medien verehrte Göttin, die mit der
Artemis der Griechen verglichen
wird.

21. τ ὸ μ ὴ — ε ἰ π ε ῖ ν. μή we-
gen des in ἄφες enthaltenen nega-

νέσθαι ποτ' ἂν εὖ οἶδ' ὅτι κατηξίωσαν, ἀλλ' ἀντὶ τῆς
δάφνης μυρίκῃ ἂν ἢ καὶ μαλάχῃ μαστιγοῦσαι ἀπή-
λασαν ἂν τὸν τοιοῦτον, ὡς μὴ μιᾶναι μήτε τὸν Ὀλ-
μειὸν μήτε τὴν τοῦ Ἵππου κρήνην, ἅπερ ἢ ποιμνίοις
5 διψῶσιν ἢ ποιμένων στόμασι καθαροῖς πότιμα. καίτοι
οὐδ' εἰ πάνυ ἀναίσχυντος εἶ καὶ ἀνδρεῖος τὰ τοιαῦτα,
τολμήσειας ἂν ποτε εἰπεῖν, ὡς ἐπαιδεύθης ἢ ἐμέλησέ σοι
πώποτε τῆς ἐν χρῷ πρὸς τὰ βιβλία συνουσίας ἢ ὡς δι-
δάσκαλός σοι ὁ δεῖνα ἢ τῷ δεῖνι ξυνεφοίτας. 4. ἀλλ' 4
10 ἑνὶ τούτῳ μόνῳ πάντα ἀναδραμεῖσθαι νῦν ἐκεῖνα ἐλπίζεις
τῷ κτᾶσθαι πολλὰ βιβλία. κατὰ δὴ ταῦτα ἐκεῖνα ἔχε
ξυλλαβὼν τὰ τοῦ Δημοσθένους, ὅσα τῇ χειρὶ τῇ αὐτοῦ ὁ
ῥήτωρ ἔγραψε, καὶ τὰ τοῦ Θουκυδίδου, ὅσα παρὰ τοῦ
Δημοσθένους καὶ αὐτὰ ὀκτάκις μεταγεγραμμένα εὑρέθη
15 καὶ Νηλέως [ἅπαντα ἐκεῖνα], ὅσα ὁ Σύλλας Ἀθήνηθεν εἰς
Ἰταλίαν ἐξέπεμψε, τί ἂν πλέον ἐκ τούτων εἰς παιδείαν
κτήσαιο, κἂν ὑποβαλλόμενος αὐτὰ καθεύδῃς ἢ ξυγκολ-

tiven Begriffes: erlasse mir d. h.
heiss mich nicht.
1. εὖ οἶδ' ὅτι adverb. ge-
wiss. S. zu Gall. c. 3.
2. ἢ καὶ μαλάχῃ. Die Mal-
veustöcke dieuten, wie es scheint,
gewöhnlich zur Züchtigung der
Sklaven und Knaben. Plin. nat.
hist. XIX. 4, 5. 22. § 62. Quae-
dam vocabimus ferulacea, ut
malvas; namque tradunt auctores
in Arabia malvas septimo mense
arborescere baculorum quo-
que usum praebentes. Vgl.
Fugit. c. 33. οὕτω μοι δοκεῖ,
ταύτην μέν — οἴχεσθαι, τὼ δύο
δὲ τούτω δραπετίσκω — μαν-
θάνειν ἃ πρὸ τοῦ, τὸν μὲν ἀπο-
πλύνειν — τὸν Μυρόπνουν δὲ
αὖθις ἀκεῖσθαι τῶν ἱματίων τὰ
διεῤῥωγότα, μαλάχῃ γε πρό-
τερον μαστιγωθέντα.
3. τὸν Ὀλμειὸν eine Museu-
quelle wie die folgende. Hesiod.
theog. 5. 6.
καί τε λοεσσάμεναι (die Musen)
τέρενα χρόα Τερμησσοῖο

ἢ Ἵππου κρήνης ἢ Ὀλμειοῦ
ζαθέοιο
ἀκροτάτῳ Ἑλικῶνι χοροὺς ἐνε-
ποιήσαντο.
8. τῆς ἐν χρῷ — συνουσίας
Zusammensein in nächster Nähe
(ἐν χρῷ), daher enge Gemein-
schaft.
9. ξυνεφοίτας in die Schule.
4. 10. ἑνὶ τούτῳ — πάντα —
ἀναδραμεῖσθαι, transitiv
wiedergutmachen, ersetzen.
11. κατὰ δὴ ταῦτα — τί ἂν
— κτήσαιο. Sinn: Was die Bücher
anbetrifft, so nützte es dir nichts,
wenn du noch so viele besässest ...
15. καὶ Νηλέως — ἐξέ-
πεμψε Neleus aus Skepsis,
Schüler des Aristoteles und Theo-
phrast, im Besitz ihrer reichen Bi-
bliothek, die aus seinen Händen in
die des Apellikon von Teos kam und
nach dessen Tode bei der Einnahme
von Athen durch Sulla im J. 87 v. Chr.
nach Italien gebracht wurde. Vgl.
Strabo XIII. 608. 609. Plutarch
Sulla c. 26.

λήσας καὶ περιβαλόμενος περινοστῇς; πίθηκος γὰρ ὁ
πίθηκος, ἡ παροιμία φησί, κᾂν χρυσᾶ ἔχῃ σάμβαλα. καὶ
σὺ τοίνυν βιβλίον μὲν ἔχεις ἐν τῇ χειρὶ καὶ ἀναγινώσκεις
ἀεί, τῶν δὲ ἀναγινωσκομένων οἶσθα οὐδέν, ἀλλ' ὄνος λύ-
ρας ἀκούεις κινῶν τὰ ὦτα. ὡς εἴ γε τὸ κεκτῆσθαι τὰ 5
βιβλία καὶ πεπαιδευμένον ἀπέφαινε τὸν ἔχοντα, πολλοῦ
ἂν ὡς ἀληθῶς τὸ κτῆμα ἦν ἄξιον καὶ μόνων ὑμῶν τῶν
πλουσίων, εἰ ὥσπερ ἐξ ἀγορᾶς ἦν πρίασθαι τοὺς πένη-
τας ἡμᾶς ὑπερβάλλοντας. τίς δὲ τοῖς ἐμπόροις καὶ τοῖς
βιβλιοκαπήλοις ἤρισεν ἂν περὶ παιδείας τοσαῦτα βιβλία 10
ἔχουσι καὶ πωλοῦσιν; ἀλλ' εἴ γε διελέγχειν ἐθέλεις, ὄψει
μηδ' ἐκείνους πολύ σου τὰ ἐς παιδείαν ἀμείνους, ἀλλὰ
βαρβάροις μὲν τὴν φωνὴν ὥσπερ σύ, ἀξυνέτους δὲ τῇ
γνώσει, οἵους εἰκὸς εἶναι τοὺς μηδὲν τῶν καλῶν καὶ αἰ-
σχρῶν καθεωρακότας. καίτοι σὺ μὲν δύο ἢ τρία παρ' 15
αὐτῶν ἐκείνων πριάμενος ἔχεις, οἱ δὲ νύκτωρ καὶ μεθ'
ἡμέραν διὰ χειρὸς ἔχουσιν αὐτά. 5. τίνος οὖν ἀγαθοῦ
ὠνῇ ταῦτα, εἰ μὴ καὶ τὰς ἀποθήκας αὐτὰς τῶν βιβλίων
ἡγῇ πεπαιδεῦσθαι τοσαῦτα περιεχούσας παλαιῶν ἀνδρῶν
ξυγγράμματα; καί μοι, εἰ δοκεῖ, ἀπόκριναι· μᾶλλον δέ, 20

1. πίθηκος — σάμβαλα.
nach Macar. paroem. cent. VII. 12
σάμβαλα aeolische Form für σάν-
δαλα. Der Sinn des Sprüchwortes
ist: Aeusserer Schmuck vermag nicht
die innere Leere zu bedecken.
4. ὄνος λύρας ἀκούεις κι-
νῶν τὰ ὦτα. Diogenian cent. VII.
33 erklärt das Sprüchwort: ἐπὶ τῶν
ἀπαιδεύτων. Aehnlich ὄνος λυρί-
ζων und ὄνος λύρας ἀκούων καὶ
σάλπιγγος ἐς.
6. ἀπέφαινε. S. de hist. escr.
c. 13.
9. τοὺς πένητας ἡμᾶς. Lu-
cian zählt sich selbst mit zu den
πένητες.
9 ὑπερβάλλοντας über-
bieten, übertreffen. Sinn:
Wenn die Bildung in den Büchern
steckte und käuflich wäre, so würde

sie bald das alleinige Besitzthum
der Reichen sein, die uns Arme leicht
überbieten könnten.
14. τῶν καλῶν das sittlich
Schöne, Edle und Gute, honestum.
15. καθεωρακότας hinab und
hineinschauen d. i. durchschauen
perspicere.
15. δύο ἢ τρία nicht zwei oder
drei, sondern unbestimmt, ein
paar, im Gegensatze zu einer gros-
sen Anzahl. Aristoph. Frieden 829.
ψυχὰς δι' ἢ τρεῖς διθυραμβο-
διδασκάλων.
16. μεθ' ἡμέραν nach Tages-
anbruch d. i. bei Tage. Ebenso c. 12,
c. 23. Dagegen c. 24 ὁ καθ' ἡμέ-
ραν βίος das tägliche Leben.
5. 20. μᾶλλον δέ wie sehr oft
bei Lucian, das Vorhergesagte ver-
bessernd ac potius. c. 16.

ἐπεὶ τοῦτό σοι ἀδύνατον, ἐπίνευσον γοῦν ἢ ἀνάνευσον
πρὸς τὰ ἐρωτώμενα. εἴ τις αὐλεῖν μὴ ἐπιστάμενος κτή-
σαιτο τοὺς Τιμοθέου αὐλοὺς ἢ τοὺς Ἰσμηνίου, οὓς ἑπτὰ
ταλάντων ὁ Ἰσμηνίας ἐν Κορίνθῳ ἐπρίατο, ἆρ᾽ ἂν διὰ
5 τοῦτο καὶ αὐλεῖν δύναιτο; ἢ οὐδὲν ὄφελος αὐτῷ τοῦ κτή-
ματος οὐκ ἐπισταμένῳ χρήσασθαι κατὰ τὴν τέχνην; εὖ
γε ἀνένευσας· οὐδὲ γὰρ τοὺς Μαρσύου ἢ Ὀλύμπου κτη-
σάμενος αὐλήσειεν ἂν μὴ μαθών. τί δ᾽, εἴ τις τοῦ Ἡρα-
κλέους τὰ τόξα κτήσαιτο μὴ Φιλοκτήτης ὤν, ὡς δύνασθαι
10 ἐντείνασθαί τε αὐτὰ καὶ ἐπίσκοπα τοξεῦσαι, τί σοι καὶ
οὗτος δοκεῖ; ἆρ᾽ ἂν ἐπιδείξασθαί τι ἔργον τοξότου ἄξιον;
ἀνανεύσαις ἂν καὶ τοῦτο. κατὰ ταὐτὰ δὴ καὶ ὁ κυβερνᾶν οὐκ
εἰδὼς καὶ ἱππεύειν μὴ μεμελετηκὼς εἰ ὁ μὲν ναῦν παρα-
λάβοι τοῖς πᾶσι καὶ ἐς κάλλος καὶ ἐς ἀσφάλειαν μάλι-
15 στα ἐξειργασμένην, ὁ δὲ ἵππον κτήσαιτο Μῆδον ἢ κεν-
ταυρίδην ἢ κοππαφόρον, ἐλέγχοιτο ἄν, οἶμαι, ἑκάτερος
οὐκ εἰδὼς ὅ τι χρήσαιτο ἑκατέρῳ. ἐπινεύσεις καὶ τοῦτο.

1. ἐπεὶ τοῦτό σοι ἀδύνα-
τον weil der Ungebildete der Spra-
che nicht mächtig ist.
3. τοὺς Τιμοθέου αὐλοὺς
ἢ τοῦ Ἰσμηνίου. Timotheus, be-
rühmter Flötenspieler aus Böotien,
der durch sein Spiel auf das Gemüth
Alexanders d. G. einen bedeutenden
Einfluss ausübte; zu unterscheiden
von dem Milesischen Kitharoden
gleichen Namens. Ismenias aus
Thisba in Böotien, ebenfalls ein ge-
feierter Flötenspieler im 4ten Jahrh.
v. Chr., über welchen wir aber nur
dürftige Nachrichten besitzen.
7. τοὺς Μαρσύου ἢ Ὀλύμ-
που die ersten Erfinder des Flö-
tenspiels. Marsyas, ein Phryger,
Vater, nach Andern Sohn des Olym-
pos; er fand die von Athene wegge-
worfene Flöte, liess sich mit Apollo
in einen Wettkampf ein und wurde
von diesem besiegt und lebendig ge-
schunden. Den Namen Olympus
führen mehrere Künstler, alle mehr
oder weniger ausgezeichnete Ver-

treter des in Asien einheimischen
Flötenspiels.
10. ἐπίσκοπα τοξεῦσαι d. i.
so, dass sie treffen. Ebenso βαλὼν
ἐπίσκοπα Amor. c. 16.
12. κυβερνᾶν οὐκ εἰδὼς καὶ
ἱππεύειν μὴ μεμελετηκώς.
Der Unterschied von οὐ und μή wird
von Lucian nicht mehr so scharf
auseinandergehalten, als es bei den
Attikern der Fall. S. zu Nigr. c. 24.
14. ἐς κάλλος wie c. 8. S. zu
Piscat. c. 12.
15. ἵππον — Μῆδον. Be-
sonders schöne Pferde lieferte das
berühmte Gestüt im Νισαῖον πε-
δίον in der nordischen Landschaft
Rhagiana an den kaspischen Pässen.
15. κενταυρίδην thessalisches
Ross.
16. κοππαφόρον. S. zu Pis-
cat. c. 47. Die Gestalt dieses alten
Buchstabens des hellenischen Alpha-
bets ist Ϙ (hebr. ק); in das sa-
misch-athenische ist er nicht auf-
genommen worden.

πείθου δὴ καὶ τοῦτό μοι ἐπίνευσον, εἴ τις ὥσπερ συ
ἀπαίδευτος ὢν ὠνεῖται πολλὰ βιβλία, οὐ σκώμματα οὗτος
ἐς ἀπαιδευσίαν καθ' ἑαυτοῦ ἐκφέρει; τί ὀκνεῖς καὶ τοῦτο
ἐπινεύειν; ἔλεγχος γάρ, οἶμαι, σαφὴς οὗτος καὶ τῶν ὁρών-
των ἕκαστος εὐθὺς τὸ προχειρότατον ἐκεῖνο ἐπιφθέγγε- 5
6 ται, τί κυνὶ καὶ βαλανείῳ; 6. καὶ ἐγένετό τις οὐ πρὸ
πολλοῦ ἐν Ἀσίᾳ πλούσιος ἀνὴρ ἐκ συμφορᾶς ἀποτμηθεὶς
τοὺς πόδας ἀμφοτέρους ὑπὸ κρύους, οἶμαι, ἀποσαπέν-
τας, ἐπειδή ποτε διὰ χιόνος ὁδοιπορῆσαι ξυνέβη αὐτῷ·
οὗτος τοίνυν τοῦτο μὲν ἐλεεινὸν ἐπεπόνθει, καὶ θερα- 10
πεύων τὴν δυστυχίαν ξυλίνους πόδας πεποίητο, καὶ τού-
τους ὑποδούμενος ἐβάδιζεν ἐπιστηριζόμενος ἅμα τοῖς οἰ-
κέταις· ἐκεῖνο δὲ γελοῖον ἐποίει, κρηπῖδας γὰρ καλλίστας
ἐωνεῖτο νεοτμήτους ἀεί, καὶ τὴν πλείστην πραγματείαν
περὶ ταύτας εἶχεν, ὡς καλλίστοις ὑποδήμασι κεκοσμημένα 15
εἴη αὐτῷ τὰ ξύλα, [οἱ πόδες δή]. οὐ ταὐτὰ οὖν καὶ σὺ
ποιεῖς χωλὴν μὲν ἔχων καὶ συκίνην τὴν γνώμην, ὠνού-
μενος δὲ χρυσοῦς ἐμβάτας, οἷς μόλις ἄν τις καὶ ἀρτί-
πους ἐμπεριπατήσειεν;

7   7. ἐπεὶ δὲ ἐν τοῖς ἄλλοις καὶ τὸν Ὅμηρον ἐπρίω 20
πολλάκις, ἀναγνώτω σοί τις αὐτοῦ λαβὼν τὴν δευτέραν
τῆς Ἰλιάδος ῥαψῳδίαν, ἧς τὰ μὲν ἄλλα μὴ ἐξέταζε· οὐ-
δὲν γὰρ αὐτῶν πρὸς σέ· πεποίηται δέ τις αὐτῷ δημη-
γορῶν παγγέλοιος ἄνθρωπος, διάστροφος τὸ σῶμα καὶ
λελωβημένος. ἐκεῖνος τοίνυν ὁ τοιοῦτος εἰ λάβοι τὴν 25
Ἀχιλλέως πανοπλίαν, οἴει ὅτι αὐτίκα διὰ τοῦτο καὶ
καλὸς ἅμα καὶ ἰσχυρὸς ἂν γένοιτο, καὶ ὑπερπηδήσειε
μὲν τὸν ποταμόν, ἐπιθολώσειε δὲ αὐτοῦ τὸ ῥεῖθρον τῷ

---

4. ἔλεγχος σαφής, ohne Ver-
bum; ebenso μανία σαφής Cynic. c.
5. πᾶσα ἀνάγκη de Parasit. c. 12.
πολλὴ αἰσχύνη dial. mort. 15 c. 1.
und besonders häufig συγγνώμη.
Vgl. zu c. 1. οὐδεὶς φθόνος.
6. τί κυνὶ καὶ βαλανείῳ.
Vgl. Parasit. c. 51. ἐμοί γε δοκεῖ, ἐν
συμποσίῳ φιλόσοφος τοιοῦτόν
ἐστιν οἷον ἐν βαλανείῳ κύων.

Aehnlich das Sprüchwort τί γὰρ δὴ
δελφῖνι καὶ βοΐ κοινόν, Σύλλα
τε καὶ φιλοσόφοις bei Suidas und
de mercede cond. c. 25. τί γὰρ κοι-
νόν φασι λύρᾳ καὶ ὄνῳ; Die Aus-
lassung des κοινόν ist auch sonst
nicht selten. Arist Ritter. 1022. τί γὰρ
ἔστ' Ἐρεχθεῖ καὶ κολοιοῖς καὶ κυνί;
7. 27. ὑπερπηδήσειε τὸν
ποταμόν mit Beziehung auf Achil-

φόνῳ τῶν Φρυγῶν, ἀποκτείνειε δὲ τὸν Ἕκτορα καὶ πρὸ
αὐτοῦ τὸν Λυκάονα καὶ τὸν Ἀστεροπαῖον μὴ φέρειν
ἐπὶ τῶν ὤμων τὴν μελίαν δινάμενος; οὐκ ἂν εἴποις· ἀλλὰ
καὶ γέλωτα ἂν ὀφλισκάνοι χωλεύων ὑπὸ τῇ ἀσπίδι καὶ
5 ἐπὶ στόμα καταπίπτων ὑπὸ τοῦ βάρους καὶ ὑπὸ τῷ
κράνει, ὁπότ' ἀνανεύσειε, δεικνὺς τοὺς παραβλῶπας ἐκεί-
νοις αὐτοῦ ὀφθαλμοὺς καὶ τον θάρακα ἐπαίρων τῷ τοῦ
μεταφρένου κυρτιώματι καὶ τὰς κνημῖδας ἐπισυρόμενος
καὶ ὅλως αἰσχύνων ἀμφοτέρους καὶ τὸν δημιουργὸν αὐ-
10 τῶν καὶ τὸν δεσπότην. τὸ αὐτὸ δὴ καὶ σὺ πάσχων οὐχ
ὁρᾷς, ὁπόταν τὸ μὲν βιβλίον ἐν τῇ χειρὶ ἔχῃς πάγκαλον,
πορφυρᾶν μὲν ἔχον τὴν διφθέραν, χρυσοῦν δὲ τὸν ὀμ-
φαλόν, ἀναγινώσκῃς δὲ αὐτὸ βαρβαρίζων καὶ καταισχύ-
νων καὶ διαστρέφων, ὑπὸ μὲν τῶν πεπαιδευμένων κατα-
15 γελώμενος, ὑπὸ δὲ τῶν ξυνόντων σοι κολάκων ἐπαινού-
μενος, οἳ καὶ αὐτοὶ πρὸς ἀλλήλους ἐπιστρεφόμενοι γε-
λῶσι τὰ πολλά;

8. Θέλω γοῦν σοι διηγήσασθαί τι Πυθοῖ γενόμενον· 8
Ταραντῖνος Εὐάγγελος τοὔνομα τῶν οὐκ ἀφανῶν ἐν τῷ
20 Τάραντι ἐπεθύμησε νικῆσαι Πύθια· τὰ μὲν οὖν τῆς γυ-
μνικῆς ἀγωνίας αὐτίκα ἐδόκει αὐτῷ ἀδύνατον εἶναι μήτε
πρὸς ἰσχὺν μήτε πρὸς ὠκύτητα εὖ πεφυκότι· κιθάρᾳ δὲ

les' Kampf mit dem Skamander. Il.
XXI. 242 ff.

6. τοὺς παραβλῶπας ἐκεί-
νους αὐτοῦ ὀφθαλμούς nach
Il. Il. 217. φολχὸς (φοξὸς) ἔην.
Lucian fasst also dieses Wort in der
Bedeutung ‚schielend‘, während
die neueren Erklärer es durch
‚krummbeinig‘ oder ‚dick-
köpfig‘ übersetzen.

12. πορφυρᾶν μὲν ἔχον τὴν
διφθέραν. Bei den Alten pflegten
die Bücher nicht wie bei uns gebun-
den zu werden, sondern die Blätter
wurden an einander geleimt und um
einen Stab gerollt (volumen), die Rol-
len selbst, um sie vor Beschädigung
zu schützen, in ein Pergament (δι-
φθέρα) gewickelt (vgl. c. 16 δι-
φθέρας περιβάλλεις), das man aus-

sen mit Purpur oder mit dem schö-
nen Gelb des lutum (genista tineto-
ria) färbte.

12. χρυσοῦν — τὸν ὀμφα-
λόν. ὀμφαλοί (umbilicus) nannte
man die Knöpfe, die an dem Stabe,
an welchem die Rolle befestigt
wurde, hervorragten. Diese Knöpfe
waren nicht selten von Elfenbein
oder von Gold oder doch gemalt.
Vgl. de mercede conductis c. 41.
ἅπαντες γὰρ ἀκριβῶς ὅμοιοί εἰσι
τοῖς καλλίστοις τούτοις βιβλίοις,
ὧν χρυσοῖ μὲν οἱ ὀμφαλοί,
πορφυρᾶ δ' ἐκτοσθεν ἡ δι-
φθέρα.

8. 19. τῶν οὐκ ἀφανῶν. S.
zu de hist. cscr. c. 8.

21. μήτε — μήτε aus dem Ge-

καὶ ᾠδῇ ῥᾳδίως κρατήσειν ἐπείσθη ὑπὸ τῶν καταράτων
ἀνθρώπων, οὓς εἶχε περὶ αὐτήν, ἐπαινούντων καὶ βοών-
των, ὁπότε καὶ τὸ σμικρότατον ἐκεῖνος ἀνακρούσαιτο.
ἧκεν οὖν ἐς τοὺς Δελφοὺς τοῖς τε ἄλλοις λαμπρὸς καὶ δὴ
καὶ ἐσθῆτα χρυσόπαστον ποιησάμενος καὶ στέφανον δά- 5
φνης χρυσῆς κάλλιστον, ὡς ἀντὶ καρποῦ τῆς δάφνης σμα-
ράγδους εἶναι ἰσομεγέθεις τῷ καρπῷ, τὴν μέν γε κιθάραν
αὐτήν, ὑπερφυές τι χρῆμα ἐς κάλλος καὶ πολιτέλειαν,
χρυσοῦ μὲν τοῦ ἀκηράτου πᾶσαν, σφραγῖσι δὲ καὶ λίθοις
ποικίλοις κατακεκοσμημένην, Μουσῶν μεταξὺ καὶ Ἀπόλ- 10
λωνος καὶ Ὀρφέως ἐντετορευμένων, θαῦμα μέγα τοῖς
9 ὁρῶσιν. 9. ἐπεὶ δ᾽ οὖν ποτε καὶ ἧκεν ἡ τοῦ ἀγῶνος
ἡμέρα, τρεῖς μὲν ἦσαν, ἔλαχε δὲ μέσος αὐτῶν ὁ Εὐάγγε-
λος ᾄδειν, καὶ μετὰ Θέσπιν τὸν Θηβαῖον οὐ φαύλως ἀγω-
νισάμενον ἐσέρχεται ὅλος περιλαμπόμενος τῷ χρυσίῳ 15
καὶ τοῖς σμαράγδοις καὶ βηρύλλοις καὶ ὑακίνθοις, καὶ
ἡ πορφύρα δὲ ἐνέπρεπε τῆς ἐσθῆτος, ἣ μεταξὺ τοῦ χρυ-
σοῦ διεφαίνετο. τούτοις ἅπασι προεκπλήξας τὸ θέατρον
καὶ θαυμαστῆς ἐλπίδος ἐμπλήσας τοὺς θεατάς, ἐπειδὴ
ποτε καὶ ᾆσαι καὶ κιθαρίσαι πάντως ἔδει, ἀνακρούεται 20
μὲν ἀνάρμοστόν τι καὶ ἀσύντακτον, ἀπορρήγνυσι δὲ τρεῖς
ἅμα χορδὰς σφοδρότερον τοῦ δέοντος ἐμπεσὼν τῇ κιθάρᾳ,
ᾄδειν δὲ ἄρχεται ἀπόμουσόν τι καὶ λεπτόν, ὥστε γέλωτα
μὲν παρὰ πάντων γενέσθαι τῶν θεατῶν, τοὺς ἀθλοθέτας

dauken des Euangelos, deshalb μή.
S. zu c. 5 und Nigr. c. 24.
1. ὑπὸ τῶν καταράτων ἀν-
θρώπων näml. den Schmeichlern.
3. ἀνακρούσαιτο. ἀνακρού-
εσθαι von Saiteninstrumenten prä-
ludiren. Vgl. zu Nigr. c. 8.
10. μεταξύ absolut, hier vom
Orte ‚mitten drin‘. Vgl. rhet.
praec. c. 21.
11. Ὀρφέως Sohn des Fluss-
gottes Oeagros und der Muse Kal-
liope, mythischer Sängerheros in
Thrakien, dessen Lieder so ergrei-
fend, dass die Vögel in der Luft, die

Fische im Wasser, die Bäume, die
Felsen, die Berge, die wilden Thiere
in ihren Schluchten davon bewegt
wurden. S. c. 12. Ovid. Met. X. 1 ff.
11. ἐντετορευμένων in halb-
erhabener Arbeit hier aus Gold,
sonst aus Stein und Erz. Die Kunst
heisst Toreutik.
9. 17. καὶ ἡ πορφύρα δέ.
S. zu de hist. cscr. c. 1.
22. ἐμπεσὼν τῇ κιθάρᾳ.
S. zu de hist. cscr. c. 11.
23. λεπτόν = tenue, von der
Stimme, nicht vom Instrument.
24. τοὺς ἀθλοθέτας die

δὲ ἀγανακτήσαντας ἐπὶ τῇ τόλμῃ μαστιγώσαντας αὐτὸν
ἐκβαλεῖν τοῦ θεάτρου, ὅτεπερ καὶ γελοιότατος ὤφθη δα-
κρύων ὁ χρυσοῦς Εὐάγγελος καὶ ὑπὸ τῶν μαστιγοφόρων
συρόμενος διὰ μέσης τῆς σκηνῆς καὶ τὰ σκέλη καθημα-
5 τωμένος ἐκ τῶν μαστίγων καὶ συλλέγων χαμόθεν τῆς κι-
θάρας τὰς σφραγῖδας· ἐξεπεπτώκεισαν γὰρ κἀκείνης ξυμ-
μαστιγουμένης αὐτῷ. 10. μικρὸν δὲ ἐπισχὼν μετ᾽ αὐτὸν 10
Εὔμηλός τις Ἠλεῖος ἐσέρχεται, κιθάραν μὲν παλαιὰν
ἔχων, ξυλίνους δὲ κόλλοπας ἐπικειμένην, ἐσθῆτα δὲ μόγις
10 σὺν τῷ στεφάνῳ δέκα δραχμῶν ἀξίαν· ἀλλ᾽ οὗτός γε ᾄσας
δεξιῶς καὶ κιθαρίσας κατὰ τὸν νόμον τῆς τέχνης ἐκράτει
καὶ ἀνεκηρύττετο καὶ τοῦ Εὐαγγέλου κατεγέλα μάτην ἐμ-
πομπεύσαντος τῇ κιθάρᾳ καὶ ταῖς σφραγῖσιν ἐκείναις,
καὶ εἰπεῖν γε λέγεται πρὸς αὐτόν· Ὦ Εὐάγγελε, σὺ μὲν
15 χρυσῆν δάφνην περίκεισαι, πλουτεῖς γάρ, ἐγὼ δὲ ὁ πένης
τὴν Δελφικήν· πλὴν τοῦτό γε μόνον ὤνησο τῆς σκευῆς,
ὅτι μηδ᾽ ἐλεούμενος ἐπὶ τῇ ἥττῃ ἀπέρχῃ, ἀλλὰ μισού-
μενος προσέτι διὰ τὴν ἄτεχνόν σου ταύτην καὶ περιττὴν
τρυφήν· περὶ πόδα δή σοι καὶ Εὐάγγελος οὗτος, παρ᾽
20 ὅσον σοί γε οὐδ᾽ ὀλίγον μέλει τοῦ γέλωτος τῶν θεατῶν.

11. οὐκ ἄκαιρον δ᾽ ἂν γένοιτο καὶ Λέσβιον μῦθόν 11
τινα διηγήσασθαί σοι πάλαι γενόμενον. ὅτε τὸν Ὀρφέα
διεσπάσαντο αἱ Θρᾷτται, φασὶ τὴν κεφαλὴν αὐτοῦ σὺν

Kampfrichter. Sie pflegten an der
Seite der Thymele, d. h. des Gerü-
stes zu sitzen, auf welchem die Mu-
siker auftraten.

1. μαστιγώσαντας. Vgl.
weiter unten ὑπὸ τῶν μαστιγοφό-
ρων συρόμενος.

2. ὅτεπερ = cum quidem;
wir mit Nachdruck: „und da‘..
wie c. 12.

10. 11. ἐκράτει. S. zu Piscat.
c. 24. c. 39.

12. ἀνεκηρύττετο als Sieger.

16. πλὴν τοῦτό γε. S. zu Rhet.
praec. c. 5.

19. περὶ πόδα σοι καὶ Εὐ-

ἄγγελος er passt für dich, d. i. er
ist wie du. S. zu de hist. escr. c. 13.

19. παρ᾽ ὅσον. S. zu de hist.
escr. c. 18. Vgl. de saltat. c. 4.

11. 24. ὅτε τὸν Ὀρφέα διε-
σπάσαντο αἱ Θρᾷτται. S. zu
Piscat. c. 2. Die Sage deutet ebenso
wie die des Marsyas (S zu 5) auf
den Kampf des Apollokultus, bei
welchem die massvolle Kithara vor-
herrschte, mit dem von Asien ein-
wandernden Dionysoskultus, zu
welchem die aufregende Flöte ge-
hörte. Daher auch weiter unten:
τὴν λύραν δὲ ἀναθεῖναι ἐς τὸ τοῦ
Ἀπόλλωνος ἱερόν, während das
Haupt (er war ja von Bacchus be-

τῇ λύρᾳ ἐς τὸν Ἕβρον ἐμπεσοῦσαν ἐκβληθῆναι ἐς τὸν
μέλανα κόλπον, καὶ ἐπιπλεῖν γε τὴν κεφαλὴν τῇ λύρᾳ,
τὴν μὲν ᾄδουσαν θρῆνόν τινα ἐπὶ τῷ Ὀρφείῳ μόρῳ, τὴν
λύραν δὲ αὐτὴν ὑπηχεῖν τῶν ἀνέμων ἐμπιπτόντων ταῖς
χορδαῖς, καὶ οὕτω μετ᾽ ᾠδῆς προσενεχθῆναι τῇ Λέσβῳ, 5
κἀκείνους ἀνελομένους τὴν μὲν κεφαλὴν καταθάψαι, ἵνα-
περ νῦν τὸ Βακχεῖον αὐτοῖς ἐστι, τὴν λύραν δὲ ἀναθεῖναι
ἐς τὸ τοῦ Ἀπόλλωνος ἱερὸν καὶ ἐπὶ πολύ γε σώζεσθαι
12 αὐτήν. 12. χρόνῳ δὲ ὕστερον Νέανθον τὸν τοῦ Πιττα-
κοῦ τοῦ τυράννου ταῦτα ὑπὲρ τῆς λύρας πυνθανόμενον, 10
ὡς ἐκήλει μὲν θηρία καὶ φυτὰ καὶ λίθους, ἐμελῴδει δὲ
καὶ μετὰ τὴν τοῦ Ὀρφέως συμφορὰν μηδενὸς ἁπτομένου,
πρὸς ἔρωτα τοῦ κτήματος ἐμπεσεῖν καὶ διαφθείραντα τὸν
ἱερέα μεγάλοις χρήμασι πεῖσαι ὑποθέντα ἑτέραν ὁμοίαν λύραν
δοῦναι αὐτῷ τὴν τοῦ Ὀρφέως· λαβόντα δὲ μεθ᾽ ἡμέραν 15
μὲν ἐν τῇ πόλει χρῆσθαι οὐκ ἀσφαλὲς οἴεσθαι εἶναι,
νύκτωρ δὲ ὑπὸ κόλπον ἔχοντα μόνον προελθεῖν ἐς τὸ
προάστειον καὶ προχειρισάμενον κρούειν καὶ συνταράτ-
τειν τὰς χορδὰς τὸν ἄτεχνον καὶ ἄμουσον νεανίσκον, ἐλπί-
ζοντα μέλη τινὰ θεσπέσια ὑπηχήσειν τὴν λύραν, ὑφ᾽ ὧν 20
πάντας καταθέλξειν καὶ κηλήσειν καὶ μακάριον ἔσεσθαι
κληρονομήσαντα τῆς τοῦ Ὀρφέως μουσικῆς· ἄχρι δὴ ξυνελ-
θόντας τοὺς κύνας πρὸς τὸν ἦχον — πολλοὶ δὲ ἦσαν αὐ-
τόθι — διασπάσασθαι αὐτόν, ὡς τοῦτο γοῦν ὅμοιον τῷ

siegt) an der Stätte des *Βακχεῖον*
begraben wird.

1. ἐς τὸν μέλανα κόλπον
nicht das schwarze Meer, sondern
ein Meerbusen im Norden des thra-
kischen Chersonesus.

6. ἵναπερ der Gebrauch des
angehängten περ bei Partikeln ist
in dieser Schrift sehr häufig. S. c. 9.
c. 12.

8. ἐπὶ πολύ von der Zeit. S.
zu de hist. conscr. c. 1.

12. 9. τὸν τοῦ Πιττακοῦ
τοῦ τυράννου, einer der sieben
Weisen Griechenlands, Beherrscher

von Mitylene um 600 v. Chr.

17. ὑπὸ κόλπον ἔχοντα. S.
zu Piscat. c. 36.

20. ὑφ᾽ ὧν πάντας κατα-
θέλξειν. Nicht selten steht der
Infinitiv in obliquer Rede nach dem
Relativ, ebenso wie nach den Con-
junctionen ὡς, ὅτε, ἐπεί, ἐπειδή. S.
Nigrin. c. 27. παρήνει δὲ τοῖς συν-
οῦσι μήτ᾽ ἀναβάλλεσθαι τὸ ἀγα-
θόν, ὅπερ τοὺς πολλοὺς ποι-
εῖν προθεσμίας ὀρεγομένους ἑορ-
τὰς ἢ πανηγύρεις.

24. ὅμοιον τῷ Ὀρφεῖ. S.
c. 11.

Ὀρφεῖ παθεῖν καὶ μόνους ἐφ᾽ ἑαυτὸν ξυγκαλέσαι τοὺς
κύνας, ὅπερ καὶ σαφέστατα ὤφθη, ὡς οὐχ ἡ λύρα ἡ
θέλγουσα ἦν, ἀλλ᾽ ἡ τέχνη καὶ ἡ ᾠδή, ἃ μόνα ἐξαίρετα
τῷ Ὀρφεῖ παρὰ τῆς μητρὸς ὑπῆρχεν, ἡ λύρα δὲ ἄλλως
5 κτῆμα ἦν οὐδὲν ἄμεινον τῶν ἄλλων βαρβίτων.

18. καὶ τί σοι τὸν Ὀρφέα ἢ τὸν Νέανθον λέγω, ὅπου 18
καὶ καθ᾽ ἡμᾶς αὐτοὺς ἐγένετό τις καὶ ἔτι ἐστίν, οἶμαι, ὃς
τὸν Ἐπικτήτου λύχνον τοῦ Στωϊκοῦ κεραμεοῦν ὄντα τρις-
χιλίων δραχμῶν ἐπρίατο; ἤλπιζε γὰρ οἶμαι κἀκεῖνος, εἰ
10 τῶν νυκτῶν ὑπ᾽ ἐκείνῳ τῷ λύχνῳ ἀναγινώσκοι, αὐτίκα
μάλα καὶ τὴν Ἐπικτήτου σοφίαν ὄναρ ἐπικτήσεσθαι καὶ
ὅμοιος ἔσεσθαι τῷ θαυμαστῷ ἐκείνῳ γέροντι. 14. χθὲς 14
δὲ καὶ πρῴην ἄλλος τις τὴν Πρωτέως τοῦ Κυνικοῦ βα-
κτηρίαν, ἣν καταθέμενος ἥλατο ἐς τὸ πῦρ, ταλάντου κἀ-
15 κεῖνος ἐπρίατο, καὶ ἔχει μὲν τὸ κειμήλιον τοῦτο καὶ δεί-
κνυσιν ὡς Τεγεᾶται τοῦ Καλυδωνίου ὑὸς τὸ δέρμα καὶ
Θηβαῖοι τὰ ὀστᾶ τοῦ Γηρυόνου καὶ Μεμφῖται τῆς Ἴσιδος
τοὺς πλοκάμους· ἄλλος δὲ ὁ τοῦ θαυμαστοῦ κτήματος

4. παρὰ τῆς μητρός. S. zu
c. 8. — ἄλλων wie c. 1.
13. 6. ὅπου wo = da.
7. καθ᾽ ἡμᾶς. Vgl. Piscat.
c. 30.
8. Ἐπικτήτου — τοῦ
Στωϊκοῦ geb. zu Hierapolis in
Phrygien, ein Günstling des Nero.
Auf Befehl des Domitian mit den
übrigen Philosophen 94 n. Chr. aus
Rom vertrieben, lebte und lehrte er
in Nikopolis in Epirus nach dem
Vorbilde des Sokrates und sammelte
eine grosse Anzahl Schüler um sich.
Für dieselben stellte Arrian nach
dem Tode des Meisters die Haupt-
punkte seiner Lehre in einem ἐγχει-
ρίδιον zusammen.
14. 12. χθὲς δὲ καὶ πρῴην
nuper; zur Zeitbestimmung der
Schrift von Wichtigkeit. S. die fol-
gende Anmerkung.
13. Πρωτέως τοῦ Κυνικοῦ
Peregrinus Proteus, über den eine
besondere Schrift Lucians (περὶ τῆς

Περεγρίνου τελευτῆς) vorhanden
ist, geboren zu Parion, einer mysi-
schen Stadt am Eingange des Hel-
lesponts, starb im J. 165 v. Chr. auf
die hier erwähnte Art.
13. βακτηρίαν, ἣν κατα θέ-
μενος ἥλατο. Vgl. de morte Pe-
regr. c. 36. ἀποθέμενος τὴν πήραν
καὶ τὸ τριβώνιον καὶ τὸ Ἡρά-
κλειον ἐκεῖνο ῥόπαλον..
16. ὡς Τεγεᾶται τοῦ Καλυ-
δωνίου ὑὸς τὸ δέρμα. Die Te-
geaten in Arkadien. Pausanias er-
zählt dasselbe mit dem Zusatze:
διεσήπετο δὲ ὑπὸ χρόνου καὶ ἐς
ἅπαν ἦν τριχῶν ἤδη ψιλόν.
17. τὰ ὀστᾶ τοῦ Γηρυόνου
ein Riese auf der im äussersten
Westen gelegenen Insel Erytheia, aus
drei vom Bauche an zusammenge-
wachsenen Körpern bestehend, der
von Herakles seiner Rinder beraubt
und erschlagen wurde.
18. ἄλλος δὲ der c. 15. ge-
nannte Dionysios.

130　　　ΛΟΥΚΙΑΝΟΥ

δεσπότης καὶ αἰτὸν σὲ τῇ ἀπαιδευσίᾳ καὶ βδελυρίᾳ ὑπερ-
ηκόντισεν. [ὁρᾷς, ὅπως κακοδαιμόνως διάκειται βακτη-
15 ρίας.ἐς τὴν κεφαλὴν ὡς ἀληθῶς δεόμενος.] 15. λέγεται
γὰρ Διονύσιον τραγῳδίαν ποιεῖν φαύλως πάνυ καὶ γε-
λοίως, ὥστε τὸν Φιλόξενον πολλάκις δι' αὐτὴν ἐς τὰς λα- 5
τομίας ἐμπεσεῖν οὐ δυνάμενον κατέχειν τὸν γέλωτα. οὗ-
τος τοίνυν πυθόμενος, ὡς ἐγγελᾶται, τὸ Αἰσχύλου πυξίον,
[εἰς ὃ ἐκεῖνος ἔγραφε], σὺν πολλῇ σπουδῇ κτησάμενος καὶ
αὐτὸς ᾤετο ἔνθεος ἔσεσθαι καὶ κάτοχος ἐκ τοῦ πυξίου.
ἀλλ' ὅμως ἐν αὐτῷ ἐκείνῳ μακρῷ γελοιότερα ἔγραφεν, 10
οἷον κἀκεῖνο τό
　　　Δωρὶς τέθνηκεν ἡ Διονυσίου γυνή.
καὶ πάλιν·
　　　οἴμοι, γυναῖκα χρησίμην ἀπώλεσα.
καὶ τοῦτο γὰρ ἐκ τοῦ πυξίου, καὶ τό　　　　　　　　　15
　　　αὐτοῖς γὰρ ἐμπαίζουσιν οἱ μωροὶ βροτῶν.
　　Τοῦτο μέν γε πρὸς σὲ μάλα εὐστόχως ἂν εἰρημένον
εἴη τῷ Διονυσίῳ, καὶ δι' αὐτὸ χρυσῶσαι αὐτοῦ ἔδει
16 ἐκεῖνο τὸ πυξίον. 16. τίνα γὰρ ἐλπίδα καὶ αὐτὸς ἔχων
ἐς τὰ βιβλία καὶ ἀνατυλίττεις ἀεὶ καὶ διακολλᾷς καὶ 20
περικόπτεις καὶ ἀλείφεις τῷ κρόκῳ καὶ τῇ κέδρῳ καὶ

15. 4. Διονύσιον der Ael-
tere, Tyrann von Syrakus 405—367
v. Chr. Cic. Tuscul. V. 22 nennt ihn
musioorum — perstudiosum, poetam
etiam tragioum — quam bonum nihil
ad rem.
5. τὸν Φιλόξενον von Ky-
thera, Dithyrambendichter. Sprüch-
wörtlich de mercede cond. c. 35. σὺ
δ' οὖν ἂν μὴ ἐπαινῇς, ἐς τὰς λι-
θοτομίας τὰς Διονυσίου εὐθὺς
ἀμέλξῃ ὡς καὶ φθονῶν καὶ ἐπιβου-
λεύων αὐτῷ.
12. Δωρίς. Cic. Tusc. V. c. 20.
Cumque duas uxores haberet,
Aristomachen civem suam, Dori-
dem autem Locrensem, sic ad
eas ventitabat, ut omnia speculare-
tur et scrutaretur ante.
16. 20. ἀνατυλίττεις vom
Auf- und Abwickeln der Rolle.

20. διακολλᾷς Zusammenlei-
men der einzelnen Blätter und An-
leimen an den Stab, über den sie ge-
rollt wurden. S. zu c. 7.
21. περικόπτεις Beschneiden
der Blätter am oberen und unteren
Rande.
21. ἀλείψεις τῷ κρόκῳ καὶ
τῇ κέδρῳ. Die Blätter pflegten
alle nur auf einer Seite beschrieben
zu sein. Um das Buch gegen Motten
und Würmer zu schützen, wurde die
Rückseite mit Safranfarbe oder Ce-
deröl bestrichen. Daher Hor. art.
poet. 331 f.
At haec animos aerugo et cura
peculi
Cum semel imbuerit, speramus
carmina fingi
Posse linendacedro et levi ser-
vanda cupresso?

διφθέρας περιβάλλεις καὶ ὀμφαλοὺς ἐντίθης, ὡς δὴ τί
ἀπολαύσων αὐτῶν; πάνυ γοῦν ἤδη βελτίων γεγένησαι διὰ
τὴν ὠνήν, ὃς τοιαῦτα μὲν φθέγγῃ ... μᾶλλον δὲ καὶ τῶν
ἰχθύων ἀφωνότερος εἶ. βιοῖς δὲ ὡς οὐδ᾽ εἰπεῖν καλόν.
5 μῖσος δὲ ἄγριον, φασί, παρὰ πάντων ἔχεις ἐπὶ τῇ βδε-
λυρίᾳ, ὡς εἰ τοιούτους ἀπειργάζετο τὰ βιβλία, φυγῇ φευ-
κτέον ἂν ἦν ὅτι πορρωτάτω ἀπ᾽ αὐτῶν. 17. δυοῖν δὲ 17
ὄντοιν, ἅττ᾽ ἂν παρὰ τῶν παλαιῶν τις κτήσαιτο, λέγειν
τέ δύνασθαι καὶ πράττειν τὰ δέοντα ζήλῳ τῶν ἀρίστων
10 καὶ φυγῇ τῶν χειρόνων, ὅταν μήτε ἐκεῖνα μήτε ταῦτα
φαίνηταί τις παρ᾽ αὐτῶν ὠφελούμενος, τί ἄλλο ἢ τοῖς
μυσὶ διατριβὰς ὠνεῖται καὶ ταῖς τίλφαις οἰκήσεις καὶ
πληγὰς ὡς ἀμελοῦσι τοῖς οἰκέταις;

18. πῶς δὲ οὐ κἀκεῖνο αἰσχρόν, εἴ τις ἐν τῇ χειρὶ 18
15 ἔχοντά σε βιβλίον ἰδών — ἀεὶ δέ τι πάντως ἔχεις —
ἔροιτο, οὗτινος ἢ ῥήτορος ἢ ξυγγραφέως ἢ ποιητοῦ ἐστι,
σὺ δὲ ἐκ τῆς ἐπιγραφῆς εἰδὼς ῥᾳδίως εἴποις τοῦτό γε,
εἶτα, ὡς φιλεῖ τὰ τοιαῦτα ἐν ξυνουσίᾳ προχωρεῖν ἐς μῆ-
κος λόγων, ὁ μὲν ἐπαινοῖ τι ἢ αἰτιῷτο τῶν ἐγγεγραμ-
20 μένων, σὺ δὲ ἀποροίης καὶ μηδὲν ἔχοις εἰπεῖν; οὐκ εὔξῃ
τότε χανεῖν σοι τὴν γῆν, κατὰ σεαυτοῦ ὁ Βελλεροφόντης
περιφέρων τὸ βιβλίον; 19. Δημήτριος δὲ ὁ Κυνικὸς 19
ἰδὼν ἐν Κορίνθῳ ἀπαίδευτόν τινα βιβλίον κάλλιστον ἀνα-
γινώσκοντα, τὰς Βάκχας οἶμαι τοῦ Εὐριπίδου, (κατὰ τὸν

---

1. διφθ. — ἐντίθης. S. zu c. 7.
4. οὐδ᾽ εἰπεῖν nicht einmal
davon zu reden, geschweige denn
ein ähnliches Leben zu führen; κα-
λόν ist Prädicat.
5. φασί (ut aiunt) bezieht sich
nur auf ἄγριον.
17. 11. τί ἄλλο ἦ — ὠνεῖ-
ται wie im Latein. quid aliud (ohne
facit) quam emit.
18. 16. ξυγγραφέως = scri-
ptor, rerum scriptor.
17. ἐκ τῆς ἐπιγραφῆς titu-
lus, index.
18. ὡς φιλεῖ wie amat = solet.

21. κατὰ σεαυτοῦ ὁ Βελλε-
ροφόντης περιφέρων τὸ βι-
βλίον ein zweiter Bellerophontes
den Uriasbrief mit sich umhertragen.
Sinn: das Buch wird für dich ein
Verräther, wie der Brief für den
Bellerophontes. S. Hom. Il. VI.
155—202.
19.22. Δημήτριος δὲ ὁ Κυ-
νικός wahrscheinlich der aus Su-
nium, welcher in der Mitte des 1ten
Jahrh. v. Chr. unter Nero, Vespasian,
Titus und Domitian lebte. Toxar.
c. 27. Vgl. de saltat. c. 63.
24. τὰς Βάκχας — τοῦ Εὐ-

9*

ἄγγελον δὲ ἦν τὸν διηγούμενον τὰ τοῦ Πενθέως πάθη
καὶ τὸ τῆς Ἀγαύης ἔργον), ἁρπάσας διέσπασεν αὐτὸ εἰ-
πών, ἄμεινόν ἐστι τῷ Πενθεῖ ἅπαξ σπαραχθῆναι ὑπ'
ἐμοῦ ἢ ὑπὸ σοῦ πολλάκις.

Ζητῶν δὲ ἀεὶ πρὸς ἐμαυτὸν οὔπω καὶ τήμερον εὑ- 5
ρεῖν δεδύνημαι, τίνος ἕνεκα τὴν σπουδὴν ταύτην ἐσπού-
δακας περὶ τὴν ὠνὴν τῶν βιβλίων· ὠφελείας μὲν γὰρ ἢ
χρείας ἕνεκα τῆς ἀπ' αὐτῶν οὐδ' ἂν οἰηθείη τις τῶν κἂν
ἐπ' ἐλάχιστόν σε εἰδότων, οὐ μᾶλλον ἢ φαλακρὸς ἄν τις
πρίαιτο κτένας ἢ κάτοπτρον ὁ τυφλὸς ἢ ὁ κωφὸς αὐλητὴν 10
ἢ παλλακὴν ὁ εὐνοῦχος ἢ ὁ ἠπειρώτης κώπην ἢ ὁ κυβερ-
νήτης ἄροτρον. ἀλλὰ μὴ ἐπίδειξιν πλούτου σοι τὸ πρᾶγμα
ἔχει καὶ βούλει τοῦτο ἐμφῆναι ἅπασιν, ὅτι καὶ εἰς τὰ μηδέν
σοι χρήσιμα ὅμως ἐκ πολλῆς τῆς περιουσίας ἀναλίσκεις;
καὶ μὴν ὅσα γε κἀμὲ Σύρον ὄντα εἰδέναι, εἰ μὴ σαυτὸν φέρων 15
ταῖς τοῦ γέροντος ἐκείνου διαθήκαις παρενέγραψας, ἀπω-
λώλεις ἂν ὑπὸ λιμοῦ ἤδη καὶ ἀγορὰν προὐτίθεις τῶν βιβλί-
20 ων. 20. λοιπὸν οὖν δὴ ἐκεῖνο ὅτι πεπεισμένος ὑπὸ τῶν κολά-
κων, ὡς οὐ μόνον καλὸς εἶ καὶ ἐράσμιος, ἀλλὰ καὶ σοφὸς καὶ
ῥήτωρ καὶ ξυγγραφεὺς οἷος οὐδ' ἕτερος, ὠνῇ τὰ βιβλία, ὡς 20
ἀληθεύοις τοὺς ἐπαίνους αὐτῶν. φασὶ δὲ σὲ καὶ λόγους

ῥιπίδου eine noch jetzt vorhan-
dene Tragödie.
κατὰ τὸν ἄγγελον — τὸν
διηγούμενον 'an der Stelle,
wo der Bote ...' v. 1036 ff.
1. τὰ τοῦ Πενθέως πάθη.
S. Piscat. c. 2.
2. τὸ τῆς Ἀγαύης ἔργον
Agave, seine Mutter, die ihn in bac-
chantischer Raserei zerriss.
3. ὑπ' ἐμοῦ indem ich das
Buch zerreisse.
6. σπουδὴν — ἐσπούδα-
κας περὶ τὴν ὠνήν sonst σπου-
δὴν ποιεῖσθαι περί τι. S. Nigrin.
c. 33. θαυμάσιόν τινα τὴν σπου-
δὴν περὶ τὰ δεῖπνα ποιουμένους.
9. κἂν ἐπ' ἐλάχιστον.
Ueber κἂν s. zu Rhet. pr. c. 9. Piscat.

c. 37. — ἐπ' ἐλάχιστον wie das
oft vorkommende ἐπὶ πολύ. S. zu
de hist. cscr. c. 1.
12. ἀλλὰ μὴ — ἔχει. Es wird
eine verneinende Antwort erwartet.
14. ἐκ πολλῆς τῆς περιου-
σίας. S. zu Piscat. c. 9.
15. ὅσα — ἐμὲ — εἰδέναι =
quantum ego sciam.
15. Σύρον ὄντα. S. de hist.
cscr. c. 24.
15. φέρων eilends; schon bei
Herod. VIII. 87 und oft bei Lucian.
16. ταῖς — διαθήκαις πα-
ρενέγραψας neben die natür-
lichen Erben hineinschreiben d. i.
durch Erbschleicherei in das Erbe
sich eindrängen. γράψειν wie scri-
bere statt scribere heredem.
20. 21. λόγους ἐπιδεί-

ἐπιδείκνυσθαι αὐτοῖς ἐπὶ δείπνῳ κἀκείνους χερσαίων βα-
τράχων δίκην διψῶντας κεκραγέναι, καὶ μὴ πίνειν, ἢν
μὴ διαῤῥαγῶσι βοῶντες. καὶ γὰρ οὐκ οἶδ' ὅπως ῥᾷστος
εἰ τῆς ῥινὸς ἕλκεσθαι, καὶ πιστεύεις αὐτοῖς ἅπαντα, ὅς
5 ποτε κἀκεῖνο ἐπείσθης, ὡς βασιλεῖ τινι ὡμοιώθης τὴν
ὄψιν καθάπερ ὁ ψευδαλέξανδρος καὶ ψευδοφίλιππος ἐκεῖ-
νος κναφεὺς καὶ ὁ κατὰ τοὺς προπάτορας ἡμῶν ψευδο-
νέρων καὶ εἴ τις ἄλλος τῶν ὑπὸ τῷ ψευδο τεταγμένων.
21. καὶ τί θαυμαστόν, εἰ τοῦτο ἔπαθες ἀνόητος καὶ 21
10 ἀπαίδευτος ἄνθρωπος καὶ προΐεις ἐξυπτιάζων καὶ μι-
μούμενος βάδισμα καὶ σχῆμα καὶ βλέμμα ἐκείνου, ᾧ

χνυσθαι von Prunkreden ge-
bräuchlicher Ausdruck (γένος ἐπι-
δεικτικόν).

1. χερσαίων d. i. die auf
dem Trocknen sind und zu trinken
verlangen. Ebenso de mercede con-
ductis c. 28. χρὴ χερσαίου βατρά-
χου δίκην διψῶντα κεκραγέναι.

3. διαῤῥαγῶσι βοῶντες
,bersten vor (Lob-) Geschrei'. Vgl.
de hist. cscr. c. 10.

5. βασιλεῖ τινι vielleicht M.
Aurel. Antonin der Philosoph, des-
sen Bildung c. 22 gerühmt wird. Das
Wort βασιλεύς zur Bezeichnung des
römischen Kaisers ist gewöhnlich.

6. ὁ ψευδαλέξανδρος Iust.
XXXV c. 1. *Adiuvantibus et Pto-
lomaeo rege Aegypti et Attalo rege
Asiae et Ariarathe Cappaduciae,
bello a Demetrio lacessiti (Antio-
chenses) subornant Balam quendam,
sortis extremae iuvenem, qui Syriae
regnum, veluti paternum, armis re-
peteret; et ne quid contumeliae de-
esset, nomen ei Alexandri inditur,
genitusque ab Antiocho rege dici-
tur.*

6. ψευδοφίλιππος. Ammian.
Marcell. XIV. c. 19. *Haec (for-
tuna mutabilis et inconstans) Adra-
myttenum Andriscum in fullonio
natum ad Pseudophilippi no-
men erexit.* Vell. Patercul. hist.

Roman. I. 11. 1. *Pseudophilippus a
mendacio simulatae originis
appellatus, qui se Philippum re-
giaeque stirpis ferebat, cum esset
ultimae, armis occupata Macedonia,
adsumptis regni insignibus brevi te-
meritatis poenas dedit.*

7. κατὰ τοὺς προπάτορας
wie καθ' ἡμᾶς c. 13. Vgl. Piscat.
c. 30.

7. ψευδονέρων. Suet. Nero
c. 57. *Cum post viginti annos ado-
lescente me extitisset conditionis in-
certae, qui se Neronem esse iacta-
ret, tam favorabile nomen eius apud
Parthos fuit, ut vehementer adiutus
et vix redditus sit.*

8. τῶν ὑπὸ τῷ ψευδοτε-
ταγμένων. Der Ausdruck ist
vom Heere entlehnt: ,die unter der
Fahne des ψεῦδος gestanden haben'
d. i. Alle, die vor ihrem Namen ein
ψευδο haben. Bei Lucian steht
durchgängig bei τάσσω in dieser
Bedeutung der Dativ. Vgl. Piscat.
c. 20. οἱ ὑπὸ τῇ ἐναντίᾳ (τέχνῃ)
ταττόμενοι καὶ τῷ μίσει οἰκειότε-
ροι. Timon c. 31: ὄχλος τῶν ὑπὸ
τῷ λιμῷ ταττομένων. Fugit. 4. 6.
16. — Wegen ψευδο vgl. zu Pis-
cator c. 20. Aristoph. Vesp. c. 77.
οὐκ, ἀλλὰ φιλο μέν ἐστιν ἀρχὴ
τοῦ κακοῦ.

134 ΛΟΥΚΙΑΝΟΥ

σεαυτὸν εἰκάζων ἔχαιρες, ὅπου καὶ Πύῤῥον φασὶ τὸν
Ἠπειρώτην τὰ ἄλλα θαυμαστὸν ἄνδρα οὕτως ὑπὸ κολά-
κων ἐπὶ τῷ ὁμοίῳ ποτὲ διαφθαρῆναι, ὡς πιστεύειν ὅτι
ὅμοιος ἦν Ἀλεξάνδρῳ ἐκείνῳ; καίτοι τὸ τῶν μουσικῶν τοῦτο,
δὶς διὰ πασῶν τὸ πρᾶγμα ἦν· εἶδον γὰρ καὶ τὴν τοῦ 5
Πύῤῥου εἰκόνα, [καὶ ὅμως ἐπέπειστο ἐκμεμάχθαι τοῦ Ἀλε-
ξάνδρου τὴν μορφήν.] ἀλλ' ἕνεκα μὲν δὴ τούτων ὑβρισταί
μοι ἐς τὸν Πύῤῥον, ὅτι σὲ εἴκασα κατὰ τοῦτο αὐτῷ. τὸ
δὲ ἀπὸ τούτου καὶ πάνυ σοι πρέπον ἂν εἴη· ἐπεὶ γὰρ
οὕτω διέκειτο ὁ Πύῤῥος καὶ ταῦτα ὑπὲρ ἑαυτοῦ ἐπέπει- 10
στο, οὐδεὶς ὅστις οὐ ξυνετίθετο καὶ ξυνέπασχεν αὐτῷ,
ἄχρι δή τις ἐν Λαρίσσῃ πρεσβῦτις ξένη αὐτῷ τἀληθὲς
εἰποῦσα ἔπαυσεν αὐτὸν τῆς κορύζης. ὁ μὲν γὰρ Πύῤῥος
ἐπιδείξας αὐτῇ εἰκόνα Φιλίππου καὶ Περδίκκου καὶ Ἀλε-
ξάνδρου καὶ Κασάνδρου καὶ ἄλλων βασιλέων ἤρετο τίνι 15
ὅμοιος εἴη, πάνυ πεπεισμένος ἐπὶ τὸν Ἀλέξανδρον ἥξειν
αὐτήν, ἡ δὲ πολὺν χρόνον ἐπισχοῦσα, Βατραχίωνι, ἔφη,
τῷ μαγείρῳ· καὶ γὰρ ἦν τις ἐν τῇ Λαρίσσῃ Βατραχίων
22 μάγειρος τῷ Πύῤῥῳ ὅμοιος. 22. καὶ σὺ δὴ ᾧτινι μὲν
τῶν τοῖς ὀρχησταῖς συνόντων κιναίδων ἔοικας οὐκ ἂν 20
εἴποιμι, ὅτι δὲ μανίαν ἐῤῥωμένην ἔτι καὶ νῦν μαίνεσθαι
δοκεῖς ἅπασιν [ἐπ' ἐκείνῃ τῇ εἰκόνι] πάνυ σαφῶς οἶδα.
οὔκουν θαυμαστόν, εἰ πιθανὸς οὕτως ζωγράφοις ὢν καὶ

21. 1. ὅπου vgl. c. 13.
4. τὸ τῶν μουσικῶν τοῦτο, ,wie es bei den Musikern heisst'. S. zu Nigr. c. 1.
5 δὶς διὰ πασῶν. S. zu de hist. cscr. c. 7.
8. τὸ δὲ ἀπὸ τούτου ,was nun folgt'; s. zu Rhet. praec. c. 1.
9. καὶ πάνυ, καὶ verstärkend.
11. ξυνετίθετο beipflichten.
14. Περδίκκου — καὶ Κασάνδρου, die Feldherren Alexanders d. Gr.
18. ἐν τῇ Λαρίσσῃ das am Peneios in Thessalien gelegene.

22. 20. τοῖς ὀρχησταῖς die Pantomimen (s. den nachfolgenden Dialog), deren Kunst in jener Zeit besonders angesehen und beliebt, deren Unsittlichkeit berüchtigt war.
21. ἔτι καὶ νῦν mit Beziehung auf c. 20. ὃς ποτε κἀκεῖνο ἐπείσθης, ὡς βασιλεῖ τινι ὡμοιώθης.
23. εἰ πιθανὸς οὕτως ζωγράφοις ὢν; πιθανός in passivem Sinn: leicht zu überreden, leichtgläubig, wie ἀπίθανος Plato Parmenid. 133 B. ἀπίθανος ἂν εἴη ὁ ἄγνωστα αὐτὰ (τὰ εἴδη) ἀναγκάζων εἶναι. Sinn: wenn Maler dich so leicht überreden konnten, dass du dem Kaiser ähnlich

τοῖς πεπαιδευμένοις ἐξομοιοῦσθαι ἐθέλεις πιστεύων τοῖς
τὰ τοιαῦτά σε ἐπαινοῦσι.

Καίτοι τί ταῦτα ληρῶ; πρόδηλος γὰρ ἡ αἰτία τῆς
περὶ τὰ βιβλία σπουδῆς, εἰ καὶ ὑπὸ νωθείας ἐγὼ μὴ
5 πάλαι κατεῖδον· σοφὸν γάρ, ὡς γοῦν οἴει, τοῦτ᾽ ἐπινε-
νόηκας καὶ ἐλπίδας οὐ μικρὰς ἔχεις περὶ τοῦ πράγματος,
εἰ βασιλεὺς μάθοι ταῦτα σοφὸς ἀνὴρ καὶ παιδείαν
μάλιστα τιμῶν· εἰ δὲ ταῦτα ὑπὲρ σοῦ ἐκεῖνος ἀκού-
σειεν, ὡς ὠνῇ βιβλία καὶ ξυνάγεις πολλά, πάντα ἐν
10 βραχεῖ παρ᾽ αὐτοῦ ἔσεσθαί σοι νομίζεις. 23. ἀλλ᾽ 23
οἴει τοσοῦτον μανδραγόραν κατακεχύσθαι αὐτοῦ, ὡς ταῦτα
μὲν ἀκούειν, ἐκεῖνα δὲ μὴ εἰδέναι, οἷος μέν σου ὁ μεθ᾽
ἡμέραν βίος, οἷοι δέ σοι πότοι, ὁποῖαι δὲ νύκτες καὶ
οἵοις καὶ ἡλίκοις ξυγκαθεύδεις; οὐκ οἶσθα ὡς ὦτα καὶ
15 ὀφθαλμοὶ πολλοὶ βασιλέως; τὰ δὲ σὰ οὕτω περιφανῆ ἐστιν
ὡς καὶ τυφλοῖς εἶναι καὶ κωφοῖς γνώριμα· εἰπὲ γοῦν μοι
καὶ τόδε, εἰ Βάσσος ὁ ὑμέτερος ἐκεῖνος σοφιστὴς ἢ Βάταλος
ὁ αὐλητὴς ἢ ὁ κίναιδος Ἡμιθέων ὁ Συβαρίτης, ὃς τοῖς
θαυμαστοὺς ὑμῖν νόμους συνέγραψεν, ὡς χρὴ λειαίνεσθαι
20 καὶ παρατίλλεσθαι καὶ πάσχειν καὶ ποιεῖν ἐκεῖνα, εἰ
τούτων τις νυνὶ λεοντῆν περιβαλλόμενος καὶ ῥόπαλον
ἔχων βαδίζοι, τί οἴει φανεῖσθαι τοῖς ὁρῶσιν; Ἡρακλέα
εἶναι αὐτόν; οὔκ, εἴ γε μὴ χύτραις λημῶντες τυγχάνοιεν.
μυρία γάρ ἐστι τὰ ἀντιμαρτυροῦντα τῷ σχήματι, βάδισμα
25 καὶ βλέμμα καὶ φωνὴ καὶ τράχηλος ἐπικεκλασμένος καὶ

---

seist (S. c. 20), wie sollte man sich
wundern, dass du deinen Schmeich-
lern glaubst, du wärest gebildet.

7. βασιλεύς der Kaiser M.
Aurelius Antoninus, der Philosoph
v. 161—180.

πάντα — ἔσεσθαι — νομί-
ζεις. Vgl. c. 1 und Piscator c. 6.
τις ἤδη εἶναι ἔδοξεν.

12. ὁ μεθ᾽ ἡμέραν βίος. S.
zu c. 4.

23. 21. εἰ Βάσσος — Συβα-
ρίτης. Bassus und Hemitheon sonst

nicht weiter bekannt. Batalos, ein
durch seine Weichlichkeit berüch-
tigter Flötenspieler um die Mitte
des 4ten Jahrh. v. Chr.

23. χύτραις λημῶντες. Wir
sagen von Einem, der nicht klar
sieht: ‚Er hat Sand in den Augen.‘
Stärker Aristoph. Wolken 327. λη-
μᾶν κολοκύνθαις (Kürbisse). Noch
übertriebener hier χύτραις (Töpfe)
λημᾶν.

25. τράχηλος ἐπικεκλα-
σμένος wie Rhet. praec. c. 11.

ψιμύθιον καὶ μαστίχη καὶ φῦκος, οἷς ὑμεῖς κοσμεῖσθε,
καὶ ὅλως θᾶττον ἂν κατὰ τὴν παροιμίαν πέντε ἐλέφαν-
τας ὑπὸ μάλης κρύψειας ἢ ἕνα κίναιδον. εἶτα ἡ λεοντῆ
μὲν τὸν τοιοῦτον οὐκ ἂν ἔκρυψε, σὺ δ' οἴει λήσειν σκε-
πόμενος βιβλίῳ; ἀλλ' οὐ δυνατόν· προδώσει γάρ σε καὶ 5
24 ἀποκαλύψει τὰ ἄλλα ὑμῶν γνωρίσματα. 24. τὸ δ' ὅλον
ἀγνοεῖν μοι δοκεῖς ὅτι τὰς ἀγαθὰς ἐλπίδας οὐ παρὰ
τῶν βιβλιοκαπήλων δεῖ ζητεῖν, ἀλλὰ παρ' αὐτοῦ καὶ τοῦ
καθ' ἡμέραν βίου λαμβάνειν.

28   28. Οἶδα, ὡς μάτην ταῦτά μοι λελήρηται καὶ κατὰ 10
τὴν παροιμίαν Αἰθίοπα σμήχειν ἐπιχειρῶ· σὺ γὰρ ὠνήσῃ
καὶ χρήσῃ ἐς οὐδὲν καὶ καταγελασθήσῃ πρὸς τῶν πεπαι-
δευμένων, οἷς ἀπόχρη ὠφελεῖσθαι οὐκ ἐκ τοῦ κάλλους
τῶν βιβλίων οὐδ' ἐκ τῆς πολιτελείας αὐτῶν, ἀλλ' ἐκ τῆς
29 φωνῆς καὶ τῆς γνώμης τῶν γεγραφότων. 29. σὺ δὲ οἴει 15
θεραπεύσειν τὴν ἀπαιδευσίαν καὶ ἐπικαλύψειν τῇ δόξῃ
ταύτῃ καὶ ἐκπλήξειν τῷ πλήθει τῶν βιβλίων, οὐκ εἰδὼς
ὅτι καὶ οἱ ἀμαθέστατοι τῶν ἰατρῶν τὸ αὐτὸ σοὶ ποιοῦ-
σιν ἐλεφαντίνους νάρθηκας καὶ σικύας ἀργυρᾶς ποιού-
μενοι καὶ σμίλας χρυσοκολλήτους· ὁπόταν δὲ καὶ χρήσα- 20
σθαι τούτοις δέῃ, οἱ μὲν οὐδὲ ὅπως χρὴ μεταχειρίσασθαι
αὐτὰ ἴσασι· παρελθὼν δέ τις ἐς τὸ μέσον τῶν μεμαθη-
κότων φλεβοτόμον εὖ μάλα ἠκονημένον ἔχων ἰοῦ τἆλλα
μεστὸν ἀπήλλαξε τῆς ὀδύνης τὸν νοσοῦντα. ἵνα δὲ καὶ
γελοιοτέρῳ τινὶ τὰ σὰ εἰκάσω, τοὺς κουρέας τούτους ἐπί- 25
σκεψαι, καὶ ὄψει τοὺς μὲν τεχνίτας αὐτῶν ξυρὸν καὶ μα-
χαιρίδα καὶ κάτοπτρον σύμμετρον ἔχοντας, τοὺς δὲ ἀμα-
θεῖς καὶ ἰδιώτας πλῆθος μαχαιρίδων προτιθέντας καὶ
κάτοπτρα μεγάλα, οὐ μὴν λήσειν γε διὰ ταῦτα οὐδὲν εἰ-

---

24. 6. τ ὸ δ' ὅ λ ο ν = denique.
28. 11. Α ἰ θ ί ο π α σ μ ή χ ε ι ν
wie wir: einen Mohren weiss
waschen.
14. ἐ κ τ ῆ ς φ ω ν ῆ ς κ α ὶ τ ῆ ς
γ ν ώ μ η ς. φ ω ν ή = elocutio. Der-
selbe Gegensatz de hist. cscr. c. 43.

16.   θ ε ρ α π ε ύ σ ε ι ν   τ ὴ ν
ἀ π α ι δ ε υ σ ί α ν d. i. durch Für-
sorge dem Mangel an Bildung ab-
helfen.
29. 19. σ ι κ ύ α ς Schröpfköpfe.
24.   ἀ π ή λ λ α ξ ε   gnomischer
Aorist; ‚er pflegt zu befreien‘.

δότας, ἀλλὰ τὸ γελοιότατον ἐκεῖνο πάσχουσιν, ὅτι κεί-
ρονται μὲν οἱ πολλοὶ παρὰ τοῖς γείτοσιν αὐτῶν, πρὸς δὲ
τὰ ἐκείνων κάτοπτρα προσελθόντες τὰς κόμας εὐθετί-
ζουσι. 30. καὶ σὺ τοίνυν ἄλλῳ μὲν δεηθέντι χρήσειας 30
5 ἂν τὰ βιβλία, χρήσασθαι δὲ αὐτὸς οὐκ ἂν δύναιο. καί-
τοι οὐδ᾽ ἔχρησάς τινι βιβλίον πώποτε, ἀλλὰ τὸ τῆς κυνὸς
ποιεῖς τῆς ἐν τῇ φάτνῃ κατακειμένης, ἢ οὔτε αὐτὴ τῶν
κριθῶν ἐσθίει οὔτε τῷ ἵππῳ δυναμένῳ φαγεῖν ἐπιτρέπει.
ταῦτα τό γε νῦν εἶναι ὑπὲρ μόνων τῶν βιβλίων παῤῥη-
10 σιάζομαι πρὸς σέ, περὶ δὲ τῶν ἄλλων ὅσα κατάπτυστα
καὶ ἐπονείδιστα ποιεῖς, αὖθις ἀκούσῃ πολλάκις.

30. 6. τ ὸ τ ῆ ς κ υ ν ὸ ς — ἐ π ι -
τ ρ έ π ε ι wie Timon c. 14.   9. τ ό γ ε ν ῦ ν ε ἶ ν α ι. S. zu
Icarom. c. 33.

UEBER DIE PANTOMIMIK.

Als mit dem Anfange der Kaiserzeit die Freiheit der Rede
im öffentlichen und häuslichen Leben mehr und mehr beschränkt
wurde, da verstummte auch allmählich auf der Bühne die Komö-
die und Tragödie und das freie Spiel der in Italien einheimischen
Atellanen hörte auf. Zu derselben Zeit (S. zu c. 33.) wurde von
Pylades und Bathyllus die Pantomimik (ὄρχησις, ὄρχησις Ἰτα-
λική, s. zu c. 67.) künstlerisch ausgebildet, welche die gefahr-
volle Klippe in der Weise glücklich vermied, dass sie nur
durch Geberden die schönsten Mythen des Alterthums dem
Auge des Zuschauers in lebendigen Bildern vorführte (c. 62).
Mit der Tragödie, der Komödie und dem Satyrdrama theilte
sie ihre Stoffe (S. c. 61.) und die Kunst der Darstellung
(ὑπόχρισις). Aber die Stelle der dramatischen Wechselrede
vertrat ein dürftiger Text (ᾆσμα, fabula saltica, S. zu c. 2.
c. 29. c. 62. 84.), der die Hauptmomente jedes Mythus in
einzelne Bilder gliederte (c. 66.) und vom Chore gesungen
nur das Verständniss der den Inhalt darstellenden Bewegungen
des Pantomimen zu erleichtern bestimmt war. Rauschende
Instrumentalmusik (s. zu c. 2. 26. 68. 72,), die ihn beglei-
tete, diente dazu, theils die Bewegungen rhythmisch zu regeln,
theils die Sinne, auf welche vorzugsweise das Ganze berechnet
war, stärker anzuregen.

Keine Kunstgattung konnte glücklicher für die Zeit gewählt
sein, in welcher sie entstanden. Was für die grosse Menge *panis
et Circenses*, das wurden für die Gebildeteren die Spiele der Panto-
mimen, die zu einer hohen künstlerischen Vollendung erhoben
die Sinne reizten, ohne doch Geist und Gemüth ganz leer aus-
gehn zu lassen. Daher kam es, dass sie mit überraschen-
der Schnelligkeit sich durch das ganze Reich verbreiteten und

bald so sehr alle Kreise durchdrangen, dass ihr Einfluss auch ausser der Bühne auf dem Throne wie in Privathäusern zur Herrschaft gelangte. Immer lüsterner und üppiger wurde die Kunst, immer zügelloser die Künstler; es tanzten die Kaiser, es regierten die Tänzer und wenn auch im ersten Jahrhunderte einzelne Edicte das Treiben derselben von Zeit zu Zeit zu zügeln suchten, so überflutheten sie doch später so sehr das ganze Leben der Römer, dass die Kirchenschriftsteller wohl nicht mit Unrecht ihnen einen wesentlichen Antheil an der steigenden Sittenverderbniss zuschrieben und ihre Bühne ein Consistorium der Unzucht und eine Werkstätte des Teufels nannten.

Die vorliegende Schrift macht uns mit diesem Zweige der dramatischen Tanzkunst i n s e i n e r B l ü t h e n z e i t (c 34) näher bekannt und bietet uns damit einen sehr werthvollen Beitrag zur Zeitgeschichte dar, der um so schätzbarer ist, als uns andere zusammenhängende und ins Einzelne gehende Nachrichten darüber nicht erhalten sind. Um so mehr können wir es übersehen, dass sie nicht frei ist von Einseitigkeit und rhetorischer Uebertreibung in der Verherrlichung der Tanzkunst überhaupt; ja selbst der Umstand, dass sie möglicher Weise nicht von Lucian herrührt, durfte uns nicht abhalten, sie den vorangehenden Characterbildern anzureihen.

Zur weiteren Begründung einzelner bei der Erklärung aufgeführten Resultate verweise ich auf G r y s a r, Pantomimische Kunst des Alterthums in Ersch und Grubers Encyclopädie, G r y - s a r über die Pantomimen der Römer im Rhein. Museum für Philologie 1833, 2. Jahrg. 1. Heft p. 30 ff. und J u l. S o m m e r - b r o d t, *disputationes scenicae. II. de triplici pantomimorum genere* im Programm der Ritterakademie zu Liegnitz 1843. (wieder abgedruckt in J u l. S o m m e r b r o d t, *scaenica*. Berlin 1876 pag. 35 ff).

ΠΕΡΙ ΟΡΧΗΣΕΩΣ.

1 1. *ΛΥΚΙΝΟΣ.* Ἐπεὶ τοίνυν, ὦ Κράτων, δεινήν τινα ταύτην κατηγορίαν ἐκ πολλοῦ, οἶμαι, παρεσκευασμένος κατηγόρηκας ὀρχήσεώς τε καὶ αὐτῆς ὀρχηστικῆς καὶ προσέτι ἡμῶν γε τῶν χαιρόντων τῇ τοιαύτῃ θέᾳ ὡς ἐπὶ φαύλῳ καὶ γυναικείῳ πράγματι μεγάλην σπουδὴν ποιου- 5 μένων, ἄκουσον ὅσον τοῦ ὀρθοῦ διημάρτηκας καὶ ὡς λέληθας σεαυτὸν τοῦ μεγίστου τῶν ἐν τῷ βίῳ ἀγαθῶν κατηγορῶν. καὶ συγγνώμη σοι, εἰ ἐξ ἀρχῆς βίῳ αὐχμηρῷ συζῶν καὶ μόνον τὸ σκληρὸν ἀγαθὸν ἡγούμενος ὑπ' ἀπειρίας αὐτῶν κατηγορίας ἄξια εἶναι νενόμικας. 10

2 2. *ΚΡΑΤ.* Ἀνὴρ δέ τις ὤν, ὦ λῷστε, καὶ ταῦτα παιδείᾳ σύντροφος καὶ φιλοσοφίᾳ τὰ μέτρια ὡμιληκώς, ἀφέμενος, ὦ Λυκῖνε, τοῦ περὶ τὰ βελτίω σπουδάζειν καὶ

1. 1. Ἐπεὶ τοίνυν. S. zu adv. indoct. c. 1.

1. δεινήν τινα ταύτην κατηγορίαν. S. zu Rhet. praec. c. 1. und Gall. c. 6. Icarom. c. 1.

4. ὡς ἐπὶ φαύλῳ — πράγματι — σπουδὴν ποιουμένων wie c. 76. Aehnlich σπουδὴν ποιεῖσθαι περί τι Nigr. c. 33. διεγέλα τοὺς θαυμάσιόν τινα τὴν σπουδὴν περὶ τὰ δεῖπνα ποιουμένους. Dagegen σπουδὴν ποιεῖσθαί τι etwas für Ernst halten. Arist. Ran. 522. οὔτι που σπουδὴν ποιεῖ, ὅτιή σε παίζων Ἡρακλέα ἀνεσκεύασα;

9. μόνον τὸ σκληρὸν ἀγαθὸν ἡγούμενος Anspielung auf die rauhe Sittenstrenge der Stoiker und Cyniker, insofern sie das höchste Gut der Menschen in der Tugend, diese aber in dem Entbehren aus Freiheit und Unabhängigkeit von dem Aeusseren erkannten.

2. 12. παιδείᾳ σύντροφος wie Nigr. c. 12. φιλοσοφίᾳ καὶ πενίᾳ σύντροφοί εἰσιν c. 15. κολακείᾳ διὰ πάντα καὶ δουλείᾳ σύντροφος. τὰ μέτρια einigermassen, hinreichend. Vgl. c. 8. οὐ τὰ μέτρια ὤνατο τῆς τέχνης αὐτῶν.

τοῖς παλαιοῖς σινεῖναι, κάθησαι καταυλούμενος, θηλυ-
δρίαν ἄνθρωπον ὁρῶν ἐσθῆσι μαλακαῖς καὶ ᾄσμασιν ἀκο-
λάστοις ἐναβρυνόμενον καὶ μιμούμενον ἐρωτικὰ γύναια,
τῶν πάλαι τὰς μαχλοτάτας, Φαίδρας καὶ Παρθενόπας
5 καὶ Ῥοδόπας τινάς, καὶ ταῦτα πάντα ὑπὸ κρούμασι καὶ
τερετίσμασι καὶ ποδῶν κτύπῳ καταγέλαστα ὡς ἀληθῶς

1. τοῖς παλαιοῖς welche
alten Schriftsteller gemeint, zeigt
weiter unten *Πλάτωνος — Ἀρι-
στοτέλους ἐκλαθόμενος.*
1.κ α τ α υ λ ο ύ μ ε ν ο ς.Nicht bloss
Flötenmusik begleitete die Darstel-
lungen der Pantomimen, sondern
auch andere Instrumente. S. c. 26.
die Kithara, das *κύμβαλον* c. 68. 72.
und Cassiodor. Var. IV. 51. *Panto-
mimus cum primum in scaenam
plausibus invitatus advenerit, assi-
dunt consoni chori diversis or-
ganis eruditi.*
1. θ η λ υ δ ρ ί α ν ἄ ν θ ρ ω π ο ν
ὁ ρ ῶ ν den Pantomimen.
2. ἐ σ θ ῆ σ ι μ α λ α κ α ῖ ς. c. 63.
werden Serische Gewänder genannt.
5. ᾄ σ μ α σ ι ν ἀ κ ο λ ά σ τ ο ι ς
ἐ ν α β ρ υ ν ό μ ε ν ο ν. Die ᾄσματα
sind die Texte der pantomimischen
Dramen (*fabulae salticae*), die *can-
tica*, welche vom Chor gesungen und
von dem Pantomimen dargestellt
werden. Vgl. c. 62 κινήμασι τὰ ᾀδό-
μενα δείξειν ὑπισχνεῖται.
3. ἐ ρ ω τ ι κ ὰ γ ύ ν α ι α. Kraton
führt, um die Pantomimik herabzu-
ziehn, nur diese an, während sie
ihre Stoffe aus dem ganzen weiten
Gebiete der Mythologie und Ge-
schichte entnimmt. S. c. 37 ff.
4. Φ α ί δ ρ α ς κ α ὶ Π α ρ θ ε-
ν ό π α ς κ α ὶ Ῥ ο δ ό π α ς τ ι ν ά ς
der Plural zur Bezeichnung des Gat-
tungsbegriffes, wie im Lat. *Cicerones.*
P h ä d r a, Gemahlin des Theseus,
bekannt wegen ihrer unglücklichen
Liebe zu ihrem Stiefsohn Hippoly-
tus. P a r t h e n o p e unter den Si-
renen genannt. R h o d o p e, thraci-
sche Quellnymphe, Gemahlin des

Königs Hämos in Thracien, mit dem
sie in einen Berg verwandelt wurde,
weil sie sich frevelnd Zeus und Here
nannten. Ovid. Met. VI. 87—89.
Vgl. c. 51.
5. ὑ π ὸ κ ρ ο ύ μ α σ ι, sowohl
vom Flöten- als vom Citherspielen
gebraucht, hier von allen bei den
Pantomimen gebräuchlichen Instru-
menten. ὑπό mit dem Dativ, u n-
ter der Leitung (unter der Be-
gleitung) wie c. 72. ὑπ᾿ αὐλοῖς
καὶ κυμβάλοις. Vgl. die Verba
ὑ π ᾄ δ ε ι ν c. 30. ὑ π α υ λ ε ῖ ν, ὑ π ο ρ-
χεῖσθαι u. a., bei welchen das
Leitende, Gebietende, durch wel-
ches die Thätigkeit des Vb. bestimmt
und geregelt wird, entweder im Da-
tiv hinzugefügt wird wie Arist. Frö-
sche 366 ὑπᾄδειν τοῖς χοροῖς, oder
noch öfter aus dem Zusammenhange
zu ergänzen ist.
6. τ ε ρ ε τ ί σ μ α σ ι das Ge-
zwitscher, Geträller, veracht-
lich von dem die Darstellung des
Pantomimen begleitenden Chorge-
sange c. 68. ᾀδόντων ὁμοφωνία.
6. π ο δ ῶ ν κ τ ύ π ῳ. Vgl. c. 63.
68. 83. ἑνὸς γὰρ τῶν τ ῷ σ ι δ η-
ρ ῷ ὑ π ο δ ή μ α τ ι κ τ υ π ο ύ ν τ ω ν
τὴν ἐσθῆτα κατέρρηξεν). Die Be-
wegungen des Pantomimen wie der
Gesang des ihn begleitenden Chores
wurden von einigen Choristen, (s. zu
c. 83., sonst auch von den Flötenblä-
sern) durch eine an dem Schuhe des
rechten Fusses befindliche eherne
Sohle (κρούπεζα, *scabellum*) im
Takte gehalten. Liban. de saltatore
ed. Reiske III p. 385 κτύπου δὲ δεῖ
τοῖς ὀρχησταῖς μείζονος, ὅς τ ά τ ε
τ ο ῦ χ ο ρ ο ῦ δ ι ο ι κ ή σ ε τ α ι π ρὸς

πράγματα καὶ ἥκιστα ἐλευθέρῳ ἀνδρὶ καὶ οἵῳ σοὶ πρέ-
ποντα; ὥστε ἔγωγε πυθόμενος ὡς ἐπὶ τοιαύτῃ θέᾳ σχο-
λάζοις, οὐκ ἠδέσθην μόνον ὑπὲρ σοῦ, ἀλλὰ καὶ ἠνιάθην,
εἰ Πλάτωνος καὶ Χρυσίππου καὶ Ἀριστοτέλους ἐκλαθό-
μενος κάθησαι τὸ ὅμοιον πεπονθὼς τοῖς τὰ ὦτα πτερῷ 5
κνωμένοις, καὶ ταῦτα μυρίων ἄλλων ὄντων ἀκουσμάτων
καὶ θεαμάτων σπουδαίων, εἰ τούτων τις δέοιτο, τῶν κυ-
κλικῶν αὐλητῶν καὶ τῶν κιθάρᾳ τὰ ἔννομα προσᾳδόν-
των, καὶ μάλιστα τῆς σεμνῆς τραγῳδίας καὶ τῆς φαιδρο-
8 τάτης κωμῳδίας, ἅπερ καὶ ἐναγώνια ἠξίωται. 3. πολλῆς 10
οὖν, ὦ γενναῖε, τῆς ἀπολογίας τοι δεήσει πρὸς τοὺς πε-
παιδευμένοις, εἰ βούλει μὴ παντάπασιν ἐκκεκρίσθαι καὶ
τῆς τῶν σπουδαίων ἀγέλης ἐξεληλάσθαι. καίτοι τό γε
ἄμεινον ἐκεῖνό ἐστιν, οἶμαι, ἀρνήσει τὸ πᾶν ἰάσασθαι
καὶ μηδὲ τὴν ἀρχὴν ὁμολογεῖν τι τοιοῦτον παρανενομη- 15

τὴν χρείαν καὶ τοῖς ὀρχησταῖς
συμβαλεῖ πρὸς εὐρυθμίαν·
οὗτος δὲ ἀπὸ ψιλοῦ τοῦ ποδὸς
οὐκ ἂν ἀποχρῶν εἴη. δεῖ δέ τινα
κανόνα σιδηροῦν ἀπὸ τῆς
βλαύτης ὁρμώμενον ἀρχοῦσαν
ἠχὴν ἐργάσασθαι. Vgl. zu c. 83.
1. καὶ οἵῳ σοὶ πρέποντα
wie adv. indoct. c. 3.
4. Χρυσίππου. S. zu Pisc.
c. 1.
7. τῶν κυκλικῶν αὐλητῶν
selbständige lyrische Flötenspieler-
chöre κυκλικοί genannt, zum Unter-
schiede von den viereckigen (τετρά-
γωνοι) dramatischen Chören, welche
von Flötenbläsern nur begleitet
wurden. Sie waren wie die tragi-
schen, komischen und satyrischen,
und wie die lyrischen Chöre von
Männern und Knaben u. s. w. Ge-
genstand der Choregie und somit
des öffentlichen Wettkampfes.
8. τὰ ἔννομα gewöhnlicher
νόμοι genannt, ursprünglich Satz-
weisen (modi), später Sätze, wie
auch wir in der musikalischen Spra-
che die einzelnen Theile eines grös-

seren Musikstückes z. B. einer Sym-
phonie nennen, wobei der Rhythmus
und wahrscheinlich auch die Tonart
gesetzlich feststanden; dann
ganze Tongemälde, in welchen die
einzelnen Sätze und die Aufeinander-
folge derselben fest bestimmt war; so
der Apollos Sieg über die Pythische
Schlange darstellende νόμος Πυθι-
κός, dessen einzelne Theile 1. πεῖ-
ρα. 2. ἴαμβοί. 3. Δάκτυλοι. 4.
Σύριγγες.
10. ἅπερ καὶ ἐναγώνια —
ἠξίωται bezieht sich auf alle vor-
hergenannten, wie sich aus c. 26
ergiebt. ἐναγώνια d. i. Gegen-
stand des Wettkampfes bei den
Festspielen der Griechen.
3. 11. πρὸς τοὺς πεπαι-
δευμένους vornehmlich den Phi-
losophen.
15. μηδὲ τὴν ἀρχήν .. ge-
wöhnlich wie hier mit vorhergehen-
der oder mit folgender Negation,
,von Anfang an', ,überhaupt'.
omnino. S. zu Nigr. c. 2. 6. Icarom.
c. 9.

σθαί σοι. πρὸς δ᾽ οἶν τοὐπιὸν ὅρα ὅπως μὴ λάθῃς ἡμῖν
ἐξ ἀνδρὸς τοῦ πάλαι Λυδή τις ἢ Βάκχη γενόμενος ὅπερ
οὐ σὸν ἂν ἔγκλημα εἴη μόνον, ἀλλὰ καὶ ἡμῶν, εἰ μή σε
κατὰ τὸν Ὀδυσσέα τοῖ λωτοῦ ἀποσπάσαντες ἐπὶ τὰς
5 συνήθεις διατριβὰς ἐπανάξομεν, πρὶν λάθῃς τελέως ὑπὸ
τῶν ἐν τῷ θεάτρῳ Σειρήνων κατεσχημένος. καίτοι ἐκεῖ-
ναι μὲν τοῖς ὠσὶ μόνοις ἐπεβοίλευον, καὶ διὰ τοῦτο κη-
ροῦ ἐδέησε πρὸς τὸν παράπλουν αὐτῶν· σὺ δὲ καὶ δι᾽
ὀφθαλμῶν ἔοικας ὅλος δεδουλῶσθαι.

10   4. ΛΥΚ. Παπαῖ, ὦ Κράτων, ὡς κάρχαρόν τινα 4
ἔλυσας ἐφ᾽ ἡμᾶς τὸν σαυτοῦ κύνα. πλὴν τό γε παρά-
δειγμα τὴν τῶν Λωτοφάγων καὶ Σειρήνων εἰκόνα πάνυ
ὁμοιοτάτην μοι δοκεῖς εἰρηκέναι ὧν πέπονθα, παρ᾽ ὅσον
τοῖς μὲν τοῦ λωτοῦ γευσαμένοις καὶ τῶν Σειρήνων ἀκού-
15 σασιν ὄλεθρος ἦν τῆς τε ἐδωδῆς καὶ τῆς ἀκροάσεως τοὐ-
πιτίμιον, ἐμοὶ δὲ πρὸς τῇ τὴν ἡδονὴν παρὰ πολὺ ἡδίω
πεφυκέναι καὶ τὸ τέλος ἀγαθὸν ἀποβέβηκεν· οὐ γὰρ εἰς
λήθην τῶν οἴκοι οὐδ᾽ εἰς ἀγνωσίαν τῶν κατ᾽ ἐμαυτὸν
περιίσταμαι, ἀλλ᾽ εἰ χρὴ μηδὲν ὀκνήσαντα εἰπεῖν, μακρῷ
20 πινυτώτερος καὶ τῶν ἐν τῷ βίῳ διορατικώτερος ἐκ τοῦ
θεάτρου σοι ἐπανελήλυθα. μᾶλλον δὲ τὸ τοῦ Ὁμήρου

2. Λυδή τις, τις eine Art.
S. zu Icarom. c. 1. 12.

4. κατὰ τὸν Ὀδυσσέα. S.
zu Pisc. c. 3.

4. 10. ὡς κάρχαρον — κύνα.
Anspielung auf den Cyniker. Ueber
κάρχαρον s. zu de hist. cscr. c. 43.
Vgl. Bis accus. c. 33. τελευταῖον δὲ
καὶ Μένιππόν τινα τῶν παλαιῶν
κυνῶν μάλα ὑλακτικὸν ἅς δοκεῖ καὶ
κάρχαρον ἀνορύξας — ἐπεισήγαγε.

11. πλὴν τό γε παράδει-
γμα. S. zu Rhet. praec. c. 5.

12. εἰκόνα πάνυ ὁμοιοτά-
την μοι δοκεῖς εἰρηκέναι ὧν
πέπονθα, παρ᾽ ὅσον — ὄλε-
θρος ἦν. 'Uebrigens scheint deine
Vergleichung ganz passend, nur

mit dem Unterschiede (παρ᾽
ὅσον S. zu de hist. cscr. c. 18. adv.
indoct. c. 10), dass . . .' Dass ὁμοιο-
τάτην statt ἀνομοιοτάτην zu lesen,
zeigt De hist.'cscr. c. 8. ὅμοιος οὗ-
τος ἐκείνῳ, παρ᾽ ὅσον ὁ μὲν
Θουκυδίδῃ, οὗτος δὲ Ἡροδότῳ
εὖ μάλα ἐῴκει. Scyth. c. 11.

12. πάνυ ὁμοιοτάτην, πάνυ
mit dem Superl. wie de hist. cscr. c. 5.
πάνυ ῥᾶστον, erst bei späteren
Schriftstellern gebräuchlicher.

16. παρὰ πολύ. Vgl. παρ᾽
ὀλίγον. S. de hist. cscr. c. 46.

19. περιίσταμαι wie de hist.
cscr. c. 1.

21. μᾶλλον δέ. S. zu de hist.
cscr. c. 2.

αὐτὸ εἰπεῖν καλόν, ὅτι ὁ τοῦτο ἰδὼν τὸ θέαμα
    τερψάμενος νεῖται καὶ πλείονα εἰδώς.

ΚΡΑΤ. Ἡράκλεις, ὦ Λυκῖνε, οἷα πέπονθας, ὃς
οὐδὲ αἰσχύνῃ ἐπ᾽ αὐτοῖς, ἀλλὰ καὶ σεμνυνομένῳ ἔοικας.
τὸ γοῦν δεινότατον τοῦτό ἐστιν, ὅτι μηδὲ ἰάσεώς τινα 5
ἡμῖν ὑποφαίνεις ἐλπίδα ἐπαινεῖν τολμῶν τὰ οὕτως αἰ-
σχρὰ καὶ κατάπτυστα.

5   5. ΛΥΚ. Εἰπέ μοι, ὦ Κράτων, ταυτὶ δὲ καὶ περὶ
ὀρχήσεως καὶ τῶν ἐν τῷ θεάτρῳ γινομένων ἰδὼν πολλά-
κις αὐτὸς ἐπιτιμᾷς, ἢ ἀπείρατος ὢν τοῦ θεάματος ὅμως 10
αἰσχρὸν αὐτὸ καὶ κατάπτυστον, ὡς φῄς, νομίζεις; εἰ μὲν
γὰρ εἶδες, ἐξ ἴσου ἡμῖν καὶ σὺ γεγένησαι· εἰ δὲ μή, ὅρα
μὴ ἄλογος ἡ ἐπιτίμησις εἶναί σου δόξῃ καὶ θρασεῖα κα-
τηγοροῦντος ὧν ἀγνοεῖς.

ΚΡΑΤ. Ἔτι γὰρ τοῦτό μοι λοιπὸν ἦν, ἐν βαθεῖ 15
τούτῳ τῷ πώγωνι καὶ πολιᾷ τῇ κόμῃ καθῆσθαι μέσον
ἐν τοῖς γυναίοις καὶ τοῖς μεμηνόσιν ἐκείνοις θεαταῖς κρο-
τοῦντά τε προσέτι καὶ ἐπαίνους ἀπρεπεστάτους ἐπιβο-
ῶντα ὀλέθρῳ τινὶ ἀνθρώπῳ ἐς οὐδὲν δέον καταχλωμένῳ.

ΛΥΚ. Συγγνωστά σου ταῦτα, ὦ Κράτων. εἰ δέ μοι 20
πεισθείης ποτὲ καὶ ὅσον πείρας ἕνεκα παράσχοις ἑαυτὸν
ἀναπετάσας τοὺς ὀφθαλμούς, εὖ οἶδα ὡς οὐκ ἀνάσχοιο

---

2. τερψάμενος νεῖται
Worte der Sirenen. Homers Odys-
see XII. 188.

5. ὅτι μηδέ. S. zu adv. in-
doct. c. 5.

5. 15. ἐν βαθεῖ τούτῳ τῷ
πώγωνι. S. Piscat. c. 41.

17. μεμηνόσιν vor Ent-
zücken.

17. κροτοῦντα vom Beifall-
klatschen.

19. ὀλέθρῳ τινὶ ἀνθρώπῳ
wie de hist. cscr. Alex. c. 11. οἱ
ὄλεθροι ἐκεῖνοι Παφλαγόνες . .
Pseudol. c. 18. παραδοὺς ἑαυτὸν
τῷ ὀλέθρῳ ἐκείνῳ στρατιώτη.

19. καταχλωμένῳ. Kraton

bezeichnet spöttisch die geschmei-
digen Bewegungen des Pantomimen
als Verrenkungen. Sonst καταχύ-
πτω wie Homer von Meriones, den
Aeneas selbst als ὀρχηστής be-
zeichnet Il. XVI. 611. πρόσσω γὰρ
κατέκυψε, τὸ δ᾽ ἐξόπιθεν δόρυ
μακρὸν οὔδει ἐνισκίμφθη.

21. ὅσον πείρας ἕνεκα, so
viel als des Versuchs wegen nöthig
ist, d. i. nur . . .

22. οὐκ ἀνάσχοιο ἂν μὴ
οὐχί . . . καταλαμβάνων. μὴ
οὐ bei Infinitiven und Participien
nach negativen Verben mit negati-
vem Sinne (ἀνέχεσθαι sich enthal-
ten, d. i. etwas nicht thun) im Deut-
schen gar nicht zu übersetzen.

ἂν μὴ οὐχὶ πρὸ τῶν ἄλλων θέαν ἐν ἐπιτηδείῳ καταλαμβάνων, ὅθεν καὶ ὄψει ἀκριβῶς καὶ ἀκούσῃ ἅπαντα.

ΚΡΑΤ. Μὴ ὥρασιν ἄρα ἱκοίμην, εἴ τι τοιοῦτον ἀνασχοίμην ποτέ, ἔστ᾽ ἂν δασύς τε εἴην τὰ σκέλη καὶ τὸ γέ-
5 νειον ἀπαράτιλτος· ὡς νῦν γε καὶ σὲ ἤδη ἐλεῶ τελέως
ἡμῖν ἐκβεβακχευμένον.

6. ΛΥΚ. Βούλει οὖν ἀφέμενος, ὦ ἑταῖρε, τῶν βλασφη- 6
μιῶν τούτων ἀκοῦσαί μού τι περὶ ὀρχήσεως λέγοντος καὶ
τῶν ἐν αὐτῇ καλῶν, καὶ ὡς οὐ τερπνὴ μόνον, ἀλλὰ καὶ
10 ὠφέλιμός ἐστι τοῖς θεωμένοις, καὶ ὅσα παιδεύει καὶ
ὅσα διδάσκει καὶ ὡς ῥυθμίζει τῶν ὁρώντων τὰς ψυχὰς
καλλίστοις θεάμασιν ἐγγυμνάζουσα καὶ ἀρίστοις ἀκούσμα-
σιν ἐνδιατρίβουσα καὶ κοινόν τι ψυχῆς καὶ σώματος κάλ-
λος ἐπιδεικνυμένη; τὸ γὰρ μετὰ μουσικῆς καὶ ῥυθμοῦ
15 ταῦτα πάντα ποιεῖν, οὐ ψόγος ἂν αὐτῆς, ἀλλ᾽ ἔπαινος
μᾶλλον ἂν εἴη.

ΚΡΑΤ. Ἐμοὶ μὲν οἱ πάνυ σχολὴ μεμηνότος ἀν-
θρώπου ἀκροᾶσθαι τὴν νόσον τὴν αὐτοῦ ἐπαινοῦντος·
σὺ δὲ εἰ βούλει λῆρόν τινα κατασχεδάσαι μου, ἕτοιμος
20 φιλικὴν ταύτην λειτουργίαν ὑποστῆναι καὶ παρασχεῖν τὰ
ὦτα καὶ ἄνευ κηροῦ παρακούειν τῶν φαύλων δυνάμενος.
ὥστε ἤδη σιωπήσομαί σοι, καὶ λέγε ὁπόσα ἐθέλεις ὡς
μηδὲ ἀκούοντός τινος.

7. ΛΥΚ. Εὖ γε, ὦ Κράτων, καὶ τούτου ἐδεόμην 7
25 μάλιστα· εἴσῃ γὰρ μετ᾽ ὀλίγον εἰ λῆρος εἶναί σοι δόξει

---

1. ἐν ἐπιτηδείῳ au einem geeigneten guten Platze.
3. μὴ ὥρασιν — ἱκοίμην Verwünschungsformel, gewöhnlich erklärt: Möge ich nicht zu meinen Jahren (ὥρα) kommen d. i. möge mich der Geier holen. Ebenso dial. deor. 6, 4. dial. mer. 10, 3. Aristoph Lysist. 1037.
4. ἔστ᾽ ἂν — ἀπαράτιλτος d. i. so lange ich bin, was ich jetzt bin, ein Mann, kein sittenverderbter Weichling.

Sommerbrodt, Lucian III. 2. Aufl.

6. 19. λῆρόν τινα κατασχεδάσαι μου oft bei Lucian. Vgl. Eun. c. 2. ὅλας ἁμάξας βλασφημιῶν κατεσκέδασαν ἀλλήλων. Nigr. c. 3. λόγων ἀμβροσίαν κατεσκέδασεν.
20. λειτουργίαν eigentl. hiessen so bestimmte Staatsdienstleistungen s. zu Icarom. c. 9. (λήιτον von λαός), hier in abgeschwächter Bedeutung.
22. ὥστε. S. zu de hist. conser. c. 12.

τὰ λεχθησόμενα. καὶ πρῶτόν γε ἐκεῖνο πάνυ ἠγνοηκέναι
μοι δοκεῖς, ὡς οὐ νεώτερον τὸ τῆς ὀρχήσεως ἐπιτήδευμα
τοῦτό ἐστιν οὐδὲ χθὲς καὶ πρῴην ἀρξάμενον, οἷον κατὰ
τοὺς προπάτορας ἡμῶν ἢ τοὺς ἐκείνων, ἀλλ᾽ οἵ γε τἀ-
ληθέστατα ὀρχήσεως πέρι γενεαλογοῦντες ἅμα τῇ πρώτῃ 5
γενέσει τῶν ὅλων φαῖεν ἄν σοι καὶ ὄρχησιν ἀναφῦναι τῷ
ἀρχαίῳ ἐκείνῳ Ἔρωτι συναναφανεῖσαν· ἡ γοῦν χορεία
τῶν ἀστέρων καὶ ἡ πρὸς τοὺς ἀπλανεῖς τῶν πλανήτων
συμπλοκὴ καὶ εὔρυθμος αὐτῶν κοινωνία καὶ εὔτακτος
ἁρμονία τῆς πρωτογόνου ὀρχήσεως δείγματά ἐστι· κατ᾽ 10
ὀλίγον δὲ αὐξανομένη καὶ τῆς πρὸς τὸ βέλτιον ἀεὶ προς-
θήκης τυγχάνουσα νῦν ἔοικεν ἐς τὸ ἀκρότατον ἀποτετε-
λέσθαι καὶ γεγενῆσθαι ποικίλον τι καὶ παναρμόνιον καὶ
πολύμουσον ἀγαθόν.

8   8. Πρῶτον δέ φασι Ῥέαν ἡσθεῖσαν τῇ τέχνῃ ἐν 15
Φρυγίᾳ μὲν τοὺς Κορύβαντας, ἐν Κρήτῃ δὲ τοὺς Κουρῆτας
ὀρχεῖσθαι κελεῦσαι. καὶ οὐ τὰ μέτρια ὤνατο τῆς τέχνης
αὐτῶν, οἵ γε περιορχούμενοι διεσώσαντο αὐτῇ τὸν Δία,
ὥστε καὶ σῶστρα εἰκότως ἂν ὁ Ζεὺς ὀφείλειν ὁμολογοίη
αὐτοῖς ἐκφυγὼν διὰ τὴν ἐκείνων ὄρχησιν τοὺς πατρῴους 20
ὀδόντας· ἐνόπλιος δὲ αὐτῶν ἡ ὄρχησις ἦν, τὰ ξίφη με-
ταξὺ κροτούντων πρὸς τὰς ἀσπίδας καὶ πηδώντων ἔν-

7. 3. χθὲς καὶ πρῴην. S.
adv. iudoct c. 14.

3. κατὰ τοὺς προπάτορας
wie c. 37. S. zu Pisc. c. 30.

6. τῶν ὅλων das Weltall.
S. zu Icarom. c. 5.

6. τῷ ἀρχαίῳ ἐκείνῳ Ἔρω-
τι συναναφαν εῖσαν zum Unter-
schied von dem Liebesgotte der ero-
tischen Dichter die alte Eros d. i.
der Naturgott der Kosmogonie, wel-
cher nach Hesiod einer der ältesten
Götter war, der harmonische Ordner
der Weltschöpfung. Theog. 120.
Ἔρος, ὃς κάλλιστος ἐν ἀθανά-
τοισι θεοῖσιν
Λυσιμελὴς πάντων τε θεῶν
πάντων τ᾽ ἀνθρώπων

δάμναται ἐν στήθεσσι νόον
καὶ ἐπίφρονα βουλήν.
13. ποικίλον τι καὶ παναρ-
μόνιον Mannigfaltigkeit und har-
monische Verbindung des Mannig-
faltigen zu einem Ganzen.
14. πολύμουσον insofern dra-
matische Kunst und lyrische Poesie,
Musik und Tanz in der Pantomimik
— denn von ihr ist die Rede — ver-
einigt sind. S. weiter unten.
8. 17. τὰ μέτρια ὤνατο. S.
zu c. 2.
20. μεταξύ nicht mit κροτούν-
των zu verbinden, sondern absolut
während des Tanzes. S. zu de
hist. cscr. c. 7. Rhet. praec. c. 21.
Pisc. c. 38.
22. κροτούντων, wodurch sie

θεόν τι καὶ πολεμικόν. μετὰ δὲ Κρητῶν οἱ κράτιστοι·
ἐνεργῶς ἐπιτηδεύσαντες αὐτὸ ἄριστοι ὀρχησταὶ ἐγένοντο,
οὐχ οἱ ἰδιῶται μόνον, ἀλλὰ καὶ οἱ βασιλικώτεροι καὶ πρω-
τεύειν ἀξιοῦντες. ὁ γοῦν Ὅμηρος τὸν Μηριόνην οὐκ αἰ-
5 σχῦναι βουλόμενος, ἀλλὰ κοσμῆσαι, ὀρχηστὴν προσεῖπε,
καὶ οὕτως ἄρα πᾶσιν ἐπίσημος ἦν καὶ γνώριμος ἐπὶ
τῇ ὀρχηστικῇ, ὥστε οὐχ οἱ Ἕλληνες μόνον ταῦτα ἠπίσταντο
περὶ αὐτοῦ, ἀλλὰ καὶ οἱ Τρῶες αὐτοὶ καίτοι πολέμιοι
ὄντες· ἑώρων γάρ, οἶμαι, καὶ τὴν ἐν τῷ πολεμεῖν αὐτοῦ
10 κουφότητα καὶ εὐρυθμίαν, ἣν ἐξ ὀρχήσεως ἐκέκτητο. φη-
σὶ δέ τὰ ἔπη ὡδέ πως

    Μηριόνη, τάχα κέν σε καὶ ὀρχηστήν περ ἐόντα
    ἔγχος ἐμὸν κατέπαυσε.

καὶ ὅμως οὐ κατέπαυσεν αὐτόν· ἅτε γὰρ ἠσκημένος ἐν
15 τῇ ὀρχηστικῇ ῥᾳδίως, οἶμαι, διεδίδρασκε τὰς ἐπ' αὐτὸν
ἀφέσεις τῶν ἀκοντίων. 9. πολλοὺς δὲ καὶ ἄλλους τῶν 9
ἡρώων εἰπεῖν ἔχων τοῖς αὐτοῖς ἐγγεγυμνασμένους καὶ
τέχνην τὸ πρᾶγμα πεποιημένους ἱκανὸν ἡγοῦμαι τὸν Νεο-
πτόλεμον, Ἀχιλλέως μὲν παῖδα ὄντα, πάνυ δὲ διαπρέ-
20 ψαντα ἐν τῇ ὀρχηστικῇ καὶ εἶδος τὸ κάλλιστον αὐτῇ
προςτεθεικότα, Πυρρίχιον ἀπ' αὐτοῦ κεκλημένον· καὶ ὁ

das Schreien des Kindes (Zeus) über-
täubten.

3. οἱ ἰδιῶται hier im Gegen-
satze zu den Fürsten; anders c. 83.
Pisc. c. 34.

4. ὁ γοῦν Ὅμηρος τὸν Μη-
ριόνην — ὀρχηστὴν προς-
εῖπε. Il. XVI. 617. Die Worte
sind weiter unten angeführt.

8. καίτοι πολέμιοι ὄντες
wie c. 64. 79. de hist. escr. 57. S.
zu de hist. escr. c. 40.

12. Μηριόνη — κατέπαυ-
σε Worte des Aeneas an der an-
geführten Stelle, nachdem er seine
Lanze auf Meriones vergeblich ent-
sendet.

14. ἅτε — ἠσκημένος. ἅτε
mit dem Participium zur Angabe
eines factischen Grundes.

9. 18. τέχνην τὸ πρᾶγμα
πεποιημένους ,aus der Be-
schäftigung eine Kunst ma-
chen' vgl. c. 21. Ebenso de mer-
cede conduct. c. 30. Peregrin. c. 18.
τέχνην τὸ λοιδορεῖσθαι πεποιη-
μένον. S. zu de hist. escr. c. 59.

21. Πυρρίχιον ἀπ' αὐτοῦ
κεκλημένον. Neoptolemos hiess
auch Πύῤῥος, daher der Tanz Πυῤ-
ρίχιος auf ihn zurückgeführt wird.
Andere (z. B. Aristoxenus bei Athen.
XIV. 630. e.) nennen einen Πύῤῥι-
χος als Erfinder, der bald als Lako-
ner, bald als Kreter bezeichnet wird.
Sicher ist, dass dieser Waffentanz,
der ein Bild des Kampfes und Krie-
ges darstellte (Plato Gesetze VII.
815. a. b.) in Kreta und Sparta am
Längsten und Reinsten sich erhal-

Ἀχιλλεὺς ταῦτα ὑπὲρ τοῦ παιδὸς πυνθανόμενος μᾶλλον
ἔχαιρεν, οἶμαι, ἢ ἐπὶ τῷ κάλλει καὶ τῇ ἄλλῃ ἀλκῇ αὐ-
τοῦ. τοιγαροῦν τὴν Ἴλιον τέως ἀνάλωτον οἶσαν ἡ ἐκεί-
νου ὀρχηστικὴ καθεῖλε καὶ εἰς ἔδαφος ἔρριψε.

10. **10.** Λακεδαιμόνιοι μὲν ἄριστοι Ἑλλήνων εἶναι δο- 5
κοῦντες παρὰ Πολυδεύκοις καὶ Κάστορος καρυατίζειν μα-
θόντες — ὀρχήσεως δὲ καὶ τοῦτο εἶδος ἐν Καρύαις τῆς
Λακωνικῆς διδασκόμενον — ἅπαντα μετὰ Μουσῶν ποι-
οῦσιν ἄχρι τοῦ πολεμεῖν πρὸς αὐλὸν καὶ ῥυθμὸν καὶ εὔ-
τακτον ἔμβασιν τοῦ ποδός· καὶ τὸ πρῶτον σύνθημα Λα- 10
κεδαιμονίοις πρὸς τὴν μάχην ὁ αὐλὸς ἐνδίδωσι. τοιγαρ-
οῦν καὶ ἐκράτουν ἁπάντων μουσικῆς αὐτοῖς καὶ εὐρυθ-
μίας ἡγουμένης. ἴδοις δ᾽ ἂν καὶ νῦν ἔτι τοὺς ἐφήβους
αὐτῶν οὐ μεῖον ὀρχεῖσθαι ἢ ὁπλομαχεῖν μανθάνοντας·
ὅταν γὰρ ἀκροχειρισάμενοι καὶ παίσαντες καὶ παισθέν- 15
τες ἐν τῷ μέρει παύσωνται, εἰς ὄρχησιν αὐτοῖς ἡ ἀγωνία
τελευτᾷ. καὶ αὐλητὴς μὲν ἐν τῷ μέσῳ κάθηται ἐπαυλῶν

ten hat. In Athen wurde die πυρ-
ρίχη von den Epheben an den gros-
sen und kleinen Panathenäen aufge-
führt. In der Kaiserzeit war sie als
Gegenstand der Kunstproduction
sehr beliebt, doch scheinen die dar-
gestellten Kämpfe vorzugsweise dem
Bacchischen Sagenkreise entlehnt
worden zu sein. Spart. Hadrian. c. 19.
*militares pyrrhichas populo fre-
quentes exhibuit.* Athen. XIV. 631. A.
ἡ δὲ καθ᾽ ἡμᾶς πυρρίχη Διονυ-
σιακή τις εἶναι δοκεῖ, ἐπιεικεστέ-
ρα οὖσα τῆς ἀρχαίας. ἔχουσι γὰρ
οἱ ὀρχούμενοι θύρσους ἀντὶ δο-
ράτων, προΐενταί δ᾽ ἐπ᾽ ἀλλήλους
καὶ νάρθηκας καὶ λαμπάδας φέ-
ρουσιν· ὀρχοῦνταί τε τὰ περὶ τὸν
Διόνυσον καὶ τὰ περὶ τοὺς Ἰν-
δούς, ἔτι δὲ τὰ περὶ τὸν Πενθέα.
Ueber eine Affen-πυρρίχη vgl. Pisc.
c. 36.
2. τῇ ἄλλῃ ἀλκῇ. S. zu de
hist. cscr. c. 24.
10. 7. ἐν Καρύαις Stadt im

Innern Lakoniens, unweit der arka-
dischen Grenze, berühmt durch den
Tempel der Artemis Karyatis, der
zu Ehren alljährlich die hier ge-
nannten Tänze von Jungfrauen auf-
geführt wurden.
8. μετὰ Μουσῶν hier nur
als Vertreter der Musik.
9. ἄχρι τοῦ πολεμεῖν πρὸς
αὐλόν. Cic. Tusc. disput. II. c. 16.
*Militiam vero (nostram dico, non
Spartiatarum, quorum pro-
cedit agmen ad tibiam, nec ad-
hibetur ulla sine anapaestis pedibus
adhortatio) — nostri exercitus pri-
mum unde nomen habeant, vides.*
Vgl. Thucyd. V. 70. Plutarch de
musica c. 26. παρ᾽ οἷς (den Lace-
dämoniern) τὸ καλούμενον Κα-
στόρειον ηὐλεῖτο μέλος, ὁ-
πότε τοῖς πολεμίοις ἐν κόσμῳ
προσῄεσαν μαχεσόμενοι.
11. ἐνδίδωσι das Zeichen
zum Aufsagen einer Rede, einer
Musik u. s. w. geben.

καὶ κτυπῶν τῷ ποδί, οἱ δὲ κατὰ στοῖχον ἀλλήλοις ἑπό-
μενοι σχήματα παντοῖα ἐπιδείκνυνται πρὸς ῥυθμὸν ἐμ-
βαίνοντες, ἄρτι μὲν πολεμικά, μετ᾽ ὀλίγον δὲ χορευτικά,
ἃ Διονύσῳ καὶ Ἀφροδίτῃ φίλα. 11. τοιγαροῦν καὶ τὸ 11
5 ᾆσμα, ὃ μεταξὺ ὀρχούμενοι ᾄδουσιν, Ἀφροδίτης ἐπίκλη-
σίς ἐστι καὶ Ἐρώτων, ὡς συγκωμάζοιεν αὐτοῖς καὶ συν-
ορχοῖντο. καὶ θάτερον δὲ τῶν ᾀσμάτων — δύο γὰρ ᾄδε-
ται — καὶ διδασκαλίαν ἔχει, ὡς χρὴ ὀρχεῖσθαι. Πόῤῥω
γὰρ φασίν, ὦ παῖδες, πόδα μεταβᾶτε καὶ κωμάξατε βελ-
10 τιον, τουτέστιν ἄμεινον ὀρχήσασθε. ὅμοια δὲ καὶ οἱ τον
ὅρμον καλούμενον ὀρχούμενοι ποιοῦσιν. 12. ὁ δὲ ὅρμος 12
ὄρχησίς ἐστι κοινὴ ἐφήβων τε καὶ παρθένων, καθ᾽ ἕνα
χορευόντων καὶ ὡς ἀληθῶς ὅρμῳ ἐοικότων· καὶ ἡγεῖται
μὲν ὁ ἔφηβος τὰ νεανικὰ ὀρχούμενος καὶ ὅσοις ὕστερον
15 ἐν πολέμῳ χρήσεται, ἡ παρθένος δὲ ἔπεται κοσμίως τὸ
θῆλυ χορεύειν διδάσκουσα, ὡς εἶναι τὸν ὅρμον ἐκ σω-
φροσύνης καὶ ἀνδρείας πλεκόμενον. καὶ αἱ γυμνοπαι-
δίαι δὲ αὐτοῖς ὁμοίως ὄρχησίς ἐστιν.
13. ἃ δὲ Ὅμηρος ὑπὲρ Ἀριάδνης ἐν τῇ ἀσπίδι πε- 18
20 ποίηκε καὶ τοῦ χοροῦ ὃν αὐτῇ Δαίδαλος ἤσκησεν, ὡς
ἀνεγνωκότι σοι παρίημι, καὶ τοὺς ὀρχηστὰς δὲ τοὺς δύο,

1. κτυπῶν τῷ ποδί in der
älteren Zeit mit einer Sohle von
Holz (Poll. VII. 87. ἡ δὲ κρούπεζα
ξύλινον ὑπόδημα, πεποιημένον
εἰς ἐνδόσιμον χοροῦ), später wie
zu c. 2. angegeben.
2. σχήματα die einzelnen
Stellungen der Choreuten, so wie
die durch harmonische Verbindung
derselben entstehenden Bilder,
welche durch den Tanz dargestellt
werden. S. Icarom. c. 17.
11. 5. μεταξὺ ὀρχούμενοι
hier wie ἅμα mit dem Partic. ver-
bunden, um die Gleichzeitigkeit
der durch das Partic. bezeichneten
Handlung und der Haupthandlung
auszudrücken. S. zu Nigr. c. 13.
Anders c. 8. de hist. cscr. c. 7. rhet.
praec. c. 21. Pisc. c. 31. 38.
10. τὸν ὅρμον Schnur,

Kette, nicht: Geschmeide.

12. 16. ἐκ σωφροσύνης
vertreten durch die Jungfrauen.

17. αἱ γυμνοπαιδίαι ein
rein spartiatisches Fest, das durch
Tänze von nackten Knaben, Jüng-
lingen und Männern in der Mitte
des Sommers in mannigfachen Chor-
reigen verbunden mit gymnastisch-
orchestischen Uebungen gefeiert
wurde.

13. 19. ἃ δὲ Ὅμηρος ὑπὲρ
Ἀριάδνης — πεποίηκε. Hom.
Il. XVIII 593. bei der Beschreibung
des für Achilles bestimmten Schildes.
21. τοὺς ὀρχηστὰς δὲ τοὺς
δύο. Il. XVIII. 605. 6.
δοιὼ δὲ κυβιστητῆρε κατ᾽ αὐτοὺς
μολπῆς ἐξάρχοντες ἐδίνευον κα-
τὰ μέσσους.

οὓς ἐκεῖ ὁ ποιητὴς κυβιστητῆρας καλεῖ, ἡγουμένους τοῦ
χοροῦ, καὶ πάλιν, ἃ ἐν τῇ αὐτῇ ἀσπίδι λέγει· „Κοῦροι δ᾽
ὀρχηστῆρες ἐδίνεον,“ ὥς τι κάλλιστον τοῦτο τοῦ Ἡφαί-
στου ἐμποιήσαντος τῇ ἀσπίδι. τοὺς μὲν γὰρ Φαίακας καὶ
πάνυ εἰκὸς ἦν ὀρχήσει χαίρειν ἁβροῖς τε ὄντας καὶ ἐν 5
πάσῃ εὐδαιμονίᾳ διατρίβοντας. ὁ γοῦν Ὅμηρος τοῦτο αὐ-
τῶν μάλιστα θαυμάζοντα πεποίηκε τὸν Ὀδυσσέα καὶ τὰς
μαρμαρυγὰς τῶν ποδῶν θεώμενον.

14   14. ἐν μέν γε Θεσσαλίᾳ τοσοῦτον ἐπέδωκε τῆς ὀρ-
χηστικῆς ἡ ἄσκησις, ὥστε τοὺς προστάτας καὶ προαγω- 10
νιστὰς αὐτῶν προορχηστῆρας ἐκάλουν· καὶ δηλοῖσι τοῦτο
αἱ τῶν ἀνδριάντων ἐπιγραφαί, οὓς τοῖς ἀριστεύσασιν ἀνί-
στασαν. Προύκρινε γάρ, φασί, προορχηστῆρα ἁ πόλις.
καὶ αὖθις, Εἰλατίωνι τὰν εἰκόνα ὁ δᾶμος εὖ ὀρχησαμένῳ
τὰν μάχαν.   15

15   15. Ἐῶ λέγειν, ὅτι τελετὴν οὐδὲ μίαν ἀρχαίαν ἔστιν
εὑρεῖν ἄνευ ὀρχήσεως, Ὀρφέως δηλαδὴ καὶ Μουσαίου,
τῶν τότε ἀρίστων ὀρχηστῶν, καταστησαμένων αὐτὰς ὥς
τι κάλλιστον καὶ τοῦτο νομοθετησάντων σὺν ῥυθμῷ καὶ
ὀρχήσει μυεῖσθαι. ὅτι δ᾽ οὕτως ἔχει, τὰ μὲν ὄργια σιω- 20
πᾶν ἄξιον τῶν ἀμυήτων ἕνεκα, ἐκεῖνο δὲ πάντες ἀκούου-

---

2. *ἐν τῇ αὐτῇ ἀσπίδι* in
demselben Theile der Ilias, welcher
die Beschreibung des berühmten
Achilleischen Schildes enthält, wo
es bei der Schilderung des darge-
stellten Hochzeitsfestes heisst v. 494.
κοῦροι δ᾽ ὀρχηστῆρες ἐδίνεον u.
s. w.

3. *τοῦτο* den Tanz der Jüng-
linge zum Gesange des Demodocus.
Odyss. VIII. 256—258.

7. *τὰς μαρμαρυγὰς τῶν
ποδῶν.* Was der Triller für die
Stimme, sind die *μαρμαρυγαί* für
den Fuss.

14. 9. *ἐπέδωκε* intransit.
‚Fortschritte machen‘.

13. *φησί* eine Inschrift.

15. 17. *Ὀρφέως.* S. zu adv.
indoct. c. 8. Der Mythus, dass er

die bacchischen oder orphischen My-
sterien, die Sühnopfer, geheime Wei-
hen verschiedener Art, selbst die
eleusinischen eingeführt habe, ge-
hört späterer Zeit an. Homer und
Hesiod wissen von ihm nichts; selbst
Aristoteles noch leugnet sein Vor-
handensein gänzlich (Cic. de natura
deor. 1, 38), obgleich schon zu Pla-
to's Zeit unter dessen Namen theo-
gonische Gedichte bekannt waren.

17. *Μουσαίου* bald ein Sohn
der Mondgöttin, bald der Musen,
bald mit den Sängern des thraci-
schen Nordens in Verbindung ge-
bracht und als Schüler des Orpheus
genannt, galt frühzeitig als allge-
meiner Repräsentant der attischen
und eleusinischen Cultusgesänge und
Orakelpoesie.

σιν, ὅτι τοὺς ἐξαγορεύοντας τὰ μυστήρια ἐξορχεῖσθαι
λέγουσιν οἱ πολλοί. 16. ἐν Δήλῳ δέ γε οἰδὲ αἱ θυσίαι 16
ἄνευ ὀρχήσεως, ἀλλὰ σὺν ταύτῃ καὶ μετὰ μουσικῆς ἐγί-
νοντο. παίδων χοροὶ συνελθόντες [ὑπ᾽ αὐλῷ καὶ κιθάρᾳ]
5 οἱ μὲν ἐχόρευον, ἱπωρχοῦντο δὲ οἱ ἄριστοι προκριθέντες
ἐξ αὐτῶν. τὰ γοῦν τοῖς χοροῖς γραφόμενα τούτοις ᾄσμα-
τα ὑπορχήματα ἐκαλεῖτο καὶ ἐμπέπλησto τῶν τοιούτων
ἡ λύρα.

17. Καὶ τί σοι τοὺς Ἕλληνας λέγω, ὅπου καὶ Ἰν- 17
10 δοὶ ἐπειδὰν ἕωθεν ἀναστάντες προσεύχωνται τὸν Ἥλιον,
οὐχ ὥσπερ ἡμεῖς τὴν χεῖρα κύσαντες ἡγούμεθα ἐντελῆ
ἡμῶν εἶναι τὴν εὐχήν, ἀλλ᾽ ἐκεῖνοι πρὸς τὴν ἀνατολὴν
στάντες ὀρχήσει τὸν Ἥλιον ἀσπάζονται σχηματίζοντες
ἑαυτοὺς σιωπῇ καὶ μιμούμενοι τὴν χορείαν τοῦ θεοῦ· καὶ

1. ἐξορχεῖσθαι. S. zu Pis-
cat. c. 33.
16. 2. αἱ θυσίαι zu Ehren
Apolls.
4. [ὑπ᾽ αὐλῷ καὶ κιθάρᾳ.
S. zu c. 2. Nicht selten erschienen
Flöten und Citherspiel zusammen,
seitdem durch Sakadas (Pausan.
II. 22. 9) die Versöhnung der Flöte
und der Cither d. i. des Apollo- und
des Dionysos-Cultus vollzogen war.
Vgl. zu adv. indoct. c. 11].
5. ἐχόρευον—ὑπωρχοῦν-
το δέ. Die Chöre sangen nicht bloss,
sondern tanzten auch, wie ja über-
haupt in den ältesten Zeiten diesel-
ben sangen, welche tanzten; hier
treten aber zu dem Chore noch be-
sondere Tänzer hinzu (anfangs wahr-
scheinlich aus demChore selbst), wel-
che, ohne zu singen, den Inhalt der
Chorgesänge durch Tanzbewegun-
gen pantomimisch darstellten, und
das heisst ὑπορχεῖσθαι; ὑπορ-
χήματα aber sind die Gesänge, die
zu dieser Art Vortrag und Darstel-
lung bestimmt waren. S. weiter unten
und Athen. XIV. 628. e. συνέ-
ταττον οἱ ποιηταὶ τὰς ὀρχήσεις
καὶ ἐχρῶντο τοῖς σχήμασι σημεί-

οις μόνον τῶν ᾀδομένων — ὅθεν
καὶ ὑπορχήματα τοιαῦτα ἠγό-
ρευον. Vgl. zu c. 2.
7. ἐμπέπληστο τῶν τοι-
ούτων ἡ λύρα weil sie ursprüng-
lich dem Apollo geweiht waren, dem
die massvolle Kithara eigen ist, wäh-
rend die orgiastische Flöte zu Dio-
nysos gehört.
17. 9. ὅπου. S. zu adv.
iudoct. c. 13.
11. τὴν χεῖρα κύσαντες die
eigne Hand, nicht die Hand des Got-
tes: diese Anbetung durch Kuss-
hände kommt frühzeitig im griechi-
schen Cultus vor. (Apul. Metam. 4,
28. admoventes uribus suis dexte-
ram, primore digito in erectum
pollicem residente); ursprünglich
streckte man beim Gebet nur die
Hände nach der Richtung aus, wo
das Bild des Gottes sich befand, oder
wo man sich ihn dachte.
13. σχηματίζοντες ἑαυ-
τούς sich eine (bestimmte) Ge-
stalt geben, die dem entspricht,
was man darzustellen, nachzuahmen
beabsichtigt. Vgl. c. 19. Fugit c. 13.
σχηματίζουσι καὶ μετακο-
σμοῖσιν αὑτοὺς εὖ μάλα εἰκότως.

τοῦτό ἐστιν Ἰνδῶν καὶ εὐχὶ καὶ χοροὶ καὶ θυσία. διὸ καὶ
τούτοις ἱλεοῦνται τὸν θεὸν δὶς καὶ ἀρχομένης καὶ δυομέ-
19 νης τῆς ἡμέρας. 18. Αἰθίοπες δέ γε καὶ πολεμοῦντες
σὺν ὀρχήσει αὐτὸ δρῶσι, καὶ οὐκ ἂν ἀφείη τὸ βέλος Αἰ-
θίοψ ἀνὴρ ἀφελὼν τῆς κεφαλῆς — ταύτῃ γὰρ ἀντὶ φα- 5
ρέτρας χρῶνται περιδέοντες αὐτῇ ἀκτινηδὸν τὰ βέλη —
εἰ μὴ πρότερον ὀρχήσαιτο καὶ τῷ σχήματι ἀπειλήσειε
19 καὶ προεκφοβήσειε τῇ ὀρχήσει τὸν πολέμιον. 19. ἄξιον
δέ ἐπεὶ τὴν Ἰνδικὴν καὶ τὴν Αἰθιοπίαν διεξεληλύθαμεν,
καὶ ἐς τὴν γείτονα αὐτῶν Αἴγυπτον καταβῆναι τῷ λό- 10
γῳ· δοκεῖ γάρ μοι ὁ παλαιὸς μῖθος καὶ Πρωτέα τὸν
Αἰγύπτιον οὐκ ἄλλο τι ἢ ὀρχηστήν τινα γενέσθαι λέγειν,
μιμητικὸν ἄνθρωπον καὶ πρὸς πάντα σχηματίζεσθαι καὶ
μεταβάλλεσθαι δυνάμενον, ὡς καὶ ὕδατος ὑγρότητα μι-
μεῖσθαι καὶ πυρὸς ὀξύτητα ἐν τῇ τῆς κινήσεως σφοδρό- 15
τητι καὶ λέοντος ἀγριότητα καὶ παρδάλεως θυμὸν καὶ
δένδρου δόνημα, καὶ ὅλως ὅ τι καὶ θελήσειεν. ὁ δὲ μῖ-
θος παραλαβὼν πρὸς τὸ παραδοξότερον τὴν φύσιν αὐτοῦ
διηγήσατο, ὡς γινομένου ταῦτα ἅπερ ἐμιμεῖτο· ὅπερ δὴ
καὶ τοῖς νῦν ὀρχουμένοις πρόσεστιν. ἴδοις δ' ἂν οὖν 20
αὐτοὺς πρὸς τὸν καιρὸν διαλλαττομένους ὠκέως καὶ αὐ-
τὸν μιμουμένους τὸν Πρωτέα. εἰκάζειν δὲ χρὴ καὶ τὴν
Ἔμπουσαν τὴν ἐς μυρίας μορφὰς μεταβαλλομένην τοιαύ-
την τινὰ ἄνθρωπον ὑπὸ τοῦ μίθου παραδεδόσθαι.

Philopseud. c. 36. Iup. trag. c. 16.
σχηματίσας ἐμαυτὸν εἰς τὸν
ἐκείνων (der Philosophen) τρό-
πον καὶ τὸν πώγωνα ἐπισπασά-
μενος εὖ μάλα ἐῴκειν φιλοσόφῳ.
S. zu c. 10. σχῆμα.
18. 7. τῷ σχήματι. S. zu
c. 10.
19. 11. Πρωτέα τὸν Αἰγύ-
πτιον der weissagende Meergott,
der des ganzen Meeres Tiefen durch-
schaut und die Seehunde weidet,
Αἰγύπτιος genannt, weil er sich
auf der Insel Pharos, eine Tagereise
von dem Strom Aegyptos aufhält.
Odyss. IV. 355. Ueber seine Ver-

wandlungen Odyss. IV. 410 ff.
20. τοῖς νῦν ὀρχουμένοις
den Pantomimen, deren Kunst
darin bestand, den Inhalt namentlich
der Mythen durch Bewegungen und
Geberden anschaulich darzustellen.
S. c. 37.
21. πρὸς τὸν καιρὸν zur
rechten Zeit, je nachdem es passend
ist d. i. in der dem jedesmaligen
Gegenstande, den sie darstellen,
angemessenen Weise.
23. τὴν Ἔμπουσαν wahr-
scheinlich von ἐμπίνω, ein vampyr-
artiges Gespenst mit einem Beine
von Erz und einem von Eselsmist,

20. Ἐπὶ τούτοις δίκαιον μηδὲ τῆς Ῥωμαίων ὀρχή- 20
σεως ἀμνημονεῖν, ἣν οἱ εὐγενέστατοι αὐτῶν τῷ πολεμι-
κωτάτῳ τῶν θεῶν Ἄρει οἱ Σάλιοι καλούμενοι — ἱερω-
σύνης δὲ τοῦτο ὄνομα — ὀρχοῦνται σεμνοτάτην τε ἅμα
5 καὶ ἱερωτάτην.. 21. Βιθυνὸς δὲ μῦθος, καὶ οὗτος οὐ πάνυ 21
τῶν Ἰταλιωτικῶν ἀλλότριος, τὸν Πρίαπον δαίμονα πο-
λεμιστήν, [τῶν Τιτάνων οἶμαι ἕνα ἢ τῶν Ἰδαίων Δακτύ-
λων] τοῦτο ἔργον πεποιημένον τὰ ἐνόπλια παιδεύειν, πα-
ραλαβόντα παρὰ τῆς Ἥρας τὸν Ἄρη, παῖδα μὲν ἔτι, σκλη-
10 ρὸν δὲ καὶ πέρα τοῦ μετρίου ἀνδρικόν, μὴ πρότερον ὁπλο-
μαχεῖν διδάξαι, πρὶν τέλειον ὀρχηστὴν ἀπειργάσατο· καὶ
ἐπὶ τούτῳ καὶ μισθὸς αὐτῷ παρὰ τῆς Ἥρας ἐγένετο, δε-
κάτην ἀεὶ τῶν ἐκ πολέμου περιγινομένων τῷ Ἄρει παρ᾽
αὐτοῦ λαμβάνειν. 22. τὰ μὲν γὰρ Διονυσιακὰ καὶ Βακ- 22
15 χικὰ οἶμαί σε μὴ περιμένειν ἐμοῦ ἀκοῦσαι, ὅτι ὄρχησις
ἐκεῖνα πάντα ἦν· τριῶν γοῦν οὐσῶν τῶν γενικωτάτων ὀρ-
χίσεων, κόρδακος καὶ σικιννίδος καὶ ἐμμελείας, οἱ Διο-
νύσου θεράποντες οἱ Σάτυροι ταύτας ἐφευρόντες ἀφ᾽ αὑ-
τῶν ἑκάστην ὠνόμασαν. καὶ ταύτῃ τῇ τέχνῃ χρώμενος ὁ
20 Διόνυσος Τυῤῥηνοὺς καὶ Ἰνδοὺς καὶ Λυδοὺς ἐχειρώσατο
καὶ φύλων οὕτω μαχίμων τοῖς αὑτοῦ θιάσοις κατωρχήσατο.

das verschiedene Gestalten aunehmen konnte uud von Hekate ausgesendet wurde, um die Wanderer zu schrecken.

20. 3. οἱ Σάλιοι, ein in Italien allgemein verbreitetes Priesterthum, das der Sage nach von Numa eingesetzt war, später aber aus Griechenland von einem Arkader Salius oder einem Samothraker Sao hergeleitet wurde. Bei ihrem Festaufzuge, der im Monat März stattfand, machten sie bei den heiligen Orten Halt und führten ein eigues Lied (*carmen Saliare*) anstimmend unter Anführung ihres Vortänzers (*praesul*) und Vorsängers (*vates*) unter Begleitung von Blasinstrumenten einen Waffentanz auf, indem sie mit den Lanzen an die Schilde (*an-*

cilia) schlugen.

21. 6. τὸν Πρίαπον. Der hier angeführte Mythos ist sonst nirgends erwähnt. (Wahrscheinlich ist τὸν Θρίαμβον zu lesen.)

7. Ἰδαίων Δακτύλων ein mythisches Bergvolk, das zum Cultus der Göttermutter Rhea gehört. Als Hauptsitz wird Phrygien genannt; ausserdem Kreta und Elis.

8. τοῦτο ἔργον πεποιημένον. S. zu c. 9.

10. πέρα τοῦ μετρίου wie c. 75. S. zu rhet. pr. c. 10. de hist. cscr. c. 7.

22. 17. κόρδακος — ἐμμελείας. Welcher Gattung der dramatischen Poesie jede augehört s. c. 26.

21. κατωρχήσατο nieder-

28 23. Ὥστε, ὦ θαυμάσιε, ὅρα μὴ ἀνόσιον ἢ κατηγορεῖν ἐπιτηδεύματος θείου τε ἅμα καὶ μυστικοῦ καὶ τοσούτοις θεοῖς ἐσπουδασμένου καὶ ἐπὶ τιμῇ αὐτῶν δρωμένου καὶ τοσαύτην τέρψιν ἅμα καὶ παιδείαν [ὠφέλιμον] παρεχομένου. 5

Θαυμάζω δέ σου κἀκεῖνο, εἰδὼς Ὁμήρου καὶ Ἡσιόδου μάλιστα ἐραστὴν ὄντα σε — αὖθις γὰρ ἐπὶ τοὺς ποιητὰς ἐπάνειμι — πῶς ἀντιφθέγγεσθαι ἐκείνοις τολμᾷς πρὸ τῶν πάντων ὄρχησιν ἐπαινοῦσιν· ὁ μὲν γὰρ Ὅμηρος τὰ ἥδιστα καὶ κάλλιστα καταλέγων, ὕπνον καὶ 10 φιλότητα καὶ μολπὴν καὶ ὄρχησιν, ταύτην μόνην ἀμύμονα ὠνόμασε, προσμαρτυρήσας νὴ Δία καὶ τὸ ἡδὺ τῇ μολπῇ, ἅπερ ἀμφότερα τῇ ὀρχηστικῇ πρόσεστι, καὶ ᾠδὴ γλυκερὰ καὶ ὀρχηθμὸς ἀμύμων, ὃν σὺ νῦν μωμᾶσθαι ἐπινοεῖς. καὶ πάλιν ἐν ἑτέρῳ μέρει τῆς ποιήσεως· 15

Ἄλλῳ μὲν γὰρ ἔδωκε θεὸς πολεμήϊα ἔργα,
ἄλλῳ δ᾽ ὀρχηστύν τε καὶ ἱμερόεσσαν ἀοιδήν.

ἱμερόεσσα γὰρ ὡς ἀληθῶς ἡ μετ᾽ ὀρχήσεως ᾠδὴ καὶ δῶρον θεῶν τοῦτο κάλλιστον. καὶ ἔοικεν εἰς δύο διῃρηκὼς ὁ Ὅμηρος τὰ πάντα πράγματα, πόλεμον καὶ εἰρήνην, 20 τοῖς τοῦ πολέμου μόνα ταῦτα ὡς κάλλιστα ἀντιτεθεικέ-
24 ναι. 24. ὁ δὲ Ἡσίοδος οὐ παρ᾽ ἄλλου ἀκούσας, ἀλλ᾽

tanzen d. i. durch die mit Tanz verbundenen Festzüge unterwerfen.

23. 1. ὥστε zu Anfang des Satzes: ‚demnach‘ oft bei Lucian. S. Gall. c. 13. 23. Nigr. c. 4. de hist. cscr. c. 12. u. a.

2. μυστικοῦ weil mit den Mysterien verbunden. S. c. 15.

5. παρεχομένου, oft so das Medium. S. c. 26. c. 45. c. 52. zu Gall. c. 13.

10. ὕπνον καὶ φιλότητα. Il. XIII 636 ff.

πάντων μὲν κόρος ἐστὶ καὶ ὕπνου
καὶ φιλότητος
μολπῆς τε γλυκερῆς καὶ ἀμύμο-
νος ὀρχηθμοῖο.

12. προσμαρτυρήσας — καὶ τὸ ἡδὺ τῇ μολπῇ indem er durch sein Zeugniss zugleich dem Gesange Lieblichkeit (bei Homer γλυκερῆς) zuschreibt.

13. καὶ ᾠδὴ — καὶ ὀρχηθμός Apposition zu ἀμφότερα.

15. ἐν ἑτέρῳ μέρει. Das Folgende ist eine Verschmelzung von Il. XIII. 730.

ἄλλῳ μὲν γὰρ ἔδωκε θεὸς πολεμήϊα ἔργα
ἄλλῳ δ᾽ ὀρχηστύν, ἑτέρῳ κίθαριν
καὶ ἀοιδήν

und Odyss. I. 421.

οἱ δ᾽ εἰς ὀρχηστύν τε καὶ ἱμερόεσσαν ἀοιδήν
τρεψάμενοι τέρποντο.

ἰδὼν αὐτὸς ἕωθεν εὐθὺς ὀρχουμένας τὰς Μούσας ἐν ἀρ-
χῇ τῶν ἐπῶν τοῦτο περὶ αὐτῶν τὸ μέγιστον ἐγκώμιον
διηγεῖται, ὅτι „περὶ κρήνην ἰοειδέα πόσσ' ἀπαλοῖσιν ὀρ-
χεῦνται" τοῦ πατρὸς τὸν βωμὸν περιχορεύουσαι.

5   ἀλλὰ σὺ μέν, ὦ γενναῖε, μονονουχὶ θεομαχῶν ὑβρί-
ζεις εἰς τὴν ὀρχηστικήν. 25. ὁ Σωκράτης δὲ σοφώτατος 25
ἀνήρ — εἴ γε πιστευτέον τοῦτο περὶ αὐτοῦ λέγοντι τῷ
Πυθίῳ — οὐ μόνον ἐπήνει τὴν ὀρχηστικήν, ἀλλὰ καὶ ἐκ-
μαθεῖν αὐτὴν ἠξίου τὸ μέγιστον ἀπονέμων εὐρυθμίᾳ καὶ
10 εὐμουσίᾳ καὶ κινήσει ἐμμελεῖ καὶ εὐσχημοσύνῃ τοῦ κι-
νουμένου, καὶ οὐκ ἠδεῖτο γέρων ἀνὴρ ἐν τῶν σπουδαιοτά-
των μαθημάτων καὶ τοῦτο ἡγούμενος εἶναι· καὶ ἔμελλέ
γε ἐκεῖνος περὶ ὀρχηστικὴν οὐ μετρίως σπουδάσεσθαι, ὅς
γε καὶ τὰ μικρὰ οὐκ ὤκνει μανθάνειν, ἀλλὰ καὶ εἰς τὰ
15 διδασκαλεῖα τῶν αὐλητρίδων ἐφοίτα καὶ παρ' ἑταίρας
γυναικὸς οὐκ ἀπηξίου σπουδαῖόν τι ἀκούειν τῆς Ἀσπα-
σίας. καίτοι ἐκεῖνος ἄρτι ἀρχομένην ἑώρα τότε τὴν τέ-
χνην καὶ οὐδέπω εἰς τοσοῦτον κάλλος διηρθρωμένην. εἰ
δὲ τοὺς νῦν ἐπὶ μέγιστον αὐτὴν προαγαγόντας ἐθεᾶτο,
20 εὖ οἶδα, πάντων ἂν ἐκεῖνός γε ἀφέμενος μόνῳ τῷ θεά-
ματι τούτῳ τὸν νοῦν ἂν προσεῖχε καὶ τοὺς παῖδας οὐκ ἂν
ἄλλο τι πρὸ αὐτοῦ ἐδιδάξατο.

26. Δοκεῖς δέ μοι, ὅταν κωμῳδίαν καὶ τραγῳδίαν 26
ἐπαινῇς, ἐπιλελῆσθαι, ὅτι καὶ ἐν ἑκατέρᾳ ἐκείνων ὀρχή-
25 σεως ἴδιόν τι εἰδός ἐστιν, οἷον τραγικὴ μὲν ἡ ἐμμέλεια,

---

24. 1. ἐν ἀρχῇ τῶν ἐπῶν.
Theogonie v. 3.
4. τοῦ πατρὸς τὸν βωμόν.
Theog. v. 4. καὶ βωμὸν ἐρισθενέος
Κρονίωνος.
25. 7. εἴ γε πιστευτέον —
τῷ Πυθίῳ. S. zu rhet. praec.
c. 13.
8. οὐ μόνον ἐπήνει τὴν
ὀρχηστικήν · ἀλλά. Xenoph.
sympos.c. II § 16 sagt Sokrates auf die
Worte des Charmides: ἐπαινοῦν-
τι ἔοικας τὸν ὀρχηστοδιδάσκα-
λον. „Ναὶ μὰ τὸν Δί', ἔφη ὁ Σω-

κράτης" καὶ γὰρ ἄλλο τι προσενε-
νόησα, ὅτι οὐδὲν ἀργὸν τοῦ σώ-
ματος ἐν τῇ ὀρχήσει ἦν, ἀλλ' ἅμα
καὶ τράχηλος καὶ σκέλη καὶ χεῖρες
ἐγυμνάζοντο, ὥσπερ χρὴ ὀρχεῖ-
σθαι τὸν μέλλοντα εὐφορώτερον
τὸ σῶμα ἕξειν'. Καὶ ἐγὼ μέν, ἔφη,
πάνυ ἂν ἡδέως, ὦ Συάκωσιε, μά-
θοιμι τὰ σχήματα παρὰ σοῦ. Καὶ
ὅς, Τί οὖν χρήσῃ αὐτοῖς; ἔφη. Ὀρ-
χήσομαι νὴ Δία.
9. ἀπονέμων dare, tribuere
wie de hist. escr. 41. Zeux. c. 2.
gewöhnlicher νέμω.

κωμῳδικὴ δὲ ὁ κόρδαξ, ἐνίοτε δὲ καὶ τρίτης σικιννίδος
προσλαμβανομένης. ἐπεὶ δὲ καὶ ἐν ἀρχῇ προετίμησας τῆς
ὀρχήσεως τὴν τραγῳδίαν καὶ τὴν κωμῳδίαν καὶ αὐλητὰς κυ-
κλίους καὶ κιθαρῳδίαν ἐναγώνια ταῦτα καὶ διὰ τοῦτο
σεμνὰ προσειπών, φέρε νῦν ἀντεξετάσωμεν τῇ ὀρχήσει 5
ἕκαστον αὐτῶν. καίτοι τὸν μὲν αὐλόν, εἰ δοκεῖ, καὶ τὴν
κιθάραν παρῶμεν· μέρη γὰρ τῆς τοῦ ὀρχηστοῦ ὑπηρε-
27 σίας καὶ ταῦτα. 27. τὴν τραγῳδίαν δέ γε ἀπὸ τοῦ σχή-
ματος πρῶτον καταμάθωμεν οἷα ἐστίν, ὡς εἰδεχθὲς ἅμα
καὶ φοβερὸν θέαμα εἰς μῆκος ἄρρυθμον ἠσκημένος ἄν- 10
θρωπος, ἐμβάταις ὑψηλοῖς ἐποχούμενος, πρόσωπον ὑπὲρ
κεφαλῆς ἀνατεινόμενον ἐπικείμενος καὶ στόμα κεχηνὸς
πάμμεγα ὡς καταπιόμενος τοὺς θεατάς· ἐῶ λέγειν προ-
στερνίδια καὶ προγαστρίδια, προσθετὴν καὶ ἐπιτεχνητὴν
παχύτητα [προσποιούμενος], ὡς μὴ τοῦ μήκους ἡ ἀρρυθμία 15
ἐν λεπτῷ μᾶλλον ἐλέγχοιτο· εἶτ᾽ ἔνδοθεν αὐτὸς κεκρα-

26. 1. σικιννίδος die dem
Satyrdrama eigenthümliche Tanz-
weise.

2. ἐν ἀρχῇ. S. c. 2.

27. 8. ἀπὸ τοῦ σχήματος.
Das äussere Aussehen (*habitus*) na-
mentlich des Schauspielers.

10. εἰς μῆκος ἄρρυθμον
ἠσκημένος ἄνθρωπος. Ae-
schylus hob die Gestalt der Schau-
spieler zu übermenschlicher Grösse,
eine Einrichtung, die auch später
von der griechischen Tragödie stets
beibehalten wurde.

11. ἐμβάταις ὑψηλοῖς ἐπο-
χούμενος komische Uebertrei-
bung; wegen der hohen Sohlen des
tragischen Schuhes stellt er den
Schauspieler dar, als sässe er auf
ihm zu Pferde.

11. πρόσωπον ὑπὲρ κεφα-
λῆς ἀνατεινόμενον ἐπικεί-
μενος. Um das Ebenmass mit den
hohen Schuhen herzustellen, erhielt
auch der Kopf des Schauspielers
durch die über das gewöhnliche Mass
hinausragende perückenartige Maske

übermenschliche Höhe.

12. στόμα κεχηνός der Mund
der Larve war weit aufgerissen und
zur Verstärkung der Stimme trich-
terförmig gestaltet. Vgl. Nigr. c. 11.
Anacharsis c. 23. 32.

13. προστερνίδια καὶ προ-
γαστρίδια. Um eine der Höhe
entsprechende Dicke zu bewirken,
wurde der Schauspieler an der Brust
und am Leibe noch durch Kissen
ausgepolstert.

15. ὡς μὴ — ἐλέγχοιτο. Die
Dünnleibigkeit (λεπτόν) des natür-
lichen Menschen würde das Miss-
verhältniss der künstlichen Länge
noch mehr haben hervortreten
lassen.

16. ἔνδοθεν αὐτὸς κεκρα-
γώς. Der Nachdruck liegt auf αὐ-
τός im Gegensatz zum Pantomimen,
der nicht selbst singt, sondern nur
das Gesungene darstellt. Fast ganz
ebenso Anacharsis c. 23. κράτη —
ἐπινείμενοι παγγέλοια, κεχηνότα
παμμέγεθες, αὐτοὶ δὲ ἔνδο-
θεν μεγάλα τε ἐκεκράγεσαν

γώς, ἑαυτὸν ἀνακλῶν καὶ κατακλῶν, ἐνίοτε καὶ περιά-
δων τὰ ἰαμβεῖα, καὶ τὸ δὴ αἴσχιστον μελῳδῶν τὰς συμ-
φορὰς καὶ μόνης τῆς φωνῆς ὑπεύθυνον παρέχων ἑαυτόν·
[τὰ γὰρ ἄλλα τοῖς ποιηταῖς ἐμέλησε πρὸ πολλοῦ ποτε γε-
5 νομένοις]· καὶ μέχρι μὲν Ἀνδρομάχη τις ἢ Ἑκάβη ἐστί,
φορητὸς ἡ ᾠδή, ὅταν δὲ Ἡρακλῆς αὐτὸς εἰσελθὼν μονῳδῇ
ἐπιλαθόμενος αὑτοῦ καὶ μήτε τὴν λεοντῆν ἣν περίκειται
αἰδεσθεὶς μήτε τὸ ῥόπαλον, σολοικίαν εὖ φρονῶν εἰκότως
φαίη ἄν τις τὸ πρᾶγμα. 28. καὶ γὰρ αὖ, ὅπερ ἐνεκάλεις 28
10 τῇ ὀρχηστικῇ, τὸ ἄνδρας ὄντας γυναῖκας μιμεῖσθαι, κοι-
νὸν τοῦτο καὶ τῆς τραγῳδίας καὶ τῆς κωμῳδίας ἔγκλημα
ἂν εἴη· πλείους γοῦν ἐν αὐταῖς τῶν ἀνδρῶν αἱ γυναῖκες·
29. [ἣ κωμῳδία δὲ καὶ τῶν προσώπων αὐτῶν τὸ καταγέ- 29

καὶ διέβαινον οὐκ οὐδ' ὅπως
ἀσφαλῶς ἐν τοῖς ὑποδήμασι.
1. ἑαυτὸν ἀνακλῶν καὶ
κατακλῶν. Nicht von den Be-
wegungen des Körpers, sondern von
der Stimme zu verstehen, von
den gebrochenen (κλάω), weibisch
zitternden, tremolirenden Tönen der
höchsten und der tiefsten Stimm-
lage. Vgl. Cic. de orat. I c. 59.
*vocem — excitare, — ab acutis-
simo sono usque ad gravissimum
sonum recipere*) d. i. bald he-
ben, bald sinken lassen. Lu-
cian tadelt am tragischen Schauspie-
ler, dass er fast ganz auf die Stimme
als ausschliessliches Mittel der Dar-
stellung angewiesen ist, wogegen
die Bewegungen des Körpers, durch
welche der Pantomime die grösste
Anschaulichkeit erreiche, wegen des
schwerfälligen Kostüms des Schau-
spielers als Darstellungsmittel zu-
rücktreten müssten.
1. ἐνίοτε καὶ περιάδων τὰ
ἰαμβεῖα. περιάδειν umsingen d. i.
mit Gesang umgeben, singend
vortragen. Auch der Vortrag des
Dialogs (τὰ ἰαμβεῖα s. zu de hist.
escr. c. 1) hat etwas Singendes.
2. τὸ δὴ αἴσχιστον. S. zu
de hist. conscr. c. 10.

2. μελῳδῶν τὰς συμφο-
ράς. Die Partien, iu welchen die
Schauspieler allein sangen (τὰ ἀπὸ
σκηνῆς), so wie die Wechselgesänge
zwischen Chor und Schauspieler
(κομμοί) traten in der Tragödie
am häufigsten bei entscheidenden
Schicksalswendungen ein (συμφο-
ραί).
3. μόνης τῆς φωνῆς ὑπεύ-
θυνον παρέχων ἑαυτόν. Der
Schauspieler ist nur für die Stimme
verantwortlich d. i. seine Kunst be-
schränkt sich lediglich auf den Vor-
trag der Worte. S. das oben zu
ἑαυτὸν ἀνακλῶν Gesagte.
5. μέχρι Conjunction.
8. σολοικίαν wie c. 80; ur-
sprünglich ein Verstoss gegen die
Sprachgesetze, hier in weiterem
Sinne. Vgl. zu rhet. praec. c. 17.
Nigr. c. 31.
28. 10. τὸ ἄνδρας ὄντας
γυναῖκας μιμεῖσθαι. Vgl. c. 2.
Die Stelle ist wichtig zur Feststel-
lung der Thatsache, dass in den
ersten Jahrhunderten die Pantomi-
menkunst noch nicht von Frauen
auf der Bühne ausgeübt wurde, was
später, namentlich vom vierten
Jahrh. an, sehr häufig der Fall war.

λαστον μέρος τοῦ τερπνοῦ αὐτῇ νενόμικεν, οἶα Ϫάων
καὶ Τιβίων καὶ μαγείρων πρόσωπα.] τὸ δὲ τοῦ ὀρχηστοῦ
σχῖμα ὡς μὲν κόσμιον καὶ εὐπρεπὲς οὐκ ἐμὲ χρὴ λέγειν·
δῆλα γὰρ τοῖς μὴ τυφλοῖς ταῦτα. τὸ δὲ πρόσωπον αὐτὸ
ὡς κάλλιστον καὶ τῷ ὑποκειμένῳ δράματι ἐοικός, οὐ κε- 5
χηνὸς δὲ ὡς ἐκεῖνα ἀλλὰ συμμεμυκός· ἔχει γὰρ πολλοὺς
80 τοὺς ὑπὲρ αὐτοῦ βοῶντας. 30. πάλαι μὲν γὰρ οἱ αὐτοὶ
καὶ ᾖδον καὶ ὠρχοῦντο· εἶτ᾽ ἐπειδὴ κινουμένων τὸ ἄσθμα
τὴν ᾠδὴν ἐπετάραττεν, ἄμεινον ἔδοξεν ἄλλους αὐτοῖς
81 ὑπᾴδειν. 31. αἱ δὲ ὑποθέσεις κοιναὶ ἀμφοτέροις, καὶ οἱ- 10
δέν τι διακεκριμέναι τῶν τραγικῶν αἱ ὀρχηστικαί, πλὴν
ὅτι ποικιλώτεραι αὖται καὶ πολυπαθέστεραι καὶ μυρίας
82 μεταβολὰς ἔχουσαι. 32. εἰ δὲ μὴ ἐναγώνιος ἡ ὄρχησις,
ἐκείνην εἶναί φημι αἰτίαν, τὸ δόξαι τοῖς ἀγωνοθέταις
μεῖζον καὶ σεμνότερον τὸ πρᾶγμα ἢ ὥστε εἰς ἐξέτασιν 15

29. 5. τ ῷ ὑ π ο κ ε ι μ έ ν ῳ δ ρ ά-
μ α τ ι ἐ ο ι κ ό ς. Unter δραμα ist
hier eine *fabula saltica* zu verste-
hen, d. i. ein entweder ursprünglich
für die pantomimische Darstellung
verfertigtes oder aus einer vorhan-
denen Tragödie, Komödie, Satyr-
drama für die pantomimische Dar-
stellung umgearbeitetes Stück. Vgl.
c. 84. Senec. suasor. II p. 20 ed.
Bip. *Silonem pantomimis fabulas
scripsisse refert.* Suet. Calig. c. 57.
*Pantomimus Mnester tragoediam
saltavit, quam olim Neoptolemus lu-
dis, quibus rex Macedonum Philip-
pus occisus est, egerat.* Arnob. adv.
gent. 4 sagt. dass die Trachinierinnen
des Sophokles getanzt worden seien.
Auch sind die meisten der c.
37—61 aufgeführten Stoffe
dieselben, die von Aeschylus,
Sophokles, Euripides oder an-
dern Tragikern nachweislich in
ihren Dramen behandelt
worden sind. Vgl. c. 61.
6. σ υ μ μ ε μ υ κ ό ς. Sidon. Apol-
lin. carm. XXIII. *clausis faucibus.*
Cassiodor. I. 20. *ore clauso manibus
loquitur.*

6. ἔ χ ε ι γ ὰ ρ π ο λ λ ο ὺ ς τ ο ὺ ς
ὑ π ὲ ρ α ὐ τ ο ῦ β ο ῶ ν τ α ς nämlich
der Chor. S. zu c. 2.
30. 7. π ά λ α ι γ ὰ ρ — ὠ ρ-
χ ο ῦ ν τ ο bezieht sich wohl nicht auf
die Anfänge der Tanzkunst im All-
gemeinen, sondern auf die der pan-
tomimischen Kunst, welche von ihrer
Heimath Ἰταλική genannt (Athen. I.
p. 20. d. τῆς δὲ κατὰ τοῦτον ὀρχή-
σεως τῆς Ἰταλικῆς καλουμένης
πρῶτος εἰσηγητὴς γέγονε Βάθυλ-
λος Ἀλεξανδρεύς) nur bis auf
Augustus zurückzuführen ist. Das
οὐ πάλαι c. 34 steht mit dieser Er-
klärung nicht im Widerspruch.
31. 10. ὑ π ο θ έ σ ε ι ς — argu-
menta.
10. ἀ μ φ ο τ έ ρ ο ι ς Tragödie und
Pantomimus; die Komödie wird
wenig oder gar nicht bei der c. 26
angekündigten Zusammenstellung
der Vorzüge berücksichtigt.
10. ο ὐ δ έ ν τ ι δ ι α κ ε κ ρ ι μ έ-
ν α ι τ ῶ ν τ ρ α γ ι κ ῶ ν. S. zu c. 61.
12. π ο λ υ π α θ έ σ τ ε ρ α ι. Vgl.
c. 35. καθ᾽ ὅσον ἤϑους καὶ πά-
θους ἐπιδεικτική.
32. 13 ἐ ν α γ ώ ν ι α. S. zu c. 2.

καλεῖσθαι. ἐῶ λέγειν, ὅτι πόλις ἐν Ἰταλίᾳ τοῦ Χαλκιδι-
κοῦ γένους ἡ ἀρίστη καὶ τοῦτο ὥσπερ τι κόσμημα τῷ παρ᾽
αὑτοῖς ἀγῶνι προστέθεικεν.

33. Ἐθέλω δέ σοι ἐνταῦθα ἤδη ἀπολογήσασθαι ὑπὲρ **33**
5 τῶν παραλελειμμένων τῷ λόγῳ παμπόλλων ὄντων, ὡς
μὴ δόξαν ἀγνοίας ἢ ἀμαθίας παράσχωμαι· οὐ γάρ με
λέληθεν ὅτι πολλοὶ πρὸ ἡμῶν περὶ ὀρχήσεως συγγεγρα-
φότες τὴν πλείστην διατριβὴν τῆς γραφῆς ἐποιήσαντο
πάντα τῆς ὀρχήσεως τὰ εἴδη ἐπεξιόντες καὶ ὀνόματα αὐ-
10 τῶν καταλέγοντες καὶ οἷα ἑκάστη καὶ ὑφ᾽ ὅτου εὑρέθη,
πολυμαθείας ταύτην ἐπίδειξιν ἡγούμενοι παρέξειν. ἐγὼ
δὲ μάλιστα μὲν τὴν περὶ ταῦτα φιλοτιμίαν ἀπειρόκαλόν
τε καὶ ὀψιμαθῆ καὶ ἐμαυτῷ ἄκαιρον οἴομαι εἶναι καὶ διὰ
τοῦτο παρίημι. **34.** ἔπειτα δὲ κἀκεῖνό σε ἀξιῶ ἐννοεῖν **34**
15 καὶ μεμνῆσθαι, ὅτι μοι νῦν οὐ πᾶσαν ὄρχησιν πρόκειται
γενεαλογεῖν, οὐδὲ τοῦτον τὸν σκοπὸν ὑπεστησάμην τῷ
λόγῳ ὀρχήσεων ὀνόματα καταριθμήσασθαι πλὴν ὅσων
ἐν ἀρχῇ ὀλίγων ἐπεμνήσθην τὰς γενικωτέρας αὐτῶν προ-
χειρισάμενος· ἀλλὰ τό γε ἐν τῷ παρόντι μοι κεφάλαιον
20 τοῦ λόγου τοῦτό ἐστι τὴν νῦν ὄρχησιν καθεστῶσαν ἐπαι-
νέσαι καὶ δεῖξαι ὅσα ἐν αὐτῇ τερπνὰ καὶ χρήσιμα περι-
λαβοῦσα ἔχει, οὐ πάλαι ἀρξαμένη ἐς τοσοῦτον κάλλος
ἐπιδιδόναι, ἀλλὰ κατὰ τὸν Σεβαστὸν μάλιστα· αἱ μὲν

1. πόλις ἐν Ἰταλίᾳ τοῦ
Χαλκιδικοῦ γένους ἡ ἀρί-
στη wahrscheinlich Neapel, Pflanz-
stadt von Kuma in Campanien,
welches die älteste Kolonie der
Chalcidenser war.
33. 8. τὴν πλείστην δια-
τριβὴν τῆς γραφῆς ἐποιή-
σαντο. Vgl. de hist. cscr. c. 59.
13. ὀψιμαθῆ anspruchs-
voll, aumassend. Ueber den Ur-
sprung dieser Bedeutung vgl. Cic. ad
div. 9, 10. ὀψιμαθεῖς quam sint in-
solentes, non ignoras.
34. 20. τὴν νῦν ὄρχησιν
καθεστῶσαν die Pantomi-
mik.

23. ἐπιδιδόναι. S. c. 14.
23. κατὰ τὸν Σεβαστόν. Die
Erfindung der Pantomimenkunst
wird Pylades und Bathyllus unter
Augustus zugeschrieben Athen. I. p.
20. τοῦτον τὸν Βάθυλλόν φησιν
Ἀριστόνικος καὶ Πυλάδην, —
τὴν Ἰταλικήν (so ist statt τρα-
γικήν zu lesen). Vgl zu c. 30.
ὄρχησιν συστήσασθαι ἐκ τῆς κω-
μικῆς, ἣ ἐκαλεῖτο κόρδαξ καὶ τῆς
τραγικῆς, ἣ ἐκαλεῖτο ἐμμέλεια,
καὶ τῆς σατυρικῆς, ἣ ἐλέγετο
σικίννις. Bathyllus zeichnete sich
besonders in den komischen und
satyrischen, Pylades in den tragi-
schen Pantomimen aus.

γὰρ πρῶται ἐκεῖναι ὥσπερ τινὲς ῥίζαι καὶ θεμέλια τῆς
ὀρχήσεως ἦσαν, τὸ δὲ ἄνθος αὐτῆς καὶ τὸν τελεώτατον
καρπόν, ὅσπερ νῦν μάλιστα ἐς τὸ ἀκρότατον ἀποτετέλε-
σται, τοῦτο νῦν ὁ ἡμέτερος λόγος διεξέρχεται παρεὶς τὸ
θερμαϋστρίζειν καὶ γέρανον ὀρχεῖσθαι καὶ τἆλλα ὡς μη- 5
δὲν τῇ νῦν ταύτῃ ἔτι προσήκοντα· οὐδὲ γὰρ ἐκεῖνο τὸ
Φρύγιον τῆς ὀρχήσεως εἶδος τὸ παροίνιον καὶ συμποτι-
κὸν μετὰ μέθης γιγνόμενον, ἀγροίκων πολλάκις πρὸς
αὔλημα γυναικεῖον ὀρχουμένων σφόδρα καματηρὰ πη-
δήματα καὶ νῦν ἔτι ταῖς ἀγροικίαις ἐπιπολάζον, ὑπ' 10
ἀγνοίας παρέλιπον, ἀλλ' ὅτι μηδὲν ταῦτα τῇ νῦν ὀρχή-
σει κοινωνεῖ. καὶ γὰρ ὁ Πλάτων ἐν τοῖς Νόμοις τὰ μέν
τινα εἴδη ἐπαινεῖ ταύτης, τὰ δὲ πάνυ ἀπαξιοῖ διαιρῶν
αὐτὰ ἔς τε τὸ τερπνὸν καὶ τὸ χρήσιμον καὶ ἀπελαύνων
αὐτῶν τὰ ἀσχημονέστερα, προτιμῶν δὲ καὶ θαυμάζων 15
θάτερα.

85   35. *Καὶ περὶ μὲν αὐτῆς ὀρχήσεως τοσαῦτα· τὸ γ`ρ*

5. θ ε ρ μ α ϋ σ τ ρ ί ζ ε ι ν (von θερ-
μαστρίς die Zange) und γ έ ρ α ν ο ν
ὀ ρ χ ε ῖ σ θ α ι), einzelne T a n z b i l-
d e r (σχήματα), welche nur rohe Au-
fänge der später kunstvoll ausgebil-
deten Darstellung mythischer und
historischer Stoffe durch den Tanz
waren, zum Theil V o l k s tänze. Poll.
IV. 102. rechnet (wie Athen. XIV.
629 d.) das θερμαύστρίζειν unter
die ἔντονα (heftige leidenschaftliche)
ὀρχήματα; allein seine Erklärung
ἡ θερμαϋστρὶς πηδητικόν giebt
uns kein anschauliches Bild. Viel-
leicht haben wir uns einen Tanz
zu denken, der im Ganzen eine
grosse, auf- und zugehende Feuer-
zange darstellte, so dass zugleich
die Bewegungen jedes einzelnen
Tänzers kreuzsprungartig im Klei-
nen dieselbe Gestalt zeigte. Eustath.
zu Odyss. VIII. p. 1161. ἀναπηδή-
σαντες εἰς ὕψος πρὸ τοῦ κατενε-
χθῆναι ἐπὶ γῆν παραλλαγὰς πολ-
λὰς (Entrechat) τοῖς ποσὶν ἐποί-
ουν· ὃ δὴ θερμαϋστρίζειν ἔλεγον.
— Deutlicher ist das γ έ ρ α ν ο ν ὀ ρ-

χ ε ῖ σ θ α ι ein Tanz, welcher im
Halbkreis mit Hegemonen an beiden
Flügeln ausgeführt, den Flug der
Kraniche darstellt. Sein Ursprung
wird auf Theseus zurückgeführt.
Poll. IV. 101. τὴν δὲ γέρανον κα-
τὰ πλῆθος ὠρχοῦντο, ἕκαστος ἐφ'
ἑκάστῳ κατὰ στοῖχον, τὰ ἄκρα
ἑκατέρωθεν τῶν ἡγεμόνων ἐχόν-
των, τῶν περὶ Θησέα πρῶτον
περὶ τὸν Δήλιον βωμὸν ἀπομιμη-
σαμένων τὴν ἀπὸ τοῦ Λαβυρίν-
θου ἔξοδον.

10. τ α ῖ ς ἀ γ ρ ο ι κ ί α ι ς ἐ π ι-
π ο λ ά ζ ο ν, auf dem Lande
häufig v o r k o m m e n d' wie Timou
c. 9. λόγων ἔριδες ἐπεπόλασαν
αὐτοῖς; sonst auch mit ἐν Peregr.
c. 19. νόσοι ἐν πολλῷ τῷ πλή-
θει ἐπεπόλαζον· Auders Rhet.
praec. c. 26.

11. ὅ τ ι μ η δ έ ν. S. zu adv. in-
doct. c. 5.

12. ὁ Π λ ά τ ω ν ἐ ν τ ο ῖ ς ν ό-
μ ο ι ς VII. 814 ff.

35. 17. π ε ρ ὶ μ ὲ ν α ὐ τ ῆ ς ὀ ρ-

πάντα ἐπεξιόντα μηκύνειν τὸν λόγον ἀπειρόκαλον. ἃ δὲ
τὸν ὀρχηστὴν αὐτὸν ἔχειν χρὴ καὶ ὅπως δεῖ ἠσκῆσθαι
καὶ ἃ μεμαθηκέναι καὶ οἷς κρατύνειν τὸ ἔργον, ἤδη σοι
δίειμι, ὡς μάθῃς οὐ τῶν ῥᾳδίων καὶ τῶν εὐμεταχειρίστων
5 οὖσαν τὴν τέχνην, ἀλλὰ πάσης παιδεύσεως ἐς τὸ ἀκρό-
τατον ἀφικνουμένην, οὐ μουσικῆς μόνον ἀλλὰ καὶ ῥυθμι-
κῆς καὶ μετρικῆς καὶ τῆς σῆς φιλοσοφίας μάλιστα, τῆς τε
φυσικῆς καὶ τῆς ἠθικῆς· τὴν γὰρ διαλεκτικὴν αὐτῆς
περιεργίαν ἄκαιρον αὐτῇ νενόμικεν. οὐ μὴν οὐδὲ ῥητο-
10 ρικῆς ἀφέστηκεν, ἀλλὰ καὶ ταύτης μετέχει, καθ᾽ ὅσον
ἤθους τε καὶ πάθους ἐπιδεικτική ἐστιν, ὧν καὶ οἱ ῥήτο-
ρες γλίχονται. οὐκ ἀπήλλακται δὲ καὶ γραφικῆς καὶ πλα-
στικῆς, ἀλλὰ καὶ τὴν ἐν ταύταις εὐρυθμίαν μάλιστα μι-
μουμένη φαίνεται, ὡς μηδὲν ἀμείνω μήτε Φειδίαν αὐτῆς
15 μήτε Ἀπελλῆν εἶναι δοκεῖν. 36. πρὸ πάντων δὲ Μνημο-
σύνην καὶ τὴν θυγατέρα αὐτῆς Πολύμνιαν ἵλεων ἔχειν
αὑτῇ πρόκειται καὶ μεμνῆσθαι πειρᾶται ἁπάντων· κατὰ
γάρ τοι τὸν Ὁμηρικὸν Κάλχαντα τὸν ὀρχηστὴν εἰδέναι
χρὴ „τά τ᾽ ἐόντα τά τ᾽ ἐσσόμενα πρό τ᾽ ἐόντα,“ ὡς μη-
20 δὲν αὐτὸν διαλαθεῖν, ἀλλ᾽ εἶναι πρόχειρον τὴν μνήμην
αὐτῶν. καὶ τὸ μὲν κεφάλαιον τῆς ὑποσχέσεως, μιμητική
τίς ἐστιν ἐπιστήμη καὶ δεικτικὴ καὶ τῶν ἐννοηθέντων

χήσεως ohne Artikel: die Tanz-
kunst an und für sich.

7. τῆς τε φυσικῆς καὶ τῆς
ἠθικῆς· τὴν γὰρ διαλεκτι-
κήν die drei Hauptdisciplinen der
griechischen Philosophie.

11. πάθους ἐπιδεικτική
ἐστιν. S. zu c. 31.

36. 15. Μνημοσύνην die
Mutter der Musen.

16. Πολύμνια sonst die Göttin
der ernsten und gottesdienstlichen
Gesänge; hier allgemeiner als lie-
der-, also mythenreiche Göttin.

17. πρόκειται = proposi-
tum est.

17. μεμνῆσθαι πειρᾶται

ἀπάντων insofern er das ganze
Gebiet der Mythologie und Geschich-
te, aus welchem die Pantomimik ihre
Darstellungen entlehnt, beherrschen
muss. Vgl. c. 37 ff.

17. κατὰ - τὸν - Κάλχαν-
τα. S. zu Pisc. c. 3.

19. τά τ᾽ ἐόντα. Homer Il. I. 70.

21. ὑποσχέσεως Verheissung,
was die Kunst leisten will d. i.
der Zweck, die Aufgabe.

22. μιμητική—σαφηνιστι-
κή. Der Gegenstand, auf welchen
sich die μίμησις, δεῖξις u. s. w. be-
zieht, sind die Mythen, die vom Chore
mit Instrumentalbegleitung vorge-
tragen und vom Pantomimen durch

ἐξαγορευτικὴ καὶ τῶν ἀφανῶν σαφηνιστική, καὶ ὅπερ ὁ
Θουκυδίδης περὶ τοῦ Περικλέους ἔφη ἐπαινῶν τὸν ἄν-
δρα, τοῦτο καὶ τὸ τοῦ ὀρχηστοῦ ἀκρότατον ἐγκώμιον ἂν
εἴη, γνῶναί τε τὰ δέοντα καὶ ἑρμηνεῦσαι αὐτά· ἑρμη- 5
37 νείαν δὲ νῦν τὴν σαφήνειαν τῶν σχημάτων λέγω. 37. ἡ
δὲ πᾶσα τῷ ἔργῳ χορηγία ἡ παλαιὰ ἱστορία ἐστίν, ὡς
προεῖπον, καὶ ἡ πρόχειρος αὐτῆς μνήμη τε καὶ μετ᾽ εὐ-
πρεπείας ἐπίδειξις· ἀπὸ γὰρ χάους εὐθὺς καὶ τῆς πρώτης
τοῦ κόσμου γενέσεως ἀρξάμενον χρὴ αὐτὸν ἅπαντα εἰδέ-
ναι ἄχρι τῶν κατὰ τὴν Κλεοπάτραν τὴν Αἰγυπτίαν. τού- 10
τῳ γὰρ τῷ διαστήματι περιωρίσθω ἡμῖν ἡ τοῦ ὀρχηστοῦ
πολυμάθεια καὶ τὰ διὰ μέσου μάλιστα ἴστω, Οὐρανοῦ
τομήν, Ἀφροδίτης γονάς, Τιτάνων μάχην, Διὸς γέννη-
σιν, Ῥέας ἀπάτην, λίθου ὑποβολήν, Κρόνου δεσμά, τὸν
38 τῶν τριῶν ἀδελφῶν κλῆρον. 38. εἶτα ἑξῆς Γιγάντων 15
ἐπανάστασιν, πυρὸς κλοπήν, ἀνθρώπων πλάσιν, Προ-
μηθέως κόλασιν, Ἔρωτος ἰσχὺν ἑκατέρου, καὶ μετὰ
ταῦτα Δήλου πλάνην καὶ Λητοῦς ὠδῖνας καὶ Πύθωνος
ἀναίρεσιν καὶ Τιτυοῦ ἐπιβουλὴν καὶ τὸ μέσον τῆς γῆς

Bewegungen des Körpers dargestellt
werden. Wegen σαφηνιστική vgl.
c. 62.

1. ὅπερ ὁ Θουκυδίδης —
ἔφη. II. 60 spricht Perikles καί-
τοι ἐμοὶ τοιούτῳ ἀνδρὶ ὀργίζεσθε,
ὃς οὐδενὸς οἴομαι ἥσσων εἶναι
γνῶναί τε τὰ δέοντα καὶ ἑρ-
μηνεῦσαι ταῦτα, φιλόπολίς τε
καὶ χρημάτων κρείσσων. S. zu de
hist. conscr. c. 34. Rhet. praec. c. 1.

5. τῶν σχημάτων. S. zu c. 10.
37. 6. τῷ ἔργῳ die Pantomimik.

6. χορηγία der Stoff (Appa-
rat), ursprünglich das was zur Aus-
rüstung eines Chores geliefert
wurde.

10. ἄχρι τῶν κατὰ τὴν
Κλεοπάτραν. Nicht ohne poli-
tische Gründe scheint die Kaiserzeit
ganz von der Darstellung ausge-
schlossen zu sein. Zog man die Pan-
tomimen überhaupt desswegen vor,
weil in ihnen nicht gesprochen

wurde, so vermied man natürlich
auch in der bildlichen Darstellung
alle Politik. Ueber κατά s. zu c. 7.

12. Οὐρανοῦ τομήν = ca-
stratio.

13. Ἀφροδίτης γονάς aus
dem Meeresschaum.

38. 17. Ἔρωτος. S. zu c. 7.

18. Πύθωνος ἀναίρεσιν der
Drache, welcher von Apollo besiegt
wird, ein Kampf, der durch Musik,
Poesie und bildende Kunst vielfach
verherrlicht worden ist, der Aus-
gangspunkt der meisten Feste und
Legenden von Delphi.

19. Τιτυοῦ ἐπιβουλήν,
gegen Leto, wofür er durch die
Pfeile ihrer Kinder gestraft wird.

19. τὸ μέσον τῆς γῆς — τῶν
ἀετῶν. Zeus hatte von beiden En-
den der Erde zugleich Adler abflie-
gen lassen, die in Delphi zusammen-
getroffen waren, woraus man er-

εὑρισκόμενον πτήσει τῶν ἀετῶν. 39. Δευκαλίωνα ἐπὶ 39
τούτοις καὶ τὴν μεγάλην ἐπ᾽ ἐκείνου [τοῦ βίου] ναυαγίαν
καὶ λάρνακα μίαν λείψανον τοῦ ἀνθρωπείου γένους φυ-
λάττουσαν καὶ ἐκ λίθων ἀνθρώπους πάλιν, εἶτα Ἰάκχου
5 σπαραγμὸν καὶ Ἥρας δόλον καὶ Σεμέλης κατάφλεξιν καὶ
ὅσα περὶ Ἡφαίστου καὶ Ἐριχθονίου καὶ τὴν ἔριν τὴν περὶ
Διονύσου ἀμφοτέρας τὰς γονὰς καὶ ὅσα περὶ Ἀθηνᾶς καὶ
ὅσα περὶ Ἡφαίστου καὶ Εριχθονίου καὶ τὴν ἔριν τὴν περὶ
τῆς Ἀττικῆς καὶ Ἁλιρρόθιον καὶ τὴν πρώτην ἐν Ἀρείῳ 40
10 πάγῳ κρίσιν, καὶ ὅλως τὴν Ἀττικὴν πᾶσαν μυθολογίαν.
40. ἐξαιρέτως δὲ τὴν Δήμητρος πλάνην καὶ Κόρης εὕρε-
σιν καὶ Κελεοῦ ξενίαν καὶ Τριπτολέμου γεωργίαν καὶ
Ἰκαρίου ἀμπελουργίαν καὶ τὴν Ἠριγόνης συμφοράν, καὶ
ὅσα περὶ Βορέου καὶ ὅσα περὶ Ὠρειθυίας καὶ Θησέως καὶ
Αἰγέως· ἔτι δὲ τὴν Μηδείας ὑποδοχὴν καὶ αὖθις ἐς Πέρ-

kannte, dass dort der Mittelpunkt
der Erde (ὀμφαλός).

39. 4. Ἰάκχου σπαραγμόν.
Ἴακχος hier = Βάκχος, während
er sonst als Sohn des Zeus und der
Demeter von dem thebanischen Bac-
chus unterschieden wird. Nach einer
Sage zerstückelten die Titanen den
Leichnam des Dionysos auf dem Zuge
durch Indien, warfen die Stücke in
einen Kessel und genossen davon;
demohngeachtet wurde - der Gott
durch Rhea oder durch Demeter wie-
derhergestellt und geheilt.

5. Ἥρας δόλον in Bezug auf
Semele.

7. περὶ τῆς Ἀττικῆς. Der
Streit der Athene und des Poseidon
wurde vom athenischen Heros Erich-
thonios beigelegt, welcher nach
Vertreibung des Königs von Athen
Amphiktion den Dienst der Athene
einführte und ihr einen Tempel auf
der Burg (Erechtheum) baute, wo
sein Dienst mit dem der Athene und
des Poseidon gemeinschaftlich war.

8. Ἁλιρρόθιον — κρίσιν.
Sohn des Poseidon und der Nymphe
Euryte. Ares tödtet ihn, weil er sei-
ner Tochter Alkippe Gewalt ange-

than, wird auf Poseidons Klage von
den zwölf Göttern auf dem Areopag
gerichtet und freigesprochen. ⌐

40. 11. Κελεοῦ ξενίαν. Er
nahm die Demeter auf ihrer Reise
gastlich auf und erbaut auf ihr Ge-
heiss der Göttin ein Heiligthum in
Eleusis, dessen Priester er wird.

11. Τριπτ. γεωργ. S. zu
Somnium c. 15.

12. Ἰκαρίου — συμφοράν.
Ikaros aus Athen erhält von Diony-
sos, weil er ihn gastlich aufgenom-
men, den Wein und pflanzt den er-
sten Weinstock, führt Schläuche
Wein auf einem Wagen herum und
vertheilt die Gabe. Hirten, die ihre
von Wein berauschten Genossen für
vergiftet hielten, tödteten ihn und
begruben ihn unter einem Baume. Eri-
gone, seine Tochter, die ihn suchte,
fand endlich sein Grab durch seinen
treuen Hund Mära geleitet und erhing
sich aus Betrübniss an dem Baume.

13. ὅσα περὶ Βορέου — Ὠ-
ρειθυίας. Oreithyia, Tochter des
Erechtheus, von Boreas entführt,
als sie mit den Töchtern des Kekrops
Blumen pflückte und spielte, wird
Königin der Winde.

11 *

σας φυγὴν καὶ τὰς Ἐρεχθέως θυγατέρας καὶ τὰς Παν-
δίονος, ἅ τε ἐν Θρᾴκῃ ἔπαθον καὶ ἔπραξαν· εἶτα ὁ Ἀκά-
μας καὶ ἡ Φυλλὶς καὶ ἡ προτέρα δὲ τῆς Ἑλένης ἁρπαγὴ
καὶ ἡ στρατεία τῶν Διοσκούρων ἐπὶ τὴν πόλιν καὶ τὸ
Ἱππολύτου πάθος καὶ Ἡρακλειδῶν κάθοδος· Ἀττικὰ γὰρ 5
καὶ ταῦτα εἰκότως ἂν νομίζοιτο. ταῦτα μὲν τὰ Ἀθηναίων
ὀλίγα πάνυ δείγματος ἕνεκα ἐκ πολλῶν τῶν παραλελειμ-
41 μένων διῆλθον. 41. ἑξῆς δὲ Μέγαρα καὶ Νῖσος καὶ Σκύλα
καὶ πορφυροῦς πλόκαμος καὶ Μίνωος πόρος καὶ περὶ τὴν
εὐεργέτιν ἀχαριστία· οἷς ἑξῆς ὁ Κιθαιρὼν καὶ τὰ Θη- 10
βαίων καὶ Λαβδακιδῶν πάθη καὶ Κάδμου ἐπιδημία καὶ

1. τὰς Ἐρεχθέως θυγατέ-
ρας. Erechtheus von Athen wird
durch Eumolpos von Eleusis be-
drängt. Der delphische Apoll ver-
heisst den Sieg, wenn eine seiner
Töchter sich für das Vaterland opfer-
te. Mutter und Tochter, Praxithea
und Chthonia, nach Andern auch die
Schwestern der Chthonia, Protoge-
neia und Pandora, wetteiferten in
aufopfernder Liebe zum Vaterlande
und Eumolpos unterliegt.
1. τὰς Πανδίονος Philomela
und Prokne, Töchter des Pandion, Kö-
nigs von Athen; ihre Verwandlung
in Vögel. Ovid. met. VI. 412—674.
2. ὁ Ἀκάμας — Φυλλίς. A.,
Sohn des Theseus, der mit sei-
nem Bruder Demophon nach Troja
zieht und nach seiner Rück-
kehr mit diesem zur Herrschaft
gelangt. Er oder nach Anderen
Demophon gelobte der Phyllis, als
sie von Ilios aus bei ihrem Va-
ter, dem Könige Sithon von Thra-
cien, eingekehrt, an einem be-
stimmten Tage von Athen zur Ver-
mählung mit ihr zurückzukehren.
Da er verhindert war, sein Wort zu
halten, erhing sie sich und wurde in
einen Mandelbaum verwandelt.
3. ἡ προτέρα — τῆς Ἑλέ-
νης ἁρπαγὴ — πόλιν. Man er-
zählte sogar von einer dreimaligen
Entführung. Mit der ersten wird

sonst die bekannteste nach Troja ge-
meint; hier ist, wie der Zusam-
menhang zeigt, die durch Theseus
zu verstehen, der sie in Aphidna
seiner Mutter Aethra anvertraute.
Darauf zogen die Dioskuren nach
Athen (τὴν πόλιν), dann als sie er-
fuhren, dass Helena in Aphidna ver-
wahrt würde, dorthin und führten
sie mit sich hinweg.
4. τὸ Ἱππολύτου πάθος
Sohn des Theseus von der Stief-
mutter Phädra verläumdet.
5. Ἡρακλειδῶν κάθοδος.
Rückkehr in den Peloponnes.
41. 8. Νῖσος — ἀχαριστία.
Nisos, König von Megara, Vater der
Skylla. Als Minos auf dem Zuge
(πόρος) nach Athen auch Megara
wegnahm, starb Nisos, weil seine
Tochter, die Minos liebgewonnen
hatte, ihm das purpurne oder goldne
Haar auszog, das sich mitten auf
dem Haupte befand und an dem sein
Leben hing. Minos aber bindet sie,
nachdem er Megara genommen, bei
den Beinen an seinem Schiff an (πε-
ρὶ τὴν εὐεργέτιν ἀχαριστία) und
schleift sie hinter sich durchs Meer,
bis sie in das bekannte Ungeheuer
verwandelt wurde.
11. Κάδμου ἐπιδημία —
μεταβολή. S. Ovid. Metam. III.
1—130.

βοὸς ὄκλασις καὶ ὄφεως ὀδόντες καὶ Σπαρτῶν ἀνάδυσις
καὶ αὖθις τοῦ Κάδμου εἰς δράκοντα μεταβολὴ καὶ πρὸς
λύραν τείχισις καὶ μανία τοῦ τειχοποιοῦ καὶ τῆς γυναι-
κὸς αὐτοῦ τῆς Νιόβης ἡ μεγαλαυχία καὶ ἡ ἐπὶ τῷ πένθει
5 σιγὴ καὶ τὰ Πενθέως καὶ Ἀκταίωνος καὶ τὰ Οἰδίποδος
καὶ ἡ τῶν παίδων σφαγὴ καὶ Ἡρακλῆς σὺν τοῖς ἄθλοις
αὐτοῦ ἅπασιν. **42.** εἶθ' ἡ Κόρινθος πλέα καὶ αὐτὴ μύθων, 42
τὴν Γλαύκην καὶ τὸν Κρέοντα ἔχουσα, καὶ πρὸ αὐτῶν
τὸν Βελλεροφόντην καὶ τὴν Σθενέβοιαν καὶ Ἡλίου μάχην
10 καὶ Ποσειδῶνος, καὶ μετὰ ταῦτα τὴν Ἀθάμαντος μανίαν
καὶ τῶν Νεφέλης παίδων ἐπὶ τοῦ κριοῦ τὴν διαέριον
φυγήν, Ἰνοῦς καὶ Μελικέρτου ὑποδοχήν. **43.** ἐπὶ τούτοις 43
τὰ Πελοπιδῶν καὶ Μυκῆναι καὶ τὰ ἐν αὐταῖς καὶ πρὸ αὐ-
τῶν, Ἴναχος καὶ Ἰὼ καὶ ὁ φρουρὸς αὐτῆς Ἄργος καὶ
15 Ἀτρεὺς καὶ Θυέστης καὶ Ἀερόπη, καὶ τὸ χρυσοῦν ἀρνίον

2. πρὸς λύραν τείχισις
durch Amphion, Gemahl der Niobe.

3. μανία τοῦ τειχοποιοῦ.
Amphion nahm sich wegen des Todes
seiner Kinder das Leben.

4. ἐπὶ τῷ πένθει σιγή. Cic.
Tusc. disp. III. 26. *Niobe fingitur
lapidea propter aeternum, credo, in
luctu silentium.* Ovid. Met. VI.
146—312.

5. τὰ Πενθέως. S. zu Pise.
c. 2. (= Βάκχαι des Euripides).

5. Ἀκταίωνος. Enkel des Kad-
mos, der grosse Jäger, der von sei-
nen eignen Hunden auf dem Berge
Kithäron zerrissen wurde. S. Ovid.
III. 155 ff.

6. ἡ τῶν παίδων σφαγή.
Der Zweikampf und Tod der Brüder
Polyneikes und Eteokles.

42. 8. τὴν Γλαύκην — Κρέ-
οντα. Glauke, Tochter des korin-
thischen Königs Kreon, um derent-
willen Jason Medea verstiess. S.
c. 80.

9. Βελλεροφόντην (Hippo-
noos, Sohn des Glaukos, sein Urias-
brief an Jobates, König in Lycien;)

καὶ Σθενέβοιαν (Anteia). Il. VI.
150 ff. (Βελλεροφόντης und Σθε-
νέβοια von Euripides.)

9. Ἡλίου μάχην καὶ Πο-
σειδῶνος um den Besitz von Ko-
rinth, des Briareos.

10. τὴν Ἀθάμαντος μα-
νίαν — ὑποδοχήν. Athamas,
König des minyeischen Orchome-
nos in Böotien gerieth durch Hera
in Wahnsinn, weil er und seine
Gemahlin Ino, Tochter des Kad-
mos, den Sohn der Semele Diony-
sos bei sich zur Erziehung aufge-
nommen hatten, und verfolgte Ino
mit ihrem Sohn Melikertes. Diese
stürzten sich ins Meer, fanden dort
Aufnahme (ὑποδοχή) und wurden
zu Meergöttern, Ino als Leukothea
und Melikertes als Palämon, erho-
ben. — Nephele, die erste Gemah-
lin des Athamas; ihre Kinder Phri-
xos und Helle. (Ἀθάμας von Ae-
schylus und Sophokles, Φρίξος von
Sophokles und Euripides.)

43. 14. Ἴναχος — Ἄργος.
S. Ovid. I. 610 ff.

15. Ἀερόπη — ἀρνίον. A.,
Enkelin des Minos, Gemahlin des

καὶ Πελοπείας γάμος καὶ Ἀγαμέμνονος σφαγὴ καὶ Κλυταιμνήστρας τιμωρία· καὶ ἔτι πρὸ τούτων ἡ τῶν ἑπτὰ
λοχαγῶν στρατεία καὶ ἡ τῶν φυγάδων γαμβρῶν τοῦ
Ἀδράστου ὑποδοχὴ καὶ ὁ ἐπ᾽ αὐτοῖς χρησμὸς καὶ ἡ τῶν
πεσόντων ἀταφία καὶ Ἀντιγόνης διὰ ταῦτα καὶ Μενοι- 5
44 κέως ἀπώλεια. 44. καὶ τὰ ἐν Νεμέᾳ δὲ ἡ Ὑψιπύλη καὶ
Ἀρχέμορος ἀναγκαιότατα τῷ ὀρχηστῇ μνημονεύματα.
καὶ περὶ αὐτῶν εἴσεται τὴν Δανάης παρθένευσιν καὶ Περσέως γέννησιν καὶ τὸν ἐπὶ τὰς Γοργόνας ἆθλον αὐτῷ
προῃρημένον, ᾧ οἰκεία καὶ ἡ Αἰθιοπικὴ διήγησις, Κασ- 10
σιέπεια καὶ Ἀνδρομέδα καὶ Κηφεύς, οὓς καὶ ἄστροις
ἐγκατέλεξεν ἡ τῶν μετὰ ταῦτα πίστις. κἀκεῖνα δὲ τὰ ἀρ-

Pleisthenes, Mutter des Agamemnon
und Menelaos, nach Pleisthenes' Tode
Gemahlin des Atreus (vgl. dagegen
de hist. conscr. c. 8), der sie als
seine eignen Söhne aufzog. Das
goldne Lamm, in dessen Besitz Atreus
ist, sichert ihm die von Thyestes
angefochtene Herrschaft. Desshalb
entwendet es ihm dieser mit Hülfe
der untreuen Aerope.

1. *Πελοπείας γάμος* mit
ihrem Vater Thyestes; ihr Sohn
Aegisthos.

3. *ἡ — στρατεία* gegen Theben.

3. *ἡ τῶν φυγάδων — ὑποδοχή*. Tydeus aus Kalydon, Polyneikes aus Theben flüchtig, wurden
vom Adrastos, König von Argos,
aufgenommen und seine Schwiegersöhne.

4. *ὁ ἐπ᾽ αὐτοῖς χρησμός*.
Das Orakel hatte verkündigt, Adrastos werde seine Töchter mit einem
Eber und mit einem Löwen verbinden. Tydeus trug den Eber, Polyneikes den Löwen auf dem Schilde.

5. *Μενοικέως ἀπώλεια*
nicht der Vater, sondern der Sohn
des Kreon. Da Tiresias geweissagt
hatte, die Thebaner würden gegen
die Sieben siegen, wenn Menökeus
sich selbst opferte, so tödtete er
sich vor der Stadt.

44. 6. *ἡ Ὑψιπύλη καὶ
Ἀρχέμορος*. Auf dem Zuge
gegen Theben kamen die Sieben
nach Nemea, wo Lykurgus herrschte. Hypsipyle zeigte ihnen eine
Quelle und legt das ihr anvertraute
Kind, den Sohn des Lykurgus, Opheltes, so lange ins Gras. Eine
Schlange tödtet es. Amphiaraus erkennt in dem Schicksale des Knaben
das Vorzeichen seines eignen Untergangs und nennt ihn *Ἀρχέμορος*.
Ihm zu Ehren wurden die Nemeischen
Kampfspiele gegründet.

8. *τὴν Δανάης παρθένευσιν*. Il. XIV. 319. Hor. Od. III. 16.
Zu *παρθένευσις* vgl. c. 46.

8. *Περσέως — προῃρημένον*. Perseus, Sohn der Danae,
der auf das Geheiss des Polydektes unter dem Schutze des Hermes
und der Athene den Kampf gegen
die Gorgonen besteht. Die älteste
Ueberlieferung kannte nur eine
Gorgo, Medusa.

10. *Κασσιέπεια — Κηφεύς*.
Kepheus, König von Aethiopien. Die
Vermessenheit seiner Gemahlin Kassiopeia zu strafen, welche mit den
Nymphen an Schönheit wetteifert,
sendet Poseidon ein Meerungeheuer,
von welchem nur durch Opferung
der Tochter Andromeda Befreiung
zu erwarten war. Perseus tödtet

χαῖα τα Αἰγύπτου καὶ Δαναοῦ εἴσεται καὶ τὴν ἐπιθαλά
μιον ἐπιβουλήν. 45. οὐκ ὀλίγα δὲ καὶ ἡ Λακεδαίμων 45
τοιαῦτα παρέχεται, τὸν Ὑάκινθον καὶ τὸν τοῦ Ἀπόλλω
νος ἀντεραστὴν Ζέφυρον καὶ τὴν ὑπὸ τῷ δίσκῳ τοῦ μει
5 ρακίου σφαγὴν καὶ τὸ ἐκ τοῦ αἵματος ἄνθος καὶ τὴν ἐν
αὐτῷ αἰάζουσαν ἐπιγραφήν, καὶ τὴν Τυνδάρεω ἀνάστα
σιν καὶ τὴν Διὸς ἐπὶ τούτῳ κατ' Ἀσκληπιοῦ ὀργήν· ἔτι
δὲ καὶ τὸν Πάριδος ξενισμὸν καὶ τὴν Ἑλένης ἁρπαγὴν
μετὰ τὴν ἐπὶ τῷ μήλῳ κρίσιν. 46. νομιστέον γὰρ τῇ 46
10 Σπαρτιατικῇ ἱστορίᾳ καὶ τὴν Ἰλιακὴν συνῆφθαι, πολλὴν
οὖσαν καὶ πολυπρόσωπον· καθ' ἕκαστον γοῦν τῶν ἐκεῖ
πεσόντων δρᾶμα τῇ σκηνῇ πρόκειται· καὶ μεμνῆσθαι δεῖ
τούτων ἀεί, μάλιστα ἀπὸ τῆς ἁρπαγῆς εὐθὺς ἄχρι τῶν
ἐν τοῖς νόστοις γεγενημένων καὶ τῆς Αἰνείου πλάνης καὶ
15 Διδοῦς ἔρωτος, ὧν οὐκ ἀλλότρια καὶ τὰ περὶ τὸν Ὀρέ
στην δράματα καὶ τὰ ἐν Σκυθίᾳ τῷ ἥρωϊ τετολμημένα.
οὐκ ἀπῳδὰ δὲ καὶ τὰ πρὸ τούτων, ἀλλὰ τοῖς Ἰλιακοῖς
συγγενῆ, Ἀχιλλέως ἐν Σκύρῳ παρθένευσις καὶ Ὀδυσσέως
μανία καὶ Φιλοκτήτου ἐρημία, καὶ ὅλως ἡ πᾶσα Ὀδύσ

das Ungeheuer und befreit Andromeda.

45. 3. παρέχεται wie c. 23.

3. τὸν Ὑάκινθον — ἐπι
γραφήν. Zephyros trieb aus Eifersucht die von Apollo geworfene Diskusscheibe gegen das Haupt des
schönen Hyakinthos. Aus seinem
Blute sprosste die Blume gleichen
Namens, in deren Blätterstreifen
der Wehruf des Apollo AI, AI zu
lesen ist.

6. τὴν Τυνδάρεω ἀνάστα
σιν — ὀργήν. T., Gemahl der
Leda, soll durch Asklepios von den
Todten erweckt worden sein.

8. τὴν Ἑλένης ἁρπαγήν
unterschieden von der προτέρα —
ἁρπαγή c. 40.

46. 11. καθ' ἕκαστον τῶν
ἐκεῖ πεσόντων δρᾶμα τῇ
σκηνῇ πρόκειται d. i. so viel
Hauptpersonen, so viel Dra

men. Vgl. c. 54.60.63. Diese Dramen
aber wurden den pantomimischen
Darstellungen zu Grunde gelegt. S.
zu c. 29. Dio Cass. XVI. 17. καὶ ὠρ
χήσαντο τραγῳδίας τε καὶ κωμῳ
δίας ὑπεκρίναντο. Die Pantomimik wurzelt also ganz in
der dramatischen Poesie der
Griechen.

16. τὰ ἐν Σκυθίᾳ — τε
τολμημένα in Tauris, König
Thoas und Iphigenie.

18. Ἀχιλλέως — παρθέ
νευσις bei den Töchtern des Lykomedes, bei welchen Thetis ihn in
Frauenkleidern verborgen hielt,
damit er nicht am Zuge gegen Troja
Theil nähme; nachhomerische Sage.

18. Ὀδυσσέως μανία. Er
pflügt mit Esel und Stier und säet
Salz; Ueberführung durch Palamedes, der ihm Telemachus vor den
Pflug legt.

19. Φιλοκτήτου ἐρημία auf

σειος πλάνη καὶ Κίρκη καὶ Τηλέγονος καὶ ἡ Αἰόλου τῶν
ἀνέμων δυναστεία καὶ τὰ ἄλλα μέχρι τῆς τῶν μνηστή-
ρων τιμωρίας· καὶ πρὸ τούτων ἡ κατὰ Παλαμήδους ἐπι-
βουλὴ καὶ ἡ Ναυπλίου ὀργὴ καὶ ἡ Αἴαντος μανία καὶ ἡ
47 θατέρου ἐν ταῖς πέτραις ἀπώλεια. 47. ἔχει πολλὰς καὶ ἡ 5
Ἦλις ἀφορμὰς τοῖς ὀρχεῖσθαι πειρωμένοις, τὸν Οἰνό-
μαον, τὸν Μυρτίλον, τὸν Κρόνον, τὸν Δία, τοὺς πρώ-
48 τους τῶν Ὀλυμπίων ἀγωνιστάς. 48. πολλὴ δὲ καὶ ἡ κατ᾿
Ἀρκαδίαν μυθολογία, Δάφνης φυγή, Καλλιστοῦς θη-
ρίωσις, Κενταύρων παροινία καὶ Πανὸς γοναί, Ἀλφειοῦ 10

Lemnos wegen eines Fussgeschwü-
res auf dem Zuge nach Troja zu-
rückgelassen.

1. *Τηλέγονος* Sohn des Odys-
seus und der Circe, der seinen Vater
aufsucht, auf Ithaka mit ihm in Streit
geräth und ihn ersticht. Daher *par-
ricida.* Hor. od. III. 29, 8.

3. *ἡ κατὰ Παλαμήδους
ἐπιβουλὴ — ὀργή.* Nauplios,
König von Euböa zündete, weil sein
Sohn Palamedes durch Diomedes und
Odysseus des Verraths an Priamos
fälschlich angeklagt und gesteinigt
worden war, an der gefährlichsten
Stelle der Küste Fackeln an, als
die Griechen von Ilios heimkehrten;
Schiffbruch.

4. *ἡ Αἴαντος μανία* weil die
Waffen des Achill nicht ihm, sondern
dem Odysseus zugesprochen worden
waren.

4. *ἡ θατέρου — ἀπώλεια*
Ajax des Oileus Sohn wegen des
an dem Bilde der Athene und ihrer
Priesterin verübten Frevels bei der
Heimkehr vom Sturme an die kapha-
reischen Felsen getrieben, scheiterte
und ging unter.

47. 6. *τὸν Οἰνόμαον; τὸν
Μυρτίλον.* Oenomaos, König von
Pisa in Elis; Bewerbungen um seine
Tochter Hippodameia unter der Be-
dingung, mit ihm ein Wettrennen zu
halten. Pelops siegt, nachdem er
Myrtilos, den Wagenlenker des O.

bestochen (*Ἱπποδαμεία* von So-
phokles, *Οἰνόμαος* von Sophokles
und Euripides).

7. *τὸν Κρόνον — ἀγωνι-
στάς.* Eleische Sagen erzählen,
Kronos habe im goldnen Zeitalter
einen ihm geweihtenTempel in Olym-
pia gehabt; einer der idäischen Dak-
tylen, denen Zeus anvertraut gewe-
sen, Herakles habe die olympischen
Spiele gestiftet, bei welchen Zeus
mit dem Kronos um die Herrschaft
gerungen und gesiegt habe. Spätere
Sagen machen Pelops zum Gründer
der Olympischen Spiele.

48. 9. *Δάφνης φυγή* vor
Apoll und ihre Verwandlung in
einen Lorbeerbaum.

9. *Καλλιστοῦς θηρίωσις*
Tochter des Lykaon, wegen Zeus'
Liebe zu ihr von Hera in einen Bä-
ren verwandelt, den Artemis er-
schiesst.

10. *Κενταύρων παροινία*
die bei der Hochzeit des Pirithous
zur furchtbaren Schlacht mit den
Lapithen führte. Hom. Odyss. XXI.
294.

10. *Πανὸς γοναί* Pan, Sohn
des Hermes und einer Tochter des
Dryops, kam gehörnt, bärtig, krumm-
nasig, rauhbehaart, geschwänzt und
geissfüssig zur Welt, so dass seine
Mutter vor Schreck entfloh.

10. *Ἀλφειοῦ — ἀποδημία*
A., ein Jäger, der die Nymphe Are-

ἔρως καὶ ὕφαλος ἀποδημία. 49. ἀλλὰ κἂν εἰς τὴν Κρή- 49
την ἀφίκῃ τῷ λόγῳ, πάμπολλα κἀκεῖθεν ἡ ὄρχησις ἐρα-
νίζεται, τὴν Εὐρώπην, τὴν Πασιφάην, τοὺς Ταύρους
ἀμφοτέροις, τὸν Λαβύρινθον, τὴν Ἀριάδνην, τὴν Φαί-
5 δραν, τὸν Ἀνδρόγεων, τὸν Δαίδαλον, τὸν Ἴκαρον, τὸν
Γλαῦκον, τὴν Πολυΐδου μαντικήν, τὸν Τάλω, τὸν χαλ-
κοῦν τῆς Κρήτης περίπολον. 50. κἂν εἰς Αἰτωλίαν μετέλ- 50
θῃς, πολλὰ κἀκεῖ ἡ ὄρχησις καταλαμβάνει, τὴν Ἀλθαίαν,
τὸν Μελέαγρον, τὴν Ἀταλάντην, τὸν δαλόν, καὶ ποτα-
10 μοῦ καὶ Ἡρακλέους πάλην καὶ Σειρήνων γένεσιν καὶ Ἐχι-

thusa liebte und verfolgte. Sie floh
auf die Iusel Ortygia, wo sie zur
Quelle wurde. A. verwandelte sich
nun in einen Strom, floss, ohne seine
Fluthen mit dem Meere zu vermi-
schen, nach Ortygia und vereinte
sich mit Arethusa.

49. 3. τὴν Πασιφάην Toch-
ter des Helios und der Perseïs, Ge-
mahlin des Minos; ihre unnatürliche
Liebe zu dem Meerstiere, ihr Sohn
Minotauros, welcher von Theseus
besiegt wird.

3. τοὺς Ταύρους Vater und
Sohn, Minotauros.

4. τὸν Λαβύρινθον — Ἀ-
ριάδνην. Mit Hülfe der Ariadne
gelangt Theseus durch die ver-
worrenen Gänge des Labyrinths bis
zum Minotauros, den er tödtet.

4. τὴν Φαίδραν. S. c. 2.

5. τὸν Ἀνδρόγεων Sohn des
Minos und der Pasiphae. Weil er
in den Festspielen an den Panathe-
näen zu Athen Alle besiegte, suchte
man ihn durch List aus dem Wege
zu schaffen.

6. τὸν Γλαῦκον — μαντι-
κήν Sohn des Minos, fiel als Kind
beim Verfolgen einer Maus in ein
Honigfass und starb. Durch den Ar-
givischen Seher Polyidos wurde er
aufgefunden, ins Leben zurückgeru-
fen und von ihm in der Weissagung
unterrichtet.

6. τὸν Τάλω — περίπολον.
Talos, ein Mann aus Erz, den Zeus

oder Hephästos dem Minos geschenkt
hatte und der Kreta bewachte, in-
dem er täglich dreimal die Runde
um die Insel machte. Vgl. Philopseud.
c. 19. Ὅρα — μὴ οὐχὶ Πέλιχος ὁ
ἀνδριάς, ἀλλὰ Τάλως ὁ Κρὴς ὁ
τοῦ Μίνωος ᾖ· καὶ γὰρ ἐκεῖνος
χαλκοῦς τις ἦν τῆς Κρήτης περί-
πολος.

50. 8. τὴν Ἀλθαίαν — δα-
λόν. Zu Althäa, Gemahlin des Kö-
nigs Oineus in Kalydon, traten, als
ihr Sohn Meleager sieben Jahr alt
war, die Moiren und sprachen:
„Wenn diess Scheit auf dem Heerde
verbrannt ist, wird Meleagros ster-
ben." Althäa verbarg daher dasScheit
in einer Kiste. Als Artemis den
Eber gesendet und viele Jäger er-
schienen waren, ihn zu erlegen, auch
eine Jägerin Atalanta, gab Me-
leager der Atalanta das Fell des
Thieres. Die Brüder seiner Mutter,
darüber erzürnt, lauerten ihr auf
und nahmen das Fell, worauf Me-
leager sie erschlug. Althäa aber im
Schmerz über den Tod ihrer Brüder
das Scheit ins Feuer warf, so dass
Meleager eines plötzlichen Todes
sterben musste.

9. ποταμοῦ — πάλην der
Stromgott Achelous, mit dem H. um
Deianeira rang.

10. Σειρήνων γένεσιν nach
Einigen Töchter des Flussgottes
Achelous, während sonst Phorbas
als ihr Vater genannt wird.

10. Ἐχινάδων ἀνάδυσιν

νάδων ἀνάδυσιν καὶ μετὰ τὴν μανίαν Ἀλκμαίωνος οἴκη-
σιν· εἶτα Νέσσον καὶ Δηϊανείρας ζηλοτυπίαν, ἐφ' ἧ τὴν
51 ἐν Οἴτῃ πυράν. 51. ἔχει καὶ Θρᾴκη πολλὰ τῷ ὀρχησο-
μένῳ ἀναγκαῖα, τὸν Ὀρφέα, τὸν ἐκείνου σπαραγμὸν καὶ
τὴν λάλον αὐτοῦ κεφαλὴν τὴν ἐπιπλέουσαν τῇ λύρᾳ,·καὶ 5
τὸν Αἷμον καὶ τὴν Ῥοδόπην καὶ τὴν Λυκούργου κόλασιν.
52 52. καὶ Θεσσαλία δὲ ἔτι πλείω παρέχεται, τὸν Πελίαν, τὸν
Ἰάσονα, τὴν Ἄλκηστιν, τὸν τῶν πεντήκοντα νέων στό-
53 λον, τὴν Ἀργώ, τὴν λάλον αὐτῆς τρόπιν. 53. τὰ ἐν
Λίμνῳ, τὸν Αἰήτην, τὸν Μηδείας ὄνειρον, τὸν Ἀψύρτου 10
σπαραγμὸν καὶ τὰ ἐν τῷ παράπλῳ γενόμενα, καὶ μετὰ
54 ταῦτα τὸν Πρωτεσίλαον καὶ τὴν Λαοδάμειαν. 54. κἂν εἰς

Nymphen, die allen übrigen einhei-
mischen Göttern geopfert hatten,
nur nicht dem Achelous. Zur Strafe
dafür wurden sie mit dem Lande,
auf dem sie geopfert, fortgerissen
und vor seinem Ausfluss in Inseln
verwandelt.
1. μετὰ τὴν μανίαν — οἴ-
κησιν. A., Sohn des Amphiaraos
und der Eriphyle, tödtete seine Mut-
ter, die ihren Gemahl um ein gold-
nes Kleinod hingegeben hatte
(Odyss. XI. 327), wurde von den
Erinnyen verfolgt und sollte nicht
eher von seiner Qual erlöst werden,
als bis er ein Land gefunden,
das bei seiner Schandthat noch
nicht von der Sonne beschienen
gewesen. Er fand diess am Aus-
fluss des Achelous und gab dem
Lande von seinem Sohn Akarnan den
Namen.
2. Νέσσον — πυράν. Nes-
sus der Kentaur von Herakles we-
gen der versuchten Gewaltthat an
Deianeira getödtet, Herakles Tod
durch das mit dem Blute des Nessus,
dem vermeintlichen Liebeszauber,
bestrichene Kleid, H. Verbrennung
auf dem Oeta. (Sophokles Trachini-
erinnen.)
51. 4. τὸν Ὀρφέα. S. zu
adv. indoct. c. 5.

6. τὸν Αἷμον — Ῥοδόπην.
S. zu c. 2.
6. Λυκούργου κόλασιν weil
er sich dem Cultus des Dionysos
widersetzte. Il. VI. 130.
52. 7. παρέχεται. S. zu c. 23.
7. τὸν Πελίαν — Ἰάσονα.
Pelias, Sohn des Poseidon und der
Tyro verdrängt in Iolkos den besser
berechtigten Halbbruder Aeson und
sendet dessen Sohn Jason nach dem
goldnen Vliess.
8. τὴν Ἄλκηστιν Tochter des
Pelias, berühmt durch ihre treue
Liebe zu ihrem Gemahl Admet, Kö-
nig in Pherä; sie stirbt für ihn, wird
aber von Persephone zurückgesen-
det oder durch Herakles dem Hades
wieder abgenommen. (Ἄλκηστις von
Sophokles, von Euripides.)
9. τὴν — τρόπιν. Dem Vor-
dertheile hatte Athene ein Stück von
der redenden dodonischen Eiche ein-
gefügt. S. zu Gallus c. 2.
53. 10. τὸν Αἰήτην—γενό-
μενα. A., König von Kolchos, Va-
ter der Medea und des Apsyrtos.
Apsyrtos von der mit Jason entflie-
henden Medea zerstückt, um durch
die einzelnen ausgeworfenen Stücke
die Verfolgenden aufzuhalten.
12. Πρωτεσίλαον — Λαο-
δάμειαν. P. aus Phylake in Thes-

τὴν Ἀσίαν πάλιν διαβῇς πολλὰ κἀκεῖ δράματα· ἡ γὰρ
Σάμος εὐθὺς καὶ τὸ Πολυκράτους πάθος καὶ τῆς θυγα-
τρὸς αὐτοῦ μέχρι Περσῶν πλάνη, καὶ τὰ ἔτι ἀρχαιότερα,
ἡ τοῦ Ταντάλου φλυαρία καὶ ἡ παρ' αὐτῷ θεῶν ἑστίασις
5 καὶ ἡ Πέλοπος κρεουργία καὶ ὁ ἐλεφάντινος ὦμος αὐτοῦ.
55. καὶ ἐν Ἰταλίᾳ δὲ ὁ Ἠριδανὸς καὶ Φαέθων καὶ αἴγει- 55
ροι ἀδελφαὶ θρηνοῦσαι καὶ ἤλεκτρον δακρύουσαι. 56. εἴ- 56
σεται δὲ ὁ τοιοῦτος καὶ τὰς Ἑσπερίδας καὶ τὸν φρουρὸν
τῆς χρυσῆς ὀπώρας δράκοντα καὶ τὸν Ἄτλαντος μόχθον
10 καὶ τὸν Γηρυόνην καὶ τὴν ἐξ Ἐρυθείας ἔλασιν τῶν βοῶν.
57. οὐκ ἀγνοήσει δὲ καὶ τὰς μυθικὰς μεταμορφώσεις 57
ἁπάσας, ὅσαι εἰς δένδρα ἢ θηρία ἢ ὄρνεα ἠλλάγησαν καὶ
ὅσαι ἐκ γυναικῶν ἄνδρες ἐγένοντο, τὸν Καινέα λέγω καὶ

salien wird auf dem Zuge nach
Troja von den Troern getödtet,
als er zuerst von allen Achäern auf
die troische Küste sprang. Als seine
Gattin, Laodameia, den Tod erfuhr,
bat sie die Götter um Erlaubniss,
nur drei Stunden mit ihm reden zu
dürfen, dann starb sie mit ihm.
54. 2. τῆς θυγατρὸς —
πλάνη. Wahrscheinlich eine Ver-
wechselung mit dem Bruder des Po-
lykrates, Syloson (Herodot III. 139)
der von Samos verbannt nach Susa
ging und dort von Darius seine Ein-
setzung in die väterliche Herrschaft
erbat. Von der Tochter des P. wird
nur erzählt (Herod. III. 124), dass
sie durch einen Traum gewarnt ihren
Vater gebeten habe, dem persi-
schen Statthalter Orötes, der ihn er-
mordete, sich nicht anzuvertrauen.
Historische Ungenauigkei-
ten kommen bei Lucian nicht
selten vor.
4. ἡ — φλυαρία. Ausplaudern
der Göttergeheimnisse. Odyss. XI.
582.
5. ἡ Πέλοπος — αὐτοῦ. Tan-
talus setzt seinen Sohn den Göttern
zum Mahle vor: die Götter fügen
den Zerstückelten wieder zusam-
men; die fehlende Schulter wird

von Elfenbein eingesetzt.
55. 6. ὁ Ἠριδανὸς — δα-
κρύουσαι. Phaethon, Sohn des
Helios; seine unglückliche Fahrt
mit dem Sonnenwagen (Ovid. I.
755 ff.), sein Sturz in den Eridanos
(hier der Po, sonst auch der Rhoda-
nus oder Rhenus); Klage der drei
Schwestern, bis sie in Pappeln ver-
wandelt werden; die auch dann noch
rinnenden Thränen werden zu Bern-
stein.
56. 8. τὰς Ἑσπερίδας —
δράκοντα. Eine der zwölf Ar-
beiten des Herakles: die von einem
hundertköpfigen Drachen bewachten
Aepfel der Hesperiden zu gewinnen.
9. Ἄτλαντος μόχθον nach
Späteren ein verurtheilter Titan, der
mit den Händen die Gewölbe des
Himmels trägt.
10. τὸν Γηρυόνην — βοῶν
Sohn des Chrysaor und der Kalir-
rhoe, dreiköpfiger (τρικάρηνος und
τρισώματος) König in Spanien, des-
sen Rinder Herakles von der Insel
Erytheia raubte.
57. 13. τὸν Καινέα λέγω
ursprünglich eine Jungfrau, von Po-
seidon auf ihre Bitten in einen Mann
verwandelt und unverwundbar.

58 τὸν Τειρεσίαν καὶ τοὺς τοιούτους. 58. καὶ ἐν Φοινίκῃ
δὲ Μύῤῥαν καὶ τὸ Ἀσσύριον ἐκεῖνο πένθος κλαυθμυριζό-
μενον, καὶ ταῦτα εἴσεται, καὶ τὰ νεώτερα δὲ ὅσα μετὰ
τὴν Μακεδόνων ἀρχὴν ἐτολμήθη ὑπό τε Ἀντιπάτρου καὶ
59 παρὰ Σελεύχου ἐπὶ τῷ Στρατονίκης ἔρωτι. 59. τὰ γὰρ 5
Αἰγυπτίων μυστικώτερα ὄντα εἴσεται μέν, συμβολικώτερον
δὲ ἐπιδείξεται, τὸν Ἔπαφον λέγω καὶ τὸν Ὄσιριν καὶ τὰς
τῶν θεῶν εἰς τὰ ζῷα μεταβολάς· πρὸ πάντων δὲ τὰ περὶ
τοὺς ἔρωτας αὐτῶν καὶ αὐτοῦ τοῦ Διὸς καὶ εἰς ὅσα ἑαυτὸν
60 μετεσκεύασεν. 60. εἴσεται δὲ καὶ τὴν ἐν Ἅιδου ἅπασαν 10
τραγῳδίαν καὶ τὰς κολάσεις καὶ τὰς ἐφ᾽ ἑκάστῃ αἰτίας
καὶ τὴν Πειρίθου καὶ Θησέως ἄχρι τοῦ Ἅιδου ἑταιρείαν.
61 61. συνελόντι δὲ εἰπεῖν, οὐδὲν τῶν ὑπὸ τοῦ Ὁμήρου καὶ

1. τὸν Τειρεσίαν der theba-
nische Seher, welcher in eine Frau
verwandelt wurde, nachdem er das
Weibchen von zwei Schlangen er-
schlagen hatte, und es sieben Jahre
lang blieb. Ovid. Met. III. 323 ff.
58. 1. ἐν Φοινίκῃ δὲ Μύ-
ῥαν. Vermischung zweier Sagen,
indem Adonis theils der Sohn des
Phönix, theils der des assyri-
schen Königs Theias und der in
einen Myrrhenbaum verwandelten
Myrrha genannt wird. Myrrha
gehört nicht nach Phönizien.
2. τὸ Ἀσσύριον — πένθος
κλαυθμυριζόμενον. Von ei-
nem Eber getödtet weilt Adonis die
eine Hälfte des Jahres bei Perse-
phone, die andere bei Aphrodite.
Ovid. X. 298—739. Sein Cultus
war fast durch alle Städte des
Orients verbreitet. Julius Firmi-
cus de errore profan. religg. p. 14.
In plurimis Orientis civitatibus
Adonis quasi maritus plangi-
tur Veneris.
4. ὑπό τε Ἀντιπάτρου —
ἔρωτι. S. zu de hist. oscr. c. 35.
59. 7. τὸν Ἔπαφον Sohn des
Zeus und der Io, die ihn am Nil ge-
bar. Auf Heras Verlangen verbar-
gen ihn die Kureten. Io fand ihn in

Syrien. Epaphos wurde König in
Aegypten, verband sich mit Memphis,
einer Tochter des Nil und baute
Memphis.
7. τὸν Ὄσιριν Gemahl der
Isis.
60. 12. τὴν Πειρίθου — ἑ-
ταιρείαν. P., Sohn des Zeus und
der Dia, welcher Persephone aus
der Unterwelt entführen wollte und
dafür in Ketten schmachtet. (Πει-
ρίθους von Euripides.)
61. 13. οὐδὲν τῶν ὑπὸ —
τῶν ἀρίστων ποιητῶν καὶ
μάλιστα τῆς τραγῳδίας λε-
γομένων ἀγνοήσει. Die Ko-
mödie und das Satyrdrama sind nicht
ausgeschlossen, wie theils die ange-
führten Stoffe, theils das Zeugniss
bei Athenäus I. p. 20. d. e. τοῦτον
τὸν Βάθυλλόν φησιν Ἀριστόνικος
καὶ Πυλάδην τὴν Ἰταλικὴν ὄρχη-
σιν (das ist die Pantomimik) συ-
στήσασθαι ἐκ τῆς κωμικῆς,
ἢ ἐκαλεῖτο κόρδαξ καὶ τῆς τρα-
γικῆς, ἢ ἐκαλεῖτο ἐμμέλεια καὶ
τῆς σατυρικῆς ἢ ἐλέγετο σίκιν-
νις und Dio Cassius (S. zu c. 46)
beweisen. Vgl. Seneca rhet. controv.
excorpt. III. praef. Pylades in
comoedia, Bathyllus in tra-
goedia multum a se aberant.

Ἡσιόδου καὶ τῶν ἀρίστων ποιητῶν καὶ μάλιστα τῆς τρα-
γῳδίας λεγομένων ἀγνοήσει.

Ταῦτα πάνυ ὀλίγα ἐκ πολλῶν, μᾶλλον δὲ ἀπείρων
τὸ πλῆθος ἐξελὼν τὰ κεφαλαιωδέστερα κατέλεξα, τὰ ἄλλα
5 τοῖς τε ποιηταῖς ᾄδειν ἀφεὶς καὶ τοῖς ὀρχησταῖς αὐτοῖς
δεικνύναι καὶ σοὶ προσεξευρίσκειν καθ᾽ ὁμοιότητα τῶν
προειρημένων, ἅπερ ἅπαντα πρόχειρα καὶ πρὸς τὸν καιρὸν
ἕκαστον τῷ ὀρχηστῇ προπεπορισμένα καὶ προτεταμιευ-
μένα κεῖσθαι ἀναγκαῖον.

10 62. Ἐπεὶ δὲ μιμητικός ἐστι καὶ κινήμασι τὰ ᾀδόμενα 62
δείξειν ὑπισχνεῖται, ἀναγκαῖον αὐτῷ, ὅπερ καὶ τοῖς ῥήτορσι,
σαφήνειαν ἀσκεῖν, ὡς ἕκαστον τῶν δεικνυμένων ὑπ᾽ αὐ-
τοῦ δηλοῦσθαι μηδενὸς ἐξηγητοῦ δεόμενον, ἀλλ᾽ ὅπερ
ἔφη ὁ Πυθικὸς χρησμός, δεῖ τὸν θεώμενον ὄρχησιν καὶ
15 κωφοῦ συνιέναι καὶ μὴ λαλέοντος τοῦ ὀρχηστοῦ ἀκού-
ειν. 63. ὃ δὴ καὶ Δημήτριον τὸν Κυνικὸν παθεῖν λέγου- 63
σιν· ἐπεὶ γὰρ καὶ αὐτὸς ὅμοιά σοι κατηγόρει τῆς ὀρχη-
στικῆς, λέγων τοῦ αὐλοῦ καὶ τᾶν συρίγγων καὶ τῶν κτύ-

---

5. τοῖς τε ποιηταῖς ἀφεὶς
ᾄδειν, den Dichtern, welche die
Dramen für die Pantomimen (fabulae
saltieae) bearbeiten, z. B. Silo. S.
zu c. 29. e. 84.
62. 10. μιμητικός. Das hat
er mit dem tragischen und komi-
schen Schauspieler gemein.
10. κινήμασι τὰ ᾀδόμενα
δείξειν ὑπισχνεῖται. Das un-
terscheidet den Pantomimen von den
übrigen Schauspielern. Der Panto-
mime trägt nicht selbst die Dichtung
vor, sondern stellt den vom Chor
vorgetragenen Text (τὰ ᾀδόμενα)
bildlich und zwar nur durch Bewe-
gungen (κινήμασι) dar. Daher Suet.
Calig. c. 54. canticum desaltare,
14. ὁ Πυθικὸς χρησμός auf
die Anfrage des Krösus, was er an
einem bestimmten Tage vorhätte,
Herod. I. 47.
οἶδα δ᾽ ἐγὼ ψάμμου τ᾽ ἀριθμὸν
καὶ μέτρα θαλάσσης

καὶ κωφοῦ συνίημι καὶ οὐ
φωνοῦντος ἀκούω.
68. 16. Δημήτριον τὸν
Κυνικόν. S. adv. indoct. c. 19.
18. τοῦ αὐλοῦ καὶ τᾶν συ-
ρίγγων. Macrob. Saturn. II. 7. er-
zählt von Pylades, einem der Be-
gründer der pantomimischen Kunst:
Hic quia ferebatur mutasse rudis il-
lius saltationis ritum, quae apud ma-
iores viguit, et venustam induxisse
novitatem, interrogatus ab Augusto,
quas saltationi contulisset, respondit
αὐλῶν συρίγγων τ᾽ ἐνοπὴν ὅμα-
δόν τ᾽ ἀνθρώπων.
18. καὶ τᾶν κτύπων von dem
Tone des Instruments zu verstehen,
das mit den Füssen in Bewegung ge-
setzt wurde. S. zu c. 2. c. 83. Suet.
Calig. c. 54. Saltabat nonnunquam
noctu... deinde repente magno
tibiarum et scabellorum cre-
pitu cum palla tunicaque talari
prosiluit.

πων πάρεργόν τι τὸν ὀρχηστὴν εἶναι, μηδὲν αὐτὸν πρὸς
τὸ δρᾶμα συντελοῦντα, κινούμενον δὲ ἄλογον ἄλλως κί-
νησιν καὶ μάταιον, οὐδενὸς αὐτῇ νοῦ προσόντος, τῶν
δὲ ἀνθρώπων τοῖς περὶ τὸ πρᾶγμα γοητευομένων, ἐσθῆτι
Σηρικῇ καὶ προσωπείῳ εὐπρεπεῖ, [αὐλῷ τε καὶ τερετίσμα- 5
σι] καὶ τῇ τῶν ᾀδόντων εὐφωνίᾳ, οἷς κοσμεῖσθαι μηδὲν
ὂν τὸ τοῦ ὀρχηστοῦ πρᾶγμα· ὁ τότε κατὰ τὸν Νέρωνα
εὐδοκιμῶν ὀρχηστὴς οὐκ ἀσύνετος, ὥς φασιν, ἀλλ᾽ εἰ
καί τις ἄλλος ἔν τε ἱστορίας μνήμῃ καὶ μιμήσεως κάλλει
διενεγκὼν ἐδεήθη τοῦ Δημητρίου εὐγνωμονεστάτην, οἶ- 10
μαι, τὴν δέησιν, ἰδεῖν ὀρχούμενον, ἔπειτα κατηγορεῖν
αὐτοῦ, καὶ ὑπέσχετό γε ἄνευ αὐλοῦ καὶ ᾀσμάτων ἐπι-
δείξεσθαι αὐτῷ· καὶ οὕτως ἐποίησεν· ἡσυχίαν γὰρ τοῖς
τε κτυποῦσι καὶ τοῖς αὐλοῦσι καὶ αὐτῷ παραγγείλας τῷ
χορῷ αὐτὸς ἐφ᾽ ἑαυτοῦ ὠρχήσατο τὴν Ἀφροδίτης καὶ 15
Ἄρεος μοιχείαν, Ἥλιον μηνύοντα καὶ Ἥφαιστον ἐπιβου-
λεύοντα καὶ τοῖς δεσμοῖς ἀμφοτέρους, τήν τε Ἀφροδίτην
καὶ τὸν Ἄρη, σαγηνεύοντα καὶ τοὺς ἐφεστῶτας θεοὺς
ἕκαστον αὐτῶν, καὶ αἰδουμένην μὲν τὴν Ἀφροδίτην,
ὑποδεδοικότα δὲ καὶ ἱκετεύοντα τὸν Ἄρη καὶ ὅσα τῇ ἱστο- 20
ρίᾳ ταύτῃ πρόσεστιν, ὥστε τὸν Δημήτριον ὑπερησθέντα
τοῖς γινομένοις τοῦτον ἔπαινον ἀποδοῦναι τὸν μέγιστον
τῷ ὀρχηστῇ· ἀνέκραγε γὰρ καὶ μεγάλῃ τῇ φωνῇ ἀνε-

---

2. ἄλλως. S. zu adv. indoct.
c. 1.
4. τοῖς περὶ τὸ πρᾶγμα.
Der Nachdruck liegt auf περί; τὰ
περὶ τὸ πρᾶγμα sind die äussern
Umgebungen und Zuthaten der
Kunst des Pantomimen, erklärt
durch die folgende Apposition:
ἐσθῆτι u. d. f.
6. οἷς — κοσμεῖσθαι Infini-
tiv nach dem Relativ, in indirecter
Rede. S. zu adv. indoct. c. 12.
6. μηδὲν ὄν. S. zu Piscat.
c. 25.
7. ὁ τότε κατὰ τὸν Νέρωνα
εὐδοκιμῶν wahrscheinlich Pa-

ris der ältere. Suet. Nero c. 54.
Et sunt, qui tradunt Paridem hi-
strionem occisum ab eo quasi gra-
vem adversarium. Ein jüngerer, als
Pantomime noch berühmterer und
einflussreicherer Paris lebte unter
Demitian.

13. τοῖς κτυποῦσι καὶ τοῖς
αὐλοῦσι καὶ αὐτῷ — τῷ χο-
ρῷ. Die κτυποῦντες (S. zu c. 2)
sind also hier von den Flötenbläsern
und den Chorsängern getrennt zu
denken.

15. ἐφ᾽ ἑαυτοῦ. Vgl. de hist.
conscr. c. 36.

φθέγξατο, Ἀκούω, ἄνθρωπε, ἃ ποιεῖς, οὐχ ὁρῶ μόνον
ἀλλά μοι δοκεῖς ταῖς χερσὶν αὐταῖς λαλεῖν.

64. Ἐπεὶ δὲ κατὰ τὸν Νέρωνά ἐσμεν τῷ λόγῳ, βού- 64
λομαι καὶ βαρβάρου ἀνδρὸς τὸ ἐπὶ τοῦ αὐτοῦ ὀρχηστοῦ
5 γενόμενον εἰπεῖν, ὅπερ μέγιστος ἔπαινος ὀρχηστικῆς γέ-
νοιτ' ἄν· τῶν γὰρ ἐκ τοῦ Πόντου βαρβάρων βασιλικός τις
ἄνθρωπος κατά τι χρέος ἥκων ὡς τὸν Νέρωνα ἐθεᾶτο
μετὰ τῶν ἄλλων τὸν ὀρχηστὴν ἐκεῖνον οὕτω σαφῶς ὀρ-
χούμενον, ὡς καίτοι μὴ ἐπακούοντα τῶν ᾀδομένων — ἡμιέλ-
10 λην γάρ τις ὢν ἐτύγχανε — συνεῖναι ἁπάντων. καὶ δὴ
ἀπιὼν ἤδη ἐς τὴν οἰκείαν, τοῦ Νέρωνος δεξιουμένου καὶ
ὅ τι βούλοιτο αἰτεῖν κελεύοντος καὶ δώσειν ὑπισχνουμένου,
Τὸν ὀρχηστήν, ἔφη, δοὺς τὰ μέγιστα εὐφρανεῖς. τοῦ δὲ
Νέρωνος ἐρομένου, Τί ἄν σοι χρήσιμος γένοιτο ἐκεῖ; Προς-
15 οίκους, ἔφη, βαρβάροις ἔχω, οὐχ ὁμογλώττους, καὶ ἑρμη-
νέων οὐ ῥᾴδιον εὐπορεῖν πρὸς αὐτούς· ἢν οὖν τινος
δέωμαι, διανεύων οὗτος ἕκαστά μοι ἑρμηνεύσει. τοσοῦ-
τον ἄρα καθίκετο αὐτοῦ ἡ μίμησις τῆς ὀρχήσεως ἐπίση-
μός τε καὶ σαφὴς φανεῖσα. 65. [ἡ δὲ πλείστη διατριβὴ 65
20 καὶ ὁ σκοπὸς τῆς ὀρχηστικῆς ἡ ὑπόκρισίς ἐστιν, ὡς ἔφην,
κατὰ τὰ αὐτὰ καὶ τοῖς ῥήτορσιν ἐπιτηδευομένη, καὶ μά-
λιστα τοῖς τὰς καλουμένας ταύτας μελέτας διεξιοῦσιν·
οὐδὲν γὰρ καὶ ἐν ἐκείνοις μᾶλλον ἐπαινοῦμεν ἢ τὸ ἐοικέναι
τοῖς ὑποκειμένοις προσώποις καὶ μὴ ἀπῳδὰ εἶναι τὰ λε-
25 γόμενα τῶν εἰσαγομένων ἀριστέων ἢ τυραννοκτόνων ἢ
πενήτων ἢ γεωργῶν, ἀλλ' ἐν ἑκάστῳ τούτων τὸ ἴδιον καὶ
τὸ ἐξαίρετον δείκνυσθαι].

66. Ἐθέλω γοῦν σοι καὶ ἄλλου βαρβάρου ῥῆσιν ἐπὶ 66
τούτοις εἰπεῖν· ἰδὼν γὰρ πέντε πρόσωπα τῷ ὀρχηστῇ

---

2. δοκεῖς ταῖς χερσὶν αὐ-
ταῖς λαλεῖν. Ebenso spricht Cas-
siodor. var. lect. IV. 51. von des
Pantomimen manus loquacissimas,
linguosi digiti, silentium clamosum.
Vgl. c. 69. χειρόσοφος.
64. 8. τὸν ὀρχηστὴν ἐκεῖ-
νον. S. c. 63.

9. καίτοι μὴ ἐπακούοντα,
wie c. 79. S. zu de hist. cscr. c. 40.
57. Nigr. c. 8.
17. τοσοῦτον καθίκετο αὐ-
τοῦ ἡ μίμησις wie Hermot. c. 83.
ἐς τοσοῦτό μου καθίκετο ὁ λόγος
ἀληθὴς ἄν. Icarom. c. 24. und oft
bei Homer. S. zu Nigr. c. 35.

παρεσκευασμένα — τοσούτων γὰρ ' μερῶν τὸ δρᾶμα ἦν —
ἐζήτει ἕνα ὁρῶν τὸν ὀρχηστήν, τίνες οἱ ὀρχησόμενοι καὶ
ὑποκρινούμενοι τὰ λοιπὰ προσωπεῖα εἶεν· ἐπεὶ δὲ ἔμα-
θεν ὅτι ὁ αὐτὸς ὑποκρινεῖται καὶ ὑπορχήσεται τὰ πάντα,
Ἐλελήθεις, ὦ βέλτιστε, ἔφη, σῶμα μὲν τοῦτο ἕν, πολλὰς 5
67 δὲ ψυχὰς ἔχων. 67. ταῦτα μὲν ὁ βάρβαρος. οὐκ
ἀπεικότως δὲ καὶ οἱ Ἰταλιῶται τὸν ὀρχηστὴν παντόμιμον
καλοῦσιν, [ἀπὸ τοῦ δρωμένου σχεδόν]· καλὴ γὰρ ἡ ποιητικὴ
παραίνεσις ἐκείνη τό, „ὦ παῖ, ποντίου θηρὸς πετραίου
νόον ἴσχων πάσαις πολίεσσιν ὁμίλει,“ καὶ τῷ ὀρχηστῇ 10
ἀναγκαία· καὶ δεῖ προσφύντα τοῖς πράγμασι συνοικειοῦν
ἑαυτὸν ἑκάστῳ τῶν δρωμένων. τὸ δὲ ὅλον ἤθη καὶ πάθη
δείξειν καὶ ὑποκρινεῖσθαι ἡ ὄρχησις ἐπαγγέλλεται νῦν
μὲν ἐρῶντα, νῦν δὲ ὀργιζόμενόν τινα εἰσάγουσα, καὶ ἄλ-
λον μεμηνότα καὶ ἄλλον λελυπημένον, καὶ ἅπαντα ταῦτα 15
μεμετρημένως· τὸ γοῦν παραδοξότατον, τῆς αὐτῆς ἡμέ-
ρας ἄρτι μὲν Ἀθάμας μεμηνώς, ἄρτι δὲ Ἰνὼ φοβουμένη
δείκνυται, καὶ ἄλλοτε Ἀτρεὺς ὁ αὐτός, καὶ μετὰ μικρὸν
Θυέστης, εἶτα Αἴγισθος ἢ Ἀερόπη· καὶ ταῦτα πάντα
68 εἰς ἄνθρωπός ἐστι. 68. τὰ μὲν οὖν ἄλλα θεάματα καὶ 20
ἀκούσματα ἑνὸς ἕκαστον ἔργου τὴν ἐπίδειξιν ἔχει· ἢ γὰρ

66. 1. τοσούτων γὰρ με-
ρῶν τὸ δρᾶμα ἦν. Wahrschein-
lich war das Drama der Pantomimen,
wie es auf unsern Theatern bei al-
len Dramen Sitte ist, in Akte abge-
theilt, so dass der Pantomime in den
Pausen Zeit hatte, die Larve (τὸ
πρόσωπον) zu wechseln.

4. ὑπορχήσεται Erklärung
zu ὑποκρινεῖται, weil die ὑπόκρι-
σις beim Pantomimen lediglich in
der ὄρχησις besteht. Vgl. c. 62. κι-
νήμασι τὰ ᾀδόμενα δείξειν ὑπι-
σχνεῖται.

67. 7. οἱ Ἰταλιῶται. Die
Pantomimik wird, weil sie in Italien
zuerst in der hier beschriebenen
Form von Bathyllus und Pylades

zur Ausübung gekommen ist, auch
Ἰταλικὴ ὄρχησις genannt. S. zu
c. 61.

9. ὦ παῖ — ὁμίλει. Aus Pin-
dars Fragm. 70. Vorschriften des
Amphiaraus an seinen Sohn Amphi-
lochus. Der Nachdruck liegt für
unsre Stelle in πάσαις.

16. τὸ γοῦν παραδοξότα-
τον. S. zu de hist. cscr. 10. Pisc.
c. 26. 35.

17. Ἀθάμας — Ἰνώ, S. zu
c. 42.

19. Ἀερόπη S. c. 43. Die hier
genannten fünf Personen Atreus
bis Aerope gehören wahrschein-
lich sämmtlich zu einem Pantomi-
mus, der wie der c. 66 erwähnte fünf
Abtheilungen hatte.

αὐλός ἐστιν ἢ κιθάρα ἢ διὰ φωνῆς μελῳδία ἢ τραγικὴ
δραματουργία ἢ κωμικὴ γελωτοποιία· ὁ δὲ ὀρχηστὴς τὰ
πάντα ἔχει ξυλλαβών, καὶ ἔνεστι ποικίλην καὶ παμμιγῆ
τὴν παρασκευὴν αὐτοῦ ἰδεῖν, αὐλόν, σύριγγα, ποδῶν
5 κτύπον, κυμβάλου ψόφον, ὑποκριτοῦ εὐφορίαν, ᾀδόν-
των ὁμοφωνίαν. 69. ἔτι δὲ τὰ μὲν ἄλλα θατέρου τῶν ἐν 69
τῷ ἀνθρώπῳ ἔργα ἐστί, τὰ μὲν ψυχῆς, τὰ δὲ σώματος·
ἐν δὲ τῇ ὀρχήσει ἀμφότερα συμμέμικται, καὶ γὰρ δια-
νοίας ἐπίδειξιν τὰ γινόμενα ἔχει καὶ σωματικῆς ἀσκή-
10 σεως ἐνέργειαν, τὸ δὲ μέγιστον ἡ σοφία τῶν δρωμένων
καὶ μηδὲν ἔξω λόγου. Λεσβῶναξ γοῦν ὁ Μιτιληναῖος
ἀνὴρ καλὸς καὶ ἀγαθός, χειροσόφους τοὺς ὀρχηστὰς ἀπε-
κάλει καὶ ᾔει ἐπὶ τὴν θέαν αὐτῶν ὡς βελτίων ἀναστρέψων
ἀπὸ τοῦ θεάτρου, Τιμοκράτης δὲ ὁ διδάσκαλος αὐτοῦ
15 ἰδών ποτε ἅπαξ, οὐκ ἐξεπίτηδες ἐπιστάς, ὀρχηστὴν τὰ
αὐτοῦ ποιοῦντα, Οἴου με, ἔφη, θεάματος ἡ πρὸς φιλο-
σοφίαν αἰδὼς ἀπεστέρηκεν. 70. εἰ δ' ἔστιν ἀληθῆ ἃ περὶ 70
ψυχῆς ὁ Πλάτων λέγει, τὰ τρία μέρη αὐτῆς καλῶς ὁ ὀρ-
χηστὴς δείκνυσι, τὸ θυμικόν, ὅταν ὀργιζόμενον ἐπιδει-
20 κνύηται, τὸ ἐπιθυμητικόν, ὅταν ἐρῶντας ὑποκρίνηται,
τὸ λογιστικόν, ὅταν ἕκαστα τῶν παθῶν χαλιναγωγῇ·

68. 1. αὐλός — ἢ κιθάρα.
Es ist hier von der Auletik und
Kitharistik die Rede d. h. von dem
Vortrage dieser beiden Instrumente
ohne Begleitung des Gesanges, zu
unterscheiden von der älteren und
gewöhnlicheren Aulodik und Ki-
tharodik.
4. ποδῶν κτύπον. S. zu c. 2.
5. κυμβάλου ψόφον. Vgl.
c. 72.
5. ὑποκριτοῦ εὐφορίαν,
die harmonische Bewegung des Pan-
tomimen, als darstellenden Künst-
lers, insofern das ὑποκρίνεσθαι des
Pantomimen in ὑπορχεῖσθαι be-
steht. S. zu c. 66. Poll. IV. 97 führt
unter den Eigenschaften des ὀρχη-
στὴς εὐποδίαν, εὐφορίαν, ἰσο-
φορίαν, εὐταξίαν auf. Das εὐφω-
Sommerbrodt, Lucian III. 2. Aufl.

νίαν der Handschriften ist, wie aus
der ganzen Schrift hervorgeht, ent-
schieden falsch.
5. ᾀδόντων der den Pantomi-
men begleitende Chor.
69. 11. Λεσβῶναξ — ὁ Μυ-
τιληναῖος Philosoph zur Zeit des
Augustus; vielleicht nicht unter-
schieden von dem Rhetor Lesbonax,
welchem μελέται ἱστορικαί und
ἐρωτικαὶ ἐπιστολαί zugeschrieben
werden.
12. χειροσόφους. S. zu c. 63.
14. Τιμοκράτης aus Heraklea.
Demonax c. 3 wird er σοφὸς ἀνήρ,
φωνήν τε καὶ γνώμην μάλιστα κε-
κοσμημένος genannt.
70. 17. ἃ περὶ ψυχῆς ὁ Πλά-
των λέγει de republ. IV. 436—411.

12

τοῦτο μέν γε ἐν ἅπαντι μέρει τῆς ὀρχήσεως καθάπερ ἡ
ἁφὴ ἐν ταῖς αἰσθήσεσι κατέσπαρται. κάλλους δὲ προνοῶν
καὶ τῆς ἐν τοῖς ὀρχήμασιν εὐμορφίας, τί ἄλλο ἢ τὸ τοῦ
Ἀριστοτέλους ἐπαληθεύει, τὸ κάλλος ἐπαινοῦντος καὶ
μέρος τι ἡγουμένου τἀγαθοῦ καὶ τοῦτο εἶναι; ἤκουσα 5
δέ τινος καὶ περιττότερόν τι νεανιευαμένου ὑπὲρ τῆς τῶν
ὀρχηστικῶν προσωπείων σιωπῆς, ὅτι αὕτη καὶ Πυθαγο-
71 ρικόν τι δόγμα αἰνίττεται. 71. ἔτι δὲ τῶν ἄλλων ἐπιτη-
δευμάτων τῶν μὲν τὸ τερπνόν, τῶν δὲ τὸ χρήσιμον
ὑπισχνουμένων, μόνη ἡ ὄρχησις ἄμφω ἔχει· καὶ πολύ γε 10
τὸ χρήσιμον ὠφελιμώτερον, ὅσῳ μετὰ τοῦ τερπνοῦ γίνε-
ται. πόσῳ γὰρ τοῦτο ἥδιον ὁρᾶν ἢ πυκτεύοντας νεα-
νίσκους καὶ αἵματι ῥεομένους καὶ παλαίοντας ἄλλους ἐν
κόνει, οἷς ἡ ὄρχησις πολλάκις ἀσφαλέστερον ἅμα καὶ
εὐμορφότερον καὶ τερπνότερον ἐπιδείκνυται. τὴν μὲν 15
οὖν γε σύντονον κίνησιν τῆς ὀρχηστικῆς καὶ στροφὰς
αὐτῆς καὶ περιαγωγὰς καὶ πηδήματα καὶ ὑπτιασμοῖς τοῖς
μὲν ἄλλοις τερπνὰ εἶναι συμβέβηκεν ὁρῶσι, τοῖς δὲ ἐνερ-

1. τοῦτο μέν γε d. i. τὸ λο-
γιστικόν.
3. τί ἄλλο ἢ — ἐπαληθεύ-
ει. S. zu adv. indoct. c. 17.
3. τὸ τοῦ Ἀριστοτέλους.
Eth. Nicom. I. 8. νενεμημένων δὴ
τῶν ἀγαθῶν τριχῆ, καὶ τῶν μὲν
ἐκτὸς λεγομένων, τῶν δὲ περὶ
ψυχὴν καὶ σῶμα, τὰ περὶ ψυ-
χὴν κυριώτατα λέγομεν καὶ μά-
λιστα ἀγαθά. l. 9. αὐθ υατον — ἢ
οὐ ῥᾴδιον τὰ καλὰ πράττειν ἀχο-
ρήγητον ὄντα· — ἐνίων δὲ τητώ-
μενοι ῥυπαίνουσι τὸ μακάριον,
οἷον εὐγενείας, εὐτεκνίας, κάλλους.
5. μέρος τι ἡγουμένου
τἀγαθοῦ καὶ τοῦτο εἶναι.
So ist wohl nach den oben ange-
führten Stellen statt μέρος τρίτον
zu lesen.
6. περιττότερόν τι νεα-
νιευομένου wie wir sagen:
‚allzu jung sein, sprechen' d. i.
thöricht, leichtsinnig sein oder
sprechen.

7. καὶ Πυθαγορικόν τι δό-
γμα αἰνίττεται. Sinn: Selbst
die Kenntniss der pythagoreischen
Philosophie verräth sich in der
Kunst des Pantomimen. Vgl. Athen.
I. 20. d. Οὗτος (der Pantomime
Memphis) τὴν Πυθαγόρειον φι-
λοσοφίαν ἐπιδείκνυσιν ἥτις ἐστί,
μετὰ· σιωπῆς πάνθ᾽ ἡμῖν
ἐμφανίζων σαφέστερον ἢ οἱ
τὰς τῶν λόγων τέχνας ἐπαγγελ-
λόμενοι διδάσκειν.
71. 10. πολύ γε — ὠφελι-
μώτερον, ὅσῳ μετὰ τερπνοῦ
γίνεται ohne Comparat., wie
schon bei Herodot II. 61. οὗτοι δὲ
τοσούτῳ ἔτι πλέω ποιοῦσι τούτων
ὅσῳ καὶ τὰ μέτωπα κόπτονται
μαχαίρῃσι. Phalar. I. c. 8. ἡμῖν δὲ
τοῦτο πολλῷ ἀναγκαιότερον τοῖς
τυράννοις, ὅσῳ πρὸς ἀνάγκην
ἐξηγούμεθα ... Ebenso quanto
ohne Comparativ sehr oft bei Taci-
tus z. B. Hist. II. 99. quantum
hebes — tanto promptior.

γοῦσιν αὐτοῖς ὑγιεινότατα· γυμνασίων γὰρ τὸ κάλλιστόν
τε ἅμα καὶ εὐρυθμότατον τοῦτο φαίην ἂν ἔγωγε εἶναι,
μαλάττον μὲν τὸ σῶμα καὶ κάμπτον καὶ κουφίζον καὶ εὐ-
χερὲς εἶναι πρὸς μεταβολὴν διδάσκον ἰσχύν τε οὐ μικρὰν
5 περιποιοῦν τοῖς σώμασι. 72. πῶς οὖν οὐ παναρμόνιόν 72
τι χρῆμα ἡ ὄρχησις, θήγουσα μὲν τὴν ψυχήν, ἀσκοῦσα
δὲ καὶ τὸ σῶμα, τέρπουσα δὲ τοὺς ὁρῶντας, διδάσκουσα
δὲ πολλὰ τῶν πάλαι ὑπ᾽ αὐλοῖς καὶ κυμβάλοις καὶ μελῶν
εὐρυθμίᾳ καὶ κηλήσει διά τε ὀφθαλμῶν καὶ ἀκοῆς; εἶτ᾽
10 οὖν φωνῆς εὐμοιρίαν ζητεῖς, ποῦ ἂν ἀλλαχόθι εὕροις,
ἢ ποῖον πολυφωνότερον ἄκουσμα ἢ ἐμμελέστερον; εἴτε
αὐλοῦ καὶ σύριγγος τὸ λιγυρώτερον, ἅλις καὶ τούτων ἐν
ὀρχήσει ἀπολαῦσαί σοι πάρεστιν. ἐῶ λέγειν, ὡς ἀμείνων
τὸ ἦθος ὁμιλῶν τῇ τοιαύτῃ θέᾳ γενήσῃ, ὅταν ὁρᾷς το
15 θέατρον μισοῦν μὲν τὰ κακῶς γινόμενα, ἐπιδακρῦον
δὲ τοῖς ἀδικουμένοις, καὶ ὅλως τὰ ἤθη τῶν ὁρώντων παι-
δαγωγοῦν. 73. ὃ δέ ἐστι μάλιστα ἐπὶ τῶν ὀρχηστῶν ἐπαι- 73
νέσαι, τοῦτο ἤδη ἐρῶ· τὸ γὰρ ἰσχύν τε ἅμα καὶ ὑγρότητα
τῶν μελῶν ἐπιτηδεύειν ὁμοίως παράδοξον εἶναί μοι δοκεῖ
20 ὡς εἴ τις ἐν τῷ αὐτῷ καὶ Ἡρακλέους τὸ καρτερὸν καὶ
Ἀφροδίτης τὸ ἁβρὸν δεικνύοι.

74. Ἐθέλω δὲ ἤδη καὶ ὑποδεῖξαί σοι τῷ λόγῳ, ὁ- 74
ποῖον χρὴ εἶναι τὸν ἄριστον ὀρχηστὴν ἔν τε ψυχῇ καὶ σώ-
ματι. καίτοι τῆς μὲν ψυχῆς προεῖπον τὰ πλεῖστα· μνη-
25 μονικόν τε γὰρ καὶ εὐφυᾶ καὶ ξυνετὸν καὶ ὀξὺν ἐπινοῆ-
σαι καὶ καιροῦ μάλιστα ἐστοχάσθαι φημὶ δεῖν αὐτόν,
ἔτι δὲ καὶ κριτικόν τε ποιημάτων καὶ ᾀσμάτων καὶ με-

---

72. 7. διδάσκουσα δὲ πολ-
λὰ τῶν πάλαι die von c. 36—61
aufgeführten Stoffe aus der Mytho-
logie und Geschichte.

8. ὑπ᾽ αὐλοῖς wie c 62.

9. μελῶν die vom Chore ge-
sungen wurden.

73. 18. τὸ γὰρ ἰσχύν τε
ἅμα καὶ ὑγρότητα Vereinigung

von Kraft und Gewandtheit.

20. τὸ καρτερὸν — τὸ ἁβρόν.
S. zu de hist. cscr. c. 35.

74. 26. καιροῦ μάλιστα
ἐστοχάσθαι das Rechte
treffen d. h. jedesmal das pas-
sendste, wirksamste Bild finden,
welches den Gegenstand am An-
schaulichsten darstellt.

27. ποιημάτων καὶ ᾀσμά-

12 *

λῶν τῶν ἀρίστων διαγνωστικὸν καὶ τῶν κακῶς πεποιη-
75 μένων ἐλεγκτικόν. 75. τὸ δὲ σῶμα κατὰ τὸν Πολυκλεί-
του κανόνα ἤδη ἐπιδείξειν μοι δοκῶ· μήτε γὰρ ὑψηλὸς
ἄγαν ἔστω καὶ πέρα τοῦ μετρίου ἐπιμήκης μήτε ταπει-
νὸς καὶ νανώδης τὴν φύσιν, ἀλλ᾽ ἔμμετρος ἀκριβῶς, οὔτε 5
πολύσαρκος — ἀμήχανον γάρ — οὔτε λεπτὸς ἐς ὑπερβο-
76 λήν — σκελετῶδες τοῦτο καὶ νεκρικόν. 76. ἐθέλω γοῦν
σοι καὶ δήμου τινὸς οὐ φαύλου τὰ τοιαῦτα ἐπισημαίνε-
σθαι βοὰς εἰπεῖν· οἱ γὰρ Ἀντιοχεῖς εὐφυεστάτη πόλις
καὶ ὄρχησιν μάλιστα πρεσβεύουσα οὕτως ἐπιτηρεῖ τῶν 10
λεγομένων καὶ τῶν γινομένων ἕκαστα, ὡς μηδένα μηδὲν
αὐτῶν διαλανθάνειν. μικροῦ μὲν γὰρ ὀρχηστοῦ εἰσελ-
θόντος καὶ τὸν Ἕκτορα ὀρχουμένου μιᾷ φωνῇ πάντες ἀν-
εβόησαν, Σὺ Ἀστυάναξ, Ἕκτωρ δὲ ποῦ; ἄλλοτε δέ ποτε
μηκίστου τινὸς ὑπὲρ τὸ μέτριον ὀρχεῖσθαι τὸν Καπανέα 15
ἐπιχειροῦντος καὶ προσβάλλειν τοῖς Θηβαίων τείχεσιν,
Ὑπέρβηθι, ἔφησαν, τὸ τεῖχος, οὐδέν σοι δεῖ κλίμακος.
καὶ ἐπί του παχέος δὲ καὶ πιμελοῦς ὀρχηστοῦ πηδᾶν με-
γάλα πειρωμένου, Δεόμεθα, ἔφησαν, φείδεσθαι τῆς θυ-
μέλης. τὸ δὲ ἐναντίον τῷ πάνυ λεπτῷ ἐπεβόησαν, Κα- 20

τ ω ν die Ballettexte (*fabulae salti-
cae*) und Gesänge, die er zur Dar-
stellung auswählt.

75. 2. κατὰ τὸν Πολυκλεί-
του κανόνα. Polyklet, Zeitge-
nosse des Phidias, Meister der si-
cyonisch-argivischen Kunstschule,
Erzgiesser, Torent, Bildhauer und
Architekt. Ol. 82—92. Eine seiner
Statuen, der Doryphoros, ein kräf-
tiger, männlicher Jüngling, der sich
auf seine Lanze stützt, galt als Mu-
ster der Proportionen des mensch-
lichen Körpers und hiess desshalb
auch Kanon.

3. ἐπιδείξειν μοι δοκῶ S.
zu rhet. pr. c. 8. Pisc. c. 28. 39.

4. πέρα τοῦ μετρίου. S. zu
de hist. conscr. c. 7.

5. ἔμμετρος ἀκριβῶς. S.
zu de hist. conscr. c. 19.

6. ἀμήχανον γάρ, es lässt
sich damit nichts anfangen,
ausrichten, wegen der Unbehülf-
lichkeit, die damit verbunden ist.

6. ἐς ὑπερβολήν oft so vgl.
Gall. c. 10. 14. 24. — καθ᾽ ὑπερ-
βολήν c. 82.

76. 8. ἐπισημαίνεσθαι ab-
hängig von φαύλου, sich durch ein
Zeichen zu erkennen geben, sowohl
vom Beifall als vom Missfallen d. h.
ein Urtheil aussprechen.

9. οἱ γὰρ Ἀντιοχεῖς wohl
die Bewohner der Hauptstadt von
Syrien.

15. ὑπὲρ τὸ μέτριον. S. zu
c. 75.

15. τὸν Καπανέα einer der
Sieben vor Theben.

19. τῆς θυμέλης ursprünglich
der Altar des Dionysus, dem zu

λῶς ἔχε, ὡς νοσοῦντι. τούτων οὐ τοῦ γελοίου ἕνεκα ἐπε-
μνήσθην, ἀλλ᾽ ὡς ἴδῃς ὅτι καὶ δῆμοι ὅλοι μεγάλην σπου-
δὴν ἐποιήσαντο ἐπὶ τῇ ὀρχηστικῇ, ὡς ῥυθμίζειν τὰ
καλὰ καὶ τὰ αἰσχρὰ αὐτῆς δύνασθαι. 77. εὐκίνητος δὲ **77**
5 τὸ μετὰ τοῦτο πάντως ἔστω καὶ τὸ σῶμα λελυμένος τε
ἅμα καὶ συμπεπηγώς, ὡς λυγίζεσθαί τε ὅπη καιρὸς καὶ
συνεστάναι καρτερῶς, εἰ τούτου δέοι. 78. ὅτι δὲ οὐκ **78**
ἀπήλλακται ὄρχησις καὶ τῆς ἐναγωνίου χειρονομίας, ἀλλὰ
μετέχει καὶ τῶν Ἑρμοῦ καὶ Πολυδεύκους καὶ Ἡρακλέους
10 ἐν ἀθλήσει καλῶν, ἴδοις ἂν ἑκάστῃ τῶν μιμήσεων ἐπι-
σχών. Ἡροδότῳ μὲν οὖν τὰ δι᾽ ὀμμάτων φαινόμενα πι-
στότερα εἶναι τῶν ὤτων δοκεῖ· ὀρχήσει δὲ καὶ τὰ ὤτων
καὶ τὰ ὀφθαλμῶν πρόσεστιν.

79. οὕτω δὲ θέλγει ὄρχησις, ὥστε ἂν ἐρῶν τις εἰς **79**
15 τὸ θέατρον παρέλθοι, ἐσωφρονίσθη ἰδὼν οἷα ἔρωτος κακὰ
τέλη· καὶ λύπῃ ἐχόμενος ἐξέρχεται τοῦ θεάτρου φαι-
δρότερος ὥσπερ τι φάρμακον ληθεδανὸν καὶ κατὰ τὸν
ποιητὴν νηπενθές τε καὶ ἄχολον πιών. σημεῖον δὲ τῆς

Ehren die scenischen Spiele gefeiert wurden, später die Orchestra, auf welcher der Altar stand, endlich im römischen Theater, wo die Orchestra den Senatoren eingeräumt war, die Bühne, auf welcher Musiker, Pantomimen, Schauspieler auftraten. So hier.

2. μεγάλη νσπουδὴνἐποι-
ήσαντο ἐπὶ τῇ ὀρχηστικῇ. S. zu c. 1.

3. ῥυθμίζειν τὰ καλά in Ordnung und Regel bringen d. i. ein künstlerisches Bewusstsein davon haben.

77. 5. τὸ σῶμα λελυμένος τε ἅμα καὶ συμπεπηγώς, ὡς — δέοι. Weiche Schmiegsamkeit und gedrungene Festigkeit müssen dem Pantomimen in gleicher Weise zu Gebote stehen, um sowohl Männer als Frauen, jedes ἦθος und πάθος darstellen zu können.

78. 8. τῆς ἐναγωνίου χει-
ρονομίας. χειρονομία, die durch Gesetze (νόμος) geregelte Kunst sowohl einer Art des Faust-kampfes (wie hier) als der vorzugs-weise durch die Bewegungen der Hände darstellenden Pantomimik.

9. Ἑρμοῦ als Gott der Gym-nastik. S. zu Gallus c. 2.

10. ἐπισχών. Vgl. προσέχω zu de hist. cscr. c. 47. Rhet. praec. c. 10.

11. Ἡροδότῳ. I. 8. S. zu de hist. conser. c. 5.

79. 14. ἂν ἐρῶν τις — παρ-
έλθοι. S. zu de hist. conser. c. 5.

17. ὥσπερ τι φάρμακον — κατὰ τὸν ποιητὴν νηπενθές — πιών. Homer Odyss. IV. 220. 221.

αὐτίκ᾽ ἄρ᾽ εἰς οἶνον βάλε (Helena)
φάρμακον, ἔνθεν ἐπινον
νηπενθές τ᾽ ἄχολόν τε, κα-
κῶν ἐπίληθον ἁπάντων.

18. τῆς πρὸς τὰ γινόμενα

πρὸς τὰ γινόμενα οἰκειότητος καὶ τοῦ γνωρίζειν ἕκαστον
τῶν ὁρώντων τὰ δεικνύμενα τὸ καὶ δακρύειν πολλάκις τοὺς
θεατάς, ὁπόταν τι οἰκτρὸν καὶ ἐλεεινὸν φαίνηται. ἡ μέν
γε Βακχικὴ ὄρχησις ἐν Ἰωνίᾳ μάλιστα καὶ ἐν Πόντῳ σπου-
δαζομένη, καίτοι σατυρικὴ οὖσα, οὕτω κεχείρωται τοὺς 5
ἀνθρώπους τοὺς ἐκεῖ, ὥστε κατὰ τὸν τεταγμένον ἕκαστοι
καιρὸν ἁπάντων ἐπιλαθόμενοι τῶν ἄλλων κάθηνται δι᾽
ἡμέρας πᾶνας καὶ κορύβαντας καὶ σατύρους καὶ βουκό-
λους ὁρῶντες· καὶ ὀρχοῦνταί γε ταῦτα οἱ εὐγενέστατοι
καὶ πρωτεύοντες ἐν ἑκάστῃ τῶν πόλεων οὐχ ὅπως αἰδού- 10
μενοι, ἀλλὰ καὶ μέγα φρονοῦντες ἐπὶ τῷ πράγματι μᾶλ-
λον ἤπερ ἐπ᾽ εὐγενείαις καὶ λειτουργίαις καὶ ἀξιώμασι
προγονικοῖς.

80   80. Ἐπεὶ δὲ τὰς ἀρετὰς ἔφην τὰς ὀρχηστικάς, ἄκουε
καὶ τὰς κακίας αὐτῶν. τὰς μὲν οὖν ἐν σώματι ἤδη ἔδειξα, 15
τὰς δὲ τῆς διανοίας οὕτως ἐπιτηρεῖν οἶμαι δύναιο ἄν·
πολλοὶ γὰρ αὐτῶν ὑπ᾽ ἀμαθίας — ἀμήχανον γὰρ ἅπαν-
τας εἶναι σοφούς — καὶ σολοικίας τινὰς ἐν τῇ ὀρχήσει
ἐπιδείκνυνται, οἱ μὲν ἄλογα κινούμενοι καὶ μηδέν, ὡς
φασι, πρὸς τὴν χορδήν· ἕτερα μὲν γὰρ ὁ ποὺς, ἕτερα δ᾽ 20
ὁ ῥυθμὸς λέγει· οἱ δὲ εὔρυθμα μέν, τὰ πράγματα δὲ
μετάχρονα ἢ πρόχρονα, οἷον ἐγώ ποτε ἰδὼν μέμνημαι·
τὰς γὰρ Διὸς γονὰς ὀρχούμενός τις καὶ τὴν τοῦ Κρόνου

οἰκειότητος Bekanntschaft, Ver-
trautheit mit dem, was der Pan-
tomime darstellt.
2. τὸ δακρύειν ist Subject,
σημεῖον Prädicat.
5. καίτοι σατυρικὴ οὖσα
also nicht der höheren, edleren
Gattung angehörig. Ueber καίτοι
mit dem Particip. s. c. 8.
10. οὐχ ὅπως αἰδούμενοι,
ἀλλὰ καί = non dicam -- sed d. i.
non solum — sed etiam. Vgl. Her-
mot. c. 48. καὶ πρὸ τούτων ὁ Σω-
κράτης, οὐδὲν φαυλότερος αὐτῶν,
ὃς ἐκεκράγει πρὸς ἅπαντας οὐχ
ὅπως μὴ πάντα. ἀλλὰ μηδ᾽ ὅλως

εἰδέναι τι ἢ τοῦτο μόνον, ὅτι οὐκ
οἶδε. Noch häufiger οὐχ ὅπως,
ἀλλ᾽ οὐδέ = non solum non — sed
ne quidem. Ueber οὐχ ὅπως im
zweiten Gliede s. zu Pisc. c. 31.
12. λειτουργίαις. S. zu c. 5.
80. 18. σολοικίας τινὰς —
ἐπιδείκνυνται. S. zu c. 27.
19. ἄλογα κινούμενοι. S.
zu rhet. praec. c. 12.
19. μηδέν — πρὸς τὴν χορ-
δήν. οὐδὲν πρὸς χορδήν es
stimmt nicht zusammen, ein
dem Sprüchworte οὐδὲν πρὸς Διό-
νυσον (das gehört nicht zur
Sache) nachgebildeter Ausdruck.

τεκνοφαγίαν παρωρχεῖτο τὰς Θυέστου συμφορὰς τῷ ὁμοίῳ
παρηγμένος. καὶ ἄλλος τὴν Σεμέλην ὑποκρινόμενος βαλ-
λομένην τῷ κεραυνῷ τὴν Γλαύκην αὐτῇ εἴκαζε μεταγε-
νεστέραν οὖσαν. ἀλλ' οὐκ ἀπό γε τῶν τοιούτων ὀρχη-
5 στῶν ὀρχήσεως αὐτῆς, οἶμαι καταγνωστέον, οὐδὲ τὸ ἔργον
αὐτὸ μωμητέον, ἀλλὰ τοῖς μέν, ὥσπερ εἰσίν, ἀμαθεῖς νο-
μιστέον, ἐπαινετέον δὲ τοὺς ἐννόμως καὶ κατὰ ῥυθμὸν
τῆς τέχνης ἱκανῶς ἕκαστα δρῶντας.

81. ὅλως δὲ τὸν ὀρχηστὴν δεῖ πανταχόθεν ἀπηκρι- 81
10 βῶσθαι, ὡς εἶναι τὸ πᾶν εὔρυθμον, εὔμορφον, σύμμετρον,
αὐτὸ αὑτῷ ἐοικός, ἀσυκοφάντητον, ἀνεπίληπτον, μηδα-
μῶς ἐλλιπές, ἐκ τῶν ἀρίστων κεκραμένον, τὰς ἐνθυμήσεις
ὀξύν, τὴν παιδείαν βαθύν, τὰς ἐννοίας ἀνθρώπινον μά-
λιστα. ὁ γοῦν ἔπαινος αὐτῷ τότ' ἂν γίνοιτο ἐντελὴς
15 παρὰ τῶν θεατῶν, ὅταν ἕκαστος τῶν ὁρώντων γνωρίζῃ
τὰ αὑτοῦ, μᾶλλον δὲ ὥσπερ ἐν κατόπτρῳ τῷ ὀρχηστῇ
ἑαυτὸν βλέπῃ καὶ ἃ πάσχειν αὐτὸς καὶ ἃ ποιεῖν εἴωθε·
τότε γὰρ οὐδὲ κατέχειν ἑαυτοὺς οἱ ἄνθρωποι ὑφ' ἡδονῆς
δύνανται, ἀλλ' ἀθρόοι πρὸς τὸν ἔπαινον ἐκχέουσι αὐτὰς
20 τῆς ἑαυτοῦ ψυχῆς ἕκαστος εἰκόνας ὁρῶντες καὶ αὐτοὺς
γνωρίζοντες· ἀτεχνῶς γὰρ τὸ Δελφικὸν ἐκεῖνο τὸ Γνῶθι
σεαυτὸν ἐκ τῆς θέας [ἐκείνης] αὐτοῖς περιγίνεται· καὶ ἀπ-

---

1. παρωρχεῖτο τὰς Θυέ-
στου συμφοράς. παρορχεῖσθαι
daneben vorbeitanzen d. i. falsch
tanzen, in der Darstellung einen
Fehler machen. Der Fehler bestand
darin, dass er anstatt des seine Kin-
der verzehrenden Kronos den Thy-
estes darstellte, wie er seinen von
Atreus geschlachteten Sohn speist,
nicht, dass er ausser dem Kronos
noch den Thyestes darstellte. Diess
beweist auch das folgende Beispiel.
Das καὶ vor τὰς Θυέστου συμφο-
ράς ist daher zu streichen. Vgl. πα-
ρυποκρίνεσθαι Plutarch vitae de-
cem oratorum pag. 841.
3. τὴν Γλαύκην αὐτῇ εἴ-
καζεν. S. c. 42. Medea sandte ihr
aus Rache ein vergiftetes Gewand

und Diadem. Als diese die Geschenke
anlegen wollte, wurde sie von dem
Giftfeuer derselben verzehrt.

81. 9. ἀπηκριβῶσθαι Lu-
cian liebt diesen Ausdruck. Vgl. de
hist. escr. c. 51. Rhet. praec. c. 17.
Adv. indoct. c. 2.
11. ἀσυκοφάντητον synonym
mit dem folgenden ἀνεπίληπτον,
‚wobei selbst ein Sykophant
nichts anzuklagen haben
darf‘. Anders de hist. escr. c. 59.
13. βαθύν nicht oberfläch-
lich, sondern tief eindringend.
Vgl. βαθὺς μέριμνα Pindar Olymp.
2, 99.
21. ἀτεχνῶς wie c. 85. S. su
de hist. escr. c. 55.
22. ἐκ τῆς θέας. θέα wie c. 85

ἔρχονται ἀπὸ τοῦ θεάτρου ἅ τε χρὴ αἱρεῖσθαι καὶ ἃ
φεύγειν μεμαθηκότες καὶ ἃ πρότερον ἠγνόουν διδαχθέντες.

82   82. γίνεται δὲ ὥσπερ ἐν λόγοις, οὕτω δὲ καὶ ἐν
ὀρχήσει ἡ πρὸς τῶν πολλῶν λεγομένη κακοζηλία ὑπερ-
βαινόντων τὸ μέτρον τῆς μιμήσεως καὶ πέρα τοῦ δέον- 5
τος ἐπιτεινόντων καὶ εἰ μέγα τι δεῖξαι δέοι, ὑπερμέ-
γεθες ἐπιδεικνυμένων, καὶ εἰ ἁπαλόν, καθ' ὑπερβολὴν
θηλυνομένων, καὶ τὰ ἀνδρώδη ἄχρι τοῦ ἀγρίου καὶ θη-
83 ριώδους προαγόντων.   83. οἷον ἐγώ ποτε μέμνημαι ἰδὼν
ποιοῦντα ὀρχηστὴν εὐδοκιμοῦντα πρότερον, συνετὸν μὲν 10
τὰ ἄλλα καὶ θαυμάζεσθαι ὡς ἀληθῶς ἄξιον, οὐκ οἶδα
δὲ ᾗτινι τύχῃ εἰς ἀσχήμονα ὑπόκρισιν δι' ὑπερβολὴν μι-
μήσεως ἐξοκείλαντα· ὀρχούμενος γὰρ τὸν Αἴαντα μετὰ
τὴν ἧτταν εὐθὺς μαινόμενον εἰς τοσοῦτον ὑπερεξέπεσεν,
ὥστε οὐχ ὑποκρίνασθαι μανίαν, ἀλλὰ μαίνεσθαι αὐτὸς 15
εἰκότως ἄν τινι ἔδοξεν· ἑνὸς γὰρ τῶν τῷ σιδήρῳ ὑπο-
δήματι κτυπούντων τὴν ἐσθῆτα κατέρρηξεν, ἑνὸς δὲ τῶν
ὑπαυλούντων τὸν αὐλὸν ἁρπάσας ὡς τοῦ Ὀδυσσέως πλη-

zu Anfang; anders c. 85 gegen Ende
θέαν καταλαμβάνειν.

82. 7. καθ' ὑπερβολήν. S.
zu c. 75.

83. 13. ὀρχούμενος — τὸν
Αἴαντα die Aiastragödie panto-
mimisch darstellen. Vgl. Hor. Sat.
I. 5. 64. saltare Cyclopa. Suet. Nero
c. 54 saltare Vergilii Turnum.

13. μετὰ τὴν ἧτταν bei der
Bewerbung um die Waffen des Achil-
les.

15.ὥστε — μαίνεσθαι — ἄν
τινι ἔδοξεν — ut potuerit vi-
deri ..; dass es nicht allgemein der
Fall gewesen, zeigt das Folgende.
Vgl. Xenoph. Conviv. IX. 3. εὐθὺς
μὲν γὰρ ἡ Ἀριάδνη ἀκούσασα τοι-
οῦτόν τι ἐποίησεν, ὡς πᾶς ἂν
ἔγνω.

16 ἑνὸς τῶν τῷ σιδήρῳ ὑ-
ποδήματι κτυπούντων, das
scabellum. S. zu c. 2. c. 63.

17. ἑνὸς δὲ τῶν ὑπαυλούν-
των. Auch hier sind wie c. 63 die
κτυπούντες von den αὐλοῦντες un-
terschieden, während sonst die Flö-
tenbläser selbst dieses scabellum
(βάταλον, κρουπέζαι) an ihrem
Schuhe trugen. Schol. Aeschines c.
Tim. p. 126. καὶ νῦν δὲ οἱ αὐληταὶ
ὑποπόδιον διπλοῦν ὑπὸ τὸν δε-
ξιὸν πόδα ἔχοντες, ὅταν αὐλῶσι,
καταχρούουσιν ἅμα τῷ ποδὶ τὸ
ὑποπόδιον, τὸν ῥυθμὸν τὸν αὐ-
τὸν συναποδιδόντες, ὃ καλοῦσι
βάταλον. Bei den Pantomimen
scheint diese Vorrichtung nicht bloss
zum Taktschlagen gedient zu haben,
sondern auch als musikalisches In-
strument neben dem κύμβαλον ver-
wendet worden zu sein. Daher bei
Arnob. 2 die scabillorum concrepi-
tationes sonoras genannt werden.

18. ὡς τοῦ Ὀδυσσέως πλη-
σίον ἑστῶτος. Der Pantomime,
welcher den Ajax spielte, schlug

σίον ἑστῶτος καὶ ἐπὶ τῇ νίκῃ μέγα φρονοῦντος διεῖλε
τὴν κεφαλὴν κατενεγκών, καὶ εἴ γε μὴ ὁ πῖλος ἀντέσχε
καὶ τὸ πολὺ τῆς πληγῆς ἀπεδέξατο, ἀπωλώλει ἂν ὁ κα-
κοδαίμων Ὀδυσσεὺς ὀρχηστῇ παραπαίοντι περιπεσών.
5 ἀλλὰ τό γε θέατρον ἅπαν συνεμεμήνει τῷ Αἴαντι καὶ ἐπή-
δων καὶ ἐβόων καὶ τὰς ἐσθῆτας ἀνερρίπτουν, οἱ μὲν
συρφετώδεις καὶ αὐτὸ τοῦτο ἰδιῶται τοῦ μὲν εὐσχήμονος
οὐκ ἐστοχασμένοι οὐδὲ τὸ χεῖρον ἢ τὸ κρεῖττον ὁρῶντες,
ἄκραν δὲ μίμησιν τοῦ πάθους τὰ τοιαῦτα οἰόμενοι εἶναι,
10 οἱ ἀστειότεροι δὲ συνιέντες μὲν καὶ αἰδούμενοι ἐπὶ τοῖς
γινομένοις, οὐκ ἐλέγχοντες δὲ σιωπῇ τὶ πρᾶγμα, τοῖς
δὲ ἐπαίνοις καὶ αὐτοὶ τὴν ἄνοιαν τῆς ὀρχήσεως ἐπικα-
λύπτοντες, καίτοι ἀκριβῶς ὁρῶντες ὅτι οὐκ Αἴαντος, ἀλλ'
ὀρχηστοῦ μανίας τὰ γινόμενα ἦν. οὐ γὰρ ἀρκεσθεὶς
15 τούτοις ὁ γενναῖος ἄλλο μακρῷ τούτου γελοιότερον ἔπραξε·
καταβὰς γὰρ εἰς τὸ μέσον ἐν τῇ βουλῇ δύο ὑπατικῶν
μέσος ἐκαθέζετο πάνυ δεδιότων, μὴ καὶ αὐτῶν τινα ὥσπερ

den Ersten Besten, der neben ihm
stand, in dem Wahn (ὡς) es sei
Odysseus.
2. κατενεγκών, näml. τὸν αὐ-
λόν von oben her den Streich
führen vgl. Somn. c. 3. ἐγκοπέα
γάρ τινά μοι δοὺς ὁ θεῖος ἐκέλευ-
σέ μοι ἠρέμα καθικέσθαι πλακὸς
ἐν μέσῳ κειμένης — σκληρότερον
δὲ κατενεγκόντος (näml. ἐγ-
κοπέα) ὑπ᾽ ἀπειρίας κατεάγη —
ἡ πλάξ.
4. παραπαίοντι wie παρα-
κινεῖν. S. zu de hist. cscr. c. 1. c. 45.
Hier doppelsinnig, indem es zugleich
in seiner ursprünglichen Bedeu-
tung: daneben schlagen, falsch
schlagen gebraucht ist.
4. περιπεσών wie Herod. VI.
105 mit dem Dativ. der Person in
der Bedeutung von ἐντυγχάνειν selt-
ner, oft dagegen τραύμασι, κακοῖς,
πάθει u. a. περιπίπτειν.
6. τὰς ἐσθῆτας ἀνερρί-
πτουν. ἀναρρίπτέω eine nur im

Präsens und Imperf. gebräuchliche,
bei den Attikern seltene Nebenform
von ἀναρρίπτω. Ebenso Thucyd.
IV. 95.
6. οἱ μὲν συρφετώδεις Ge-
gensatz zu οἱ ἀστειότεροι. Vgl. de
hist. conscr. c. 10, wo τὸν συρφε-
τόν und τὸν πολὺν δῆμον zusam-
mengestellt wird. Iup. trag. c. 7. οἱ
συρφετώδεις — καὶ ἄτεχνοι. He-
rod. c. 8. συρφετώδης ὄχλος. Her-
mot. c. 1. ἐν τῷ πολλῷ τῶν ἰδιω-
τῶν συρφετῷ.
7. αὐτὸ τοῦτο eben dess-
halb.
7. ἰδιῶται. Vgl. c. 8. Pisc.
c. 34.
7. τοῦ μὲν εὐσχήμονος οὐκ
ἐστοχασμένοι. S. zu c. 74.
9. ἄκραν. S. zu de hist. conscr.
c. 19.
16. καταβὰς—εἰς τὸ μέσον
von der Bühne (θυμέλη S. zu c. 76)
in die Orchestra, in welcher die
Senatoren sassen.

κριὸν μαστιγώσῃ λαβών· καὶ τὸ πρᾶγμα οἱ μὲν ἐθαύμαζον, οἱ δὲ ἐγέλων, οἱ δὲ ὑπώπτευον μὴ ἄρα ἐκ τῆς ἄγαν μιμήσεως εἰς τὴν τοῦ πάθους ἀλήθειαν ὑπηνέχθη.

84 84. καὶ αὐτὸν μέντοι, φασίν, ἀνανήψαντα οὕτως μετανοῆσαι ἐφ' οἷς ἐποίησεν, ὥστε καὶ νοσῆσαι ὑπὸ λύπης ὡς 5 ἀληθῶς ἐπὶ μανίᾳ κατεγνωσμένον· καὶ ἐδήλωσέ γε τοῦτο σαφῶς αὐτός. αἰτούντων γὰρ αὖθις τῶν στασιωτῶν αὐτοῦ τὸν Αἴαντα ὀρχήσασθαι αὐτοῖς, παραστησάμενος τὸν ὑποκριτὴν ἔφη πρὸς τὸ θέατρον· Ἱκανόν ἐστιν ἅπαξ μανῆναι. μάλιστα δὲ αὐτὸν ἡνίασεν ὁ ἀνταγωνιστὴς καὶ 10 ἀντίτεχνος· τοῦ γὰρ ὁμοίου Αἴαντος αὐτῷ γραφέντος οὕτω κοσμίως καὶ σωφρόνως τὴν μανίαν ὑπεκρίνατο, ὡς ἐπαινεθῆναι μείνας ἐντὸς τῶν τῆς ὀρχήσεως ὅρων καὶ μὴ παροινήσας εἰς τὴν ὑπόκρισιν.

85 85. Ταῦτά σοι, ὦ φιλότης, ὀλίγα ἐκ παμπόλλων 15 παρέδειξα ὀρχήσεως ἔργα καὶ ἐπιτηδεύματα, ὡς μὴ πάνυ ἄχθοιό μοι ἐρωτικῶς θεωμένῳ αὐτά. εἰ δὲ βουληθείης κοινωνῆσαί μοι τῆς θέας, εὖ οἶδα ἐγὼ πάνυ ἁλωσόμενόν σε καὶ ὀρχηστομανήσοντά γε προσέτι. ὥστε οὐδὲν δεήσομαι τὸ τῇ Κίρκης ἐκεῖνο πρὸς σὲ εἰπεῖν τό 20
'Θαῦμά μ' ἔχει ὡς οὔτι πιὼν τάδε φάρμακ' ἐθέλχθης·'
θελχθήσῃ γὰρ καὶ μὰ Δί' οὐκ ὄνου κεφαλὴν ἢ συὸς καρδίαν ἕξεις, ἀλλ' ὁ μὲν νόος σοι ἐμπεδώτερος ἔσται, σὺ

---

2. ὑπώπτευον μὴ — ὑπηνέχθη Die Handlung, auf welche sich die Besorgniss bezieht, ist nicht eine bevorstehende, sondern eine vergangene; desshalb der Indikativ.

84. 7. τῶν στασιωτῶν Parteigänger, Anhänger. Im Theater selbst kam es oft zu heftigen Kämpfen zwischen den Parteien.

9. τὸν ὑποκριτήν der ihn statt seiner spielen sollte.

11. τοῦ — ὁμοίου Αἴαντος αὐτῷ γραφέντος das Libretto, der Text des dramatischen Gedichts (fabula saltica), welches der Pantomime durch den Tanz darstellt. S. zu c. 29. — ὁ ὅμοιος = ὁ αὐτός.

14. παροινήσας εἰς τὴν ὑπόκρισιν, die ὑπόκρισις im Rausche ungebührlich behandeln d. i. die Kunst des Pantomimen herabwürdigen. Vgl. Arist. Fragm. 6. Athen. X. p. 422. e. ἤδη παροινεῖς εἴς με πρὶν δεδειπνάναι.

85. 18. κοινωνῆσαι — τῆς θέας wie c. 81.

21. θαῦμά μ' ἔχει ὡς — ἐθέλχθης. Homer Odyss. X. 326. Auch im Lateinischen nach miror zuweilen quomodo statt quod.

22. καὶ μὰ Δί' οὐκ — ἕξεις d. i. ohne dass es dir geht, wie den Gefährten des Odysseus.

23. ὁ μὲν νόος — ἐμπεδώ-

δὲ ὑφ᾽ ἡδονῆς οὐδὲ ὀλίγον τοῦ κυκεῶνος ἄλλῳ μεταδώσεις
πιεῖν· ὅπερ γὰρ ὁ Ὅμηρος περὶ τῆς Ἑρμοῦ ῥάβδου τῆς
χρυσῆς λέγει, ὅτι καὶ „ἀνδρῶν ὄμματα θέλγει" δι᾽ αὐτῆς
„ὧν ἐθέλει, τοὺς δ᾽ αὖτε καὶ ὑπνώοντας ἐγείρει,"
5 τοῦτο ἀτεχνῶς ὄρχησις ποιεῖ καὶ τὰ ὄμματα θέλγουσα καὶ
ἐγρηγορέναι ποιοῦσα καὶ ἐπεγείρουσα τὴν διάνοιαν πρὸς
ἕκαστα τῶν δρωμένων.

ΚΡΑΤ. Καὶ μὴν ἤδη ἐγώ, ὦ Λυκῖνε, πείθομαί τέ
σοι καὶ ἀναπεπταμένα ἔχω καὶ τὰ ὦτα καὶ τὰ ὄμματα.
10 καὶ μέμνησό γε, ὦ φιλότης, ἐπειδὰν εἰς τὸ θέατρον ἴῃς,
κἀμοὶ παρὰ σεαυτῷ θέαν καταλαμβάνειν, ὡς μὴ μόνος
ἐκεῖθεν σοφώτερος ἡμῖν ἐπανίοις.

τερος ἔσται. Il. VI. 352. sagt He-
lena von Alexandros:
  τούτῳ δ᾽ οὔτ᾽ ἄρ νῦν φρένες ἔμ-
     πεδοι οὔτ᾽ ἄρ᾽ ὀπίσσω
  ἔσσονται.
2. ὅπερ ὁ Ὅμηρος — λέγει.
Odyss. V. 47. 48.

εἵλετο δὲ ῥάβδον, τῇ τ᾽ ἀνδρῶν
     ὄμματα θέλγει
ὧν ἐθέλει, τοὺς δ᾽ αὖτε καὶ ὑ-
     πνώοντας ἐγείρει.
5. ἀτεχνῶς. S. zu c. 81.
11. θέαν anders als c. 81. ein
Schauplatz, Sitzplatz im Theater.

ABWEICHUNGEN

der Codd. Marciani Venet. 434. 436.   Codd. Vatic. 87. 90.
Cod. Vindobon. 123. Cod. Oxon. Harleianus 5694. Cod.
Gorlic. von der Jacobitz'schen Ausgabe (Teubner 1852).

(In der Vindodob. und Harl. Handschrift steht statt des ι subscr. ein ι adscr., im
Cod. Vat. 87. mit wenigen Ausnahmen weder ein ι subscr. noch adscriptum)

QUOMODO HISTORIA SIT CONSCRIBENDA.

Ed. Teubn.	Cod. Marc. 434.	Cod. Vatic. 87.	Cod. Harl.
c. 1. φασὶ	.	φασὶν	.
ἐρρωμένως	.	ἐρρωμένω	.
λιπαρεῖ	.	λυπαρεῖ	.
ἐπιγενόμενος	.	ἐπιγινόμενος	.
καὶ οὗτος	.	om.	.
ἐς	.	εἰς	.
ἐν μέρει	ἐν μέλει	.	ἐν μέλει
τὰ ἄλλα	.	τἄλλα	.
τοὺς πολλοὺς	.	om. τοὺς	.
c. 2. Ἀβδηριτικὸν	,	Ἀβδηρητικὸν	.
κατεσχημένοι	.	κατισχημένοι	.
ἀλλ' ἀφ' οὗ	.	ἀλλὰ ἀφ' οὗ	.
Ἀρμενία	ἁρμονια	.	.
ἐκεῖνο τὸ Πόλε-μος	.	ἐκείνω τῶ Πολέ-μω	.
c. 3. ὑποικοδομῶν	.	ἐποικοδομᾶν	.
οὐδεὶς γὰρ αὐτῷ	.	οὐδεὶς γὰρ αὐτῷ	.
ἐς οὐδὲν ἐχρ.	.	καὶ ἐς οὐδ. ἐ.	.
Κρανείου	.	Κρανίου	.
Κυλίω	κιλίω	.	.

Ed. Teubn.	Cod. Marc. 434.	Cod. Vatic. 87.	Cod. Harl.
c. 4. Φίλων	.	Φίλος	
κεχηνὼς	κεχηνὸς	.	κεχηνὸς(ος in ras.)
οὐχ ὡς ἱστ. συγ.		om. ὡς	
αὐτὰς		αὐτὸν	
οὕτω	.	οὕτως	.
εἰ — κυλίοι		εἰ — κυλίει	.
προσπταίσαντα		προσπταίσαντας	
πῶς ἀσφαλῶς	ὅπως ἀσφ.	.	ὅπως ἀσφ.
τούτου		τοῦ	
τινα	.	ταύτην	.
c. 5. παραινέσεως οἱ π.	παραινέσαι οἱ π.	παραινέσοι. π.	παραινέσαι οἱ π.
δεῖν οἴονται		δεινοὶ ὄντες	
σφίσιν	.	φησὶν	.
συντεθῆναι	.	μετατεθῆναι	.
ἀλλά, εἴ τι	.	ἀλλ’ εἴ τι	.
ὁ Θουκυδίδης	.	om. ὁ	
ἐς ἀεὶ	ὡς ἀεὶ	ὃς ἀεὶ	ὡς ἀεὶ
δόξων		δόξαι	
ἡ ἱστορία	.	om. ἡ	ἡ secunda manu
ἐπήνηται	.	ἐπήνητε suprascr. αι	.
ἤ γε ἐλπίς	εἴ γε ἐλπὶς	καὶ ἐλπὶς	εἴ γε ἐλπὶς (εἴ γε in rasua)
μεταποιήσουσιν	μεταποιήσωσιν		
μεταγράψουσι	μεταγράψωσι		
ἵν’ εἴ ποτε	ἢν εἴ ποτε		ἢν εἴ ποτε
Βακτρίους	.	Βακτηρίους	
ἤνπερ γε	.	om. γε	
Ἀβδηρῖται	.	Ἀβδηρῖται	
τραγῳδῶσι	.		τραγωιδῶσιν
c. 6. οἷς ἐνδιατριπτέον	.	ἐν οἷς διατρι- πτέον	.
συγγράψουσι	συγγράψουσιν		
κ. κπάντων	κ. ἀπάντων		
c. 7. ἃ δ’ ἐν	.	.	ἄδ in ras.
πολλάκις	.	om.	
ἔδοξε καὶ			ἔδοξεν καὶ
ἤδη οὕτω	ἤδη οὕτως	οὕτως ἤδη	.
γεγενημένα	.	γεγεννημένα	
ἐνδιατρίβουσι	.		ἐνδιατρίβουσιν
ἐπαίροντες	.	φέροντες	.

190 QUOMODO HISTORIA SIT CONSCRIBENDA.

Ed. Teubner.	Cod. Marc. 434.	Cod. Vatic. 87.	Cod. Harl.
c. 7. καταρρίπτοντες	.	.	καταρίπτοντες
καὶ εἰ ψευσ.	om. εἰ	κᾶν ψεισ.	om. εἰ
		υ	
ὑπάρχει	ὑπάρχειν(vin ras.)	ὑπαρχει(suprascr.	ὑπάρχειν (m. II.)
		m. I.)	
οὐδὲ ἀκαριαῖον		οὐδὲ ἄκαιρον	οὐδὲ ἀκαριαῖον
			(ιαιον in ras.)
ἢ τὴν ἀρτ.	.	om. ἢ	ἢ supracsr. m. II.
c. 8. ἐθέλη	.	.	ἐθέληι
θάλατταν	.	θάλασσαν	.
σύνθετον	.	σύνθετον καὶ	.
δεῖ	.	δὴ	.
γίγνεται	.	γίνεται	.
ἐκφαίνουσα	.	ἐμφαίνουσα	.
ἐπεισάγει	.	ἐπεισάγοι	.
	ε		
ἑτέρας	ἑταίρας	ἑταίρης	ἑτέρας (ἑ in ras.)
κομμώματα	σκώμματα	.	σκώμματα
ἀλουργίσι	ἀλουργέσιν	ἀλουργέσι	
περιβάλοι	.	.	εἰ περιβάλλοι
ψιμύθιον	.	ψιμμύθιον	.
τῷ προσώπῳ	.	τὸ πρόσωπον	.
c. 9. οὐ τοῦτό φημι		om. οὐ	
ἐπιδείξομεν	.	ἐπιδειξόμενος	.
οἵ δὲ		ὅσοι δὲ	
ἐς δύο	.	εἰς δύο	.
ἐς αὐτὴν	.	εἰς αὐτὴν	.
χρώμενοι	.	χρωμένοις	.
Καὶ Νικίστρατον		om. καὶ	
Ἰσιδότου	.	τὸν Ἰσιδότου	.
ὀφθῆναι εἴη	.	εἴη ὀφθῆναι	
ἐραστὰς		ἐργάτας	
τὸ ἴδιον	.	τὸ δίκαιον	.
c. 10. ἢν μὴ	ἢν μὴ	.	ἢν μὴ
ἐπινοῇς, ἀλλὰ	ἐπινοῆσαι ἀλλὰ	ἐπὶ ἄλλα	ἐπινοῆσαι ἀλλὰ
παραδραμόν	.	παρὰ δρόμον	.
τὸν τύπον	.	om. τὸν	.
πέρα	.	πέραν	.
τάχιστ' ἂν	.	τάχιστα μὲν	.
ἐξεργάσαιο	.	ἐργάσαις	.
που	.	om.	.

Ed. Teubn.	Cod. Marc. 434.	Cod. Vatic. 87.	Cod. Harl.
c. 10. γεγραμμένον	.	τὰ γεγραμμένα	.
ἐσκευασμένον	.	ἐνεσκευασμένον	.
		(ἐν add. m. I.)	
κροκωτῷ	.		κροκωτωι
σανδαλίῳ	.	σανδάλῳ	
c. 11. ταῦτά σου	ταῖτά σοι		ταῦτά σοι
ὀλίγοι δὲ ἐκ.	.	λόγιοι δ᾽ ἐκ.	.
ἀκαλλὲς ·	.	ἀκαλὲς	.
δ᾽ ἄλλοις	.	δὲ ἄλλοις	.
αὐτοὺς	.	αὐτοὶ	.
οἱ πολλοὶ ·	.	om.	.
κατα τέχνην	.	κατὰ τὴν τέχνην	.
c. 12. ὥσπερ — γράψας	.	om.	margini adscr.
τοῦτο μάλιστα τὸ χωρ. τῆς γρα- ψῆς	.	τὸ χωρ. τῆς γρα- φῆς τοῦτο μά- λιστα	.
ἐκεῖνος		om.	
Ὑδάσπῃ	ἰδάσπει	.	ἰδάσπει
ἐπὶ κεφ.	ἐπὶ τὴν κεφ.	.	.
ἐνὶ ἀκοντίῳ		ἐν ἀκοντίῳ	
ἔμελλέ γε οὕτως	.	ἔμελλεν οὕτως γε	.
ὁ Ἀλέξανδρος	.	om. ὁ	.
ὅς γε	.	ὥστε	.
τὸν Ἄθω		τὸν Ἄθων	
εἰς ὁμοιότητα	.	ἐς ὁμοιότητα	.
οἰκέτ᾽ οὐδ᾽	.	οἰκέτι οὐδὲ	.
τὰ ἄλλα	.	.	τἄλλα
c. 13. πλεῖον	.	πλέον	
ἐπανθίσῃ		ἐπανθήσῃ	
τῶν συγγραφόν- των οἱ πολλοὶ	πολλοὶ τῶν συγγ. οἱ πολλοὶ	πολλοὶ τῶν συγγ.	πολλοὶ τῶν συγγ. οἱ πολλοὶ
τὸ ἴδιον		.	τὸ ἥδιον
χρειῶδες	χρεῶδες		
θεραπεύοντες	.	θεραπεύεσθαι	θεραπεύεσθαι (εσθαι in ras.)
καταμεμῖχθαι	καὶ τὸ μεμῖχθαι	καταμεμίχθαι	καὶ τὸ μεμίχθαι
πάσῃ	.	πᾶς	om.
ἀλλὰ ἅ	τὰ ἄλλα ἅ	ἀλλά, om. ἅ	τὰ ἄλλα ἅ (ἅ m. II. suprascr.)
ἄλλοις		om.	.
ἀμελήσαντες	ἀμελετήσαντες	.	.

Ed. Teubner.	Cod. Marc. 434.	Cod. Vatic. 67.	Cod. Harl.

c. 14. δ' οὖν   .   δὲ, om. οὖν

ἀπιστήσῃ   .   ἀπιστήσῃι

ἀστεῖον   .   εἰς ἀστεῖον

συγγράμματι   .   ξυγγράμματι

περὶ πόδα τῇ   .   παρὰ πόδας ἡ   περὶ πόδα ἡ ἱστο-
ἱστ.   ἱστ.   ρία

εἴκαζε   εἴκασε

ὁ Ἀχιλλεὺς   .   om. ὁ

πρόσθεν   πρόσθε

ἔφευγεν ἐσθλός   τις ἐσθλὸς ἔφευ-
τις   γε

ἐδίωκε   .   δίωκε

μεγ'   .   πολὸν

συγγράψαι   .   ξυγγράψαι

οὕτω λ.   οὕτως λ.

ποιοῖ   .   ποιοῖτο

κάκιστα ἀπολού-   .   κάκιστ' ἀπολού-
μενος   μενος

οὐολόγεσος   οὐολόγεσσους   οὐολόγεσος (εσ
            in ras.)

c. 15. ἀρχῶν   .   ἀρχὴν

θύμου   .   θυμοῦ

ἀποπνέουσαν   .   γέμουσαν

Κρεπέρηος Καλ-   Κρ. Καλπουρι-   Κρεπέριος Καλ-   Κρεπέρηος Καλ-
πουρνιανὸς   ανὸς   πευριανὸς   πουριανὸς

ξυνισταμένου   συνισταμένου

Ἀρμενίᾳ   ἀρμονία   Ἀρμονίᾳ

ἐδημηγόρησε   ἐδημηγόρησεν   ἐδημηγόρησεν

ἐπήγαγε   .   ἐπήγαγεν

οἱ τότε   ὁπότε

Αἰθιοπίας   αἰθιοπείας

λοιμώξαντες   .   λιμώξαντες

ὥστε καὶ   .   om. καὶ

γῆν τὴν πολλὴν   .   τὴν γῆν τὴν πολ-
            λὴν

ἐγὼ γοῦν   .   ἐγώ του

ἔτι αὐτὸν   αὐτὸν ἔτι   αὐτὸν ἔτι

Νισίβι   .   Νισίβει

ἔμελλε   .   .   ἔμελλεν

νῦν ἐστι   .   .   νῦν ἐστὶν

μικρὰ ῥάκια ὅπως   μικρὰ κἀκεῖνο ὡς   μακρὰ κακία ὅπως   μικρὰ κἀκεῖνο ὡς

	Ed. Teubner.	Cod. Marc. 434.	Cod. Vatic. 87.	Cod. Harl. 4694.
c. 15.	νὴ Δία κἀκεῖνο	ἤδια κἀκεῖνα	.	ἤδια κἀκεῖνα
	παρέλιπον	παρέλειπον	.	παρέλειπον
	ἀνέγραψε	ἂν ἔγραψεν	ἂν ἔγραψε	
	Ἰτ. ταῦτα	.	Ἰτ. καὶ ταῦτα	Ἰτ. . . ταῦτα
c. 16.	τις αὐτῶν	τις αὐτῷ	.	τις αὐτᾶι
	ἀπογραφόμενος	.	ὑπογραφόμενος	.
	οὗτος ἦν	.	ἦν οὗτος	.
	κατὰ τὴν τῶν σγγρ. τ.	.	om. τὴν τῶν	τὴν m. II suprascr.
	Μουσηγέτης	μουσιγέτης	.	.
	γράφειν	συγγράφειν	.	.
	οἶδα ὅτι δ.	.	οἶδ' ὅ τι δ.	.
	ἰητρείην	ἰατρείην	ἰατρικὴν	ἰατρείην, inter ει et η ras.
	τὰ δ' ἄλλα	.		τὰ δ' ἄλλ' ὅσα
	ὁμοδίαιτα	.	ὁμοδιαίτους	.
	οἷα ἐκ τριόδου	.	οἷα ἐκ περιόδου	
c. 17.	δέ με δεῖ	.	δὲ μέλει	
	φρυιμίου		προοιμίου	
	περιόδῳ	προόδῳ οι rec. m.	.	.
	πρέποι	πρέπει	.	.
	συνηρωτημένα	.	συνηρ. καὶ συνηγμένα	
	σοφῷ	.	φιλοσόφῳ	
	πολιῷ	.	παλιῷ	
	τὸ ἐν τῷ π.	.	τι ἐν τῷ π.	
	οὗ γε	.	ὅτε	
	τὸ γὰρ τοιοῦτον	τ. γ. τοιοῦτο	.	τ. γ. τοιοῦτο
	εἴπερ ἄρα ἡμῖν	om. ἔδει		εἴπερ ἄρα ἡμῖν
	ἔδει κ.			ἄρα ἡμῖν κατα- λιπεῖν
	λογίζεσθαι	.	λογίζεσθε	
c. 18.	ἀμνημονῆσαι	ἀμνημονεῦσαι		
	Περσέων	.	Περσάων	.
	ἔδεε	.	ἔδει	
	ἢ Ὀσρόης	.	ἤρονοσρόης	.
	Ὀξυρόην ὀνυμέουσι	.	Ὀξυρόηνον ὑμέουσι	.
	αὐτός	οὗτος	.	οὗτος
c. 19.	τοσαύτη ψυχρότης	τοσαύτην ψ.	.	.
	Κασπίαν		Κασπιακὴν	
	κρύσταλλον	.	κρύσταλον	.

Ed. Teubner.	Cod. Marc. 434.	Cod. Vatic 87.	Cod. Harl. 5694
c. 19. Ἰριοειδὴς	.	ἠεροειδὴς	.
ἡ μὲν	.	ἐμὲ	.
ἀναξυρὶς ἢ	.	ἀναξυρίσιν	.
μυρρίνης	μοροίνης (?)	μυρίνης	μορρίνης
αὐτό. σκόπει — τῶν		om.	.
ὧν ἄνευ οὐκ ἂν	ὡς οὐκ ἄνευ ᾔδει-	om.	ὡς οὐκ ἄνευ ἂν
ᾔδειμέντι	μέν τι		ᾔδειμέν τι
περιβαλέσθαι	περιβάλλεσθαι		
c. 20. λαγῴων	.	λαγωῶν	.
ταρίχους		ταρίχου	
Ῥωμαίων	.	Ῥωμαίους	.
δυὸ	.	om.	suprascr. m. II.
ἐννέα	.	ἑβδομήκοντα	.
c. 21. ἀκριβέστατον	ἀκριβέστερον	.	.
οὗτος	οὕτως	.	οὕτως
καὶ τὰ ὄν.	om. καὶ	.	.
μεταποιῆσαι		ποιῆσαι	
τὰ Ῥωμαίων	.	τῶν Ῥωμ.	.
μετεγγράψαι		μεταγράψαι	
ἐς	.	εἰς	
Κρόνιον	Κρόνειον	.	Κρόνειον
Σατουρνῖνον	.	Σατουρῖνον	Σατουρνῖνον
οὗτος	.	om.	
ἅπαντες		πάντες	
ἐκεῖνο	.	ἐκείνῳ	.
εἱστήκει	.	ἑστήκει	.
ἀπόληται	.	ἀπολεῖται	.
ἐπῆγε	.	ἐπῆγεν	.
c. 22. ἐλέλιξε	ἐξελέλιξε	ἐλέληξε	.
τὸ τεῖχος δὲ	.	τὸ δὲ τεῖχος	
Ἔδεσσα	αἴδεσσα	.	αἴδεσσα
οὕτω	οὕτως	.	
ἐμεριμήριζεν		ἐμερμέριζεν	.
προσαγάγοι	.	συναγάγοι	.
δημοτιχὰ	.	δημωτιχὰ	.
τὸ ἔπεσ.	.	τόδὲ ἔπεστ.	.
τὰ ἐγχρήζοντα	.	τὸν ἐγχρ.	.
ἐπ᾽ ἐμβάτου	.	ἐπεμβάτου	
βιβηχότι	ἐπιβεβηχότι	.	ἐπιβεβηχότι

	Ed. Teubner.	Cod. Marc. 434.	Cod. Vatic. 87.	Cod. Harl. 5694
c. 22.	θάτερον	θατέρῳ		θατέρωι
	ὑποδεδεμένῳ	.	ὑποδεδεμένον	.
c. 23.	εἰς ὑπερβολὴν	.	ἐς ὑπερβ.	.
	πάντως	.	πάντα	.
	τὸ τῆς ἱστορίας	.	om. τὸ	.
	ἀκούσεσθαι	ἀκούσεσθε	.	.
	ἐκ δερμάτων	.	om. ἐκ	.
	συγκεκαττυμένος	.	συγκατατετυμμέ- νος	.
	τοῦ Ῥοδίου	.	τὴν Ῥοδ.	.
	ναννώδει	.	ὀνώδει	.
	τὰ σώματα	.	om τὰ	.
	ἄλλους	.	ἄλλους πολλοὺς	.
	δείξομεν	δείξωμεν	.	δείξωμεν
c. 24.	καίτοι ταῦτα		καὶ τοιαῦτα	
	φορητὰ ἔτι	φ. ἐστιν	.	φ. ἐστιν
	τὸ δὲ	.	τὰ δὲ	.
	περὶ τοὺς τ.		παρὰ τοὺς τ.	
	δὴ τοῦτο	.	om.	.
	τῶν ἐπὶ κουρείων	τῶ ἐπικουρίω	τῶ ἐπικουρείω	τῶι ἐπικουρίωι
	Ἡ δὲ		om. Ἡ	
	ἀπῴκισαν	ἀπῴκησαν	.	ἀπώικησαν
	αὐτὴν	.	αὐτὸν	.
	Ἐδεσσαῖοι	αἰδεσσαῖοι	Ἐδέσσαι	αἰδεσσαῖοι
	Σαμόσατα	σαμόσακτα	.	.
	ὁ αὐτὸς	om. ὁ	.	om. ὁ
	μετέθηκεν	.	τέθεικεν	.
	τείχεσι	.	.	τείχεσιν
	εἰς	ἐς	.	.
	ὡς περιορεῖσθαι	ὡς περιωρίσθαι	ὥσπερ αἱρεῖσθαι	.
	οὐ Παρθυαίων	.	οὐδὲ Παρθυαίων	.
	οἱ με φέρων	.	οἶμαι φέρων	οἷς με (s. m. II.) φέρων
	ἀπῴκισε	ἀπῴκησε	.	ἀπώικησεν
c. 25.	βρόχου	βρόχον	.	βρόχον
	τραγικὸν		om.	.
	τῇ τόλμῃ	τὴν τόλμην	.	.
	ὑάλινα	ὑαλα	ὕαλλα	ὑαλᾶ
	ὑάλου	.	ὑάλλου	.
	κατάξαντα			κατάξοντα
.	θραυσμάτων	θραυμάτων	θαυμάτων	θραυσμάτων

13 *

Ed. Teubner.	Cod. Marc. 434.	Cod. Vatic. 87.	Cod. Harl. 5694
c. 25. ἐντεμόντα	.	ἐκτεμὼν	.
τῇ ὑάλῳ	.	τῷ ὑάλῳ	
ξιφίδιον	ξιφείδιον	.	ξιφείδιον (ει m.II)
αὐτῷ καὶ ἦρ.	.	καὶ ἦρ. αὐτῷ	.
c. 26. ἡγήσατο	.	εἰσηγήσατο	.
εἶπε τοῖς πρ.	.	.	εἶπεν τοῖς πρ.
τὸν Θουκ.	.	om. τὸν	.
ὥστε με	.	με del. m. I.	
δακρῦσαι	.	με δακρῦσαι	.
ὁ ῥήτωρ		om. ὁ	
Ἀφράνιος	.	Ἀφρόνιος	.
ἐκείνων δείπνων	.	δείπνων ἐκείνων	.
ξίφος	.	ξίφος φησὶν	.
ἢ τοιαῦτα ἐρρη-	ἐί τ. ἐρρητόρευσε	εἰ τ. ἐρητόρευσε	εἰ τ. ἐρρητόρευεν
τόρευε			
τὰ ἄλλα	.	τἄλλα	.
κατεγίγνωσκον		καταγιγνώσκων	
c. 27. ὁμοίους	ὁμοίως	.	ὁμοίως
ἐπιμνησθεὶς	.	ὑπομνησθεὶς	
συγγράψοι τις	.	συγγράψοι τε	
ἰδιωτείας	ἰδιωτίας	.	
μικρότατα	.	σμικρότατα	
τοσοῦτον	τοσοῦτο	.	τοσοῦτο
ἐπαινοίη		ἐπαινοῖ	
οὐκ εἰδόσιν		om. οὐκ	
c. 28. ὅλοις	.	ἄλοις (α ex ω m. I)	ὅλοις (ὅ in ras.)
παρατιθεμένους	.	προτιθεμένους	
ὅτι	.	om.	ὅτι m. II.
πρῶτα	.	πρὸ	πρῶτα, ωτα in ras. m. II.
ἐκεῖνοι	.	ἐκείνου	ἐκεῖνοι, ει in ras. m. II.
ἐς τὴν τῶν Μ.	om. τὴν	ἐς τὸν, om. τῶν	om. τὴν
ἀφεὶς τὰς	.	ἐφιστὰς	ἀφεὶς τὰς (α et ει in ras. m. II.)
ἄχρι	.	καὶ ἄχρι	.
ἐφειστήκει	.	ἀφειστήκει	.
Μαλχίωνα	.	Μαχίωνα	.
Σύρον	.	Σύρου	.
ἀξίους	ἀξίου		

Ed. Teubner.	Cod. Marc. 434.	Cod. Vatic 87.	Cod. Harl. 5694
c. 28. κατέλαβε	.	.	κατέλαβεν
τάχ' ἄν	τάχα	.	.
ἤδη τῶν	.	ἤδη δὲ τῶν (δὲ	ἤδη δὲ τῶν
		expct. m. I.)	
εὗρε	εὗρεν	.	εὗρεν
ὡς καὶ αὐλ.	.	καὶ ὡς αὐλ.	.
Μαυσάκᾳ πόρ-	.	.	μαυσακαπόρκην
πην			
c. 29. Κεγχρεῶν	κεγχριῶν	κεγχρίων	κεγχριῶν
μικρὸν ὑπὲρ	.		μικροῦ ὑπὲρ
πόρρωθεν	.	πορ. δὲ	
αὐτοὺς ἐπαφιᾶσι	.	αὐτοῖς ἐπαφίασι	.
οὕτω καταπ.	οὕτως κατ.	.	.
περισπειραθέν-	.	περιπειράντων	.
των			
ἡμεῖς οὕτω θαυ-	.	ἡμεῖς θαυμ. οὕ-	ἡμεῖς οὕτως θαυ-
μαστὸν		τως	μαστὸν
νῦν	.	om.	
Σοῦραν	.	.	σούραν
ἀπ ὑ τοῦ Κρανείου	.	ἐπὶ τοῦ Κρανίου	
δῆλον ὅτι	.	δηλονότι	.
ἀλλ' οὐδὲ	.	.	ἀλλὰ· οὐδὲ
ἔμελεν	.	ἔμελλεν	.
ἐπὶ κέρως	.	ἐπικαίρως	.
μετώπου	.	τοῦτό που	.
c. 30. Μηδίᾳ	.	.	μηδείαι
ἔπεσι	.	ἔτεσι	
φησί	.	.	φησίν
ἱερονίκου	.	ἱεροανικοῦ	
δόλιχον γάρ	.	λουλιχουγὶ	.
παισὶ	.	παιέσει	παισὶν
νενίκηκε	.	νενίκηκει	νενίκηκεν
Μηδίᾳ	.	.	μηδείαι
νῦν Ῥωμαίοις	.	Ῥωμαίοις νῦν	.
c. 31. συγγεγραφότος	.	γεγραφηκότος	.
τὴν Ὀσρόου	.	τὴν οὐοσρόου	.
κάλλει	.	om.	suprascr. m. II.
Εἰρηνίαν	.	εἰρήνειαν	.
θαλάττης	.	θαλάσσης	.
μοῖρα	.	μοῖρα	.
Ἰνδὸν	.	ἴδιον	

Ed. Teubner.   Cod. Marc. 434.   Cod. Vatic. 87.   Cod. Harl. 5694.

c. 31. τί δὲ καὶ πράξουσιν	.	om. καὶ	.
ἐπέλασιν	.	ἐπέλευσιν	.
ὁ θαυμαστὸς	.	om. ὁ	ὁ m. II.
Μουζίριδος	.	Μουζούριδος	.
ἀπ' Ὀξυδραχῶν	.	ἀπὸ ξυδραχῶν	.
ἐπιστελεῖ	.	ἐπιστέλλει	.
c. 32. ὑπὸ ἀπαιδ.	.	ὑπ' ἀπαιδευσίας	.
οὔτε ὁρῶντες	.	οὔθ' ὁρῶντες	.
οὔτ' εἰ βλέποιεν οὔτε βλέπειν ἢ	.	οὔτε βλέπειν ἢ (ν et
κατ' ἀξίαν εἰπ. δ. κατ' ἀξίαν εἰπ. δ.			η m. II.) κατ'
			ὀξίαν εἰπ. δ.
ἀναπλάττοντες	.	πλάττοντες	
ἐπ' ἀκαιρίμαν ἐπί με ῥῆμα γλ.	ἐπὶ καὶ ῥῆμα	ἐπί κέρημα γλ
γλῶσσαν		γλῶτταν	
νικῶν τοσάδε	νικῶντος ὧδε	νικῶντος. ἃ δὲ	.
πρῶτον	.	πρῶτα	ᾱ
δεύτερον	.	δεύτερα	β̄
Ἀτθίδος	.	Ἀττίδος	.
δῆλον ὅτι	.	δηλονότι	.
πολύ	.	πολλούς	.
Σαγαλασσέως	σαγλασσέως	Σαγαλασέως	.
Παρθονικικά	παρθενικὰ		.
γέλωτι	.	γελῶντι	.
ἐπισκῶψαι	.	ἐπισκόψαι	.
προείληφε	προσείληφεν	συνείληφε	προσείληφεν
τῶν ἀμέσων	.	τῶν ἀνασσῶν	.
c. 33. ἐκκεκομμέναι	.	ἐκκομμέναι	.
τραχύ, ἤδη	.	τραχὺ, δὴ	τραχυδὴ
οἰκοδόμει τι ἤδη	οἰκοδομεῖν τι ἤδη		οἰκοδομεῖν τι δεῖ
			ἤδη
ἀλλ' οὐδ' ὁ	.	om. οἰδ'	
Μῶμος			
φημὶ	.	φημὶ δὴ	.
c. 34. δύο μὲν	.	om. μὲν	.
οὖν ἄτεχνα	.	om. οὖν	.
[ἂν]		ἂν om.	
τηλικαῦτα	.	τηλικαῖτα, λ ex	
		ν m. I. corr.	
ἠδύνατο	ἐδύνατο	.	.
μολίβδου	.	μολίβδου	.

Ed. Teubner.	Cod. Marc. 434.	Cod. Vatic. 87.	Cod. Harl. 5894.
c. 34. Λεωτροφίδου	.	Λεωτροφίμου	.
ἐξεργάσασθαι	.	ἢ ἐξεργάσασθαι	.
c. 35. Ἀλλὰ ποῦ	.	ἀλλά που	.
ἀλλ' ἐς	ἀλλὰ ἐς	.	ἀλλὰ ἐς
Ἡρόδικος	ἡροδίζης	.	ἡροδίζης
οὐχ		οὐχ om.	
ὑπόσχοιντο	ὑπόσχοιτο		ὑποσχοιτο
σοί που τὸν		σοὶ τοῦτον	
διὰ ταῦτα	δι' αὐτὰ		δι' αὐτὰ
Σκοτουσσαίῳ	.	σκουτουσσαίω	.
εὐφυᾶ		εὐφυῶς	
μετὰ τῆς τέχνης	om. τῆς		.
τὸ ἐπίφθονον		τοὐπίφθονον	
εὑρηκέναι	.	ἐφευρηκέναι	.
δὴ τοιαῦτοι	.	δὴ τοιαῦτα	
αἷς χρώμενος	.	οἷς χρ.	.
c. 36. ἄχρι πρὸς		ἄχρι καὶ πρὸς	.
νῦν δὲ μὴ μαθὼν		νῦν μὴ δὲ μαθὼν	
μεταχειρίσαιτο	.	.	μεταχειρίσαι τὸ
c. 37. ἐφ' αὐτοῦ	.	ἐφ' ἑαυτοῦ	
τίς ὁ μαθητὴς	.	τίς ἐστιν ὁ μαθ.	τις ἐστιν ὃς μαθ. (ς in ὃς m. II.)
ἔτι δὲ	ἔνια	ὤνια	
πῶς οἱ λόχοι	.	καὶ πῶς οἱ λ.	.
c. 38. μήτε ἐλπιζέτω	.	μὴ δὲ ἐλπ.	
Ὀλύνθῳ	.	Ὀλβύθῳ	ἀλλὰ supr. m. II.
ἀλλὰ τοιοῦτ.	.	om. ἀλλὰ	
μήτ' εἰ	μήτε, om. εἰ		.
ἐπὶ τῇ Κλ. σφ.	.	ἐπὶ τοῦ Κλ. φ.	.
ἐν τῇ ἐκκλησίᾳ	.	ἐπὶ τῇ ἐκ.	.
μανικὸς	μαντικὸς		μαντικός
τελευτὴν	.	τελευτὴν (τελευι. r.)	
ποιητὴς αὐτῶν	.	ποιητὴς αὐτὸς	
ὥστε κἂν	.		ἐστὶν κἂν
κἂν φεύγωσιν	.	κἂν φονεύωσιν	
δέον	.	.	δέον μήτι (μήτι m. II.)
παρέλειπεν	.	παρέλιπον	
πρὸς τοὐναντίον	.	om. πρὸς	
Κλωθὼ ἂν ἔτι	om. ἂν	.	Κλ. ἔτι ἀνακλ.
ἀνακλ.			om. ἂν;

Ed. Teubner.	Cod. Marc. 434.	Cod. Vatic. 87.	Cod. Harl. 5694.
c. 39. τοῦ δὴ	τοῦ δὲ	.	.
Ἀρτοξέρξην	.	Ἀρταξέρξην	.
χρυσοῦν	.	om.	.
Νισαίων		νησαίων	
ἡγήσεται	.	ἡγήσαιτο	.
ποιήσεται	.	.	ποιήσηται
ἀφέξεται	ἀφίξεται	.	.
ἴη		ἴοι	
c. 40. ὅς, Ἡδέως	.	om. ὅς	.
ἀνεβίουν	.	ἂν ἐβίουν	.
Ὀνησίκριτε	.		Ὀνησίκραιες
ὡς μαθ.	.	ὅπως μαθ.	
ἀναγιγνώσκου-σιν	.	ἀναγινώσκουσιν	.
μικρῷ τινι	.	μικρόν τι	.
παρ' ἡμῶν	.	παρ' ὑμῶν	.
c. 41. σῦκα	.	σύκα	.
τι νέμων	om. τι	om. τι	.
φειδόμενος	.	φιλούμενος	.
μὴ θατέρῳ	μὴ θατ. τι	μηδὲ θατέρῳ τί	
c. 42. τοῦτ' ἐνομ.	.	τοῦτο ἐνομ.	
κτῆμα γάρ	.		κτήματα γάρ
τὸ μυθ.	.	om. τὸ	τὸ m II.
ἀσπάζεσθαι	ἀπάξεσθαι	.	.
ἀπολείπειν	.	ἀπολιπεῖν	.
ἐν ποσὶ		ἐν πόλεσι	
c. 43. ῥητορείας	ῥητορίας	.	ῥητορίας
μὴ κομιδῇ	.	om. μὴ	.
εἰρηνικώτερον	εἰρηνικότερον	.	.
καὶ ὁ μὲν νοῦς —πυκνός	.	om.	.
c. 44. οἷα	.	οἶα	.
οὕτω δὲ	οὕτως δὲ	.	.
φανότατα	φανώτατα	.	.
ἔξω πάτου	om. πάτου	.	.
ὡς μὲν τοὺς	.	ὡς τοὺς μὲν	.
σχήμασι	.	σχήματι	.
c. 45. ἐπουριάσοντος	.		ἐπουριάσαντος
κίνδυνος	κίνδυνον	κινδύνων	κίνδυνον
μέγιστος		μέγιστον	

	Ed. Teubner.	Cod. Marc. 434.	Cod. Vatic. 87.	Cod. Harl. 5694.
c. 45.	ποιητικῆς		ποντικῆς	
	πειστέον	πιστέον	.	πιστέον
	ἐν λόγοις	ἐν λόφοις	.	ἐν λόφοις
	γίγνεται		γίνεται	.
	ὀχουμένῃ	ὀχουμένην·		.
	τῇ γνώμῃ	.	τὴν γνώμην	.
	τὴν ἑρμηνείαν	.	τῇ ἑρμηνεία	.
	ἐφ᾽ ιππίου	.	ἐφ᾽ ιππείου	.
	ἀπολείποιτο	.	ἀπόλοιτο	.
c. 46.	συνάπτοντα	συνάπτονται	.	.
	τὸ μὲν γὰρ	.	τὸ μὴ γὰρ	.
	ἀκούουσι	.	.	ἀκούουσιν
c. 47.	ἀνακρίναντα	ἀνακρίνοντα	.	.
c. 48.	συνυφ. αὐτῶν	.	.	συναιφ. αὐτὸν
c. 49.	ταῦτα		ταῦτα γὰρ	
	τὰ ἴδια	Ῥωμαίων ἴδια	ἴδία	Ῥωμαίων ἴδιαι
	παρατάξει	.	τάξει	
	μέντοι		μὲν	
	ἀκηκούσθω	ἀκήκουστο	ἀκηκόσθω	ἀκήκουστο
	συνδιωκέτω		διωκέτω	
	συμφευγέτω		συμφυγέτω	
c. 50.	ἐπέστω	ἐπέσθω	.	.
	μὴ ἐς κόρον	.	μηδὲ ἐς κόρον	.
	ἐπ᾽ ἐκεῖνα	.	ἐπέκεινα	.
	εἰς Ἰβηρίαν	ἐς Ἰβ.		.
	εἰς Ἰτ.		ἐς ἰταλ.	.
c. 51.	παρασχέσθω	.	παραδεχέσθω	.
	ἀθόλῳ	.	ἀθόλω(οex ηm.I.)	.
	οὐδὲ γὰρ οὐδ᾽ ἐκ.	.	οὐ γὰρ οὐδὲ ἐκ.	.
	προϋπεβέβλητο	.	προϋποβέβλητο	.
	ἔπλαττον	.	ἔπραττον	.
	ἐρρύθμιζον	.	ἐρύθμιζον	.
	αὐτοῖς	αὐτῶ		αὐτῶι
	ἐπαινῇ	.	ἐπαινεῖν	.
	ἀπελήψε	.	ἀπήλειψε	.
	τῷ	.	τὸ	.
c. 52.	ὁπόταν	.	ὅταν	.
	λεκτέων	λεκτῶν	λεκτῶν	λεκτῶν
c. 53.	ὁπόταν	.	ὁπότε	.
	μόνον	μόνοιν	μόνων	μόνοιν

Ed. Teubner.	Cod. Marc. 434.	Cod. Vatic. 87.	Cod. Harl. 5694.
c. 53. προσοχὴν καὶ εὐμά-	.	.	προσοχ. ἢ εὐμά-
θειαν			θειαν
εὐπορῆσαι	εἰπορίσει	.	εὐπορίσει
γὰρ	.	om.	suprascr. m. II.
ὡς περὶ	.	ὥσπερ	.
ἢ οἰκείων	.	om.	.
ἐρεῖ	.	ἐρεῖν	.
ὕστερον	ὕστερα	.	.
περιορίζων	προορίζων	.	.
c. 54. καὶ ταῦτα	.	καὶ αὐτὰ	.
ξυνέβη	.	συνέβη	.
c. 55. εὐαφὴς	εἰαφὴς δὲ	.	εὐαφ. δὲ suprascr. m. II.
ἅπαν	.	ἅπερ	.
μηδὲ κοιλ.	.	μήτε κοιλ.	.
ἐξεργασάμενος	.	ἐπεργασάμενος	.
παρακειμένας	.	παρακειμένοις	.
c. 56. παραλειπτέον	.	ει ex η corr. m I.	.
καὶ λαγ.καὶ ὑπογ.	.	om.	.
ἐνθήσεις		ἐνθήσει	
c. 57. μεταβήσῃ	.	μεταβῆς	.
λιχνείαν	.		λιχνίαν
οἶον ὁρᾷς		οἶον ὁρ. τι	
ὁ μεγαλόφρων		ὡς μεγαλόφρων	
τὸν Τιτ.	om. τὸν		
ἔλεγε	.	ἔλεγεν	
πόσοις—ἤγαγεν;	.	om.	
ἐκύλισε	.	.	ἐκύλισεν
εὐθὺς	.	om.	
ἢ Ἐπιπολᾶν	ἢ ἔτι πόλεων	ἔτι πόλεων(om. ἢ)	ην ετι (ras.) πό-λεων
τὸν λοιμὸν	.	τομὸν	
δοκῇ	.	δοκεῖ	
εἴσῃ	.	εἰσὶ	εἴσηι (ηι in ras.) m. II.)
οὕτω τὸ	οὕτως τὸ		
φεύγοντος		φεύγοντα	
c. 58. οἰκεῖα	.	.	οἰκεῖαι, ι i. r.
c. 59. ταχεῖς	.	σαφεῖς	
εἰσι	.	.	εἰσιν

	Ed. Teubner.	Cod. Marc. 434.	Cod. Vatic. 87.	Cod. Harl. 5694.
c. 60.	παρεμπέσοι		παραπέσοι	
	εἰκάσουσι	.	.	εἰκάσουσιν
	σὺ δ' ἀκινδ.	σοὶ δ' ἀκινδ.	.	σοὶ δ' ἀκινδ.
c. 61.	τοῦτο ἐρῶ	τὸ αὐτὸ ἐρῶ	.	.
	λέγηται καὶ	.	om. καὶ	καὶ m. II.
	μεστός		μισθὸς	
	οὔτε κολ.		οὐδὲ κολ.	
	οὔτε δουλ.		οὐδὲ δουλ.	
	τοῦτ'	.	ταυτο	.
	εἰ σωφρονοίη	εἰ σωφρονοῖ		εἰ σωφρονοῖ
	πάσας τὰς νῦν	τὰς πάσας τὰς	.	τὰς πάσας τὰς
	ἐλπ.	νῦν ἐλπ.		νῦν ἐλ.π.
c. 62.	ἔργων ἀπ.	.	ἔργον ἀπ.	.
	θαλάττης	.	θαλάσσης	.
	εἰς τὴν Παραίτ.	ἐς τὴν Παραιτ.	ἐς τὴν Παρατονίαν	.
	ἄψυχτον		ἄφευκτον	
	αὐτ' τὸ ἔργον		om. αὐτὸ	
	εἰς τὰ ἕρματα	.	.	ἐς τὰ ἕρματα
	τὸ αὐτοῦ ὄνομα	.	τῶ̓αὐτοῦ ὀνόματι	
	ἔγραψεν	ἐπέγραψεν	ἐπέγραψε	ἐπέγραψεν
	ἐπιχρίσας — ἐπέ- ἐπ.	— ἐπέγραψεν	om.	
	γραψε			
	πλωϊζομένων	.	.	πλοϊζομένων
	οὕτως	οὗτος	.	οὗτος
	εἰς τὸν νῦν	.	ἐς τ. νῦν	.
	ἄχρι	ἄχρις	.	.
	οὗτος σοι	.	om. σοι	.
	δικαίας	.	δικαίοις	.
	σταθμήσονται	.	σταθμήσουσι	.
	Κρανείῳ	κρανίῳ	.	.

RHETORUM PRAECEPTOR.

	Ed. Teubner.	Cod. Marc. 434.	Cod. Marc. 436.	Cod. Vind. 123 (B).
c. 1.	πάντιμον	πάνδημον	.	.
	σοφιστὴς	.	ὁ σοφιστὴς	.
	αὐτὸς		om.	
	δόξαις		δόξης	δόξεις
	περιβάλοιο	περιβάλλοιο	.	

Ed. Teubner.	Cod. Marc. 434.	Cod. Marc. 436.	Cod. Vind 123(B).
c. 1. πρὸς ἁπάντων	.	περὶ πάντων	
ἐθέλεις	.		ἐθελήσεις
ὁπόθεν	ὅθεν		
ἐκπορίσαιτο		ἐκπορίσαιο	ἐκπορίσαιο
καὶ σὺ νῦν	νῦν σὺ τοῦτο, om. καὶ.	.	.
αἰτοίη	αἰτοίης	.	αἰτοίης
τάχιστα	μάλιστα	.	
ἀκούσης	ἀκούσηι	.	
c. 2. τὸ μὲν οὖν θή- ραμα	.	om.	om.
μικρὸν	σμικρὸν	.	
γοῦν		οὖν	
c. 3. ὅμως δὲ	.	om. δὲ	
προπονῆσαι	προπονήσειν	.	
ὄρειον	ὄρθιον	.	
ἡμεῖς γε	om. γε	ἡμεῖς σε	
ὡς ἐπὶ τὸ πολύ	ὡς τὸ πολύ, om. ἐπὶ	ἐπὶ τὸ πολὺ, om. ὡς	.
σοι	om.	.	.
τοῦτ᾽ ἔστιν	τοῦτό ἐστιν	.	
τῇ θυμηδίᾳ	.	.	om. τῇ
ἀνιδρωτὶ	.	.	om.
αἱρήσεις	ἀγρεύσεις		
εὐωχήσῃ		εἰωχήσεις	εὐωχήσεις
ἔκπνους	ἐκείνους		
ἐνίοτε		ἔσθ᾽ ὅτε	
c. 4. πρὸς φιλίου	.	πρὸς φιλίου διὸς	.
ἔνερθεν		ἔνερθε	
τῆς ποιητ.	om. τῆς	.	.
ἀδύν. καταστ. ἐν βρ.	ἐν βρ. καταστῆ- ναι ἀδύνατον	.	.
c. 5. τινὸς	τινὰ	.	
Περσῶν Ἀλεξ.	Ἀλεξ. Περσῶν	.	
γραμματοφόρους	γραμματηφόρους	.	
κομίζοντας	κομίσοντας	.	
ἐς τὴν Ἀραβίαν		εἰς τὴν ἀρραβίαν	.
ἐπελάσαντας	ἐλάσαντας	.	
ποτὲ	ποτὲ μόλις	.	
διανύσαντας	διανύσαντα	.	διανύσαντα
τότε δὴ	τότε δὲ	.	

Ed. Teubner.	Cod. Marc. 434.	Cod. Marc. 436.	Cod. Vind. 123(B).
c. 5. ἐς Αἴγυπτον	εἰς Αἴγυπτον	.	.
ἔστιν οὗτος	οὗτός ἐστιν	.	.
ἔμπορον	.	ἄνθρωπον	.
c. 6. πάθης	.	.	πάθοις
τὸ αὐτὸ		om. τὸ	
ὅλης	ὅλας (ras. in α)	.	.
πρῶτον	.	πρότερον	.
καθήσθω	.	καθῆστο	.
ἐπὶ θατέρᾳ δέ μοι τὸν πλοῦτον δόκει παρεστῶτα	ἐπὶ θ. δέ μοι δόκει τὸν πλ. παρεστῶτα	ἐν θατ. δὲ τὸν πλοῦτον δοκεῖ μοι παρεστῶτα	ἐν θατέρᾳ δέ μοι τ. πλ. δόκει παρεστῶτα
ὅλον	ὅλον ὄντα	.	.
παρέστωσαν	.	παρεστῶσαι	.
πολλοὶ	.	πολλοὶ ἄν	.
ἀπανταχόθεν	.	πανταχόθεν	.
ἐκπετόμενοι	.	προσπλεκόμενοι	
ἤ που	εἴ που	.	εἴ που
ἵππου τοῦ ποταμίου	ἱπποποτάμου	.	.
πολλοὶ	πολλοὶ γράφουσιν	.	.
περὶ αὐτὸν	παρ' αὐτὸν	.	.
πήχεις δὲ	om. δὲ	.	.
δὴ σὺ	δὲ σὺ	σὺ δὴ	.
δηλαδὴ ὅτι τάχιστα γενέσθαι	.	γενέσθαι δηλαδὴ ὅτι τάχιστα	.
ἐλθὼν	ἀνελθὼν	.	.
καὶ πάντα	καὶ ἵνα πάντα	.	.
νόμῳ	.	νόμοι	.
c. 7. ἄνοδον	.	ὁδὸν	.
εἶναί σοι	σοι εἶναι	.	.
δεήσει	δεήσῃ (ras. in η)	δεήσῃ	.
καὶ ἀνθ.	om. καὶ	.	.
εὔυδρος	.	ἔνυδρος	.
μικρῷ πρόσθεν	.	μικρὸν πρόσθεν	.
ἵνα μὴ καὶ ταὐτὰ λέγων πολλ. ἐπέχω	ἵνα μὴ πολλάκις τὰ αὐτὰ λέγων ἐπέχω	.	.
c. 8. ὁμαλὴ	.	καλὴ	.
αὐτὴν	αὐτῷ	.	.

Ed. Teubner.	Cod. Marc. 434.	Cod. Marc. 436.	Cod. Vind. 123 (B).
c. 8. τἀγαθά	τὰ ἀγαθά	.	.
μειζ. τοὺς πολ-	τοὺς πολλοὶς	.	.
λοὺς ἀξ.	μειζ. ἀξ.		
εὐμοιρίᾳ	.	.	εὐμορία
τῆς τῶν λόγων	.	.	om. τῆς
ἐπὶ δ᾽ οὖν	ἐπὶ δ᾽ οὖν	.	.
τὴν ἀρχὴν	εἰς τὴν ἀρχὴν	.	.
οἶδ᾽ ὅτι	οἶδα ὅτι	.	.
ὁποτέραν τραπη-	ποτέραν τρεπτέον	.	.
τέον			
ὃ οὖν π.	ὡς οὖν π.	.	.
εὐδαιμονήσεις		εὐδαιμονίσεις	.
αὐτὸν	ἑαυτὸν	.	.
πάντα φυέσθω	φυέσθω πάντα	.	.
c. 9. σοι πρόσεισι	πρόσεισί σοι	σ. πρόεισι	σ. πρόεισι
τις ἀνὴρ		ἀνὴρ τις	.
ὑπόσκληρος	ἀπόσκληρος	.	.
ἐπὶ τῷ σώματι	ἐπὶ τοῦ σώματος	.	.
ὁδοῦ ἐκείνης	ἐκείνης ὁδοῦ		.
πρὸς σὲ ὁ μά-	ὁ ματ. διεξ. πρὸς	.	.
ταιος διεξιὼν	σὲ		
οἱ	γάρ σοι	σοι	σοι
φήσει	φησὶν		.
σε ἔσεσθαι	om. σε	.	.
τούτων	τοῦτον	.	.
κάλων		κάλλων	.
ἔξω πατήσειας	ἔξω τῆς εὐθείας	.	.
θάτερα	θούτει α	.	.
ῥοπῇ	βάσει	.	.
κελεύσει	κελεύει	.	.
τῶν ἀμφὶ Κρι-	τῶν ἀμφὶ Κρά-	τῶν (?) ἀμφὶ	.
τίαν	τητα	Κροτίαν	.
ἀποτεταμένα		ἀποτεταγμένα	.
λιπαρὲς	ἀλιπαρὲς	.	.
ἀνιαρότατον	ἀνιαρότερον	ἀνιαρώτατον	.
ὑπογράψει	.	ὑπογράφει	
κατ᾽ ὀλ.	κατὰ ὀλ.	.	.
ὅλας	om.	.	.
ὡς καὶ	om. καὶ	.	.
ἀκούοντα	τὸν ἀκούοντα	.	.

Ed. Teubner.	Cod. Marc. 434.	Cod. Marc. 436.	Cod. Vind. 123(B).
c. 9. ὁ δὲ ἐπὶ	πρὸς δὲ		
τούτοις		τοῦτο	
ἀπαιτεῖ	ἀπαιτεῖν		
τοσούτων	τοιούτων		
ἀλλ' οὐδ'	ἀλλὰ οὐκ	ἀλλ' οὐκ	
c. 10. ἐς μιμ.	εἰς μίμ.		
προτιθείς	προτίθεσθαι		
ὥς τι		ὥστε	
τέως	ἴσως		
ὁποία		ὁποῖα	
ταχεῖα		βραχέα	βραχέα
ἀπράγμων		ἀπράγμονα	ἀπράγμονα
ὁδός		ἡ ὁδός	
πείθεσθαι	πείσεσθαι		
μή σε		καί σε	καί σε
ἐκτραχηλίσῃ		ἐκτραχηλήσει	
παρασκευάσῃ		παρασκευάσει	
ἀλλ' εἰ	ἀλλὰ εἰ		
ἴθι	ἴσθι		
θασεῖ			λασεῖ
πέρα	πέραν		
ἱδρῶτι πολλῷ	πολλῷ ἱδρῶτι		
c. 11. σὺ δὲ πρὸς	πρὸς δὲ, om. σὺ		
πολλοὺς μὲν	om. μὲν		
τούτοις	τοῖς		
Σαρδανάπαλλον	σαρδανάπαλον		
ἀφείη	ἀφίη		
σεαυτὸν	ἑαυτὸν		
ῥήτωρ	ῥήτ. ἔσῃ		
ὀνομάζει	ὀνομάζηι	νομίζει	
c. 12. ὑπὲρ		om.	
τοιγαροῦν ἂν	om. ἂν		
κόμης		κώμης	
τὸ γλαφ.		om. τὸ	
Αὐτοθαΐδα		αὐτὸς Θαΐδα	
ἢ Μαλ.		καὶ Μαλ.	
τοῦ ἁβροῦ	πρὸς ἁβροῖ		
c. 13. τοίνυν	δ' οὖν		
ὑπὲρ αὐτοῖ			ὑπὲρ αὐτοῦ
ὠγαθέ	ὦ ἀγαθέ		

Ed. Teubner.	Cod. Marc. 434.	Cod. Marc. 436.	Cod. Vind. 123 (B).
c. 13. ἔπεμψεν ἐπ'		ἔπεμψε πρὸς	.
ἐμὲ	με	.	.
ἔδειξεν	ἔδειξεν αὐτῷ	.	.
ὑπερεκπεπληγ-μένων	.	ὑπερεκπληττο-μένων	.
προσδοκήσῃς		προσδοκήσεις	
παραβαλεῖν	παραβάλλειν	.	.
πολὺ	.	om.	.
ὑπερφωνοῦντα	ὑπερφωνοῦντας (in ras.)	.	.
ὁπόσοιν	ὁπόσον	.	ὁπόσον
c. 14. παρ' ἄλλου	.	παρ' ἄλλων	.
δεήσει	δεήσῃ	.	δεήσῃι
ἀνίπτοις ποσὶν — ἡ παροιμία φησίν	ἀνίπτοις τοῖς πο-σὶν — ἡ παρ. φ.	ἀνίπτοις, φησὶν ἡ παροιμία, πο-σὶν	.
εἰδῇς	ἴδῃς	.	.
ταῦτα	πάντα	.	.
c. 15. ὁ ῥήτωρ — ἔχοντα	om. sed in marg. adscr.	.	.
ἔπειτα καὐτὸς	ἔπειτα καὶ αὐτὸς	ἔπειτ' αὐτὸς	.
μέσα	.	τὰ μέσα	.
τελευταῖα	.	τὰ τελευταῖα	.
τῶν λέγ.	.	αὐτῶ λεγ.	.
ἐπιχειρούντων	ἐπιχειροίντων ἔ-χων	.	.
ἐπὶ τούτῳ	ἐπί τούτοις	.	.
καὶ τόλμαν	om. καὶ	.	.
ἢ ἐπιεικ.	.	καὶ ἐπιεικ.	.
πάνυ ἀναγκαῖα	ἀναγκαῖα πάνυ	πάντα ἀναγκαῖα	.
μόνα καὶ ἔστιν	καὶ μόνα ἔστιν	.	.
καὶ ἡ ἐσθ.	om. καὶ	.	.
λευκὴ	ἡ λευκὴ		.
ἔργον	ἔργα		.
καὶ γυναικ.	.	om. καὶ	.
ἢ ἡ ἐμβ.		om. ἢ	*)

*) Fol. 2 des Cod. Vind. eudet mit c. 15 ἐργασίας ὡς, Fol. 3 ist in neuerer Zeit von frevelhafter Hand ausgeschnitten, Fol. 4 beginnt mit — σονται ἐπ' εὐγνωμοσύνης c. 20.

Ed. Teubner.	Cod. Marc. 434.	Cod. Marc. 436.	Cod. Vind. 123 (B).
c. 15. Σικυωνία	.	σικυονία	.
c. 16. δή	om.		
σοι	.	σοι δὲ	
προσήσεται	.	προσίεται	
οὐδὲ ἀποστρ.	.	οὐδὲν ἀποστρ.	
καὶ σκορακιεῖ	οὐδὲ σκορ.	.	
ἀτέλεστον	.	ἀτελεστάτον	
ἀλλὰ	om.		
ἔπειτα δὲ	om. δὲ	.	
ἢ οὐ	om.	.	
εἴκοσιν	εἴκοσι	.	
Ἀττικὰ	.	ἀττικῶν	
καὶ ταῦτα	om.		
πρόχειρα	ἃ πρόχειρα	.	
εἰ ἀνόμοια	ἐὰν ἀνόμ.	.	
c. 17. καὶ σπαν.	om. καὶ	.	
εἰρ. ὑπὸ τῶν π.	ὑπὸ τ. π. εἰρ.		
ξυμφορήσας	συμφόρησας		
πρὸς τοὺς ὁμι-	ἐς τοὺς προσο-		
λοῦντας	μιλοῦντας		
οὕτω	.	οὕτως	
ἀποστλεγγίσα-	.	ἀποστλεγίσα-	
σθαι		σθαι	
μὲν	om.	.	
λέγοι τις	λέγοις	.	
εἰληθερεῖσθαι	'	ἠληθερεῖσθαι	
δὲ προνόμιον	προτίμιον, om. δὲ	.	
ὀρχ. δὲ	om. δὲ		
χειρύσοφον		χειρίσοφον	
ποτὲ ποιητ.	ποτὲ ἢ ποιητ.	.	
ἀκρότατον	.	ἀκρώτατον	
ἀναγίγνωσκε	ἀναγίνωσκε		
ἢ ὁ χ.		μηδ' ὁ χ.	
ὀλίγον πρὸ ἡμῶν	πρὸ ἡμῶν ὀλίγον	ὀλίγῳ πρὸ ἡμ.	
καταχρήσασθαι	καταχρῆσθαι		
c. 18. ὑποβάλωσι	.	ἀποβάλωσι	
τῶν λόγων	om. τῶν		
ἢ	.	om.	
εὐχερῆ	om.		

Ed. Teubner.	Cod. Marc. 434.	Cod. Marc. 436.	Cod. Vind. 123(B).
c. 18. ὅλως	.	ἄλλως	
ἑλομένων·	.	om.	
ἑλομένων δὲ	om. ἑλ.	ἑλομένῳ δὲ	
μηδὲν ἔτι μελλ.	μὴ μέλησας	μηδὲν ἐπιμελλή- σας	
ἐπ' ἀκαιρίμαν	ἐπὶ καιρήματι	ἐπὶ ῥῆμα	
μηδὲν	.	μηδὲ	
ὥσπερ	.	ὕπερ	
τὸ τρίτον	.	om. τὸ	
τὸ πρῶτ. ἐμπ.	.	τὸ ἐμπ. πρῶτ.	
καὶ Ἐκβ.	καὶ τὰ ἐν Ἐκβ.		
ἐπὶ πᾶσι δὲ	.	ἐπὶ δὲ πᾶσι	
πεζευέσθω	.	παιζευέσθω	
Μηδικῶν	περσικῶν	.	
ὁ Λεωνίδας	om. ὁ	.	
καὶ ἐπὶ πᾶσι	ι	καὶ τὰ ἐπίπαστα	
τὰ ὀλίγα ἐκεῖνα	.	ἐκεῖνα ὀλίγα,om.τὰ	
ἐπανθείτω	.	συνανθείτω	
τὸ ἄττα	.	om. τὸ	
c. 19. πάντα σοι	om. σοι	.	
γιγνέσθω	γινέσθω	.	
λαρύγγιζε	κελάρυζε	.	
c. 20. ἀπὸ τῶν Δ.	.	ἀπὸ τοῦ Δ.	.
καὶ μάλ.	οἵ μαλ.	.	.
ὑπ' εὐγ.	ὑπὸ εὐγ.	.	.
δόξουσι	.	δόξωσι	.
τὸ σχῆμα	καὶ σχῆμα	.	.
καὶ βάδισμα	om.	.	.
τεθήπασι	θαυμάσονται	.	.
ἔχουσιν	ἔξουσιν	.	.
ἀπιστήσουσι	ἀπιστήσουσιν	.	.
c. 21. διαλείμμασι	διαλείμμασιν	.	.
περὶ σαυτοῦ	ὑπὲρ αὑτοῖ	περὶ αὑτοῦ	.
ἀγών		ὅλως (?)	ὅλων
c. 22. παραλέλοιπα	παρέλιπον	.	
εἴπῃ		εἴποι	
οὐχ ἑαυτοῦ	οὐκ αὐτοῦ	.	
δοκείτω	.	δόκει· τῶν	δόκει· τῶν
ἐνεχθῇ		ἐν ἔθει (?)	ἐνέχθη
εἰσιέναι	ς·.	ἐσιέναι	.
καὶ ἐπισείσῃς	ἐπισεισ (sic), om. καὶ	καὶ ἐπισείσῃ	.

Ed. Teubner.	Cod. Marc. 434.	Cod. Marc. 436.	Cod. Vind. 123 (B).
c. 22. πολλάκις	.	.	πολλάκι
μηδὲ ἀναστ.	μηδ' ἀναστ.	.	.
γίγνου	γίνου	.	γίνου
λέξεων	.	λέξεων καὶ μέμ-ψεων	.
τὰ ὦτα	om.	.	.
ἀναισχυντία	ἡ ἀνασχ.	.	.
ψεῦδος *	τὸ ψεῦσμα	.	.
c. 26. πεπαύσεται	.	πέπαυται	.
οἵπερ		εἴπερ	.
τοῖς νόμοις	τῷ νόμῳ	.	.
ἀγεννὴς	.	ἀγενὴς	.
τῆς ὁδοῦ ὑμῖν	ὑμῖν τῆς ὁδοῦ	.	.
ἀκονιτὶ	.	ἀκονητὶ	.
πρανῆ	.	πρανὴν	.

LUCIANI PISCATOR.

Ed. Teubner.	Cod. Gorl.	Cd.Marc.434.	Cd.Marc.436.	Cod. Vat. 87.	Cod. Vat. 90.	Cd. Vind.123.
:. 1. Σωκ.	.	.	.	σώστρατος?	.	
!πίβαλλε	.	.	.	ἐπίβαλε	.	
τροσεπίβαλλε	.	.	.	προσεπίβαλε	.	
ιάντες	.	.	καὶ πάντες	.	καὶ πάντες	.
ιήρη	.	πήρα	.	.	.	
ιρήγῃ	.	.	.	ἀρήγει	.	ἀρήγηι
ντινα ὑμῶν	ὄντ. ὑμᾶς	om. υμῶν	ὄντ. ἡμῶν	.	ἡμῶν ὄντινα	.
ἱ Διόγ.		om. ὦ'	.	.	.	
ὑλῳ	ξύλλῳ	.	.	.		
Ἐπιχ.	om.	.	.	.		om. ὦ
ρυῆς	.	.	ὁρμῆς in ras.			
2. ἐπι-σπούδασον	ἐπισπούστον	.	.	.	.	
ἆττον	.	.	θᾶσσον	θᾶσσον	.	θᾶσσον
οὖν	.	γὰρ	.	οὖν		
ρτας ἡμᾶς	.	ἡμᾶς ὄντας	.	.	ἡμᾶς ὄντας	
ἱτὸν	αὐτὰ	.	.	.		
ιτέλθῃ	.	.	μετέλθοι	.		
ιινοῶμεν	.	θάνατ. ἐπι-νοῶμεν	.	θάνατ. ἐπι-νοῶμεν		
ἱένατ.						

14*

Cod. Teubner.	Cod. Gorl.	Cd.Marc.434.	Cd.Marc.436.	Cod. Vat. 87.	Cod. Vat. 90.	Cd.Vind. 123
c. 2. *ἐξαρκέσαι*	.	*ἐπαρκέσαι ἀρκέσαι*,sups. *ἐξαρκέσαι*	.	.	.	.
γοῦν δίκαιος ἐστιν ἡμῖν ἀ- πολωλέναι	.	*οὖν ἑπτάκις γοῦν δ. ἐστιν δίκαιον ἐ- στιν ἀπολ.*	*ἡμῖν ἑπτά- κις ἀπολ.*	.	*οὖν ἑπτάκις δ.ἐστιν ἡμῖν ἀπολωλέναι*	.
ἀνεσκολοπί- σθαι	.	*ἀνασκολο- πισθῆναι*	.	.	*ἀνασκολοπι- σθῆναι*	.
Φιλ. Α.Β.Γ.Δ. ΣΩΚ.ΕΜΠ. (sig. pers.)	.	.	.	om.	.	om.
τοῖς ὀφθαλμ.	.	*πολὺ πρότε- ρον τοὺς ὀφθ.*	.	.	*πολὺ πρότε- ρον τ. ὀφθ.*	.
ἐκκεκόφθω	.	*ἐκκεκολά- φθω*	.	.	*ἐκκεκολά- φθαι*	.
Ἐμπεδόκλεις	.	.	.	*Ἐμπεδόκλης*	.	.
κρατῆρας	.	*κρητῆρας*	.	.	.	.
τοῖς κρείττο- σι	.	.	.	.	*τοῖς κρείττο- σι*	*τοῖς κρείττο σιν*
ἵν' ἂν	.	*ἵνα*			.	.
καὶ —	.	*καὶ* om.			.	.
c. 3. *φείσασθε*	.	*φείσασθαι*	.	*φείσασθαι*	.	.
ΣΩΚ.	.	.		*Πλάτων*	.	.
Ἄραρεν	*ἄρανεν*	.	.	.	.	.
δὴ	.	om.	.	.	.	.
φησιν	.	*λέγει*	.	*φασιν*	*ἔλεγεν*	.
ΛΟΥΚ.	.	.	.	*παρρησιάδης*	.	.
ὑμᾶς καὶ αὐ- τὸς	.	*καὶ αὐτὸς ὑμᾶς*	*ὑμᾶς* om.	*ὑμᾶς* om.	.	.
ἱκετεύω	.	.	.	*ἱκετεύω ὑμᾶς*	*ἱκετεύσω*	.
ζωγρεῖτ'	.	*ζωγρεῖτε*			.	.
δέχθε	.	.	*δέχεσθε*		.	.
χαλκόν τε χρυσόν τε	.	*χρυσόν τε χαλκόν τε*			.	.
ΠΛΑΤ.	.	.	.	*φιλόσοφοι*	.	.
οὐδὲ ἡμεῖς	.	.	.	*οὐδ' ἡμεῖς*	.	.
ἄκουε γοῦν	.	*ἀκ. δὴ*	.	.	*ἀκ. δὴ*	.
μὴ δή	.	*δή* om.	.	.	.	.
ἵκεο	*ἵκες*	*ἥκεο*	.	.	.	.
ἁμάς	.	.	*ἐμάς*	*ἁμᾶς*	.	*ἐμάς*
ΛΟΥΚ.	.	.	.	*παρρησιάδης*	.	.
ἡμῖν	.	.	*ἡμῖν γε*	.	.	.

Ed. Teubner.	Cod. Gorl.	Cd.Marc.434.	Cd.Marc.436.	Cod. Vat. 87.	Cod. Vat. 90.	Cd.Vind. 123.
c. 3. τάχα γὰρ ἂν ἂν om.			ἂν om.			om. ἂν
ΠΛΑΤ.			σώστρατος			
γὰρ οὐ		οὐ γὰρ			οὐ γὰρ	
ἦ δὲ; οὐχὶ	τί δ᾿ οὐχὶ		τί δ᾿ οὐχὶ			
πάσχειν		πράσσειν i. r.				
πενεῖτέ με		κτείνετέ με				κτείνετέ με
ΛΟΥΚ.			παρρησιάδης			
φησὶ	φήσει		φήσει			
c. 4. ἐπεὶ			ἐπειδὴ			
τὸ διαφυγεῖν		τοῦ διαφυγεῖν				
φέρε					φέρετε	
εἴπατέ μοι				om. μοι		om. μοι
ἢ τινες		τίνες			τίνες	
ἐπιθανάτῳ με		με om.			με om.	
ΠΛΑΤ.			ἀρίστιππος			
ἑαυτὸν			ἑαυτὸν			
κακοὺς				κακοὺς		
τοὺ λόγους	συλλόγους		συλλόγους		in ras.	συλλόγους
ἐν οἷς			ἐφ᾿ οἷς			
ἐξ ἀγορᾶς		ἀπ᾿ ἀγορᾶς				
εἰδωνέα	ἄδην		ἄδην	ἄδην		αἴδην
αὐτοσὶ		οὗτος		οὗτος		οὗτος
ὁ Πλάτων			om. ὁ			
᾿κεινοσὶ	ἐκηνοσὶ	ἐκεῖνος			ἐκεῖνος	
σιωπῶν	προσιὼν(marg. σιωπῶν)					
Διογένης			om. ὁ	om. ὁ		
σους		ὁπόσους			ὁπόσους	
c. 5. ἀποκτενεῖτέ με		om. με				
ν		εἰ				
ἐ δὲ			σὲ δὴ			
ἡμερον χρὴ		χρὴ τήμερον			χρὴ τήμερον	
δὴ γε			om. γε			
σα			ὅσσ᾿			
ἐξ ἁπάντων			ἀπὸ πάντων			
ῥᾶτε οὖν		ὁρᾶτε γοῦν			ὁρᾶτε γοῦν	
ἢ τὸ τ. ν. φ.	om. τὸ	μὴ — ποιῆτε	om. τὸ	μὴ κατὰ τοὺς πολλοὺς τ. ν. φ. αὐτὸ ποιῆτε	μὴ τῶν νῦν φιλοσόφων αὐτὸ ποιεῖτε om. τὸ
αὐτὸ ποιεῖτε						

Ed. Teubner.	Cod. Gorl.	Cd.Marc.434.	Cd.Marc.436.	Cod. Vat. 87.	Cod. Vat. 90.	Cd.Vind.123.
ὡς ἀνδρ.	.	om. ὡς	.	om. ὡς	ὡς m. II.	.
καὶ εὐεργ.	.	ἦ καὶ εὐεργ.	.	ἦ καὶ εὐεργ.	.	.
καταλογιῇ	.	καταλογιεῖ in ras.	.	.	καταλογιεῖ	.
c. 6. ἐγώ ὑμᾶς	.	ὑμᾶς ἐγώ	.	.	.	.
ὕβρικα	.	ὕβρισα	.	.	.	.
οἷς καταλ.	.	.	.	.	οἷς καταλ.	.
ἅ φημι	.	.	ἀφίημι	.	.	.
λαβών	.	παραλαβών	.	.	παραλαβών	.
γνωρίζουσιν	.	ἀναγνωρίζουσι	.	.	.	.
ἕκαστος	.	om.	.	.	ἑκάστου(Ἑκαστος m. II.	ς ἕκαστον
παρ' ὅτου	.	παρὰ τοῦ	.	.	παρὰ του	.
τοιαῦτα	τοιαύτας	.	τοιαύτας	τοιαύτας	.	τοιαύτας
ποικίλα	ποικίλας	.	ποικίλας		.	ποικίλας
πολυειδῆ	πολυειδεῖς	.	πολυειδεῖς		.	πολυειδεῖς
ἀναλέξασθαι τε	.	om. τε			ἀναλέξ. γε	.
αὐτὰ	αὐτὰς	.	αὐτὰς		.	αὐτὰς
ἀναπλέξαικαὶ ἁρμόσαι	.	.	.	.	ἀναπλέξασθαι κ. ἁρμόσασθαι	.
θατέρου		om.		.	.	om.
ὅστις	ὅτις	.	ὅτις	.	.	.
ἀφ' ὧν	.	ὑφ' ὧν	.	.	.	.
ἤδη τις εἶναι	.	εἶναι τις, om. ἤδη	.	.	εἶναι τις, om. ἤδη	.
εἰλήφει	.	εἴληφε	.	.	.	.
c. 7. ΠΛΑΤ.	.	.	.	χρῦ	.	.
ἐστί σοι	.	om. σοι	.	.	om. σοι	.
ἐτόξευες	ἐτόξευε	.	.	.	.	.
ἀπειλήφαμεν	.	εἰλήφαμεν	.	.	.	.
ἐκωλύσαμεν	.	ἐκωλύομεν	.	.	ἐκωλύομεν	.
δίκ. εἰ		.	δίκ. ἂν εἴης	.	μάλιστα δίκ. ἂν εἴης	.
c. 8. ὁρᾶτε	ὁρᾷ τῇ	.	.	.	.	.
πόρρω εἶναι	.	.	.	εἶναι πόρρω	.	.
ἀκριτόν γε	.	.	.	ἄκριτον, om. γε	.	.
ὑμέτ. γοῦν	.	ὑμ. δὲ	.	.	.	.
διαλύεσθαι	.	λύεσθαι	.	.	διαλ. m. II.	.
λόγον	.	.	.	.	λόγους	.
ὅντινα ἂν	.	οἷόν τινα, om. ἂν	.	.	οἷόντινα	.
καὶ	.	κᾶτα	.	.	.	.

d. Teubner.	Cod. Gorl.	Cd.Marc.434.	Cd.Marc.436.	Cod. Vat. 87.	Cod. Vat. 90.	Cd.Vind. 123
. 8. ἀδιχῶν	.	τι ἀδιχῶν	.		τι ἀδιχῶν	.
περὶ ἐμοῦ	.	.	ὑπὲρ ἐμοῦ	.		.
δὲ βίαιον	ὑ. δ᾽ ἐντολ-	.	.		.	ὑ. δ᾽ ἐντολ-
οὐδὲν τολμή-	μήσετε					μήσετε
σετε						
ἰψήσουσίμε	ἀψείσουσίμε	ἀψήσουσι μὲν	.	.	.	
παροξύναντας	.	.		παροξύνοντας	.	παροξύνοντας
ὑμᾶς	.	om.	.	.	.	.
ῥέψατε	.	.	.	τρέψετε	.	.
. 9. τοῦτ᾽	.	τοῦτο	.	τοῦτο	.	.
ἢ σὺ	.	.	σὺ μὴ	.	.	.
θαρρεῖτε	.	θάρρει	.		θάρρει, ads. m.II.τε	.
τούτου γε	.	om. γε	.		om., add. m.II.	
ἱ. ποιοῦμαι	.	ποιοῦμαι δ.	.		ποιοῦμαι δ.	
ἱπολογήσασθαι	.	ἀπολογήσεσθαι	.		.	
ι10. ποιῶμεν	.	ποιοῦμεν	.		.	
οιχε γάρ	.	ἔοικε γὰρ ἀνὴρ	.	.	ἔοικε γὰρ ἀνὴρ	.
ἱ ἀνὴρ	.	om.	.		om.	.
ιροχαλεῖσθαι	.	προχ. δικά-	.	πρ. ἀξ. δικά-	πρ. δικὰς	
ἀξ.		ζεσθαι ἀξ.		ζεσθαι	ἔσθαι	
ὶ δ᾽	.	τί δὲ	.		.	
ιαδίζομεν	.	.	.	βαδίζομεν	.	
ιργίλων	.	.	ὀργίλων γὰρ	.	.	
ιηδὲ ἀπολο-	.	.		μηδ᾽ ὑπερα-	.	
γησάμενον				πολου.		
ιπὲρ ἑαυτοῦ	.	.		om. ὑπὲρ	.	
ιαίρειν αὐτοὶ	.	.	λέγοντες αὐ-	.	.	
λέγοντες			τοὶ χαίρ.			
ἱποιμεν	.	.	.	εἴποιμι	.	
τέρι	.	om.	.		om.	.
Μελήτου	μελίτου	μελήτουπέρι	.	Μελίτου	Μελήτου πέρι	
ἱπίωμεν	.	βαδίζωμεν	.		.	
πὶ τὴν Φ.	.	.		παρὰ τὴν Φ.	.	
ἰγαπήσομεν	.	.	ἀγαπήσωμεν	.		ἀγαπήσωμεν
ιομιμώτερα	νομι	.	.		.	μομιμώτερα
	πονιμώτερα (sic)					
ι 11. δὲ	δαὶ					
ιαίτοι	.	καίτοι πάνυ	.		καίτοι πάνυ	.
ιολὺ μᾶλλον	.	.			πολλοῦ μᾶλλον	.
ιὐδ᾽ ὅλως	.	οὐδὲν ὅλως	.		οὐδὲν ὅλως	.
ἱπεχρίνοντο	.	.	.		ἀπεχρίναντο	.
ιπεδείχνυον	ἐπεδείχνυον	.	.		.	ἐπεδείχνυον

Ed. Teubner.	Cod. Gorl.	Cd.Marc.434.	Cd.Marc.436.	Cod. Vat. 87.	Cod. Vat. 90.	Cd.Vind.121
c. 12. αὐτὸς	.	καὶ αὐτὸς	.		καὶ(i.r.)αὐτὸς	.
τότε γοῦν	.		τότε γοῦν	.	.	.
ἐσιώπων τε	om. τε	εἰσιόντων	om. τε	om. τε	.	om τε
ἀπ. σκυθρω-	om. σκυθρ.	.	om. σκυθρ.	σκυθρωπῶν	.	om. σκυθρω
πῶν				ἁπαντ.		πῶν
ἐσῆλθον	.	εἰσῆλθον ἂν	.		εἰσῆλθον ἂν	.
ἀφελὲς	.		ἀσφαλὲς	.	.	.
ἐρρύθμιζεν	ἐρύθμιζεν	ἐπερρύθμιζεν	.	ἐρύθμιζεν		
ἄνετον	.	ἄφετον	.		ἄφετον	
ὑπεφαίνετο δέτι	.		ὑπεφ. δέ τοι	.	.	
ψιμύθιον	ψιμμίθιον	.				
ψύχος	.	ψυχίον	.		ψυχίον	
πάντα	.	πάνυ	.		πάνυ	
ἐς κάλλος	.	.		ἐς τὸ κάλλος	.	
πλουσιωτέρους	.	.		πλουσιωτάτους	.	
ἂν	.	.	om.		.	
παρακαθισα-	.	παρακαθέ-			παρακαθε-	
μένη		ζομένη			ζομένη	
προσέβλεπε	.	προσέβλεπεν			προσέβλεπεν	
περιδέραια	.	.			περιδέρεα	
χρύσεα	χρυσᾶ	.			χρυσᾶ	
χλοιῶν	.	ἐγχέλεων			ἐγχέλεων	
ἐπὶ πόδας	.	ταῦτα ἰδὼν ἐπὶ π.			ταῦτα ἰδὼν ἐπὶ ποδ.	
οὖν	.	ἂν			ἂν	
οὐ τῆς ῥινός ἀλλὰ τοῦ π. ἐλκ. πρὸς αὐτῆς	.	ἐλκ.πρὸς αὐ-τῆς οὐ τῆς ῥινός, ἀλλὰ τοῦ π.			ἐλκ. πρ. αὐ-τῆς οὐ τῆς ῥινός, ἀλλὰ τοῦ π.	
Ἰξίονα	Ἰξίωνα	.				Ἰξίονα
Ἥρας	.	.		ὥρας	.	
c. 13. οὐδὲ	.	οὐ			.	
ἀλλὰ	.	ἀλλ'		ἀλλ'	.	
δεήσει	.	δέει			.	
ἐπανιοῦσα	.	ἀνιοῦσα			ἀνιοῦσα	
τοῦτο	.		τοῦτο γὰρ			
προσέρχεται	.	πρόσεισιν			πρόσεισιν	
ἐπὶ συννοίᾳ	.	.		ἐπὶ συννοίας		
τό τε σχῆμα	.	.		om. τε	τό γε σχῆμα	om. τε
πάντως	πάντων	.		πάντων	.	πάντων

Ed. Teubner.	Cod. Gorl.	Cd.Marc.434.	Cd.Marc.436.	Cod. Vat. 87.	Cod. Vat. 90.	Cd.Vind.123.
ς. 13. ἐστὶν	.	καὶ	.	.	.	.
ἐν αὐταῖς	.	.	.	.	.	ἐν ταύταις
ς. 14. παπαῖ	.	.	παπαῖ	.	παπαῖ	
ἄλλοι πάντες	.	λοιποὶ ἅπαντες	.	ἄλλοι οἱ πάντες	.	
ἢ που	.	.	.	.	.	ἤ που
τυμβωρύχος	.	λωποδύτης τυμβωρύχος	.	λωποδύτης	.	
Νὴ Δί'	.	νὴ δία	.	νὴ δία	.	
ἀσεβέστατος	.	.	ἀσεβέστερος	.	.	
τι παρὰ σοῦ	.	τι περὶ σοῦ	om. τι	.	om. τι	
ἀκούουσα	.	ἀκούσασα	.	.	.	
ἐν τοῖς Διονυσίοις	.	om. τοῖς	.	om. τοῖς	.	
οὔτε ᾐτιασάμην	om.	.	om.	om.	.	om.
χεῖρον γένοιτο	.	.	μοι χεῖρον γένηται	.	.	
σκώμμασι	σκώμμασι	.	σκόμμασι	.	κόμμασιν	σκώμμασι
δ' οὐκ οἶδ'	.	δὲ οὐκ οἶδα	.	δὲ οὐκ οἶδ' δὲ οὐκ οἶδα	.	
δ' οὖν	γοῦν	.	.	γοῦν	.	γοῦν
ἐπ' αὐτὸν	.	παρ' αὐτὸν	.	.	.	
δέδρακε	.	δέδρακεν	.	δέδρακεν	.	
ἔλεγεν	.	ἔλεγε	.	ἔλεγε	.	
ἐπιὼν ἐς τὰ	.	πρὸς τὰ πλ.	.	καθ' ἡμῶν ἐπιών (m. II.) ἐς	.	
πλήθη καθ'	.	καθ' ἡμῶν.	.	ἐς τὰ πλήθη τὰ πλήθη	.	
ἡμῶν	.	om. ἐπιών	.	ἐπιών καθ' ἡμῶν	.	
ς. 15 ἐπὶ σὲ τὸ πᾶν	.	.	.	τὸ πᾶν ἐπὶ σὲ	.	
ἀνεβαλόμεθα	ἀνεβαλλόμεθα	.	ἀνεβαλλόμεθα	.	.	
τοὶ ἄν δοκῇ	.	σ. ὅ ἄν δοκῇ	.	ὅ σοι ἄν δοκῇ σ. ὅτι ἄν δοκῇ	.	
ποιήσῃ	.	ποιήσει	.	.	.	
τύ	.	.	.	om.	.	
τοῦτο αὐτὸ	.	.	.	τοῦτ' αὐτὸ	.	
ἵν' εὑρεῖν	ἀνευρεῖν	ἐξευρεῖν	ἀνευρεῖν	ἀνευρεῖν	ἐξευρεῖν	ἀνευρεῖν
μόγις	.	.	.	.	μόλις	.
Νῦν	.	.	νῦν οὖν	.	.	
καὶ μιαρὰ	.	om. καὶ	.	.	.	
ἠγόρευσε	ἠγορεῦσαι	.	.	.	ἠγόρευεν	.
ἐθέλῃς	.	.	.	.	ἐθέλεις	.
ἐκ. ἀπολογ.	.	ἀπολογ. ἀκούειν	.	ἀπολ. ἀκούειν	.	
ἀπολ. μόνον	.	ἀπ., om. μόνον	.	.	.	
Φ. ἀπίωμεν	.	μόνον ἀπ.	.	ἀπίομεν	.	
ἐπ' Ἀρ. παγ.	.	.	.	ἐς Ἀρ. π.	.	ἐς Ἀρ. π.
δὲ ἐς	.	.	.	δ' ἐς	.	
κατ. πάντα εἴη	.	καταφανείη π.	.	καταφανῆ εἴη π.	.	
ς. 16. ἥξω γὰρ	.	ἥξω δὲ	.	.	.	

	Ed. Teubner.	Cod. Marc. 434.	Cod. Marc. 436.	Cod. Vind. 123 (B).
c. 13.	ἔπεμψεν ἐπ'	ἔπεμψε πρὸς		.
	ἐμὲ	με		.
	ἔδειξεν	ἔδειξεν αὐτῷ		.
	ὑπερεκπεπληγ-μένων	.	ὑπερεκπληττο-μένων	.
	προσδοκήσῃς		προσδοκήσεις	
	παραβαλεῖν	παραβάλλειν		.
	πολὺ	.	om.	.
	ὑπερφωνοῦντα	ὑπερφωνοῦντας (in ras.)	.	.
	ὁπόσοιν	ὁπόσον		ὁπόσον
c. 14.	παρ' ἄλλου	.	παρ ἄλλων	.
	δεήσει	δεήσῃ	.	δεήσῃι
	ἀνίπτοις ποσὶν	ἀνίπτοις τοῖς πο-	ἀνίπτοις, φησὶν	.
	— ἡ παροιμία φησίν	σὶν — ἡ παρ. φ.	ἡ παροιμία, πο-σὶν	
	εἰδῇς	ἴδῃς	.	.
	ταῦτα	πάντα	.	.
c. 15.	ὁ ῥήτωρ — ἔχοντα	om. sed in marg. adscr.	.	.
	ἔπειτα καὶτὸς	ἔπειτα καὶ αὐτὸς	ἔπειτ' αὐτὸς	.
	μέσα	.	τὰ μέσα	.
	τελευταῖα	.	τὰ τελευταῖα	.
	τῶν λέγ.	.	αὐτῶ λεγ.	.
	ἐπιχειρούντων	ἐπιχειροίντων ἔ-χων	.	.
	ἐπὶ τούτῳ	ἐπί τούτοις	.	.
	καὶ τόλμαν	om. καὶ	.	.
	ῆ ἐπιεικ.	.	καὶ ἐπιεικ.	.
	πάνυ ἀναγκαῖα	ἀναγκαῖα πάνυ	πάντα ἀναγκαῖα	.
	μόνα καὶ ἔστιν	καὶ μόνα ἔστιν	.	.
	καὶ ἡ ἐσθ.	om. καὶ	.	.
	λευκὴ	ἡ λευκὴ		.
	ἔργον	ἔργα		.
	καὶ γυναικ.	.	om. καὶ	.
	ῆ ἡ ἐμβ.		om. ῆ	*)

---

*) Fol. 2 des Cod. Vind. eudet mit c. 15 ἐργασίας ὡς, Fol. 3 ist in neuerer Zeit von frevelhafter Hand ausgeschnitten, Fol. 4 beginnt mit — σονται ἐπ' εὐγνωμοσύνης c. 20.

Ed. Teubner.	Cod. Marc. 434.	Cod. Marc. 436.	Cod. Vind. 123 (B).
c. 15. Σικυωνία	.	σικυονία	.
c. 16. δή	om.		
σοι	.	σοι δὲ	
προσήσεται	.	προσίεται	
οὐδὲ ἀποστρ.	.	οὐδὲν ἀποστρ.	
καὶ σκορακιεῖ	οὐδὲ σκορ.		
ἀτέλεστον	.	ἀτελεστάτον	
ἀλλὰ	om.	.	
ἔπειτα δὲ	om. δὲ	.	
ἦ οὐ	om.	.	
εἴκοσιν	εἴκοσι	.	
Ἀττικὰ	.	ἀττικῶν	.
καὶ ταῦτα	om.		
πρόχειρα	ἅ πρόχειρα	.	
εἰ ἀνόμοια	ἐὰν ἀνόμ.	.	
c. 17. καὶ σπαν.	om. καὶ	.	
εἰρ. ὑπὸ τῶν π.	ὑπὸ τ. π. εἰρ.	.	
ξυμφορήσας	συμφόρησας	.	
πρὸς τοὺς ὁμι-λοῦντας	ἐς τοὺς προσυ-μιλοῦντας	.	
οὕτω	.	οὕτως	
ἀποστλεγγίσα-σθαι	.	ἀποστλεγίσα-σθαι	
μὲν	om.	.	
λέγοι τις	λέγοις	.	
εἰληθερεῖσθαι	.	ἠληθερεῖσθαι	
δὲ προοίμιον	προτίμιον, om. δὲ	.	
ὀρχ. δὲ	om. δὲ	.	
χειρύσοφον		χειρίσοφον	
ποτὲ ποιητ.	ποτὲ ἦ ποιητ.	.	
ἀκρότατον	.	ἀκρώτατον	
ἀναγίγνωσκε		ἀναγίνωσκε	
ἦ ὁ χ.	.	μηδ' ὁ χ.	
ὀλίγον πρὸ ἡμῶν	πρὸ ἡμῶν ὀλίγον	ὀλίγῳ πρὸ ἡμ.	
καταχρήσασθαι	καταχρῆσθαι		
c. 18. ὑποβάλωσι		ἀποβάλωσι	
τῶν λόγων	om. τῶν	.	
ἢ		om.	
εὐχερῆ	om.		

Sommerbrodt, Lucian III. 2. Aufl.   14

Ed. Teubner.	Cod. Marc. 434.	Cod. Marc. 436.	Cod. Vind. 123(B).
c. 18. ὅλως	.	ἄλλως	
ἑλομένων·	.	om.	
ἑλομένων δὲ	om. ἑλ.	ἑλομένῳ δὲ	
μηδὲν ἔτι μελλ.	μὴ μέλησας	μηδὲν ἐπιμελλή-σας	
ἐπ᾽ ἀκαιρίμαν	ἐπὶ καιρήματι	ἐπὶ ῥῆμα	
μηδὲν	.	μηδὲ	
ὥσπερ	.	ὕπερ	
τὸ τρίτον	.	om. τὸ	
τὸ πρῶτ. ἐμπ.	.	τὸ ἐμπ. πρῶτ.	
καὶ Ἐκβ.	καὶ τὰ ἐν Ἐκβ.		
ἐπὶ πᾶσιδὲ	.	ἐπὶ δὲ πᾶσι	
πεζευέσθω	.	παιζευέσθω	
Μηδικῶν	περσικῶν	.	
ὁ Λεωνίδας	om. ὁ	.	
καὶ ἐπὶ πᾶσι	;	καὶ τὰ ἐπίπαστα	
τὰ ὀλίγα ἐκεῖνα	.	ἐκεῖνα ὀλίγα, om.τὰ	
ἐπανθείτω	.	συνανθείτω	
τὸ ἄττα	.	om. τὸ	
c. 19. πάντα σοι	om. σοι	.	
γιγνέσθω	γινέσθω	.	
λαρύγγιζε	κελάρυζε	.	
c. 20. ἀπὸ τῶν Δ.	.	ἀπὸ τοῦ Δ.	.
καὶ μάλ.	οἳ μαλ.	.	.
ὑπ᾽ εὐγ.	ὑπὸ εὐγ.	.	.
δόξουσι	.	δόξωσι	.
τὸ σχῆμα	καὶ σχῆμα	.	.
καὶ βάδισμα	om.	.	.
τεθήπασι	θαυμάσονται	.	.
ἔχουσιν	ἔξουσιν	.	.
ἀπιστήσουσι	ἀπιστήσουσιν	.	.
c. 21. διαλείμμασι	διαλείμμασιν	.	.
περὶ σαυτοῦ	ὑπὲρ αὐτοῖ	περὶ αὐτοῦ	.
ἀγών		ὅλως (?)	ὅλων
c. 22. παραλέλοιπα	παρέλιπον		
εἴπῃ	.	εἴποι	.
οὐχ ἑαυτοῦ	οὐκ αὐτοῦ		.
δοκείτω	.	δόκει· τῶν	δόκει· τῶν
ἐνεχθῇ	.	ἐν ἔθει (?)	ἐνέχθη
εἰσιέναι	ς· ·	ἐσιέναι	.
καὶ ἐπισείσῃς	ἐπισεισ (sic), om. καὶ	καὶ ἐπισείσῃ	.

Ed. Teubner.	Cod. Marc. 434.	Cod. Marc. 436.	Cod. Vind. 123 (B).
c. 22. πολλάκις	.	.	πολλάκι
μηδὲ ἄναστ.	μηδ' ἄναστ.	.	
γίγνου	γίνου	.	γίνου
λέξεων	.	λέξεων καὶ μέμ-ψεων	.
τὰ ὦτα	om.	.	.
ἀναισχυντία	ἡ ἀνασχ.	.	.
ψεῦδος ·	τὸ ψεῦσμα	.	.
c. 26. πεπαύσεται	.	πέπαυται	.
οἷπερ	.	εἵπερ	.
τοῖς νόμοις	τῷ νόμῳ	.	.
ἀγεννής	.	ἀγενὴς	.
τῆς ὁδοῦ ὑμῖν	ὑμῖν τῆς ὁδοῦ	.	.
ἀκονιτὶ	.	ἀκονητὶ	.
πρανῆ	.	πρανὴν	.

LUCIANI PISCATOR.

Ed. Teubner.	Cod. Gorl.	Cd.Marc.434.	Cd.Marc.436.	Cod. Vat. 87.	Cod. Vat. 90.	Cd.Vind.123.
c. 1. Σωκ.	.	.	.	σώστρατος?	.	
ἐπίβαλλε	.	.	.	ἐπίβαλε	.	
προσεπίβαλλε	.	.	.	προσεπίβαλε	.	
πάντες	.	.	καὶ πάντες	.	καὶ πάντες	.
πήρῃ	.	πήρα	.	.	.	.
ἀρήγῃ	.	.	.	ἀρήγει	.	ἀρήγῃ
ὅντινα ὑμῶν	ὅντ. ὑμᾶς	om. ὑμῶν	ὅντ. ἡμῶν	.	ἡμῶν ὅντινα	.
ὁ Διόγ.	.	om. ὡ	.	.	.	
ὕλῳ	ξύλλῳ	.	.	.	.	
ὁ Ἐπιχ.	om.	.	.	.	.	om. ὡ
ὀργῆς	.	.	ὁρμῆς in ras.	.	.	
c. 2. ἐπι-σπούδασον	ἐπισπούστον	.	.	.	.	
ἧττον	.	.	θᾶσσον	θᾶσσον	.	θᾶσσον
οὖν	.	γὰρ	.	οὖν	.	
ὄντας ἡμᾶς	.	ἡμᾶς ὄντας	.	.	ἡμᾶς ὄντας	
αὐτὸν	αὐτὰ	.	.	.	.	
μετέλθῃ	.	.	.	μετέλθοι	.	
ἐπινοῶμεν θάνατ.	θάνατ. ἐπι-νοῶμεν	.	.	.	θάνατ. ἐπι-νοῶμεν	

14*

Cod. Teubner.	Cod. Gorl.	Cd.Marc.434.	Cd.Marc.436.	Cod. Vat. 87.	Cod. Vat. 90.	Cd.Vind.123.
c. 2. ἐξαρχέσαι	.	ἐπαρχέσαι ἀρχέσαι,sups.	.	.	.	.
		ἐξαρχέσαι				
γοῦν δίκαιος	.	οὖν ἑπτάκις γοῦν δ. ἐστιν	.	οὖν ἑπτάκις	.	
ἐστιν ἡμῖν ἀ-		δίκαιον ἐ- ἡμῖν ἑπτά-		δ.ἐστιν ἡμῖν		
πολωλέναι		στιν ἀπολ. κις ἀπολ.		ἀπολωλέναι		
ἀνεσκολοπί-	.	ἀνασκολο-	.	ἀνασκολοπι-	.	
σθαι		πισθῆναι		σθῆναι		
Φιλ.Α.Β.Γ.Δ.	.	.	om.	.	om.	
ΣΩΚ.ΕΜΠ.	.					
(sig. pers.)						
τοὺς ὀφθαλμ.	.	πολὺ πρότε-	.	πολὺ πρότε-	.	
		ρον τοὺς ὀφθ.		ρον τ. ὀφθ.		
ἐκκεκόφθω	.	ἐκκεχολά-	.	ἐκκεχολά-	.	
		φθω		φθαι		
Ἐμπεδόκλεις	.	.	.	Ἐμπεδόκλης	.	
κρατῆρας	.	κρητῆρας	.			
τοῖς κρείττο-	.	.	.	.	τοῖς κρείττο-	τοῖς κρείττι
σι					σι	σιν
ἵν' ἂν	.	ἵνα		.	.	.
καὶ —	.		καὶ om.		.	.
c. 3. φείσασθε	.	φείσασθαι	.	φείσασθαι		.
ΣΩΚ.	.			Πλάτων		.
Ἄραρεν	ἄρανεν	.		.		.
δή		om.				
φησιν		λέγει	.	φασιν	ἔλεγεν	.
ΛΟΥΚ.	.			παρρησιάδης		
ὑμᾶς καὶ αὐ-	.	καὶ αὐτὸς ὑμᾶς om.	ὑμᾶς om.			
τός		ὑμᾶς				
ἱκετεύω	.		.	ἱκετεύω ἱμᾶς	ἱκετεύσω	
ζωγρεῖτ'	.	ζωγρεῖτε				
δέχθε	.		δέχεσθε	.		
χαλκόν τε χρυσόν τε	.	χρυσόν τε χαλκόν τε				.
ΠΛΑΤ.	.	.	.	φιλόσοφοι		.
οὐδὲ ἡμεῖς	.	.		οὐδ' ἡμεῖς		
ἄκουε γοῦν	.	ἀκ. δή	.	.	ἀκ. δή	
μὴ δή	.	δή om.				
ἵκεο	ἵκες	ἥκεο	.	.		
ἁμάς	.	.	ἐμάς	ἁμάς	.	ἐμάς
ΛΟΥΚ.	.	.		παρρησιάδης	.	
ἡμῖν	.	.	ἡμῖν γε	.	.	

Ed. Teubner.	Cod. Gorl.	Cd.Marc.434.	Cd.Marc.436.	Cod. Vat. 87.	Cod. Vat. 90.	Cd.Vind. 123.
c. 3. τάχα γὰρ ἂν ἂν om.			ἂν om.			om. ἂν
ΠΛΑΤ.			σώστρατος			
γὰρ οὐ		οὐ γὰρ			οὐ γὰρ	
ἃ δὲ; οὐχὶ	τί δ᾽ οὐχὶ		τί δ᾽ οὐχὶ			
πάσχειν		πράσσειν i. r.				
πενεῖτέ με		κτείνετέ με				κτείνετέ με
ΙΟΥΚ.			παρρησιάδης			
φησὶ	φήσει		φήσει			
c. 4. ἐπεὶ			ἐπειδὴ			
τὸ διαφυγεῖν			τοῦ διαφυγεῖν			
φέρε					φέρετε	
εἴπατέ μοι				om. μοι		om. μοι
τ τίνες		τίνες			τίνες	
ἢ θανάτῳ με		με om.			με om.	
ΠΛΑΤ.			ἀρίστιππος			
ἑαυτὸν		ἑαυτὸν				
κλοὺς			κακοὺς			
ου λόγους	συλλόγους		συλλόγους		in ras. συλλόγους	
ἐν οἷς		ἐφ᾽ οἷς				
ἐξ ἀγορᾶς		ἀπ᾽ ἀγορᾶς				
ᾅδωνέα	ἅδην		ἅδην	ἅδην		ᾅδην
οὑτοσὶ	οὗτος		οὗτος			οὗτος
ὁ Πλάτων			om. ὁ			
κεινοσὶ	ἐκηνοσὶ	ἐκεῖνος			ἐκεῖνος	
σιωπῶν	προσιὼν (marg. σιωπῶν)					
ὁ Διογένης			om. ὁ	om. ὁ		
ὅσους		ὁπόσους			ὁπόσους	
c. 5. ἀποκτε- νεῖτέ με		om. με				
ἢν		εἰ				
σὲ δὲ			σὲ δὴ			
τήμερον χρὴ		χρὴ τήμερον			χρὴ τήμερον	
ἤδη γε			om. γε			
ὅσσα			ὅσσ᾽			
ἐξ ἁπάντων			ἀπὸ πάντων			
ὁρᾶτε οὖν		ὁρᾶτε γοῦν			ὁρᾶτε γοῦν	
μὴ τὸ τ. ν. φ. αὐτὸ ποιεῖτε	om. τὸ	μὴ — ποι- ῆτε	om. τὸ	μὴ κατὰ τοὺς πολλοὺς τ. ν. φ. αὐτὸ ποιῆτε	τ. ν. μὴ τῶν νῦν φιλοσόφων αὐτόποιεῖτε om. τὸ	

Ed. Teubner.	Cod. Gorl.	Cd.Marc.434.	Cd.Marc.436.	Cod. Vat. 87.	Cod. Vat. 90.	Cd.Vind.123.
ὡς ἀνδρ.	.	om. ὡς	.	om. ὡς	ὡς m. II.	.
καὶ εὐεργ.	.	ἢ καὶ εὐεργ.	.	ἢ καὶ εὐεργ.		
καταλογιῇ	.	καταλογιεῖ in ras.	.	.	καταλογιεῖ	.
c. 6. ἐγὼ ὑμᾶς	.	ὑμᾶς ἐγὼ	.	.	.	.
ὕβρικα	.	ὕβρισα	.	.	.	.
οἷς καταλ.	.	.	.	.	οἷς καταλ.	.
ἅ φημι	.	.	ἀφίημι	.	.	.
λαβὼν	.	παραλαβὼν	.	.	παραλαβὼν	.
γνωρίζουσιν	.	ἀναγνωρίζουσι	.	.		ς
ἕκαστος	.	om.	.	.	ἑκάστου(Ἑκαστος m. II.	ἕκαστον
παρ' ὅτου	.	παρὰ τοῦ	.	.	παρὰ του	
τοιαῦτα	τοιαύτας	.	τοιαύτας	τοιαύτας	.	τοιαύτας
ποικίλα	ποικίλας	.	ποικίλας		.	ποικίλας
πολυειδῆ	πολυειδεῖς	.	πολυειδεῖς		.	πολυειδεῖς
ἀναλέξασθαι τε	.	om. τε	.	.	ἀναλεξ. γε	.
αὐτὰ	αὐτὰς	.	αὐτὰς		.	αὐτὰς
ἀναπλέξαικαὶ	.	.	.	.	ἀναπλέξασθαι	
ἁρμόσαι					κ. ἁρμόσασθαι	.
θατέρου		om.		.	.	om.
ὅστις	ὅτις	.	ὅτις		.	.
ἀφ' ὧν	.	ὑφ' ὧν	.	.	.	.
ἤδη τις εἶναι	.	εἶναι τις, om. ἤδη	.	.	εἶναι τις, om. ἤδη	.
εἰλήφει	.	εἴληφε	.	.	.	.
c. 7. ΠΛΑΤ.	.	.	.	χρῦ	.	.
ἐστί σοι	.	om. σοι	.	.	om. σοι	.
ἐτόξευες	ἐτόξευε	.	.	.	.	.
ἀπειλήφαμεν	.	εἰλήφαμεν	.	.	.	.
ἐκωλύσαμεν	.	ἐκωλύομεν	.	.	ἐκωλύομεν	.
δικ. εἰ	.	δικ. ἂν εἴης	.	.	μάλιστα δικ. ἂν εἴης	.
c. 8. ὁρᾶτε	ὁρᾷ τῇ	.	.	.	.	.
πόρρω εἶναι	.	.	.	εἶναι πόρρω	.	.
ἀκριτόν γε	.	.	.	ἄκριτον, om. γε	.	.
ὑμέτ. γοῦν	.	ὑμ. δὲ	.	.	.	.
διαλύεσθαι	.	λύεσθαι	.	.	διαλ. m. II.	.
λόγον	.	.	.	.	λόγους	.
ὅντινα ἂν	.	οἷόν τινα, om. ἂν	.	.	οἱόντινα	.
καὶ	.	κᾶτα	.	.	.	.

Ed. Teubner.	Cod. Gorl.	Cd.Marc.434.	Cd.Marc.436.	Cod. Vat. 87.	Cod. Vat. 90.	Cd.Vind.123
8. *ἀδικῶν*	.	τι *ἀδικῶν*	.	.	τι *ἀδικῶν*	.
περὶ ἐμοῦ	.	.	.	*ὑπὲρ ἐμοῦ*	.	.
δὲ βίαιον ὑ. δ' ἐντολ-	.	.	.	.	ὑ. δ' ἐντολ-	
οὐδὲν τολμή- μήσετε	.	.	.		*μήσετε*	
σετε						
ἀφήσουσίμε	*ἀφ'ίσουσίμε*	*ἀφήσουσι μὲν*	.	.	.	.
παροξύναντας	.	.	.	*παροξύνοντας*	.	*παροξύνοντας*
ὑμᾶς	.	om.	.	.	.	.
τρέψατε	.	.	.	*τρέψετε*	.	.
c. 9. *τοῦτ'*	.	*τοῦτο*	.	*τοῦτο*	.	.
μὴ σὺ			*σὺ μὴ*			
θαρρεῖτε	.	*θάρρει*	.	.	*θάρρει*, ads. m.II.τε .	
τούτου γε	.	om. γε	.	.	om., add.m.II.	
ἰ. *ποιοῦμαι*	.	*ποιοῦμαι δ.*	.	.	*ποιοῦμαι δ.*	
ἀπολογήσασθαι	.	*ἀπολογήσεσθαι*	.	.	.	
c.10. *ποιῶμεν*	.	*ποιοῦμεν*	.	.	.	
ἔοικε γὰρ	.	*ἔοικε γὰρ ἀνήρ*	.	.	*ἔοικε γὰρ ἀνήρ*	
ὁ ἀνήρ	.	om.	.	.	.	
προκαλεῖσθαι	.	*προκ. δικά-*	.	*πρ.ἀξ. δικά-*	*πρ. δικὰς*	
ἀξ.		*ζεσθαι ἀξ.*		*ζεσθαι*	*ἔσθαι*	
τί δ'	' .	*τί δὲ*	.	.	.	
βαδίζομεν	.	.	.	*βαδίζομεν*	.	.
ὀργίλων	.	.	*ὀργίλων γὰρ*	.	.	.
μηδὲ ἀπολο-	.	.	.	*μηδ' ὑπερα-*	.	.
γησάμενον				*πολογ.*		
ὑπὲρ ἑαυτοῦ	.	.	.	om. *ὑπὲρ*	.	.
χαίρειν αὐτοὶ	.	.	*λέγοντες αὐ-*	.	.	.
λέγοντες			*τοὶ χαίρ.*			
εἴποιμεν	.	.	.	*εἴποιμι*	.	.
πέρι	.	om.	.	.	om.	.
Μελήτου	*μελίτου*	*μελήτουπέρι*	.	*Μελίτου*	*Μελήτου πέρι*	.
ἀπίωμεν	.	*βαδίζωμεν*	.	.	.	.
ἐπὶ τὴν Φ.	.	.	.	*παρὰ τὴν Φ.*	.	.
ἀγαπήσομεν	.	.	*ἀγαπήσωμεν*	.	.	*ἀγαπήσωμεν*
	νομι					
νομιμώτερα	*ποηιμώτερα* (sic) .	.	.	.	.	*μομιμώτερα*
c. 11. *δὲ*	*δαὶ*					
καίτοι	.	*καίτοι πάνυ*	.	*καίτοι πάνυ*	.	
πολὺ μᾶλλον	.	.	.	.	*πολλοῦ μᾶλλον*	.
οὐδ' ὅλως	.	*οὐδὲν ὅλως*	.	*οὐδὲν ὅλως*	.	
ἀπεκρίνοντο	.	.	.	*ἀπεκρίναντο*	.	
ἀπεδείκνυον	*ἐπεδείκνυον*	.	.	.	.	*ἐπεδείκνυον*

Ed. Teubner.	Cod. Gorl.	Cd.Marc.434.	Cd.Marc.436.	Cod. Vat. 87.	Cod. Vat. 90.	Cd.Vind.123
c. 12. αὐτός	.	καὶ αὐτός	.	.	καὶ (i.r.)αὐτὸς	.
τότε γοῦν	.	.	τότε γοῦν	.	.	.
ἐσιώντων τε	om. τε	εἰσιόντων	om. τε	.	om. τε	.	om τε
ἀπ. σκυθρω-	om. σκυθ.	.	om. σκυθρ.	σκυθρωπῶν	.	om σκυθρω
πῶν				ἀπαντ.		πῶν
ἐσῆλθον	.	εἰσῆλθον ἂν	.	.	εἰσῆλθον ἂν	.
ἀφελὲς	.	.	ἀσφαλὲς	.	.	.
ἐρρύθμιζεν	ἐρύθμιζεν	ἐπερύθμιζεν	.	.	ἐρύθμιζεν	.
ἄγετον	.	ἄγετον	.	.	ἄγετον	.
ὑπεψαίνετο δέ τι	.	.	ὑπεψ. δέ τοι	.	.	.
ψιμύθιον	ψιμμίθιον	.	.	.	.	.
φῦκος	.	φυκίον	.	.	φυκίον	.
πάντα	.	πάνυ	.	.	πάνυ	.
ἐς κάλλος	.	.	ἐς τὸ κάλλος	.	.	.
πλουσιωτέρους	.	.	πλουσιωτάτους	.	.	.
ἂν	.	.	om.	.	.	.
παρακαθισα-	.	παρακαθε-	.	.	παρακαθε-	.
μένη		ζομένη			ζομένη	
προσέβλεπε	.	προσέβλεπεν	.	.	προσέβλεπεν	.
περιδέραια	.	.	.	.	περιδέρεα	.
χρύσεα	χρυσᾶ	.	.	.	χρυσᾶ	.
κλοιῶν	.	ἐγχέλεων	.	.	ἐγχέλεων	.
ἐπὶ πόδας	.	ταῦτα ἰδὼν	.	.	ταῦτα ἰδὼν	.
		ἐπὶ π.			ἐπὶ ποδ.	
οὖν	.	ἂν	.	.	ἂν	.
οὐ τῆς ῥινός	.	ἑλκ.πρὸς αὐ-	.	.	ἑλκ. πρ. αὐ-	.
ἀλλὰ τοῦ π.		τῆς οὐ τῆς			τῆς οὐ τῆς	
ἑλκ.πρὸς αὐ-		ῥινός, ἀλλὰ			ῥινός, ἀλλὰ	
τῆς		τοῦ π.			τοῦ π.	
Ἰξίονα	Ἰξίωνα	.	.	.	.	Ἰξίωνα
Ἥρας	.	.	ὥρας	.	.	.
c. 13. οὐδὲ	.	οὐ	.	.	.	.
ἀλλὰ	.	ἀλλ'	.	ἀλλ'	.	.
δεήσει	.	δέει	.	.	.	.
ἐπανιοῦσα	.	ἀνιοῦσα	.	.	ἀνιοῦσα	.
τοῦτο	.	.	τοῦτο γὰρ	.	.	.
προσέρχεται	.	πρόσεισιν	.	.	πρόσεισιν	.
ἐπὶ συννοίᾳ	.	.	ἐπὶ συννοίας	.	.	.
τό τε σχῆμα	.	.	om. τε	τό γε σχῆμα	.	om. τε
πάντως	πάντων	.	πάντων	.	.	πάντων

Ed. Teubner.	Cod. Gorl.	Cd.Marc.434.	Cd.Marc.436.	Cod. Vat. 87.	Cod. Vat. 90.	Cd.Vind.123.
c. 13. ἐστὶν		καὶ				
ἐν αὐταῖς						ἐν ταύταις
t. 14. παπαῖ				παπαῖ		παπαί
ἄλλοι πάντες			λοιποὶ ἅπαντες		ἄλλοι οἱ πάντες	
ἤ που						ἤ που
τυμβωρύχος		λωποδύτης	τυμβορύχος		λωποδύτης	
Νὴ Δί'		νὴ δία			νὴ δία	
ἀσεβέστατος			ἀσεβέστερος			
τι παρὰ σοῦ			τι περὶ σοῦ	om. τι		om. τι
ἀκούουσα		ἀκούσασα				
ἐν τοῖς Διονυσίοις		om. τοῖς			om. τοῖς	
ῥῦτε ᾐτιασάμην	om.		om.		om.	om.
χεῖρον γένοιτο				μοι χεῖρον γένηται		
κόμμασι	σκώμμασι		σκόμμασι		κόμμασιν	σκώμμασι
δ' οὐκ οἶδ'		δὲ οὐκ οἶδα		δὲ οὐκ οἶδ' δὲ οὐκ οἶδα		
δ' οὖν	γοῦν			γοῦν		γοῦν
ἐπ' αὐτὸν		παρ' αὐτὸν				
δέδρακε		δέδρακεν			δέδρακεν	
ἔλεγεν		ἔλεγε		ἔλεγε		
ἐπιὼν ἐς τὰ		πρὸς τὰ πλ.		καθ' ἡμῶν ἐπιών(m. II.)ἐς		
πλήθη καθ'		καθ' ἡμῶν,		ἐς τὰ πλήθη τὰ πλήθη		
ἡμῶν		om. ἐπιὼν		ἐπιών καθ' ἡμῶν		
c.15 ἐπὶ σὲ τὸ πᾶν				τὸ πᾶν ἐπὶ σὲ		
ἀνεβαλόμεθα	ἀνεβαλλόμεθα		ἀνεβαλλόμεθα			
σοὶ ἂν δοκῇ		σ.ῦ ἂν δοκῇ		ὅ σοι ἂν δοκῇ σ.ὅτι ἂν δοκῇ		
τοιήσῃ		ποιήσει				
σύ				om.		
τοῦτο αὐτὸ				τοῦτ' αὐτὸ		
ἂν εὑρεῖν	ἀνευρεῖν	ἐξευρεῖν	ἀνευρεῖν	ἀνευρεῖν	ἐξευρεῖν	ἀνευρεῖν
μόγις					μόλις	
Νῦν			νῦν οὖν			
καὶ μιαρὰ			om. καὶ			
ἠγόρευσε	ἠγορεῦσαι				ἠγόρευεν	
ἐθέλῃς					ἐθέλεις	
ἀκ. ἀπολογ.		ἀπολογ. ἀκούειν			ἀπολ. ἀκούειν	
ἀπολ. μόνον		ἀπ., om. μόνον				
Φ. ἀπίωμεν		μόνον ἀπ.			ἀπίομεν	
ἐπ' Ἀρ. παγ.				ἐς Ἀρ. π.		ἐς Ἀρ. π.
δὲ ἐς				δ' ἐς		
κατ.πάντα εἴη		καταφανείη π.			καταφανῆ εἴη π.	
c. 16. ἥξω γὰρ		ἥξω δὲ				

Ed. Teubner.	Cod. Gorl.	Cd.Marc.434.	Cd.Marc.436.	Cod. Vat. 87.	Cod. Vat. 90.	Cd.Vind. 123.
c. 16. μοι	.	om.	.	.	.	.
αὐταί	.	.	.	αὗται	.	.
ἡ παρ' αὐτήν	.	.	om. ἡ	.	om. ἡ	.
ἡ δὲ προηγουμένη	.	ἡ προηγουμένη δὲ	.	.	ἡ προηγουμένη δὲ	.
αὕτη	.	.	om.	.	.	.
ἥντινα καὶ	.	.	.	om. καὶ	.	.
τὴν ὑποφεύγουσαν	.	.	τὴν ἀποφεύγουσαν τὴν — διολ. om.	.	.	.
νῦν	νῦν μοι	.	.	.	.	.
μόγις	.	μόλις	.	.	μόλις	.
δέ γε	.	.	om. γε	.	.	.
Νὴ Δία	.	.	νὴ Δί'	.	.	.
χαλεπὸν	.	βαρί	.	.	βαρύ	.
γὰρ μίαν	om.	.	om.	om. γὰρ	.	om.
c. 17. ἀλλὰ ἡμῖν	.	ἀλλ' ἡμῖν	.	.	ἀλλ' ἡμῖν	.
ὡς	.	om.	.	. .	.	.
καταμηνύοις	καταμηνύεις	.	.	.	.	.
ἐπάγωμαι	.	.	.	ἐπαγάγωμαι	.	.
θεραπαινιδίω	.	.	θεραπενιδίω	.	θεραπενιδίω	.
τούτω συνοικοτάτω	.	.	τῷδε σινοίκω τούτω εὐνοϊκωτάτω	.	.	.
ὑπόσας	.	.	ὅσα	.	.	.
Ἔπεσθον	.	.	.	.	.	ἐπ. in r.
κινδυνεύοντα	.	καὶ κινδυνεύοντα	.	.	καὶ κινδυνεύοντα	.
οὐδεμιᾷ	.	μηδεμιᾷ	.	. .	ἐπὶ μηδεμιᾷ	.
σῶσαι	ἄν γε σῶσαι	.	ἄν γε σῶσαι	.	.	ἄν γε σῶσαι
περίμενε	.	περίμεινον	.	.	.	.
ἡκέτω δὲ	.	.	om. δὲ	om. δὲ	.	om. δὲ
εἴ καί τις ἄλλος	om.	καὶ εἴ τις ἄλλος	om.	om.	καὶ εἴ τις ἄλλος	om.
δεήσει με	.	δεήσει μοι	.	.	δεήσει μοι	.
ἀλλ'	om.	.	.	.	.	om.
παραλάβοις	.	.	παραλάβης	.	.	.
ἀναγκαιότατοι	.	ἀναγκαῖοι	.	.	ἀναγκαῖοι	.
c. 18. δέδιτε	δεδίατε	.	δεδίατε	δεδίατε	.	δεδίατε
καὶ χρ. καὶ Ἀρ.	.	.	καὶ Ἀριστ. καὶ Χρ.	.	.	.
μή τι	.	.	om. τι	.	.	.
ὑπὲρ αὐτοῦ	.	.	.	ὑπὲρ αὐτῆς	.	.
δεινῶς	.	.	δεινὸς	.	.	.
ἐστι	ἐστιν	.	.	ἐστὶν	.	ἐστὶν
καὶ κολακικὸς	om.	.	om.	om.	.	om.
οὐδὲν μὴ γεν.	.	οἰδὲν οὐ μὴ γεν.	.	οὐδὲν οὐ μὴ γεν.	οὐδὲν οὐ μὴ γεν.	.
ταύτης	ταύτη	.	ταύτη	ταύτη	.	.
ἀνίωμεν	.	ἀπίωμεν	ἀλλ' ἴωμεν	.	.	.

Ed. Teubner.	Cod. Gorl.	Cd.Marc.434.	Cd.Marc.436.	Cod. Vat. 87.	Cod. Vat. 90.	Cd.Vind.123.
c.19. ἀλλὰ εἰπὲ		ἀλλ᾽ εἰπὲ	.	ἀλλ᾽ εἰπὲ	.	.
τί σοι	.	τί σου	.		.	.
Ἀληθίωνος	.	Ἀληθείωνος	.	.	Ἀληθείωνος	.
καὶ γὰρ τούτων	om.	.		om.		om.
τ. ἀντιδίκων	.	τ. ἀντιδ. μου		.	τ. ἀντιδ. μου	.
ὁ τρόπος	om. ὁ	.	.	.		om. ὁ
ἐλάττων	ἔλαττον	ἔλαττον	.	ἔλαττον	ἔλαττον	.
εἴπερ	.	.		καὶ εἴπερ	.	.
c.20. γοῦν τοῦτο	om. τοῦτο	.	.	γὰρ, om. τοῦτο	.	om. τοῦτο
ἠρόμην	εἰρόμην	.	.	.	.	εἰρόμην
τοιουτῶδες	τοιουτῶδεν	.	.	.	.	.
εἶδος	.	.	.	γένος	.	γένος
ὡς οἶσθα	om. ὡς	.	.	.	.	.
μέτει τὴν τέ-χνην	μέτη τὴν τέχνην	.	.	τὴν τέχνην μέτει (in r.)	.	.
ἶδα	.	.	.	οἶσθα	.	.
λέγω δὲ	.	.	.	λέγω δὴ	.	.
φίλου	.		φιλῶ	.	.	.
φιλ. τε	.	om. τε	.	.	om. τε	.
ξυγγενῆ	.	συγγενῆ	.	συγγενῆ	.	.
πλὴν ἀλλ᾽	ἀλλ. om.	.	.	ἀλλ᾽ om.	.	ἀλλ᾽ om.
πάνυ ταύτης	ταύτης πάνυ	.	.	ταύτης πάνυ	.	ταύτης πάνυ
τῇ ἐναντίᾳ	τῆς ἐναντίας	.	τῆς ἐναντίας	τῆς ἐναντίας	.	τῆς ἐναντίας
ὑπ᾽ ἀργίας	ἀπ᾽ ἀργίας	.		ἀπ᾽ ἀργίας	.	ἀπ᾽ ἀργίας
φασί	.		φησί	.	.	.
τὼ τέχνα	.	τὰ τέχνα		.	.	.
δύ᾽ εἶναι	.		δύο εἶναι	.	.	.
δοκοῦσαι	.	δοκοῦσα		.	.	.
ταῦτα οἶσθα	.	οἶσθα ταῦτα		.	οἶσθα ταῦτα	.
τοιοῦτόν	τοιοῦτό	.	.	.	.	τοιοῦτό
c.21. προνάῳ	προνάω	.	.	.	.	.
δικάσωμεν	.	δικάζωμεν	.	.	δικάζωμεν	.
δὲ ἐν	.	.	.	δ᾽ ἐν	.	.
τῇ θεῷ	.	τὴν θεόν	.	.	τὴν θεὸν	.
ἐπίσκοπος οὖσα	.	ἐπισκοπῆς οἰκοῦσα	.	.	ἐπισκοπῆς οἰκοῦσα	.
ἐξ ἦν που	.	.	.	δ᾽ ἦν που	.	.
κἂν	.	καὶ	.	.	καὶ	.
σὺ	.	σὺ δὲ	.	.	.	.
c.22. καὶ δὴ	.	.	.	δὴ καὶ	.	.
κατηγορῆσαι	κατηγορήσειν	.	.	κατηγορήσειν	.	κατηγορήσειν

Ed. Teubner.	Cod. Gorl.	Cd.Marc.434.	Cd.Marc.436.	Cod. Vat. 87.	Cod. Vat. 90.	Cd.Vind.123.
c. 22. ἂν δοκῇ	δοκῇ, om. ἂν	.	δοκεῖ, om.	ἂν δοκεῖ, om. ἂν	.	δοκῆι, om. ἂν
διελέγχετε	.	διελέγχετε οὐ γὰρ οἰόντε	.	.	διελ. οὐ γὰρ οἰόντε	.
παντὸς γὰρ	.	om. γὰρ	.	.	om. γὰρ	
ἀμήχανον	.	om.	.	.	om.	.
τίς οὖν ἂν	.	om. ἂν	.	om. ἂν	
ἐπιτηδειότατος	.	ὁ ἐπιτηδειότατος	.	ὁ ἐπιτηδειότατος	.
γένοιτο	.	ἂν γένοιτο	.	ἂν γένοιτο	.
σοῦ	.	σὺ		
θαυμαστὴ	θαυμαστὸν	.	.	.	.
καλλιφωνία	.	.	μεγαλοφωνία	.	.	.
μεστὸν	μέσον	.	.	.	.
σοι ἀθρ᾽α	.	.	.	ἀθρόα σοι	.
ξυμφόρει	.	συμφόρει	.	.	.
ἐς τὸ αὐτὸ	.	.	εἰς ταὐτὸ	.	.
ἢ Ἱπ. ἢ Πρ.	.	ἢ Πρ. ἢ Ἱπ.	.	.	ἢ Πρ. ἢ Ἱπ.	.
ἐστιν	om.	.	om.	om.		om.
ἐπίπαττε	.	.	ἐπίπαττε	.	.
ἐν οὐρανῷ	om.	.	om.	.		om.
ἅρμα	.	ἅρμα ἐν οὐρανῷ	.	.	ἅρμα ἐν οὐρ.	.
ὑπόσχοι	.	ὑπόσχηι		
c.23. σφοδροτ.	σφοδρωτέρων	.	.	.	.
προχειρισώμεθα	προχειρισόμεθα	.	.	.
Διογένην	.	διογένη	.	.	.
τοῦτον	.	τοῦτον ἂν	.	.	τοῦτον ἂν	.
Ἀντισθένην	.	Ἀντισθένη	.	.	.
καὶ γὰρ οὐδὲ	.	οὐδὲ γὰρ	.	.	οὐδὲ γὰρ	.
μακρῶν	.	.	σμικρῶν	.	.
οἴομαι	.	οἶμαι	.	.	οἶμαι	.
δεῖσθαι	.	δεήσεσθαι	.	.	δεήσεσθαι	.
ἄλλως δὲ	.	om. δὲ	.	.	om. δὲ	.
Ὁ Διογένης	.	.	om.	.	.
ἐρεῖ τὸν λογ.	.	τὸν λόγ. ἐρεῖ	.	.	τὸν λόγ. ἐρεῖ	.
ὑπὲρ	.	τὸν ὑπὲρ	.	.	τὸν ὑπὲρ	.
λόγοις	.	δόγμασι	.	.	δόγμασι	.
μηδ᾽ ὅστις	.	μηδὲ ὅστις	.	.	μηδὲ ὅστις	.
νῦν λέγε	.	om. νῦν	.	om. νῦν λέγε	.
ὑπὲρ φιλ.	.	περὶ φ.	.	.	.
ἀκουούσης	.	ἀκούσης supscr. ου	.	.	.
ἅπαντες	.	πάντες	.	.	.

Ed. Teubner.	Cod.Marc.434.	Cod.Marc.436.	Cod. Vat. 87.	Cod. Vat. 90.	Cod.Vind.123.
:. 23. ὁρᾷς δὲ μό-	ὁρᾷς σε μόνον,		ὅρα σὲ μόνον,	ὁρᾷ σὲ μόνον	
νον σὲ	om. δὲ		om. δὲ	om. δὲ	
ἢ σοὶ τὰ πάν-	ἐν σοὶ τὰ πάν-	ὑπὲρ ἁπάν-	τὰ πάντων	ἐν σοὶ τὰ πάν-	ὑπὲρ ἁπάν-
των ἡμ.	τα ἡμ.	των ἡμ.	ἡμ. ἐν σοὶ	τα ἡμῶν	των ἡμ.
νῦν		om.	om.		om.
c. 24. τἀμὰ	τὰ ἐμὰ			τὰ ἐμὰ	
μὴ μάτην		om. μὴ			
μηδαμῶς	οὐδαμῶς				
ἄριστον γὰρ	ἄμεινον γὰρ	om.	om.	ἄμεινον γὰρ	om.
μὴ μέλλε δ' οὖν					ἐγκέχυται
ἐκκέχυται	καθιζέτωσαν			καθιζέτωσαν	
καθιζέσθωσαν		μὴ μέλε γοῦν			
καταψηφίσωνται		καταψηφίσονται			
σὺ δ' ὦ	σὺ δὲ ὦ				
c. 25. Οἷοι	ὅσοι				
ἡμεῖς ἄνδρες		ἄνδρες ἡμεῖς			
παρὰ τ. β.		περὶ τ. β.			
Ἀριστοτέλην	ἀριστοτέλη				
οὗτος	οὑτοσὶ			οὑτοσὶ	
φησιν	φασιν				
συσκευασάμενος	συσκευσάμενος				
ἀπατεῶνας		ἀπαταιῶνες			
τούς τε ἡμ.		τούς γε ἡμ.			τοὺς γε ἡμ.
ὧν ἡμᾶς	ἅπερ ἡμῖς			ἅπερ ἡμᾶς	
χλευασμῷ	χλεύῃ			χλεύῃ (χλευασμῷ m.adscr.m.II.)	
τοιοῦτον				τι τοιοῦτον	
χαίρουσιν	χαίρουσι			χαίρουσι	
ἀποσκώπτουσι	τοῖς ἀποσκώ- πτουσι	ἀποσκόπτου- σι		τοῖς ἀποσκώ- πτουσι	
Σωκράτην	σωκράτη			σωκράτη	
τουτονὶ	τοῦτον			τοῦτον	
χλευασίᾳ	χλεύῃ			χλεύῃ (χλευασιᾴ m.adscr.m.II.)	
Διονύσου	Διονυσίοις		διονυσίοις		
αὐτὸ		αὐτοῖς (?)			
δρᾶν				ἔδρων	
μέρος ἐδόκει	ἐδόκει μέρος				
ἴσως χαίρει	χαίρει ἴσως	ἴσως φέρει (?)			
c. 26. παρασκευ- σάμενος	συμπαρασκευ- ασάμενος				

Ed. Teubner.	Cod.Marc.434.	Cod.Marc.436.	Cod. Vat. 87.	Cod. Vat. 90.	Cod. Viud.12|
c. 26. καὶ-ἐγγράψας	om.	.	.	.	.
τῇ φωνῇ	om. τῇ	.	.	om. τῇ	.
διαγορεύει	ἀγορεύει	.	ἀγορεύει		.
Ἀριστοτέλην	ἀριστοτέλη τοῦτον	.	ἀριστοτέλη τοῦτον		.
ἐπιούσης	ἐψιείσης	.	ἐψιείσης	ἐψιείσης	.
πρὸς ἡμῶν πα-θὼν	.	παθὼν πρὸς ἡμῶν	.	.	.
τινα	.	τι	τι	.	.
συγ. αὐτῷ	αὐτῷ συγ.	.	.	.	.
ἔδρασε	ἔδρα	.		ἔδρα	.
καὶ τὸ	ὃ δὲ	.		ὃ δὲ	.
ταῦτα	τοιαῦτα	πάντα		τοιαῦτα	.
οἰκεῖον	οἰκέτην	.	οἰκέτην	οἰκείην	.
ξυναγωνιστῇ	συναγωνιστῇ	.	.	.	.
ξυγκωμῳδεῖν	συγκωμῳδεῖν	.	.	.	.
c. 27. ὑποσχεῖν αὐτὸν	.	αὐτὸν ὑποσχεῖν	.	.	.
διασύρας	διασύρων	.		διασύρων	.
ἔτι	.	om.	.	.	.
μετριότητος	μετριότης	.	.	.	.
ἀλλὰ	ἀλλ'	.	ἀλλ'	.	.
ἀνανδρίας	ἀνανδρία	ἀνδρίας	.	.	.
εὐηθείας	εὐήθεια	.	.	.	.
τὰ γὰρ	τὰ μὲν γὰρ	.		τὰ μὲν γὰρ	.
παραγαγὼν	παράγων	.	.	.	.
ἐπὶ τὸ π.	.		ἐς τὸ π.	.	.
ἀπημπόλησεν	.	ἀπεμπόλησε	.	.	.
φασι	.		φασιν	.	.
ἐπὶ πολλῷ	ἐπὶ πολλῶν	.	ἐπὶ πολλοῦ	.	.
ἐνίους	.	τοὺς	.	.	.
παμπονηράτατος οὗτος	παμπόνηρος, om. οὗτος	.	.	.	παμπόνηρος, om.οὗ-τος(marg. ads.παμ-πονηρότατοςοὗτος
ἀνθ' ὧν γε	om. γε	.	.	.	.
αὐτοί τε	.	αὐτοί γε	αὐτοί, om. τε	.	.
αἴσχιστα	ἔσχατα	.	ἔσχατα	ἔσχατα	.
c. 28. ὁπόσα	καὶ (rec. m.)ὁπόσα	.	καὶ ὁπόσα	.	.
ὦ Παρρ.	ὁ Παρρ.	.		ὁ Παρρ.	.
σοὶ γὰρ τὸ νῦν ῥεῖ	σοὶ γὰρ τὸ ὕδωρ ῥεῖνῦν	ἴσθι γὰρ τὸ νῦν ῥεῖ	σοὶ γὰρ τὸ ὕδωρ ῥεῖνῦν	σοὶ γὰρ τὸ ὕ-δωρ ῥεῖ νῦν	.
μὴ μέλλε	.		μὴ μέλε	.	.
c. 29. οὐ πάντα	.	ἅπαντα	.	.	.

Ed. Teubner.	Cod. Marc.434.	Cod.Marc.436.	Cod. Vat. 87.	Cod. Vat. 90.	Cod.Vind. 123.
c. 29. ὅσα ἦν		ὅσα ἄν			
αἰτὸς οὗτος	om. οὗτος	om. αὐτὸς	om. αὐτὸς		om. αὐτὸς
ἔφθασα	ἔφθην	ε		ἔφθην	
παραφυλάττετε		ἄρα φυλάττεται (sic.)	ἄραφυλάττετε		ἄρα φυλάττετε
περὶ αὐτῶν			περὶ πάντων		
ἢ τραχὺ		καὶ τραχὺ			
ἀλλ' ἐκείνους		ἀλλὰ ἐκ.			
αἰτιάσεσθαι	αἰτιᾶσθαι		αἰτιάσεσθε	αἰτιάσθε	αἰτιάσεσθε (?)
τάχιστα			ταῦτα		ταῦτα
ξυνεῖδον	συνεῖδον				
ῥητορεύουσι	ῥητορεύουσιν				
τὰ δυσχ. ἀναγκ.	ἀναγκ.τὰ δυσχ.			ἀναγκ.τὰ δυσχ.	
καὶ ψεῦδος κ. θρ.	om.			m. II.	
καὶ ὦθ.—εἰκὸς ἦν					om.
καλὰ		om.			om.
σπεύσας	ἐσπλεύσας				
ὑπὸ σοί	ὑπὸ σοῦ			ὑπὸ σου	
c. 30. ἐπ' αὐτὸν	ἐπ' αὐτούς				
χεῖρα ὀρεγ. τὰ		om.			om.
κάλλιστα		κάλιστα			
ξυμφορώτατα	συμφέροντα				
παραινοῦντας		παραδιδόντας			
παραβαίνοι		παραβαίνει			παραβαίνοιτο
διολισθάνοι	ὀλισθάνοι	διολισθαίνει			
ἐς τοὺς	εἰς τοὺς				
τούτους	τούτοις				
καθ' ἡμᾶς	καθ' ὑμᾶς				
αὐτοὺς		αὐτῶν			
c. 31. ἀλλὰ δοξ.— πραγμ.		om.	om.		om.
τὰ μὲν πρ.	ἐφιημένους καὶ τὰ μ. πρ.			ἐφιεμένους καὶ τὰ μὲν πρ.	
μιμεῖσθαι		μιμήσασθαι		μιμήσασθαι	
γένειον			γέννειον		
τἀναντία	τὰ ἐναντία				
ὑμῖν		ἡμῖν	om.		
καθάπερ ἂν			om. ἂν		om. ἂν
αὐτὸς ὤν		ὁ αὐτὸς ὤν			
γυναικεῖος	γυναικίας			γυναικίας	
ἢ καὶ τὸν Ἡρ.			om. καὶ		om. καὶ

Ed. Teubner.	Cod.Marc.434.	Cod.Marc.436.	Cod. Vat. 87.	Cod. Vat. 90.	Cod.Vind. 123.
c. 31. ἢ καὶ —	om.sed m. adscr.add.	.	.	.	
βοῶν	φθεγγόμενος	;			
μήτε βοῶν	.	.		μήτε βοῶν	.
				φθεγγόμενος	
οὐδ' ἂν	.	om. ἂν	ουι. ἂν		οὐδὲ, om. ἂν
ἀνάσχοιντο	ἀνάσχοιτο		.	ἀνάσχοιτο	.
μετρίου		μέτρου	μέτρου	.	μέτρου
τάχιστ' ἂν	τάχιστα ἂν	.	.	.	
ἐπιτρέψαι		ἐπιτρέψαι	.	.	.
τὸν τοιοῦτον	τοῦτον, om. τὸν		τοιοῦτον, om. τὸν		
ἀτίμως	.	ἀτίμως καὶ	.	.	
κατατεθηλυμμέ-νος	καταθηλυνό-μενος	κατεθηλυμέ-νως	κατεθηλυσμέ-νος		
c. 32. καὶ ὑμᾶς	καὶ αὐτὸς ὑμᾶς	καὶ ἡμᾶς	καὶ ἡμᾶς	καὶ αὐτὸς ὑμᾶς	.
προσωπεῖα		προσωπεῖον			
περιθέσθαι	.	ἐπιθέσθαι	.	.	ἐπιθέσθαι
λεοντῆν	.	.	.	.	λεοντήν
περιβαλόμενος	περιβαλλόμενος				
τοὺς Κυμ.	.	om. τοὺς		.	om. τοὺς
τραχὺ	.		τραχύ τι		.
ἤλεγξε	ἠλ. καὶ ἀπεδίωξε	.	.	.	.
οἱ γὰρ ἀνθ.	οἱ γὰρ οἱ ἀνθ.	.	.	.	.
ὅτου αὐτὸν ἐπ. ὁ	τουτονὶ τοῦ διο-γένους τοῦ κυ-νικοῦ ἐπώνυ-μον αὐτὸν	τουτονὶ τὸν ἐπ. αὐτὸν	ὅτου ἐπ. αὐτὸν		τουτονὶ τὸν ἐπ. αὐτὸν, om. ὁ
ἐμιμεῖτο		ἐποιεῖτο			
ὑμῶν	.	ἡμῶν	.	.	
εἴκαζον	.	.	.	.	εἰκάζων
παρὰ ζῶντ. ὑμᾶς	.	.	παρὰ τοὺς ζῶντας ὑ-μᾶς ex ἡμᾶς m.]	.	
ἐγίγνετο	ἐγίνετο	.	.	ἐγίνετο	
ἐκποδών	.	.	ἐκποδῶν	.	ἐκποδῶν
c. 33. ταῦτα οὐκ	.	.	ταῦτ' οὐκ	.	
ἀλλὰ ἠλ.	ἀλλ' ἠλ.	.	ἀλλ' ἠλ.		
ἐς διχ. ἄγετε	ἐς διχ.μεἄγετε	.	ἐς διχ.μεἄγετε		
τοῖν θεοῖν	ταῖν θεαῖν	τῶν θεῶν	ταῖν θεοῖν		
τἀπόρρητα	τὰ ἀπόρρητα				
καὶ διελέγξω	.	om.	om.	.	om.

Ed. Teubner.	Cod.Marc.434.	Cod.Marc.436.	Cod. Vat. 87.	Cod. Vat. 90.	Cod.Vind.123.
33. ἀδικοῦντα	ἀσεβοῦντα	.	.	.	.
θλοθέται	ἀγωνοθέται	..	.	ἀγωνοθέται	.
ἰν Δία	om. τὸν	.	.	om. τὸν	.
ἀοκρίνοιτο	ὑποκρίνηται	.	.	ὑποκρίνηται	.
τι	διότι	.	.	.	.
ἐτῶν	.	om.	.	.	.
ἰμαι	.	.	.	μᾶλλον	.
ἀρ ἢ ἄγγελ. τινα	γὰρ τινα ἢ ἄγγελον	.	.	γάρ τινα ἢ ἄγγελ.	.
ποτρόπαιον	τῶν ἀποτρο-παίων	.	.	τῶν ἀποτρο-παίων	.
μὶ αἰσχρόν	om. καὶ	.	om. καὶ	.	.
34. ἐπὶ τούτῳ	ἐπὶ τοῦτο	.	.	ἐπὶ τοῦτο	.
ἕτως βιοῦσιν	οὕτως βιοῦσι	.	οὕτω βιοῦσι	οὕτως βιοῦσι	.
ἀντα — χρημά-των	τὸ μὲν γὰρ βι-βλίον χρημά-των φησὶ δεῖ	.	.	τὸ μὲν γὰρ βι-βλίον χρημά-των φησὶδεῖν	.
ἐσθαι ἀγαθὸν	ἀγαθὸν οἴεσθαι	.	.	ἀγαθὸν οἴεσθαι	.
ἰ τῶν λαμπρῶν	καὶ μὴν τῶν λαμπρῶν	.	.	καὶ μὴν τῶν λαμπρῶν	.
ἰλὰ	ἀλλ'	.	.	m. Π.	.
ἀν	λέγοντες	.	.	λέγοντες	.
θήπασι	.	.	.	τεθήπασιν	.
χήνασιν	.	.	.	.	κεχήνασι
γιλ. — ἀλεκ-τρυονων	.	om.	.	.	om.
ιλακευτικώτεροι	.	.	κολακικώτεροι	.	.
ρπακτ.–ἀλέκτρ.	om.	.	.	.	.
ι ταῦτα	ἐπ' αὐτὰ	.	.	ἐπ' αὐτὰ	.
ιρὶ τὰς — θύ-ρας	περὶ τοῖς — πυλῶνας	.	παρὰ τὰς — θύρας	περὶ τοῖς — πυλῶνας	.
ιρωθούμενοι	παραγκωνιζό-μενοι καὶ	.	παραγκωνιζόμενοι καὶ	.	.
ἰφοροίμενοι	ἐμπιπλάμενοι	.	.	ἐμπιπλάμενοι	.
ιλ — φέροντες	.	om.	.	om.	.
ιμπίνουσι	.	.	πάρεισιν	.	.
ἰλῶσι	.	om.	.	om.	.
ι καταπτ.	.	om. καὶ	.	om. καὶ	.
τοιαῦτα	ὅτι τοιαῦτα	.	.	.	.
τρέφει	.	.	τρέφει	.	.

Ed. Teubner.	Cod.Marc. 434.	Cod.Marc. 436.	Cod. Vat. 87.	Cod. Vat. 90.	Cod.Vind. 121
c. 35. ὕστερ. αἰτεῖ προσελθὼν	ὕστ. προσελθ. αἰτεῖ	.	.	αἰτεῖ ὕστ.προ- σελθ.	.
τὰ ἄλλα.	.	.	om. τὰ	.	.
προσαιτοίη	προσαίτης ὢν φαίνοιτο	.	.	προσμεταίτης ὢν φαίνοιτο	.
τῶν ὑποδ.	.	.	.	καὶ τῶν ὑποδ.	.
αὐτούς τι δέη λαμβάνειν	λαβεῖν αὐτοὺς δέη, om. τι	.	.	λαβεῖν αὐτοὺς δέη, om. τι	.
ἀργύριον	τἀργύριον	.	.	τἀργύριον	.
ψηφίδων	ψήφων	.	.	ψήφων	.
ἀπὸ πολλῶν	.	ἀπ' ὀλίγων	ἀπ' οἰκ ὀλίγ.	.	ἀπ' ὀλίγων
καὶ ἀπορία	.	καὶ μόνη καὶ ἀπορ.	.	.	.
πρὸς τὸ ἐν.	.	.	.	.	om. τὸ
λόγων	δογμάτων	.	.	δογμάτων	.
φιλίας	.	φιλοσοφίας	.	.	.
οἶδ' ὅποι	οἶδα ὅποι	.	οἶδ' ὅπη	οἶδα ὅπ.	.
ποτέ.	om.	.	τότ'	om.	.
πάντα ταῦτα ἀ- ποπτ.	ταῦτα ἀποπτ. πάντα	.	πάντα ταῦτ' ἀποπτ.	ταῦτα ἀπο- πταμ. πάντα	.
c. 36. μὴ ἀργ.	μὴ om.	.	.	.	.
ἢ προχείμενον	ἢ μὴ προχ.	.	.	.	.
ἐπιδείξῃ	ἐπιδείξηται	.	.	.	.
ἄσπονδα δὲ	ἄσπονδα γὰρ	.	.	.	.
καὶ ἄκηρ. — ἐ- ξαληλ.	.	om.	.	.	om.
καὶ ἀκήρυκτα	κἀκήρυκτα	.	.	κἀκήρυκτα	.
οἷόν τι	.	οἷον δέ τι	.	.	.
ὀστοῦν ἐς μέσους αὐτοὺς	ὀστέον ἐς μ. αὐτ.	ἐς μέσον (?) αὐτῶν ὀστοῖν	.	.	.
ὑλακτοῦσι	.	.	.	.	ὑλακτοῦσιν
λέγεται δὲ καὶ	.	.	.	om. καὶ	.
εὐδοκιμεῖν	.	εὐδοκίμουν	.	.	.
τις θεατὴς	θεατής τις	.	.	θεατής τις	.
κάρυα ὑπὸκόλπον	ὀπώρας	.	.	ὀπώρας	.
ξυνέτριβον	συνέτριβον	.	.	.	.
ὀπώρας	ὀπώρας τῶν καρύων	.	.	ὀπ. τῶν κα- ρύων	.
κατεγελᾶτο	.	κατεγέλαστο	.	.	.
τοῦ θεάτρου	τῶν θεατῶν	.	.	τῶν θεάτρων	.
c. 37. ποιοῦσι	.	.	.	ποιοῦσιν	.
διελέγχων	ἐλέγχων	.	.	ἐλέγχων	.

Ed. Teubner.	Cod.Marc.434.	Cod Marc.436.	Cod. Vat. 87.	Cod. Vat. 90.	Cod.Vind. 123.
37. εἰσὶ γὸ ρεἶσί	.	εἰσὶ γὰρ πως	εἰσί γαρ τινες		εἰσί γάρ τινες
τινες ὡς ἀλ.		ἀλ.	(?) ἀλ.		πως ἀλ.
ιλοῦντες	ζητοῦντες	.	.	ζητοῦντες	
μετέροις	.	.	.		ἡμετέροις
ἴτω	οὕτως	.	.	οὕτως	.
γὰ	ἐγώγε ἦ	.	om.	ἐγώγε ἦ	.
ἰπεῖν τι			om. τι		
τί γὰρ ἂν εἰπ.	ἦ τί γὰρ εἰπ.	om.	om.	ἦ τί γὰρ εἰπ.	om.
ἔχοιμι	ἔχοιμι m.rec.			ἔχοιμι, om.ἂν	
οιοῦτο	.	.	.	τοιοῦτον	
ιροσηκ. ὑμῖν.	.	προσηκ. ἡμῖν		.	
νγγενὲς	συγγενὲς	.	.	.	
ιιδείκνυσθαι	ἐπιδεικνύναι	.	.	ἐπιδεικνύναι	
ἡ Δία	νὴ δί΄	.	.	νὴ Δι΄	
ιασί καὶ πιθ.	.	καὶ πιθ. ιασί	.	ιασίν καὶ πιθ.	
ώγωνας	.	πώγωνα	.	.	
ιλ. σκυθρωποί	.	om. κ. σκυθρ.	om.	.	om.
ιεῖσι					
μῖν	.	μὴ	.	.	μὴ
ιλ τῆς ὑποκρί-	.	ἱπὸ τῆς κρί-	.	.	ὑπὸ τῆς ὑποκ.
σεως		σεως			
ιἐρ ἐμαυτοῦ	τὰ ὑπὲρ ἐμ.	.	.	ὑπὲρ τὰ ἐμ.	.
ιτι	ἐστιν		ἐστιν	ἐστιν	
38. ἀνὴρ	.	ἀνὴρ	ἀνὴρ	.	ἄνηρ
ιχόμην	ηἰχόμην	.	ηὐχόμην	.	.
ιτὸ	αἰτὰ	.	αὐτὰ	.	.
ιἰφήρμοζον	καὶ ἐφήρμοζον	.	καὶἐφήρμοζον	ἐφήρμοζον	.
ιὶ πάντα		om. τὰ			om. τὰ
ιτὰς ἐς τὸ ἀκρι-	ἔτι ἀκριβέ-	.	.	ἔτι ἀκριβέ-	
βέστατον	στατα			στατα	
ιλί'θεια			ἀρετὴ		
ιδαὶ	τί, om. δαὶ	.	τί δὲ	.	.
ιναγέγραφθαι	ἀναγράφεσθαι	.	.	.	.
ιἡ γοῦν	τὰ γοῦν	.	.	.	.
ιαγῳδόν	.	.	.	.	τραγῳδίαν
ιίμενον	.	ἄσωμεν οὖν	.	.	ἄισωμεν οὖν
ιοὖν	.	.	.	γοῦν	.
πραγῳδείτω	.	τραγῳδείτω	.	.	τραγῳδείτω
ιλοσοφία	φίλος	.	.	.	.
ιλον ποιοῦμαι	.	φιλοποιοῦμαι	.	.	.

228 LUCIANI PISCATOR.

Ed. Teubner.	Cod.Marc.434.	Cod.Marc.436.	Cod. Vat. 87.	Cod. Vat. 90.	Cod.Vind. 12
c. 39. εὖ γε	εὖ ἔχει	.	.	εὖ ἔχει	.
ὦ Παρρ.	πρόσιθιΠαρρ.	.	.	πρόσιθιΠαρρ.	.
ἀφίεμεν	καὶ ἀφίεμεν	.	.	.	.
ταῖς πάσαις	ἀπάσαις	.	.	.	.
τήν γε πρώτην	om. γε	.	.	om. γε	.
σεμνὴ Νίκη	σεμνὰ νίκα	σεμνὴ δίκη	.	σεμνὰ νίκα	.
καταρχώμεθα	.	.	.	.	καταρχόμεθ.
προσκαλῶμεν		πρυσκαλοῦμεν	προσκαλοῦμεν	.	προσκαλοῦμε
ἐς ὑμᾶς		ἡμᾶς			.
ἔλεξας	κατέλεξας	.	.	.	.
προσεκήρυττε	.	.	.	.	προεκήρυττε
Ἄκουε — φιλοσόφους	om.	.	om.	.	.
c. 40. ἐς ἀκρόπολιν	εἰς ἀκρόπ.	.	.	.	.
συνέρχονται	ἀνίασι	.	.	ἀνίασι	.
ἄλλως γὰρ	καὶ ἄλλως	.	.	.	.
ἔχοντες	.	ἄγοντες	.	.	.
c. 41. λέγουσι	.	.	.	λέγουσιν	.
ἐς ἀκρ.	εἰς ἀκρ.	.	.	.	.
σησαμαῖος	σάμιος	σισαμαῖος		σάμιος	
πωγ. βαθὺν ἐπι-δείξηται	.	.	.	βαθύτερον π. ἐπιδείξειεν	
ἀναγκαῖα	ἀναγκαῖον	.		ἀναγκαῖον	
ταῦτά γε	om. γε	.	.	om. γε	.
δ᾽ ἐν μέσσοισι	δ᾽ ἐν μέσσοισι	δὲ μέσσοισι	δ᾽ ἐν μέσσοισι	.	δὲ μέσσοισι
c. 42. ὡς πλ.	ὅσοι πλ.	.	.	.	.
ἐπεὶ	ἐπὶ	.	.	.	.
ἤκουσαν	ὡς ἤκουσαν	.	.	ὡς ἤκουσαν	.
παρὰ		περὶ	.	κατὲ	.
ἕτεροι	.	.	om.	.	om.
παρὰ	κατὰ	.	.	κατὰ	.
πάγον			om.		
τοῦ Τάλω	om. τοῦ	.	om. τοῦ	Ταντάλω	om. τοῦ
βομβηδὸν	.	σὺν βομβῇ	.	.	βομβῆι
ἵνα καὶ	.	om. καὶ	.	.	.
εὖ	om.	.	.	om.	.
ὅσσα	.	.	ὅσα	.	.
ὥρῃ	ἦρος	.	.	ἦρος	.
ἐν βραχεῖ — παν-ταχοῦ	.	om.	om.	.	.
πήρα πώγων	om. πώγων	om. πήραπώ-γων	πήρας πώ-γωνος	πώγων κολα-κεία πήρα	.

Ed. Teubner.	Cod.Marc.434.	Cod.Marc.436.	Cod. Vat. 87.	Cod. Vat. 90.	Cod.Vind. 123.
42. κολακεία	κολακεία πώγων	κολακείας		.	κολακείας
γαισχυντία — λι-χνεία	.	ἀναισχυντίας βακτηρίας, λιχνείας		.	ἀναισχυντίας β-ίας,λιχνείας
υλλογισμὸς φι-λαργυρία	.	συλλογισμῶν φιλαργυρίας	συλλογισμοῦ φιλαργυρίας		συλλογισμοῦ φιλαργυρίας
ὶ ὀλίγοι	om. οἱ	.		om. οἱ	
ιεῖνο	.	om.		.	
νήεσαν	.	.		.	ἀνήισαν
ἐμψαιτό σου μαλ.	μεμψ. μαλ. σου	μάλιστα μέμνητο	μάλιστα μεμψ. σου		.
ὸ μηδὲ ἐπιβαλεῖν γνώρισμα	τὸ μηδὲν ἐπιβάλλειν γν.	τοσοῦτον μηδὲ ἐπιβαλεῖν γν.	τὸ μηδὲν ἐπιβαλεῖν γνώ-ρισμα		.
ἰχώμεθα	.	.		.	ἐχώμεθα
ἰτούς	.	.		,.	αὐτοὺς ἡμᾶς
43. πρώτους χρὴ	πρῶτον χρὴ	χρὴ πρώτους		πρῶτον χρὴ	.
ἠ μὲν οὖν	.		οὔμενουν	.	
ιλὰ ἐν	ἀλλ' ἐν			.	
	om.			om.	
ἰπικουρείοις	.			Ἐπικουρίοις	
ιμβάνειν	λαβεῖν			.	
ιῶν γε	.			ἡμῶν δὲ	
44. ἰμεῖς	.	ἡμεῖς		.	
ἠτε ὠθεῖτε	μὴ παίετε	μήτε αἰθεῖτε		μὴ παίετε	μήτε αἰτεῖτε
ἠτε τ. ξ.	om. μήτε	.		om. μήτε	
αίετε	om.		παίητε	.	
ι' ἄλλα	.	ἐπ' ἄλλο		.	
πε	ἐστε	ἠτε		ἐστε	
φιλοσοφία	ἡ ἀρετὴ	.		.	
ιρετὴ αὕτη	ἡ φιλοσοφία, om. αὕτη	.		ἡ Ἀρετή, om. αὕτη	Ἀρετὴ αὐτὴ
ιλήθεια	ἡ Ἀλ.				
ικάσομεν	.	δικάσωμεν		.	
ινες	οἵτινες			οἵτινες	
ιοι μὲν ἂν	om. ἂν			.	
ιοῦντες	.	om.		.	om.
ιριστοι	.			.	ἄριστα
ιντας	.	ὄντας	ὄντας		ὄντας
ιλ οὐδὲν	.	κατ' οὐδὲν	κατ' οὐδὲν		κατ' οὐδὲν
πιποιοῖντο	ἀντιποιῶνται	.		ἀντιποιῶνται	
ἀν γε κρ.	om. γε			om. γε	

Ed. Teubner.	Cod.Marc. 434.	Cod.Marc.436.	Cod. Vat. 87.	Cod. Vat. 90.	Cod.Vind.121
c. 44. ἀλλόμενοι	.	ἀλώμενοι			
ὀλίγων	.	ὀλίγοι	.	.	
c. 45. οἱ ὑπηρ.	.	om. οἱ	om. οἱ	.	
κυνίσκος	κυνικὸς		.	κυνικὸς	
τί καὶ ἔχει	om. καὶ	.	τί καὶ ἔχῃ	.	
ἤ που	.	.	.	.	ἤ που
καὶ μαχ. θ.	.	om.	om.	.	om.
μαχαιρίδιον	μαχαίριον	.		.	
σοι ἦν	ἦν σοι	.		ἦν σοι	.
ἅπασι	πᾶσι	.	. .	πᾶσι	.
οὖν ὑμῖν	.	.	ἡμῖν, om. οὖν	.	ὑμῖν, om. οὐ
αὐτῶν	αὐτῶν εἰσι	.		αὐτῶν εἰσι	
σὺ δὲ		om. δὲ	.		om. δὲ
ὑπὲρ σοῦ	.	ὑπὸ σοῦ		.	
γὰρ τοῦτο γένοιτο	γοῦν τὸ τοιοῦ-		γὰρ τοῦ τογέ-	γοῦν τὸ τοιοῦ-	
ἄν	το γένοιτο ἄν		νοιτ' ἄν	το γένοιτ' ἄν	
ἐπικρατήσῃ	ἐπικρατῇ σου	ἐπικρατήσοι	.	ἐπικρατήσου	ἐπικρατήσοι
λανθάνωσιν	.	λανθάνουσιν		.	
μεμιμημένοι	.	μεμνημένοι		.	
c. 46. ποιησώμεθα	.	.		ποιησόμεθα	
τοιοῦτον	τοιοῦτο	.		τοιοῦτο	
ὦπται	.	ὦ παῖ	.	.	
μάλιστα	.	om.	.	.	om.
θαυμάζων	.	θαυμάζω		.	
μετ' αὐτοῦ	μεθ' ἑαυτοῦ	.		.	
φιλοσοφεῖν	.	τὸ φιλοσοφεῖν		.	
ὃν μὲν ἂν εὕρῃ	.	ὃν ἂν μὲν εὕ- ροι, suprscr. η		ὃν μὲν ἂν εὕροι	
φιλοσοφίας	φιλόσοφον	.	φιλόσοφον		
θαλλοῦ στεφάνῳ	om.	θαλοὺς στε- φάνου		.	
ὑποκριτῇ φιλοσο- φίας	.	om.	ὑποκριτῇ, om. φιλοσ.	.	om.
ἐπιβαλέτω	.		ἐπιβαλλέτω		ἐπιβαλλέτω
Εὖγε, ὦ Ἀλήθεια εὖ ἐν ἀλη- θεία φὴς	.			εὖγεν ἀλήθεια φῆς	
ὁ δὲ ἔλεγχος	.		ὁ δ' ἔλεγχος		
ὦ Παρ.	om. ὦ	.	.	om. ὦ	
τοιίσδε	.	τοιοῦτος		.	
ἐτῶν	αἰετῶν	.		.	

Ed. Teubner.	Cod.Marc.434.	Cod.Marc.436.	Cod. Vat. 87.	Cod. Vat. 90.	Cod.Vind.123.
. 46. κἀκείνους	.	κἀκεῖνο	.	.	.
ἴν	.	.	ῶν	.	.
Ϊῃς	.	ἴδοις	.	.	.
Ϊστω	.	.	ἔσται	.	.
; τῷ θαλλῷ	om. ὁ	.	.	om. ὁ	.
πεφόμενος	στεφανούμενος	.	.	.	.
ἰν δ᾽ ἂν	.	.	ὃν δ᾽ αὖ	.	.
ιοῦτον	.	.	om.	.	.
ἰποκείραντα	.	.	ἀποκείραντας	.	ἀποκείραντας
:ον πώγωνα	πώγωνα ὡς ἔ-δοξεν,om.τὸν	.	.	.	.
ι. 47. Ὡς ἔδοξεν	om.	.	.	.	.
ιΙ βούλ. μέντοι	.	.	εἰμέντοιβούλ.	.	.
ἰνάξω τινὰς ὑμῖν	ὑμῖνἀνάξωτι-νὰς,om.νῇΔί᾽	.	ἀνάξω τινὰς ὑμῖν	ἀνάξω	.
νῇ Δί᾽		.	ὑμῖν νῇ Δία	τινὰς ἤδη	.
ἰ ἱέρεια	.	om. ἡ	.	.	.
Ϊθελήσῃ	θελήσῃ	.	.	.	.
Ϊρμιὰν	.	.	ὁρμυιὰν	.	.
Ϊγκιστρον	.	ἄγκυστρον	.	.	.
ὑπερ	.	.	ἅπερ	.	.
ἰνέθηκεν	.	.	.	.	ἐνέθηκεν
Πειραιῶς	.	.	.	πειρεῶς	
γε ἅμα	.	om. ἅμα	om.	.	.
πάντα ἔχοις	.	π. ἔχῃς	πάντ᾽ ἔχοις	πάντα ἔχῃς	.
ἀνύσασα	ἀνοίσασα	.	.	.	.
τοῦ χρυσίου IEP.	.	.	.	.	τοῦ χρυσίου
λάμβανε	.	.	.	.	λάμβανε
ἀνὴρ	.	.	ἀνὴρ	.	.
καθεζόμενος	καθίσας	.	.	καθίσαι	.
ἐς τὶν πόλιν	εἰς τὴν π.	.	.	.	.
τί ταῦτα	.	.	τί ταῦτ᾽	.	.
ἢ που	.	.	ἤ που	.	.
ἀλιεύσειν	.	om.	.	.	.
Πόσειδον	.	ὦ Ποσ.	.	.	.
ἀγρεῦ	.	om.	.	.	.
ἀνάπεμπε	.	ἀναπέμπετε	.	.	.
c. 48. γαλεός	.	.	.	γαλεώς	.
προσέρχεται δὴ	πρόσεισιγοῦν	προσέρχεται δὲ	.	πρόσεισιγοῦν	.
ἀγκίστρῳ	.	ἀγκύστρῳ	.	.	.
ὀσφρᾶται	ὡς φέροιτο	.	ὠσφράται	ὡς φέροιτο	.

Ed. Teubner.	Cod.Marc.434.	Cod.Marc.436.	Cod. Vat. 87.	Cod. Vat. 90.	Cod.Viud.121.
c. 48. πλησ. ἤδη	πλησ. δ᾽ ἤδη				
ὦ Ἐλ. νῦν ξυνε-	ἀνάσπα ἔλεγ-	ὦ Ἐλ. ἐπιλα-	ὦ Ἐλ. ξυνε-	ἀνάσπα Ἔλεγ.	;
πιλαβοῦ	χε συνεπιλ.,	βοῦ νῦν	πιλαβοῦ, om.	χε ξυνεπιλ.,	
	om. νῦν		νῦν	om. νῦν	
κύων	ἄνων	om.	om.	ἄβων (?) ἄμων(?)	om.
δέλεαρ καὶ τὸ ἀγκ.	ἄγκιστρον καὶ	ἄγκιστρον, om.	τὸ ἀγκ. καὶ τὸ	τὸ ἀγκ. καὶ το	om.
	τὸ δ.	δέλεαρ καὶ τὸ	δέλεαρ	δέλεαρ	
τουτί — ἀγκ.	.	om.	κενόν σοι τὸ	.	τὸ ἄγκιστρον
			ἀγκ., om.		om. τουτί. κε-
			τουτί		νόν σοι
ἡ δ᾽ ἰσχὰς	ἡ δ᾽ om.	.	.	ἡ δ᾽ om.	
Μὰ Δί᾽ ἐξεμεσάτω	μὰ Δί᾽ ἔπιεν		μὰ Δία ἐξεμε-	μὰ Δί᾽ ἔπιεν	.
	ἔξεμ. νὴ δί᾽		σάτω οὖν	ἔξεμ. νὴ δί᾽	
ὡς δὴ	om. δὴ	.	.	.	.
ὅστις	εἴ τις	.	.	εἴ τις	.
σοί τι	τί σοι	.	.	τί σοι	.
ἀνήρ	.	.	ἀνήρ	.	ἀνήρ
ἐγὼ μὲν	.	.	om. μὲν	.	.
πρώην	.	om.	.	.	.
πολὺ	.	.	πολλοῖ	.	.
ἄβρωτός τε	.	.	.	ἄμφω τότε	.
γὰρ — εἰδεχϑὴς	.	om.	.	.	om.
ἐστι — εἰδεχϑὴς	.	.	om.	.	.
καὶ σκληρὸς	om.	.	.	om.	.
ἐπὶ κεφαλὴν	.	κατὰ κεφ.	κατὰ κεφ.	.	κατὰ κεφ.
ἀπὸ	κατὰ	.	.	κατὰ	.
ὅρα ὦ Παρ.	.	ὦ Παρ. ὅρα	.	.	.
τῶν ἀφύων	τῆς ἀφύης			τῆς ἀφύης	
Νὴ Δί᾽	νὴ δία				
ἀνάσπα δὲ ὅμως	.	.	ἀνάσπα δ᾽ ὅμως	.	
c. 49. τίς ἄλλος	τις ἄλλος	.	.	.	.
οὗτος ὁ πλατύς	ὑπόπλατυς	.	.	ὑπόπλατος	.
προσέρχεται	πρόσεισιν	.	.	πρόσεισεν	.
ψῆττα τις	.	ψιττακὶς	.	.	ψιττακὶς
ἐς τὸ ἀγκ.	εἰς τὸ ἀγκ.	.	.	.	.
ἀνεσπάσϑω	.	ἀνασπάσϑω	.	.	.
τίς ἐστιν;	.	om. ἐστιν	.	.	.
καὶ οὗτος c.50. Ἐπ᾽	.	καὶ οὗτος πάλ-	.	.	καὶ οὗτος πάλ
ἄλλον καϑ.	.	λων καϑ.	.	.	λων καϑ.
δόξειεν	,	δόξειε	δέξειε	.	.
τοῦ νώτου	om. τοῦ	τοῦ νότου	.	.	.

Ed. Teubner.	Cod.Marc.434.	Cod.Marc.436.	Cod. Vat. 87.	Cod. Vat. 90.	Cod.Vind.123.
c.50. ὁ τὸν Ἀριστο- τέλην	ὁ τὸν Ἀριστο- τέλη	τὸν Ἀριστοτέλην,	om. ὁ	ὁ τὸν Ἀριστο- τέλη	om. ὁ
ἀνενήξατο	ἄπεισι	.	.	ἄπεισιν	
περισκοπεῖ	περισκόπει	.	περισκόπει	.	περισκόπει
ἀνιμήσθω	.	ἀνιμείσθω	.	.	
μὴ ἔρῃ	μὶ ἂν ἔρῃ	.	.	μὴ ἂν ἔρῃ	.
ὦ Π. περὶ αὑτοῦ	.	περὶ αὑτοῦ ὦ Π.	.		
c. 51. ἦν ἰδού	.	ἦν ἰδεῖν	ἰδού, om. ἦν		
πολλούς που τοὺς ἰχθῦς	.	.	.	πολ. τούτους ἰχθῦς ●	
καὶ τὴν — ἐκτετρα- χυσμένους	.	om.	τὴν – ἐκτ. om.	.	καὶ τὴν — ἐκτ. om.
ἐχίνων	.	αἰχίνων	.	.	.
ἢ που	.	.	ἤ που	.	.
αὐτούς	.	αὐτοῖς (corr. αὐτούς)	.	.	.
δεήσει	.	.	.	.	δεήσῃι
δὲ ἐπὶ	.	.	δ' ἐπὶ	.	.
ἂν αἰτῶν	.	.	αὐτῶν ἂν	.	.
θρασύτατος	.	.	θρασύτερος	.	.
ᾖ	.	εἰ	.	.	.
ὁρμίας	.	.	ὁρμυίας	.	.
ὡς μὴ	.	om. ὡς	om.	.	om.
σὺ δὲ	om.	καὶ	.	om.(m.II.marg. adscr.)	καὶ σὺ δὲ
ταχεῖαν	om.	.	.	om.	.
ἐπιτέλει	.	om.	.	.	om.
καὶ συνάμα πολλοὶ	καὶ οἱ μὲν σ.π.	om. καὶ	.	καὶ οἱ μὲν σ.π.	.
σεαυτὸν	αὐτὸν	.	.	.	.
εἶναι λέγεις	λέγεις εἶναι	.	.	λέγεις εἶναι	.
γε εἰμι	om. γε	τ' εἰμι	.	om. γε	.
αὐτοί	οὗτοί γε	οὗτοι	οὗτοι	αὐτοί γε	.
ἔχει	.	●	.	.	om
διδάσκαλον	διδ. αὐτοῦ	.	.	διδ. αὐτοῦ	.
τουτονί	.	τοῦτον	τοῦτον	.	.
χρυσίον	.	.	τὸ χρυσίον	.	.
οἶμαι προσῆν	προσῆν οἶμα	om. οἶμαι	.	προσῆν οἶμαι	.
παρήνεις	παραινεῖς	.	.	παραινεῖς	.
νὴ Δί'	.	.	νὴ Δία	.	.
προσήκειν τι	προσήκειν γε	.	.	προσήκειν γε	.`
οὕτως	οὗτος δὲ	.	οὕτω	οὗτος δὲ	.

Ed. Teubner.	Cod.Marc.434.	Cod.Marc.436.	Cod. Vat. 87.	Cod. Vat. 90.	Cod.Vind. 123.
c. 51. ἐπὶ κεφαλὴν	.		om.	.	
c. 52. Ἄλις		ἄλις σοι	.	.	
τίς σοι	om. σοι	.	.	.	
πολλοί	οἱ π.		.	.	
ἀποτῖσαι		.	ἀποτίσαι	.	ἀποτίσαι
δεήσῃ	δεήσει			δεήσει	
καὶ ὑμᾶς		καὶ ἡμᾶς	ὑμᾶς, om. καὶ		
σὺ δὲ	σφὼ καὶ σύ, om. δὲ			σφὰ δὲ σὺ ,	
κύκλῳ	ἐν κύκλῳ	.		ἐν κύκλῳ	.
ἐγκάετε	ἐγκαίετε	ἐγκατακαίετε	.		
ἀνδρῶν	φιλοσόφων			φιλοσόφων ἀνδρῶν	.
παραγγελλόμενα	.		παρηγγελμένα	.	
ποῖ!	.		πῇ	.	
πρῶτον	πρότερον		.		
δεήσει	.		δεση (sic)	.	δεήσηι
ἐς τὴν Ἀχ.	εἰς τὴν Ἀχαδ.	.	.	.	
ποιησόμεθα	ποιησώμεθα				.
οἶδά γε	.	om. γε	om. γε		om. γε
ὅποι ποτ'	ἔνθα	.	.	ἔνθα	
καυτηρίων		καυστηρίων	καυτηριῶν	.	

LUCIANI ADVERSUS INDOCTUM.

Ed. Teubner.	Cod. Vat. 87.	Cod. Marc. 434.	Cod. Marc. 436.
c. 1. πρὸς τὸν ἀπαί-δευτον	om. τὸν		.
γίνεται	γίγνεται		.
τοιαῦτα	.	τὰ τοιαῦτα	
παραλαμβάνοις	παραλαμβάνεις		
τοῦ ἀσφαλοῖς	om. τοῦ		.
c. 2. κεχρικέναι	κεχριμένα	.	
ἐς κάλλος	.		om. sed. rec. manu suprascr.
ἀοίδιμος	.	.	ἀοίδημος
θαυμάσιε	θαυμαστὲ		
τὸ κάλλος	.		om. τὸ

Ed. Teubner.	Cod. Vatic. 87.	Cod. Marc. 434.	Cod. Marc. 436.
c. 2. χρησομένῳ	χρησαμένῳ	.	.
φθάνοντος	προλαμβάνοντος	.	.
ἐγγεγραμμένων	ἀναγινωσκομένων	.	.
c. 3. κατηξίωσαν	ἠξίωσαν		.
μυρίκη	μυρίνη		
ἀπήλλαξαν	.	.	ἀπήλασαν
μυρ. ἀν	om. ἀν	.	.
τὸν τοιοῦτον	τὸν τοιούτων	τῶν τοιούτων	
Ὀλμειὸν	.	.	ἀλμειὸν
τοῦ Ἵππου	.	.	om. τοῦ
οὐδὲ	.	om.	` .
καὶ πάνυ	om. καὶ	.	.
ξυνεφοίτας	.	.	συνεφοίτας
c. 4. ἐκεῖνα ἀναδ. νῦν	ἀναδ. νῖν ἐκεῖνα	ἐκ. ἀναδ., om. νῦν	
κατὸ	κᾶτα	.	.
ἔχε ξυλλαβὼν ἐ-κεῖνα		ἐκεῖνα ἔχε ξ.	
ἅπαντα ἐκεῖνα	.	.	marg. adscr.
ὅσα ὁ Σίλλας	Σ. ὅσα, om. ὁ	.	.
εἰς Ἰταλίαν	ἐς Ἰταλίαν	.	ἐς Θετταλίαν
ἐξέπεμψε	ἐξέπεμψεν	.	.
πλέον ἐκ τούτου		ἐκ. τούτου πλέον	πλ. ἐκ τούτων
κἂν	.	.	ἐὰν, supraser. .κἂν
ἐπικαθεύδῃς	καθεύδῃς	.	.
περιβαλόμενος		περιβαλλόμενος	
οἶσθα	οἶδας	.	.
ἂν	ἂν addidit m. I	.	.
μόνων	μόνον	.	.
εἰ ὥσπερ	.	ἢ ὥσπερ	.
ἀλλ' εἰ γε	.	.	ἀλλ' εἴ τε
βιβλιοκαπήλοις	βιβλιοκαπήλλοις	.	.
καὶ αἰσχρῶν	ἢ αἰσχρῶν	.	.
ἐκείνων		om.	
ἔχουσιν αὐτά	ἔχουσι ταυτά	.	.
c. 5. εἰ μὴ καὶ		εἰ καὶ μὴ	
ἕπτα ταλάντων	.	.	ἐπὶ ταλάντω
ἆρ' ἂν	δρᾶν	in ras.	δρᾶν
τοῦ Ἡρ. τὰ τόξα	.	.	τὰ τόξα τοῦ Ἡρ.
ἐντείνασθαι	ἐντείνεσθαι	.	ἐντείνεσθαι
ἐπίσκοπα	.	ἐπισκοποῖ	.

	Ed. Teubner.	Cod. Vatic. 87.	Cod. Marc. 434.	Cod. Marc. 436.
c. 5.	ἀνένευσας	ἀνένευσας ἂν		ἀνανεύσαις ἂν supr. ἀνένευσας
	κατὰ ταὐτὰ	κατὰ ταῦτα	.	
	ναῦν	ναῦν καλλίστην	.	ναῦν καλλίστην α
	κοππαφόρον	κοττοφόρον	καππoφόρον	κοππαφόρον
	ἐπινεύεις	.	ἐπινεύσεις	
	εἰς ἀπαιδευσ. —	.	.	πολλὰ εἰς ἀπ. —
	ἐκφέρει			ἐκφέροι
	ἐκεῖνο	om.	.	
	τί — βαλανείῳ	τί-βαλ. κοινόν	.	.
c. 6.	τοὺς πόδας ἀμ-φοτέρους	.	ἀμφοτέρους τοὺς πόδας	.
	ὑποδούμενος	.	.	ὑποδυόμενος
	ἐμπεριπατήσειεν	.	.	περιπατήσειεν
c. 7.	ἐπεὶ	.	.	ἐπειδὴ
	δευτέραν	.	.	βῆτα
	ὑπερπηδήσεται	.	ὑπερπηδήσει	.
	ἐπιθολώσει	ἐπιθολώσειε	.	.
	αὐτοῦ τὸ ῥεῖθρον	αὐτὸ τὸ ῥεῖθρ.	.	.
	ἀποκτενεῖ	.	.	ἀποκτείνει
	τῶν Φρυγῶν	τῶ Φρυγῶν	.	.
	μηδὲ φέρειν	μὴ φέρειν		
	ὑπὸ τῇ ἀσπίδι	ἐπὶ τῇ ἀσπίδι	.	ἐπὶ τῇ ἀσπίδι
	ἐκείνους	om.		.
	αὐτοῦ ὀφθ.	αὐτοῦ ὀφθ.	.	
	ἐπαίρων	.	.	ἐπαιωρῶν
	τὸν δεσπότην	.	om. τὸν	.
	τὸ αὐτὸ δὴ	.	om. δὴ	.
	ὁπόταν τὸ μὲν β.	ὁπότε μὲν τὸ β.	om.	.
	ἔχῃς	ἔχεις	.	.
	πορφυρᾶν	πορφύραν	.	.
	ἔχον	ἔχειν	ἔχον om. sed suprascr.	.
	ἀναγινώσκῃς	ἀναγινώσκεις	.	ἀναγινώσκεις
	αὐτὸ		om.	.
	καὶ καταισχύνων	καὶ διαστρέφων καὶ	.	,
	καὶ διαστρέφων	καταισχύνων		
c. 8.	θέλω γοῦν		θέλω δὲ	.
	ἀδύνατον	ἀδύνατα		.
	τῶν καταράτων	om. τῶν	.	om. τῶν
	τοῖς τε ἄλλοις	.	τάτε ἄλλα	.

Ed. Teubner.	Cod. Vatic 87.	Cod. Marc. 434.	Cod. Marc. 436.
c. 8. περὶ αὑτόν	περὶ αὑτὸν	.	
ἐς κάλλος	εἰς κάλλος		.
ἐντετορευμένων	ἐιτετορνευμένων	ἐντετορνευμένων	.
c. 9. ἐσέρχεται	εἰσέρχεται		ἐπέρχεται
χρυσίῳ	χρυσῷ		.
ἅπασι προεκπλήξας	.	ἅπασιν ἐκπλήξας	.
κιθαρίσαι	.		κιθαρῆσαι
πάντως ἔδει	ἔδει πάντως	.	
λεπτόν	.		χαλεπόν
κἀκείνης ξυμμα- στιγουμένης	ξυμμαστιγουμέ- νης κἀκείνης		
ἐσέρχεται		εἰσέρχεται	
c. 10. κόλλοπας	κόλοπας	.	
ἐπικειμένην	ἐπικειμένους	.	.
μόγις	μόλις	.	.
εἰπεῖν, γε	.	om. γε	
προσέτι	in ras.	.	.
καὶ περιττὴν		om.	
περὶ πόδα	.	.	παρὰ πόδα
c. 11. οὐκ ἄκαιρον δ'	οὐκ ἄκαιρον γὰρ	.	.
ἂν γένοιτο			
τινα	om.	.	.
Θρᾷτται	Θράτται	.	.
Ἕβρον	εὔβρον	.	.
τὴν κεφαλὴν τῇ λύρᾳ	.	.	τῇ κεφαλῇ [τὴν λύραν
Ὀρφεῖ ὡς λόγος		Ὀρφείῳ λόγῳ	supraser. μόρῳ
ἐς	εἰς τὸ	εἰς	ἐς τὸ
τὸ ἱερὸν	om. τὸ	.	om. τὸ
καὶ θηρία	om. καὶ	.	om. καὶ
c. 12. καὶ φυτὰ	om. καὶ	.	
μ. τὴν Ὀρφέως	μ. τὴν τοῦ Ὀρφέως		.
οὐκ ἀσφαλὲς	.		οὐκ ἦν ἀσφαλὲς
ὑπὸ κόλπον	ὑπὸ κόλπου	.	
καταθέλξειν	καθέλξειν	.	.
μακάριον		μακάριος	
κληρονομήσαντα		κληρονομήσας	
τῆς Ὀρφ.	τῆς τοῦ Ὀρφ. ;		:
ξυγκαλέσαι	ξυγκαλέσασθαι	.	.

Ed. Teubner.	Cod. Vatic. 87.	Cod. Marc. 434.	Cod. Marc. 436.
c. 12. ἡ ϑέλγουσα	om. ἡ	.	
τῶν ἄλλων βαρ-βίτων	.	.	om. ἄλλων, βαρ. βίτων in rasura
ἔτι εστιν	.	.	ἔστιν ἔτι
ἐπρίατο	.	.	ἐπρίετο
ὑπ᾽	in rasura		.
c. 14. ἐς τὸ πῦρ	εἰς τὸ πῦρ		.
Τεγεᾶται	Τεγεάται	.	.
Μεμφῖται	Μεμφίται	.	.
ὑπερηχόντισεν	.		ὑπερηχόντισε
ὁρᾷς	.	ὅρα	.
διάχεισαι	διάχειται		
c. 15. καὶ αὐτὸς		αὐτὸ, om. καὶ	
καὶ κάτοχος	κατὰ τάχος		
Δωρίδιον		δωριχὸν	.
Διονυσίου	Διονύσου		.
οἴμοι	.	οἴμαι	.
καὶ τό		om. τό	
αὐτοῖς γὰρ ἔμπαί	in rasura	.	.
μάλα		μάλιστα	
c. 16. ἐς τὰ β.	εἰς τὰ β.		
ἀνατυλίττεις	.	ἀνελλίττεις (i. r.)	
ἀεὶ	om.		
ἐντίϑης		ἐντιϑεῖς	
δή τί	δή τι	.	.
φϑέγγῃ ... μᾶλ-λον	φϑέγγῃ μᾶλλον	.	.
καὶ τῶν ἰχϑ.	om. καὶ	om. καὶ	
c. 17. ἅττ᾽	ὅττ᾽	.	ὅταν
τις κτήσαιτο	.	.	κτήσαιτό τις
c. 18. ἔχεις	.	.	ἔχεις supscr. οι
εἴποις	.	.	εἴπης
τοῦτο	τούτω	.	.
εἶτα	.	om.	.
ἐπαινοῖ	ἐπαινοίη	.	.
ἔχοις	ἔχῃς	.	.
c. 19. Βάκχας	.	.	Βαχχίδας
ἀεὶ	αἰεὶ	.	.
τῶν ἀπ᾽ αὐτῶν	τῆς ἀπ᾽ αὐτᾶν	τῶν ἀπ᾽ αὐτοῦ	.
σε εἰδότων		γε εἰδότων	

Ed. Teubner.	Cod. Vatic. 87.	Cod. Marc. 434.	Cod. Marc. 436.
c. 19. ἄν τις	τις ἄν	.	τίς ἄν
κτένα		κτένας	
παλλακὴν	.	παλακὴν	.
ἅπασιν	.	.	πᾶσιν ἀνθρώποις
τὰ — χρήσιμα	τὸ — χρήσιμον	.	.
Σύρον, ὄντα	.	εἰρόντα	.
ἀναλίσκεις	καταναλίσκεις	.	.
παρενέγραψας	ἐνέγραψας	.	.
προυτίθεις	προθεὶς	προυτίθης	.
c. 20. ἐκεῖνο	.	.	ἐκείνῳ
πεπεισμένον		πεπεισμένος	
ἀλλὰ σοφὸς	ἀλλὰ καὶ σοφὸς	.	ἀλλὰ καὶ σοφὸς
ξυγγραφεύς	συγγραφεύς	.	.
οὐδ' ἕτερος	οὐδέτερος	.	.
ὡς ἀληθείοις	ὡς εἰ ἀληθεύοις	.	.
αὐτῶν	αὐτοῦ	.	.
λόγους ἐπιδ.	λόγοις αὐτῶ ἐπιδ.	.	.
αὐτοῖς	τοὺς ἐπαίνους	.	.
καὶ μὴ π.	ἢ μὴ π.		
ὡμοιώθης	ὁμοιωθεὶς		
τοὺς προπάτορας	τοῦ προπάτορος		
c. 21. μουσικῶν	μυσῶν		
ὡς πιστεύειν	.	.	πιστεύοντα, om. ὡς
δὶς	om.	.	.
διὰ πασῶν		διὰ πάντων	
ἐς	εἰς		
ἄν εἴη	.	.	om. ἄν
λαρίσσῃ	.	λαρίσῃ	.
πρεσβῦτις	πρεσβύτης		.
αὐτῷ	αὐτοῦ		
Κασάνδρου	.	Κασσάνδρου	.
Βατραχίωνι	.	.	βατραχίονι
καὶ γὰρ		om. γὰρ	
τῇ λαρίσσῃ	om. τῇ	τῇ Λαρίσῃ	.
τῷ Πύρρῳ ὅμ.	ὅμ. τῷ Πύρρῳ		
c. 22. ἐρρωμένην		.	ἐρωμένην
ὀρχησταῖς	ὀρχισταῖς	.	.
οὕτως	οὕτω		.
ζωγράφος	.	.	ζωγράφος σοφὸς

Ed. Teubner.	Cod. Vatic. 87.	Cod. Marc. 434.	Cod. Marc. 436.
c. 22. ἐθέλεις	θέλεις	.	.
καίτοι		καὶ	
τὰ βιβλία		τὰ τοιαῦτα β.	
c. 23. ὁποῖαι	ὁποῖοι	.	.
ξυγκαθεύδεις	.	.	ξυγκαθεύδοις
καὶ λουόμενος	.	om. καὶ	
μηδ᾽ ἀποδίσῃ		μὴ ἀποδ.	
ἢν ἀποδ.	.	.	om. ἢν
ὑμέτερος	ἡμέτερος	.	.
νόμους	.	.	om.
λεαίνεσθαι		μαίνεσθαι	
καὶ ποιεῖν	.	.	om. καὶ
νυνὶ	νῦν		
εἴ γε μὴ		om. μὴ	
χύτραις	.	.	χύτραις ἴσα
ὅλως	om.	.	.
κατὰ τὴν π. θᾶτ-τον ἂν	θᾶττον ἂν κ. τ. π.	.	.
παρὰ τῶν βιβλ.	.	.	περὶ τῶν βιβλ.
c. 24. αὐτοῦ	ἑαυτοῦ	.	.
τοὺς βιβλιογ.		om. τοὺς	
οὔκ	οὔκουν	om. οὐκ	
ξυνελάσοντας	ξυνελάσοντα	.	.
νεόκτιστον	νεόκτηστον	νεόκτητον	.
ἐκεῖνο		κἀκεῖνα	ἐκεῖνα
c. 25. τῶν πολυτελῶν		om. τῶν	
ὠνεῖσθαι, ὅπως	ὠνὴ δ᾽ ὅμως	ὠνῆι δ᾽ ὅμως i. r.	.
ἐπιλειπόντων	.	.	ἐπιλιπόντων
σε	σοι	.	.
μεταστέλλοιο	μεταστέλοιο	.	.
δήγματα	.	δείγματα	.
διηγουμένους	διηγοίμενον	.	.
τἀργύριον	τὸ ἀργύριον	.	.
καὶ φύλαττε	om.	.	.
πάσχειν			σφάλλειν
ἔχῃς	ἔχοις	ἔχεις	.
παύσαιτ᾽ ἂν	παύσαιτο	.	.
c. 26. τὸ μηκέτι ᾠ.	.	om. τὸ	
μόνον οὐ καὶ	μόνον οὐκ	μόνον οὐκ	

Ed. Teubner.	Cod. Vatic. 87.	Cod. Marc. 434.	Cod. Marc. 436.
c. 26. τὰ παλαιὰ πάντα	πάντα τὰ παλαιά	.	.
χρῆσιν	χρήσεις		
πάνσοφόν τι		πάνυ σοφόν τι	.
c. 27. Ἀρχιλόχου	Ἀντιλόχου	.	ἀντιλόχου
ἐκεῖνά γε	ἐκεῖνά τε		
ἕκαστον	.	.	ἕκαστα
Εὔπολιν		τὸν Εὔπολιν	
εἶτ᾿	εἶτα	.	.
ποτὲ ψυχὴν		ἀπὸ ψυχῆς	
ἅπτει	.	om.	ἅπτῃ
ἑώρακε	ἑώρακέ σε	.	.
ἐπιτεταμένος		ἐπιτεταγμένος	
πρὸς Κότυος	πρὸς σκότους	πρὸ σκότους	
c. 28. ἄφες δὲ	om. δὲ	.	.
καὶ ὑπὲρ τ. γ.	.	.	κ.ταῦτα ὑπὲρ τ. γ.
συνεργάτην	ξυνεργάτην	.	.
οἴκοι		οἶκον	
μηδέποτε	.	μηδέπω	.
γλώττῃ	γλώσσῃ	.	.
οἶδα			οἶδας
c. 29. σμίλας		σμίλλας	
ὁπόταν	ὅταν		
ἐς	εἰς		
τἆλλα	τἆλλα	.	.
τὰ σὰ εἰκάσω	.		εἰκάσω τὰ σὰ
μαχαιρίδα		μαχαιρίδας	
μαχαιρίδων	μαχαιριδίων	.	
προτιθέντας	προστιθέντας	.	.
c. 30. καίτοι	.	.	καί γε
οὐδ᾿ ἔχρ.		οὐδὲ ἔχ.	
τινι	.	οὐδενὶ	.
καὶ ἐπονείδιστα	om.		

DE SALTATIONE.

Ed. Teubner.	Cod. Gorl.	Cod. Marc.434.	Cod. Vat. 87.	Cod. Vat. 90.
c. 1. ὀρχήσεως	.	.	ὀρχήσεων	
πράγματι	παραδείγματι	. .		
c. 2. ὦ λῷστε	.	.	ὅλως	.

Ed. Teubner.	Cod. Gorl.	Cod. Marc. 434.	Cod. Vat. 87.	Cod. Vat. 90.
c. 2. ὁμιληκὼς	.	.		ὡμιληκὼς
τοῦ	.	.	τὸ ex ω m. I	.
κάθηται	.	κάθησαι	.	κάθησαι
ᾄσμασιν	om.	.	.	.
ἐπὶ τοιαύτῃ	:	.	ἐπὶ τῇ τοιαύ-	.
θέᾳ			τῃ θέᾳ	
σχολάζεις	.		σχολάζοις	
ἠνιάθην	ἠνίσθην	.	.	.
τὸ ὅμοιον	.	.	om. τὸ	.
πεπονθὼς	.	.	πεποηκὼς	.
κυκλικῶν	.	.	κυκλίων, in Vat. 90 spat.	
			inter ι et ω	
φαιδροτάτης	.	.	σεμνοτάτης	.
ἐναγώνια	.	ἐναγ. εἶναι	ἐν ἰωνίᾳ εἶναι	ἐναγ. εἶναι
c. 3. πρὸς δ' οὖν	.	πρὸς δὴ	πρὸς αὖ	.
τοὐπιὸν	τοὐποιὸν	.	.	.
ἂν ἔγκλημα	om. ἂν	.	om. ἂν	.
ἐδέησε	.	ἐδέησεν	.	.
ὀφθαλμῶν	.	.	ὀφθαλμοῦ	.
c. 4. τό γε π.	τό τε π.	.	τότε π.	.
καὶ Σειρήνων	.	.	om. καὶ	.
τοῦ λωτοῦ	.	.	om. τοῦ	.
τοὐπιτίμιον	.	.	om.	.
πεφυκέναι	.	.	πεφηνέναι	
τὸ τέλος	.	om. τὸ	.	.
ὀκνήσαντα	ὀκνήσαντας	.	.	.
σοι	.	om.	.	.
εἰπεῖν καλόν	.	.	καλὸν εἰπεῖν	.
νεῖται	.	.	κεῖται	.
οὐδὲ αἰσχύνη	.		οὐδ' αἰσχύνη	
κατάπτυστα	κατάπτυστας	.	.	.
c. 5. καὶ περὶ	.		om. καὶ	.
γινομένων	.		γενομένων	.
εἰ μὲν γὰρ	om. γὰρ	.	.	.
ἐξ ἴσου	.	ἐξ ἴσης	.	.
εἶναί σου	.	σου εἶναι	.	.
λοιπὸν	.		τὸ λοιπὸν	
τούτῳ τῷ πώγ.	.	om. τῷ	om. τούτῳ	.
ὀλεθρίῳ	.		ὀλέθρῳ	

Ed. Teubner.	Cod. Gerl.	Cod. Marc. 434.	Cod. Vat. 87.	Cod. Vat. 90.
c. 5. ἐς οὐδὲν	.	εἰς οὐδὲν	.	εἰς οὐδὲν
ἑαυτὸν	.		σεαυτὸν	
ἐν ἐπιτηδείῳ	.	ἐπιτήδειον	.	.
ὥρασιν	ὥραισιν		ὥραις	ὥρας
ἄρα	.	οὕτω	οὕτως	.
τοιοῦτον	.		τοιούτου	τοιούτων
ἀπαράτιλτος	παράτιλτος	.	.	
νῦν γε	.	.	om.	.
καὶ σὲ ἤδη	.	.	ἤδη καὶ σὲ	.
c. 6. ὡς	.	supraser.	.	.
ἐστι	.	ἐστιν	.	.
τὸ γὰρ	.	.	τὸ γὰρ καὶ	
μᾶλλον	.	ἂν	.	.
σίτου	αὐτοῦ		αὐτοῦ	.
καὶ ἄνευ	.		om. καὶ	.
ἐθέλεις	.	ἐθέλοις	.	ἐθέλοις
εἴσῃ	.	.	.	εἴσει
c. 7. μετ' ὀλίγον	.	κατ' ὀλίγον	.	
π. γε ἐκεῖνο	.		π. ἐκεῖνό γε	.
ἢ τοὺς ἐκ.	.		καὶ τοὺς ἐκ.	.
ὀρχήσ. περι	ὀρχ. περὶ	.	.	
πρωτογόνου	προγόνου	.		
δείγματα	δεῖγμα	.		
ἐστι	.	ἐστιν	.	ἐστιν
προσθήκης	προσθήκη	. ἢ	.	
ἀποτετελέ-		ἀποτετελέ-	.	
σθαι		σθαι (sic)		
c. 8. φασι	ψασιν	.	.	φασιν
ἐν Κρ. δὲ τ. Κ.	om.	.	.	
εἰκότως ἂν	.	.	om.	.
ὁμολογοίη	.	ὁμολογεῖν (extr. syll. rec. m.scr.)	ὁμολογείη	.
ἐκείνων		αὐτῶν	.	.
ἐνόπλιος		ἐνόπλοις	.	.
πᾶσιν		om.	ἄπασιν	
πωςῶδεταέπη	.		τὰ ἔπη ὧδέ πως	
διεδίδρασκε	.	διεδίδρασκεν	.	.
c. 9. ἐγγεγυμνα-	ἐγγεγυμνα-	.	.	
σμένους	σμένοις	.		
πεποιημένους	πεποιημένοις	.	.	

16 *

Ed. Teubner.	Cod. Gorl.	Cod.Marc.434.	Cod. Vat. 87.	Cod. Vat. 90.
c. 9. ἐν τῇ ὀρχ.		ἐπὶ τῇ ὀρχ.		
τῇ ἄλλῃ ἀλκῇ	om. ἄλλῃ			
Ἴλιον τέως		Ἴλιόν τε		Ἴλιόν τε ὡς
κατέρριψε			ἔρριψε	κατέρριψεν
c. 10. Λακωνικῆς	Λακεδαιμο- νικῆς			
καὶ εὔτακτον		om. καὶ		
ἐνδίδωσι			ἐνδίδωσιν	
ἴδοις				εἴδοις
νῦν		om.		
ἀκροχειρισά- μενοι			ἀκροχειρησά- μενοι	
παίσαντες		παίσαντες ἀλλήλους		
κατ. στοῖχον	κατ. στίχον			
φίλια			φίλα	
c. 11. καὶ διδασκαλ.			om. καὶ	ξ
κωμάξατε	κωμάσατε		κωμάσατε	κωμάσατε
				εἴς.π.
ὀρχήσασθε				ὀρχήσασθαι
c. 12. παρ' ἕνα	καθ' ἕνα			
πολέμῳ			πολέμοις	
ἀνδρείας	ἀνδρίας			
γυμνοπαιδίαι			γυμνοποδίαι	
c. 13. ἃ δὲ Ὁμ.	ἃ δὲ Ὁμ. αὐτοῖς			
κυβιστητῆρας		κυβηστητῆρας		κυβυστητῆρας
αὐτῇ	om.			
ἐδίνεον		ἐδίνευον		
ἐμποιήσαντος		ποιήσαντος		
θεώμενον	θεασάμενον			
c. 14. τοσοῦτον			οὕτως	
προαγωνιστὰς			πρωταγωνιστὰς	
προορχηστῆρας	προορχηστὰς			
ἀριστεύσασιν			ἀριστεύουσιν	
ἀνίστασαν			ἀνέστασαν	
δᾶμος		δῆμος		
c. 15. τῶν τότε	καὶ τῶν τότε			καὶ τῶν τότε
c. 16. δέ γε			om. γε	
ἐπ' αὐλῷ	ὑπ' αὐτῷ	ἐν αὐλῷ		
κιθάρᾳ	κιθάρει			

. Ed. Teubner.	Cod. Gorl.	Cod.Marc.434.	Cod. Vat. 87.	Cod. Vat. 90.
c. 16. ἐξ αὐτῶν	.	.	ὑπ' αὐτῶν	.
c. 17. ἡγούμεθα —	om.	.	.	
στάντες				
ἡμῶν	.	om.	ἡμῖν	.
ἐκεῖνοι	.		ἐκεῖναι	
τοῦτό ἐστιν	.		τοῦτ' ἐστὶν	
c. 18. δρῶσι	.	δρῶσιν	.	δρῶσιν
ἀφείη	ἀφίη		ἀφίη, in Vat. 90 supscr. ει	
προεκφοβή-	προεκβομβή-	.	.	
σειε	σειε			
c. 19. πρὸς τὸ παρα-	om. τὸ	.	.	πρὸς τὸ παρα-
δοξότερον ·				δοξώτερον
ἴδοις δ' ἂν	ἴδ. τ' ἂν	.	ἴδ. τ' ἂν	
διαλ. ὠκ.	.		ὠκ. διαλ.	
c. 20. τῷ πολεμικω-	.		τῶν πολεμι-	
τάτῳ			κωτάτων	
σεμνοτάτηντε	.		om. τε	.
c. 21. Ἰταλιωτικῶν	Ἰταλικῶν	.	.	.
τὸν Πρ.		οἵ τὸν Πρ.		.
ἢ τῶν Ἰδ.	καὶ τῶν Ἰδ.	.	.	.
πεποιημένων		πεποιημένον		
τὰ ἐνοπλ.	.	τὸ ἐνοπλ.		
Ἥρας ἐγ.	ὥρας ἐγ.	.	.	
c. 22. ἀφ' αὐτῶν			ἀφ' ἑαυτῶν	
ὁ Διόνυσος	ὁ Διον. ὃς		.	ὁ Διον. ὃς
Τυρρηνοὺς	.		Τυρηνοὺς	.
τοῖς αὐτοῖς	.		τοῖς αὐτοῦ	
θιάσοις			θιάσσοις	
c. 23. ἐσπουδασμέ-	ἐσπου- ᵤ	.	.	
μένου	δασμενον			
παιδιὰν	παιδίαν		παιδείαν	
ταύτην μόνην	.		μόνην ταύτην	
ὠνόμασε	.	ὠνόμασεν		
ὀρχηθμὸς	.	ὀρχησμὸς	ὀρχισμὸς	ὑρχησμὸς
ὃν σὺ	om. σὺ	.	.	
ὡς ἀληθῶς	.		om. ὡς	.
ῳδὴ	ἀοιδὴ	.	.	
τοῦ πολέμου	om. τοῦ	.	.	
κάλλιστα	.	μάλιστα	.	
c. 24. ἰδὼν	.	.	.	εἰδὼν

Ed. Teubner.	Cod. Gerl.	Cod.Marc.434.	Cod. Vat. 87.	Cod. Vat. 90.
c. 25 ἀπονέμων	.	νέμων		
ὤκνει	.	.	.	ὄκνει
σπουδαῖόν τι	σπ. τινα		.	
εἰς τοσ.	.		ἐς τοσ.	
αὐτὴν προαγ.	.	προαγ. αὐτὴν	.	om. αὐτὴν
προσεῖχε	.	προσεῖχεν	.	προσεῖχεν
c. 26. ὅταν			καὶ ὅτε	
τραγικῇ	τραγικὴ	.	.	.
κωμῳδικῇ	κωμῳδικὴ	.	.	.
τρίτης	.	τρίτη		
καὶ ἐν ἀρχῇ	.	ἐν ἀρχῇ καὶ		
κωμῳδίαν	.	τὴν κωμῳδίαν		
εἰ δοκεῖ	.	εἰ δοκεῖ νῦν		
c. 27. πρῶτον	πρώτου	.	πρώτου	
ἄρρυθμον		ἄρυθμον 1		
ἐποχούμενος	.	.	ἐποχ. (ο ex οι)	.
προστερνίδια	.	.	περιστερνίδια	.
ἀρρυθμία		ἀρυθμία		
ἀνακλῶν	ἀνακαλῶν	.	.	.
τοῖς ποιηταῖς	.	om. τοῖς	.	.
ἐμέλησε	.	.	.	ἐμέλησεν
ποτε	.	.	om.	.
ἐστί	.	ἐστίν	.	.
αὐτοῦ	αὐτοῦ	.	αὐτοῦ	.
c. 28. αὖ	ἂν			
γυναῖκας μιμ.	.		μιμ. γυναῖκας	
c. 29. αὐτῇ	αὐτῇ	.	αὐτῇ	
τιβίων	τιβείων		.	.
προσ. αὐτὸ	.		προσ. αὐτῷ	.
c. 30. οἱ αὐτοὶ	om.		om. οἱ	
κινουμένων		κινούμενον	.	.
ἐπετάραττεν	ὑπετάραττεν	.	.	.
αὐτοῖς	αὐτοὺς	.		.
c. 31. 32. εἶναί φημι	.	φ. εἶναι	.	.
πόλις	πόλεις	.	.	.
παρ' αὐτοῖς	.	.	παρ' αὐτῆς	.
c. 33. τ. ὀρχ. τὰ εἴδη	.	.	τὰ τ. ὀρχ. εἴδη	.
ὑφ' ὅτου	ἐφότου	.	.	.
ὀψιμαθῇ	ἀψιμαθῇ	.	.	.
c. 34. τοῦτον	.	τοῦτο	.	.

Ed. Teubner.	Cod. Gorl.	Cod.Marc.434.	Cod. Vat. 87.	Cod. Vat. 90.
c. 34. ἐπεμνήσθην	ἐμνήσθην	.		.
γενικωτέρας	.		γενικωτάτας	.
ἐστι		ἐστιν	.	.
ἐν αὐτῇ	ἐν αὐτῇ	.	ἐν αὐτῇ	
περιλαβοῦσα	παραλαβοῦσα	.	.	.
τοσοῦτον	τοσοῦτο	.	τοσοῦτο	
θεμέλια	.		θεμέλιοι	
ὅπερ	.	ὅσπερ		ὥσπερ
ἀποτετέλε- σται	ἀποστέλλεται, i. m. ἀποτετέλεσται	.	.	.
τοῦτο νῦν	.	.	om. νῦν	.
θερμαϋστρί- ζειν	θερμαντρί- ζειν	.	.	.
τἆλλα	.	τὰ ἄλλα	τἆλλα	τὰ ἄλλα
πολλάκις	.		om.	
σφοδ. καὶ κ.		om. καὶ	σφόδρα κ.,om. καὶ	σφοδρὰ κ.,om. καὶ
παρέλιπον	.		.	παρέλειπον
c. 35. μετρικῆς	.	γεωμετρικῆς	.	.
περιεργίαν	.		περιουργίαν	.
αὐτῇ	αὐτῇ	.	αὐτῇ	
. ταύταις	.	.	αὐταῖς	
c. 36. Πολύμνιαν	.		Πολύμνειαν	.
πειρᾶται	.	.	πειρᾶσθαι	
διαλαθεῖν	.		διαλανθάνειν	
ὑποθέσεως	.	.	ὑποσχέσεως	
τὸ τοῦ ὀρχηστοῦ	.	om. τὸ		
ἐγκωμ. ἂν εἴη	.	om. ἂν	ἂν ἐγκ. εἴη	
σαφήνειαν	.	.		σαφηνίαν
c. 37. χάους	.		χάρις	.
τοῦ κόσμου	.	om.		
γέννησιν	.	.	γένεσιν	.
ὑποβολὴν	ἀποβολὴν	.	.	.
c. 38. ἀμφοτέρου	.		ἑκατέρου	
. 39. ἐπὶ τούτοις	.	.	ἐπὶ τούτω	.
ἐπ᾽ ἐκείνου	.	ἐπὶ τούτου	ἐπ᾽ ἐκείνην	.
περὶ Ἀϑ.—ὅσα	.	om.		
Ἀλιρρόϑιον	.	.	Ἀλιρόϑιον	.
c. 40. Κελεοῦ	.	.	Κολεοῦ	.

Ed. Teubner.	Cod. Gorl.	Cod.Marc. 434.	Cod. Vat. 87.	Cod. Vat. 90.
c. 40. περὶ Ὠρ.—Μηδείας om.	.	.	.	.
Πανδίονος	.	.	Πανδίωνος	.
ἔπαθον καὶ	.	ἔπαθον καὶ	ἔπρ. χ. ἔπα-	.
ἔπραξαν	.	ἐδίδαξαν	θον	.
προτέρα δὲ	om. δὲ	.	.	.
στρατεία	στρατιὰ	.	στρατιὰ	
καὶ ταῦτα	.	.	om. καὶ	.
δείγματος	.	.	παραδείγματος	.
c. 41. Σκύλλα		Σκύλα		
εὐεργέτιν	.	εὐεργέτην		-
Λαβδακιδῶν	Λαμβδακιδῶν	.	.	.
Ἀκταίωνος	.	.	.	Ἀκταίονος
c. 42. τὸν πρὸ αὐτ.	.		om. τὸν	
Βελλεροφόν-	.	τὸν Βελλερο-	τὸν Βελερο-	τὸν Βελλεροφ.
την	.	φότην	φόντην	
c. 43. ἐν αὐταῖς	.	.	ἐν αὐτοῖς	.
τὸ χρυσοῦν	om. τὸ			
Πελοπείας		Πελοπίας		
στρατεία	στρατιὰ	.	στρατιὰ	.
c. 44. δὲ ἡ Ὑψ.	καὶ Ὑψ.	.	.	.
γέννησιν	.		γένεσιν	
προῃρημένον	.		προειρημένον	προειρημένον
οἰκεῖα	.		οἰκεῖα	
ἡ Αἰθιοπ.	om. ἡ		.	
ἐγκατέλεξεν	.	.	.	ἐγκατάλεξεν
c. 45. Λακεδαίμων	.		Λακεδαιμονίων	.
δίσκῳ	.	.	Ἰσθμῷ	.
κατ' Ἀσκληπ.	.		καὶ τὴν Ἀσκλ.	.
c. 46. δεῖ	δὲ			
ἀεὶ	.	.	αἰεὶ	.
καὶ τὰ περὶ	.	.	om. καὶ	.
τὰ ἄλλα	.	.	τἄλλα	.
ἡ Αἴαντ.	.	.	om. ἡ	.
ἡ θατέρου	.	.	om. ἡ	.
c. 47. καὶ ἡ Ἡλις	.	καὶ ἡδεῖς	ἡδεῖς, om.καὶ ἡ	καὶ ἡδεῖς
c. 48. κατ' Ἀρχ.	κατὰ Ἀρχ.	.	καὶ Κ.ἀποθηρ.	.
Κ. θηρίωσις	.	.	καὶ Κ.ἀποθηρ.	.
καὶ Πανὸς	.	.	om. καὶ	.
c. 49. ἀφίκη	.	.	.	ἀφήκη

Ed. Teubner.	Cod. Gorl.	Cod.Marc.434.	Cod. Vat. 87.	Cod. Vat. 90.
c. 49. ἀμφοτέρους	om.	·	·	·
c. 50. κἀκεῖ πολλὰ	·	·	πολλὰ κἀκεῖ	·
Μελέαγρον	μενέαγρον	·	·	·
δαλόν	·	·	δολὸν	·
Ἐχινάδων	·	ὀχινάδων	·	·
Ἀλκμέωνος	·	·	Ἀλκμαίωνος	
c. 51. 52. ἔτι πλείω	·	ἐπὶ πλείω	·	ἐπὶ πλείω
νέων	·	·	νεῶν	νεῶν
c. 53. Λαοδάμειαν	·	·	·	Λαοδαμίαν
c. 54. κἀκεῖ	κακὰ	·	·	·
τὰ ἔτι ἀρχ.	om. τὰ	·	om. τὰ	·
καὶ ἡ παρ'	om. καὶ	·	·	·
c. 55. 56. Ἐρυθείας	·	ἐρυθίας (c. ει)	Ἐρυθίας	
c. 57. Καινέα	·	·	Κενέα	
c. 58. 59. τοῦ Διὸς	·	·	om. τοῦ	·
c. 60. Ἀιδου	·	·	Ἄδου	·
ἑταιρείαν	·	·	ἑταιρίαν	
c. 61. ἀφεὶς ᾄδειν	·	·	ᾄδειν ἀφεὶς	
e. 62. σαφήνειαν	·	·	• ·	σαφηνίαν
συνιέναι	·	·	·	συνειέναι
c. 63. τοῦ αὐλοῦ	αἰτοῦ	·	·	·
καὶ τῶν κτύ-	·	·	τὸν κτύπον,	·
πων	·	·	om. καὶ	
μηδὲν	·	·	μηδὲ ·	
γοητευομένων	·	γοητευομένοις		
τερετίσμασι	τερετίσματι	·	·	·
ἰδεῖν	·	·	εἰδεῖν	
γε	·	·	ex τ m I corr.	
ἐπιδείξασθαι	·	ἐπιδείξεσθαι	·	ἐπιδείξεσθαι
καὶ οὕτως —	·	om. sed. m.	·	·
αὐτῷ	·	adscr.		
ἐφ' ἑαυτοῦ	ἐφ' ἑαυτῷ	·	·	
Ἄρεος	·	·	Ἄρεως	·
Ἥφαιστον	ἥλιον	·	·	·
σαγηνεύοντα	·	·	σαγηνεύοντας	σαγενεύοντα
ὑποδ. δὲ	om. δὲ	·	·	·
Ἄρη	ὄρην	·	Ἄρην	·
γιγνομένοις,	·	·	γινομένοις	·
ταῖς χ.	·	αὐταῖς χ.	·	·

Ed. Teubner.	Cod. Gorl.	Cod.Marc.434.	Cod. Vat. 87.	Cod. Vat. 90.
c. 63. αὐταῖς λαλ.	.	om. αὐταῖς		.
c. 64. ἐπεὶ δὲ		.	ἐπεὶ δὲ καὶ	
ὡς τὸν N.	ἐς τὸν N.	.	ἐς τὸν N.	.
οὕτω:	.		οὕτω	
ἐτύγχανε	.	ἐτύγχανεν		.
ἐς τ. οἰκ.	εἰς τ. οἰκ.		.	.
οἰκείαν		οἰκίαν		
καϑ. αὑτοῦ	.		αὑτοῦ καϑ.	.
c. 65. καὶ τοῖς ῥ.	.	.	om. καὶ	
οἶδε γὰρ	.	οἶδε γοῦν	οἶδε γοῦν	οἶδεν γοῦν
τῷ ἐοικέναι	.	.	τὸ ἐοικέναι	
καὶ τὸ ἐξαιρ.		.	om. καὶ τὸ	
c. 66. ῥῆσιν	ῥῆσιν		.	
τοσούτων			τοσοῦτον	.
ὀρχησόμενοι	ὀρχησάμενοι	.	.	
ὁ αὐτὸς		om. ὁ		. .
ὑποκρινεῖται		ὑποκρίνεται		
ὦ βέλτιστε ἔφη	'	ἔφη ὦ βέλτιστε		
τὰς ψυχὰς	.	.	om. τὰς	.
c. 67. ἴσχων	ἔχων	.	' ἔχων	.
συνοικειοῦν		συνοικεῖν		
ἑαυτὸν	ἑαυτῶ	.	.	
ὑποκρινεῖσθαι	ὑποκρίνεσθαι	.	.	
ἄλλον — με-	.	om. sed. marg.	.	.
μετρ.		adscr.		
ταῦτα πάντα	.	.	πάντα ταῦτα	
c. 68. ξυλλαβὼν	.	.	συλλαβῶν	
c. 69. Λεσβῶναξ	.	.	Λεσβῶναξ	.
Μυτιληναῖος	.	.	Μιτυληναῖος	
χειροσόφους	.	.	χειρισόφους	
τὰ αὑτοῦ π.	.	.	τὰ αὑτοῦ π.	.
ἀπεστέρηκεν	.	.	ἀπεστέρησεν	
c. 70. καλῶς	.	.	καλὸς	
δείκνυσι	.	δείκνυσιν		δείκνυσιν
ἐπιδεικνύηται	.	ἐπιδείκνυται		
γε ἐν	γ᾽ ἐν	.	.	.
αἰσθήσεσι	ἀσθήσεσι	.	.	.

Ed. Teubner.	Cod. Gorl.	Cod. Marc.434.	Cod. Vat. 87.	Cod. Vat. 90.
c. 70. κατέσπαρται	.		παρέσπαρται	
τὸ τοῦ Ἀρ.	τοῦτο Ἀρ.	.		.
τἀγαθοῖ	.	.	τἀγαθὸν	.
ὀρχηστικῶν	ὀρχηστῶν	.	.	.
καὶ αὕτη	om. καὶ	.	.	.
c. 71. ἐπιτήδευμ.	ἐπειτήδευμ.	.	.	.
μόνη ἡ ὀρχ.	om. ἡ	.	om. μόνη	om. ἡ
πολύ γε	πολύ γε ὂν	.	.	.
γίγνεται	γίνεται	.	γίνεται	.
ἥδιον ὁρᾶν	.	.	ὁρᾶν ἥδιον	
κόνει	.	κόνι corr. in ει	.	.
σύντονον	om.	.	σύντομον	.
καὶ ἱππ.	.	.	om. καὶ	.
ὁρῶσι	.	.	.	ὁρᾶσιν
διδάσκον	διδάσκων	.	.	.
σώμασι	.	σώμασιν	.	σώμασιν
c. 72. τέρπουσα δὲ	τέρπουσα δὲ καὶ	.	.	.
ὀφθαλμῶν	.	.	ὀφθαλμοῦ	.
εἴ τ᾽ οὖν		εἰ γοῦν		
ποῦ ἂν	ποίαν ἂν	.	.	.
εὕροις — τὸ	om.	.	.	.
πάρεστιν	.	πρόσεστιν	.	.
γενήσῃ	.	.	.	γενήσει
ὁρᾷς	.	.	ὁρ. μὲν	.
μισοῦν·	.	.	μισοῦντα	.
γιγνόμενα	γινόμενα	.	.	.
c. 73. καὶ Ἡρ.	.	.	om. καὶ	.
δεικνύοι	δεικνύει	.	.	.
c. 74. ξυνετὸν	συνετὸν	.	συνετὸν	.
ἔτι δὲ καὶ	om. δὲ	.	om. καὶ	
κριτικόν τε	.	.	κριτ. ποτε	.
ἐλεγκτικὸν	.	.	ἐλεκτικὸν	.
c. 75. κατὰ τὸν Πολ.	.	.	om. τὸν	
ναννώδης	ναναώδης	.	μανώδης	ναναώδης
c. 76. τὰ τοιαῦτα	.	.	τὰς τοιαῦτα	.
γιγνομένων	γινομένων	.	.	.
ἀνεβόησαν	.	.	ἐβόησαν	.
Σὺ		ὡς		

Ed. Teubner.	Cod. Gorl.	Cod.Marc.434.	Cod. Vat. 87.	Cod. Vat. 90.
c. 76. πιμελοῦς	ἐπιμελοῦς	.	.	.
ἔφησαν	.	ἔφασαν		
πεφεῖσθαι	.	φεῖσαι	φεῖσθαι	φεῖσαι
ἐπεμνήσθην	.	ὑπεμνήσθην	.	
ἴδης	ἴδοις	.	εἰδῆς	.
σπουδ. ἐποι.	.	.	ἐποιήσ. σπουδ.	.
ὡς καὶ	.	.	om. καὶ	
c. 77. λυγίζ. τε	.	.	λυγ. ποτε	.
c. 78. δέοι	δέει	.	.	
μετέχει καὶ	om. καὶ	.	.	
ἐναγ. — Πολ.	.	om. sed m.	.	
καὶ	.	adscr.	.	
c. 79. ὥστε ἂν	.	ὥστ' ἂν		.
γιγνόμενα	γινόμενα	.	.	
ὁρώντων	.	.	ἐρώντων	.
τὸ δακρ.	.	.	τὸ καὶ δακρ.	
ὁπόταν	.	.	ὁπότε	
φαίνηται	.	.	φαίνητε	
μάλιστα	.	.	om.	
ἐν Πόντῳ	.	.	om. ἐν	.
τοὺς ἐκεῖ	.	.	om. τοὺς	.
μᾶλλον ἤ περ	μᾶλλόν περ ἤ			
λειτουργίαις	λειτουργείαις	.		
c. 80. τὰς ἀρετὰς	om. τὰς	.	.	
ἅπαντας	.	.	πάντας	
δεινὰς	.	.	τινας	.
παρωρχ. καὶ	.	.	om. καὶ	
τ᾿ς Θυέστ.	om. τὰς		.	.
παρηγμένος	παρηγμένας	.		
Σεμέλην	σελείκην	.		
τῷ κεραυνῷ	.	om. τῷ	.	
εἴκαζε	.	.	.	εἴκαζεν
αὐτὸ	.	.	αὐτῶ	.
μισητέον	.	.	μωμητέον	.
ἀλλὰ	.	.	ἀλλ' αὐ	.
εἰσίν	.	.	εἰς τοὺς	..
ἀμαθεῖς	ἀκαθεῖς	.		
c. 81. ὅλως	.	.	ὅμως	.
αὐτὸ	.	om.	.	.
αὐτῷ	om.	.	.	

Ed. Teubner.	Cod. Gorl.	Cod.Marc.434.	Cod. Vat. 87.	Cod. Vat. 90.
c. 81. ἐλλιπές—παι-			om.	
δείαν				
ἐλλιπές		.	.	ἐλλειπές
κεκραμενον	κεκρατημένον	.	.	
τῶν ὁρώντων	om.		.	
τὰ αὐτοῦ			τὰ αὐτοῦ	
τῷ ὀρχ.	om. τῷ	.	om. τῷ	om. τῷ
βλέπῃ	βλέπει	.	.	
πάσχειν	.		πάσχει	
εἴωθε	.	εἴωθεν		εἴωθεν
αὐτοὺς γν.	.	.	αὐτοὺς γν.	
ἐκείνης	om.	.	om.	
αὐτοῖς		om.	.	
περιγίγνεται	περιγίνεται	.	.	
c. 82. γίγνεται	γίνεται	.	γίνεται	.
δέοι	δέει	.	.	
c. 83. μέμνημαι ἰδών			ἰδὼν μέμνημαι	
τὰ ἄλλα		τἄλλα		
ᾗτινι		εἴ τινι		
ἐξοκείλαντα	.	.	ἐξωκείλαντα	
μαιν. αὐτός	.	.	μαιν. αὐτόν	
τῶν — ἑνὸς δὲ		om.		
καὶ ἐπὶ τ. ν.	.	.	μ.φρ.ἐπὶτ.ν.,	
μ. φρ.			om. καὶ	
ἀπεδέξατο	.	.	ὑπεδέξατο	
ἀπωλώλει			ἀπόλωλει	
γιγνομένοις	γινομένοις	.	.	
ἀλλ' ὀρχ.	ἀλλὰ ὀρχ.	.	ἀλλὰ ὀρχ.	.
ἄλλο		ἀλλὰ		
μακρῷ		καὶ μακρῷ	.	
ἔπραξε		ἔπραξεν		ἔπραξεν
δεδιότων	.	.	δεδειότων	
μαστιγώσῃ	.	.	μαστιγώσει	
c. 84. μανίᾳ	μανίαν			
συσστασιωτῶν		στασιωτῶν		
αὐτὸν		αὐτοῦ		
οὕτως κοσμ.	.	.	οὕτω κ.	
c. 85. αὐτά	.	.	ταῦτα	.
οὐδὲν	.	.	οὐδὲ	

Ed. Teubner.	Cod. Gorl.	Cod. Marc.434.	Cod. Vat. 87.	Cod. Vat. 90.
c. 85. θελχθήσῃ	.	.	.	θελχθήσει
ὅπερ γὰρ	om. γὰρ		.	.
ἐθέλει	.	.	.	ἐθέλη
ἐγείρει	.	.	ἀγείρει	.
καὶ τὰ ὦτα	om. καὶ	.	om. καὶ	.
καὶ ἐμοὶ	καί μοι	.	καί μοι	
σεαυτῷ	.	.	σαυτῷ	
ἐπανίῃς	.	.	ἐπανίοις	

Verzeichniss der Stellen, in welchen die vorstehende Ausgabe von der Jacobitz'schen (Leipzig bei Teubner 1852) abweicht.

Auf Grund handschriftlicher Autorität und nach Conjecturen. *)

Πῶς δεῖ ἱστορίαν συγγράφειν

Die vor ‖ stehenden Worte enthalten den Text von Jacobitz, die auf ‖ folgenden den dieser Ausgabe.

c. 1. μεστὴ ἦν ἡ πόλις ὠχρῶν ἁπάντων καὶ λεπτῶν τῶν ἑβδομαδαίων ἐκείνων τραγῳδῶν ‖ μεστὴ ἦν ἡ π. τῶν ἑβδομαδαίων ἐκείνων τρ. ὠχρῶν ἁπάντων καὶ λεπτῶν Sbdt. (μεστὴ ἦν ἡ πόλις τραγῳδῶν, ὠχρῶν ἁπάντων καὶ λεπτῶν, τῶν ἑβδομαδαίων ἐκείνων Fr.)

c. 4. ὥσπερ κωμικὸν δορυφορήμα κεχηνὼς = ὥσπερ κ. δ. κεχηνός. Cod. Marc. 434. οὐχ ὡς ἱστορίαν συγγράψειν οὐδὲ πράξεις αὐτὰς διεξιέναι ‖ οὐχ ὡς ἱστ. — πράξεις αὐτὸν διεξιέναι Vat. 87 ἀνέξω ἐμαυτὸν ‖ ἀπείρξω ἐμ. Sbdt. παραίνεσιν δέ τινα μικρὰν ‖ παραίνεσιν δέ τινα ταύτην μ. Sbdt.

c. 5. εἴ τι ἐν λόγοις καὶ ἄλλο ‖ εἴ καίτι ἄλλο ἐν λόγοις Sbdt. μάνια ἤ γε ἐλπὶς ‖ μανία ἤδη ἤ γε ἐλπὶς Sbdt. μετεγγράψωσι ‖ μεταγράψωσι Fr.

c. 6. ἐπ᾽ εὐθὺ ‖ [ἐπ᾽] εὐθὺ Sbdt. ἀγούσης, ἀρχήν τε — συναρμόσαι ταῦτα — ὕστερον ‖ ἀγούσης. ἀρχὴν δὲ — συναρμόσαι, ταῦτα — ὕστερον Madv. κοινὰ γὰρ — ἁρμονίᾳ ‖ [κοινὰ γὰρ — ἁρμονίᾳ] Rud.

---

*) Bk. = Bekker. Cob. = Cobet. Ddf. = W. Dindorf. Fr. = Fr. Fritzsche. Hm. = C. F. Hermann Hn. = Herwerden. Madv. = Madvig. Rud. = Rudolph. Rz. = Reitz. Rp. = Roeper. Sauppe. = H. Sauppe. Sbdt. = Sommerbrodt. Ueber die Handschriften vgl. S. IX.

c. 7. τὰ τοιαῦτα ‖ τοιαῦτα *Sauppe* ἐπαίροντες ‖ αἴροντες *Cob.* στε-
νῷ τῷ ἰσθμῷ ‖ στενῷ τῷ ἰσθμῷ *Sauppe.* καὶ εἰ ψευσαμένῳ
ὑπάρχει τυχεῖν τοῦ τέλους, ὀλίγου ἂν φροντίσειεν ‖ κἂν
ψευσαμένῳ ὑπάρχῃ τυχεῖν τοῦ τέλους *Sbdt.* ἡ ἱστορία ‖ [ἡ
ἱστορία] *Sbdt.*

c. 8. ἀκρατὴς ‖ ἄκρατος *Fr.* φθόνος οὐδείς, οὐδὲ ‖ φθόνος οὐδείς.
οὐδὲ *Bk.* δεῖ ‖ δὴ Creuzer ἐπεισάγει ‖ ἐπεισάγοι 87. περι-
βάλοι ‖ περιβάλλοι Cod. *Harl.*

c. 9. ἅπερ ‖ ὅπερ *Fr.* ἐπιδείξομεν ‖ ἀποδείξομεν *Fr.* οἱ δὲ οἴονται ‖
ὅσοι δὲ οἴονται 434. 87. Cod. *Harl.* καὶ Νικόστρατον ‖ Νικό-
στρατον 434. 87. Cod. *Harl.* Ἰσιδότου ‖ τὸν Ἰσιδότου 87.
εἰ αὐτὸς μὲν αἴσχιστος ὀφθῆναι εἴη τὴν ὄψιν ‖ εἰ αὐτὸς
μὲν αἴσχιστος εἴη ὀφθῆναι, del. τὴν ὄψιν *Sbdt.*

c. 10. τοῖς ἀκούουσιν ‖ del. *Sbdt.* ἐνεσκευασμένον ‖ ἑκάτερον ἐνεσκ.
Fr. τὸ θέαμα αἴσχιστον ‖ θέαμα αἴσχιστον *Sbdt.*

c. 11. οἱ ὀλίγοι δὲ ‖ οἱ λόγιοι δ᾽ 87. κατὰ τέχνην ‖ κατὰ τὴν τέχ-
νην 87.

c. 12. ὥσπερ Ἀριστόβουλος μονομαχίαν γράψας Ἀλεξάνδρου καὶ
Πώρου — λαβὼν ἐκεῖνος τὸ βιβλίον — ἔρριψεν ‖ ὥσπερ Ἀλέ-
ξανδρος Ἀριστοβούλου μονομαχίαν γράψαντος Ἀλεξάνδρου καὶ
Πώρου — λαβὼν τὸ βιβλίον — ἔρριψεν *Madv.*

c. 13. ἐν τούτοις, ‖ ἐν τούτοις; *Bk.* πλεῖον ‖ πλέον 87. καὶ τὸ
ἴδιον ‖ κατ᾽ ἰδίαν *Sbdt.* πάσῃ ἀλλὰ ἃ ‖ πόσα ἄλλα *Madv.*
ἐν τοῖς ἄλλοις κάλλεσι ‖ ἐν τοῖς κάλλεσι 87.

c. 14. πρόσθεν μὲν ἔφευγεν ἐσθλός τις ἐδίωκε δὲ μιν μέγ᾽ ἀμείνων ‖
πρόσθε μὲν ἐσθλὸς ἔφευγε, δίωκε δέ μιν μεγ᾽ ἀμείνων *Ddf.*
Fr. αἴρειν ‖ ἀρεῖν *Fr.* Οὐολόγεσος ‖ Οὐολόγεσσος 434.

c. 15. Κρεπέρηος ‖ Κρεπερήιος *Hm.* Πομπηϊουπολίτης ‖ Πομπηϊοπολί-
της *Cob.* αὐτὸν ῥήτορα παραστησάμενος ‖ αὐτῷ ῥ. π. *Madv.*
ὥστε καὶ — κατέβη ‖ εἶτα καὶ — κατέβη *Sauppe.* τὰ αὐτοῖ
ἐκείνου ‖ τὰ αὐτὰ ἐκείνῳ *Cob.* μικρὰ ῥάκια — δι᾽ αὐτὴν ‖ [ ]
Sbdt. ὥσπερ τὴν πορφύραν ‖ ὥσπερ δὴ πορφ. *Sbdt.*

c. 16. ἀπογραφόμενος ‖ ὑπογραφόμενος 87. ὅτι ἀρξάμενος ‖ ἀρξάμενος
Sbdt.

c. 17. φροιμίου ‖ προοιμίου 434. 87. Cod. Harl. ἢ αὐτὸν εἰπεῖν ‖
μὴ αὐτὸν εἰπεῖν *Madv.*

c. 18. ἦν Ὀσρόης ‖ ἦρεν Ὀ. *Fr.* ὀνυμέουσι ‖ οὐνομαίνουσι *Sbdt.*

c. 19. τὴν Κασπίαν χιόνα ‖ τὴν Κασπιακὴν χ. 434. 87. C. *Harl.*
ὧν ἄνευ οὐκ ἂν ᾔδειμεν τι ‖ ὧν οὐκ ἄν τι ἄνευ ᾔδ. *Sbdt.*

c. 20. ὑπερεμπίπλαται ἔτνους τινός ‖ ὑπερεμπ. ὡς ἔτνους τινὸς *Sbdt.*

c. 21. μετεγγράψαι ‖ μεταγράψαι 434. 87. *Harl.* τις εἱστήκει ‖ τέως
εἱστήκει *Fr.*

c. 22. περὶ αὐτούς; ‖ περὶ αὐτοὺς *Bk.*

c. 23. τὸ σῶμα δὲ αἰτὸ τὸ τῆς ἱστορίας ‖ τὸ σῶμα δὲ αὐτὸ τῆς ἱστ. 87. μικρόν τι ‖ μικρόν τε Fr. Gorl. Τιτᾶνος ‖ Πανὸς O. Jahn. γελοῖος ‖ γελοίως Bk. ἀπροιμίαστα — πραγμάτων ‖ [ἀπρ. — πραγμάτων] Sbdt. ἄλλους ‖ ἄλλους πολλοὺς 87.

c. 24. τοῦτο τῶν ἐπὶ κουρείων ‖ τοῦτο τῶν ἐπὶ κουρείῳ Fr. 87.

c. 25. βρόχου ἅψασθαι ‖ βρόχον ἅψ. 434. Harl. θραυσμάτων ‖ θραυμάτων 434. 87.

c. 26. τὸν Θουκυδ. ‖ Θουκυδ. Gorl. Bk. ὁ Ἀφρ. ‖ Ἀφραν. Fr. ἢ τοιαῦτα ἐρρητόρευε ‖ εἴ τ. ἐῤῥητόρευε 87. 434. Harl.

c. 27 εὐθυεργὲς ‖ εὐεργὲς Hn. διεξιών ‖ διεξιοίη Bk.

c. 29. ἴωσι ‖ ὦσιν Cob. πλαγίαν μὲν τὴν φάλαγγα, ἐπὶ κέρως δὲ λέγειν τὸ ἐπὶ μετώπου ἄγειν ‖ πλαγίαν μὲν τὴν ἐπὶ κέρως φάλαγγα, ἐπὶ κέρως δὲ λέγειν — ἄγειν Sbdt.

c. 30. συνέτριψε ‖ συνέθλιψε Sbdt.

c. 31. ὅτι δὲ καὶ πράξουσιν ‖ ὅ τι δὲ πρ. 87.

c. 32. ὡς Ἀτθίδος δῆλον ὅτι ‖ [ὡς—ὅτι] Sbdt. Παρθονικικά ‖ Παρθυηνικά. . . . Fr.

c. 33. εἴ τι τραχύ ‖ εἴ τι τραχὺ ἦν Belin Bk.

c. 34. φημὶ τοίνυν ‖ φημὶ δή τοίνυν 87. συγγράφοντα ‖ συγγράψοντα Cob. Bk. Fr. ἀποφαίνειν ‖ ἀποφανεῖν Cob. ἀπὸ Κόνωνος — ἀπὸ Λεωτρ. ‖ ἐκ Κόν. — ἐκ Λεωτ. Cob.

c. 35. Ἀλλὰ ποῦ — χρήσιμον: ‖ ἀλλά που — χρήσιμον 87. οὐκ ἐς ποίησιν — προσήκουσαν ‖ [οὐκ ἐς π. — προσηκ.] Sbdt. οὐχ ὑπόσχοιντο ‖ ὑπόσχ., om. οὐχ 434. 87. Harl. που τὸν Περδίκκαν ‖ οὐ τὸν Π. Bk. ἀποφαίνειν συγ. ‖ ἀποφανεῖν συγ. Cob.

c. 36. καίτοι ‖ om. Sbdt.

c. 37. καὶ γνώμην στρατ. ἀλλὰ μετὰ τῆς πολ. ‖ ἀλλὰ καὶ γνώμην στρατ. μετὰ τῆς πολ. Sbdt. ἔχειν ‖ ἔχων Bk. καὶ μηχανήματα, ἔτι δὲ ‖ καὶ μηχανήματα οἷα Sbdt. (ὤνια 87). ἐξελαύνειν — περιελαύνειν ‖ ἐξελίττειν — περιελίττειν Cob.

c. 38. μήτε Φίλιππος ἐκκεκομμένος — δειχθήσεται ‖ μήτε Φιλ. εἰ ἐκκεκομμένος — δειχθ. Sbdt. ἀλλὰ τοιοῦτος ‖ om. ἀλλὰ 87. μήτ' εἰ Ἀλεξ. ἀνιάσεται ‖ μήτε Ἀλεξ. ὃς ἀνιάσεται Sbdt. (om. εἰ 434. 87.) ὀλέθριος ‖ ὄλεθρος Cob. ἀλλὰ μηνιτὴς ἦν ‖ ἀλλὰ μηνυτὴς Sbdt. ποιητὴς αὐτῶν ‖ π. αὐτὸς 87. τότε ‖ ποτε Bk. παρέλειπεν ‖ παρέλιπεν Fr.

c. 39. ἐν ὡς ἐπράχθη εἰπεῖν ‖ ἕκαστα ὡς ἐπ. εἰπεῖν Sbdt. (ἐν, ὡς ἐπράχθη ἕκαστα εἰπεῖν Fr.) οὐκ ἀφέξεται ‖ οὐ φείσεται Bk. εἰ — ἴῃ ‖ εἰ — ἴοι 434. 87.

c. 40. θεραπεύοι ‖ θεραπεύει Gorl. ὅς, Ἡδέως ἂν — ἀνεβίουν ‖ ὅς, ἡδέως ἂν — ἀναβιοίην Hn ὢν μάθοιμι ‖ ὅπως μ. 434. 87. Harl ὅπως ταῦτα ‖ πῶς ταῖτα Fr.

c. 41. ὀνομάσων ‖ ὀνομάζων *Iensius*. οὐ μίσει οὐδὲ φιλίᾳ τι νέμων ‖ οὐ μίσει οὐδὲν οὐδὲ φ. νέμων *Sbdt*.

c. 42. κτῆμα γὰρ ‖ κτῆμά τε γὰρ *Solanus*.

c. 43. σύστοιχος ‖ εὔστοχος *Usener*

c. 44. ἐπεὶ τοῖς κατηρτυμένοις τῶν ζωμῶν ἐοικ'ίτας ἀποφαίνει τοὺς λόγους ‖ ἐπεὶ τοιούτοις τοῖς κ. — ἀποφανεῖ τοὺς λόγους (τοιούτοις *Sbdt*. ἀποφανεῖ *Fr*.)

c. 45. ξενίζουσα δὲ ‖ μὴ ξενίζουσα δὲ *vulg*. *Bk*. τότε τῇ γ. ‖ ποτὲ τῇ γ. *Sbdt*.

c. 46. ἀπαρτῶντα ‖ ἀπαρτῶντα ῥυθμοῦ *Sbdt*. ὡς οἱ πολλοὶ ‖ ὡς οἱ ποιηταὶ *Fr*.

c. 49. κατὰ ταῦτα ‖ κατὰ ταῦτα γὰρ 434. 87. *Harl*. ἐπίβασιν ‖ ἀπόβασιν *Fr*. ἐς τοὺς στρατ. μέντοι ‖ ἀλλ' ἐς τοὺς στρατηγοὺς μὲν *Fr*. ἀκηκούσθω ‖ ἀκηκοέτω *Cob*.

c. 50. ἐπέστω ‖ ἐπιθεὶς *Sbdt*.

c. 51. ἀθόλῳ ‖ ἀδόλῳ 87. οἱ γὰρ ὥσπερ τοῖς ῥήτορσι γράφουσιν ‖ οὐ γὰρ ὥσπερ τοῖς ῥήτορσι . . . . γράφ. *Fr*. ἔστι καὶ εἰρήσεται ‖ οἷά ἐστι καὶ εἰρ. *Fr*. μετὰ ταῦτα ‖ αὐτὰ *Fr*. μετὰ τοῦτο ‖ κατὰ τοῦτο *Bk*. τῷ τῆς ἱστορίας Φειδίᾳ ‖ [τῷ — Φειδίᾳ] *Sbdt*.

c. 53. περιορίζων ‖ προορίζων 434.

c. 54. καὶ μείζω ‖ [κ. μ.] *Hm*.

c. 55. καὶ αὐτὴ ‖ καὶ αὐτῇ *Bk*.

c. 56. καὶ τοῖς ὀρνέοις καὶ λοπάσι τοσ. καὶ συσὶν — ὑπογαστρίοις ‖ καὶ τοῖς ὀρνέοις καὶ συσὶν — ὑπογαστρίοις καὶ λοπ. τοσ. *Fr*.

c. 57. οἷον ὁρᾷς καὶ Ὅμηρος — ποιεῖ ‖ οἷόν τι ὁρᾷς ὡς καὶ Ὅμηρος ποιεῖ *Sbdt*. ποιεῖ· καίτοι π. ὧν ‖ ποιεῖ καίτοι π. ὧν *Sbdt*. Ἐπιπολῶν σχῆμα ‖ Ἐ. ἔρυμα *Bk*.

c. 59. ταχεῖς ‖ σαφεῖς 87.

c. 61. ἐρῶ — ‖ ἐρῶ — . . . *Sbdt*.

c. 62. τὸ αὐτοῦ ὄνομα ‖ τὸ αὐτοῦ ὄνομα *Reitz*. τὸν αὐτοῦ βίον ‖ τὸν αὐτοῦ βίον *Reitz*.

c. 63. τοῖς νῦν ἐπαινουμένοις ‖ τοῖς νῦν [ἐπαινουμένοις] *Sbdt*.

RHETORUM PRAECEPTOR.

c. 1. καὶ σὺ νῦν ‖ σὺ νῦν *Sbdt*. (νῦν σὺ 434).

c. 2. πρὸς τὸ τέρμα. τὸ μὲν οὖν θήραμα ‖ πρὸς τὸ τέρμα, [τὸ μὲν οὖν θήραμα] 436 *Harl*.

c. 3. προπονῆσαι ‖ προπονήσειν 434. οὐ καμὼν ‖ τοὺς γάμους *Sbdt*. ἔκπνους ‖ ἐκείνους 434.

c. 4. εἰ γὰρ Ἡσίοδος ‖ ἢ γὰρ Ἡσ. *Sbdt*. ἔνερθεν ‖ ἔνερθε 434. 436. *Vind*.

c. 5. ἔμπορον ‖ ἄνθρωπον 436.

c. 6. δύο — αἱ ‖ δύο — ὦ *Cob*. καὶ δῆτα ἡ μὲν ‖ καὶ αὐτὴ μὲν

c. 6. *Uenor.* ἐπὶ θατέρᾳ ‖ ἐν θατέρῳ 436 *Vind.* περιπλεκέσθωσαι·
ἐκπετόμενοι ‖ προσπλεκόμενοι 436 *Vind.* ἤπου ‖ ἢ που *Gorl.*
Ἵππου τοῦ ποταμίου ‖ ἱπποποτάμου 434.

c. 7. εὔυδρος ‖ ἔνυδρος 436. μικρῷ πρόσθεν ‖ μικρὸν ἔμπροσθεν
Sbdt. (μικρὸν πρόσθεν 436) Ἵνα μὴ καὶ ταὐτὰ λέγων πολλά-
κις ἐπέχω σε ‖ Ἵνα μὴ ταὐτὰ λέγ. π. ἐ. σε *Sbdt.* (Ἵνα μὴ πόλ-
λακις τὰ αὐτὰ λέγων ἐπέχω σε 434).

c. 8. διότι ‖ ὅτι v. εἶχεν ‖ ἔχει *Sbdt.* καὶ ἐγώγε ‖ καὶ ἐγὼ γὰρ *Sbdt.*
ἐπὶ δ᾽ οὖν τὴν ἀρχὴν ἀφικόμενος εὖ οἶδ᾽ ὅτι ἀπορήσεις, καὶ
ἤδη ἀπορεῖς, ὁποτέραν τραπητέον. ὃ οὖν ποιήσας ἤδη ῥᾷστα
ἐπὶ τὸ ἀκρότατον ἀναβήσῃ — ἐγώ σοι φράσω ‖ ἐπεὶ δ᾽ οὖν εἰς τὴν
ἀρχὴν ἀφικόμενος εὖ οἶδ᾽ ὅτι ἀπορήσεις [καὶ ἤδη ἀπορεῖς]
ὁποτέραν τρεπτέον, ἤδη ὡς ῥᾷστα ἐπὶ τὸ ἀκ. ἀναβήσῃ — ἐγώ
σοι φράσω *Sbdt.*

c. 9. πρόσεισι ‖ πρόεισι 434. 436. *Vind.* ὁδοῦ ἐκείνης ‖ ἐκείνης
ὁδοῦ 434. 436. εἰ — παραβαίης ἢ ἔξω πατήσειας ‖ εἰ —
παραβαίης ἔξω τῆς εὐθείας 434. Ἡγησίου ‖ Ἡγίου *Brunn.* Κρι-
τίαν ‖ Κριτίον *Brunn.* ὁ δὲ ἐπὶ τούτοις ‖ τὸ δὲ ἐπὶ τούτοις *Sbdt.*

c. 10. ἐς τὸ εὐθὺ τῆς ῥητορικῆς ὁδός ‖ εὐθὺ τῆς ῥητορικ. ὁδὸς *Sbdt.*
μακρὰ χαίρειν λέγε ‖ μακρὰ χαίρειν εἰπὼν λέγε *Sbdt.*

c. 11. Σαρδανάπαλλον ‖ Σαρδανάπαλον 434. 436. Ὑμήττιον ‖
Ὑμηττικὸν *Meineke.* ῥήτωρ ‖ ῥήτωρ ἔσῃ 434.

c. 12. οὐ τοῦ ἀβροῦ ‖ οὐ πρὸς ἀβροῦ 434.

c. 13. ὑπερεκπεπληγμένων ‖ ὑπερεκπληττομένων 436. πολὺ ‖ [πολὺ]
Sbdt. (om. 436). ὁπόσουν ‖ ὁπόσον 434.

c. 14. παρ᾽ ἄλλου ‖ παρ᾽ ἄλλων 436. ἀλλ᾽ ἀνίπτοις ποσίν — ἡ
παροιμία φησίν — ἔμβαινε ‖ ἀλλ᾽ ἀνίπτοις — φησὶν ἡ παροι-
μία — ποσὶν ἔμβαινε 436. τὸ κοινότατον ‖ τὸ καινότατον *Sbdt.*

c. 15. καὶ μέσα καὶ τελευταῖα ‖ καὶ τὰ μέσα καὶ τὰ τελευταῖα 436.
ἢ ἐπιείκειαν ‖ καὶ ἐπιείκειαν 436. ἢ μετριότητα ἢ ἐρύ-
θημα ‖ καὶ μετρ. καὶ ἐρύθημα *Sbdt.*

c. 15. ταῦτα δὲ πάνυ ἀναγκαῖα μόνα καὶ ἔστιν ὅτε ἱκανά ‖ ταῦτα
δὴ πάντα ἀναγκαῖα καὶ μόνα ἔστιν ὅτε ἱκανά *Sbdt.*
ἡ ἐσθὴς δὲ ἔστω εὐανθὴς καὶ λευκὴ ἔργον τῆς Ταραντί-
νης ἐργασίας, ὡς διαφαίνεσθαι τὸ σῶμα καὶ ἡ κρηπὶς Ἀττι-
κὴ καὶ γυναικεία τὸ πολυσχιδές, ἢ ἡ ἐμβὰς Σικυωνία ‖ ἡ
ἐσθὴς δὲ ἔστω εὐανθὴς καὶ λευκὴ [ἔργον] τῆς Ταραντίνης
ἐργασίας, ὡς διαφαίνεσθαι τὸ σῶμα, καὶ ἡ κρηπὶς Ἀττικὴ
[γυναικεία] τῶν πολυσχιδῶν, ἡ ἐμβὰς Σικυωνία *Sbdt.* ταῦτα
μὲν αὐτὸν χρὴ συντελεῖν ‖ [ταῦτα — συντελεῖν] *Sbdt.*

c. 16. ἀλλὰ σχήματος ‖ [ἀλλὰ] σχήματος (om. ἀλλὰ 434) καὶ ταῦτα
ἀκριβῶς ἐκμελετήσας ‖ ἀκριβῶς ἐκμελετήσας αὐτὰ *Sbdt.*

17*

c. 17. μετὰ δὲ ‖ μέτει δὲ *Hm.* ὑπὲρ αὐτοὺς ‖ ὑπὲρ αὐτοὺς *Bk.* λέγοι τις ‖ λέγοις 434. τὸν συνετὸν ‖ τὸν δὲ συνετὸν *Bk.* μηδὲ εἴ τι ὁ λῆρος Ἰσοκράτης ‖ μήτ᾽ εἴ τι λῆρει ὁ Ἰσοκρ. *Sbdt.* ἦ ὁ — Δημοσθένης ‖ μήθ᾽ ὁ — Δημοσθένης *Sbdt.* (μηδ᾽ 434).

c. 18. ἐπειδὰν — δέῃ λέγειν καὶ οἱ παρόντες ‖ ἐπειδὰν — λέγειν . . . καὶ οἱ παρ. *Sbdt.* εὐχερῆ λέγεσθω ‖ ψέγεσθω *Hm.* (εὐχερῆ om. 434. 436). ἑλομένων· ἑλομένων δὲ ‖ [ἑλ.] ἑλομένων δὲ *Sbdt.* ἐπὶ πᾶσι δὲ ‖ ἐπὶ δὲ πᾶσι 436. ὁ Λεωνίδας ‖ Λεωνίδας (om. ὁ) 434.

c. 20. τεθήπασι ‖ τεθηπότες *Sbdt.* ἕχουσιν ‖ ἕξουσιν 434. ὅπως ἀπιστήσουσι ‖ ὅπως ἀπιστήσωσι *Cob.* μήποτε — γράψῃς ἢ σκεψάμενος παρέλθῃς ‖ μήποτε — γράψας ἢ σκ. παρέλθῃς *Cob.*

c. 21. πηδάτωσαν ‖ ἀναπηδάτωσαν *Sbdt.* τὸν χορὸν ἕχειν οἰκεῖον ‖ χορὸν ἔχ. οἰκεῖον *Sbdt.*

c. 22. οὐχ ἑαυτοῦ ‖ οὐκ αὐτοῦ 434, δεικνύειν δοκείτω ‖ [δεικνύειν] δοκείτω *Sbdt.* ἢν δὲ μετρίως ἐνεχθῇ ‖ ἢν δὲ μετρίως [ἐνεχθῇ] *Sbdt.* ἐπιστρέφοντα ‖ ἐπιστρέψοντα *Bk.* ἀναισχυντία καὶ ψεῦδος ‖ ἡ ἀναισχυντία καὶ τὸ ψεῦδος 434.

c. 26. καθάπερ — διδάσκαλος ‖ [καθάπερ — διδάσκαλος] *Sbdt.*

PISCATOR.

c. 1. ὅντινα ὑμῶν ‖ ἡμῶν ὅντινα 90.

c. 2. καθ᾽ ἕκαστον γοῦν δίκαιος ‖ καθ᾽ ἕκαστον ἐπιάκις γοῦν δίκαιος *Bk.* Vgl. 434. 436. ἵν᾽ ἂν ‖ ἵνα *Gorl.* 434. 436. καὶ — ‖ om. 434. 436. 87. 90.

c. 3. ἱκετεύω ‖ ἱκετεύσω *Fr.* 90. ἀμάς ‖ ἀμάς 87. τί δὲ οὐχὶ ‖ τί δ᾽ οὐχὶ *Gorl.* 436.

c. 4. οὐδεμία μηχανὴ τὸ διαφυγεῖν με ‖ οὐδ. μηχ. (τοῦ) διαφυγεῖν με *Sbdt.* (τοῦ 436.) τὸν Ἀιδωνέα ‖ τὸν Ἅιδην *Gorl.* 436. 87. *Vind.* 123. ὁ Πλάτων ἐγὼ ‖ Πλάτων ἐγὼ 436. ὁ Διογένης ‖ Διογένης 436. 87.

c. 5. καὶ ἤδη γε ‖ ἢ τέ κεν ἤδη *Sbdt.* ὁρᾶτε οὖν ‖ ὁρᾶτε γοῦν 434. μὴ — αὐτὸ ποιῆτε ‖ μὴ — αὐτοὶ ποιῆτε *Cob.*

c. 6. γνωρίζουσιν ἕκαστος τὸ ἄνθος ‖ γν. ἕκαστον τὸ ἄνθος *Vind.* 123.

c. 7. ἐναντιώτατον γοῦν ἐστί σοι τῷ πράγματι ‖ ἐν. γοῦν ἐστι τῷ πράγματι *Fr.* 434. διά γε τοῦτο ‖ δι᾽ αὐτὸ τοῦτο *Cob.* δίκαιος εἶ ‖ δ. ἂν εἴης 434.

c. 9. ὑπολογήσασθαι ὑπολαμβάνω ‖ ὑπολογήσεσθαι ὑπ. 434.

c. 10. ἀξιῶν δικάζεσθαι ἀξιῶν 434. τὸ πρὸ δίκης γὰρ οὐχ ἡμέτερον ‖ τὸ πρὸ δίκης γὰρ ἀποκτείνειν οὐχ ἡμ. *Sbdt.* τὸ δίκαιον ἐν τῇ χειρὶ τιθεμένων ‖ ἐν τῇ χειρὶ τ. δ. τιθ. *Fr.*

c. 11. ἀπεδείκνυον ‖ ἐπεδείκνυον *Gorl.* 434. *Vind.* 123.

c. 12. πολλάκις αὐτὸς εἰκάσας ‖ πολ. ἢ αὐτὸς εἰκ. *M(Paris.* 2954.) *Fr.* ἐσιόντων τε καὶ ἐξ. ‖ ἐσιόντων καὶ ἐξ. *Gorl.* 436. 87. ἀπάντων σκυθρωπῶν ‖ [σκυθρωπῶν] ἀπάντων *Sbdt.* (om. σκυθρ. *Gorl.* 436. *Vind.* 123.) οὐδὲ — οὐδὲ ‖ οὔτε — οὔτε *Fr.* τὰ ῥήματα πάντα ἑταιρικὰ ‖ τὰ ῥήματα πάνυ ἑτ. 434. 90. τοὺς πλουσιωτέρους ἂν παρακαθισαμένη ‖ τοῖς πλουσιωτέροις ἂν παρακαθισαμένη *Fr.* ἐπὶ πόδας ‖ ἐπὶ πόδα *Cob.*

c. 13. οὐδὲ γὰρ ‖ οὐ γὰρ 434. ἀλλὰ οὐδὲν ‖ ἀλλ' οὐδὲν 434. 87. 90. τοῦτο ὁσημέραι ποιεῖν ἔθος ‖ τοῦτο γὰρ ὁσημέραι π. ἑ. 434. 436. 87. 90. ὁρᾷς τὴν κόσμιον τὴν ἀπὸ τοῦ σχήματος ‖ ὁρᾷς τὴν κόσμιον ἀπὸ τοῦ σχήμ. *Sbdt.*

c. 14. ἐπιὼν ‖ παριὼν *Fr.*

c. 15. καὶ σοὶ ἂν δοκῇ τοῦτο, ποιήσῃ τέλος ‖ καὶ σοὶ ὅ τι ἂν δοκῇ τοῦτο π. τ. 90. *Sbdt.* ἠγόρευσε ‖ ἠγόρευε 90.

c. 16. καὶ αὐταὶ ‖ καὶ αὗται 87. ἡ ἀμυδρὰ δὲ αὕτη ‖ om. αὕτη *Gorl.* 434. 436. 87. 90. Νὴ Δία ἀκολ. ‖ νὴ Δί' ἀκολ. 436.

c. 16. μίαν δικάσαι δίκην ‖ τινα δικάσαι δικ. *Sbdt.*

c. 17. συνοικωτάτω ‖ εὐνοϊκωτάτω 87. ὡς τὸν δείλαιον τουτονὶ — σῶσαι δυνηθῶμεν ‖ τὸν δείλαιον τουτονὶ — ἄν γε σῶσαι δυνηθῶμεν, om. ὡς *Sbdt.* (ἄν γε *Gorl.* 436. *Vind.*) εἰ καί τις ἄλλος ‖ [εἰ — ἄλλος] *Sbdt.* (om. *Gorl.* 436. 87. *Vind.*)

c. 18. Δικαιοσύνης ταίτης συμπαρούσης ‖ Δ. ταύτῃ συμπ. *Gorl.* 436. 87.

c. 20. τὸ τοιουτῶδες εἶδος ‖ τὸ τοιουτῶδες [εἶδος] *Sbdt.* λέγω δὲ τὴν ἀπὸ τοῦ φίλου τὴν ἀρχὴν ἔχουσαν ‖ λέγω δὲ τὴν ἀπὸ τοῦ φίλο τὴν ἀ. ἐχ. *Halm.*

c. 21. κἂν πλείους ὦσι ‖ καὶ πλ. ὦσι 434. 90.

c. 22. ὅστις — κατηγορῆσαι ἂν δοκῇ ‖ ὅστις — κατηγορήσειν δοκεῖ 436. 87. τίς οὖν ἂν ἐπιτηδειότατος — γένοιτο πρ. τ. δ. σοῦ; ‖ τίς οὖν ὁ ἐπιτηδειότατος — ἂν γένοιτο π. τ. δ.; σὺ 434. 436. 90. δεινότερος οὗτος ἐστιν ‖ om. ἐστιν *Gorl.* 436. 87. *Vind.*

c. 23. ὁρᾷς δέ, μόνον σε προεστησάμεθα ‖ σὲ δὴ μόνον, ὁρᾷς, προεστησάμεθα *Sbdt.* (ὁρᾷς μόνον δὴ σε προεστ. *Fr.*)

c. 24. ἄριστον γὰρ ‖ [ἄρ. γὰρ] *Sbdt.* (om. *Gorl.* 87. *Vind.*) ἐκκέχυται ‖ ἐγκέχυται *Vind.* (*Fr.*)

c. 25. χαίρουσιν ἀποσκώπτουσι ‖ χ. τοῖς ἀποσκ. 434. 90.

c. 26. διαγόρευει ‖ [δι]αγορεύει (ἀγορεύει 434. 87. 90.) ἐπιούσης ‖ ἐπούσης *Sbdt.* (οὔσης *Hn.*) ὑπ' τὸ σὸν ὄνομα — ὑπελθὼν ‖ τὸ σὸν ὄνομα — ὑπ. *Sbdt.*

c. 27. τὰ αἴσχιστα ‖ τὰ ἔσχατα 434. 87. 90.

c. 28. ἅπαντα ‖ [ἅπαντα] del. *Fr.*

c. 29. ἢ αὐτὸς οὗτος ‖ ἢ οὗτος, om. αὐτὸς 436. 87. *Vind.* ἢ ἐγὼ ‖ ἢ

c. 29. αὐτὸς ἐγὼ Sbdt. αἰτιάσεσθαι ‖ αἰτιάσαισθε Bk. τοιαῦτα ποιοῦντας ‖ τοὺς τοιαῦτα π. Fr. [καλὰ] ‖ καλὰ υ.

c. 30. ὅπερ νὴ Δία καὶ τῶν καθ᾽ ἡμᾶς αὐτοὺς ὀλίγοι ποιοῦσιν ‖ om. καὶ Sbdt.

c. 31. οὐκ ἔρωτι φιλ. ἐχομένους, ἀλλὰ δόξης — πράγματος ‖ οὐκ ἐρ. φ. ἐχομένους, ἀλλὰδόξης — πράγματος ἐφιεμένους 90.

c. 32. ὅτου αὐτὸν ἐπώνυμον ὁ διαμαρτάνων — ἐποιεῖτο ‖ ὅτου ἐπώνυμον αὐτὸν ὁ δ. — ἐποιεῖτο 87. 90.

c. 33. ἐς δικαστ. ἄγετε ‖ ἐς δ. με ἄγετε 434. 90. καὶ διελέξω ‖ [καὶ διελέγξω] (om. 436. 87. Vind.) ἤν τις — ὑποκρίνοιτο ‖ ἤν τις — ὑποκρίνηται 434.90.ἀποτρόπαιον καὶ αἰσχρὸν‖ἀποτρ. ὡ;αἰσχρὸν Sbdt.

c. 34. οὕτως βιοῦσιν· πάντα μὲν — ὀργιλώτεροι — ἀλεκτρυόνων ‖ οὕτω βιοῦσιν, ὀργιλώτεροι — ἀλεκτρυόνων· πάντα μὲν Fr. παρωθούμενοι ‖ παραγχωνιζόμενοι 434. 87. 90. Καὶ τὸν ἄκρατον οὐ φέροντες ‖ [καὶ — φέροντες] om. Gorl. 436. 87. Vind.

c. 35. ἀπὸ πολλῶν‖ἀπ᾽ οὐκ ὀλίγων 57. ὅποι ποτὲ οἴχ.‖ὅποι τότε οἴχ. 87.

c. 36. οἷόντι — οἱ κύνες πάσχουσιν· ἐπειδὰν ‖ οἷον τι — οἱ κ. πάσχουσιν, οἳ ἐπειδὰν Sbdt.

c. 37. ἢ τί γὰρ — ἔχοιμι ‖ [ἢ — ἔχοιμι] (om. 436. 87. Vind.) τί φατε προσήκειν ‖ τί φατε; προσήκειν Fr. καὶ ἐπὶ τῆς ὑποκρίσεως ‖ κἂν ἐπὶ — ὑποκρίσεως Sbdt.

c. 38. τῶν ποιούντων αὐτὸ ‖ τ. π. αὐτὰ 434. 87. κἀφήρμοζον μεταξὺ τοῖς λεγομένοις τοῦτο μὲν ἐς τόνδε· ‖ κἀφήρμοζον μεταξὺ τοῖς λεγομένοις· τοῦτο μὲν ἐς τόνδε Sbdt. τὰ πάντα ‖ πάντα 436. 87. Vind. τί δαὶ ἄλλο ‖ τί ἄλλο 434. ἐκτραγῳδείτω ‖ τραγῳδείτω 436. Vind.

c. 39. προσεκύνησα τήν γε πρώτην ‖ προσεκύνησα τὴν Πτερωτὴν Madv.

c. 41. αὐτοῖς ‖ αὐτοῖς Bk. ἢν μὴ παρῇ ‖ [ἢν μὴ παρῇ] Sbdt.

c. 42. τὸν τοῦ Τάλω τάφον ‖ τὸν Τάλω τ. 434. 87. Vind. ἐσμοῦ δίκην ‖ [ἐσμοῦ δίκην] Cob. ἵνα καὶ καθ᾽ Ὅμηρ. εἴπω ‖ ἵνα καθ᾽ Ὁμ. εἴπω 436. ὅ τις ἂν μέμψαιτό σου μάλιστα ‖ ὅ τις ἂν μάλιστα μωμήσαιτό σου Fr. τὸ μηδὲ ἐπιβαλεῖν γνώρισμα ‖ τὸ μηδὲν ἐπ. γν. 434. 67. 90.

c. 43. πρώτους χρὴ ‖ χρὴ πρώτους 436.

c. 45. ὡς μὴ ἐπικρατήσῃ ‖ ὡς μὴ ἐπικρατῇ σου 434. 90.

c. 46. Ἐπ᾽ αὐτῷ — Παρρ. ποιησώμεθα — ἐπεὶ χρηστὸς ὦπται καὶ θαυμάζων, παραλαβόντα μετ᾽ αὐτοῦ τὸν Ἔλεγχον ἅπασι τοῖς φάσκουσι φιλοσοφεῖν ἐντυγχάνειν, εἶθ᾽ ὃν μὲν ἂν εὕρῃ γνήσιον ὡς ἀληθῶς φιλοσοφίας, στεφανωσάτω . . . ‖ Ἐπ. αὐτῷ — Παρρ. ποιησώμεθα — ἐπεὶ χρηστὸς ὦπται καὶ — θαυμάζων· παραλαβὼν μεθ᾽ αὐτοῦ τὸν Ἔλεγχον ἐν ἅπασι τοῖς φάσκουσι φιλοσοφεῖν, ὃν μὲν ἂν εὕρῃ γνήσιον ὡς ἀλ.

c. 46. φιλόσοφον, στεφανωσάτω.. Sbdt. ὃν δ' ἂν ‖ ὃν δ' αὖ 87.
ὁ τῷ θαλλῷ στεφόμενος ‖ τῷ θ. στ. 434. 90. ἀποκείραντα —
τὸν πώγωνα. Ὡς ἔδοξεν ‖ ἀποκείραντα — τὸν πώγωνα ὡς
ἔδοξεν 434.

c. 48. νῦν ξυνεπιλαβοῦ ‖ ξυνεπιλαβοῦ 87. 90. ἐξέλωμεν — τὸ ἄγχι-
στρον τουτί. κενόν σοι τὸ ἄγχιστρον ‖ ἐξέλωμεν — τὸ ἄγχι-
στρον. Ἰδοὺ κενόν σοι τ. ἀ Sbdt. πολὺ λέγεις ‖ πολλοῦ
λέγεις 87. ἀβρωτός τε γάρ ἐστι ‖ ἀβ. τε γὰρ 87.

c. 51. ὡς μὴ ἀποπρίσῃ ‖ μὴ ἀποπρ. 436. 87. Vind. σὺ δὲ, ὦ Π.,
ταχεῖαν ἐπιτέλει τὴν ἄγραν ‖ σὺ δὲ, ὦ Πόσειδον, δὸς ταχεῖαν
τὴν ἄγραν Sbdt. (καὶ σὺ δὸς, ὦ Π., ταχ. τὴν ἄγραν Fr.) ἄφωνοι
γὰρ αὐτοὶ ‖ [ἄφωνοι γὰρ αὐτοὶ] Cob.

c. 52. ἢ ἐς τὴν Στόαν; ΕΛΕΓ. ἀπὸ τοῦ Λυκείου — ἀρχήν ‖ ἢ ἐς
τὴν Στόαν ἢ ἀπὸ τοῦ Λ. — τὴν ἀρχήν; Cob.

ADVERSUS INDOCTUM.

c. 1. περὶ τὰ κάτω ‖ περὶ κάτω Cob. πως τοῦτο ‖ [πως τοῦτο] Sbdt.
εἰ — τεκμαίροιο ‖ εἰ — τεκμαίρει Cob. παραλαμβάνοις ‖
παραλαμβάνεις 434. 436. 87.

c. 2. ἵνα δέ σοι δῶ αὐτὰ ἐκεῖνα κεκρικέναι, ὅσα ὁ Καλλῖνος ἐς
κάλλος ἢ ὁ — Ἀττικὸς — γράψαιεν ‖ ἵνα δέ σοι δῶ πάντα
ἐκεῖνα κεκρικέναι, ὅσα ὁ Κ. [ἐς κάλλος] ἢ ὁ — Ἀττικὲς —
γράψαιεν ἂν Sbdt. χρησομένῳ ‖ χρησαμένῳ 87. καὶ νὴ
Δία ‖ νὴ Δία Gorl.

c. 3. οὐκ ἂν ὤκνησαν ‖ οὐκ [ἂν] ὤκνησαν Sbdt. πρὸς τῆς Λιβα-
νίτιδος ‖ πρὸς τῆς Ἀναΐτιδος Cob. μαλάχης ἡ ὑλλοις ‖ μα-
λάχῃ Sbdt. ἀπήλλαξαν ἂν ‖ ἀπήλασαν ἂν 436. εἰ καὶ
πάνυ ‖ εἰ πάνυ 87.

c. 4. ἀλλ' ἐνὶ — πάντα ἐκεῖνα ἀναδραμεῖσθαι νῦν ἐλπίζεις ‖ ἀλλ'
ἐνὶ — πάντα ἀναδ. νῦν ἐκεῖνα ἐλπ. 87. κατὰ δὴ ταῦτα
ἔχε ξυλλ. ἐκεῖνα ‖ κατὰ δὴ ταῦτα ἐκεῖνα ἔχε ξυλλ. 434. 436.
87. τῇ αὐτῇ ‖ τῇ αὐτοῦ Sbdt. καὶ τὰ τοῦ Θουκ., ὅσα παρὰ
τοῦ Δημ. — μεταγεγραμμένα εὑρέθη καλῶς, ἅπαντα ἐκεῖνα,
ὅσα ὁ Σ. — ἐξέπεμψε ‖ κ. τ. τ. Θ., ὅσα παρὰ τοῦ Δημ. —
μεταγεγραμμένα εὑρέθη, καὶ Νηλέως (Madvig) [ἅπαντα
ἐκεῖνα Sbdt.], ὅσα ὁ Σ. — ἐξέπεμψε. ἐκ τούτου ‖ ἐκ τούτων
436. ἐπικαθεύδῃς ‖ καθεύδῃς 87. κἂν χρύσεα ἔχῃ σύμ-
βολα ‖ κἂν χρυσᾶ ἔχῃ σάμβαλα Sauppe.

c. 5. ἀνένευσας καὶ τοῦτο ‖ ἀνανεύσαις ἂν καὶ τ. 436. κάλλιστα ‖
μάλιστα Sbdt. ἐπινεύεις καὶ τοῦτο; ἐπινεύσεις κ. τ. 434.
εἴ τις — ὤνοιτο ‖ εἴ τις — ὠνεῖται Sbdt.

c. 6. οἱ πόδες δὴ ‖ [οἱ π. δ.] Hn.

c. 7. μὴ ἐξετάζειν ‖ μὴ ἐξέταζε Cob.   ὁ Θερσίτης ‖ om. Gorl. Bk.
ὅτι — ἰσχυρὸς ἄν γένοιτο καὶ ὑπερπηδήσεται — ἐπιθολώ-
σει — ἀποκτινεῖ ‖ ὅτι — ὑπερπηδήσειε — ἐπιθολώσειε —
ἀποκτείνειε Sbdt. (ὑπερπηδήσει 434. ἐπιθολώσειε 87. ἀποκτεί-
νει 436.) μηδὲ φέρειν δυνάμενος ‖ μὴ φέρειν δυνάμενος 87. 434.

c. 8. τῆς γυμνῆς ἀγωνίας ‖ τῆς γυμνικῆς ἀγ. Cob.

c. 11. ἐπὶ τῷ Ὀρφεῖ, ὡς λόγος ‖ ἐπὶ τῷ Ὀρφείῳ μόρῳ Bk.   ἐς τοῦ
Ἀπ. τὸ ἱερὸν ‖ ἐ; τὸ τοῦ Ἀπ. ἱερὸν 436. 87.

c. 12. ὡς ἐκήλει μὲν καὶ θηρία ‖ ὡς ἐκ. μὲν θηρία Gorl. 436. 87.
Ὀρφέως ‖ τοῦ Ὀρ. 434. 87. τῆς Ὀρφ. μουσ. ‖ τῆς τοῦ Ὀρφ. μουσ. 87.

c. 13. ἐπιστήσεσθαι ‖ ἐπικτήσεσθαι Roeper.

c. 14. τοῦ Καλυδωνίου ‖ τ. Καλ. υἱὸς Cob.   αὐτὸς δὲ ‖ ἄλλος δὲ Sbdt.
ὁρᾷς, ὅπως — διάκεισαι — δεόμενος ‖ [ὁρᾷς ὅπως — διάκει-
ται — δεόμενος] Sbdt.

c. 15. εἰς ὃ ἐκεῖνος ἔγραψεν ‖ [εἰς ὃ — ἔγραψεν] Hn.   Δωρίδιον
ἧκεν ‖ Δωρὶς τέθνηκεν Hm.

c. 18. πρᾴως ‖ ῥᾳδίως Cob.

c. 19. ὠφελείας μὲν γὰρ ἢ χρείας τῶν ἀπ᾽ αὐτῶν ‖ ὠφελείας μὲν
γὰρ ἢ χρείας ἕνεκα τῆς ἀπ᾽ αὐτῶν Sbdt. (τῆς 87.)   καὶ ἐπ᾽
ἐλάχιστον ‖ κἂν ἐπ᾽ ἐλάχιστον Cob. κτένα ‖ κτένας Gorl. 434. 436. 87.

c. 20. λοιπὸν οὖν δὴ ἐκεῖνο πεπεισμένον ὑπὸ τῶν κολάκων ὡς οὐ
μόνον καλὸς εἶ καὶ ἐράσμιος ἀλλὰ σοφὸς — ὠνεῖσθαι τὰ βι-
βλία ‖ λοιπὸν οὖν δὴ ἐκεῖνο ὅτι πεπεισμένος ὑπὸ τῶν κολά-
κων, ὡς οὐ μόνον καλὸς εἶ καὶ ἐράσμιος, ἀλλὰ καὶ σοφὸς —
ὠνῇ τὰ βιβλία Sbdt. (πεπεισμένος 434. 436. 87.)   εἴ τις ἄλλος
τῶν ὑπὸ τὸ ψεῦδος τεταγμένων ‖ εἴ τις ἄλλος τῶν ὑπὸ τῷ
ψευδο τεταγμένων Sbdt.

c. 21. καὶ ὅμως — τὴν μορφὴν ‖ [καὶ ὅμως — τὴν μορφὴν] Sbdt.

c. 22. ἐπ᾽ ἐκείνῃ τῇ εἰκόνι ‖ [ἐπ᾽ ἐκείνῃ τῇ εἰκόνι] Sbdt.   ἀπίθανος
οὕτως ζωγράφος ‖ πιθανὸς οὕτω ζωγράφοις Sbdt.

c. 23. φαίνεσθαι ‖ φανεῖσθαι Cob.   κατὰ τὴν παροιμίαν θᾶττον ἄν
πέντε ἐλέφαντας ὑπὸ μάλης κρύψειας ‖ θᾶττον ἄν κατὰ τὴν
παροιμίαν πέντε — κρύψειας 87.

DE SALTATIONE.

c. 2. κάθηται ‖ κάθησαι 434. 90.   σχολάζεις ‖ σχολάζοις 434. 87. 90.

c. 4. ἀνομοιοτάτην ‖ ὁμοιοτάτην Sbdt.

c. 5. ὀλεθρίῳ ‖ ὀλέθρῳ 434. 87. 90.

c. 6. μᾶλλον εἴη ‖ μᾶλλον ἄν εἴη Sbdt. (ἄν εἴη, om. μ. 434.)

c. 8. ἐν Κρήτῃ δὲ τ. Κ. ‖ [ἐν Κρήτῃ δὲ τ. Κ.] Sbdt. (om. Gorl.)

c. 8. φησὶ δέ πως· ὧδε τὰ ἔπη ‖ φησὶ δὲ τὰ ἔπη ὧδέ πως 434. 87. 90.

c. 9. κατέῤῥιψε ‖ ἔῤῥιψε 87.

c. 10. Ἴδοις δ᾽ ἂν νῦν ἔτι καὶ τοὺς ἐφήβοις ‖ Ἴδοις δ᾽ ἂν καὶ νῖν ἔτι τοὺς ἐφ. Fr.

c. 12. παρ᾽ ἕνα ‖ καθ᾽ ἕνα Gorl.

c. 16. ὑπ᾽ αὐλῷ καὶ κιθάρᾳ ‖ [ὑπ᾽ αὐλῷ καὶ κιθάρᾳ] Sbdt.

c. 19. πρὸς τὸν αὐτὸν καιρὸν ‖ πρὸς τὸν καιρὸν Urban.

c. 21. τῶν Τιτ. — Δακτύλων ‖ [τῶν Τιτ. — Δακτύλων] Sbdt. πεποιημένων ‖ πεποιημένον Gorl. 434. 87. 90.

c. 22. φῦλον οὕτω μάχιμον τοῖς αὐτοῖς θιάσοις κατωρχήσατο ‖ φύλων οὕτω μαχίμων τοῖς αὐτοῦ θιάσοις κατωρχήσατο Madvig.

c. 23. καὶ παιδιὰν ὠφέλιμον ‖ καὶ παιδείαν (434. 87. 90.) [ὠφέλιμον] Sbdt.

c. 26. τραγικῇ — κωμῳδικῇ ‖ τραγικὴ — κωμῳδικὴ Gorl. , κωμῳδίαν ‖ τὴν κωμῳδίαν 434. 87. 90.

c. 27. προσποιούμενος ‖ [προσποιούμενος] Sbdt. τὰ γὰρ ἄλλα — γενομένοις ‖ [τὰ γὰρ ἄλλα — γενομένοις] Sbdt. μήτε τὴν λ. αἰδεσθεὶς μήτε τὸ ῥόπαλον ὃ περίκειται ‖ μήτε τὴν λεοντῆ ἣν περίκειται αἰδεσθεὶς μήτε τὸ ῥόπαλον Cob.

c. 29. ἡ κωμ. — πρόσωπα ‖ [ἡ κωμ. — πρόσωπα] Sbdt.

c. 31. πολυμαθέστεραι ‖ πολυπαθέστεραι Sbdt.

c. 34. ὕπερ ‖ ὅσπερ 434. 87. (ὥσπερ 90.) σφοδρὰ καὶ καματηρὰ ‖ σφόδρα καματηρὰ Gorl. 434. 87. 90. ἐπιπολάζοντα ‖ ἐπιπολάζον Madvig.

c. 38. ἀμφοτέρου ‖ ἑκατέρου 434. 87. 90.

c. 39. ἐπ᾽ ἐκείνου τοῦ βίου ‖ ἐπ᾽ ἐκείνου [τοῦ βίου] Sbdt.

c. 41. Σπαρτῶν ἀνάδοσις ‖ Σχ. ἀνάδυσις Sbdt. καὶ Ἡρακλῆς σὺν τοῖς ἄθλοις αὐτοῦ ἅπασι καὶ ἡ τῶν παίδων σφαγή ‖ καὶ ἡ τῶν παίδων σφαγὴ καὶ Ἡρακλῆς σὺν τοῖς ἄθλοις αὐτοῦ ἅπασι Sbdt.

c. 42. τὸν πρὸ αὐτῶν Βελλεροφόντην ‖ πρὸ αὐτῶν τὸν Β. 434. 87. 90.

c. 50. Ἐχινάδων ἀνάδοσιν ‖ Ἐ. ἀνάδυσιν Cob. Ἀλκμέωνος ‖ Ἀλκμαίωνος 434. 87. 90.

c. 58. μεριζόμενον ‖ κλανθμυριζόμενον Bk.

c. 61. ἀφεὶς ᾄδειν ‖ ᾄδειν ἀφεὶς 434. 87. 90.

c. 63. αὐλῷ τε καὶ τερετίσμασι ‖ [αὐλῷ τε καὶ τερετίσμασι] Sbdt. κινήσεως κάλλει ‖ μιμήσεως κάλλει Sbdt. ἐπιδείξασθαι ‖ ἐπιδείξεσθαι 434. 90.

c. 64. οὕτως σαφῶς ‖ οὕτω σαφῶς 434. 87. 90.

c. 65. ἡ δὲ πλειστὴ — δείχνυσθαι ‖ [ἡ δὲ πλειστὴ — δείχνυσθαι] Sbdt. οἴδε γὰρ καὶ ἐν ἐκείνοις μᾶλλον ἐπαινουμένη τῷ ἐοικέναι ‖ οὐδὲν γὰρ καὶ ἐν ἐκείνοις μᾶλλον ἐπαινοῦμεν ἢ τὸ ἐοικέναι Madvig.

c. 66. τὰς ψυχὰς ‖ ψυχὰς 87.

c. 67. ἀπὸ τοῦ δρωμένου σχεδὸν ‖ [ἄπο τοῦ δρωμένου σχεδὸν] Sbdt.

c. 68. ἑνὸς ἑκάστου ἔργον ‖ ἑνὸς ἕκαστον ἔργον Madvig. ὑποκριτοῦ εὐφωνίαν ‖ ὑποκρ. εὐφορίαν Sbdt.

c. 70. μέρος τρίτον ‖ μέρος τι Sbdt. ὅτι καὶ αὕτη Πυθαγορικόν τι δόγμα αἰνίττεται ‖ ὅτι αὕτη καὶ Π. τι δόγμα αἰνίττεται Sbdt.

c. 75. ἀπιθανὸν ‖ ἀμήχανον *Sbdt.*

c. 76. πεφεῖσθαι ‖ φείδεσθαι *Sbdt.* (φεῖσαι 434. 90. φεῖσθαι 87.) ἐπὶ τοῦ πάχεος ‖ ἐπί του παχέος *Sbdt.* · τῷ πάνυ λεπτῷ ‖ τῷ πάνυ λεπτῷ *Sbdt.* ὡς καὶ ῥυθμίζειν ‖ ὡς ῥυθμίζειν 87. 90.

c. 78. ὀφθαλμῶν ‖ τὰ ὀφθαλμῶν *Hn.*

c. 79. τὸ δακρύειν ‖ τὸ καὶ δακρύειν 87. τιτᾶνας ‖ πᾶνας *Sbdt.*

c. 80. σολοικίας δεινὰς ‖ σολοικίας τινὰς 87. παρωρχεῖτο καὶ τὰς Θυέστου συμφ. ‖ παρωρχεῖτο τὰς Θ. συμφ. 87. 90. μισητέον ‖ μωμητέον 87.

c. 83. ἑνὸς δὲ τῶν ὑπαυλούντων τὸν αὐλὸν ἁρπάσας τοῦ Ὀδυσσέως πλησίον ἑστῶτος ‖ ἑνὸς δὲ τῶν ὑπαυλούντων τὸν αὐλὸν ἁρπάσας ὡς τοῦ Ὀδ. πλ. ἑστῶτος *Sbdt.* καὶ ἀκριβῶς ὁρῶντες ‖ καίτοι ἀκριβῶς ὁρῶντες *Sbdt.*

c. 84. συστασιωτῶν ‖ στασιωτῶν *Gorl.* 434. 87. 90. αὐτὸν ‖ αὐτοῖ *Gorl.* 434. 87. 90.

c. 85. ὡς μὴ ἐπανίῃς ‖ ὡς μὴ ἐπαιίοις 434. 87. 90.

BERICHTIGUNGEN:

S. 44. Z. 2. statt οὐ μίσει οὐδὲ φιλίᾳ τι νέμων lies οὐ μίσει οὐδὲν οὐδὲ φιλίᾳ νέμων.

S. 50. Z. 10. statt μετὰ ταῦτα lies αὐτά.

S. 54. Z. 1. statt ταχεῖς lies σαφεῖς.

S. 72. Z. 12. statt πρὸς lies πρὸ.

S. 84. Z. 15. statt ὁμιλῶν αὐτὰ lies ὁμιλῶν; αὐτά.

S. 85. Z. 6. ist [σου] zu streichen.

S. 89. Z. 6. ist γὰρ nach τοῦτο ausgefallen.

S. 102. Z. 20. ist με vor ἄγετε ausgefallen.

Z. 22. statt καὶ διελέγξω lies [καὶ διελέγχω].

S. 113. Z. 13. ist vor λαγῶν ausgefallen δὲ τῶν.

S. 106. Z. 10. statt [καὶ σκυθρωποὶ εἰσιν] lies καὶ σκυθρωποί εἰσιν.

S. 120. Z. 9. statt συνίῃς lies συνίῃς.

S. 126. Z. 15. fehlt · hinter ἀγωνισάμενον.

S. 142. Z. 11. statt τοι lies σοι.

S. 146. Z. 16. statt ἐν Κρήτῃ δὲ τοὺς Κουρῆτας lies [ἐν Κ. δ. τ. Κ.]

S. 174. Z. 7. ist statt des · ein , zu setzen.

S. 183. Z. 19. statt ἐκχέοντ αἰτὰς lies ἐκχέονται τὰς.

S. 198. Z. 1. statt τί δὲ lies ὅ τι δὲ.

S. 216. letzte Z. ist die Lesart des Cod. 486 κατηγορήσειν ausgelassen.

S. 233. Z. 19. von unten ist unter Cod. Vat. 87 und Cod. Vind. 123 statt om. zu lesen om. ὡς.

Pierer'sche Hofbuchdruckerei. Stephan Geibel & Co. in Altenburg.